吉林人民出版社

简体字本二十六史

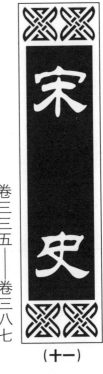

宋史

卷三三三五——卷三八七

（十一）

［元］　脱　脱　等　撰

刘浦江　等　标点

宋史卷三三五
列传第九四

种世衡　子古　谔　谊　孙朴　师道　师中

种世衡字仲平,放之兄子也。少尚气节,昆弟有欲析其赀者,悉推与之,惟取图书而已。以放荫补将作监主簿,累迁太子中舍。

尝知泾阳县,里胥王知谦以奸利事败,法当徒,遁去。比郊赦辄出,世衡曰"送府则会赦",杖其脊而请罪于府,知府李谘奏释之。后通判凤州。州将王蒙正,章献后姻家也,所为不法。尝干世衡以私,不听,蒙正怒,乃诱知谦讼冤而阴助之,世衡坐流窦州,徙汝州。弟世材上一官以赎,为孟州司马。久之,龙图阁直学士李纮为辨其诬,宋绶、狄棐继言之,除卫尉寺丞,历监随州酒,签书同州、鄜州判官事。

西边用兵,守备不足。世衡建言,延安东北二百里有故宽州,请因其废垒而兴之,以当寇冲,右可固延安之势,左可致河东粟,北可图银、夏之旧。朝廷从之,命董其役。夏人屡出争,世冲且战且城之。然处险无泉,议不可守。凿地百五十尺,始至于石,石工辞不可穿,世衡命屑石一畚酬百钱,卒得泉。城成,赐名青涧城。

迁内殿崇班、知城事。开营田二千顷,募商贾,贷以本钱,使通货赢其利,城遂富实。间出行部族,慰劳酋长,或解与所服带。尝会客饮,有得敌情来告者,即以饮器予之,繇是属羌皆乐为用。再迁河苑副使、知环州。

蕃部有牛家族奴讹者,素屈强,未尝出谒郡守,闻世衡至,遽郊迎。世衡与约，明日当至其帐，往劳部落。是夕大雪，深三尺。左右曰："地险不可往。"世衡曰："吾方结诸羌以信，不可失期。"遂缘险而进。奴讹方卧帐中，谓世衡必不能至，世衡蹙而起，奴讹大惊曰："前此未尝有官至吾部者，公乃不疑我耶！"率其族罗拜听命。

羌酋慕恩部落最强，世衡尝夜与饮，出侍姬以佐酒。既而世衡起入内，潜于壁隙中窥之。慕恩窃与侍姬戏，世衡遽出掩之，慕恩惭惧请罪。世衡笑曰："君欲之耶？"即以遗之，由是得其死力。诸部有贰者，使讨之无不克。有尢二族，世衡招之不至，即命慕恩出兵诛之。其后百余帐皆自归，莫敢贰。因令诸族置烽火，有急则举燧，介马以待。

葛怀敏败，率羌兵数千人以援泾原，无敢后者。尝课吏民射，有过失，射中则释其罪；有辞某事、请某事，辄因中否而与夺之。人人自厉，皆精于射，由是数年敌不敢近环境。

迁东染院使、环庆路兵马钤辖。范仲淹檄令与蒋偕筑细腰城，世衡时卧病，即起，将所部甲士昼夜兴筑，城成而卒。

初，世衡在青涧城，元昊未臣，其贵人野利刚浪㕮、遇乞兄弟有材谋，皆号大王。亲信用事，边臣欲以谋间之。庆历二年，鄜延经略使庞籍，两为保安军守刘拯书，赂蕃部破丑以达野利兄弟，而泾原路王沿、葛怀敏亦遣人持书及金宝以遗遇乞。会刚浪㕮令浪埋、赏乞、媚娘等三人诣世衡请降，世衡知其诈，曰："与其杀之，不若因以为间。"留使监商税，出入骑从甚宠。

有僧王光信者，骁勇善骑射，习知蕃部山川道路。世衡出兵，常使为乡导，数荡族帐，奏以为三班借职，改名嵩。世衡为蜡书，遣嵩遗刚浪㕮，言浪埋等已至，朝廷知王有向汉心，命为夏州节度使，奉钱月万缗，旌节已至，趣其归附，以枣缀画龟，喻其早归之意。刚浪㕮得书大惧，自所治执嵩归元昊。元昊疑刚浪㕮贰己，不得还治所，且锢嵩阱中。使其臣李文贵以刚浪㕮旨报世衡，且言不达所遗书意，或许通和，愿赐一言。世衡以白籍。时朝廷已欲招拊，籍召文贵至，谕以国家宽大开纳意，纵使还报。元昊得报，出嵩，礼之甚厚，使与文贵偕来。自是继遣使者请降，遂称臣如旧。

世衡闻野利兄弟已诛，为文越境祭之。籍疏嵩劳，具言元昊未通时，世衡画策遣嵩冒艰险间其君臣，遂成猜贰，因此与中国通，请优进嵩官。迁三班奉职。后嵩因对自陈，又进侍禁、阁门祗侯。

世衡死，籍为枢密使。世衡子古上书讼父功，为籍所抑。古复上书，遂赠世衡成州团练使，诏流内铨授古大县簿尉，押还本贯。籍既罢，古复辩理，下御史考验，以籍前奏王嵩疏为定，诏以其事付史官，听古从官便郡。

世衡在边数年，积谷通货，所至不烦县官益兵增馈。善抚养士卒，病者遣一子专视其食饮汤剂，以故得人死力。及卒，羌酋朝夕临者数日，青涧及环人皆画象祠之。子古、谔、诊，皆有将材。关中号曰"三种"。谊，其幼子也。孙朴、师道、师中。

古字大质，少慕从祖放为人，不事科举。当任官，辞以与弟，时称"小隐君"。世衡卒，录古为天兴尉，累转西京左藏库副使、泾原路都监、知原州。

羌人犯塞，古御之，斩级数百。筑城镇戎之北，以据要害。神宗召对，迁通事舍人，官其三弟。与弟诊破环州折姜会，斩首二千级，迁西上阁门副使。民有损直鬻田于熟羌以避役者，古按其状，得良田三千顷，丁四千，悉刺为民兵。历环庆、永兴军路钤辖。

坐讼范纯仁不当，夺一官，知宁州，徙镇戎军。熙河师十万道境上，须刍粮，僚佐以他路为言。古曰："均王师也。"命给之。又徙鄜、隰二州，卒，年七十。

古明达孝义。弟谔坐擅兴系狱，乞纳官赎其罪。世衡遗张问田千亩，问返之，而衡死，古终不复受。然世衡受知于范仲淹，因立青涧功，而古以私憾讼纯仁，士论少之。

谔字子正，以父任累官左藏库副使，延帅陆诜荐知青涧城。
夏酋令㖫内附，诜恐生事，欲弗纳，谔请纳之。夏人来索，诜问所以报,谔曰:"必欲令唛,当以景询来易。"乃止。询者,中国亡命至彼者也。

夏将鬼名山部落在故绥州,其弟夷山先降,谔使人因夷山以诱之,赂以金盂,名山小吏李文喜受而许降,而名山未之知也。谔即以闻,诏转运使薛向及陆诜委谔招纳。谔不待报,悉起所部兵长驱而前,围其帐。名山惊,援枪欲斗,夷山呼曰:"兄已约降,何为如是?"文喜因出所受金盂示之,名山投枪哭,遂举众从谔而南。得酋领三百、户万五千、兵万人。

将筑城,诜以无诏出师,召谔还。军次怀远,晨起方栉,敌四万众坌集,傅城而阵。谔开门以待,使名山帅新附百余人挑战,谔兵继之,鼓行而出。至晋祠据险,使偏将燕达、刘甫为两翼,身为中军,乃闭垒,悉老弱乘城鼓讹以疑贼。已而合战,追击二十里,俘馘甚众,遂城绥州。

诜劾谔擅兴,且不禀节制,欲捕治,未果而诜徙秦。言者交攻之,遂下吏,贬秩四等,安置随州。会侯可以言水利入见,神宗问其事,对曰:"种谔奉密旨取绥而获罪,后何以使人?"帝亦悔,复其官。

韩绛宣抚陕西,用为鄜延钤辖。绛城啰兀,规横山,令谔将兵二万出无定川,命诸将皆受节度,起河东兵会银州,城成而庆卒叛,诏罢师,弃啰兀,责授汝州团练副使。再贬贺州别,移单州,又移华州。绛再相,讼其前功,复礼宾副使、知岷州。董毡将鬼章聚兵于洮、岷,新羌多叛,谔讨袭诛之。徙李宪出塞,收洮州,下通宗、讲珠、东宜诸城,掩击至大河,斩首七千级。

迁东上阁门使、文州刺史、知泾州,徙鄜延副总管。上言:"夏主秉常为其母所囚,可急因本路官捣其巢穴。"遂入对,大言曰:"夏国无人,秉常孺子,臣往持其臂以来耳。"帝壮之,决意西讨,以为经略安抚副使,诸将悉听节制。谔即次境上,帝以谔先期轻出,使听令于王中正。敌屯兵夏州,谔率本路并畿内将兵攻米脂,三日未下。夏兵八万来援,谔御之无定川,伏兵发,断其首尾,大破之,降守将令介讹遇。捷书闻,帝大喜,群臣称贺,遣中使谕奖,而罢中正。

谔留千人守米脂，进次银、石、夏州，不见敌。始，被诏当会灵武，谔迁枉不进，士卒饥惫，欲以粮运不继归罪转使李稷。驻军麻家平，大校刘归仁以众溃，诏令班师。犹迁凤州团练使、龙神卫四厢都指挥使。

谔谋据横山之志未已，遣子朴上其策。帝召朴问状，擢为阁门祗候。将进城横山，命徐禧、李舜举使鄜延计议。谔言："横山延袤千里，多马宜稼，人物劲悍善战，且有盐铁之利，夏人恃以为生；其城垒皆控险，足以守御。今之兴功，当自银州始。其次迁宥州，又其次修夏州，三郡鼎峙，则横山之地已囊括其中。又其次修盐州，则横山强兵战马、山泽之利，尽归中国。其势居高，俯视兴、灵，可以直覆巢穴。"而禧与沈括定议移银州，城永乐，与谔始谋异，乃奏留谔守延。既而永乐受围，谔观望不救，帝冀其后效，置不问，且虞贼至，就命知延州。疽发背卒，年五十七。

谔善驭士卒，临敌出奇，战必胜，然诈诞残忍，左右有犯立斩，或先剖肺肝，坐者掩面，谔饮食自若。敌亦畏其敢战，故数有功。李稷之馈军也，且入谔营，军吏鸣鼓声喏。谔呼问吏曰："军有几帅？要当借汝头以代运使。"即叱斩之。稷惶怖遽出。尝渡河，猝遇敌，绐门下客曰："事急矣，可衣我衣，乘我马，从旗鼓千骑，亟趋大军。"客信之，敌以为谔，追之，几不免。自熙宁首一绥州，后再举西征，皆其兆谋，卒致永乐之祸。议者谓谔不死，边事不已。

谊字寿翁。熙宁中，古入对，神宗问其家世，使谊以官。从高遵裕复洮、岷，又平山后羌，至熙河副将。

使青唐，董毡遣鬼章迎候境上，取道故为回枉，以夸险远。谊固习其地里，诮之曰："尔跳梁坎井间，谓我不知远近邪？"命趋便道。鬼章怒，胁以兵，谊声气不动，卒改涂，外为路都盐。自兰州渡河讨贼，斩首六百，累转西京使。

元祐初，知岷州。鬼章诱杀景思立，后益自矜，大有窥故土之心，使其子诣宗哥请益兵入寇，且结属羌为内应。谊刺得其情，上疏请除之。诏遣游师雄就商利害,遂与姚兕合兵出讨。羌迎战,击走之,追奔至洮州。谊亟进攻,晨雾蔽野,跬步少可辨。谊曰:"吾军远来,彼固不知厚薄,乘此可一鼓而下也。"遂亲鼓之。有顷,雾霁,先登者已得城,鬼章就执。谊戏问之曰:"别后安否?"不能对,徐谓人曰:"我生恶种使,今日果为所擒。天不使我复有故土,命也。"遂俘以归。拜西上阁门使、康州刺史,徙知鄜州。

夏人犯延安,赵卨使谊统诸将。敌闻谊至,皆溃去。延人谓:"得谊,胜精兵二十万。"进熙河钤辖、知兰州。兰与通远皆绝塞,中间保障不相接,腴田多弃不耕,谊请城李诺平以扼冲要。会迁东上阁门使、保州团练使,卒,年五十五。

谊倜傥有气节,喜读书。莅军整严,令一下,死不敢避;遇敌,度不胜不出,故每战未尝负败。岷羌酋包顺、包诚恃功骄恣,前守务姑息,谊至,厚待之。适有小过,叱下吏,将置法,顺、诚叩头伏罪,愿效命以赎,乃使输金出之,群羌畏惕。及洮州之役,二人功最多。

朴以父任右班殿直,积劳,迁至皇城使、昌州刺史,徙熙河兰会钤辖知河州,安抚洮西沿边公事。

河南蕃部叛,属羌阿章率他族拒官军,熙帅胡宗回使朴出讨。时朴至州才二日,以贼锋方锐,且盛寒,欲姑徐之,而宗回驰檄至六七,不得已,遂出兵。羌知朴来,伏以待。朴遇伏,首尾不相应,朴殊死战,为贼所杀,以马负其尸去。

羌乘胜追北。师还遇隘,雍迮不得行。偏将王舜臣者善射,以弓挂臂,独立败军后。羌来可万骑,有七人介马而先。舜臣念此必羌酋之尤桀黠者,不先殪之,吾军必尽。乃宣言曰:"吾令最先行者眉间插花。"引弓三发,陨三人,皆中面;余四人反走,矢贯其背。万骑瞠眙莫敢前,舜臣因得整众,须臾,羌复来。舜臣自申及酉,抽矢千余发,无虚者。指裂,血流至肘,薄暮,乃得逾隘。将士气夺,无敢复言战。当是时,微舜臣师歼矣。事闻,赠朴雄州防御使,官其后十人。

师道字彝叔。少从张载学，以荫补三班奉职，试法，易文阶，为熙州推官、权同谷县。县吏有田讼，弥二年不决。师道翻阅案牍，穷日力不竟，然所讼止母及兄而已。引吏诘之曰："母、兄，法可讼乎。汝再期扰乡里足未?"吏叩头服罪。

通判原州，提举秦凤常平。议役法忤蔡京旨，换庄宅使、知德顺军。又谓其诋毁先烈，罢入党籍，屏废十年。以武功大夫、忠州刺史、泾原都钤辖知怀德军。夏国画境，其人焦彦坚必欲得故地，师道曰："如言故地，当以汉、唐为正，则君家疆土益蹙矣。"彦坚无以对。

童贯握兵柄而西，翕张威福，见者皆旅拜，师道长揖而已。召诣阙，徽宗访以边事，对曰："先为不可胜，来则应之。妄动生事，非计也。"贯议徙内郡弓箭手实边，而指为新边所募。帝复访之，对曰："臣恐动远之功未立，而近扰先及矣。"帝善其言，赐袭衣、金带，以为提举秦凤弓箭手。时五路并置官，帝谓曰："卿，吾所亲擢也。"贯滋不悦，师道不敢拜，以请，得提举崇福宫。久之，知西安州。

夏人侵定边，筑佛口城，率师往夷之。始至渴甚，师道指山之西麓曰："是当有水。"命工求之，果得水满谷。累迁龙神卫四厢都指挥使、洺州防御使、知渭州。督诸道兵城席苇，土赋工，敌至，坚壁葫芦河。师道陈于河浒，若将决战者。阴遣偏将曲充径出横岭，杨言援兵至，敌方骇顾，杨可世潜军军其后，姚平仲以精甲衷击之，敌大溃，斩首五十级，获橐驼、马牛万计，其酋仅以身免。卒城而还。

又诏帅陕西、河东七路兵征臧底城，期以旬日必克。既薄城下，敌守备甚固。官军小怠，列校有据胡床自休者，立斩之，尸于军门。令曰："今日城不下，视此。"众股栗，噪而登城，城即溃，时兵至才八日。帝得捷书喜，进侍卫亲军马军副都指挥使、应道军承宣使。

从童贯为都统制，拜保静军节度使。贯谋伐燕，使师道尽护诸将。师道谏曰："今日之举，譬如盗入邻家不能救，又乘之而分其室焉，无乃不可乎?"贯不听。既次白沟，辽人噪而前，士卒多伤。师道先令人持一巨梃自防，赖以不大败。

辽使来请曰:"女真之叛本朝,亦南朝之所甚恶也。今射一时之利,弃百年之好,结豺狼之邻,基他日之祸,谓为得计可乎?救灾恤邻,古今通义,惟大国图之。"贯不能对,师道复谏宜许之,又不听,密劾其助贼。王黼怒,责为右卫将军致仕,而用刘延庆代之。延庆败绩于卢沟,帝思其言,起为宪州刺史、知环州,俄还保静军节度使,复致仕。

金人南下,趣召之,加检校少保、静难军节度使、京畿河北制置使,听便宜檄兵食。师道方居南山豹林谷,闻命即东。过姚平仲,不步骑七千,与之俱北。至洛阳,闻干离不已屯京城下,或止勿行曰:"贼势方锐,耗少驻汜水,以谋万全。"师道曰:"吾兵少,若迟回不进,形见情露,祇取辱焉。今鼓行而前,彼安能测我虚实?都人知吾来,士气自振,何忧贼哉!"揭榜沿道,言种少保领西兵百万来。遂抵城西,趋汴水南,径逼敌营。金人惧,徙砦稍北,敛游骑,但守牟驼冈,增垒自卫。

时师道春秋高,天下称为"老种"。钦宗闻其至,喜甚,开安上门,命尚书右丞李纲迎劳,时已议和,入见,帝问曰:"今日之事,卿意如何?"对曰:"女真不知兵,岂有孤军深入人境而能善其归乎?"帝曰:"业已讲好矣。"对曰:"臣以军旅之事事陛下,余非所敢知也。"拜检校少傅、同知枢密院、京畿两河宣抚使,诸道兵悉隶焉。以平仲为都统制。

师道时被病,命毋拜,许肩舆入朝。金使王汭在廷颉颃,望见师道,拜跪稍如礼。帝顾笑曰:"彼为卿故也。"京城自受围,诸门尽闭,市无薪菜。师道请启西、西南壁,听民出入如常。

金人有擅过偏将马忠军者,忠斩其六人。金人来诉,师道付以界旗,使自为制,后无有敢越佚者。又请缓给金币,使彼惰归,扼而歼诸河,执政不可。

种氏、姚氏皆为山西巨室,平仲父古方以熙河兵入援。平仲虑功名独归种氏,乃以士不得速战为言达于上。李纲主其议,令城下兵缓急听平仲节度。帝日遣使趣师道战,师道欲俟其弟秦凤经略使师中至，奏言过春分乃可击。时相距才八日，帝以为缓，竟用平仲斫营，以及于败。既败，李邦彦议割三镇，师道争之不得。

李纲罢，太学诸生、都人伏阙愿见种、李，诏趣使弹压。师道乘车而来，众褰帷视之，曰："果我公也。"相率声喏而散。

金师退，乃罢为中太一宫使。御史中丞许翰见帝，以为不宜解师道兵柄。上曰："师道老矣，难用，当使卿见之。"令相见于殿门外。师道不语，翰曰："国家有急，诏许访所疑，公勿以书生之故不肯谈。"师道始言："我众彼寡，但分兵结营，控守要地，使彼粮道不通，坐以持久，可破也。"翰叹味其言，复上奏谓师道智虑未衰，尚可用。于是加检校少师，进太尉，换节镇洮军，为河北、河东宣抚使，屯滑州，实无兵自随。

师道请合关、河卒屯沧、卫、孟、滑，备金兵再至。朝论以大敌甫退，不宜劳师以示弱，格不用。既而师中战死，姚古败，朝廷震悚，召师道还。太原陷，又使巡边。次河阳，遇王汭，揣敌必大举，亟上疏请幸长安以避其锋。大臣以怯，复召还。既至，病不能见。十月，卒，年七十六。帝临奠，哭之恸，赠开府仪同三司。

京师失守，帝搏膺曰："不用种师道言，以至于此！"金兵之始退也，师道申前议，劝帝乘半济击之，不从，曰："异日必为国患。故追痛其语。建炎中，加赠少保，谥曰忠宪。

师中字端孺。历知环滨邠州、庆阳府、秦州，侍卫步军马军副都指挥使、房州观察使，奉宁军承宣使。

金人内侵，诏提秦凤兵入援，未至而敌退，乃以二万人守滑。遣副姚古为河北制置使，古援太原，师中援中山、河间。或谓师中自磁、相而北，金人若下太行，则势不能自还，此段凝师于河上比也。时大臣立议矛盾，枢密主破敌，而三省令护出之。师中渡河，即上言："黏罕已至泽州，臣欲由邢、相间捷出上党，捣其不意，当可以逭。"朝廷疑有用。

斡离不还，师中逐出境。黏罕至太原，悉破诸县，为锁城法困之,内外不相通。姚古虽复隆德、威胜,扼南北关,而不能解围。于是诏师中由井陉道出师,与古犄角,进次平定军,乘胜复寿阳、榆次,留屯真定。

时黏罕避暑云中,留兵分就畜牧,觇者以为将遁,告诸朝。知枢密院许翰信之,数遣使督师中出战,且责以逗挠。师中欢曰:"逗挠,兵家大戮也。吾结发从军,今老矣,忍受此为罪乎!"即日办严,约古及张灏俱进,辎重赏犒之物,皆不暇从行。五月,抵寿阳之石坑,为金人所袭。五战三胜。回趋榆次,去太原百里,而古、灏失期不至,兵饥甚。敌知之,悉众攻,右军溃而前军亦奔。师中独以麾下死战,自卯至巳,士卒发神臂弓射退金兵,而赏赉不及,皆愤怨散去,所留者才百人。师中身被四创,力疾斗死。

师中老成持重,为时名将,诸军自是气夺。刘韐言:"师中闻命即行,奋不顾身,虽古忠臣,不过也。"请加优赠,以劝死国者。诏赠少师,谥曰庄愍。

论曰:宋惩五季藩镇之弊,稍用逄掖治边陲、领介胄。然兵势国之大事,非素明习,而欲应变决策于急遽危难之际,岂不仆哉。种氏自世衡立功青涧,抚循士卒,威动羌、夏,诸子俱有将材,至师道、师中已三世,号山西名将,徽宗任宦竖起边衅,师道之言不售,卒基南北之祸。金以孤军深入,师道请迟西师之至而击之,长驱上党;师中欲出其背以掩之,可谓至计矣。李纲、许翰顾以为怯缓逗挠,动失机会,遂至大衄,而国随以败,惜哉!

宋史卷三三六
列传第九五

司马光 子康　　吕公著 子希哲
希纯

　　司马光字君实,陕州夏县人也。父池,天章阁待制。光生七岁,凛然如成人,闻讲《左氏春秋》,爱之,退为家人讲,即了其大指。自是手不释书,至不知饥渴寒暑。群儿戏于庭,一儿登瓮,足跌没水中,众皆弃去,光持石击瓮破之,水进,儿得活。其后京、洛间画以为图。仁宗宝元初,中进士甲科。年甫冠,性不喜华靡,闻喜宴独不戴花,同列语之曰:"君赐不可违。"乃簪一枝。

　　除奉礼郎,时池在杭,求签苏州判官事以便亲,许之。丁内外艰,执丧累年,毁瘠如礼。服除,签书武成军判官事,改大理评事,补国子直讲。枢密副使庞籍荐为馆阁校勘,同知礼院。

　　中官麦允言死,给卤簿。光言:"繁缨以朝,孔子且犹不可。允言近习之臣,非有元勋大劳,而赠以三公官,给一品卤簿,其视繁缨,不亦大乎。"夏竦赐谥文正,光言:"此谥之至美者,竦何人,可以当之?"改文庄。加集贤校理。

　　从庞籍辟,通判并州。麟州屈野河西多良田,砟人蚕食其地,为河东患。籍命光按视,光建:"筑二堡以制夏人,募民耕之,耕者众则籴贱,亦可渐纾河东贵籴远输之忧。"籍从其策;而麟将郭恩勇且狂,引兵夜渡河,不设备,没于敌,籍得罪去。光三上书自引咎,不报。籍没,光升堂拜其妻如母,抚其子如昆弟,时人贤之。

改直秘阁、开封府推官。交趾贡异兽，谓之麟，光言："真伪不可知，使其真，非自至不足为瑞，愿还其献。"又奏赋以风。修起居注，判礼部。有司奏日当食，故事食不满分，或京师不见，皆表贺。光言："四方见、京师不见，此人君为阴邪所蔽；天下皆知而朝廷独不知，其为灾当益甚，不当贺。"从之。

同知谏院。苏辙答制切直，考官胡宿将黜之，光言："辙有爱君忧国之心，不宜黜。"诏置末级。

仁宗始不豫，国嗣未立，天下寒心而莫敢言。谏官范镇首发其议，光在并州闻而继之，且贻书劝镇以死争。至是，复面言："臣昔通判并州，所上三章，愿陛下果断力行。"帝沉思久之，曰："得非欲选宗室为继嗣者乎？此忠臣之言，但人不敢及耳。"光曰："臣言此，自谓必死，不意陛下开纳。"帝曰："此何害，古今皆有之。"光退未闻命，复上疏曰："臣向者进说，意谓即行，今寂无所闻，此必有小人言陛下春秋鼎盛，何遽为不祥之事。小人无远虑，特欲仓卒之际，援立其所厚善者耳。'定策国老'、'门生天子'之祸，可胜言哉？"帝大感动曰："送中书。"光见韩琦等曰："诸公不及今定议，异日禁中夜半出寸纸，以某人为嗣，则天下莫敢违。"琦等拱手曰："敢不尽力。"未几，诏英宗判宗正，辞不就，遂立为皇子，又称疾不入。光言："皇子辞不赀之富，至于旬月，其贤于人远矣。然父召无诺，君命召不俟驾，愿以臣子大义责皇子，宜必入。"英宗遂受命。

兖国公主嫁李玮，不相能，诏出玮卫州，母杨归其兄璋，主入居禁中。光言："陛下追念章懿太后，故使玮尚主。今乃母子离析，家事流落，独无雨露之感乎？玮既黜，主安得无罪？"帝悟，降主沂国，待李氏恩不衰。

进知制诰，固辞，改天章阁待制兼侍讲、知谏院。时朝政颇姑息，胥史喧哗则逐中执法，辇官悖慢则退宰相，卫士凶逆而狱不穷治，军卒晋三司使而以为非犯阶级。光言皆陵迟之渐，不可以不正。

充媛董氏薨，赠淑妃，辍朝成服，百官奉慰，定谥，行册礼，葬给卤簿。光言："董氏秩本微，病革方拜充媛。古者妇人无谥，近制惟皇后有之。卤簿本以赏军功，未尝施于妇人。唐平阳公主有举兵佐高祖定天下功，乃得给。至韦庶人始令妃主葬日皆给鼓吹，非令典，不足法。"时有司定后宫封赠法，后与妃俱赠三代，光论："妃不当与后同，袁盎引却慎夫人席，正为此耳。天圣亲郊，太妃止赠二代，而况妃乎？"

英宗立，遇疾，慈圣光献后同听政。光上疏曰："昔章献明肃有保佑先帝之功，特以亲用外戚小人，负谤海内。今摄政之际，大臣忠厚如王曾，清纯如张知白，刚正如鲁宗道，质直如薛奎者，当信用之；猥鄙如马季良，谗谄如罗崇勋者，当疏远之，则天下服。"

帝疾愈，光料必有追隆本生事，即奏言："汉宣帝为孝昭后，终不追尊卫太子、史皇孙；光武上继元帝，亦不追尊钜鹿、南顿君，此万世法也。"后诏两制集议濮王典礼，学士王珪等相视莫敢先，光独奋笔书曰："为人后者为之子，不得顾私亲。王宜准封赠期亲属故事，称为皇伯，高官大国，极其尊劳。"议成，珪即命吏以其手稿为按。既上与大臣意殊，御史六人争之力，皆斥去。光乞留之，不可，遂请与俱贬。

初，西夏遣使致祭，延州指使高宜押伴，傲其使者，侮其国主，使者诉于朝。光与吕诲乞加宜罪，不从。明年，夏人犯边，杀略吏士。赵滋为雄州，专以猛悍治边，光论其不可。至是，契丹之民捕鱼界河，伐柳白沟之南，朝廷以知雄州李中祐为不材，将代之。光谓："国家当戎夷附顺时，好与之计较末节，及其桀骜，又从而姑息之。近者西祸生于高宜，北祸起于赵滋；时方贤此二人，故边臣皆以生事为能，渐不可长。宜敕边史，疆场细故辄以矢刃相加者，罪之。"

仁宗遗赐直百余万，光率同列三上章，谓："国有大忧，中外窘乏，不可专用乾兴故事。若遗赐不可辞，宜许侍从上进金钱佐山陵。"不许。光乃以所得珠为谏院公使钱，金以遗舅氏，义不藏于家。后还政，有司立式，凡后有所取用，当覆奏乃供。光云："当移所属使立供已，乃具数白后，以防矫伪。"曹修无功除使相，两府皆迁官。光言："陛下欲以慰母心，而迁除无名，则宿卫将帅、内侍小臣，必有觊望。"已而迁都知任守忠等官,光复争之,国论:"守忠大奸,陛下为皇子非守忠意,沮坏大策,离间百端,赖先帝不听;及陛下嗣位,反覆交构,国之大贼。乞斩于都市,以谢天下。"责守忠为节度副使,蕲州安置,天下快之。

诏刺陕西义勇二十万,民情惊挠,而纪律疏略不可用。光抗言其非,持白韩琦。琦曰:"兵贵先声,谅祚方桀骜,使骤闻益兵二十万,岂不震慑?"光曰:"兵之贵先声。为无其实也,独可欺之于一日之间耳。今吾虽益兵,实不可用,不过十日,彼将知其详,尚何惧?"琦曰:"君但见庆历间乡兵刺为保捷,忧今复然,已降敕榜与民约,永不充军戍边矣。"光曰:"朝廷尝失信,民未敢以为然,虽光亦不能不疑也。"琦曰:"吾在此,君无忧。"光曰:"公长在此地,可也;异日他人当位,因公见兵,用之运粮戍边,反掌间事耳。"琦嘿然,而讫不为止。不十年,皆如光虑。

王广渊除直集贤院,光论其奸邪不可近:"昔汉景帝重卫绾,周世宗薄张美。广渊当仁宗之世,私自结于陛下,岂忠臣哉?宜黜之以厉天下。"进龙图阁直学士。

神宗即位,擢为翰林学士,光力辞。帝曰:"古之君子,或学而不文,或文而不学,惟董仲舒、扬雄兼之。卿有文学,何辞为?"对曰:"臣不能为四六。"帝曰:"如两汉制诏可也;且卿能进士取高第,而云不能四六,何邪?"竟不获辞。

御史丞王陶以论宰相不押班罢,光代之,光言:"陶由论宰相罢,则中丞不可复为。臣愿俟既押班,然后就职。"许之。遂上疏论修心之要三:曰仁,曰明,曰武;治国之要三:曰官人,曰信赏,曰必罚。其说甚备。且曰:"臣获事三朝,皆以此六言献,平生力学所得,尽在是矣。"御药院内臣,国朝常用供奉官以下,至内殿崇班则出;近岁暗理官资,非祖宗本意。因论高居简奸邪,乞加远窜。章五上,帝为出居简,尽罢寄资者。既而复留二人,光又力争之。张方平参知政事,光论其不叶物望,帝不从。还光翰林兼侍读学士。

光常患历代史繁,人主不能遍览,遂为《通志》八卷以献。英宗悦之，命置局秘阁，续其书。至是，神宗名之曰《资治通鉴》自制《序》授之，俾日进读。

诏录颍邸直省官四人为阁门祗候，光曰："国初草创，天步尚艰，故御极之初，必以左右旧人为腹心耳目，谓之随龙，非平日法也。阁门祗候在文臣为馆职，岂可使厮役为之。"

西戎部将嵬名山欲以横山之众，取谅祚以降，诏边臣招纳其众。光上疏极论，以为："名山之众，未必能制谅祚。幸而胜之，灭一谅祚，生一谅祚，何利之有；若其不胜，必引众归我，不知何以待之。臣恐朝廷不独失信谅祚，又将失信于名山矣。若名山余众尚多，还北不可，入南不受，穷无所归，必将突据边城以救其命。陛下不见侯景之事乎？"上不听，遣将种谔发兵迎之，取绥州，费六十万，西方用兵，盖自此始矣。

百官上尊号，光当答诏，言："先帝亲郊，不受尊号。末年有献议者，谓国家与契丹往来通信，彼有尊号我独无，于是复以非时奉册。昔匈奴冒顿自称'天地所生日月所置匈奴大单于'，不闻汉文帝复为大名以加之也。愿追述先帝本意，不受此名。"帝大悦，手诏奖光，使善为答辞，以示中外。

执政以河朔旱伤，国用不足，乞南郊勿赐金帛。诏学士议，光与王珪、王安石同见，光曰："救灾节用，宜自贵近始，可听也。"安石曰："常衮辞堂馔，时以为衮自知不能，当辞位不当辞禄。且国用不足，非当世急务，所以不足者，以未得善理财者故也。"光曰："善理财者，不过头会箕敛尔。"安石曰："不然，善理财者，不加赋而国用足。"光曰："天下安有此理？天地所生财货百物，不在民，则在官，彼设法夺民，其害乃甚于加赋。此盖桑羊欺武帝之言，太史公书之以见其不明耳。"争议不已。帝曰："朕意与光同，然姑不允答之。"会安石草诏，引常衮事责两府，两府不敢复辞。

安石得政，行新法，光逆疏其利害。迩英进读，至曹参代萧何事，帝曰："汉常守萧何之法不变，可乎？"对曰："宁独汉也。使三代之君常守禹、汤、文、武之法，虽至今存可也。汉武取高帝约束纷更，盗贼半天下；元帝改孝宣之政，汉业遂衰。由此言之，祖宗之法不可变也。"

吕惠卿言："先王之法，有一年一变者，'正月始和，布法象魏'是也；有五年一变者，巡守考制度是也；有三十年一变者，'刑罚世轻世重'是也。光言非是，其意以风朝廷耳。"帝问光，光曰："布法象魏，布旧法也。诸侯变礼易乐者，王巡守则诛之，不自变也。刑新国用轻典，乱国用重典，是为世轻世重，非变也。且治天下譬如居室，敝则修之，非大坏不更造也。公卿侍从皆在此，愿陛下问之。三司使掌天下财，不才而黜可也，不可使执政侵其事。今为制置三司条例司，何也？宰相以道佐人主，安用例？苟用例，则胥吏矣。今为看详中书条例司，何也？"惠卿不能对，则以他语诋光。帝曰："相与论是非耳，何至是。"光曰："平民举钱出息，尚能蚕食下户，况县官督责之威乎！"惠卿曰："青苗法，愿取则与之，不愿不强也。"光曰："愚民知取债之利，不知还债之害，非独县官不强，富民亦不强也。昔太宗平河东，立籴法，时米斗十钱，民乐与官为市。其后物贵而和籴不解，遂为河东世世患。臣恐异日之青苗，亦犹是也。"帝曰："坐仓籴米何如？"坐者皆起，光曰："不便。"惠卿曰："籴米百万斛，则省东南之漕，以其钱供京师。"光曰："东南钱荒而粒米狼戾，今不籴米而漕钱，弃其有余，取其所无，农末皆病矣！"侍讲吴申起曰："光言，至论也。"

它日留对，帝曰："今天下汹汹者，孙叔敖所谓'国之有是，众之所恶'也。"光曰："然。陛下当论其是非。今条例司所为，独安石、韩绛、惠卿以为是耳，陛下岂能独与此三人共为天下邪？"帝欲用光，访之安石。安石曰："光外托劘上之名，内怀附下之实。所言尽害政之事，所与尽害政之人，而欲置之左右，使与国论，此消长之大机也。光才岂能害政，但在高位，则异论之人倚以为重。韩信立汉赤帜，赵卒气夺，今用光，是与异论者立赤帜也。"

安石以韩琦上疏，卧家求退。帝乃拜光枢密副使，光辞之曰："陛下所以用臣，盖察其狂直，庶有补于国家。若徒以禄位荣之，而不取其言，是以天官私非其人也。臣徒以禄位自荣，而不能救生民之患，是盗窃名器以私其身也。陛下诚能罢制置条例司，追还提举官，不行青苗、助役等法，虽不用臣，臣受赐多矣。今言青苗之害者，不过谓使者骚动州县，为今日之患耳。而臣之所忧，乃在十年之外，非今日也。夫民之贫富，由勤惰不同，惰者常乏，故必资于人。今出钱贷民而敛其息，富者不愿取，使者以多散为功，一切抑配。恐其逋负，必令贫富相保，贫者无可偿，则散而之四方；富者不能去，必责使代偿数家之负。春算秋计，展转日滋，贫者既尽，富者亦贫。十年之外，百姓无复存者矣。又尽散常平钱谷，专行青苗，它日若思复之，将何所取？富室既尽，常平已废，加之以师旅，因之以饥馑，民之羸者必委死沟壑，壮者必聚而为盗贼，此事之必至者也。"抗章至七八，帝使谓曰："枢密，兵事也，官各有职，不当以他事为辞。"对曰："臣未受命，则犹侍从也，于事无不可言者。"安石起视事，光乃得请，遂求去。

以端明殿学士知永兴军。宣抚使下令分义勇戍边，选诸军骁勇士，募市井恶少年为奇兵；调民造乾糇，悉修城池楼橹，关辅骚然。光极言："公私困敝，不可举事，而京兆一路皆内郡，缮治非急。宣抚之令，皆未敢从，若乏军兴，臣当任其责。"于是——路独得免。徙知许州，趣入觐，不赴；请判西京御史台归洛，自是绝口不论事。而求言诏下，光读之感泣，欲嘿不忍，乃复陈六事，又移书责宰相吴充，事见《充传》。

蔡天申为察访，妄作威福，河南尹、转运使敬事之如上官；尝朝谒应天院神御殿，府独为设一班，示不敢与抗。光顾谓台吏曰："引蔡寺丞归本班。"吏即引天申立监竹木务官富赞善之下。天申窘沮，即日行。

元丰五年，忽得语涩疾，疑且死，豫作遗表置卧内，即有缓急，当以界所善者上之。官制行，帝指御史大夫曰："非司马光不可。"又将以为东宫师傅。蔡确曰："国是方定，愿少迟之。"《资治通鉴》未就，帝尤重之，以为贤于荀悦《汉纪》，数促使终篇，赐以颍邸旧书二千四百卷。及书成,加资政殿学士。凡居洛阳十五年,天下以为真宰相,田夫野老皆号为司马相公,妇人孺子亦知其为君实也。

帝崩,赴阙临,卫士望见,皆以手加额曰:"此司马相公也。"所至,民遮道聚观,马至不得行,曰:"公无归洛,留相天子,活百姓。"哲宗幼冲,太皇太后临政,遣使问所当先,光谓:"开言路。"诏榜朝堂。而大臣有不悦者,设六语云:"若阴有所怀;犯非其分;或扇摇机事之后果;或迎合已行之令;上以徼幸希进;下以眩惑流俗。若此者,罚无赦。"后复命示光,光曰:"此非求谏,乃拒谏也。人臣惟不言,言则入六事矣。"乃具论其情,改诏行之,于是上封者以千数。

起光知陈州,过阙,留为门下侍郎。苏轼自登州召还缘道人相聚号呼曰:"寄谢司马相公,毋去朝廷,厚自爱以活我。"是时天下之民,引领拭目以观新政,而议者犹谓"三年无改于父之道",但毛举细事,稍塞人言。光曰:"先帝之法,其善者虽百世不可变也。若安石惠卿所建,为天下害者,改之当如救焚拯溺。况太皇太后以母改子,非子改父。"众议甫定。遂罢保甲团教,不复置保马;废市易法,所储物皆鬻之,不取息,除民所欠钱;京东铁钱及茶盐之法,皆复其旧。或谓光曰:"熙、丰旧臣,多憸巧小人,他日有以父子义间上,则祸作矣。"光正色曰:"天若祚宗社,必无此事。"于是天下释然,曰:"此先帝本意也。"

元祐元年复得疾,诏朝会再拜,勿舞蹈。时青苗、免役、将官之法犹在,而西戎之议未决。光叹曰:"四患未除,吾死不瞑目矣。"折简与吕公著云:"光以身付医,以家事付愚子,惟国事未有所托,今以属公。"乃论免役五害,乞直降敕罢之。诸将兵皆隶州县,军政委守令通决。废提举常平司,以其事归之转运、提点刑狱。边计以和戎为便,谓监司多新进少年,务为刻急,令近臣于郡守中选举,而于通判中举转运判官。又立十科荐士法。皆从之。

拜尚书左仆射兼门下侍郎,免朝觐,许乘肩舆,三日一入省。光不敢当,曰:"不见君,不可以视事。"诏令子康扶入对,且曰:"毋拜。"遂罢青苗钱,复常平籴粜法。两宫虚己以听。辽、夏使至,必问光起居，救其边吏曰："中国相司马矣，毋轻生事，开边隙。"光自见言行计从，欲以徇社稷，躬亲庶务，不舍昼夜。宾客见其体赢，举诸葛亮食少事烦以为戒，光曰："死生，命也。"为之益力。病革，不复自觉，谆谆如梦中语，然皆朝廷天下事也。

是年九月薨，年六十八。太皇太后闻之恸，与帝即临其丧，明堂礼成不贺，赠太师、温国公，襚以一品礼服，赙银绢七千，诏户部侍郎赵瞻、内侍少押班冯宗道护其丧，归葬陕州。谥曰文正，赐碑曰《忠清粹德》。京师人罢市往吊，鬻衣以致奠，巷哭以过车。及葬，哭者如哭其私亲。岭南封州父老，亦相率具祭，都中及四方皆画像以祀，饮食必祝。

光孝友忠信，恭俭正直，居处有法，动作有礼。在洛时，每往夏县展墓，必过其兄旦，旦年将八十，奉之如严父，保之如婴儿。自少至老，语未尝妄，自言："吾无过人者，但平生所为，未尝有不可对人言者耳。"诚心自然，天下敬信，陕、洛间皆化其德，有不善，曰："君实得无知之乎？"

光于物澹然无所好，于学无所不通，惟不喜释、老，曰："其微言不能出吾书，其诞吾不信也。"洛中有田三顷，丧妻，卖田以葬，恶衣菲食以终其身。

绍圣初，御史周秩首论光诬谤先帝，尽废其法。章惇、蔡卞请发冢斫棺，帝不许，乃令夺赠谥，仆所立碑。而惇言不已，追贬清远军节度副使，又贬崖州司户参军。徽宗立，复太子太保。蔡京擅政，复降正议大夫，京撰《奸党碑》，令郡国皆刻石。长安石工安民当镌字，辞曰："民愚人，固不知立碑之意。但如司马相公者，海内称其正直，今谓之奸邪，民不忍刻也。"府官怒，欲加罪，泣曰："被役不敢辞，乞免镌安民二字于石末，恐得罪于后世。"闻者愧之。

靖康元年，还赠谥。建炎中，配飨哲宗庙庭。

康字公休，幼端谨，不妄言笑，事父母至孝。敏学过人，博通群书，以明经上第。光修《资治通鉴》，奏检阅文字。丁母忧，勺饮不入口三日，毁几灭性。光居洛，士之从学者退与康语，未尝不有得。涂之人见其容止，虽不识，皆知其为司马氏子也。以韩绛荐，为秘书，由正字迁校书郎。光薨，治丧皆用《礼经》家法，不为世欲事。得遗恩，悉以与族人。服除，召为著作佐郎兼侍讲。

上疏言："比年以来，旱暵为虐，民多艰食。若复一不稔，则公私困竭，盗贼可乘。自古圣贤之君，非无水旱，惟有以待之，则不为甚害。愿及今秋熟，令州县广籴，民食所余，悉归于官。今冬来春，令流民就食，候乡里丰穰，乃还本土。凡为国者，一丝一毫皆当爱惜，惟于济民则不宜吝，诚能捐数十万金帛，以为天下大本，则天下幸甚。"拜右正言，以亲嫌未就职。

为哲宗言前世治少乱多，祖宗创业之艰难，积累之勤劳，劝帝及时向学，守天下大器，且劝太皇太后每于禁中训迪，其言切至。迩英进讲，又言："《孟子》于书最醇正，陈王道尤明白，所宜观览。"帝曰："方读其书。"寻诏讲官节以进。

康自居父丧，居庐疏食，寝于地，遂得腹疾，至是不能朝谒。赐优告。疾且殆，犹具疏所当言者以待，曰："得一见天子极言而死无恨。"使召医李积于兖。积老矣，乡民闻之，往告曰："百姓受司马公恩深，今其子病，愿速往也。"来者日夜不绝，积遂行；至，则不可为矣。年四十一而卒。公卿嗟痛于朝，士大夫相吊于家，市井之人，无不哀之。诏赠右谏议大夫。

康为人廉洁，口不言财。初，光立神道碑，帝遣使赐白金二千两，康以费皆官给，矢不受。不听。遣家吏如京师纳之，乃止。

论曰：熙宁新法病民，海内骚动，忠言谠论，沮抑不行；正人端士，摈弃不用。聚敛之臣日进，民被其虐者将二十年。方是时，光退居于洛，若将终身焉。而世之贤人君子，以及庸夫愚妇，日夕引领望其为相，至或号呼道路，愿其毋去朝廷，是岂以区区材智所能得此于人人哉？德之盛而诚之著也。

一旦起而为政，毅然以天下自任，开言路，进贤才。凡新法之为民害者，次第取而更张之，不数月之间，铲革略尽，海内之民，如寒极而春，旱极而雨，如解倒悬，如脱桎梏，如出之水火之中也。相与咨磋欢息，欣欣鼓舞，甚若更生，一变而为嘉祐、治平之治。君子称其有旋乾转坤之功，而光于是一亦老且病矣。天若祚宋，慭遗一老，则奸邪之势未遽张，绍述之说未遽行，元祐之臣固无恙也。人众能胜天，靖良之变，或者可少缓乎？借曰有之，当不至如是其酷也。《诗》曰："哲人云亡，邦国殄瘁。"呜呼悲夫！

康济美象贤，不幸短命而死，世尤惜之。然康不死，亦将不免于绍圣之祸矣。

吕公著字晦叔，幼嗜学，至忘寝食。父夷简器异之，曰："他日必为公辅。"恩补奉礼郎，登进士第，召试馆职，不就。通判颍州，郡守欧阳修与为讲学之友。后修使契丹，契丹主问中国学行之士，首以公著对。判吏部南曹，仁宗奖其恬退，赐五品服。除崇文院检讨、同判太常寺。寿星观营真宗神御殿，公著言："先帝已有三神御，而建立不已，殆非祀无丰昵之义。"进知制诰，三辞不拜。改天章阁待制兼侍读。

英宗亲政，加龙图直学士。方议追崇濮王，或欲称皇伯考，公著曰："此真宗所以称太祖，岂可施于王。"及下诏称亲，且班讳，又言："称亲则有二父之嫌，王讳但可避于上前，不应与七庙同讳。"吕诲等坐论濮王去，公著言："陛下即位以来，纳谏之风未彰，而屡绌言者，何以风示天下？"不听。遂乞补外，帝曰："学士朕所重，其可以去朝廷？"请不已，出知蔡州。

神宗立，召为翰林学士、知通进银台司。司马光以论事罢中丞，还经幄。公著封还其命曰："光以举职赐罢，是为有言责者不得尽其言也。"诏以告直付阁门。公著又言："制命不由门下，则封驳之职，因臣而废。愿理臣之罪，以正纪纲。"帝谕之曰："所以徙光者，赖其劝学耳，非以言事故也。"公著请不已，竟解银台司。

熙宁初，知开封府。时夏秋淫雨，京师地震。公著上疏曰："自昔人君遇灾者,恐惧以致福,或简诬以致祸。上以至诚待下,则下思尽诚以应之,上下至诚而变异不消者,未之有也。惟君人者去偏听独任之弊,而不主先入之语,则不为邪说所乱。颜渊问为邦,孔子以远佞人为戒。盖佞人惟恐不合于君,则其势易亲;正人惟不合于义,则其势易疏。惟先格王正厥事,未有事正而世不治者也。"礼官用唐故事,请以五月御大庆殿受朝,因上尊号。公著曰:"陛下方度越汉、唐,追复三代,何必于阴长之日,为非礼之会,受无益之名?"从之。

二年,为御史中丞。时,王安石方行青苗法,公著极言曰:"自古有为之君,未有失人心而能图治,亦未有能胁之以威、胜之以辩而能得人心者也。昔日之所谓贤者,今皆以此举为非,而生议者一切诋为流俗浮论,岂昔皆贤而今皆不肖乎?"安石怒其深切。帝使举吕惠卿为御史,公著曰:"惠卿固有才,然奸邪不可用。"帝以语安石,安石益怒,诬以恶语,出知颍州。

八年,彗星见,诏求直言。公著上疏曰:"陛下临朝愿治,为日已久,而左右前后,莫敢正言。使陛下有欲治之心,而无致治之实,此任事之臣负陛下也。夫士之邪正、贤不肖,既素定矣。今则不然,前日所举,以为天下之至贤;而后日逐之,以为天下至不肖。其于人材既反覆不常,则于政事说乖戾不审矣。古之为政,初不信于民者有之,若子产治郑,一年而人怨之,三年而人歌之。陛下垂拱仰成,七年于此,然舆人之诵,亦未有异于前日,陛下独不察乎?"

起知河阳,召还,提举中太一宫,迁翰林学士承旨,改端明殿学士、知审官院。帝从容与论治道,遂及释、老,公著问曰:"尧、舜知此道乎?"帝曰:"尧、舜岂不知?"公著曰:"尧、舜虽知此,而惟以知人安民为难,所以为尧、舜也。"帝又言唐太宗能以权智御臣下。对曰:"太宗之德,以能屈己从谏尔。"帝善其言。

未几,同知枢密院事。有欲复肉刑者,议取死囚试劓、刖,公著曰:"试之不死,则肉刑遂行矣。"乃止。夏人幽其主,将大举讨之。公著曰:"问罪之师,当先择帅,苟未得人,不如勿举。"及兵兴,秦、晋民力大困,大臣不敢言,公著数白其害。

　　元丰五年，以疾丐去位，除资政殿学士、安州安抚使。俄永乐城陷，帝临朝叹曰："边民疲弊如此，独吕公著为朕言之耳。"徙扬州，加大学士。将立太子，帝谓辅臣，当以吕公著、司马光为师傅。

　　哲宗即位，以侍读还朝。太皇太后遣使迎，问所欲言，公著曰："先帝本意，以宽省民力为先，而建议者以变法侵民为务，与己异者切斥去，故日久而弊愈深，法行而民愈困。诚得中正之士，讲求天下利病，协力而为之，宜不难矣。"至则上言曰："人君初即位，当正始以示天下，修德以安百姓。修德之要，莫先于学。学有缉熙于光明，则日新以底至治者，学之力也。谨昧死陈十事，曰畏天、爱民、修身、讲学、任贤、纳谏、省刑、去奢、无逸。"又乞备置谏员，以开言路。拜尚书左丞、门下侍郎。

　　元祐元年，拜尚书右仆射兼中书侍郎。三省并建，中书独为取旨之地。乃请事于三省者，与执政同进呈，取旨而各行之。又执政官率数日一聚政事堂，事多决于其长，同列莫得预。至是，始命日集，遂为定制。与司马光同心辅政，推本先帝之志，凡欲革而未暇与革而未定者，一一举行之。民欢呼鼓舞，咸以为便。光薨，独当国，除吏皆一时之选。科举罢词赋，专用王安石经义，且杂以释氏之说。凡士子自一语上，非新义不得用，学者至不诵正经，唯窃安石之书以干进，精熟者转上第，故科举益弊。公著始令禁主司不得出题老、庄书，举子不得以申、韩、佛书为学，经义参用古今诸儒说，毋得专取王氏。复贤良方正科。

　　右司谏贾易以言事讦直诋大臣，将峻责，公著以为言，止罢知怀州。退谓同列曰："谏官所论，得失未足言。顾主上春秋方盛，虑异时有进谀说惑乱者，正赖左右争臣耳，不可豫使人主轻厌言者也。"众莫不叹服。

　　吐蕃首领鬼章青宜结久为洮、河患，闻朝廷弭兵省戍，阴与夏人合谋复取熙、岷。公著白遣军器丞游师雄以便宜谕诸将，不逾月，生致于阙下。

　　帝宴近臣于资善堂，出所书唐人诗分赐。公著乃集所讲书要语明白、切于治道者，凡百篇进之，以备游意翰墨，为圣学之助。

三年四月，恳辞位，拜司空、同平章军国事。宋兴以来宰相以三公平章重事者四人，而公著与父居其二，士艳其荣。诏建第于东府之南，启北扉，以便执政会议。凡三省、枢密院之职，皆得总理。间日一朝，因至都堂，其出不以时，盖异礼也。

明年二月薨，年七十二。太皇太后见辅臣泣曰：“邦国不幸，司马相公既亡，吕司空复逝。”痛闵久之。帝亦悲感，即诣其家临奠，赐金帛万赠太师、申国公，谥曰正献，御书碑首曰“纯诚厚德”。

公著自少讲学，即以治心养性为本，平居无疾言遽色，于声利纷华，泊然无所好。暑不挥扇，寒不亲火，简重清静，盖天禀然。其识虑深敏，量闳而学粹，遇事善决，敬便于国，不以私利害动其心。与人交，出于至诚，好德乐善，见士大夫以人物为意者，必问其所知与其所闻，参互考实，以达于上。每议政事，博取众善，至所当守，则毅然不回夺。神宗尝言其于人材不欺，如权衡之称物。尤能避远声迹，不以知人自处。

始与王安石善，安石史事之，安石博辩骋辞，人莫敢与亢，公著独以精识约言服之。安石尝曰：“疵吝每不自胜，一诣长者，即废然而反，所谓使人之意消者，于晦叔见之。”又谓人曰：“晦叔为相，吾辈可以言仕矣。”后安石得志，意其必助已，而数用公议，列其过失，以故交情不终。于讲说尤精，语约而理尽。司马光曰：“每闻晦叔讲，便觉己语为烦。”其为名流所敬如此。

绍圣元年，章惇为相，以翟思、张商英、周秩居言路，论公著更熙、丰法度削赠谥，毁所赐碑，再贬建武军节度副使、昌化军司户参军。徽宗立，追复太子太保。蔡京擅政，复降左光禄大夫，入党籍，寻复银青光禄大夫。绍兴初，悉还谥。子希哲、希纯。

希哲字原明，少从焦千之、孙复、石介、胡瑗学，复从程颢、程颐、张载游，闻见由是益广。以荫入官，父友王安石劝其勿事科举，以侥幸利禄，遂绝意进取。安石为政，将置其子雱于讲官，以希哲有贤名,欲先用之。希哲辞曰:"辱公相知久,万一从仕,将不免异同,则畴昔相与之意尽矣。"安石乃止。

公著作相,二弟已官省寺,希哲独滞管库,久乃判登闻鼓院,力辞。公著叹曰:"当世善士,吾收拾略尽,尔独以吾故置不试,命也夫!"希哲母贤明有法度,闻公著言,笑曰:"是亦未知其子矣。"

终公著丧,始为兵部员外郎。范祖禹,其妹婿也,言于哲宗曰:"希哲经术操行,宜备劝讲,其父常称为不欺暗室。臣以妇兄之故,不敢称荐,今方将引去,窃谓无嫌。"诏以为崇政殿说书。其劝导人主以修身为本,修身以正心诚意为主。其言曰:"心正意诚,则身修而天下化,若身不能修,虽左右之人且不能谕,况天下乎?"

擢右司谏,辞,未听,私语祖禹曰:"若不得请,当以杨畏、来之邵为首。"既而不拜。会绍圣党论起,御史刘拯论其进不由科第,以秘阁校理知怀州。中书舍人林希又言:"吕大防由公著援引,故进希哲以酬私恩。凡大防辈欺君卖国,皆公著为之唱;而公著之恶,则希哲导成之,岂宜污华职。"于是但守本秩,俄分司南京,居和州。

徽宗初,召为秘书少监,或以为太峻,改光禄少卿。希哲力请外,以直秘阁知曹州。旋遭崇宁党祸,夺职知相州,徙邢州,罢为宫祠。羁寓淮、泗间,十余年卒。

希哲乐易简俭,有至行,晚年名益重,远近皆师尊之。子好问,有传。

希纯字子进,登第,为太常博士。元祐祀明堂,将用皇祐故事,并飨天地百神,皆以祖宗配。希纯言:"皇祐之礼,事不经见,嘉祐既已厘正,至元丰中,但以英宗配上帝,悉罢从祀群神,得严父之义,请循其式。"从之。

历宗正、太常、秘书丞。哲宗议纳后,希纯请考三代昏礼,参祖宗之制,博访令族,参求德配。凡世欲所谓勘婚之书,浅陋不经,且一切屏绝,以防附会。迁著作郎,以父讳不拜。擢起居舍人,权太常少卿。

宣仁太后崩,希纯虑奸人乘间进说摇主听,即上疏曰:"自元祐初年,太皇听断,所用之人皆宿有时望,所行之事皆人所愿行。唯是过恶得罪之徒,日伺变故,捭阖规利,今必以更改神宗法度为说。臣以为先帝之功烈,万世莫掩。间有数事。为小人所误,势虽颇有损益,在于圣德,固无所亏。且英宗、神宗何尝不改真宗、仁宗之政,亦岂尽用太祖、太宗之法乎?小人既误先帝,复欲误陛下,不可不察。"未几,拜中书舍人、同修国史。

内侍梁从政、刘惟简除内省押班,希纯以亲政之始,首录二人,无以示天下,持不行。由是阉寺侧目,或于庭中指以相示曰:"此缴还二押班词头者也。"

章惇既相,出为宝文阁待制、知亳州。谏官张商英憾希纯,攻之力。又以外亲嫌,边徙睦州、归州。自京东而之浙西,自浙西而上三峡,名为易地,实困之也。公著追贬,希纯亦以屯田员外郎分司南京,居金州。又责舒州团练副使,道州安置。建中靖国元年,还为待制、知瀛州。徽宗闻其名,数称之。曾布忌希纯,因其请觐,未及见,亟以边,遽趣遣之。俄改颍州,入崇宁党籍。卒,年六十。

论曰:公著父子俱位至宰相,俱以司空平章军国事,虽汉之韦、平,唐之苏、李荣盛孰加焉。夷简多智数,公著则一切持正,以应天下之务,鸣呼贤哉。其论人才,如权衡之称物,故一时贤士,收拾略尽。司马光疾甚,谆谆焉以国事为托,当时廷臣,莫公著若也审矣。追考其平生事业,盖守成之良相也。然知子之贤而不能荐,殆犹未免于避嫌,而有愧于从祖云。希哲、希纯世济其美,然皆陷于崇宁党祸,何君子之不幸欤!

宋史卷三三七

列传第九六

范镇　从子百禄　从孙祖禹

　　范镇字景仁,成都华阳人。薛奎守蜀,一见爱之,馆于府舍,俾与子弟讲学。镇益自谦退,每步行趋府门,逾年,人不知其为帅客也。及还朝,载以俱。有问奎入蜀何所得,曰:"得一传人,当以文学名世。"宋庠兄弟见其文,自谓弗及,与为布衣交。

　　举进士,礼部奏名第一。故事,殿廷唱第过三人,则首礼部选者,必越次抗声自陈,率得置上列。吴育、欧阳修号称耿介,亦从众。镇独不然,同列屡趣之,不为动。至第七十九人,乃随呼出应,退就列,无一言,廷中皆异之。自是旧风遂革。

　　调新安主簿,西京留守宋绶延置国子监,荐为东监直讲。召试学士院,当得馆阁校理,主司妄以为失韵,补校勘。人为忿郁,而镇处之晏如。经四年,当迁,宰相庞籍言:"镇有异材,不汲汲于进取。"超授直秘阁,判吏部南曹、开封会推官。擢起居舍人、知谏院。上疏论:"民力困敝,请约祖宗以来官吏兵数,酌取其中为定制,以今赋入之数什七为经费,储其三以备水旱非常。"又言:"周以冢宰制国用,唐以宰相判盐铁、度支。今中书主民,枢密主兵,三司主财,各不相知。财已匮,枢密益兵无穷;民已困,三司取财不已。请使二府通知兵民大计,与三司同制国用。"

　　契丹使至,虚声示强,大臣益募兵以塞责,岁费百千万。镇言:"备契丹莫若宽三晋之民,备灵夏莫若宽秦民,备西地莫若宽越、蜀之民，备天下莫若宽天下之民。夫兵所以卫民而反残民，臣恐异日之忧不在四夷，而在冗兵与穷民也。”

商人输粟河北，取偿京师，而榷货不即予钞，久而鬻之，十才得其六。或建议出内帑钱，稍增价与市，岁可得羡息五十万。镇谓：“外府内帑，均为有司。今使外府滞商人，而帑乘急以牟利，至伤国体。”仁宗遽止之。

葬温成后，太常议礼，前谓之园，后谓之陵，宰相刘沆前为监护使，后为园陵使。镇曰：“尝闻法吏舞法矣，未闻礼官舞礼也。请诘前后议礼异同状。”集贤校理刁约论圹中物侈丽，吴充、鞠真卿争论礼，并补外，皆上章留之。石全斌护葬，转观察使，他吏悉优迁两官。镇言：“章献、章懿、章惠三年之葬，推恩皆无此比。乞追还全斌等告敕。”副都知任守忠、邓保吉同日除官，内臣无故改官者又五六人。时有敕，凡内降非准律令者，并许执奏。曾未一月，大臣辄废不行。镇乞正中书、枢密之罪，以示天下。

帝天性宽仁，言事者竞为激讦，至污人以帷箔不可明之事。镇独务引大体，非关朝廷安危，生民利疚，则阔略不言。陈执中为相，镇论其无学术，非宰相器。及嬖妾笞杀婢，御史劾奏，欲逐去之。镇言：“今阴阳不和，财匮民困，盗贼滋炽，狱犴充斥，执中当任其咎。御史舍大责细，暴扬燕私，若用此为进退，是因一婢逐宰相，非所以明等级，辨堂陛。”识者韪之。

文彦博、富弼入相，诏百官郊迎。镇曰：“隆之以虚礼，不若推之以至诚。陛下用两人为相，举朝皆谓得人。然近制，两制不得诣宰相居第，百官不得间见，是不推之以诚也。愿罢郊迎，除谒禁，则于御臣之术两得矣。”议减任子及每岁取士，皆自镇发之。又乞令宗室疏属补外官，帝曰：“卿言是也。顾恐天下谓朕不能睦族耳。”镇曰：“陛下甄别其贤者用之，不没其能，乃所以睦族也。”虽不行，至熙宁初，卒如其言。

帝在位三十五年，未有继嗣。嘉祐初，暴得疾，中外大小之臣，无不寒心，莫敢先言者。镇独奋曰：“天下事尚有大于此者乎？”即拜疏曰："置谏官者，为宗庙社稷计。谏官而不以宗庙社稷计事陛下，是爱死嗜利之人，臣不为也。方陛下不豫，海内皇皇莫知所为，陛下独以祖宗后裔为念，是为宗庙之虑，至深且明也。昔太祖舍其子而立太宗，天下之大公也。真宗以周工薨，养宗子于宫中，天下之大虑也。愿以太祖之心，行真宗故事，拔近属之尤贤者优其礼秩，置之左右，与图天下事，以系兆人心。"

疏奏，文彦博使客问何所言，以实告，客曰："如是，何不与执政谋？"镇曰："自分必死故敢言。若谋于执政，或以为不可，岂得中辍乎？"章累上，不报。报政谕之曰："奈何效希名干进之人。"镇贻以书曰："比天象见变，当有急兵，镇义当死职，不可死乱兵之下。此乃镇择死之时，尚何顾希名干进之嫌哉？"又言："陛下得臣疏，不以留中而付中书，是欲使大臣奉行也。臣两至中书，大臣皆设辞拒臣，是陛下欲为宗庙社稷计，而大臣不欲也。臣窃原大臣畛避之意，恐行之而陛下中变耳。中变之祸，不过一死。国本不立，万一有如天象所告急兵之变，死且有罪，其为计亦已疏矣。愿以臣章示大臣，使其自择死所。"闻者股栗。

除兼侍御史知杂事，镇以言不从，固辞。执政谕镇曰："今间言已入，为之甚难。"镇复书执政曰："事当论其是非，不当问其难易。诸公谓今日难于前日，安知异日不难于今日乎？"凡见上面陈者三，言益恳切。镇泣，帝亦泣，曰："朕知卿忠，卿言是也，当更俟三二年。"章十九上，待命百余日，须发为白。朝廷知不能夺，乃罢知谏院，改集贤殿修撰，纠察在京刑狱，同修起居注，遂知制诰。镇虽解言职，无岁不申前议。见帝春秋益高，每因事及之，冀以感动帝意。至是，因入谢，首言："陛下许臣，今复三年矣，愿早定大计。"又因祫享，献赋以讽。其后韩琦遂定策立英宗。

迁翰林学士。中书议追尊濮王，两制、台谏与之异，诏礼官检详典礼。镇判太常寺，率其属言："汉宣帝于昭帝为孙，光武于平帝为祖，其父容可称皇考，议者犹非之，谓其以小宗合大宗之统也。今陛下既以仁宗为考，又加于濮王，则其失非特汉二帝比。凡称帝若考，

若寝庙,皆非是。"执政怒,召镇责曰:"方令检详,何遽列上!"镇曰:
"有司得诏,不敢稽留,即以闻,乃其职也。奈何更以为罪乎?"会草
制,误迁宰相官,改侍读学士。

　　明年,还翰林,出知陈州。陈方饥,视事三日,擅发钱粟以贷,监
司绳之急,即自劾,诏原之。是岁大熟,所贷悉还。神宗即位,复为
翰林学士兼侍读、知通进银台司。故事,门下封驳制旨,省审章奏,
纠擿违滞,皆著所授敕,后乃刊去。镇始请复之,使知所守。

　　王安石改常平为青苗,镇言:"常平之法,起于汉盛时,视谷贵
贱发敛,以便农末,最为近古,不可改。而青苗行于唐之衰世,不足
法。且陛下疾富民之多取而少取之,此正百步五十步之间耳。今有
两人坐市贸易,一人故下其直以相倾,则人皆知恶之,可以朝廷而
行市道之所恶乎?"吕惠卿在迩英言:"今预买绸绢,亦青苗之比。"
镇曰:"预买,亦敝法也。若府库有余,当并去之,岂应援以为比。"韩
琦极论新法之害,送条例司疏驳,李常乞罢青苗钱,诏令分析,镇皆
封还。诏五下,镇执如初。

　　司马光辞枢密副使,诏许之,镇再封还。帝以诏直付光,不由门
下。镇奏曰:"由臣不才,使陛下废法,有司失职,乞解银台司。"

　　举苏轼谏官,御史谢景温奏罢之;举孔文仲制科,文仲对策,论
新法不便,罢归故官。镇皆力争之,不报。即上疏曰:"臣言不行,无
颜复立于朝,请谢事。臣言青苗不见听,一宜去;荐苏轼、孔文仲不
见用,二宜去。李定避持服,遂不认母,坏人伦,逆天理,而欲以为御
史,御史台为之罢陈荐,舍人院为之罢宋敏求吕大临、苏颂,谏院为
之罢胡宗愈。王韶上书肆意欺罔,以兴造边事,事败,则置而不问,
反为之罪帅臣李师中。及御史一言苏轼,则下七路摘擿其过;孔文
仲则遣之归任。以此二人况彼二人,事理孰是孰非,孰得孰失,其能
逃圣鉴乎?言青苗有见效者,不过岁得什百万缗钱,缗钱什百万,非
出于天,非出于地,非出于建议者之家,盖一出于民耳。民犹鱼也。
财犹水也,养民而尽其财,譬犹养鱼而竭其水也。"

　　疏五上,其后指安石用喜怒为赏罚,曰:"陛下有纳谏之资,大

臣进拒谏之计;陛下有爱民之性,大臣用残民之术。臣知言入触大臣之怒,罪且不测。然臣职献替而无一言,则负陛下矣。"疏入,安石大怒,持其疏至手颤,自草制极诋之。以户部侍郎致仕,所得恩典,悉不与。镇表谢,略曰:"愿陛下集群议为耳目,以除壅蔽之奸;任老成为腹心,以养和平之福。"天下闻而壮之。安石虽诋之深切,人更以为荣,既退,苏轼往贺曰:"公虽退,而名益重矣!"镇愀然曰:"君子言听计从,消患于未萌,使天下阴受其赐,无智名,无勇功;吾独不得为此,使天下受其害而吾享其名,吾何心哉!"日与宾客赋诗饮酒,或劝使称疾杜门,镇曰:"死生祸福,天也,吾其如天何!"同天节乞随班上寿,许之,遂为令。轼得罪,下台狱,索与镇往来书文甚急,犹上书论救。久之,徙居许。

哲宗立,韩维言:"镇在仁宗时,首启建储之议,未尝以语人,人亦莫为言者。"具以十九疏上之。拜端明殿学士,起提举中太一宫兼侍读,且欲以为门下侍郎。镇雅不欲起,从孙祖禹亦劝止之,遂固辞,改提举崇福宫。祖禹谒告归省,诏赐以龙茶,存劳甚渥。复告老,以银青光禄大夫再致仕,累封蜀郡公。

镇于乐尤注意,自谓得古法,独主房庶以律生尺之说,司马光谓不然,往复论难,凡数万言。初,仁宗使照改定大乐,下王朴乐三律。皇祐中,又诏瑗等考正。神宗时诏镇与刘几定之。镇曰:"定乐当先正律。"神宗曰:"然,虽有师旷之聪,不以六律不能正五音。"镇作律尺、龠合、升斗、豆区、鬴斛,欲图上之,又乞访求真黍,以定黄钟。而刘几即用李照乐,加用四清声而奏乐成。诏罢局,赐赍有加。镇曰:"此刘几乐也。臣何与焉。"至是,乃请太府铜为之,逾年而成,比李照乐下一律有奇。帝及太皇太后御延和殿,召执政同阅视,赐诏嘉奖。下之太常,诏三省、侍从、台阁之臣,皆往观焉。镇时已属疾,乐奏三日而薨,年八十一。赠金紫光禄大夫,谥曰忠文。

镇平生与司马光相得甚欢,议论如出一口,且约生则互为传,死则作铭。光生为《镇传》,服其勇决;镇复铭光墓云:"熙宁奸朋淫纵,险诐憸猾,赖神宗洞察于中。"其辞峭峻。光子康属苏轼书之,轼曰:"轼不辞书,惧非三家福。"乃易他铭。

镇清白坦夷,遇人必以诚,恭俭慎默,口不言人过。临大节,决大议,色和而语壮,常欲继之以死,虽在万乘前,无所屈。笃于行义,奏补先族人而后子孙,乡人有不克婚葬者,辄为主之。兄镃,卒于陇城,无子,闻其有遗腹子在外,镇时未仕,徒步求之两蜀间,二年乃得之,曰:"吾兄异于人,体有四乳,是儿亦必然。"已而果然,名曰百常。少受学于乡先生庞直温,直温子昉卒于京师,镇娶其女为孙妇,养其妻子终身。

其学本《六经》,口不道佛、老、申、韩之说。契丹、高丽皆传诵其文。少时赋《长啸》,却胡骑,晚使辽,人相目曰:此"长啸公"也。兄子百禄亦使辽,辽人首问镇安否。

百禄字子功,镇兄镐之子也。第进士,又举才识兼茂科。时治平水灾,大臣方议濮礼,百禄对策曰:"简宗庙、废祭祀,则水不润下,昔汉哀尊共皇,河南、颍川大水;孝安尊德皇京师、郡国二十九大水。盖大宗隆,小宗杀;宗庙重,私祀轻。今宜杀而隆,宜轻而重,是悖先王之礼。礼一悖,则人心失而天意睽,变异所由起也。"对入三等。

熙宁中,邓绾举为御史,辞不就,提点江东、利、梓路刑狱,加直集贤院。利州武安周永懿以贿败,百禄请复至道故事,用文吏领兵,以辖边界,从之。熊本治泸蛮事,有夷酋力屈请降,裨将贾昌言欲杀以为功,百禄谕之不听,往谓本曰:"杀降不祥,活千人者封子孙。奈何容骄将横境内乎?"本矍然,即檄止之。

七年,召知谏院。属岁旱,请讲求急务,收还法令之未便者,以救将死之民。论手实法曰:"造簿手实,许令告匿。户令虽有手实之文,而未尝行。盖谓使人自占,必不以实告,而明许告讦,人将为仇。然则礼、义、廉、耻之风衰矣。"五路置三十七将,专督所部兵,至许辟置布衣参军谋。百禄察其中,或以恩泽市,或以瘝败收,或未历边方,或起于群盗,疏列其亡状者十四人,请仍旧制,将佐颛教阅,余付之州县,事多施行。

　　与徐禧治李士宁狱,奏士宁荧惑童妇,致不轨生心,罪死不赦。禧右士宁,以为无罪。执政主禧,贬百禄监宿州酒。元丰末,入为司门吏部郎中、起居郎。

　　哲宗立,迁中书舍人。司马光复差役法,患吏受赇,欲加流配。百禄固争曰:民今日执事,受谢于人,明日罢役,则以财赂人。苟绳以重典,黥面赭衣,必将充塞道路。”光悟曰:“微君言,吾不悉也。”遂已。

　　元祐元年,为刑部侍郎。诸郡以故斗杀情可矜者请谳,法官曰:“宜贷。”光曰:“杀人不死,法废矣。”百禄曰:“谓之杀人,则可;若制刑以为无足疑,原情以为无足悯,则不可。今概之死,则二杀之科,自是遂无足疑悯者矣。”时又诏天下狱不当谳而辄谳者抵罪。有司重于请,至枉情以求合法。百禄曰:“熙宁之法,非可疑可悯而谳者免驳勘,元丰则刊之,近则有奏劾之诏,故官吏畏避,不惮论杀。”因条五年死贷之数以闻。门下省犹驳正当贷者,又例在有司者还中书,百禄又争之,后悉从其请。

　　改吏部侍郎,议者欲汰胥吏,吕大防趣废其半,百禄曰:“不可。废半则失职者众,不若以渐消之,自今阙吏勿补,不数岁,减斯过半矣。”不听。

　　都水王孝先议回河故道,大防意向之,命百禄行视。百禄以东流高仰,而河势顺下,不可回,即驰奏所以然之状,且取神宗诏令勿塞故道者并上之。大防犹谓:“大河东流,中国之险限。今塘泺既坏,界河淤浅,河且北注矣。”百禄言:“塘泺有限寇之名,无御寇之实。借使河徙而北,敌始有下流之忧,乃吾之利也。先帝明诏具在,奈何妄动摇之。”乃止。

　　俄兼侍读,进翰林学士。为帝言分别邪正之目,凡导人主以某事者为公正,某事者为奸邪,以类相反,凡二十余条。愿概斯事以观其情,则邪正分矣。

　　以龙图阁学士知开封府,勤于民事,狱无系囚。僚吏欲以圄空闻,百禄曰:"千里之畿,无一人之狱,此至尊之仁,非尹功也。"不许。经数月,复为翰林学士,拜中书侍郎。是岁郊祀,议合祭天地,礼官以"昊天有成命"为言。百禄曰:"此三代之礼,奈何复欲合祭乎?'成命'之颂,祀天祭地,均歌此诗,亦如春夏祈谷而歌《噫嘻》,亦岂为一祭哉?"争久不决,质于帝前。宰相曰:"百禄之言,礼经也;今日之用,权制也。陛下始郊见,宜以并事天地为恭。"于是合祭。

熙河范育言:"阿里骨酷暴且病,温溪心八族皆思内附,可以计纳。"百禄曰:"中国以信抚四夷,阿里骨未有过,溪心虚实未可知,无衅而动,非策也。"又请进筑纳迷等三城。百禄曰:"是皆良田,为必争之地,我既城之,若贼骑时出,我何以耕?后虽欲弃之,为费已甚,亦不能矣。"帝皆从之。右仆射苏颂坐稽留除书免,百禄以同省罢为资政殿学士、知河中,徙河阳、河南。薨,年六十五,赠银青光禄大夫。

子祖述,监颍州税,摄狱掾,阅具狱,活两死囚,州人以为神。知巩县,凿南山导水入洛,县无水患,文彦博称其能。以父堕党籍,监中岳庙。久之,通判泾州。知台州,奏罢黄甘、葛藟之贡。主管西京御史台。靖康多难,避地至汝州。汝守赵子栎邀与共守,于是旁郡尽陷,汝独全。累官朝议大夫,卒。从弟祖禹。

祖禹字淳甫,一字梦得。其生也,母梦一伟丈夫被金甲入寝室,曰:"吾汉将军邓禹。"既寤,犹见之,遂以为名。幼孤,叔祖镇抚育如己子。祖禹自以既孤,每岁时亲宾庆集,惨怛若无所容,闭门读书,未尝预人事。既至京师,所与交游,皆一时闻人。镇器之曰:"此儿,天下士也。"

进士甲科。从司马光编修《资治通鉴》,在洛十五年,不事进取。书成,光荐为秘书省正字。时王安石当国,尤爱重之。王安国与祖禹友善,尝谕安石意,竟不往谒。富弼致仕居洛,素严毅,杜门罕与人接,待祖禹独厚;疾笃,召授以密疏,大抵论安石误国及新法之害,言极愤切。弼薨,人皆以为不可奏,祖禹卒上之。

神宗崩，祖禹上疏论丧服之制曰："先王制礼，君服同于父，皆斩衰三年，盖恐为人臣者不以父事其君。自汉以来，不惟人臣无服，人君遂不为三年之丧。国朝自祖宗以来，外廷虽用易月之制，宫中实行三年服。君服如古典，而臣下犹依汉制，故十二日而小祥，期而又小祥，二十四日而大祥，再期而又大祥。既以日为之，又以月为之，此礼之无据者也。古者再期而大祥，中月而禫。禫，祭之名，非服之色。今乃为之惨服三日然后禫，此礼之不经者也。服既除，至葬又服之，祔庙后即吉，才八月而遽纯吉，无所不佩，此又礼之无渐者也。朔望，群臣朝服以造殡宫，是以吉服临丧；人主衰服在上，是以先帝之服为人主之私丧，此二者皆礼之所不安也。"

哲宗立，擢右正言。吕公著执政，祖禹以婿嫌辞，改祠部员外郎，又辞，除著作佐郎、修《神宗实录》检讨，迁著作郎兼侍讲。

神宗既祥，祖禹上疏宣仁后曰："今即吉方始，服御一新，奢俭之端，皆由此起。凡可以荡心悦目者，不宜有加于旧。皇帝圣性未定，睹俭则俭，睹奢则奢，所以训导成德者，动宜有法。今闻奉宸库取珠，户部用金，其数至多，恐增加无已，愿止于未然。崇俭敦朴，辅养圣性，使目不视靡曼之色，耳不听淫哇之声，非礼勿言，非礼勿动，则学问日益，圣德日隆，此宗社无疆之福。"故事，服除当开乐置宴，祖禹以为因除服而开乐设宴，则似除服而庆贺，非君子不得已而除之之意，不可。

夏署权罢讲，祖禹言："陛下今日之学与不学，系他日治乱。如好学，则天下君子欣慕，愿立于朝，以直道事陛下，辅佐德业，而致太平；不学，则小人皆动其心，务为邪诌，以窃富贵。且凡人之进学，莫不于少时，今圣质日长，数年之后，恐不得如今日之专，窃为陛下惜也。"迁起居郎，又召试中书舍人，皆不拜。吕公著薨，召拜右谏议大夫。首上疏论人主正心修身之要，乞太皇太后日以天下之勤劳、万民之疾苦、群臣之邪正、政事之得失，开导上心，晓然存之于中，使异日众说不能惑，小人不能进。

蔡确既得罪，祖禹言："自乾兴以来，不窜逐大臣六十余年，一旦行之,流傅四方,无不震竦。确去相已久,朝廷多非其党,间有偏见异论者,若一切以为党确去之,惧刑罚失中,而人性不安也。"

蔡京镇蜀,祖禹言:"京小有才,非端良之士。如使守成都,其还,当使执政,不宜崇长。"时大臣欲于新旧法中有所创立。祖禹以为朝廷既察王安石之法为非,但当复祖宗之旧,若出于新旧之间,两用而兼存之,纪纲坏矣。迁给事中。

吴中大水,诏出米百万斛、缗钱二十万振救。谏官谓诉灾者为妄,乞加验考。祖禹封还其章,云:"国家根本,仰给东南。今一方赤子,呼天赴诉,开口仰哺,以脱朝夕之急。奏灾虽小过实,正当略而不问。若稍施惩谴,恐后无复敢言者矣。"

兼国史院修撰,为礼部侍郎。论择监司守令曰:"祖宗分天下为十八路,置转运使、提点刑狱收乡长、镇将之权悉归于县,收县之权归于州,州之权归于监司,监司之权归于朝廷。上下相维,轻重相制,建置之道,最为合宜。监司付以一路,守臣付以一州,令宰付以一县,皆与天子分土而治,其可不择乎?祖宗尝有考课之法,专察诸路监司,置簿于中书,以稽其要。今宜委吏部尚书,取当为州者,条别功状以上三省,三省召而察之,苟其人可任,则以次表用之。至官,则令监司考其课绩,终岁之后,可以校优劣而施黜陟焉。如此则得人必多,监司、郡守得人,县令不才,非所患也。"

闻禁中觅乳媪,祖禹以帝年十四,非近女色之时,上疏劝进德爱身,又乞宣仁后保护上躬,言甚切至。既而宣仁谕祖禹,以外议皆虚傅,祖禹复上疏曰:"臣言皇帝进德爱身,宜常以为戒。太皇太后保护上躬,亦愿因而勿忘。今外议虽虚,亦足为先事之戒。臣侍经左右,有闻于道路,实怀私忧,是以不敢避妄言之罪。凡事言于未然,则诚为过;及其已然,则又无所及,言之何益?陛下宁受未然之言,勿使臣等有无及之悔。"拜翰林学士,以叔百禄在中书,改侍讲学士。百禄去,复为之,范氏自镇至祖禹,比三世居禁林,士论荣慕。

宣仁太后崩,中外议论汹汹,人怀顾望,在位者畏惧,莫敢发言。祖禹虑小人乘间害政,乃奏曰:"陛下方揽庶政,延见群臣,此国家隆替之本,社稷安危之机,生民休戚之端,君子小人进退消长之际,天命人心去就离合之时也,可不畏哉?先后有大功于宗社,有大德于生灵,九年之间,始终如一。然群小怨恨,亦为不少,必将改先帝之政、逐先帝之臣为言,以事离间,不可不察也。先后因天下人心,变而更化。既改其法,则作法之人有罪当退,亦顺众言而逐之。是皆上负先帝,下负万民,天下之所仇疾而欲去之者也,岂有憎恶于其间哉?惟辨析是非,深拒邪说,有以奸言惑听者,付之典刑,痛惩一人,以惊群慝,则帖然无事矣。此等既误先帝,又欲误陛下,天下之事,岂堪小人再破坏邪?"初,苏轼约俱上章论列,谏草已具,见祖禹疏,遂附名同奏,曰:"公之文,经世之文也。"竟不复出其稿。

祖禹又言:"陛下承六世之遗烈,当思天下者祖宗之天下,人民者祖宗之人民,百官者祖宗之百官,府库者祖宗之府库。一言一动,如临之在上,质之在傍,则可以长享天下之奉。先后以大公至正为心,罢安石、惠卿所造新法,而行祖宗旧政。故社稷危而复安,人心离而复合,乃至辽主亦戒其臣勿生事曰:'南朝专行仁宗之政矣。'外夷之情如此,中国之人心可知。先后日夜苦心劳力,为陛下立太平之基。愿守之以静,恭已以临之,虚心以处之,则群臣邪正,万事是非,皆了然于圣心矣。小人之情专为私,故不便于公;专为邪,故不便于正;专好邪正;专好动,故不便于静。惟陛下痛心疾首,以为刻骨之戒。"章累上,不报。

忽有旨召内臣十余人,祖禹言:"陛下亲政以来,四海倾耳,未闻访一贤臣,而所召者乃先内侍,必谓陛下私于近习,望即赐追改。"因请对,曰:"熙宁之初,王安石、吕惠卿造立新法,悉变祖宗之政,多引小人以误国,勋旧之臣屏弃不用,忠正之士相继远引。又用兵开边,结怨外夷,天下愁苦,百姓流徙。赖先帝觉悟,罢逐两人,而所引群小,已布满中外,不可复去。蔡确连起大狱,王韶创取熙河,章惇开五溪,沈起扰交管,沈括、徐禧、俞充、种谔兴造西事,兵民死伤皆不下二十万。先帝临朝悼悔,以谓朝廷不得不任其咎。以至吴居厚行铁冶之法于京东,王子京行茶法于福建,蹇周辅行盐法于江西,李稷、陆师闵行茶法、市易于西川,刘定教保甲于河北,民皆愁痛嗟怨,比屋思乱。赖陛下与先后起而救之,天下之民,如解倒县。惟是向来所斥逐之人,窥伺事变,妄意陛下不以修改法度为是,如得至左右,必进奸言。万一过听而复用之,臣恐国家自此陵迟,不复振矣。”又论:“汉、唐之亡,皆由宦官。自熙宁、元丰间,李宪、王中正、宋用臣辈用事总兵。权势震灼。中正兼干四路,口敕募兵,州郡不敢违,师徒冻馁,死亡最多;宪陈再举之策,致永乐摧陷;用臣兴士木之工,无时休息,罔市井之微利,为国敛怨。此三人者,虽加诛戮,未足以谢百姓。宪虽已亡,而中正、用臣尚在,今召内臣十人,而宪、中正之子皆在其中。二人既入,则中正、用臣必将复用,愿陛下念之。”

时绍述之论已兴,有相章惇意。祖禹力言惇不可用,不见从,遂请外。上且欲大用,而内外梗之者甚众,乃以龙图阁学士知陕州。言者论祖禹修《实录》诋诬,又摭其谏禁中雇乳媪事,连贬武安军节度副使、昭州别驾,安置永州、贺州,又徙宾、化而卒,年五十八。

祖禹平居恂恂,口不言人过。至遇事,则别白是非,不少借隐。在迩英守经据正,献纳尤多。尝讲《尚书》至“内作色荒,外作禽荒”六语,拱手再诵,却立云:“愿陛下留听。”帝首肯再三,乃退。每当讲前夕,必正衣冠,俨如在上侧如在上侧,命子弟侍,先按讲其说。开列古义,参之时事,言简而当,无一长语,义理明白,粲然成文。苏轼称为讲官第一。

祖禹尝进《唐鉴》十二卷,《帝学》八卷,《仁皇政典》六卷。而《唐鉴》深明唐三百年治乱,学者尊之,目为“唐鉴公”云。建炎二年,追复龙图阁学士。子冲,绍兴中仕至翰林侍读学士,《儒林》有传。

论曰:熙宁、元丰之际,天下贤士大夫望以为相者,镇与司马光二人,至称之曰君实、景仁,不敢有所轩轾。光思济斯民,卒任天下之重;镇巍然如山,确乎其不可拔。君子之道,或出或处,易地则皆然,未易以功名优劣论也。百禄受学于镇,故其议论操修,粹然一出于正。祖禹长于劝讲,平生论谏,不啻数十万言。其开陈治道,区别邪正,辨释事宜,平易明白,洞见底蕴,虽贾谊、陆贽不是过云。

宋史卷三三八
列传第九七

苏轼 子过

　　苏轼字子瞻,眉州眉山人。生十年,父洵游学四方,母程氏亲授以书,闻古今成败,辄能语其要。程氏读东汉《范滂传》,慨然太息,轼请曰:"轼若为滂,母许之否乎?"程氏曰:"汝能为滂,吾顾不能为滂母邪?"

　　比冠,博通经史,属文日数千言,好贾谊、陆贽书。既而读《庄子》,叹曰:"吾昔有见,口未能言,今见是书,得吾心矣。"嘉祐二年,试礼部。方时文磔裂诡异之弊胜,主司欧阳修思有以救之,得轼《刑赏忠厚论》,惊喜,欲擢冠多士,犹疑其客曾巩所为,但置第二;复以《春秋》对义居第一,殿试中乙科。后以书见修,修语梅圣俞曰:"吾当避此人出一头地。"闻者始哗不厌,久乃信服。

　　丁母忧。五年,调福昌主簿。欧阳修以才识兼茂,荐之秘阁。试六论,旧不起草,以故文多不工。轼始具草,文义粲然。复对制策,入三等。自宋初以来,制策入三等,惟吴育与轼而已。

　　除大理评事、签书凤翔府判官。关中自元昊叛,民贫役重,岐下岁输南山木栰,自渭入河,经砥柱之险,衙吏踵破家。轼访利害,为修衙规,使自择水工以时进止,自是害减半。治平二年,入判登闻鼓院。英宗自藩邸闻其名,欲以唐故事召入翰林,知制诰。宰相韩琦曰:"轼之才,远大器也,他日自当为天下用。要在朝廷培养之,使天下之士莫不畏慕降伏,皆欲朝廷进用,然后取而用之,则人人无复异辞矣。今骤用之，则天下之士未必以为然，适足以累之也。"英宗曰："且与修注如何?"琦曰："记注与制诰为邻，未可遽授。不若于馆阁中近上帖职与之，且请召试。"英宗曰："试之未知其能否，如轼有不能邪?"琦犹不可，及试二论，复入三等，得直史馆。轼闻琦语，曰："公可谓爱人以德矣。"

会洵卒，赙以金帛，辞之，求赠一官，于是赠光禄丞。洵将终，以兄太白早亡，子孙未立，妹嫁杜氏，卒未葬，属轼。轼既除丧，即葬姑。后官可荫，推与太白曾孙彭。

熙宁二年，还朝。王安石执政，素恶其议论异己，以判官告院。四年，安石欲变科举、兴学校，诏两制、三馆议。轼上议曰：

得人道，在于知人；知人之法，在于责实。使君相有知人之明，朝廷有责实之政，则胥史皂隶未尝无人，而况于学校贡举乎?虽因今之法，臣以为有余。使君相不政人，朝廷不责实，则公卿侍从常患无人，而况学校贡举乎?虽复古之制，臣以为不足。夫时有可否，物有废兴，方其所安，虽暴君不能废，及其既厌，虽圣人不能复。故风俗之变，法制随之，譬如江河之徙移，强而复之，则难为力。

庆历固尝立学矣，至于今日，惟有空名仅存。今将变今礼，易今之俗，又当发民力以治宫室，敛民财以食游士。百里之内，置官立师，狱讼听于是，军旅谋于是，又简不率教者屏之远方，则无乃徒为纷乱，以患苦天下邪?若乃无大更革，而望有益于时，则与庆历之际何异?故臣谓今之学校，特可因仍旧制，使先王之旧物，不废于吾世足矣。至于贡举之法，行之百年，治乱盛衰，实不由此。陛下视祖宗之世，贡举之法，与今为孰精?言语文章，与今为孰优?所得人才，与今为孰多?天下之事，与今为孰办?较此四者之长短，其议决矣。

今所欲变改不过数端：或曰乡举德行而略文词，或曰："专取策论而罢诗赋，或欲兼采誉望而罢封弥，或欲经生不帖墨而考大义，此皆知其一，不知其二者也。愿陛下留意于远者、大者,区区之法何预焉。臣又切有私忧过计者。夫性命之说,自子贡不得闻,而今之学者,耻不言性命,读其文,浩然无当而不可穷;观其貌,超然无著而不可挹,此岂真能然哉!盖中人之性,安于放而乐于诞耳。陛下亦安用之?

议上,神宗悟曰:"吾固疑此,得轼议,意释然矣。"即日召见,问:"方今政令得失安在?虽朕过失,指陈可也。"对曰:"陛下生知之性,天纵文武,不患不明,不患不勤,不患不断,但患求治太急,听言太广,进人太锐。愿镇以安静,待物之来,然后应之。"神宗悚然曰:"卿三言,朕当熟思之。凡在馆阁,皆当为朕深思治乱,无有所隐。"轼退,言于同列。安石不悦,命权开封府推官,将困之以事。轼决断精敏,声闻益远。会上元敕府市浙灯,且令损价。轼疏言:"陛下岂以灯为悦?此不过以奉二宫之欢耳。然百姓不可户晓,皆谓以耳目不急之玩,夺其口体必用之资。此事至小,体则甚大,愿追还前命。"即诏罢之。

时安石创行新法,轼上书论其不便,曰:

臣之所欲言者,三言而已。愿陛下结人心,厚风俗,存纪纲。人主之所恃者人心而已,如木之有根,灯之有膏,鱼之有水,农夫之有田。商贾之有财。失之则亡,此理之必然也,自古及今,未有和易同众而不安,刚果自用而不危者。陛下亦知人心之不悦矣。

祖宗以来,治财用者不过三司。今陛下不以财用付三司事,无故又创制置三司条例一司,使六七少年,日夜讲求于内,使者四十余辈,分行营干于外。夫制置三司条例司,求利之名也;六七少年与使者四十余辈,求利之器也。造端宏大,民实惊疑;创法新奇,吏皆惶惑。以万乘之主而言利,以天子之宰而治财,论说百端,喧传万口,然而莫之顾者,徒曰:"我无其事,何恤于人言。"操罔罟而入江湖,语人曰"我非渔也",不如捐罔罟而人自信;驱鹰犬而赴林薮,语人曰"我非猎也",不如放鹰犬而兽自驯。故臣以为欲消谗慝而召和气,则莫若罢条例司。

今君臣宵旰,几一年矣,而富国之功,茫如捕风,徒闻内帑出数百万缗,祠部度五千余人耳。以此为术,其住不能?而所行之事,道路皆知其难。汴水浊流,自生民以来,不以种稻。今欲陂而清之,万顷之稻,必用千顷之陂,一岁一淤,三岁而满矣。陛下遂信其说,即使相视地形,所在凿空,访寻水利,亡庸轻剽,率意争言。官司虽知其疏,不敢便行抑退,追集老少,相视可否。若非灼难行,必须且为兴役。官吏苟且顺从,真谓陛下有意兴作,上靡帑廪,下夺农时。堤防一开,水失故道,虽食议者之肉。何补于民!臣不知朝廷何苦而为此哉?

自古役人,必用乡户。今者徒闻江、浙之间,数郡雇役,而欲措之天下。单丁、女户,盖天民之穷者也,而陛下首欲役之,富有四海,忍不加恤!自杨炎为两税,租调与庸既兼之矣,奈何复欲取庸?万一后世不幸有聚敛之臣,庸钱不除,差役仍旧,推所从来,则必有任其咎者矣。青苗放钱,自昔有禁。今陛下始立成法,每岁常行。虽云不许抑配,而数世之后,暴君污吏,陛下能保之与?计愿请之户,必皆孤贫不济之人,鞭挞已意,则继之逃亡,不还,则均及邻保,势有必至,异日天下恨之,国史记之,曰:"青苗钱自陛下始。"岂不惜哉!且常平之法,可谓至矣。今欲变为青苗,坏彼成此,所丧逾多,亏官害民,虽悔何及!

昔汉武帝以财力匮竭,用贾人桑羊之说,买贱卖贵,谓之均输。于时商贾不行,盗贼滋炽,几至于乱。孝昭既立,霍光顺民所欲而予之,天下归心,遂以无事。不意今日此论复兴。立法之初,其费已厚,纵使薄有所获,而征商之额,所损必多。譬之有人为其主畜牧,以一牛易五羊。一牛之失,则隐而不言;五羊之获,则指为劳绩。今坏常平而言青苗之功,亏商税而取均输之利,何以异此?臣窃以为过矣。议者必谓:"民可与乐成,难与虑始。"故陛下坚执不顾,期于必行。此乃战国贪功之人,行险侥幸之说,未及乐成,而怨已起矣。臣之所愿陛下结人心者,此也。

　　国家之所以存亡者，在道之浅深，不在乎强与弱。历数之所以长短者，在风俗之薄厚，不在乎富与贫。人主知此，则知所轻重矣。故臣愿陛下之务崇道德而存风俗，不愿陛下急于有功而贪富强。爱惜风俗，如护元气。圣人非不知深刻之法可以齐众，勇悍之夫可以集事，忠厚近于迂阔，老成初若迟钝。然终不肯以彼易此者，知其所行小，而所丧大也。仁祖持法至宽，用人有叙，专务掩覆过失，未常轻改旧章，考其成功，则曰未至。以言平用兵，则十出而九败；以言乎府库，则仅足而无余。徒以德泽在人，风俗知义，故升遐之日，天下归仁焉，议者见其末年吏多因循，事不振举乃欲矫之以苛察，齐之以智能，招来新进勇锐之人，以图一切速成之效。未享其利，浇风已成。多开聚进之门，使有意外之得，公卿侍从跬步可图，俾常调之人举生非望，欲望风俗之厚，岂可得哉？近岁朴拙之人愈少，巧进之士益多。惟陛下哀之救之，以简易为法，以清净为心，而民德归厚。臣之所愿陛下厚风俗者，此也。

　　祖宗委任台谏，未常罪一言者。纵有薄责，旋即超升，许以风闻，而无官长。言及乘舆，则天子改容；事关廊庙，则宰相待罪。台谏固未必皆贤，所言亦未必皆是。然须养其锐气，而借之重权者，岂徒然哉？将以折奸臣之萌也。今法令严密，朝廷清明，所谓奸臣，万无此理。然养猫以去鼠，不可以无鼠而养不捕之猫；畜狗以防盗，不可以无盗而畜不吠之狗，陛下得不上念祖宗设此官之意，下为子孙万世之防？臣闻长老之谈，皆谓台谏所言，常随天下公议。公议所与，台谏亦与之，公议所击，台谏亦击之。今者物论沸腾，怨讟交至，公议所在，亦知之矣。臣恐自兹以往，习惯成风，尽为执我私人，以致人主孤立，纪纲一废，何事不生？臣之所愿陛下存纪纲者，此也。

　　轼见安石赞神宗以独断专任，因试进士发策，以"晋武平吴以独断而克，苻坚伐晋以独断而亡，齐桓专任管仲而霸，燕哙专任子之而败。事同而功异"为问。安石滋怒。使御史谢景温论奏其过，穷治无所得，轼遂请外，通判杭州。高丽入贡，使者发币于官吏，书称甲子。轼却之曰："高丽于本朝称臣，而不禀正朔，吾安敢受！"使者易疏称熙宁，然后受之。

时新政日下，轼于其间，每因法以便民，民赖以安。徙知密州。司农行手实法，不时施行者以违制论。轼谓提举官曰："违制之坐，若自朝廷，谁敢不从？今出于司农，是擅造律也。"提举官惊曰："公姑徐之"。未几，朝廷知法害民，罢之。

有盗窃发，安抚司遣三班使臣领悍卒捕，卒凶暴恣行，至以禁物诬民，入其家争斗杀人，且畏罪惊溃，将为乱。民奔诉轼，轼投其书不视，曰："必不至此。"散卒闻之，少安，徐使人招出戮之。

徙知徐州。河决曹村，泛于梁山泊，溢于南清河，汇于城下，涨不时泄，城将败，富民争出避水。轼曰："富民出，民皆动摇，吾谁与守？吾在是，水决不能败城。"驱使复入。轼诣武卫营，呼卒长曰："河将害城，事急矣，虽禁军且为我尽力。"卒长曰："太守犹不避涂潦，吾侪小人，当效命。"率其徒持畚锸以出，筑东南长堤，首起戏马台，尾属于城。雨日夜不止，城不沈者三版，轼庐于其上，过家不入，使官吏分堵以守，卒全其城。复请调来岁夫增筑故城，为木岸，以虞水之再至。朝廷从之。

徙知湖州，上表以谢。又以事不便民者不敢言，以诗托讽，庶有补于国。御史李定、舒亶、何正臣摭其表语，并媒糵所为诗以为讪谤，逮赴台狱，欲置之死，锻炼久之不决。神宗独怜之，以黄州团练副使安置。轼与田父野老，相从溪山间，筑室于东坡，自号"东坡居士"。

三年，神宗数有意复用，辄为当路者沮之。神宗尝语宰相王珪、蔡确曰："国史至重，可命苏轼成之。"珪有难色。神宗曰："轼不可，姑用曾巩。"巩进《太祖总论》，神宗意不允，遂手扎移轼汝州，有曰："苏轼黜居思咎，阅岁滋深，人材实难，不忍终弃。"轼未至汝，上书自言饥寒，有田在常，愿得居之。朝奏，夕报可。

道过金陵，见王安石，曰："大兵大狱，汉、唐灭亡之兆。祖宗以仁厚治天下，正欲革此。今西方用兵，连年不解，东南数起大狱，公独无一言以救之乎？"安石曰："二事皆惠卿启之，安石在外，安敢言？"轼曰："在朝则言，在外则不言，事君之常礼耳。上所以待公者非常礼，公所以待上者，岂可以常礼乎？"安石厉声曰："安石须说。"又曰："出在安石口，入在子瞻耳。"又曰："人须是知行一不义，杀一不辜，得天下弗为，乃可。"轼戏曰："今之君子，争减半年磨勘，虽杀人亦为之。"安石笑而不言。

至常，神宗崩，哲宗立，复朝奉郎、知登州，召为礼部郎中。轼旧善司马光、章惇。时光为门下侍郎，惇知枢密院，二人不相合，惇每以谑侮困光，光苦之。轼谓惇曰："司马君实时望甚重。昔许靖以虚名无实，见鄙于蜀先主，法正曰：'靖之浮誉，播流四海，若不加礼，必以贱贤为累。'先主纳之，乃以靖为司徒，许靖且不可慢，况君实乎？"惇以为然，光赖以少安。

迁起居舍人。轼起于忧患，不欲骤履要地，辞于宰相蔡确。确曰："公徊翔久矣，朝中无出公右者。"轼曰："昔林希同在馆中，年且长。"确曰："希固当先公耶？"卒不许。元祐元年，轼以七品服入侍延和，即赐银绯，迁中书舍人。

初，祖宗时，差役行久生弊，编户充役者不习其役，又虐使之，多致破产，狭乡民至有终岁不得息者。王安石相神宗，改为免役，使户差高下出钱雇役，行法者过取，以为民病。司马光为相，知免役之害，不知其利，欲复差役，差官置局。轼与其选。轼曰："差役、免役，各有利害。免役之害，掊敛民财，十室九空，敛聚于上而下有钱荒之患。差役之害，民常在官，不得专力于农，而贪吏猾胥得缘为奸。此二害轻重，盖略等矣。"光曰："于君何如？"轼曰："法相因则事易成，事有渐则民不惊"。三代之法，兵农为一，至秦始分为二，及唐中叶尽变府兵为长征之卒。自尔以来，民不知兵，兵不知农，农出谷帛以养兵，兵出性命以卫农，天下便之。虽圣人复起，不能易也。今免役之法，实大类此。公欲骤罢免役而行差役，正如罢长征而复民兵，盖未易也。"光不以为然。轼又陈于政事堂，光忿然。轼曰："昔韩魏公刺陕西义勇,公为谏官,争之甚力,韩公不乐,公亦不顾。轼昔闻公道其详,岂今日作相,不许轼尽言耶?"光笑之。寻除翰林学士。

二年,兼侍读。每进读至治乱兴衰邪正得失之际,未尝不反覆开导,觊有所启悟。哲宗虽恭默不言,辄首肯之。尝读祖宗《宝训》,因及时事,轼历言:"今赏罚不明,善恶无所劝沮;又黄河势方北流,而强之使东;夏人入镇戎,杀掠数万人,帅臣不以闻。每事如此,恐浸成衰乱之渐。"

轼尝锁宿禁中,召入对便殿,宣仁后问曰:"卿前年何官?"曰:"臣为常州团练副使"。曰:"今为何官?"曰:"臣今待罪翰林学士。"曰:"何以遽至此?"曰:"遭遇太皇太后、皇帝陛下。"曰:"非也。"曰:"岂大臣论荐乎?"曰:"亦非也。"轼惊曰:"臣虽无状,不敢自他途以进。"曰:"此先帝意也。先帝每诵卿文章,必叹曰'奇才,奇才!'但未及进用卿耳。"轼不觉哭失声,宣仁后与哲宗亦泣,左右皆感涕。已而命坐赐茶,彻御前金莲烛送归院。

三年,权知礼部贡举。会大寻苦寒,士坐庭中,噤未能言。轼宽其禁约,使得尽技。巡铺内侍每摧辱举子,且持暧昧单词,诬以为罪,轼尽奏逐之。

四年,积以论事,为当轴者所恨。轼恐不见容,请外拜龙图阁学士、知杭州。未行,谏官言前相蔡确知安州,作诗借郝处俊事以议太皇太后。大臣议迁之岭南。轼密疏:"朝廷若薄确之罪,则于皇帝孝治为不足;若深罪确,则于太皇太后仁政为小累。谓宜皇帝敕置狱逮治,太皇太后出手诏赦之,则于仁孝两得矣。"宣仁后心善轼言而不能用。轼出郊,用前执政恩便,遣内侍赐龙茶、银合,慰劳甚厚。

既至杭,大旱,饥疫并作。轼请于朝,免本路上供米三之一,复得赐度僧牒,易米以救饥者。明年春,又减价粜常平米,多作饘粥药剂,遣使挟医分坊治病,活者甚众。轼曰:"杭,水陆之会,疫死比他处常多。"乃裒羡缗得二千,复发囊中黄金五十两,以作病坊,稍畜钱粮待之。

杭本近海,地泉咸苦,居民稀少。唐刺史李泌始引西湖水作六井，民足于水。白居易又浚西湖水入漕河，自河入田，所溉至千顷，民以殷富。湖水多葑，自唐及钱氏，岁辄浚治，宋兴，废之，葑积为田，水无几矣。漕河失利，取给江潮，舟行市中，潮又多淤，三年一淘，为民大患，六井亦几于废。轼见茅山一河专受江潮，盐桥一河专受湖水，遂浚二河以通漕。复造堰闸，以为湖水畜泄之限，江潮不复入市。以余力复完六井，又取葑田积湖中，南北径三十里，为长是堤以通行者。吴人种菱，春辄芟除，不遗寸草。且募人种菱湖中，葑复生。收其利以备修湖，取救荒余钱万缗、粮万石，及请得百僧度牒以募役者。堤成，植芙蓉、杨柳其上，望之如画图，杭人名为苏公堤。

杭僧净源，旧居海滨，与舶客交通，舶至高丽，交誉之。元丰末，其王子义天来朝，因往拜焉。至是，净源死，其徒窃持其像，附舶往告。义天亦使其徒来祭，因持其国母二金塔，云祝两宫寿。轼不纳，奏之曰：“高丽久不入贡，失赐予厚利，意欲求朝，未测吾所以待之厚薄，故因祭亡僧而行祝寿之礼。若受而不答，将生怨心；受而厚赐之，正坠其计。今宜勿与知，从州郡自以理却之。彼庸僧猾商，为国生事，渐不可长，宜痛加惩创。”朝廷皆从之。未几，贡使果至，旧例使所至吴越七州，费二万四千余缗。轼乃令诸州量事裁损，民获交易之利，无复侵挠之害矣。

浙江潮自海门东来，势如雷霆，而浮山峙于江中，与渔浦诸山犬牙相错，洄洑激射，岁败公私船不可胜计。轼议自浙江上流地名石门，并山而东，凿为漕河，引浙江及溪谷诸水二十余里以达于江。又并山为岸，不能十里以达龙山大慈浦，自浦北折抵小岭，凿岭六十五丈以达岭东古河，浚古河数里达于龙山漕河，以避浮山之险，人以为便。奏闻，有恶轼者，力沮之，功以故不成。

轼复言：“三吴之水，潴为太湖，太湖之水，溢为松江以入海。海日两潮，潮浊而江清，潮水常欲淤塞江路，而江水清驶，随辄涤去，海口常通，则吴中少水患。昔苏州以东，公私船皆以篙行，无陆挽者，自庆历以来。松江大筑挽路，建长桥以扼塞江路，故今三吴多水，欲凿挽路、为十桥，以迅江势。”亦不果用，人皆以为恨，轼二十年间再莅杭，有德于民，家有画像，饮食必祝。又作生祠以报。

六年，召为吏部尚书，未至。以弟辙除右丞，改翰林承旨。辙辞右丞，欲与兄同备从官，不听，轼在翰林数月，复以谗请外，乃以龙图阁学士出颍州。先是，开封诸县多水患，吏不究本末，决其陂泽，注之惠民河，河不能胜，致陈亦多水。又将凿邓艾沟与颍河并，且凿黄堆欲注之于淮。轼始至颍，遣吏以水平准之，淮之涨水高于新沟几一丈，若凿黄堆淮水顾流颍地为患。轼言于朝，从之。

郡有宿贼尹遇等，数劫杀人，又杀捕盗吏兵。朝廷以名捕不获，被杀家复惧其害，匿不敢言。轼召汝阴尉李直方曰："君能禽此，当力言于朝，乞行优赏；不获，亦以不职奏免君矣。"直方有母且老，与母诀而后行。乃缉知盗所，分捕其党与，手戟刺遇，获之。朝廷以小不应格，推赏不及。轼请以己之年劳，当改朝散郎阶，为直方赏，不从。其后吏部为轼当迁，以符会其考，轼谓已许直方，又不报。

七年，徙扬州。旧发运司主东南漕法，听操舟者私载物货，征商不得留难，故操舟者富厚，以官舟为家，补其弊漏，且周船夫之乏，故所载率皆速达无虞。近岁一切禁而不许，故舟弊人困，多盗所载以济饥寒，公私皆病。轼请复旧，从之。未阅岁，以兵部尚书召兼侍读。

是岁，哲宗亲祀南郊，轼为卤簿使，导驾入太庙。有赭伞犊车并青盖犊车十余争道，不避仪仗。轼使御营巡检使问之，乃皇后及大长公主。时御史中丞李之纯为仪仗使，轼曰："中丞职当肃政，不可不以闻之。"纯不敢言，轼于车中奏之。哲宗遣使赍疏驰白太皇太后，明日，诏整肃仪卫，自皇后而下皆毋得迎谒。寻迁礼部兼端明殿、翰林侍读两学士，为礼部尚书。高丽遣使请书，朝廷以故事尽许之。轼曰："汉东平王请诸子及《太史公书》，犹不肯予。今高丽所请，有甚于此，其可予乎？"不听。

八年，宣仁后崩，哲宗亲政，轼乞补外，以两学士出知定州。时国是将变，轼不得入辞。既行，上书言："天下治乱，出于下情之通塞。至治之极，小民皆能自通；迨于大乱，虽近臣不能自达。陛下临御九年,除执政、台谏外,未尝与群臣接。今听政之初,当以通下情、除壅蔽为急务。臣日侍帷幄,方当戍边,顾不得一见而行,况疏远小臣欲求自通,难矣。然臣不敢以不得对之故,不效愚忠。古之圣人将有为也,必先处晦而观明,处静而观动,则万物之情,毕陈于前。陛下圣智绝人,春秋鼎盛。臣愿虚心循理,一切未有所为,默观庶事之利害,与群臣之邪正,以三年为期,俟得其实,然后应物而作。使既作之后,天下无恨,陛下亦无悔。由此观之,陛下之有为,惟忧太蚤,不患稍迟,亦已明矣。臣恐急进好利之臣,辄劝陛下轻有改变,故进此说,敢望陛下留神,社稷宗庙之福,天下幸甚。"

定州军政坏弛,诸卫卒骄惰不教,军校蚕食其廪赐,前守不敢谁何。轼取贪污者配隶远恶,缮修营房,禁止饮博,军中衣食稍足,乃部勒战法,众皆畏伏。然诸校业业不安,有卒史以赃诉其长,轼曰:"此事吾自治则可,听汝告,军中乱矣。"立决配之,众乃定。

会春大阅,将吏久废上下之分,轼命举旧典,帅常服出帐中,将吏戎服执事。副总管王光祖自谓老将,耻之,称疾不至。轼召书吏使为奏,光祖惧而出,讫事,无一慢者。定人言:"自韩琦去后,不见此礼至今矣。"契丹久和,边兵不可用,惟沿边弓箭社与寇为邻,以战射自卫,犹号精锐。故相庞籍守边,因俗立法。岁久法弛,又为保甲所挠。轼奏免保甲及两税折变科配,不报。

绍圣初,御史论轼掌内外制日,所作词命,以为讥斥先朝。遂以本官知英州,寻降一官,未至,贬宁远军节度副使,惠州安置。居三年,泊然无所蒂芥,人无贤愚,皆得其欢心。又贬琼州别驾,居昌化。昌化,故儋耳地,非人所居,药饵皆无有。初僦官屋以居,有司犹谓不可,轼遂买地筑室,儋人运甓畚土以助之。独与幼子过处,著书以为乐,时时从其父老游,若将终身。

徽宗立,移廉州,改舒州团练副使,徙永州。更三大赦,遂提举玉局观,复朝奉郎。轼自元祐以来,未尝以岁课乞迁,故官止于此,建中靖国元年,卒于常州,年六十六。

轼与弟辙,父洵为文,既而得之于天。尝自谓:"作文如行云流水,初无定质,但常行于所当行,止于所不可不止。"虽嬉笑怒骂之辞,皆可书而诵之。其体浑涵光芒,雄视百代,有文章以来,盖亦鲜矣。洵晚读《易》,作《易传》未究,命轼述其志。轼成《易传》,复作《论语说》;后居海南,作《书传》;又有《东坡集》四十卷、《后集》二十卷、《奏议》十五卷、《内制》十卷、《外制》三卷、《和陶诗》四卷。一时文人如黄庭坚、晁补之、秦观、张耒、陈师道,举世未之识,轼等之如朋俦,未尝以师资自予也。

自为举子至出入侍从,必以爱君为本,忠规谠论,挺挺大节,群臣无出其右。但为小人忌恶挤排,不使安于朝廷之上。

高宗即位,赠资政殿学士,以其孙符为礼部尚书。又以其文置左右,读之终日忘倦,谓为文章之宗,亲制集赞,赐其曾孙峤。遂崇赠太师,谥文忠。轼三子,迈、迨、过,俱善为文。迈,驾部员外郎。迨,承务郎。

过字叔党。轼知杭州,过年十九,以诗赋解两浙路,礼部试下。及轼为兵部尚书,任右承务郎。轼帅定武,谪知英州,贬惠州,迁儋耳,渐徙廉、永,独过侍之。凡生理昼夜寒暑所须者,一身百为,不知其难。初至海上,为文曰《志隐》,轼览之曰:"吾可以安于岛夷矣。"因命作《孔子弟子别传》。轼卒于常州,过葬轼汝州郏城小峨眉山,遂家颍昌,营湖阴水竹数亩,名曰小斜川,自号斜川居士。卒,年五十二。

初监太原府税,次知颍昌府郾城县,皆以法令罢。晚权通判中山府。有《斜川集》二十卷。其《思子台赋》、《飓风赋》早行于世。时称为"小坡",盖以轼为"大坡"也。其叔辙每称过孝,以训宗族。且言:"吾兄远居海上,惟成就此儿能文也。"七子:籀、籍、节、笈、箪、篑、箾。

论曰:苏轼自为童子时,士有传石介《庆历圣德诗》至蜀中者,轼历举诗中所言韩、富、杜、范诸贤以问其师。师怪而语之,则曰:

"正欲识是诸人耳。"盖已有颉颃当世贤哲之意。弱冠,父子兄弟至京师,一日而声名赫然,动于四方。既而登上第,擢词科,入掌书命,出典方州。器识之闳伟,议论之卓荦,文章之雄隽,政事之精明,四者皆能以特立之志为之主,而以迈往之气辅之。故意之所向,言足以达其有猷,行足以遂其有为。至于祸患之来,节义足以固其有守,皆志与气所为也。仁宗初读轼、辙制策,退而喜曰:"朕今日为子孙得两宰相矣。"神宗尤爱其文,宫中读之,膳进忘食,称为天下奇才。二君皆有以知轼,而轼卒不得大用。一欧阳修先识之,其名遂与之齐,岂非轼之所长不可掩抑者,天下之至公也,相不相有命焉。呜呼!轼不得相,又岂非幸欤?或谓:"轼稍自韬戢,虽不获柄用,亦当免祸。"虽然,假令轼以是而易其所为,尚得为轼哉?

宋史卷三三九
列传第九八

苏辙　族孙元老

苏辙字子由，年十九，与兄轼同登进士科，又同策制举。仁宗春秋高，辙虑或倦于勤，因极言得失，而于禁廷之事，尤为切至。曰：

陛下即位三十余年矣，平居静虑，亦尝有忧于此乎，无忧于此乎？臣伏读制策，陛下既有忧惧之言矣。然臣愚不敏，窃意陛下有其言耳，未有其实也。往者宝元、庆历之间，西夏作难，陛下昼不安坐，夜不安席，天下皆谓陛下忧惧小心，如周文王。然自西方解兵，陛下弃置忧惧之心，二十年矣。古之圣人，无事则深忧，有事则不惧。夫无事而深忧者，所以为有事之不惧也。今陛下无事则不忧，有事则大惧，臣以为忧乐之节易矣。臣疏远小臣，闻之道路，不知信否？

近岁以来，宫中贵姬至以千数，哥舞饮酒，优笑无度，从朝不闻咨谟，便殿无所顾问。三代之衰，汉、唐之季，女宠之害，陛下亦知之矣。久而不止，百蠹将由之而出。内则蛊惑之所污，以伤和伐性；外则私谒之乱，以败政害事。陛下无谓好色于内，不害外事也。今海内穷困，生民愁苦，而宫中好赐不为限极，所欲则给，不问有无。司会敢争，大臣不敢谏，执契持敕，迅若兵火。国家内有养士、养兵之费，外有契丹、西夏之奉，陛下又自为一阱以耗其遗余，臣恐陛下以此得谤，而民心不归也。

策入，辙自谓必见黜。考官司马光第以三等，范镇难之。蔡襄曰:"吾三司使也。司会之言,吾愧之而不敢怨。"惟考官胡宿以为不逊,请黜之。仁宗曰:"以直言召人,而以直言弃之,天下其谓我何?"宰相不得已,置之下等,授商州军事推官。时父洵被命修《礼书》,兄轼签书凤翔判官。辙乞养亲京师。三年,轼还,辙为大名推官。逾年,丁父忧。服除,神宗立已二年,辙上书言事,召对延和殿。

时王安石以执政与陈升之领三司条例,命辙为之属。吕惠卿附安石,辙论多相牾。安石出《青苗书》使辙熟议,曰:"有不便,以告勿疑。"辙曰:"以钱贷民,使出息二分,本以救民,非为利也。然出纳之际,吏缘为奸,虽法不能禁,钱入民手,虽良民不免妄用;及其纳钱,虽富民不免逾限。如此,则恐鞭箠必用,州县之事不胜烦矣。唐刘晏掌国计,未尝不所假贷。有尤之者,晏曰:'使民侥幸得钱,非国之福;使吏倚法督责,非民之便。吾虽未尝假贷,而四方丰凶贵贱,知之未尝逾时。有贱必籴,有贵必粜,以此四方无甚贵、甚贱之病,安用贷为?'晏之所言,则常平法耳。今此法见在而患不修,公诚能有意于民,举而行之则晏之功可立俟也。"安石曰:"君言诚有理,当徐思之。"自此逾月不言青苗。

会河北转运判官王广廉奏乞度僧牒数千为本钱,于陕西漕司私行青苗法,春散秋敛,与安石意合,于是青苗法遂行。安石因遣八使之四方,访求遗利。中外知其必迎合生事,皆莫敢言。辙往见陈升之曰:"昔嘉祐末,遣使宽恤诸路,各务生事,还奏多不可行,为天下笑。今何以异此?"又以书抵安石,力陈其不可。安石怒,将加以罪,升之止之,以为河南推官。会张方平知陈州,辟为教授。三年,授齐州掌书记。又三年,改著作佐郎。复从方平签书南京判官。居二年,坐兄轼以诗得罪,谪监筠州盐酒税,五年不得调。移知绩溪县。

哲宗立,以秘书省校书郎召。元祐元年,为右司谏。宣仁后临朝,用司马光、吕公著,欲革弊事,而旧相蔡确、韩缜、枢密使章惇皆在位,窥伺得失,辙皆论去之。吕惠卿始谄事王安石,介倡行虐政以害天下。及势钧力敌,则倾陷安石,甚于仇雠,世尤恶之。至是,自知不免，乞宫观以避贬窜。辙具疏其奸，以散官安置建州。

司马光以王安石雇役之害，欲复差役，不知其害相半于雇役。辙言："自罢差役仅二十年，吏民皆未习惯。况役法关涉众事，根芽盘错，行之徐缓，乃得审详。若不穷究首尾，忽遽便行，恐既行之后，别生诸弊。今州县役钱，例有积年宽剩，大约足支数年，且依旧雇役，尽今年而止。催督有司审议差役，趁今冬成法，来年役使乡户，但使既行之后，无复人言，则进退皆便。"

光又安石私设《诗》、《书新义》考试天下士，欲改科举，别为新格。辙言："进士来年秋试，日月无几，而议不时决。诗赋虽小技，比次声律，用功不浅。至于治经，读讲解，尤不轻易。要之，来年皆未可施行，乞来年科场，一切如旧，惟经义兼取注疏及诸家论议，或出己见，不专用王氏学。仍罢律义，令举人知有定论，一意为学，以待选试，然后徐议元祐五年以后科举格式，未为晚也。"光皆不能从。

初，神宗以夏国内乱，用兵攻讨，乃于熙河增兰州，于延安增安疆、米脂等五砦。二年夏遣使贺登位，使还，未出境，又遣使入境。朝廷知其有请兰州、五砦地意，大臣议弃守未决。辙言曰："顷者西人虽至，疆场之事，初不自言。度其狡心，盖知朝廷厌兵，确然不请，欲使此议发自朝廷，得以为重。朝廷深觉其意，忍而不予，情得势穷，始来请命，一失此机，必为后悔。彼若点集兵马，屯聚境上，许之则畏兵而予，不复为恩；不予则边衅一开，祸难无已。间不容发，正在此时，不可失也。况今日之事，主上妙年，母后听断，将帅吏士，恩情未接，兵交之日，谁使效命？若其羽书沓至，胜负纷然，临机决断，谁任其责？惟乞圣心以此反覆思虑，早赐裁断，无使西人别致猖狂。"于是朝廷许还五砦，夏人遂服。迁起居郎、中书舍人。

朝廷议回河故道，辙为公著言："河决而北，自先帝不能回。今不因其旧而修其未至，乃欲取而回之，其为力也难，而为责也重，是谓智勇势力过先帝也。"公著悟，竟未能用。进户部侍郎。辙因转对，言曰："财赋之原，出于四方，而委于中都。故善为国者，藏之于民，其次藏之州郡。州郡有余，则转运司常足，转运司既足，则户部不困。唐制，天下赋税，其一上供，其一送使，其一留州。比之于今，上供之数可谓少矣。然每不缓急，王命一出，舟车相衔，大事以济。祖宗以来，法制虽殊，而诸道蓄藏之计，犹极丰厚。是以敛散及时，纵舍由己，利柄所在，所为必成。自熙宁以来，言利之臣，不知本末之术，欲求富国，而先困转运司。转运司既困，则上供不继；上供不继，而户部亦惫矣。两司既困，故内帑别藏，虽积如丘山，而委为朽壤，无益于算也。"

寻又言：

臣以祖宗故事考之，今日本部所行，体例不同，利害相远，宜随事措置，以塞弊原。谨具三弊以闻：其一曰分河渠案以为都水监，其二曰分胄案以为军器监，其三曰分修造案以为将作监。三监皆隶工部，则本部所专，其余无几，出纳损益，制在他司。顷者，司马光秉政，知其为害，尝使本部收揽诸司利权。当时所收，不得其要，至今三案犹为他司所擅，深可惜也。

盖国之有财，犹人之有饮食。饮食之道，当使口司出纳，而腹制多寡。然后分布气血，以养百骸，耳目赖之以为聪明，手足赖之以为力。若不专任口腹，而使手足、耳目得分治之，则虽欲求一饱不可得矣，而况于安且寿乎！今户部之在朝廷，犹口腹也，而使他司分治其事，何以异此？自数十年以来，群臣每因一事不举，辄入建他司。利权一分，用财无艺。他司以办事为效，则不恤财之有无；户部以给财为功，则不问事之当否，彼此各营一职，其势不复相知，虽使户部得材智之臣，终亦无，能否同病，府库卒空。今不早救，后患必甚。

昔嘉祐中，京师频岁大水，大臣始取河渠案置都水监。置监以来，比之旧案，所补何事？而大不使者，河北有外监丞，侵夺转运司职事。转运司之领河事也。郡之诸埽，埽之吏兵、储蓄，无事则分，有事则合。水之所向，诸埽趋之，吏兵得以并功，储蓄得以并用，故事作之日，无暴敛伤财之患，事定之后，徐补其阙，两无所妨。自有监丞，据法责成，缓急之际，诸埽不相为用，而转运司不胜其弊矣。此工部都水监为户部之害，一也。

先帝一新官制，并建六曹，随曹付事，故三司故事隶工曹，名虽近正而实非利。昔胄案所掌，今内为军器监而上隶工部，外为都作院而上隶提刑司，欲有兴作，户部不得与议，访闻河北道近岁为羊浑脱，动以千计。浑脱之用，必军行之水，过渡无船，然后须之。而其为物，稍经岁月，必至蠹败。朝廷无出兵之计，而有司营戢，不顾利害，至使公私应副，亏财害物。若专在转运司，必不至此。此工部都作院为户部之害，二也。

昔修造案掌百工之事，事有缓急，物有利害，皆得专之。今工部以办职为事，则缓急利害，谁当议之？朝廷近以箔场竹箔，积久损烂，创令出卖，上下皆以为当。指挥未几，复以诸处营造，岁有科制，遂令般运堆积，以破出卖之计。臣不知将作见工几何，一岁所用几何？取此积彼，未用之间，有无损败，而遂为此计。本部虽知不便，而以工部之事，不敢复言。此工部将作监为户部之害，三也。

凡事之类此者多矣，臣不能遍举也。故愿明诏有司，罢外水监丞，举北河事及诸路都作院皆归转运司，至于都水、军器、将作三监，皆兼隶户部，使定其事之可否，裁其费之少，而工部任其功之良苦，程其作之迟速。苟可否、多少在户部，则伤财害民，户部无所逃其责矣。苟良苦、迟速在工部，则败事乏用，工部无所辞其谴矣。制出于一，而后天下贫富，可责之户部矣。哲宗从之，惟都水仍旧。

朝廷以吏部元丰所定吏额，比旧额数倍，命辙量事裁减。辙有白中孚曰：“吏额不难定也。昔之流内铨，今侍郎左选也，事之烦剧，莫过此矣。昔铨吏止十数，而今左选吏至数十，事不加旧而用吏至数倍，何也？昔无重法、重禄，吏通赇赂，则不欲人多以分所得。今行重法，给重禄，赇赂比旧为少，则不忌人多而幸于少事，此吏额多少之大情也。旧法，日生事以难易分七等，重者至一分，轻者至一厘以下，积若干分而为一人，今若取逐司两月事定其分数，则吏额多少之限,无所逃矣。"辙曰:"此群吏身计所系也,若以分数为人数,必大有所损,将大致纷诉,虽朝廷亦不能守。"乃具以白宰执,请据实立额,俟吏之年满转出,或事故死亡者勿补,及额而止。不过十年,羡额当尽。功虽稍缓,而见吏知非身患,不复怨矣。吕大防命诸司吏任永寿与省吏数人典之,遂背辙议以立额,日裁损吏员,复以好恶改易诸局次。永寿复以赃刺配,大防略依辙议行之。代轼为翰林学士,寻权吏部尚书。使契丹,馆客者侍读学士王师儒能诵洵、轼之文及辙《茯苓赋》,恨不得见全集。使还,为御史中丞。自元祐一新庶政,至是五年矣。人心已定,惟元丰旧党分布中外,多起邪说以摇撼在位,吕大防、刘挚患之,欲稍引用,以平夙怨,谓之"调停"。宣仁后疑不决,辙面斥其非,复上疏曰:

臣近面论,君子小人不可并处,圣意似不以臣言为非者。然天威咫尺,言词迫遽有所不尽,臣而不言,谁当救其失者!亲君子,远小人,则主尊国安;疏君子,任小人,则主忧国殆。此理之必然。未闻以小人在外,忧其不悦而引之于内,以自遗患也。故臣谓小人虽不可任以腹心,至于牧守四方,奔走庶务,无所偏废可也。若遂引之于内,是犹患盗贼之欲得财,而导之于寝室,知虎豹之欲食肉,而开之以坰牧,无是理也。且君子小人,势同冰炭,同处必争。一争之后,小人必胜,君子必败。何者?小人贪利忍耻,击之则难去,君子洁身重义,沮之则引退。古语曰:"一熏一莸,十年尚犹有臭。"盖谓此矣。

先帝聪明圣智,疾颓靡之俗,将以纲纪四方,比隆三代。而臣下不能将顺,造作诸法,上逆天意,下失民心。二圣因民所愿,取而更之,上下忻慰。则前者用事之臣,今朝廷虽不加斥逐,其势亦不复留矣。尚赖二圣慈仁,宥之于外,盖已厚矣。而议者惑于说,乃欲招而纳之,与之共事,谓之"调停"。此辈若返,岂肯但已哉?必将戕害正人,渐复旧事,以快私忿。人臣被祸,盖不足言,臣所惜者,祖宗朝廷也。惟陛下断自圣心,勿为流言所惑,勿使小人一进,后有噬脐之悔,则天下幸甚。

疏入，宣仁后命宰执读于帘前，曰："辙疑吾君臣兼用邪正，其言极中理。"诸臣从而和之，"调停"之说遂已。

辙又奏曰：

窃见方今天下虽未大治，而祖宗纲纪具在，州郡民物粗安。若大臣正己平心，无生事要功之意，因弊修法，为安民靖国之术，则人心自定，虽有异党，谁不归心？向者异同反覆之心，盖亦不足虑矣。但患朝廷举事，类不审详。暴者，黄河北流，正得水性，而水官穿凿，欲导之使东，移下就高，汩五行之理。及陛下遣使按视，知不可为，犹或固执不从，经今累岁，回河虽罢，减水尚存，遂使河朔生灵，财力俱困。今者西夏、青唐，外皆臣顺，朝廷招来之厚，惟恐失之。而熙河将吏创筑二堡，以侵其膏腴，议纳醇忠，以夺其节钺，功未可觊，争已先形。朝廷虽知其非，终不明白处置，若遂养成边衅，关陕岂复安居？如此二事，则臣所谓宜正己平心，无生事要功者也。

昔嘉祐以前，乡差衙前，民间常有破产之患。熙宁以后，出卖坊场以雇卫前，民间不复知有衙前之苦。及元祐之初，务于复旧，一例复差。官收坊场之钱，民出衙前之费，四方惊顾，众议沸腾。寻知不可，旋又复雇。去年之秋，又复差法。又熙宁雇役之法，三等人户，并出役钱，上户以家产高强，出钱无艺，下户昔不充役，亦遭出钱。故此二等人户，不免咨怨。至于中等，昔既已自差役，今又出钱不多，雇法之行，最为其便。罢行雇法，上下二等，欣跃可知，唯是中等则反为害。且如畿县中等之家，例出役钱三贯，若经十年，为钱三十贯而已。今差役既行，诸县手力，最为轻役；农民在官，日使百钱，最为轻费。然一岁之用，已为三十六贯，二年役满，为费七十余贯。罢役而归，宽乡得闲三年，狭乡不及一岁。以此较之，则差役五年之费，倍于雇役十年，赋役所出，多在中等。如此条目，不便非一，故天下皆思雇役而厌差役，今五年矣。如此二事，则臣所谓宜因弊修法，为安民靖国之术者也。

臣以闻见浅狭,不能尽知当今得失。然四事不去,如臣等辈犹知其非,而况于心怀异同,志在反覆,幸国之失,有藉口者乎?臣恐如此四事,彼已默识于心,多造谤议,待时而发,以摇撼众听矣。伏乞宣谕宰执,事有失当,改之勿疑,法或未完,修之无倦。苟民心既得,则异议自消。陛下端拱以享承平,大臣逡巡以安富贵,海内蒙福,上下攸同,岂不休哉!

大臣耻过,终莫肯改。

六年,拜尚书右丞,进门下侍郎。初,夏人来贺登极,相继求和,且议地界。朝廷许约,地界已定,付以岁赐。久之,议不决。明年,夏人以兵袭泾原,杀掠弓箭手数千人,朝廷忍之不问,遣使往赐策命。夏人受礼倨慢,以地界为辞,不复入谢,再犯泾原。四年,来贺坤成节,且议地界。朝廷先以岁赐予之,地界又未决。夏人乃于疆事多方侵求,熙河将佐范育、种谊等,遂背约侵筑质孤、胜如二堡,夏人即平荡之。育等又欲以兵纳赵醇忠,及擅招其部人千余,朝廷却而不受,西边骚然。辙乞罢育、谊,别择老将以守熙河。宣仁后以为然,大臣竟主育、谊,不从。

辙又面奏:“人君与人臣,事体不同。人臣虽明见是非,而力所不加,须至且止;人君于事,不知则已,知而不能行,则事权去矣。臣今言此,盖欲陛下收揽威柄,以正君臣之分而已。若专听所谓,不以渐制之,及其太甚,必加之罪,不免逐去。事至如此,岂朝廷美事?故臣欲保全大臣,非欲害之也。”

六年,熙河奏:“夏人十万骑压通远军境,挑掘所争崖巉,杀人三日而退。乞因其退,急移近襄堡砦为界,乘利而往,不须复守诚信。”下大臣会议。辙曰:“当先定议,欲用兵耶,不用耶?”吕大防曰:“如合用兵,亦不得不用。”辙曰:“凡用兵,先论理之曲直。我若不直,兵决不当用。朝廷须与夏人议地界,欲用庆历旧例,以彼此见今住处当中为直,此理最简直。夏人不从,朝廷遂不固执。盖朝廷临事,常患先易后难,此所谓先易者也。既而许于非所赐城砦,依绥州例,以二十里为界,十里为堡铺,十里为草地。要约才定,朝廷又要两砦界首侵夏地,一抹取直,夏人见从。又要夏界更留草地十里,夏人亦许。凡此所谓后难者也。今欲于定西城与陇诺堡一抹取直,所侵夏地凡百数十里。陇诺祖宗旧疆,岂所谓非所赐城砦耶?此则不直,致寇之大者也。"刘挚曰:"不用兵虽美,然事有须用兵者,亦不可不用也。"辙奏曰:"夏兵十万压熙河境上,不于他处,专于所争处杀人、掘崖巉,此意可见,此非西人之罪,皆朝廷不直之故。熙河辄敢生事,不守诚信,臣欲诘责帅臣耳。"后屡因边兵深入夏地,宣仁后遂从辙议。

时三省除李清臣吏部尚书,给事中范祖禹封还诏书,且言姚觌亦言之。三省复除蒲宗孟兵部尚书。辙奏:"前除清臣,给谏纷然,争之未定。今又用宗孟,恐不便。"宣仁后曰:"奈阙官何?"辙曰:"尚书阙官已数年,何尝阙事?今日用此二人,正与去年用邓温伯无异。此三人者,非有大恶,但昔与王珪、蔡确辈并进,意思与今日圣政不合。见今尚书共阙四人,若并用似此四人,使党类互进,恐朝廷自是不安静矣。"议遂止。

绍圣初,哲宗起李清臣为中书舍人,邓润甫为尚书左丞。二人久在外,不得志,稍复言熙、丰事以激怒哲宗意。会廷试进士,清臣撰策题,即为邪说。辙谏曰:

伏见御试策题,历诋近岁行事,有绍复熙宁、无丰之意。臣谓先帝以天纵之才,行大不为之志,其所设施,度越前古,盖有百世不可改者。在位近二十年,而终身不受尊号,裁损宗室,恩止祖免,减朝廷无穷之费。出卖坊场,顾募衙前,免民间破家之患。黜罢诸科诵数之学,训练诸将慵惰之兵。置寄禄之官,复六曹之旧,严重禄之法,禁父谒之私。行浅攻之策以制西夏,收六色之钱以宽杂役。凡如此类,皆先帝之睿算,有利无害,而元祐以来,上下奉行,未尝失坠也。至于其他,事有失当,何世无之。父作之于前,子救之于后,前后相济,此圣人之孝也。

汉武帝处事四征,内兴宫室,财用匮竭,于是修盐铁、榷酤、均输之政,民不堪命,几至大乱。昭帝委任霍光,罢烦苛,汉室乃定。光武、显宗以察为胆,以谶决事,上下恐惧,人怀不安。章帝即位,深鉴其失,代之以宽厚、恺悌之政,后世称焉。本朝真宗右文偃武,号称太平,而群臣因其极盛,为天书之说。章献临御,揽大臣之议,藏书梓宫,以泯其迹;及仁宗听政,绝口不言。英宗自藩邸入继,大臣创濮庙之议。及先帝嗣位,或请复举其事,寝而不答,遂以安静。夫以汉昭、章之贤,与吾仁宗、神宗之圣,岂其薄于孝敬而轻事变易也哉?臣不胜区区,愿陛下反覆臣言,慎勿轻事改易。若轻变九年已行之事,擢任累岁不用之人,人怀私忿,而以先帝为辞,大事去矣。

哲宗览奏,以为引汉武方先朝,不悦。落职知汝州。居数月,元丰诸臣皆会于朝,再责知袁州。未至,降朝议大夫、试少府监,分司南京,筠州居住。三年,又责化州别驾,雷州安置,移循州。徽宗即痊,徙永州、岳州,已而复太中大夫,提举凤翔上清太平宫。崇宁中,蔡京当国,又降朝请大夫,罢祠,居许州,再复太中大夫致仕。筑室于许,号颍滨遗老,自作传万余言,不复与人相见。终日默坐,如是者几十年。政和二年,卒,年七十四。追复端明殿学士。淳熙中,谥文定。

辙性沉静简洁,为文汪洋澹泊,似其为人,不愿人知之,而秀杰之气终不可掩,其高处殆与兄轼相迫。所著《诗传》、《春秋传》、《古史》、《老子解》、《栾城文集》并行于世。三子:迟、适、逊。族孙元老。

元老字子廷。幼孤力学,长于《春秋》,善属文。轼谪居海上,数以书往来。轼喜其为学有功,辙亦爱奖之。黄庭坚见而奇之,曰:"此苏氏之秀也。"举进士,调广都簿,历汉州教授、西京国子博士、通判彭州。

政和间,宰相喜开边西南,帅臣多啖诱近界诸族使纳土,分置郡县以为功,致茂州蛮叛,帅司遽下令招降。元老叹曰:"威不足以服,则恩不足以怀。"乃移书成都帅周焘曰:"此蛮跳梁山谷间,伺间窃发。彼之所长,我之所短,惟施、黔两州兵可与为敌。若檄数千人使倍道往赴,贤于官军十万也。其次以为夔、陕兵大集,先以夔兵诱其前,陕兵从其后,不十日,贼必破。彼降而我受焉。则威怀之道得。今不讨贼,既招而还,必复叛,不免重用兵矣。"焘得书,即召与计事。元老又策:"茂有两道,正道自湿山趋长平,绝岭而上,其路险以高;间道自青崖关趋刁溪,循江而行,其路夷以径。当使正兵陈湿山,而阴出奇兵捣刁溪,与石泉并力合攻,贼腹背受敌,擒之必矣。"焘皆不能用,竟得罪。后帅至,如元老策,蛮势蹙,乃降。

除国子博士,历秘书正字、将作少监、比部考功员外郎,寻除成都路转运副使,为军器监,司农、卫尉、太常少卿。

元老外和内劲,不妄与人交。梁师成方用事,自言为轼外子,因缘欲见之,且求其文,拒不答。言者遂论元老苏轼从孙,且为元祐邪说,其学术议论,颇仿轼、辙,不宜在中朝。罢为提点明道宫。元老叹曰:"昔颜子附骥尾而名显,吾今以家世坐累,荣矣。"未几卒,年四十七。有诗文行于时。

论曰:苏辙论事精确,修辞简严,未必劣于其兄。王安石初议青苗,辙数语柅之,安石自是不复及此,后非王广廉傅会,则此议息矣。辙寡言鲜欲,素有以得安石之敬心,故能尔也。若是者,轼宜若不及,然至论轼英迈之气,闳肆之文,辙为轼弟,可谓难矣。元祐秉政,力斥章、蔡,不主调停;及议回河、雇役,与文彦博、司马光异同,西边之谋,又与吕大防、刘挚不合。君子不党,于辙见之。辙与兄进退出处,无不相同,患难之中,友爱弥笃,无少怨尤,近古罕见。独其齿爵皆优于兄,意者造物之所赋与,亦有乘除于其间哉!

宋史卷三四〇
列传第九九

吕大防 兄大忠　弟大钧　大临　刘挚
苏颂

　　吕大防安微仲,其先汲郡人。祖通,太常博士。父贲,比部郎中。通葬京兆蓝田,遂家焉。大防进士及第,调冯翊主簿、永寿令。县无井,远汲于涧,大防行近境,得二泉,欲导而入县,地势高下,众疑无成理。大防用《考工》水地置泉之法以准之,有旬日,果疏为渠,民赖之,号曰“吕公泉”。

　　迁著作佐郎、知青城县。故时,圭田粟入以大斗而出以公斗,获利三倍,民虽病不敢诉。大防始均出纳以平其直,事转闻,诏立法禁,命一路悉输租于官概给之。青城外控汶川,与敌相接。大防据要置逻,密为之防,禁山之樵采,以严障蔽。韩绛镇蜀,称其有王佐才。入权盐铁判官。

　　英宗即位,改太常博士。御史阙,内出大防与范纯仁姓名,命为监察御史里行。首言:“纪纲赏罚,未厌四方之望者有五:进用大臣而权不归上;大臣疲老而不得时退;外国骄蹇而不择将帅;议论之臣裨益阙失,而大臣沮之;疆场左右之臣,有败事而被赏、举职而获罪者。”又言:“富弼病足请解机务,章十余上而不纳;张升年几八十,聪明已耗,哀乞骸骨而不从;吴奎有三年之丧,以其子召之者再,遣使召之者又再;程戡辞老不能守边,恐死塞上,免以尸柩还家为请,亦不许。陛下欲尽君臣之分,使病者得休,丧者得终,老者得尽其余年,则进退尽礼,亦何必过为虚饰,使四人之诚,不得自达邪?"

是岁,京师大水,大防曰:"雨水之患,至入宫城庐舍,杀人害物,此阴阳之沴也。"即陈八事,曰:主威不立,臣权太盛,邪议干正,私恩害公,辽、夏连谋,盗贼恣行,群情失职,刑罚失平。会执政议濮王称考,大防上言:"先帝起陛下为皇子,馆于宫中,凭几之命,绪言在耳,皇天后土,实知所托。设使先帝万寿,陛下犹为皇子,则安懿之称伯,于理不疑。岂可生以为子,没而背之哉?夫人君临御之始,宜有至公大义厌服天下,以结其心。今大臣首欲加王以非正之号,使陛下顾私恩而违公义,非所以结天下之心也。"章累十数上,出知休宁县。

神宗立,通判淄州。熙宁元年,知泗州,为河北转运副使。召直舍人院。韩绛宣抚陕西,命为判官,又兼河东宣抚判官,除知制诰。四年,知延州。大防舠欲城河外荒堆砦,众谓不可守,大防留戍兵修堡障,有不从者斩以徇。会环庆兵乱,绛坐黜,大防亦落知制诰,以太常博士知临江军。

数月,徙知华州。华岳摧,自山属渭河,被害者众。大防奏疏,援经质史,以验时事。其略曰:"'畏天之威,于时保之',先王所以兴也'我生不有命在天',后王所以坏也。《书》云:'惟先格王,正厥事。'愿仰承天威,俯酌时变,为社稷至计。"除龙图阁待制、知秦州。

元丰初,徙永兴。神宗以彗星求言,大防陈三说九宜:曰治本,曰缓末,曰纳言。养民、教士、重谷,治本之宜三也;治边、治兵,缓末之宜二也;广受言之路,宽侵官之罚,恕诽谤之罪,容异同之论,此纳言之宜四也。累数千言。时用兵西夏,调度百出,有不便者辄上闻,务在宽民。及兵罢,民力比他路为饶,供亿军须亦无乏绝。进直学士。居数年,知成都府。

哲宗即位,召为翰林学士、权开封府。有僧诳民取财,因讼至廷下。验治得情,命抱具狱,即其所杖之,他挟奸者皆遁去。馆伴契丹使。其使黠,语颇及朝廷,大防密插其隐事,诘之曰:"北朝试进士

《至心独运赋》，不知此题于书何出？”使错愕不能对，自是不敢复出嫚词。

迁吏部尚书。夏使来，诏访以待遇之计，且曰：“向者所得边地，虽建立城堡，终虑孤绝难保，弃之则弱国，守之又有后悔，为当奈何？”大防言：“夏本无能为，然屡遣使而不布诚款者，盖料我急于议和耳。今使者到阙，宜令押伴臣僚，扣其不贺登极，以观厥意，足以测情伪矣。析收疆土，议者多言可弃，此虑之不熟也。至于守御之微，惟择将帅为先。太祖用姚内斌、董遵诲守环、庆，西人不敢入侵。昔以二州之力，御敌而有余；今以九州之大，奉边而不足。由是言之，在于得人而已。”

元祐元年，拜尚书右丞，进中书侍郎，封汲郡公。西方息兵，青唐羌以为中国怯，使大将鬼章青宜结犯边。大防命洮州诸将乘间致讨，生擒之。

三年，吕公著告老，宣仁后欲留之京师。手札密访至于四五，超拜大防尚书左仆射兼门下侍郎，提举修《神宗实录》。大防见哲宗年益壮，日以进学为急，请敕讲读官取仁宗迩英御书解释上之，置于坐右。又摭乾兴以来四十一事足以为劝戒者，分上下篇，标曰《仁祖圣学》，使人主有欣慕不足之意。

哲宗御迩英阁，召宰执、讲读官读《宝训》，至“汉武帝籍南山提封为上林苑，仁宗曰：‘山泽之利当与众共之，何用此也。’丁度曰：‘臣事陛下二十年，每奉德音，未始不及于忧勤，此盖祖宗家法尔。’”大防因推广祖宗家法以进，曰：“自三代以后，唯本朝百二十年中外无事盖由祖宗所立家法最善，臣请举其略。自古人主事母后，朝见有时，如汉武帝五日一朝长乐宫。祖宗以来事母后，皆朝夕见，此事亲之法也。前代大长公主用臣妾之礼。本朝必先致恭，仁宗以侄事姑之礼见献穆大长公主，此事长之法也。前代宫闱多不肃，宫人或与廷臣相见，唐入阁图有昭容位。本朝宫禁严密，内外整肃，此治内之法也。前代外戚多预政事，常致败乱。本朝母后之族皆不预，此待外戚之法也。前代宫室多尚华侈。本朝宫殿止用赤白，此尚俭之法也。前代人君虽在宫禁，出舆入辇。祖宗皆步自庭，出御后殿。岂乏人力哉，亦欲涉历广庭，稍冒寒暑，此勤身之法也。前代人主，在禁中冠服苟简。祖宗以来，燕居必以礼。窃闻陛下昨郊礼毕，具礼谢太皇太后，此尚礼之法也。前代多深于用刑，大者诛戮，小者远窜。惟本朝用法最轻，臣下有罪，止于罢黜，此宽仁之法也。至于虚己纳谏，不好畋猎，不尚玩好，不用玉器，不贵异味，此皆祖宗家法，所以致太平者。陛下不须远法前代，但尽行家法，足以为天下。"哲宗甚然之。

大防朴厚蠢直，不植党朋，与范纯仁并位，同心戮力，以相王室。立朝挺挺，进退百官，不可干以私，不市恩嫁怨，以邀声誉，凡八年，始终如一。

恳乞避位，宣仁后曰："上方富于春秋，公未可即去，少须岁月，吾亦就东朝矣。"未果而后崩。为山陵使，复命以观文殿大学士、左光禄大夫知颍昌府。寻改永兴军，使便其乡社。入辞，哲宗劳慰甚渥，曰："卿暂归故乡，行即召矣。"未几，左正言上官均论其隳坏役法，右正言张商英、御史周秩、刘拯相继攻之，夺学士，知随州，贬秘书监，分司南京，居郢州。言者又以修《神宗实录》直书其事为诬诋，徙安州。

兄大忠自渭入对，哲宗询大防安否，且曰："执政欲迁诸岭南，朕独令处安陆，为朕寄声问之。大防朴直为人所卖，三二年可复相见也。"大忠泄其语于章惇，惇惧，绳之愈力。绍圣四年，遂贬舒州团练副使，安置循州。至虔州信丰而病，语其子景山曰："吾不复南矣！吾死汝归，吕氏尚有遗种。"遂薨，年七十一。大忠请归葬，许之。

大防身长七尺，眉目秀发，声音如钟。自少持重，无嗜好，过市不左右游目，燕居如对宾客，每朝会，威仪翼如，神宗常目送之。与大忠及弟大临同居，相切嗟论道考礼，冠昏丧祭一本于古，关中言《礼》学者推吕氏。尝为《乡约》曰："凡同约者，德业相劝，过失相规，礼俗相交，患难相恤，有善则书于籍，有过若违约者亦书之，三犯而行罚，不悛者绝之。"

徽宗即位，复其官。高宗绍兴初，又复大学士，赠太师、宣国公，谥曰正愍。

大忠字进伯，登第，为华阴尉、晋城令。韩绛宣抚陕西，以大忠提举永兴路义勇。改秘书丞，检详枢密院史、兵房文字。令条义勇利害。大忠言："养兵猥众，国用日屈，汉之屯田，唐之府兵，善法也。弓箭手近于屯田，义勇近于府兵，择用一焉，兵屯可省矣。"为签书定国军判官。

熙宁中，王安石议遣使诸道，立缘边封沟，大忠与范育被命，俱辞行。大忠陈五不可，以为怀抚外国，恩信不洽，必致生患。罢不遣。令与刘忱使契丹，议代北地，会遭父丧，起复，知代州。契丹使萧素、梁颖至代，设次，据主席，大忠与之争，乃移次于长城北。换西上阁门使、知石州。

大忠数与素、颖会，凡议，屡以理折之，素、颖稍屈。已而复使萧禧来求代北地，神宗召执政与大忠、忱议，将从其请。大忠曰："彼遣一使来，即与地五百里，若使魏王英弼来求半南，则何如？"神宗曰："卿是何言也？"对曰："陛下既以臣言为不然，恐不可启其渐。"忱曰："大忠之言，社谡大计，愿陛下熟思之。"执政知不可夺，议卒不决，罢忱还三司，大忠亦终丧制。其后竟以分水岭为界焉。

元丰中，为河北转运判官，言："古者理财，视天下犹一家。朝廷者家，外计者兄弟，居虽异而财无不同。今有司惟知出纳之名，有余不足，未尝以实告上。故有余则取之，不足莫之与，甚大患也。"乃上生财、养民十二事。徙提点淮西刑狱。时河决，飞蝗为灾，大忠入对，极论之，诏归故官。

元祐初，历工部郎中、陕西转运副使、知陕州，以直龙图阁知秦州，进宝文阁待制。夏人自犯麟府、环庆后，遂绝岁赐，欲遣使谢罪，神宗将许之。大忠言："夏人强则纵，困则服，今阳为恭顺，实惧讨伐。宜且命边臣诘其所以来之辞，若惟请是从，彼将有以窥我矣。"

时郡籴民粟，豪家因之制操纵之柄。大忠选僚采自旦入仓，虽斗升亦受，不使有所壅阏。民喜，争运粟于仓，负钱而去，得百余万斛。

马涓以进士举首入幕府，自称状元。大忠谓曰："状元云者，及第未除官之称也。既为判官则不可。今科举之习既无用，修身为己之学，不可不勉。"又教以临政治民之要，涓自以为得师焉。谢良佐教授州学，大忠每过之，听讲《论语》，必正襟敛容曰："圣人言行在焉，吾不敢不肃。"

尝献言："夏人戍守之外，战士不过十万，吾三路之众，足以当之矣。彼屡犯王略，一不与校，臣窃羞之。"绍圣二年，加宝文阁直学士、知渭州，付以秦、渭之事，奏言："关、陕民力未裕，士气沮丧，非假之岁月，未易枝梧。"因请以职事对。大抵欲以计徐取横山，自汝遮残井迤逦进筑，不求近功。

既而钟傅城安西，王文郁亦用事，章惇、曾布主之，大忠议不合；又乞以所进职为大防量移，惇、布陈其所言与元祐时异，徙知同州，旋降待制致仕。卒，诏复学士官，佐其葬。

大钧字和叔。父蕡，六子，其五登科，大钧第三子也。中乙科，调秦州右司理参军，监延州折博务。改光禄寺丞、知三原县。请代蕡入蜀，移巴西县。蕡致仕，大钧亦多疾不行。

韩绛宣抚陕西、河东，辟书写机密文字。府罢，移知候官县，故相曾公亮镇京兆，荐知泾阳县，皆不赴。丁外艰，家居讲道。数年，起为诸王宫教授。求监凤翔船务，制改宣义郎。

会伐西夏，鄜延围运司檄为从事。既出塞，转运使李稷愤饷不继，欲还安定取粮，使大钧请于种谔。谔曰："吾受命将兵，安知粮道！万一不继，召稷来，与一剑耳。"大钧性刚直，即曰："朝廷出师，去塞未远，遂斩转运使，无君父乎？"谔意折。强谓大钧曰："君欲以此报稷，先稷受祸矣！"大钧怒曰："公将以此言见恐邪？吾委身事主，死无所辞，正恐公过耳。"谔见其直，乃好谓曰："子乃尔邪？今听汝矣！"始许稷还。是时，微大钧盛气诮谔，稷且不免。未几，道得疾，卒，年五十二。

　　大钧从张载学，能守其师说而践履之。居父丧，衰麻葬祭，一本于礼。后乃行于冠昏、膳饮、庆吊之间，节文粲然可观，关中化之。尤喜讲明井田后制，谓治道必自此始，悉撰次为图籍，可见于用。虽皆本于载，而能自信力行，载每叹其勇为不可及。

　　大临字与叔。学于程颐，与谢良佐、游酢、杨时在程门，号“四先生”。通《六经》，尤邃于《礼》。每欲掇习三代遗文旧制，令可行，不为空言以拂世骇俗。

　　其论选举曰：“古之长育人才者，以士众金为乐；今之主选举者，以多为患。古以礼聘士，常恐士之不至；今以法待士，常恐士之竞进。古今岂有异哉，盖未之思尔。夫为国之要，不过得人以治其事，如为治必欲得人，惟恐人才之不足，而何患于多。如治事皆任其责，惟恐士之不至，不忧其竞进也。今取人而用，不问其可任何事；任人以事，不问其才之所堪。故入流之路不胜其多，然为官择士则常患乏才；待次之吏历岁不调，然考其职事则常患不治。是所谓名实不称，本末交戾。如此而欲得人而事治，未之有也。今欲立士规以养德厉行，更学制以量才进艺，定试法以区别能否，修辟法以兴能备用，严举法以核实得人，制考法以责任考功，庶几可以渐复古矣。”

　　富弼致政于家，为佛氏之学。大临与之书曰：“古者三公无职事，惟有德者居之，内则论道于朝，外则主教于乡。古之大人当是任者，必将以斯道觉斯民，成己以成物，岂以爵位进退、体力盛衰为之变哉？今大道未明，人趋异学，不入于庄，则入于释。疑圣人为未尽善，轻礼义为不足学，人伦不明，万物憔悴，此老成大人恻隐存心之时。以道自任，振起坏俗，在公之力，宜无难矣。若夫移精变气，务求长年，此山谷避世之士独善其身者之所好，岂世之所以望于公者哉？”弼谢之。

　　元祐中，为太学博士，迁秘书省正字。范祖禹荐其好学修身如古人，可备劝学，未及用而卒。

刘挚字莘老，永静东光人，儿时，父居正课以书，朝夕不少间。或谓曰："君止一子，独不可少宽邪？"居正曰："正以一子，不可纵也。"十岁而孤，鞠于外氏，就学东平，因家焉。

嘉祐中，擢甲科，历冀州南宫令。县比不得人，俗化凋敝，其赋甚重，输绢匹折税钱五百，绵两折钱三十，民多破产。挚援例旁郡，条请裁以中价，转运使怒，将劾之。挚固请曰："独一州六邑被此苦，决非法意，但朝廷不知耳。"遂告于朝。三司使包拯奏从其议，自是绢为钱千三百，绵七十有六。民欢呼至泣下，曰："刘长官活我！"是时，挚与信都令李冲、清河令黄莘皆以治行闻，人称为"河朔三令"。

徙江陵观察推官，用韩琦荐，得馆阁校勘。王安石见器异之，擢检正中书礼房，默默非所好也。才月余，为监察御史里行，欣然就职，归语家人曰："趣装，毋为安居计。"未及陛对，即奏论："亳州狱起，正小人意在倾富弼以市进，今弼已得罪，愿少宽之。"又言："程昉开漳河，调发猝迫，人不堪命，赵子几擅升畿县等，使纳役钱，县民日数千人遮诉宰相，京师喧然，何以示四方？张靓、王廷老擅增两浙役钱，督赋严急，人情嗟怨。此皆欲以羡余希赏，愿行显责，明朝廷本无聚敛之意。"

及入见，神宗面赐褒谕。因问："卿从学王安石邪？安石极称卿器识。"对曰："臣东北人，少孤独学，不识安石也。"退而上疏曰："君子小人之分，在义利而已。小人才非不足用，特心之所向，不在乎义。故希赏之志，每在事先；奉公之心，每在私后。陛下有劝农之意，今变而为烦扰；陛下有均役之意，今倚以为聚敛。其有爱君之心，忧国之言者，皆无以容于其间。今天下有喜于敢为，有乐于无事。彼以此为流俗，此以彼为乱常。畏义者以进取为可耻，嗜利者以守道为无能。此风浸成，汉、唐党祸必起矣。惟君子为能通天下之志。臣愿陛下虚心平听，审察好恶，前日意为是者，今更察其非；前日意以为短者，今更用其长。稍抑虚哗轻伪、志近忘远、幸于苟合之人，渐察忠厚慎重、难进易退、可与有为之士。收过与不及之俗，使会于大中之道，则施设变化，惟陛下号令之而已。"

又论率钱助役、官自雇人有十害，其略曰："天下州县户役，虚实重轻不同。今等以为率，则非一法所能齐；随其所宜，各自立法，则纷扰散殊，何以统率？一也。新法谓版籍不实，故令别立等第。且旧籍既不可信，今何以得其无失？不独搔扰生事患，将使富输少，贫输多，二也。天下上户少，中户多。上户役数而重，故以助钱为幸。中户役简而轻，下户役所不及，今概使输钱，则为不幸，三也。有司欲多得雇钱，而患上户之寡，故不用旧籍，临时升降，使民何以堪命？四也。岁有丰凶，而役人有定数，助钱不可阙。非若税赋有倚阁、减放之期，五也。谷、麦、布、帛，岁有所出，而助法必输见钱，六也。二税科买，色目已多，又概率钱以竭其所有，斯民无有悦而愿为农者，户口当日耗失，七也。侥幸者又将缘法生奸，如近日两浙倍科钱数，自以为功，八也。差法近者十余年，远或二十年，乃一充役，民安习之久矣。今官自雇人，直重则民不堪，轻则人不愿，不免以力殴之就役，九也。且役人必用乡户，家有常产，则必知自爱；性既愚实，则罕有盗欺。今一切雇募，但行轻猾浮伪之人，巧诈相资，何所不至？十也。"

会御史中丞杨绘亦言其非，安石使张琥作十难以诘之，琥辞不为，司农曾布请为之。既作十难，且劲挚、绘欺诞怀向背，诏问状，绘惧谢罪。挚奋曰："为人臣岂可压于权势，使天子不知利害之实！"即条对所难，以伸其说。且曰："臣待罪言责，采士民之说以闻于上，职也。今有司遽令分析，是使之较是非，争胜负，交口相直，无乃辱陛下耳目之任哉！所谓向背，则臣所向者义，所背者利；所向者君父，所背者权臣。愿以臣章并司农奏宣示百官，考定当否，如臣言有取，幸早施行，若稍涉欺罔，甘就窜逐。"不报。

挚明日复上疏曰："陛下起居言动，躬蹈德礼，夙夜厉精，以亲庶政。天下未至于安且治者，谁致之耶？陛下注意以望太平，而自以太平为己任，得君专政者是也。二三年间，开阖动摇，举天下无一物得安其所者，盖自青苗之议起，而天下始有聚敛之疑；青苗之议未允，而均输之法行；均输之法方扰，而边鄙之谋动；边鄙之祸未艾，而助役之事兴。至于求水利，行淤田，并州县，兴事起新，难以遍举。其议财，则市屠贩之人，皆召至政事堂。其征利，则下至历日，而官自鬻之。推此而往，不可究言。轻用名器，淆混贤否：忠厚老成者，摈之为无能，狭少儇辩者，取之为可用；守道忧国者，谓之流俗；败常害民者，谓之通变。凡政府谋议经画，除用进退，独与一掾属决之，然后落笔。同列预闻，反在其后。故奔走乞丐之人，其门如市。今西夏之款未入，反侧之兵未安，三边疮痍，流溃未定。河北大旱，诸路大水，民劳财乏，县官减耗。圣上忧勤念治之明，而政事如此，皆大臣误陛下，而大臣所用者，误大臣也。"疏奏，安石欲窜之岭外，神宗不听，但谪监衡州盐仓。绘出知郑州，琥亦落职。挚乞诣郓迁葬，然后奔赴贬所，许之。

先是，仓吏与纲兵奸利相市，盐中杂以伪恶，远人未尝食善盐。挚悉意核视，且储其羡以为赏，弊减什七。父老目为"学士盐"。久之，签书南京判官。会司农新令，尽斥卖天下祠庙，依坊场河渡法收净利。南京阏伯庙岁钱四十六贯，微子庙十三贯。挚叹曰："一至于此！"往见留守张方平曰："独不能为朝廷言之耶？"方平瞿然，托挚为奏曰："阏伯迁商丘，主祀大火，火为国家盛德所乘，历世尊为大祀。微子，宋始封之君，开国此地，本朝受命，建号所因。又有双庙者，唐张巡、许远孤城死贼，能捍大患。今若令承买小人规利，冗亵渎慢，何所不为，岁收微细，实捐大体，欲望留此三庙，以慰邦人崇奉之意。"从之。又见《方平传》。

入同知太常礼院，元丰初，改集贤校理、知大宗正寺丞，为开封府推官。神宗开天章阁，议新官制，除至礼部郎中，曰："此南宫舍人，非他曹比，无出刘挚者。"即命之。俄迁右司郎中。

初，宰掾每于执政分厅时，请间白事，多持两端伺意指。挚始请以公礼聚见，共决可否。或不便挚所请，坐以开封不置历事罢归。明年，起知滑州。哲宗即位，宣仁后同听政，召为吏部郎中，改秘书少监，擢侍御史。上疏曰："昔者周成王幼冲践祚，师保之臣，周公、太公其人也。仁宗皇帝盛年嗣服，用李维、晏殊为侍读，孙奭、冯元为侍讲,听断之暇,召使入侍。陛下春秋鼎盛,在所资养。愿选忠信孝悌、惇茂老成之人,以充劝讲进读之任,便殿燕坐,时赐延对,执经诵说,以广睿智,仰副善继求治之志。"

他日讲筵进读,至仁宗不避庚戌临奠张士逊,侍读曰:"国朝故事,多避国音。国朝角音,木也,故畏庚辛。"哲宗问:"果当避否?"挚进曰:"阴阳拘忌,圣人不取,如正月祈谷必用上辛,此岂可改也?汉章帝以反支日受章奏,唐太宗以辰日哭张公谨,仁宗不避庚戌日,皆陛下所宜取法。"哲宗然之。

挚又言:"谏官御史员缺未补,监察虽满六员,专以察治官司公事,而不预言责。臣请增补台谏,并许言事。"时蔡确、章惇在政地,与司马光不相能。挚因久旱上言:"《洪范》:'庶徵肃,时雨若。'《五行传》:'政缓则冬旱。'今庙堂大臣,情志乖睽,议政之际,依违排狠,语播于外,可谓不肃。政令二三,舒缓不振。比日日青无光,风霾昏曀,上天警告,皆非小变,愿进忠良,通壅塞,以答天戒。"

蔡确为山陵使,神宗灵驾发引前夕不入宿,挚劾之,不报。及使回,既朝即视事,挚又奏确不引咎自劾。无何,确上表自陈,尝请收拔当世之耆艾,以陪辅王室,蠲省有司之烦碎,以慰安民心。挚谓:"使确诚有是请,不言于先朝,为不忠之罪;言于今日,为取容之计。诚无是请,则欺君莫大于此。"又疏确过恶大略有十,论章惇凶悍轻佻,无大臣体,皆罢去。

初,神宗更新学制,养士以千数,有司立为约束,过于烦密。挚上疏曰:"学校为育材首善之地,教化所从出,非行法之所。虽群居众聚,帅而齐之,不可无法,亦有礼义存焉。先帝体道制法,超汉轶唐,养士之盛,比隆三代。然而比以太学屡起狱讼,有司缘此造为法禁,烦苛愈于治狱,条目多于防盗,上下疑贰,以求苟免。甚可怪者,博士、诸生禁不相见,教谕无所施,质问无所从,月巡所隶之斋而已。斋舍既不一,随经分隶,则又《易》博士兼巡《礼》斋,《诗》博士兼巡《书》斋,所至备礼请问,相与揖诺,亦或不交一言而退,以防私请,以杜贿赂。学校如此,岂先帝所以造士之意哉?治天下者,遇人以君子、长者之道,则下必有君子、长者之行而应乎上。若以小人、犬彘遇之,彼将以小人、犬彘自为,而况以此行于学校之间乎?愿罢其制。"

又请杂用经义、诗赋取士,复贤良方正科,罢常平、免役,引朱光庭、王岩叟为言官。执宪数月,正色弹劾,多所贬黜,百僚敬惮,时人以比包拯、吕晦。

元祐无年,擢御史中丞。挚上疏曰:"上之所好,下必有甚。朝廷意在总核,下必有刻薄之行;朝廷务在宽大,下必有敬简之事。习俗怀利,迎意趋和,所为近似,而非上之意本然也。今因革之政本殊,而观望之俗故在。昨差役初行,监司已有迎合争先,不校利害,一概定差,一路为之骚动者。朝廷察其如此,固已黜之矣。以是观之,大约类此。向来黜责数人者,皆以非法掊克,市进害民,然非欲使之漫不省事。昧者不达,矫枉过正,顾可不为之禁哉?请立监司考绩之制。"

拜尚书右丞,连进左丞、中书侍郎,迁门下侍郎。胡宗愈除右丞,谏议大夫王觌疏其非是,宣仁后怒,将加深谴。挚开救甚力,帝中厉声曰:"若有人以门下侍郎为奸邪,甘受之否?"挚曰:"陛下审察毁誉每如此,天下幸甚!然愿顾大体,宗愈进用,自有公议,必致贬谏官而后进,恐宗愈亦所未安。"宣仁后意解,觌得补郡去。

挚与同列奏事论人才,挚曰:"人才难得,能否不一。性忠实而才识有余,上也;才识不逮而忠实有余,次也;有才而难保,可藉以集事,又其次也。怀邪观望,随时势改变,此小人也,终不可用。"哲宗及宣仁后曰:"卿常能如此用人,国家何忧!"六年,拜尚书右仆射。

挚性峭直,有气节,通达明锐,触机辄发,不为利怵威诱。自初辅政至为相,修严宪法,辨白邪正,韦以为物处心,委立一意,不爱调请。子弟亲戚入官,皆令赴铨部以格调选,未尝以干朝廷。与吕大防同位,国家大事,多决于大防,惟进退士大夫,实执其柄。然持心少恕,勇于去恶,竟为朋谗奇中。

先是,邢恕谪官永州,以书抵挚。挚故与恕善,答其书,有"永州佳处,第往以俟休复"之语。排岸官茹东济,倾险人也,有求于挚,不得,见其书,阴录以示御史中丞郑雍、侍御史杨畏。二人方交章击挚,遂笺释其语上之,曰:"'休复'者,语出《周易》,'以俟休复'者,俟他日太皇太后复子明辟也。"又章惇诸子故与挚之子游,挚亦间与之接。雍、畏谓延见接纳,为牢笼之计,以冀后福。宣仁后于是面喻挚曰:"言者谓卿交通匪人,为异日地,卿当一心王室。若章惇者,虽以宰相处之,未必乐也。"挚皇惧退,上章自辨,执政亦为之言。宣仁后曰:"垂帘之初,挚排斥奸邪,实为忠直。但此二事,非所当为也。"以观文殿学士罢知郓州。给事中朱光庭驳云:"挚忠义自奋,朝廷擢之大位,一旦以疑而罢,天下不见其过。"光庭亦罢,七年,徙大名,又为雍等所遏,徙知青州。

绍圣初,来之邵、周秩论挚变法、弃地罪,夺职知黄州,再贬光禄卿,分司南京,蕲州居住,将行,语诸子曰:"上用章惇,吾且得罪,若惇顾国事,不迁怒百姓,但责吾曹,死无所恨,正虑意在报复,法令益峻,奈天下何!"忧形于色,无一言及迁谪意。四年,陷邢恕之谤,贬鼎州团练副使,新州安置,惟一子从。家人涕泣愿侍,皆不听。至数月,以疾卒,年六十八。

初,挚与吕大防为相,文及甫居丧,在洛怨望,服除,恐不得京官,抵书邢恕曰:"改月遂除,入朝之计未可必。当涂猜怨于鹰扬者益深,其徒实繁。司马昭之心,路人所知也,济之以'粉昆',必欲以眇躬为甘心快意之地,可为寒心。"其谓司马昭者,指吕大防独当国久;"粉昆"者,世以驸马都尉为"粉侯",韩嘉彦尚主,以兄忠彦为"粉昆"也。恕以书示蔡硕、蔡渭,渭上书讼挚及大防等十余人陷其父确,谋危宗社,引及甫书为证。时章惇、蔡卞诬造元祐诸人事不已,因是欲杀挚及梁焘、王岩叟等。以为挚有废立之意,遂起同文馆狱,用蔡京、安惇杂治,退问及甫。及甫元祐末德大防除权侍郎,又忠彦虽罢,哲宗眷之未衰,乃托其亡父尝说司马昭指刘挚,"粉"谓王岩叟面白如粉,"昆"谓梁焘字况之,"况"犹"兄"也。又问实状,但云:"疑其事势如此。"会挚卒,京奏不及考验,遂免其子官,与家属徙英州,凡三年,死于瘴者十人。

徽宗立,诏反其家属,用子跂请,得归葬。跂又伏阙诉及甫之诬,遂贬及甫并渭于湖外,复挚中大夫。蔡京为相,降朝散大夫。后又复观文殿大学士、太中大夫。绍兴初,赠少师,谥曰忠肃。

挚嗜书,自幼至老,未尝释卷。家藏书多自雠校,得善本或手抄录,孜孜无倦。少好《礼》学,其究《三礼》,视诸经尤粹。晚好《春秋》,考诸儒异同,辨其得失,通圣人经意为多。其教子孙,先行实,后文艺。每曰:"士当以器识为先,一号为文人,无足观矣。"

跂能为文章,遭党事,为官拓落,家居避祸,以寿终。

苏颂字子容,泉州南安人。父绅,葬润州丹阳,因徙居之。第进士,历宿州观察推官知江宁县。时建业丞李氏后,税赋图籍,一皆无艺,每发敛,高下出吏手。颂因治讯他事互问民邻里丁某产,识其详。及定户籍,民或自占不悉,颂警之曰:"汝有某丁某产,何不言?"民骇惧,皆不敢隐。遂铲剔凤蠹,成赋一邑,简而易行,诸令视以为法,至领其民拜庭下以谢。凡民有忿争,颂喻以乡党宜相亲善,若以小忿而失欢心,一旦缓急,将何赖焉。民往往谢去,或半途思其言而止。时监司王鼎、王绰、杨纮于部吏少许可,及观颂施设,则曰:"非吾所及也。"

调南京留守推官,留守欧阳修委以政,曰:"子容处事精审,一经阅览,则修不复省矣。"时杜衍老居睢阳,见颂,深器之,曰:"如君,真所谓不可得而亲疏者。"衍又自谓平生人罕见其用心处,遂自小官以至为侍从、宰相所以施设出处,悉以语颂,曰:"以子相知,且知子异日必为此官,老夫非以自矜也。"故颂后历政,略似衍云。

皇祐五年,召试馆阁校勘,同知太常礼院。至和中,文彦博为相,请建家庙,事下太常。颂议以为:"礼,大夫士有田则祭,无田则荐,是有土者乃为庙祭也。有田则有爵,无土无爵,则子孙无以继承完祀,是有庙者止于其躬,子孙无爵,祭乃废也。若参合古今之制,依约封爵之令，为之等差，锡以土田，然后庙制可议。若犹未也，即请考案唐贤寝堂祠飨仪，止用燕器常食而已。"

嘉祐中，诏礼院议立故郭皇后神御殿于景灵宫，颂谓："敕书云'向因忿郁，偶失谦恭。'此则无可废之事。又云'朕念其自历长秋，仅周一纪，逮事先后，祇奉寝园。'此则有不当废之悔。又云：'可追复皇后，其祔庙谥册并停。'此则有合祔庙及谥册之义。请祔郭皇后于后庙，以成追复之道。"众论未定，宰相曾公亮问曰："郭后，上元妃，若祔庙，则事体重矣。"颂曰："国朝三圣，贺、尹、潘皆元妃，事体正相类。今止祔后庙，则岂得有同民间之言。"公亮曰："议者以谓阴逼母后，是恐万岁后配祔之意。"颂曰："若加一'怀'、'哀'、'愍'之谥，则不为逼矣。"公亮叹重。

迁集贤校理，编定书籍。颂在馆下九年，奉祖母及母，养姑姊妹与外族数十人，甘旨融怡，昏嫁以时。妻子衣食常不给，而处之晏如。富弼尝称颂为古君子，及与韩琦为相，同表其廉退，以知颍州。通判赵至忠本边徼降者，所至与守竞，颂待之以礼，具尽诚意。至忠感泣曰："身虽夷人，然见义则服，平生诚服者，唯公与韩魏公耳。"

仁宗崩，建山陵，有司以不时难得之物厉诸郡。颂曰："遗诏务从俭约，岂有土产而可强赋乎？量其有无，事亦随集。"英宗即位，召提点开封府界诸县镇公事。颂言："周制六军出于六乡，在三畿四郊之地；唐设十二卫，亦散布畿内郡县，又以关内诸府分隶之，皆所以临制四方，为国藩卫。国朝禁兵，多屯京师及畿内东南诸县，虽馈运为使，而西边武备殊阙。今中牟、长垣都门要冲，二鄙驿置皆由此，而旧不屯兵，阒无防守，请置营益兵，以备非常。"明年，饥民果乘虚犯长垣，戕官吏，如颂虑，颂又请以获盗多寡为县令殿最法，以谓："巡检、县尉，但能捕盗，而不能使人不为盗；能使其不为盗者，县令也。且民罹剽劫之害，而长官不任其责。可乎？"

迁度支判官。送契丹使，宿恩州，驿舍火，左右请出避，颂不动。州兵欲入救，闭门不纳，徐使防卒扑灭之。初火时，郡人汹汹，唱使者有变，救兵亦欲因而生事，赖颂安静而止。遂闻京师，神宗疑焉，颂使还,入奏,称善久之。命为淮南转运使。召修起居注,擢知制诰、知通进银台司、知审刑院。

时知金州张仲宣坐枉法赃罪至死,法官援李希辅例,杖脊黥配海岛。颂奏曰:"希辅、仲宣均为枉法,情有轻重。希辅知台,受赇数百千,额外度僧。仲宣所部金坑,发檄巡检体究,其利甚微,土人惮兴作,以金八两属仲宣不差官比校,止系违令,可比恐喝条,视希辅有间矣。"神宗曰:"免杖而黥之,可乎?"颂曰:"古者刑不上大夫,仲宣官五品,今贷死而黥之,使与徒隶为伍,虽其人无可矜,所重者,污辱衣冠耳。"遂免杖黥,流海外,遂为定法。

又言:"提举青苗官不能体朝廷之意,邀功争利,务为烦扰。且与诸司不相临统,文移同异,州县莫知适从。乞与常平、众役一切付之监司,改提举为之属,则事有统一,而于更张之政无所损也。"不从。

大臣荐秀州判官李定,召见,擢太子中允,除监察御史里行。宋敏求知制诰,封还词头。复下,颂当制,颂奏:"祖宗朝,天下初定,故不起孤远而登显要者。真宗以来,虽有幽人异行,亦不至超越资品,今定不由铨考,擢授朝列;不缘御史,荐置宪台。虽朝廷急于用才,度越常格,然隳紊法制,所益者小,所损者大,未敢具草。"次至李大临,亦封还。神宗曰:"去年诏,台官有阙,委御史台奏举,不拘官职高下。"倾与大临对曰:"从前台官,于太常博士以上、中行员外郎以下举充,后为难得资叙相当,故朝廷特开此制。止是不限博士、员郎,非谓选人亦许奏举,若不拘官职高下,并选人在其间,则是秀州判官亦可为里行,不必更改中允也。今定改京官,已是优恩,更处之宪台,先朝以来,未有此比,幸门一启,则士涂奔竞之人,希望不次之擢,朝廷名器有限,焉得人人满其意哉!"执奏不已,于是并落知制诰,归工部郎中班,天下谓颂及敏求、大临为"三舍人"。

岁余,知婺州。方沂桐庐,江水暴迅,舟横欲覆,母在舟中几溺矣,颂哀号赴水救之,舟忽自正。母甫及岸,舟乃覆,人以为纯孝所感徙亳州,有豪妇罪当杖而病,每旬检之,未愈,谯簿邓元服谓颂子曰:"尊公高明以政称,岂可为一妇所绐。但谕医如法检,自不诬矣。"颂曰:"万事付公议,何容心焉。若言语轻重,则人有观望,或致有悔。"既而妇死,元孚惭曰:"我辈狭小,岂可测公之用心也。"

加集贤院学士、知应天府。吕惠卿尝语人曰:"子容,吾乡里先进,苟一诣我,执政可得也。"颂闻之,笑而不应。凡更三赦,大临还侍从,颂才授秘书监、知通进银台司。吴越饥,选知杭州。一日,出遇百余人,哀诉曰:"某以转运司责逋市易缗钱,夜囚昼系,虽死无以偿。"颂曰:"吾释汝,使汝营生,奉衣食之余,悉以偿官,期以岁月而足,可乎?"皆谢不敢负,果如期而足。

颂宴客有美堂,或告将兵欲乱,颂密使捕渠领十辈,荷校付狱中,迨夕会散,坐客不知也。及修两朝正史,转右谏议大夫。使契丹,遇冬至,其国历后宋历一日。北人问孰为是,颂曰:"历家算术小异,迟速不同,如亥时节气交,犹是今夕;若逾数刻,则属子时,为明日矣。或先或后,各从其历可也。"北人以为然。使还以奏,神宗嘉曰:"朕尝思之,此最难处,卿所对殊善。"因问其山川、人情向背,对曰:"彼讲和日久,颇窃中国典章礼义,以维持其政,上下相安,未有离贰之意。昔汉武帝自谓:'高皇帝遗朕平城之忧,虽久勤征讨,而匈奴终不服。'至宣帝,呼韩单于稽首称藩。唐自中叶以后,河湟陷于吐蕃,宪宗每读《贞观政要》,慨然有收复意。至宣宗时,乃以三关、七州归于有司。由此观之,外国之叛服不常,不系中国之盛衰也。"颂意盖有所讽,神宗然之。

元丰初,权知开封府,颇严鞭朴。谓京师浩穰,须弹压,当以柱后惠文治之,非亳、颍卧治之比。有僧犯法,事连祥符令李屯,颂置不治。御史舒亶纠其故纵,贬秘书监、知濠州。

初,颂在开封,国子博士陈世儒妻李恶世儒庶母,欲其死,语君婢曰:"博士一日持丧,当厚饷汝辈。"既而母为婢所杀,开封治狱,法吏谓李不明言使杀姑,法不至死。或谮颂欲宽世儒夫妇,帝召颂曰:"此人伦大恶,当穷竟。"对曰:"事在有司,臣固不敢言宽,亦不敢谕之使重。"狱久不决。至是,移之大理。意颂前次请求,移御史台逮颂对。御史曰:"公速自言,毋重困辱。"颂曰:"诬人死,不可为已,若自诬以获罪,何伤乎?"始手书数百言伏其咎。帝览奏牍,以为疑,反覆究实,乃大理丞贾种民增其文傅致也,由是事得白。同列犹以尝因人语及世儒帷薄事,颂应曰:"然。"以是为泄狱情,罢郡。

未几,知河阳,改知沧州。入辞,帝曰:"朕知卿久,然每欲用,辄为事夺,命也夫!卿直道,久而自明。"颂顿首谢。召判尚书吏部兼详定官制。唐制,吏部主文选,兵部主武选;神宗谓三代、两汉本无文武之别,议者不知所处。颂言:"唐制吏部有三铨之法,分品秩而掌选事。今欲文武一归吏部,则宜分左右曹掌之,每选更以品秩分治。"于是吏部始有四选法。

因陛对,神宗谓颂曰:"欲修一书,非卿不可,契丹通好八十余年,盟誓、聘使、礼币、仪式,皆无所考据,但患修书者迁延不早成耳。然以卿度,此书何时可就?"颂曰:"须一二年。"曰:"果然,非卿不能如是之敏也。"及书成,帝读《序引》喜曰:"正类《序卦》之文。"赐名《鲁卫信录》。

帝尝问宗子主祭、承重之义,颂对曰:"古者贵贱不同礼,诸侯、大夫世有爵禄,故有大宗、小宗、主祭、承重之义,则丧服从而异制,匹士庶人亦何预焉。近代不世爵,宗庙因而不立,尊卑亦无所统,其长子孙与众子孙无以异也。今《五服敕》,嫡孙为祖、父为长子犹斩衰三年,生而情礼则一,死而丧服独异,恐非先王制礼之本意。世俗之论,乃以三年之丧为承重,不知为承大宗之重也。臣闻庆历中,朝廷议百僚应任子者,长子与长孙差优与官,余皆降杀,亦近古立宗之法。乞诏礼官、博士参议礼律,合承重者,酌古今收族主祭之礼,立为宗子继祖者,以异于众子孙之法。士庶人不当同用一律,使人知尊祖,不违礼教也。"除吏部侍郎,迁光禄大夫。遭母丧,帝遣中贵人唁劳,赐白金千两。

元祐初,拜刑部尚书,迁吏部兼侍读。奏:"国朝典章,沿袭唐旧,乞诏史官采《新》、《旧唐书》中君臣所行,日进数事,以备圣览。"遂诏经筵官遇非讲读日,进汉、唐故事二条。颂每进可为规戒、有补时事者，必术己意，反复言之。又谓："人主聪明，不可有所向，有则偏，偏则为患大矣。今守成之际，应之以无心，则无不治。"每进读至弭兵息民，必援引古今，以动人主之意。

既又请别制浑仪，因命颂提举。颂既邃于律历，以吏部令史韩公廉晓算术，有巧思，奏用之。授以古法，为台三层，上设浑仪，中设浑象，下设司辰，贯以一机，激水转输，不假人力。时至刻临，则司辰出告。星辰躔度所次，占候则验，不差晷刻，昼夜晦明，皆可推见，前此未有也。

颂前后掌四选五年，每选人改官吏，求垢瑕，故为稽滞。颂敕吏曰：某官缘某事当会某处，仍引全用条格，具委无漏落状同上。自是吏不得逞。每诉者至，必取案牍使自省阅，诉者服，乃退；其不服，颂必往复诘难，度可行行之，苟有疑，则为奏请，或建白都堂。故选官多感德，其不得所欲者，亦心服而去。

迁翰林学士承旨。五年，擢尚书收左丞。尝行枢密事。边帅遣种朴入奏："得谍言，阿里骨已死，国人未知所立。契丹官赵纯忠者，谨信可任，愿乘其未定，以劲兵数千，拥纯忠入其国立之。"众议如其请，颂曰："事未可知，其越境立君，使彼拒而不纳，得无损威重乎？徐观其变，竣其定而抚辑之，未晚也。"已而阿里骨果无恙。

七年，拜右仆射兼中书门下侍郎。颂为相，务在奉行故事，使百官守法遵职。量能授任，杜绝侥幸之原，深戒疆场之臣邀功生事。论议有未安者，毅然力争之。贾易除知苏州，颂言："易在御史名敢言，既为监司矣，今因赦令，反下迁为州，不可。"争论未决。谏官杨畏、来之邵谓稽留诏命，颂遂上章辞位，罢为观文殿大学士、集禧观使，继出知扬州。徙河南，辞不行，告老，以中太一宫使居京口。绍圣四年，拜太子少师致仕。

方颂执政时，见哲宗年幼，诸臣太纷纭，常曰："君长，谁任其咎耶？"每大臣奏事，但取决于宣仁后，哲宗有言，或无对者。惟颂奏宣仁后，必再禀哲宗；有宣谕，必告诸臣以听圣语。及贬元祐故臣，御史周秩劾颂，哲宗曰："颂知君臣之义，无轻议此老。"徽宗立，进太子太保，爵累赵郡公。建中靖国元年夏至，自草遗表，明日卒，年八十二，诏辍视朝二日，赠司空。

颂器局闳远，不与人校短长，以礼法自持。虽贵，奉养如寒士。自书契以来，经史、九流、百家之说，至于图纬、律吕、星官算法、山经、本草，无所不通。尤明典故，喜为人言，亹亹不绝。朝廷有所制作，必就而正焉。

尝议学校，欲博士分经；课试诸生，以行艺为升俊之路。议贡举，欲先行实而后文艺，去封弥、誊录之法，使有司参考其素，行之自州县始，庶几复乡贡里选之遗范。论者韪之。

论曰：大防重厚，挚骨鲠，颂有德量。三人者，皆相于母后垂帘听政之秋，而能使元祐之治，比隆嘉，其功岂易致哉！大防疏宋家法八事，言非溢美，是为万世矜式。击正邪之辨甚严，终以直道愠于群小，遂与大防并死于贬，士论冤之。颂独岿然高年，未尝为奸邪所污，世称其明哲保身。然观其论知州张仲宣受金事，犯彦辨其情罪重轻，又陈刑不上大夫之义，卒免仲宣于黥。自是宋世命官凶赃抵死者，例不加刑，岂非所为多雅德君子之事，造物者自有以相之欤？

宋史卷三四一
列传第一〇〇

王存　孙固　赵瞻　傅尧俞

　　王存字正仲，润州丹阳人。幼善读书，年十二，辞亲从师于江西，五年始归。时学者方尚雕篆，独为古文数十篇，乡老先生见之，自以为不及。

　　庆历六年，登进士第，调嘉兴主簿，擢上虞令。豪姓杀人，久莫敢问，存至，按以州吏受赇，豪赂他官变其狱存反为罢去。久之，除密州推官。修洁自重，为欧阳修、吕公著、赵概所知。治平中，入为国子监直讲，迁秘书省著作佐郎，历馆阁校勘、集贤校理、史馆检讨、知太常礼院。存故与王安石厚，安石执政，数引与论事，不合，即谢不往。存在三馆历年，不少贬以干进。尝召见使殿，累上书陈时政，因及大臣，无所附丽，皆时人难言者。

　　元丰元年，神宗察其忠实无党，以为国史编修官、修起居注。时起居注虽日侍，而奏事必禀中书俟旨。存乞复唐贞观左右史执笔随宰相入殿故事，神宗嘉其言，听直前奏事，自存始也。明年，以右正言、知制诰、同修国史兼判太常寺。论圜丘合祭天地为非古，当亲祠北郊如《周礼》。官制行，神宗切于用人，存请自熙宁以来群臣缘论事得罪，或诖误被斥而情实纳忠非大过者，随材召擢，以备官使。语合神宗意，收拔者甚众。又言："赦令出上恩，而比岁议法治狱者，多乞不以赦降原减。官司谒禁，本防请托，而吊死问疾，一切杜绝，皆非便也。"执政不悦。

五年,迁龙图阁直学士、知开封府。京师并河居人,盗凿汴堤以自广,或请令培筑复故,又按民庐侵官道者使撤之。二谋出自中人,既有诏矣。存曰:"此吾职也。"入言之。即日弛其役,都人欢呼相庆。进枢密直学士,改兵部尚书,转户部。神宗崩,哲宗立,永裕陵财费,不逾时告备,宰相乘间复徙之兵部。太仆寺请内外马事得专达,毋隶驾部。存言:"如此,官制坏矣。先帝正省、台、寺、监之职,使相临制,不可徇有司自便,而隳已成之法。"元祐初,还户部,固辞不受。二年,拜中大夫、尚书右丞。三年,迁左丞。

有建议罢教畿内保甲者,存言:"今京师兵籍益削,又废保甲不教,非国家根本久长之计。且先帝不惮艰难而为之,既已就绪,无故而废之,不可。"门下侍郎韩维罢,存言:"去一正人,天下失望,忠党沮气,才邪之人争进矣。"又论杜纯不当罢侍御史,王觌不当罢谏官。

四方奏谳大辟,刑部援比请贷,都省屡以无可矜恕却之。存曰:"此祖宗制也。有司欲生之,而朝廷破例杀之,可乎?"又言:"比废进士专经一科,参以诗赋,失先帝黜词律、崇经术之意。"河决而北几十年,水官议还故道,存争之曰:"故道已以高,水性趋下,徒费财力,恐无成功。"卒辍其役。蔡确以诗怨讪,存与范纯仁欲薄其罪,确再贬新州,存亦罢,以端明殿学士知蔡州。始,存之徙兵部,确力也。至是,为确罢,士大夫善其能损怨。岁余,加资政殿学士,知扬州。扬、润相去一水,用故相例,得岁时过家上冢,出赐钱给邻里,又具酒食召会父老,亲为酬酢,乡党傅为美谈。

召为吏部尚书。时,在廷朋党之论浸炽,存为哲宗言:"人臣朋党,诚不可长,然或不察,则滥及善人。庆历中,或指韩琦、富弼、范仲淹、欧阳修为党,赖仁宗圣明,不为所惑。今日果有进此说者,愿陛下察之。"由是复与任事者戾,除知大名府,改知杭州。

绍圣初,请老,提举崇禧观,迁右正议大夫致仕。旧制,当得东宫保傅,议者指存尝议还西夏侵地,故杀其恩典,既而降通议大夫。存尝悼近世学士贵为公卿,而祭祀其先,但循庶人之制。及归老筑居，首营家庙。建中靖国元年，卒，年七十九。赠左银青光禄大夫。
存性宽厚，平居恂恂，不为诡激之行，至其所守，确不可夺。司马光
尝曰："并驰万马中能驻足者，其王存乎！"

孙固字和父，郑州管城人。幼有立志，九岁读《论语》，曰："吾能
行此。"徂徕石介一见，以公辅期之。擢进士第，调磁州司户参军。从
平贝州，为文彦博言胁从罔治之义，与彦博意协，故但诛首恶，余无
所及。转霍邑令，迁秘书丞，为审刑详议官。宰相韩琦知其贤，谕使
来见，固不肯往。琦益器重之，引为编修中书诸房文字。

治平中，神宗为颍王，以固侍讲，及为皇太子，又为侍读。至即
位，擢工部郎中、天章阁待制、知通进银台司。种谔取绥州，固知神
宗志欲经略西夏，欲先事为戒，即上言："待远人宜示之信，今无名
举兵，非计之得。愿以汉韩安国魏相、唐魏徵论兵之略，参校同异，
则是非炳然矣。兵，凶器也，动不可妄，妄动将有悔。"大臣恶其说，
出知澶州。

还知审刑院，复领银台、封驳产灵侍读，判少府监。神宗问："王
安石可相否？"对曰："安石文行甚高，处侍从献纳之职，可矣。宰相
自有其度，安石狷狭少容。必欲求是贤相，吕公著、司马光、韩维其
人也。"凡四问，皆以此对。及安石当国，更法度，固数议事不合，青
苗法出，又极陈其不便。及韩琦疏至，神宗感动，谓固曰："朕熟计
之，诚不便。"固出语执政曰："及上有意，宜亟图之，以福天下。"既
而竟从安石。固复领银台司。

孔文仲对制策忤时政，报罢。固言："陛下以名求士，而士以实
应，今反过之，何哉？今谓文仲之言以惑天下，臣恐天下不惑文仲之
言，以文仲之黜为惑也。"胡宗愈坐言事逐，苏颂、陈荐以论李定罢。
固皆引谊争之。

时议尊僖祖为始祖。固议曰："汉高以得天下与商、周异，故太
上皇不得为始封；光武中兴，不敢祖舂陵而祖高帝。宋有天下，传之
万世，太祖功也，不当替其祀；请以为始祖，而为僖祖别立庙。禘祫

之日,奉其祧主东向以伸其尊,合所谓祖以孙尊、孙以祖屈之意。"韩琦见而叹曰:"孙公此议,足以不朽矣。"

加龙图阁直学士、知真定府。辽人盗耕解子平地,岁且久,吏争弗能还。固微得其要领折愧之,正疆地二百里。熙宁末,以枢密直学士知开封府。元丰初,同知枢密院事。时征安南,建顺州,其地瘴疠不堪守,固请弃之,内徙者二万户。

谍者告夏人幽其主,神宗欲西讨,固数言举兵易,解祸难。神宗曰:"夏有衅不取,则为辽人所有,不可失也。"固曰:"必不得已,请声其罪薄伐之,分裂其地,使其酋长自守焉。"神宗笑曰:"此真郦生之说尔。"时执政有言便当直度河,不可留行。固曰:"然则孰为陛下任此者?"神宗曰:"朕已属李宪。"固曰:"伐国,大事也,岂可使宦官为之!今陛下任李宪,则士大夫孰肯为用乎?"神宗不悦。他日,固又曰:"今五路进师而无大帅,就使成功,兵必为乱。"神宗曰:"大帅诚难其人。"吕公著曰:"既无其人,曷若已之。"固曰:"公著言是也。"

初议五路入讨,会于灵州,李宪由熙河入,辄不过灵州,乃自开兰、会,欲以弭责。固曰:"兵法期而后至者斩。今诸路皆进,而宪独不行,虽得兰、会,罪不可赦。"神宗不听,其后师果无功。神宗曰:"朕始以孙固言为迂,今悔无及矣。"

改太中大夫、枢密副使,进知院事,以疾避位,拜观文殿学士、知河阳,寻提举嵩山崇福宫,哲宗即位,以正议大夫知河南府,徙郑州。元祐二年,召除侍读、提举中太一宫,遂拜门下侍郎。哲宗与太皇太后矜其年高,每朝会豫节拜仪听休于幄次。固数乞骸骨,太皇太后曰:"卿,先帝在东宫时旧臣。今帝新听政,勉留辅导;或体中未安,取文书于家治之可也。"固感激,强起视事,复知枢密院事,累官右光禄大夫。五年,卒,年七十五。哲宗、太皇太后皆出声泣。时文彦博致仕归洛,将宴饯崇政殿,以固在殡,罢之。辍视朝二日,赠开府仪同三司,谥曰温靖。

固宅心诚粹,不喜矫亢,与人居久而益信,故更历夷险,而不为人所疾害。尝曰："人当以圣贤为师，一节之士，不足学也。"又曰："以爱亲之心爱其君，则无不尽矣。"司马光退处，固每劝神宗召归；及光为陈州，过郑，固与论天下大事至数十，曰："公行且相，宜视先后缓急审处之。"傅尧俞铭其墓曰："司马公之清节，孙公之淳德，盖所谓不言而信者也。"世以为确论。绍圣时夺遗泽，元符二年，夺所赠官，列元祐党籍。政和中，徽宗以固尝为神宗宫僚，特出籍，悉还所夺。

赵瞻字大观，其先亳州永城人。父刚，太子宾客，徙凤翔之周至。瞻举进士第，调孟州司户参军，移万泉令。捐圭田修学宫，士自远而至。改知夏县，作八监堂，书古贤令长治迹以自是监。又以秘书丞知永昌县，筑六堰灌田，岁省科敛数十万，水讼咸息，民以比召、杜。

升太常博士，知威州。瞻以威、茂杂群獠，险而难守，不若合之而建郡于汶川，条著其详，为《西山别录》。后熙宁中，朝廷经理西南，就瞻取其书考焉。

迁尚书屯田员外郎。英宗治平初，自都官员外郎除侍御史。上疏曰："英断独化，人主至权也。审至权者，当主以天下之大公，揆以天下之正论，如是而后权可一也。若夫积久之敝，陛下其思焉。刑赏施设之失，可革则革；号令言动之过，可止则止。辅相赖其用，宜责其效；台谏知其才，宜信其说。兵柄宜削诸宦官，边议宜付诸宿将。盖权不可矫而为也，以从天下之望耳。"英宗称善。

久之，诏遣内侍王昭明等四人为陕西诸路钤辖，招抚诸部。瞻以唐用宦者为观军容宣慰等使，后世以为至戒，宜追还内侍，责成守臣，章三上，言甚激切。会文彦博、孙沔经略西夏，别遣冯京安抚诸路，瞻又请罢京使，专委宿将。夏人入侵王官，庆帅孙长卿不能御，加长卿集贤院学士，瞻言长卿当黜不宜赏，赏罚倒置。京东盗贼数起，瞻请易置曹、濮守臣之不才者，未报，乃求退，力言追还昭明等，英宗改容，纳其言。

二年秋，京师大水，诏百官言事，多留中，瞻请"悉出章疏，付两省详择以闻"，从之。时议追崇濮安懿王，瞻引汉师丹、董宏事，谓其属薛温其曰："事将类此，吾必以死争，固吾所也。"中书请安懿王称亲，瞻争曰："仁宗既下明诏子陛下，议者顾惑礼律所生所养之名，妄相訾难，彼明知礼无两父贰斩之义，敢裂一字之词，以乱厥真。且文有去妇出母者，去已非妇，出不为母，辞穷直书，岂足援以断大议哉？臣请与之庭辨，以定邪正。"已而皇太后手书尊王为皇，瞻叹曰："向者太后切责大臣，议乃得罢。今邪臣与中官交缔，归过至尊而自为之地，吾与首议之臣，不并生矣！"因复力陈。

会假太常少卿接契丹贺正使，入对，英宗问前事，对曰："陛下为仁宗子，而濮王又称皇考，则是二父，二父非礼。"英宗曰："御史尝见朕欲皇考濮王乎？"瞻曰："此乃大之议，陛下未尝自言。"英宗曰："是中书过耳，朕自数岁时，先帝养为子，岂敢称濮考？"瞻曰："臣请退谕中书，作诏以晓天下。"时连日晦冥，英宗指天示瞻曰："天道如此，安敢妄为褒尊。朕意已决，无庸宣告。"瞻曰："陛下祗畏天戒，不以私妨公，其盛德也。"及使还，闻吕诲等谏濮议皆罢去，乞与同贬，不报。趣入对，英宗曰："卿欲就龙逄、比干之名，孰若效伊尹、傅说哉？"瞻皇惧，言："臣不敢奉诏，使朝廷有同罪异罚之讥。"遂通判汾州。

神宗即位，迁司封员外郎，知商州，又除提点陕西刑狱。熙宁三年，为开封府判官。神宗问："卿知青苗法便乎？"对曰："青苗法，唐行之于季世扰攘中，掊民财诚便。今欲为长久计，爱养百姓，诚不便。"

初，王安石欲瞻助己，使其党饵以知杂御史，瞻不应，由是不得留京师，出为陕西转运副使，改永兴军转运使。以亲老，请知同州。七年，朝廷患钱重，议以交子权之，命瞻制置。"瞻曰："有本钱足恃，法乃可行，如多出空券，是罔民也。"议不合，除提举凤翔太平宫。丁外艰，服除，易朝请大夫、知沧州。

哲宗立，转朝议大夫，召为太常少卿，迁户部侍郎。元祐三年，擢抠密直学士、签书枢密院事。明年,以中大夫同知院事。因进对言:"机政所急,人才而已。今臣选武臣难遽尽知,请诏诸路安抚、转运使举使臣,科别其才,第为三等,籍之以备选注。"

初,元丰中,河决小吴,北注界河,东入于海。神宗诏,东流故道淤高,理不可回,其勿复塞。乃开大吴以护北都。至是,都水王令图请还河故道,下执政议。瞻曰:"自河决已八年,未有定论。今遽兴大役,役夫三十万,用木二千万,臣窃忧焉。朝廷方遣使相视,若以东流未便,宜亟从之;若以为可回,宜为数岁之计,以缓民力。议者又谓河入界河而北,则失中国之险,昔澶渊之役,非河为限,则北兵不止。瞻曰:"王者恃德不恃险。昔尧、舜都蒲、冀,周、汉都咸镐,皆历年数百,不闻以河障外国。澶渊之役,盖庙社之灵,章圣之德,将相之智勇,故敌帅授首,岂独河之力哉?"后使者以东流非便,水官复请塞北流,瞻固争之,卒诏罢役,如瞻所议。

洮、河诸族以青唐首领寝弱可制,欲倚中国兵威以废之,边臣亟请兴师。瞻曰:"不可。御外国以大信为本,且既爵命之,彼虽失众心,无犯王略之罪,何辞而伐之?若其不克,则兵端自此复起矣。"乃止。瞻又奏废渠阳军,以纾荆湖之力;乞诏谕西夏使归永乐遗民,夏人听命。

五年,卒,年七十二。太皇太后语辅臣曰:"惜哉,忠厚君子也。"车驾亲临,辍视朝二日。赠银青光禄大夫,谥曰懿简。绍圣中,言者以傅会元祐诸臣,追夺所赠官,更于党籍。

瞻著《春秋论》三十卷,《史记牴牾论》五卷,《唐春秋》五十卷,《奏议》十卷,《文集》二十卷,《西山别录》一卷。四子:孝谌,瀛州录事参军;献诚,唐城令;某,蚤卒;彦诒,太康主簿。

傅尧俞字钦之,本郓州须城人,徙孟州济源。十岁能为文,及登第,犹未冠。石介每过之,尧俞未尝不在,介曰:"君少年决科,不以游戏为娱,何也?"尧俞曰:"性不喜嚣杂,非有他尔。"介叹息奇之。尝监西京税院事,留守晏殊、夏竦皆谓曰:"子有清识雅度,文约而理尽,卿相才也。"

　　知新息县,累迁太常博士。嘉祐末,为监察御史。兖国公主下嫁李玮,为家监梁怀吉、张承照所间,与夫不相中。仁宗斥二人于外,未几,复还主家,出玮知卫州。尧俞言:"主恃爱薄其夫,陛下为逐玮而还隶臣,甚悖礼,为四方笑,后何以诲诸女乎?"

　　皇城逻卒吴清诬奏富民杀人,鞫治无状,有司须清辨,内侍主者不遣。尧俞言:"陛下惜清,恐不复闻外事矣。臣以为不若使付外,暴其是非而行赏罚焉,则事之上闻者皆实,乃所以广视听也。纵而不问,则谗者肆行,民无所措手足,尚欲求治,得乎?"

　　内侍李允恭、朱晦屈法任其子,赵继宠越次管当天章阁,蔡世宁掌内藏,而以珠私示内人。尧俞以为嬖宠恩幸过失,当防之于渐,悉劾之。

　　时乏国用,言利者争献富国计。尧俞奏曰:"今度支岁用不足,诚不可忽,然欲救其弊,在陛下宜自俭刻,身先天下,无夺农时,勿害商旅,如是可矣。不然,徒欲纷更,为之无益,聚敛者用,则天下殆矣。"

　　仁宗春秋高,皇嗣未立,尧俞请建宗室之贤,以慰天下望。及英宗为皇子,有司阙供馈,仁宗未知。尧俞言:"陛下既以宗社之重建皇嗣,宜以家人礼,使皇子朝夕侍膳左右,以通慈孝之诚。今礼遇有阙,非所以隆亲亲、重国本也。"于是诏有司供具甚厚。

　　英宗即位,转殿中侍御史,迁起居舍人,皇太后与英宗同听政,英宗有疾,既平,尧俞上书皇太后,请还政。久之,闻内侍任守忠有谗间语,尧俞谏皇太后曰:"外间物论纷惑,两宫之情未通。臣谓天下之可信者,无大于以天下与人,亦无大于受天下以公,况皇帝以明睿之资,贯通古今,而受人之天下乎?如诛窜谗人,则慈孝之声并隆矣。"于是皇太后还政,逐守忠。尧俞言于英宗曰:"皇太后给事左右之人,宜颇录其勤劳,少加恩惠,上慰母后,下安反侧。且守忠已去,其余不问可也。"

　　迁右司谏、同知谏院。英宗眷遇尧俞,尝雪中赐对,尧俞自东庑升,英宗倾身东向以待,每奏事退,多目送之。尝问曰:"多士盈庭,孰忠孰邪?"尧俞曰:"大忠大佞,固不可移;中人之性,系上所化。"英宗纳其言。

时英宗初躬庶政,犹谦让任大臣,尧俞言:"大臣之言非是,陛下偶以为然而行之可也;审其非矣,从而徇之,则人主之柄安在?愿君臣之际,是是非非,毋相面从。总览众议,无所适莫,则威柄归陛下矣。"尝因论事,英宗曰:"卿何不言蔡襄?"对曰:"若襄有罪,陛下何不自正典刑,安用臣言?"英宗曰:"欲使台谏言,以公议出之。"对曰:"若付之公议,臣但见襄办山陵事有功,不见其罪。臣身为谏官,使臣受旨言事,臣不敢。"

陕西言,近边熟户颇逃失。诏以内侍李若愚等为陕西四路钤辖,专使招纳,岁一入奏事。尧俞言:"此安抚、经略使职也。且若愚等,陛下不信其言,则如不用;言必是从,则边帅之权,移于四人矣。"寻罢之。

大臣建言濮安懿王宜称皇考,尧俞曰:"此于人情礼文,皆大谬戾。"与侍御史吕诲同上十余疏,其言极切。主议者知汹汹不可遏,遂易"考"称"亲"。尧俞又言:"'亲',非父母而何?亦不可也。夫恩义存亡一也,先帝既以陛下为子,当是时,设濮王尚无恙,陛下得以父名之乎?"又因水灾言:"简宗庙,则水不润下。今以濮王为皇考,于仁宗之庙,简孰甚焉。"

俄命尧俞与赵瞻使契丹,比还,吕诲、吕大防、范纯仁皆以谏濮议罢,复除尧俞侍御史知杂事。尧俞拜疏必求罢去,英宗面留之。尧俞言:"诲等已逐,臣义不当止。"因再拜辞,英宗愕然,曰:"是果不可留。"遂出知和州。通判杨洙乘间问曰:"公以直言斥居此,何为未尝言御史时事?"尧俞曰:"前日言职也,岂得已哉?今日为郡守,当宣朝廷美意,而反咕咕追言前日之阙政,与诽谤何异?"

神宗即位,徙知庐州。熙宁三年,至京师。王安石素与之善,方行新法,谓之曰:"举朝纷纷,俟君来久矣,将以待制、谏院处君。"尧俞曰:"新法世以为不便,诚如是,当极谕之。平生未尝好欺,敢以为告。"安石愠之，但授直昭文馆、权盐铁副使，俄出为河北转运使，改知江宁府。陛辞，言："仁庙一室，与艺祖、太宗并为百代不迁之主。"

徙许州、河阳、徐州，再岁六移官，困于道路，知不为时所容，请提举崇福宫。先是，徐人告有谈天文休咎者，尧俞以事未白，不受辞。谈者后伏诛，尧俞坐不即捕，削官职。稍起，监黎阳县仓草场，郡掾行县，尧俞从众出迎尽礼。守为遣他吏代主出纳，尧俞不可，曰："居其官安得旷其职。"虽寒暑，必日至庾中治事，凡十年。

哲宗立，自知明州召为秘书少监兼侍讲，擢给事中、吏部侍郎、御史中丞。奏言："人才有能有不能，如使臣补阙拾遗以辅盛德，明善正失以平庶政，举直措枉以正大臣，臣虽不才，敢不尽力。若使窥人阴私，抉人细故，则非臣所能，亦非臣之志也。"御史张舜民以言事罢，诏尧俞更举御史，尧俞封还诏书，请留舜民。不听，即以尧俞为吏部侍郎，尧俞不可，遂以龙图阁待制知陈州。未几，复为吏部侍郎、御史中丞。

前宰相蔡确坐诗诽谤，贬新州，宰执、侍从以下，罢者七八人，御史府为之一空。尧俞曰："确之党，其尤者固宜逐，其余可以一切置之。"且言："以陛下盛德，而乃于此不能平？愿听之如蚊虻之过耳，无使有纤微之忤，以奸太和之气。事至，以无心应之，圣人所以养至诚而御遐福也。"

水官李伟议大河可从孙村导之还故道。尧俞言："河事虽不可隃度，然比遣使按之，皆言非便。而伟又缪悠不肯任责，岂可以遽兴大役。"朝廷遂置伟议。进吏部尚书兼侍读。元祐四年，拜中书侍郎。六年，卒，年六十八。哲宗与太皇太后哭临之，太皇太后语辅臣曰："傅侍郎清直一节，终始不变，金玉君子也。方倚以相，遽至是乎！"赠银青光禄大夫，谥曰献简。绍圣中，以元祐党人，夺赠谥，著名党籍。后党锢解，下诏褒赠，录其后。

尧俞厚重寡言，遇人不设城府，人自不忍欺。论事君前，略无回隐，退与人言，不复有矜异色。初，自谏官补郡，众疑法令有未安者，必有所不从，尧俞一切遵之，曰："君子素其位而行，谏官有言责也，为郡知守法而已。"徐前守侵用公钱,尧俞至,为偿之,未足而去。后守移文尧俞使偿,久之,考实,非尧俞所用,卒不辩。司马光尝谓河南邵雍曰:"清、直、勇三德,人所难兼,吾于钦之畏焉。"雍曰:"钦之清而不耀,直而不激,勇而能温,是为难尔。"从孙察,见《忠义傅》。

　　论曰:存、固、瞻、尧俞,初皆善王安石;及其秉政,未尝受所诱饵,与论新法,终不诡随。及元祐区别正邪,其论蔡确诗谤之罪恐为已甚,将启朋党之祸,岂非先知之明乎? 他有更张,随事谏止,不少循默。然无矫枉过中之失,故能不亟不徐,进退有道,在元祐诸臣中,身名俱全,亦难矣哉。

宋史卷三四二
列传第一〇一

梁焘　王岩叟　郑雍　孙永

梁焘字况之,郓州须城人。父蒨,兵部员外郎、直史馆。焘以蒨任,为太庙斋郎。举进士中第,编校秘阁书籍,迁集贤校理、通判明州,检详枢密五房文字。

元丰时久旱,上书论时政曰:

陛下日者闵雨,靖惟政事之阙,惕然自责。丁卯发诏,癸酉而雨,是上天顾听陛下之德言,而喜其有及民之意也。当四方仰雨十月之久,民刻于新法,嗷嗷如焦,而京师尤甚,阛阓细民,罔不失职,智愚相视,日有大变之忧。陛下既惠以诏音,又施之行事,讲除刻文,蠲损缗算,一日之间,欢声四起。距诞节三日而膏泽降,是天下寸寿陛下之万年,感圣心于大寤,有以还其仁政也。

然法令乖戾,为毒于民者,所变才能万一。人心之不解,故天意亦未释,而雨不再施。陛下亦以此为戒,而夙夜虑之乎?今陛下之所知者,市易事耳。法之为害,岂特此耶?曰青苗钱也,助役钱也,方田也,保甲也,淤田也。兼是数者,而天下民被其害。青苗之钱未及偿,而责以免役;免役之钱未暇入,而重以淤田;淤田方下,而复有方田;方田未息,而迫以保甲。是徒扰百姓,使不得少休于圣泽。其为害之实,虽一有言之者,必以下主吏,主吏妄报以无是,则从而信之,恬不复问,而反坐言者。虽间遣使循行,而苟且宠禄,巧为妄诞,成就其事,至请遍行其法,上下相隐,习以成风。

臣谓天下之患,不患祸乱之不可去,患朋常蔽蒙之俗成,使上不得闻所当闻,故政日以敝,而祸乱卒至也。陛下可不深思其故乎?

疏入,不省。

内侍王中正将兵出疆,干赏不以法。焘争之不得,请外,出知宣州。入辞,神宗曰:"枢臣云卿不肯安职,何也?"对曰:"臣居官五年,非敢不安职,恐不胜任使,故去耳。"神宗曰:"王中正功赏文书,何为独不可?"曰:"中正罔冒侥觎,臣不敢屈法以负陛下。"未几,提点京西刑狱,哲宗立,召为工部郎中,迁太常少卿、右谏议大夫。有请宣仁后御文德殿服衮冕受册者,焘率同列谏,引薛奎谏章献明肃皇后不当以王服见太庙事,宣仁后欣纳。又论市易已废,乞蠲中下户逋负;又乞欠青苗下户,不得令保人备偿。

文彦博议遣刘奉世使夏国,御史张舜民论其不当遣,降通判虢州。焘言:"御史持纪纲之官,得以犯彦正论,况臣下过失,安得畏忌不言哉?今御史敢言大臣者,天下之公议;大臣不快御史者,一夫之私心。罪天下敢言之公议,便一夫不快之私心,非公朝盛事也。"时同论者傅尧俞、王岩叟、朱光庭、王觌、孙升、韩川,凡七人,悉召至都堂,敕谕以"事当权其轻重,故不惜一新进御史,以慰老臣"。焘又言:"若论年龄爵禄,则老臣为重;若论法度纲纪,则老臣为轻。御史者,天子之法官也,不可以大臣鞅鞅而斥去。愿还舜民,以正国体。"章十上,不听。

焘又面责给事中张问不能驳还舜民制命,以为失职。坐诋同列,出为集贤殿修撰、知潞州,辞不拜,曰:"臣本论张舜民不当罢,如以为非,即应用此受斥。今乃得以微罪冒美职,守剧郡,如此则朝廷命令,不能明辨曲直,以好恶示天下矣。"不报。至潞,值岁饥,不待命发常平粟振民。流人闻之,来者不绝,焘处之有条,人不告病。

明年,以左谏议大夫召。甫就道,民攀辕不得行,逾太行,抵河内乃已。既对，上书言："帝富于春秋，未专宸断；太皇保佑圣主，制政帘帷，奸人易为欺弊。愿正纲纪，明法度，采用忠言，讲求仁术。"两宫嘉纳焉。

前宰相蔡确作诗怨谤，焘与刘安世交攻之。焘又言："方今忠于确者，多于忠朝廷之士；敢为奸言者，多于敢正论之人。以此见确之气焰凶赫，根株牵连，贼化害政，为患滋大。"确卒窜新州。焘进御史丞。邓润甫除吏部尚书，焘论润甫柔佞不立，巧为进取。不听。改权户部尚书，不拜，以龙图阁直学士知郑州。旬日，入权礼部尚书，为翰林学士。

元祐七年，拜尚书右丞，转左丞。蔡京帅蜀，焘曰："元丰侍从，可用者多；惟京轻险贪愎，不可用。"又与同列议夏国地界，不能合，遂丐去。哲宗遣近臣问所以去意，且令密访人才。焘曰："信任不笃，言不见听，而询问人才，非臣所敢当也。"使者再至，乃言："人才可大任者，陛下自知之。但须识别邪正，公天下之善恶，图任旧人中坚正纯厚有人望者，不牵左右好恶之言以移圣意，天下幸甚。"

以疾，罢为资政殿学士、同醴泉观使，故事，非宰相不除使，遂置同使以宠之。力辞改知颍昌府，既出京，哲宗遣中贵谕以复用之旨，绍圣元年，知郓州。朋党论起，哲宗曰："梁焘每起中正之论，其开陈排击，尽出公议，朕皆记之。"以故最后责，竟以司马光党黜知鄂州。三年，再贬少府监，分司南京。明年，三贬雷州别驾，化州安置。三年卒，年六十四。徙其子于昭州。徽宗立，始得归。

焘自立朝，一以引援人物为意。在鄂作《荐士录》，具载姓名。客或见其书，曰："公所植桃李，乘时而发，但不向人开耳。"焘笑曰："焘出入侍从，至位执政，八年之间所荐，用之不尽，负愧多矣。"其好贤乐善如此。

王岩叟字彦霖，大名清平人。幼时，语未正已知文字。仁宗患词赋致经术不明，初置明经科，岩叟年十八，乡举、省试、廷对皆第一，调栾城簿、泾州推官，甫两月，闻弟丧，弃官归养。

　　熙宁中,韩琦留守北京,以为贤,辟管勾国子监,又辟管勾安抚司机宜文字,监音州折博、炼盐务。韩绛代琦,复欲留用,岩叟谢曰:"岩叟,魏公之客,不愿出他门也。"士君子称之。后知定州安喜县,有法吏罢居乡里,导人为讼,岩叟捕挞于市,众皆竦然。定守吕公著叹曰:"此古良吏也。"有诏近臣举御史,举者意属岩叟而未及识,或谓可一往见。岩叟笑曰:"是所谓呈身御史也。"卒不见。

　　哲宗即位,用刘挚荐为监察御史。时六察尚未言事,岩叟入台之明日,即上书论社稷安危之计,在从谏用贤,不可以小利失民心。遂言役钱敛法太重,民力不胜,愿复差法如嘉祐时。又言河北榷盐法尚行,民受其弊,贫者不复食。录大名刻石《仁宗诏书》以进上,以河北天下根本,自祖宗以来,推此为惠,愿复其旧。

　　江西盐害民,诏遣使者往视。岩叟言:"一方病矣,必待使还而后改为,恐有不及被德泽而死者。愿亟罢之。"又极陈时事,以为"不绝害本,百姓无由乐生;不屏群邪,太平终是难致"。时下诏求民疾苦,四方争以其情赴诉,所司惮于省录,颇成壅滞。岩叟言:"不问则已,言则必行之。不然,天下之人必谓陛下以空言说之,后有诏令,孰肯取信?"李定不持所生母仇氏服,岩叟论其不孝,定遂分司。

　　宰相蔡确为裕陵复土使,还朝,以定策自居,岩叟言:"陛下之立,以子继父,百王不易之道。且太皇太后先定于中,而确敢贪天自伐。章惇谗贼狠戾,罔上蔽明,不忠之罪,盖与确等。近帘前争役法,词气不逊,无事上之礼。今圣政不出房闼,岂宜容此大奸犹在廊庙!"于是二人相继退斥。

　　迁左司谏兼权给事中,时并命执政,其间有不协时望者,岩叟即缴录黄,上疏谏。既而命不由门下省以出,岩叟请对,言之益切,退就阁门上疏曰:"臣为谏官既当言,承乏给事又当驳,非臣好为高论,喜忤大臣,恐命令斜出,尤损纪纲。"疏凡八上,命竟寝。又言:"三省胥吏,月飨厚奉,岁累优秩。而朝廷每举一事,辄计功论赏,不知平日禄赐,将焉用之? 姑息相承,流弊已极。望饬历大臣,事为之制。"即诏裁抑侥幸,定为十七条。

　　迁侍御史。两省正言久阙，岩叟上疏曰："国朝仿近古之制，谏臣才至六员，方之先王，已为至少。今复虚而不除，臣所未谕。岂以为治道已清，而无事于言邪？人才难称，不若虚其位邪？二者，皆非臣所望于今日也。愿趣补其阙，多进正人以壮本朝；正人进，则小人自消矣。"

　　诸路水灾，朝廷行振贷，户部限以灾伤过七分、民户降四等，始许之。岩叟言："中户以上，盖亦艰食。乞毋问分数、等级，皆得贷，庶几王泽无间，以召至和矣。"坐张舜民事，改起居舍人，不拜，以直集贤院知齐州。请河北所言盐法，行之京东，明年，复以起居舍人召。尝侍迩英讲，进读宝训，至节费，岩叟曰："凡言节用，非偶节一事，便能有济。当每事以节俭为意，则积久累日，国用自饶。"读仁宗知人事，岩叟曰："人主常欲虚心平意，无所偏系，观事以理，则事之是非，人之邪正，自然可见。"

　　司马康讲《洪范》至"乂用三德"，哲宗曰："止此三德，为更有德。"盖哲宗自临御，渊默不言，岩叟喜闻之，因欲风谏，退而上疏曰："三德者，人君之本，得之则治，失之则乱，不可须臾去者也。臣请别而言之。夫明是非于朝廷之上，判忠邪于多士之间，不以顺己而忘其恶，不以逆己而遗其善，私求不徇于所爱，公议不迁于所憎。竭诚尽节者，任之当勿贰；罔上盗宠者，弃之当勿疑。惜纪纲，谨法度，重典刑，戒姑息，此人主之正直也。远声色之好，绝盘游之乐，勇于救天下之弊，果于断天下之疑，邪说不能移，非道不能说，此人主之刚德也。居万乘之尊而不骄，享四海之富而不溢，聪明有余而处之若不足，俊杰并用而求之如不及，虚心以访道，屈己以从谏，惧若临渊，怯若履薄，此人主之柔德也。三者足以尽天下之要，在陛下力行何如耳。"

　　岩叟因侍讲，奏曰："陛下退朝无事，不知何以消日？"哲宗曰："看文字。"对曰："陛下以读书为乐，天下幸甚。圣贤之学，非造次可成，须在积累。积累之要，在专与勤。屏绝它好，始可谓之专；久而不倦，始可谓之勤。愿陛下特留圣意。"哲宗然之。

岩叟馆伴辽贺正旦使耶律宽，宽求观《元会仪》，岩叟曰："此非外国所宜知。"止录《笏记》与之，宽不敢求。进权吏部侍郎、天章阁待制、枢密都承旨。湖北诸蛮互出扰边，无有宁岁，岩叟请专以疆事委荆南唐义问。遂自草檄文，喻义问以朝廷方敦尚恩信，勿为徼幸功赏之意后遂安辑。

初，夏人遗入贡，及为境上之议，故为此去彼来，牵致劳苦，每违期日。岩叟请预戒边臣，夏违期，一不至则勿复应，自后不复敢违。质孤、胜如二堡，汉赵充国留屯之所，自元祐讲和，在兰州界内，夏以为形胜膏腴之地，力争之。二堡若失，则兰州、熙河遂危。延帅欲以二堡与夏，苏辙主其议。及熙河、延安二捷同报，辙奏曰："近边奏稍频，西人意在得二堡。今盛夏犹如此，入秋可虞，不若早定议。"意在与之也。岩叟曰："形势之地，岂可轻弃，不知既与，还不更求否?"太皇太后曰："然。"议遂止。

夏人数万侵定西之东、通远之北，坏七厔巉堡，掠居人，转侵泾原及河外鄜、府州，众遂至十万。熙帅范育侦伺夏右厢种落大抵趣河外，三疏请乘此进堡砦，筑龛谷、胜如、相照、定西而东径陇诸城。朝议未一，或欲以七巉经毁之地，皆以与夏。岩叟力言不可与，彼计得行，后患未已。因请遣官谕熙帅，即以户部员外郎穆衍行视，筑定远以据要害。其调兵赍费，一从便宜，不必中覆。定远遂城，皆岩叟之力。

拜中书舍人。滕甫帅太原，为走马承受所撼，徙颍昌。岩叟封还词头，言："进退帅臣理宜重慎。今以小臣一言易之，使后人畏惮不自保，此风浸长，非委任安边之福。"乃止。

复为枢密都承旨、权知开封府。旧以推、判官二人分左右厅，共治一事，多为异同，或累日不竟，吏疲于咨禀。岩叟创立逐官分治之法，自是署为令。都城群偷所聚，谓之"大房"，每区容数十百人，渊薮诡僻，不可胜究。岩叟令掩捕撤毁，随轻重决之，根株一空。供备库使曹续以产贸万缗，市侩逾年负其半，续尽力不可取。一日启户，则所负皆在焉。惊扣其故，侩曰："王公今日知府矣。"初，曹氏之隶

韩绚与同隶讼,事连其主,就逮之。曹氏者,慈圣后之族也。岩叟言:
"部曲相讼,不当论其主。今不惟长告讦之风,且伤孝治。慈圣仙游
未远,一旦因厮役之过,使其子孙对吏,殆圣情有所不忍。"诏宷绚
而绝其狱。岩叟常谓:"天下积欠多名,催免不一,公私费扰,乞随等
第立多寡为催法。"朝廷乃定五年十科之令。

元祐六年,拜枢密直学士、签书院事。入谢,太皇太后曰:"知卿
才望,不次超用。"岩叟又再拜谢,进曰:"太后听政以来,纳谏从善,
务合人心,怡以朝廷清明,天下安静。愿信之勿疑,守之勿失。"复少
进而西,奏哲宗曰:"陛下今日圣学,当深辨邪正。正人在朝,则朝廷
安,邪人一进,便有不安之象。非谓一夫能然,盖其类应之者众,上
下蔽蒙,不觉养成祸胎尔。"又进曰:"或闻有以君子小人参用之说
告陛下者,不知果有之否?此乃深误陛下也。自古君子小人,无参
用之理。圣人但云:'君子在内、小人在外则泰,小人在内、君子在外
则否。'小人既进,君子必引类而去。若君子与小人竞进,则危亡之
基也。此际不可不察。"两宫深然之。

上清储祥宫成,太皇太后谓辅臣曰:"此与皇帝皆出阁中物营
之,以成先帝之志。"岩叟曰:"陛下不烦公,不劳民,真盛德事。然愿
自今以土木为戒。"又以宫成将肆赦,岩叟曰:"昔天禧中,祥源成,
治平中,醴泉成,皆未尝赦。古人有垂死谏君无赦者,此可见赦无益
于圣治也。"

哲宗方选后,太皇太后曰:"今得狄谘女,年命似便,然为是庶
出过房,事须评议。"岩叟进曰:"按《礼经·问名篇》,女家答曰:'臣
女,夫妇所生。'及外氏官讳,不识今者狄氏将何辞以进?"议遂寝。
哲宗选后既定,太皇太后曰:"帝得贤后,有内助功,不是小事。"岩
叟对曰:"内助虽后事,其正家须在皇帝。圣人言:'正家而天下定。'
当慎之于始。"太皇太后以是语哲宗者再。岩叟退取历代后事可为
法者,类为《中宫懿范》上之。

宰相刘挚,右丞苏辙以人言求避位,岩叟曰:"元祐之初,排斥
奸邪,缉熙圣治,挚与辙之功居多。愿深察谗毁之意,重惜腹心之

人，无轻其去就。”两宫然之。后挚竟为御史郑雍所击，岩叟连上疏论救。挚去位，御史遂指为党，罢为端明殿学士、知郑州。言者犹未厌，太皇太后曰：“岩叟有大功，今日之命，出不获已耳。”

明年，徙河阳，数月卒，年五十一。赠左正议大夫。绍圣初，追贬雷州别驾。司马光以鞭进其无隐，称之曰：“吾寒心栗齿，忧在不测，公处之自如，至于再三，或累十数章，必行其言而后已，”为文语省理该，深得制诰体。有《易》、《诗》、《春秋传》行于世。

郑雍字公肃，襄邑人。进士甲科，调兖州推官。韩琦上其文，召试秘阁校理、知太常礼院。英宗之丧，论宗室不当嫁婆，与时相忤，通判峡州，知池州，复还太常礼院，历开封府判官。

熙宁、元丰间，更制变令，士大夫多违己以求合，雍独静默自守。改嘉王、岐王府记室参军。神宗末年，二王既长，犹居禁中，雍献四箴规戒，且讽使求出外邸。凡在邸七年，用久次，以转运使秩留。宣仁后知其贤，及临政，擢为起居郎，进中书舍人。

邓润甫除翰林承旨，雍当制。制未出，言事者五人交章攻之，换为侍读学士。雍言：“二职皆天下精选，以润甫之过薄，不当革前命；以为奸邪，不当在经幄。今中外咸谓朝廷姑以是塞言者，如此则邪正何由可辨，善恶何由可明？若每事必待人言，是赏罚之柄，不得已而行，非所以示信天下也。”润甫仍为承旨。周稶乞以王安石配享神宗庙，雍言：“安石持国政，不能上副属任，非先帝神明，远而弗用，则其所败坏，可胜言哉！今稶以小臣辄肆横议，愿正其罪。”从之。

使契丹还，徙左谏议大夫，言：“朝廷重内轻外，选用牧伯，罕辍从班，以阀阅轻浅者充员，不复为来日虑。愿自今稍积资望，以渐试之。”吴中大饥，方议振恤，以民习欺诞，敕本部料检，家至户到。雍言：“此令一布，吏专料民而不救灾，民皆死于饥。今富有四海，奈何谨圭撮之滥，而轻比屋之死乎？”哲宗悟，追止之。

侍御史贾易沽激自喜，中丞赵彦若懦不自立，雍并论之，遂罢易，左转彦若，以雍为中丞。雍辞曰：“中丞以臣言去而身承其乏，非

所以厚风俗也。"不许。时二府禁谒加严,雍叹曰:"旁招俊乂,列于
庶位,宅百揆职也。彼有足不及公卿之门者,犹当物色致之,奈何设
禁若是!且二府皆天子所改容而体貌之者,乃复防闲其私如此乎?"
于是援贾谊廉耻节行之说以谏,诏弛其禁。

刑部谳囚,宰执论杀之,有司以为可生,不奉诏,得罪。雍言:
"是固可罪,然究其用心,在于广好生之德耳,若遽以为罪,臣恐邻
于嗜杀。今使有司欲杀而朝廷生之,犹恐仁恩德意不白于天下,而
况反是者哉!"哲宗嘉纳,囚遂得生。

初,邢恕以书抵宰相刘挚,挚答之,有"自爱以俟休复"之语,排
岸司茹东济录书示雍与殿中侍御史杨畏,雍、畏释其语曰:"'俟休
复'者,俟他日太后复辟也。"遂并以此事论挚威福自恣,乞罢之以
收主柄。又论王岩叟、朱光庭、梁焘等三十人皆为挚党,以闭其援。
及挚出知郓州,光庭方为给事中,缴还挚麻词,岩叟、焘力求之,哲
宗以先入之言,不纳。雍之攻挚,人以为附左相吕大防也。又有请
暴挚阴事者,雍曰:"吾为国击宰相,非仇挚也。彼之阴事,何有于国
哉?"置不以闻。

拜尚书右丞,改左丞。雍在政地,哲宗称其事上有礼。绍圣初,
治元祐众臣,雍顿首自列,哲宗明其亡他心,谕使勿去。周秩乘隙抵
之,谓雍初为侍从时,因徐王私于权臣以进。哲宗怒曰:"此是何言
也! 使徐王闻之,岂能自安?"黜秩知广德军,敕银台毋受雍辞去奏
章,东府吏毋听雍妻子辄出,且令学士钱勰善为留诏。二年,始以资
政殿学士知陈州,徙北京留守。

初,章惇以白帖贬谪元祐臣僚,安焘争论不已,哲宗疑之。雍欲
为自安计,谓惇曰:"熙宁初,王安石作相,常用白帖行事。"惇大喜,
取其案牍怀之,以白哲宗,遂其奸。雍虽以此结惇,然卒罢政,坐元
祐党,夺职知郑州。数日,改成都府。元符元年,提举崇福宫,归,未
至而卒,年六十八。政和中,复资政殿学士。

孙永字曼叔,世为赵人,徙长社。年十岁而孤,祖给事中冲,列

为子行，荫将作监主簿，疑业西学，群试常第一。冲戒之曰："洛阳英隽所萃，汝年少，不宜多上人。"自是不复试。冲卒，丧除，复列为孙，换试衔，擢进士第，调襄城尉、宜城令，至太常博士。御史中丞贾黯荐为御史，以母老不就。韩琦读其诗，叹誉之，引为诸王府侍读。神宗为颍王，出新录《韩非子》畀宫僚仇定，永曰："非险薄刻核，其书背《六经》之旨，愿毋留意。"王曰："广藏书之数耳，非所好也。"及为皇太子，进舍人；即位，擢天章阁待制，安抚陕西。民景询外叛，诏捕送其孥，勿以赦原。永言："陛下新御极，旷泽流行，恶逆者犹得亏除。今缘坐者弗宥，非所以示信也。"

历河北、陕西都转运使。时边用不足，以解盐、市马别为一司，外台不得与。永奏曰："盐、马，国之大计，使主者专其柄，既无以统隶，苟为非法，孰从而制之？"

加龙图阁直学士、知秦州。王韶以布衣入幕府，建取熙河策，永折之曰："边陲方安静，无故骚动，恐变生不测。"会新筑刘家堡失利，众请戮偏裨以塞责。永曰："居敌必争之地，军孤援绝，兵法所谓不得而守者也。尤人以自免，于我安乎？"竟用是降天章阁待制、知和州。以详定编敕知审官东院召还，神宗问："青苗、助役之法，于民便否？"对曰："法诚善，然强民出息输钱代徭，不能无重敛之患。若用以资经费，非臣所知也。"时仓法峻密，庾吏受百钱则黥为卒，府史亦如之。神宗又问："此法既下，吏尚为奸乎？"对曰："强盗罪死，犯者犹众，况配隶邪？使人畏法而不革心，虽在府史，臣亦不敢必其无犯也。"议复肉刑，事下永。永奏曰："刻人肌肤，深害仁政，汉文帝所不忍，陛下忍之乎？"神宗曰："事固未决，待卿如定耳。"不果行。

复学士，知瀛州。河决，于贝、瀛、冀尤甚，民租以灾免者，州县惧常平法，徵催如故。永连章论止，神宗从之，仍命发廪粟以振。白沟巡检赵用以辽人渔界河，擅引兵北度，荡其族帐，辽持此兆衅，数暴边上。神宗遣使问故，永请正用罪以谢，未报。辽屯兵连营互四十里，永好谕之曰："疆吏冒禁，已置之狱矣，今何为者？"敌意解，但求醵精犒师而旋。

进枢密直学士、知开封府。吕嘉问言，吏欲使都人列肆输钱以免直。下府询究，曹椽以为便。永占书纸尾，不暇省。既乃行市易抵当法，贷民钱而为之期，有不能偿而死者。神宗颇知之，嘉问妄变其名以罔听。神宗虑立法未尽，诏永及韩维究实。永奏言："市算下逮锥刀，为人患苦。"御史张琥劾永弃同即异，罢为提举中太一宫。

元丰中，判军器监。有司病皮革不给，严隐匿之科，亡赖辈肆情为讦，至妇人冠饰亦不免。永请听人以所藏之善者售于官，得货其余，讦讼既息，国用亦济。

出知太原，且行，神宗访以时务，永言："近者造戎器倍常，外间谓将有事于征讨。兵非轻用之物，愿轸不戢自焚之戒。"神宗曰："此备豫不虞，若四方安平，岂有轻动之理？卿言是也。"忻、代产盐，苦恶不堪食，转运使心欲理之，以盗贩阑越之罪罪兵吏。永言："盐，民食也，不可禁；兵，武备也，不可阙。顾以恶不盐累防兵，非计也。"诏弛其禁。

入判将作，进端明殿学士。病不能朝，神宗遣上医调视，六命近侍问安否，至虚枢密位以待。辞去益力，提举崇福宫。逾年，起知陈州，徙颍昌。永裕起陵，许、汝当运粟数十万斛于陵下，调民牛数万，永请而免。哲宗召拜工部尚书。太皇太后下诏求言，永陈保马、保甲、免役三事最敝，愿一切罢去，复修监牧、保伍、差徭之法。太皇太后皆纳之。元祐元年，迁吏部，又属疾，改资政殿学士兼侍读，提举中太一宫，未拜而卒，年六十八。赠银青光禄大夫，赙金帛二千，谥曰康简。

永外和内劲，论议常持平，不求诡异。事或悖于理，虽逼以势，亦不为屈。未尝以矫亢形于色辞，与人交，终身无怨仇。范纯仁、苏颂皆称之为国器。

论曰：宋之衰也，人才尚多。梁焘、王岩叟尽忠事上，凡有过举，知无不言，虽或从或违，而隐然有虎豹在山之势矣。第以新州之举，于是为过。故他日绍圣复以藉口，使元祐众贤皆罹其祸，由是再变而为宣、政之奸臣,国日危矣。郑雍易其所守,肆击刘挚,波及者三十人,欲结章惇以取容,然而终亦不免。小人反覆,专务自全,竟何益哉? 孙永之为人,庶得其中焉。

宋史卷三四三

列传第一〇二

元绛　许将　邓润甫

林希 弟旦　蒋之奇　陆佃

吴居厚　温益

元绛字厚之，其先临川危氏。诏末，曾祖仔倡聚众保乡里，进据信州，为杨氏所败，奔杭州，易姓曰元。祖德昭，仕吴越至丞相，遂为钱塘人。绛生而敏悟，五岁能作诗，九岁谒荆南太守，试以三题，上诸朝，贫不能行。长，举进士，以廷试误赋韵，得学究出身。再举登第，调江宁推官，摄上元令。

民有号王豹子者，豪占人田，略男女为仆妾，有欲告者，则杀以灭口。绛捕置于法。甲与乙被酒相殴击，甲归卧，夜为盗断足，妻称乙，告里长，执乙诣县，而甲已死。绛敕其妻曰：“归治而夫丧，乙已伏矣。”阴使信谨吏迹其后，望一僧迎笑，切切私语。绛命取僧絷庑下，诘妻奸状，即吐实。人问其故，绛曰：“吾见妻哭不哀，且与伤者共席而襦无血污，是以知之。”

安抚使范仲淹表其材，知永新县。豪子龙聿诱少年周整饮博，以技胜之，计其赀折取上腴田，立券。久而整母始知之，讼于县，县索券为证，则母手印存，弗受。又讼于州、于使者，击登闻鼓，皆不得直。绛至，母又来诉，绛视券，呼谓聿曰：“券年月居印上，是必得周母他牍尾印，而撰伪券续之耳。”聿骇谢，即日归整田。

　　知通州海门县。淮民多盗贩盐,制置使建言,满二十斤者皆坐徒。绛曰“海滨之人,恃盐以为命,非群贩比也。”笞而纵之。擢江西转运判官、知台州。州大水冒城,民庐荡析。绛出库钱,即有处作室数千区,命人自占,与期三岁偿费,流移者皆复业。又甓其城,因门为闸,以御湍涨,后人守其法。入为度支判官。

　　侬智高叛岭南,宿军邕州而岁漕不足。绛以直集贤院为广东转运使,建濒江水砦数十,以待遁寇;缮治十五城,楼堞械器皆备,军食有余。以功迁工部郎中,历两浙、河北转运使,召拜盐铁副使,擢天章阁侍制、知福州,进龙图阁直学士,徙广、越、荆南,为翰林学士、知开封府,拜三司使、参知政事。数请老,神宗命其子耆宁校书崇文院,慰留之。

　　会太学虞蕃讼博士受贿,事连耆宁,当下狱。绛请上还职禄,而容耆宁即讯于外,从之。于是御史至第薄责绛,绛一不自辨,罢知亳州。入辞,帝谓曰:“朕知卿,一岁即召矣。卿意欲陈诉乎?”绛谢罪,愿得颍,即以为颍州。明年,加资政殿学士、知青州,过都,留提举中太一宫,力疾入谒,曰:“臣疾亟子弱,傥一旦不幸死,则遗骸不得近先人丘墓。”帝恻然曰:“朕为卿辨护,虽百子何以加。”诏毋多拜,乘舆行幸勿扈从。又明年,以太子少保致仕。

　　绛所至有威名,而无特操,少仪矩。仕已显,犹谓迟晚。在翰林,谄事王安石及其子弟,时论鄙之。然工于文辞,为流辈推许。景灵宫作神御十一殿,夜傅诏草《上梁文》,迟明上之。虽在中书,而蕃夷书诏,犹多出其手。既得谢,帝眷眷命之曰:“卿可营居京师,朕当资金币,且使耆宁仕进。”绛曰:“臣有田庐在吴,乞归鬻之,即筑室都城,得望属车之尘,幸矣。敢冀赐邪。”既行,追赍白金千两,敕以畚还。绛至吴逾岁,以老病奏,恐不能奉诏。三所而薨,年七十六。赠太子少师,谥曰章简。

　　许将字冲元,福州闽人。举进士第一。欧阳修读其赋,谓曰:“君辞气似沂公,未可量也。”签书昭庆军判官,代还,当试馆职,辞曰:"起家为官,本代耕尔,愿以守选余日,读所未见书。"宰相善其志,以通判明州。神宗召对,除集贤校理、同知礼院,编修书条例。自太常丞当转博士,超改右正言;明日,直舍人院;又明日,判流内铨:皆神宗特命,举朝荣之。

初,选人调拟,先南曹,次考功。综核无法,吏得缘文为奸,选者又不得诉长吏。将奏罢南曹,辟公舍以待来诉者,士无留难。进知制诰,特敕不试而命之。

契丹以兵二十万压代州境,遣使请代地,岁聘之使不敢行,以命将。将入对曰:"臣备位侍从,朝廷大议不容不知。万一北人言及代州事,不有以折之,则务国体。"遂命将诣枢密院阅文书。及至北境,居人跨屋栋聚观,曰:"看南朝状元。"及肆射,将先破的。契丹使萧禧馆客,禧果以代州为问,将随问随答。禧又曰:"界渠未定,顾和好体重,吾且往大国分画矣。"将曰:"此事,申饬边臣岂不可,何以使为?"禧惭不能对。归报,神宗善之,以将知审官西完、直学士院、判尚书兵部。

时河北保甲、陕西河东弓箭社、闽楚枪仗手虽有名籍,其多少与年月不均,以致阅按无法,将一切整摄之。进翰林学士、权知开封府,为同进所忌。会治太学虞蕃讼,释诸生无罪者,蔡确、舒亶因陷之,逮其父子入御史府,逾月得解,黜知蕲州。

明年,以龙图阁待制起知秦州,改扬州。上元张灯,吏籍为盗者系狱,将曰:"是绝其自新之路也。"悉纵遣之,自是民无一人犯法,三圄皆空。父老叹曰:"自王沂公后五十六年,始再见狱空耳。"郓俗士子喜聚肆以谤官政,将虽弗禁,其俗自息。

召为兵部侍郎。上疏言:"兵措于形势之内,最彰而易知;隐于权用之表,最微而难能。此天下之至机也。是以治兵有制,名虽不同,从而横之,方而圆之,使万众犹一人;车马有数,用虽不同,合而分之,散而敛之,取四方犹跬步;制器有度,工虽不同,左而右之,近而远之,运众算犹掌握。非天下之至神,孰能与此?"又条奏八事,以为"兵之事有三:曰禁兵,曰厢兵,曰民兵,马之事有三:曰养马,曰市马,曰牧马。兵器之事有二:曰缮作,曰给用。"及西方用兵,神宗遣近侍问兵马之数,将立具上之;明日,访枢臣,不能对也。

以龙图阁直学士知成都府。元祐三年,再为翰林学士。四年,拜尚书右丞。将自以在先朝为侍从,每讨熙、丰旧章以闻。中旨用王文郁、姚兕领军,执政复议用张利一、张守约。将始一执政同议,复密疏利一不可用。言者论其窥伺主意,衔直卖友。罢为资政殿学士、知定州,移扬州,又移大名府。

会黄河东、北二议未决,将曰:"度今之利,谓宜因梁村之口以行东,因内黄之口以行北,而尽闭诸口,以绝大名诸州之患。俟水大至,观故道足以受之,则内黄之口可塞;不足以受之,则梁村之口可以止;两不能夺,则各因其自流以待之。"

绍圣初,入为吏部尚书,上疏乞依元丰诏,定北郊夏至亲祀。拜尚书左丞、中书侍郎。章惇为相,与蔡卞同肆罗织,贬谪元祐诸臣,奏发司马光墓。哲宗以问将,对曰:"发人之墓,非盛德事。"方党视作,或举汉、唐诛戮故事,帝复问将,对曰:"二代固有之,但祖宗以来未之有,本朝治道所以远过汉、唐者,以未尝辄戮大臣也。"哲宗皆纳之。

将尝议正夏人罪,以泾原近夏而地广,谋帅尤难,乞用章楶,果有功。崇宁元年,进门下侍郎,累官金紫光禄大夫,抚定鄯、廓州。边臣欲举师渡河,朝议难之,将独谓:"外国不可以爽信,而兵机不可失,既已戒期,愿遂从之。"未几,捷书至,将以复河、湟功转特进,凡居政地十年。

御史中丞朱谔取将旧谢章表,析文句以为谤,且谓:"将左顾右视,见利则回,幡然改图,初无定论。元祐间尝为丞辖,则尽更元丰之所守。绍圣初复秉钧轴,则阴匿元祐之所为。逮至建中,尚此冒居,则绍圣之所为已皆非矣。强颜今日,亦复偷安,则建中之所为亦随改焉。"遂以资政殿大学士知河南府。言者不已,降资政殿学士、知颍昌府,移大名,加观文殿学士、奉国军节度使。在大名六年,数告老,召为佑神观使。政和初,卒,年七十五。赠开府仪同三司,谥曰文定。

子份,龙图阁学士。

邓润甫字温伯,建昌人。尝避高鲁王讳,以字为名,别字圣求,后皆复之。第进士,为上饶尉、武昌令。举贤良方正,召试不应。熙宁中,王安石以润甫为编修中书条例、检正中书户房事。神宗览其文,除集贤校理、直舍人院,改知谏院、知制诰。同邓绾、张琥治郑侠狱,深致其文,入冯京、王安国、丁讽、王尧臣于罪。

擢御史中丞。上疏曰:"向者陛下登用隽贤,更易百度,士狃于见闻,蔽于俗学,竞起而萃非之,故陛下排斥异论,以图治功。然言责之路,反为壅抑;非徒抑之,又或疑之。论恤民力,则疑其违道干誉;论补法度,则疑其同乎流俗;论斥人物,则疑其计以为直。故敢言之气日以折,而天下事变,有不得尽闻,曩变法之初,势自当尔。今法度已就绪,宜有以来天下论议。至于淫辞诐行,有挟而发,自当屏弃。如此,则善言不伏,而真大治也。"

李宪措置熙河边事,润甫率其属周尹、蔡承禧、彭汝砺上书切谏,其略云:"自唐开元以来,用杨思勖、鱼朝恩、程元振、吐突承璀为将。有功,则负势骄恣,陵轹公卿;无功,则挫损国威,为四国笑。今陛下使宪将兵,功之成否,非臣等所能预料。然以往事监之,其有害必矣。陛下仁圣神武,驾御豪桀,虽宪百辈,顾何能为,独不长念却虑,为万世之计乎?岂可使国史所书,以中人将兵,自陛下始?后世沿袭故迹,视以为常,进用其徒握兵柄,则天下之患,将有不可胜言者矣!"不听。

又言:"兴利之臣,议前代帝王陵寝,许民请射耕垦,而司农可之。唐之诸陵,因此悉见芟刈,昭陵乔木,斩伐无遗。熙宁著令,本禁樵采,遇郊祀则敕吏致祭,德意可谓远矣。小人掊克,不顾大体。愿绌创议之人,而一切如令。"从之。

迁翰林学士。因论奏相州狱,为蔡确所陷,落职知抚州。移杭州,以龙图阁直学士知成都府。召复翰林学士兼掌皇子阁笺记,一时制作,独倚润甫焉。哲宗立,惟润甫在院,一夕草制二十有二。进承旨,修撰《神宗实录》。以母丧去,终制,为吏部尚书。梁焘论其草蔡确制,妄称有定策功,乃以龙图阁学士知亳州。阅岁,复以承旨召。数月,除端明殿学士、礼部尚书。请郡,得知蔡州,移永兴军。

元祐末,以兵部尚书召。绍圣初,哲宗亲政,润甫首陈武王能广文王之声,成王能嗣文、武之道,以开绍述。遂拜尚书左丞。章惇议重谪吕大防、刘挚,润甫不以为然,曰:“俟见上,当力争。”无何,暴卒,年六十八。辍视朝二日。以尝掌均邸笺奏,优赠开府仪同三司,谥曰安惠。

林希字子中,福州人。举进士,调泾县主簿,为馆阁校勘、集贤校理。神宗朝,同知太常礼院。皇后父丧,太常议服浅素,希奏:“礼,后为父降服期。今服浅素,不经。”及遣使高丽,希闻命,惧形于色,辞行。神宗怒,责监杭州楼店务。岁余,通判秀州,复知太常礼院,迁著作佐郎、礼部郎中。元丰六年,诏修《两朝宝训》,上之。元祐初,历秘书少监、起居舍人、起居郎,进中书舍人。言者疏其行谊浮伪,士论羞薄,不足以玷从列。以集贤殿修撰知苏州,更宣、湖、润、杭、亳五州,加天章阁待制。

绍圣初,进宝文阁直学士、知成都府。道阙下,会哲宗亲政,章惇用事,尝曰:“元祐初,司马光作相,用苏轼掌制,所以能鼓动四方,安得斯人而用之。”或曰:“希可。”惇欲使希典书命,逞毒于元祐诸臣,且许以为执政。希亦以久不得志,将甘心焉,遂留行。复为中书舍人,修《神宗实录》兼侍读。

哲宗问:“神宗殿曰宣光,前代有此名乎?”希对曰:“此石勒殿名也。”乃更为显承。时方推明绍述,尽黜元祐群臣,希皆密豫其议。自司马光、吕公著大防、刘挚、苏轼辙等数十人之制,皆希为之,词极其丑诋,至以“老奸擅国”之语阴斥宣仁,读者无不愤叹。一日,希草制罢,掷笔于地曰:“坏了名节矣。”

迁礼部吏部尚书、进翰林学士,擢同知枢密院。始,惇疑曾布在枢府间己,使希为贰,以相伺察。希日为布所诱,且怨惇不引为执政,遂叛惇。会邢恕论希罪,惇因并去之,罢知亳州,移杭州,布不能救也。旋以产端明殿学士知太原府。

徽宗立,徙大名。上河东边计三策,朝廷以其词命丑正之罪,夺职知扬州,徙舒州。未几卒,年产主十七。追赠资政殿学士,谥曰文节。弟旦。

旦,第进士,熙宁中,由著作佐郎主管淮南常平,擢太子中允、监察御史里行。居台五月,以论李定事罢守故官。久之,干当奏院;陈绎领门下封驳,又摭其前论罢之。累年,乃签书淮南判官。入为太常博士,工部、考功员外郎。

元祐元年,拜殿中侍御史。甫莅职,即上疏曰:"广言路然后知得失,达民情然后知利病,窃见去岁五月,诏求谠言,士发争欲自献。及详观诏语,名虽求谏,实欲拒言,约束丁宁,使不得观望迎合,犯令干誉,终之,以必行黜罚以恐惧之。于是人人相戒,言将出而复止;至于再申谕告,方达天聪。闻初诏乃蔡确、章惇造端,其词尽出于惇。今二人既去,其余党常怀愧正恶直之心,愿深留宸虑,以折邪谋。"遂论吕惠卿、邓绾,谓"绾虽罢扬州,犹莅小郡,小郡之民奚罪焉?乞投之散地,以谢天下"。又言:"近弹王中正、石得一等,虽已薄责,得一所任肘腋小人,如翟勍之徒,亦宜编削。"诏并降支郡营校。又论崔台符、贾种民舞文深酷之罪,皆逐之。出为淮南转运副使,历右司郎中、秘书少监、太仆卿,终河东转运使。

子肤,坐元符上书,陷于党籍。

蒋之奇字颖叔,常州宜兴人。以伯父枢密直学士堂荫得官。擢进士第,中《春秋三传》科,至太常博士;又举贤良方正,试六论中选,及对策失书问目,报罢。英宗览而善之,擢监察御史。

神宗立,转殿中侍御史,上谨始五事:一曰进忠贤,二曰退奸邪,三曰纳谏净,四曰远近习,五曰闭女谒。神宗顾之曰:"斜封、墨救必无有,至于近习之戒,孟子所谓'观远臣以其所主'者也。"之奇对曰:"陛下之言及此,天下何忧不治。"

初,之奇为欧阳修所厚,制科既黜,乃诣修盛言濮议之善,以得御史。复惧不为众所容,因修妻弟恭薛良孺得罪怨修,诬修及妇吴氏事,遂劾修。神宗批付中书,问状无实,贬监道州酒税,仍榜朝堂。至州,上表哀谢,神宗怜其有母,改监宣州税。

新法行,为福建转运判官。时诸道免役推行失平,之奇约僦庸费,随算钱高下均取之,民以为便。迁淮东转运副使。岁恶民流,之奇募使修水以食流者。如扬之天长三十六陂,宿之临涣横斜三沟,尤其大也,用工至百万,溉田九千顷,活民八万四千。

历江西、河北、陕西副使。之奇在陕西,经赋入以给用度,公私用足。比其去,库练缗八十余万,边粟皆支二年。移淮南,擢江、淮、荆、浙发运副使。元丰六年,漕粟至京,比常岁溢六百二十万石,锡服三品。请凿龟山左肘至洪泽为新河,以避淮险,自是无覆溺之患。诏增二秩,加直龙图阁,升民运使。凡六年,其所经度,皆为一司故事。

元祐初,进天章阁待制、知潭州。御史韩川孙升、谏官朱光庭皆言之奇小人,不足当斯选。改集贤殿修撰、知广州。妖人岑探善幻,聚党二千人,谋取新兴,略番禺,包据岭表,群不逞借之为虐,其势张甚。之奇遣钤辖杨从先致讨,生擒之。加宝文阁侍制。南海饶宝贷,为吏者多贪声,之奇取前世牧守有清节者吴隐之、宋璟、卢奂、李勉等,绘其象,建十贤堂以祀,冀变其习。

徙河北都转运使、知瀛州。辽使耶律迪道死,所过郡守皆再拜致祭。之奇曰:"天子方伯,奈何为之屈膝邪!"莫而不拜。入为户部侍郎。未几,复出知熙州。夏人论和,请画封境。之奇揣其非诚心,务修守备,谨斥候,常若敌至。终之奇去,夏人不敢犯塞。

绍圣中,召为中书舍人,改知开封府,进龙图阁直学士,拜翰林学士兼侍读。元符末,邹浩以言事得罪,之奇折简别之,责守汝州。阅月,徙庆州。

徽宗立，复为翰林学士，拜同知枢密院。明年，知院事。沅州蛮
扰边，之奇请遣将讨之，以其地为徽、靖二州。崇宁元年，除观文殿
学士、知杭州。以弃河、湟事夺职，由正议大夫降中大夫。以疾告归，
提举灵仙观。三年，卒，年七十四。后录其尝陈绍述之言，尽复官职。

之奇为部使者十二任，六典会府，以治办称。且孜孜以人物为
己任，在闽荐处士陈烈，在淮南荐孝子徐积，每行部至，必造之。特
以畔欧阳修之故，为清议所薄。

子瑁至侍从，曾孙蒂别有传。

陆佃字农师，越州山阴人。居贫苦学，夜无灯，映月光读书。蹑
屩从师，不远千里。过金陵，受经于王安石。熙宁三年，应举入京。
适安石当国，首问新政，佃曰："法非不善，但推行不能如初意，还为
扰民，如青苗是也。"安石惊曰："何为乃尔？吾与吕惠卿议之，又访
外议。"佃曰："公乐闻善，古所未有，然外间颇以为拒谏。"安石笑
曰："吾岂拒谏者？但邪说营营，顾无足听。"佃曰："是乃所以致人言
也。"明日，安石召谓之曰："惠卿云：'私家取债，亦须一鸡半豚。'已
遣李承之使淮南质究矣。"既而承之还，诡言于民无不便，佃说不
行。

礼部奏名为举首，方廷试赋，遽发策题，士皆愕然，佃从容务
对，擢甲科。授蔡州推官。初置五路学，选为郓州教授，如补国子监
直讲。安石以佃不附己，专付之经术，不复咨以政。安石子雱用事，
好进者坌集其门，至崇以师礼，佃待之如常。

同王子韶修定《说文》。入见，神宗问大丧袭敛，佃考礼以对。神
宗悦，用为详定郊庙礼文官。时同列皆侍从，佃独以光禄丞居其间。
每有所议，神宗辄曰："自王、郑以来，言礼未有如佃者。"加集贤校
理、崇政殿说书，进讲《周官》，神宗称善，始命先一夕进稿。同修起
居注。元丰定官制，擢中书舍人、给事中。哲宗立，太常请复太庙牙
盘食。博士吕希纯、少卿赵令铄皆以为当复。佃言："太庙，用先王
之礼，于用俎豆为称；景灵宫、原庙，用时王之礼，于用牙盘为称，不

可易也。”卒从佃议。

是时，更先朝法度，去安石之党，士多讳变所从。安石卒，佃率诸生供佛，哭而祭之，职者嘉其无向背。迁吏部侍郎，以修撰《神宗实录》徙礼部。数与史官范祖禹、黄庭坚争辨，大要多是安石，为之晦隐。庭坚曰：“如公言，盖佞史也。”佃曰：“尽用君意，岂非谤书乎！”

进权礼部尚书。郑雍论其穿凿附会，改龙图阁待制、知颍州。佃以欧阳修守颍有遗爱，为建祠宇。《实录》成，加直学士，又为韩川、朱光庭所议，诏止增秩，徙知邓州。未几，知江宁府。甫至，祭安石墓。句容人盗嫂害其兄，别诬三人同谋。既皆讯服，一囚父以冤诉，通判以下皆曰：“彼怖死耳，狱已成，不可变。”佃为阅实，三人皆得生。绍圣初，治《实录》罪。坐落职，知泰州，改海州。朝论灼其情，复集贤殿修撰，移之蔡。

徽宗即位，召为礼部侍郎。上疏曰：“人君践祚，国在正始，正始之道，本于朝廷。近时学士大夫相倾竞进，以善求事为精神，以能讦人为风采，以忠厚为重迟，以静退为卑弱。相师成风，莫之或止，正而救之，实在今日。神宗延登真儒，立法制治，而元祐之际，悉肆纷更，绍圣以来，又皆称颂。夫善续前人者，不必因所为，否者赓之，善者扬焉。元祐纷赓，是知赓之而不知扬之之罪也；绍圣称颂，是知扬之而不知赓之之过也。愿咨谋人贤，询考政事，惟其当之为贵，大中之期，亦在今日也。”徽宗遂命修《哲宗实录》。

迁吏部尚书，报聘于辽，归，半道闻辽主洪基丧，送伴者赴临而返，诮佃曰：“国哀如是，汉使殊无吊唁之仪，何也？”佃徐应曰：“始意君匍匐哭踊而相见，即行吊礼；今偃然如常时，尚何所吊？”伴者不能答。

拜尚书右丞。将祀南郊，有司欲饰大裘匣，度用黄金多，佃请易以银。徽宗曰：“匣必用饰邪？”对曰：“大裘尚质，后世加饰焉，非礼也。”徽宗曰：“然则罢之可乎？数日来，丰稷屡言之矣。”佃因赞曰：“陛下及此，盛德之举也。”徽宗欲亲祀北郊，大臣以为盛暑不可，徽宗产意甚确。朝退,皆曰:"上不以为劳,当遂行之。"李清臣不以为然。佃曰:"元丰非合祭而是北郊,公之议也。今反以为不可,何耶?"清臣乃止。

御史中丞赵挺之以论事不当,罚金。佃曰:"中丞不可罚,罚则不可为中丞。"谏官陈瓘上书,曾布怒其尊私史而压宗庙。佃曰:"瓘上书虽无取,不必深怒,若不能容,是成其名也。"佃执政与曾布比,而持论多近恕。每欲参用元祐人才,尤恶奔竞。尝曰:"天下多事,须不次用人;苟安宁时,人之才无大相远,当以资历序进。少缓之,则士知自重矣。"又曰:"今天下之势,如人大病向愈,当以药饵辅养之,须其安平;苟为轻事改作,是使之骑射也。"

转左丞。御史论吕希纯、刘安世复职太骤,请加镌抑,且欲更惩元祐余党。佃为徽宗言不宜穷治,乃下诏申谕,揭之朝堂。谗者用是诋佃,曰:"佃名在党籍,不欲穷治,正恐自及耳。"遂罢为中大夫、知亳州,数月卒,年六十一。追复资政殿学士。

佃著书二百四十二卷,于礼家、名数之说尤精,如《埤雅》、《礼象》、《春秋后传》皆传于世。

吴居厚字敦老,洪州人。第嘉祐进士,熙宁初,为武安节度推官。奉行新法,尽力核闲田,以均给梅山徭,计劳,得大理丞,转补司农属。元丰间,提举河北常平,增损役法五十一条,赐银绯,为京东转运判官,升副使。

天子方兴盐、铁,居厚精心计,笼络钩稽,收羡息钱数百万。即来芜、利国二冶官自铸钱,岁得十万缗。诏褒揭其能。擢天章阁待制、都转运使。前使者皆以不任职蒙谴,居厚与河北塞周辅、李南公会境上,议盐法,搜剔无遗。居厚起州县凡流,无阀阅勋庸,徒以言利得幸,不数岁,至侍从,嗜进之士从风羡美。又请以盐息买绢,资河东马直;发大铁钱二十万贯,佐陕西军兴;且募民养保马。当时商功利之臣,所在成聚,居厚最为掊克。

剧盗王冲因民不忍,聚众数千,欲乘其行部至徐,篡取投诸冶。

居厚闻知,间道遁去,元祐治其罪,责成州团练副使,安置黄州。章惇用事,起为江、淮发运使。疏支家河通漕,楚、海之间赖其利。召拜户部侍郎、尚书,以龙图阁学士知开封府,为永泰陵桥道顿递使。坐积雨留滞,罢知和州。

崇宁初,复尹开封,拜尚书右丞,进中书门下侍郎。以老避位,为资政殿学士、东太一宫使,恩许仍服方团金球文带。自是,前执政在京师者视此。出为亳州、洪州,徙太原,道都门,留使佑神观,复还政府,迁知枢密院。政和三年,以武宁军节度使知洪州,卒,年七十九。赠开府仪同三司。

居厚在政地久,以周谨自媚,无赫显恶,唯一时聚敛,推为称首。

温益字禹弼,泉州人。第进士,历大宗正丞、利州路湖南转运判官、工部员外郎。绍圣中,由诸王府记室出知福州,徙潭州。邹浩南迁过潭,暮投宿村寺,益即遣州都监将数卒夜出城,逼使登舟,竟凌风绝江而去。他逐臣在其境内,若范纯仁、刘奉世、韩川、吕希纯、吕陶,率为所侵困,用事者悦之。未及用,而徽宗以藩邸恩,召为太常少卿,迁给事中兼侍读。陈瓘指言其过,谓不宜列侍从、处经帷,不报。改龙图阁待制、知开封府,犹兼侍读。时执政倡言,帝当为哲宗服兄弟之服。曾肇在迩英读《史记·舜纪》,因言:"昔尧、舜同出黄帝,世数已远,然舜为尧丧三年者,以尝臣尧故也。"益意附执政,进曰:"《史记》世次不足信,尧、舜非同出。"迁吏部尚书。

建中靖国元年,拜尚书右丞。邓洵武献《爱莫助之图》,帝初付曾布,布辞。改付益,益得藉手以为宜相蔡京,天下之善士,一切指为异论,时人恶之。布与京争事帝前,辞颇厉,益叱曰:"曾布安得无礼!"帝不乐,布由是得罪,而京遂为相。进益中书侍郎。

益仕宦从微至著,无片善可纪,至其狡序傅合,盖天禀然。及是,乃时有立异。京一日除监司、郡守十人,益稍不谓然。京知中书舍人郑居中与益厚,使居中自从其所问之,居中以告。益曰:"君在西掖，每见所论事，舍人得举职，侍郎顾不许耶？今丞相所拟钱和而下十人，皆其姻党耳，欲不逆其意得乎？"京闻而颇惮焉。逾年，卒，年六十六。

子万石至尚书。

论曰：王安石为政，一时士大夫之素知名者，变其所守而从之，比比皆然；元绛所荐，咸有异政亦谄事之，陋矣。许将尝力止发司马光墓，此为可称；而言者谓其任于元祐、绍圣以至建中，左右视利，幡然改图，初无定论。邓润甫初掌笺记，盛有文名，而首赞绍述之谋，又表章蔡确定策之功，虽有他长，无足观矣。林希草制，务丑诋正人，自知隳坏名节，掷笔而悔，又何晚也；弟旦反其所为，纠劾巨奸，善恶岂相掩哉！蒋之奇始怂恿濮议，晚撼飞语，击举主以自文，小人之魁杰者也。吴居厚奉行亲法，剥下媚上，温益附二蔡，物议不容。陆佃虽受经安石，而不主新法，元祐党人之罪，请一施薄罚而已，犹差贤于众人焉。

宋史卷三四四
列传第一〇三

孙觉 弟览　　李常　孔文仲
弟武仲　平仲　李周　鲜于侁
顾临　李之纯 从弟之仪　　王觌
子俊义　马默

　　孙觉字莘老,高邮人。甫冠,从胡瑗受学。瑗之弟子千数,别其老成者为经社,觉年最少,俨然居其间,众皆推服。登进士第,调合肥主簿。岁旱,州课民捕蝗输之官,觉言:"民方艰食,难督以威。若以来易之,必尽力,是为除害而享利也。"守悦,推其说下之他县。嘉祐中,择名士编校昭文书籍,觉首预选,进馆阁校勘。神宗即位,直集贤院,为昌王记室,王问终身之戒,为陈诸侯之孝,作《富贵二箴》。擢右正言。

　　神宗将大革积弊,觉言:"弊政固不可不革,革而当,其悔乃亡。"神称其知理。尝从容语及知人之难,觉曰:"尧以知人为难,终享其易。盖知人之要,在于知言。人主用臣之道,任贤使能而已。贤能之分既殊,任使之方亦异。至于所知有限量,所能有彼此,是功用之士也。可以处外而不可以处内。可以责之事而不可责之言。陛下兴太平之治,而所擢数十人者,多有口才,而无实行。臣恐日浸月长,汇征墙进,充满朝廷之上,则贤人日远,其为患祸,尚可以一二言之哉。愿观《诗》、《书》之所任使,无速于小利近功,则王道可成矣。"

邵亢在枢府,无所建明,神宗语觉,欲出之,用陈升之以代。觉退,即奏疏如所言,神宗以为希旨,夺官两级。执政曰:"谏官有出外,无降官之理。"神宗曰:"但降官,自不能住。"觉连章丐去云:"去岁有罚金御史,今兹有贬秩谏官,未闻罚金贬秩,而犹可居位者。"乃通判越州,复右正言,徙知通州。熙宁二年,诏知谏院,同修起居注,知审官院。

王安石早与觉善,骤引用之,将援以为助。时吕惠卿用事,神宗询于觉,对曰:"惠卿即辩而有才,过于人数等,特以为利之故,屈身于安石,安石不悟,臣窃以为忧。"神宗曰:"朕亦疑之。"其后王、吕果交恶。

青苗法行,首议者谓:"《周官》泉府,民之贷者,至输息二十而五,国事之财用取具焉。"觉奏条其妄,曰:"成周赊贷,特以备民之缓急,不可徒与也,故以国服为之息。然国服之息,说者不明。郑康成释经,乃引王莽计赢受息,无过岁什一为据,不应周公取息,重于莽时。况载师所任地,漆林之征特重,所以抑末作也。今以农民乏绝,将补耕助敛,顾比末作而征之,可乎?国事取具,盖谓泉府所领,若市之不售,货之滞于民用,有买有予,并赊贷之法而举之。傥专取具于泉府,则冢宰九赋,将安用邪?圣世宜讲求先王之法,不当取疑文虚说以图治。今老臣疏外而不见听,辅臣迁延而不就职,门下执正而不行,谏官请罪而求去。臣诚恐奸邪之人,结党连伍,乘众情之汹汹,动摇朝廷,钓直干誉,非国家之福也。"

安石览之,怒,觉适以事诣中书,安石以语动之曰:"不意学士亦如此!"始有逐觉意。会曾公亮言畿县散常平钱,有追呼抑配之扰,安石因请遣觉行视虚实。觉既受命,复奏疏辞行,且言:"如陈留一县,前后晓示,情愿请钱,卒无一人至者,故陈留不散一钱,以此见民实不愿与官中相交。所有体量,望赐寝罢。"遂以觉为反覆,出知广德军,徙湖州。松江堤没,水为民患。觉易以石,高丈余,长百里,堤下化为良田。

徙庐州,改右司谏。以祖母丧求解官,下太常议,不可。诏知润州,觉已持丧矣。服除,知苏州,徙福州。闽俗厚于婚丧,其费无艺。觉裁为中法,使资装无得过百千。令下,嫁娶以百数,葬埋之费亦率减什伍。连徙亳、扬、徐州。徐多盗,捕得杀人者五,其一仅胜衣,疑而讯之,曰:“我耕于野,与甲遇,强以梃与我,半夜挟我东,使候诸门,不知其他也。”问吏:“法何如?”曰:“死。”觉止诛其首,后遂为例。

知应天府,入为太常少卿,易秘书少监。哲宗即位,兼侍讲,迁右谏议大夫。时谏官、御史论事有限,毋得越职。觉请申《唐六典》及天禧诏书,凡发令造事之未便,皆得奏陈。论宰相蔡确、韩缜进不以德,确自讼有功无罪,觉随所言折之,确竟去,缜白迁觉给事中,辞曰:“间者,执政畏人议己,则迁官以饵之,愿与缜俱罢。”逾月,缜去。

进吏部侍郎,领右选,在选万五千员,阙才五之二,至有三年不得调者。觉请自军功、保甲进者补指使,宗室祖免从员外置,一日得阙数千。改主左选,请磨勘岁以百人为限。擢御史中丞,数月,以疾请罢,除龙图阁学士兼侍讲,提举醴泉观,求舒州灵仙观以归。哲宗遣使存劳,赐白金五百两。卒,年六十三。

觉有德量,为王安石所逐。安石退居钟山,觉枉驾道旧,为从容累夕;迨其死,又作文以谏,谈者称之。绍圣中,以觉为元祐党,夺职追两官。徽宗即位,复官职。有《文集》、《奏议》六十卷,《春秋传》十五卷。弟览。

览字传师。擢第,知尉氏县。有屯将遇下虐,士卒谋因大阅杀之以叛。览闻之,驰往,士犹群语不顾,览呼谕之曰:“将诚无状,然天子何负汝辈,乃欲致族灭邪?”皆感谢去就更。屯将徐至,览命吏趣具奏,众意遂安。神宗壮其材,以为司农主簿。舒亶判寺且兼谏院,欲引览自助,览拒不答。亶怒,用帐籍违事劾之。出提举利州、湖南常平,改京西转运判官,入为右司员外郎。荆湖开疆,命往相其便。觉言:"沅州所招溪洞百三十,宜从本郡随事要束,勿建官置戍以为民困,自诚州至鼎江口,可通西广盐,以省北道饷馈。"悉从之。

使还,为河东、河北转运副使,加直龙图阁,历知河中应天府、江淮发运使。进宝文阁待制,由桂徙广,又改渭州。夏人入边,檄大将苗履御之,履称疾移告,立按正其罪,窜诸房陵,辕门肃然。召知开封府,至则拜户部侍郎。与蔡京论役法不合,以龙图阁直学士知太原。夏人据横山,并河为寨,秦、晋之路皆塞。觉谋复取葭芦戍,阻险不得前。夏人数万屯境上,觉下令吾兵少,须满五万。及西夏人闻而济师,觉不为动,相持益久,忽令具糗粮,严兵械,曰:"敌至矣!"居数日,果大入,觉奋击败之,遂城葭芦而还。策勋,加枢密直学士。

觉虽立边功,议论多触执政,屡遭绌削,历知河南、永兴,徙成都。辞不行,降为宝文阁待制。卒,年五十九。

李常字公择,南康建昌人。少读书庐山白石僧舍。既擢第,留所抄书九千卷,名舍曰李氏山房。调江州判官、宣州观察推官。发运使杨佐将荐改秩,常推其友刘琦,佐曰:"世无此风久矣。"并荐之。

熙宁初,为秘阁校理。王安石与之善,以为三司条例检详官,改右正言、知谏院。安石立新法,常预议,不欲青苗收息,至是,疏言:"条例司始建,已致中外之议。至于均输、青苗,敛散取息,傅会经义,人且大骇,何异王莽猥析《周官》片言,以流毒天下!"安石见之,遣所亲密谕意,常不为止。又言:"州县散常平钱,实不出本,勒民出息。"宗诘安石,安石请令常具官吏主名,常以非谏官体,落校理,通判滑州。岁余复职,知鄂州,徙湖、齐二州。齐多盗,论报无虚日。常得黠盗,刺为兵,使在麾下,尽知囊括处,悉发屋破柱,拔其根株,半岁间,诛七百人,奸无所匿。徙淮南西路提点刑狱。元丰六年,召为太常少卿,迁礼部侍郎。

哲宗立,改吏部,进户部尚书。或疑其少干局,虑不胜任,质于司马光。光曰:"用常主邦计,则人知朝廷不急于征利,聚敛少息矣。"常转对,上七事,曰崇廉耻,存乡举,别守宰,废贪赃,审疑狱,择儒师,修役法。时役法差、免二科未定,常谓:"法无新陈,便民者良;论无彼己,可久者确。今使民俱出赀则贫者难办,俱出力则富者难堪,各从其愿,则可久尔。"乃折衷条上之。赦恩,阛市易逋负不满二百缗者,常请息过其数亦勿取。

拜御史中丞兼侍读,加龙图阁直学士。论取士,请分诗赋、经义为两科,以尽所长。初,河决小吴,议者欲自孙村口导还故处,及是,役兴,常言:"京东、河北饥困,不宜导河。"诏罢之。谏官刘安世以吴处厚缴蔡确诗为谤讪,因力攻确。常上疏论以诗罪确,非所以厚风俗。安世并劾常,徙兵部尚书,辞不拜,出知邓州。徙成都,行次陕,暴卒,年六十四。有文集、奏议六十卷,《诗傅》十卷,《元祐会计录》三十卷。

常长孙觉一岁,始与觉齐名,俱受知于吕公著。其论议趣舍,大略多同;所终官职又同;其死,先后一夕云。

孔文仲字经父,临江新喻人。性狷直,寡言笑,少刻苦问学,号博洽。举进士,南省考官吕夏卿,称其词赋赡丽,策论深博,文势似荀卿、杨雄,白主司,擢第一。调余杭尉。恬介自守,不事请谒,转运使在杭,召与议事,事已,驰归,不诣府。人问之,曰:"吾于府无事也。"再转台州推官。

熙宁初,翰林学士范镇以制举荐,对策九千余言,力论王安石所建理财、训兵之法为非是,宋敏求第为异等。安石怒,启神宗,御批罢归故官。齐恢、孙固封还御批,韩维、陈荐、孙永皆力言文仲不当黜,五上章,不听。范镇又言:"文仲草茅疏远,不识忌讳。且以直言求之,而又罪之,恐为圣明之累。"亦不听。苏颂叹曰:"方朝廷求贤如饥渴,有如此人而不见录,岂其论太高而难合邪,言太激而取怨邪?"

　　吴充为相，欲置之馆阁，又有忌之者，仅得国子直讲。学者方用王氏经义进取，文仲不习其书，换为三班主簿，出通判保德军。时征西夏，众数十万皆道境上，久不解，边人厌苦。文仲陈三不便曰："大兵未出，而丁夫预集；河东顾夫，劳民而损费；诸路出兵，首尾不相应。虞、夏、商、周之盛，未尝无外侮，然怀柔制御之要，不在彼而在此也。"

　　元祐初，哲宗召为秘书省校书郎，进礼部员外郎。有言："皇族唯杨、荆二王得称皇叔余宜各系其祖，若唐人称诸王孙之比。"文仲曰："上新即位，宜广敦睦之义，不应疏间骨肉。"议遂寝。迁起居舍人，擢左谏议大夫。日食七月朔，上疏条五事，曰邪说乱正道，小人乘君子，远服侮中国，斜封夺公论，人臣轻国命，宜察此以消厌兆祥。论青苗、免役，首困天下，保甲、保马、茶盐之法，为遗螫留蠹。改中书舍人。

　　三年，同知贡举。文仲先有寒疾，及是，昼夜不废职。同院以其形瘵，劝之先出，或居别寝，谢曰："居官则任其责，敢以疾自便乎！"于是疾益甚，还家而卒，年五十一。士大夫哭之皆失声。苏轼拊其枢曰："世方嘉软熟而恶峥嵘，求劲直如吾经父者，今无有矣！"诏厚恤其家，命弟平仲为江东转运判官，视其葬。

　　初，文仲与弟武仲、平仲皆以文声起江西，时号"三孔"。后追贬梅州别驾。元符末，复其官。有文集五十卷。

　　武仲字常父。幼力学，举进士，中甲科。调谷城主簿，选教授齐州，为国子直讲。丧二亲，毁瘠特甚，右肱为不举。元祐初，历秘书省正字、校书，集贤校理，著作郎，国子司业。尝论科举之弊，诋王氏学，请复诗赋取士。又欲罢大义，而益以诸经策，御试仍用三题。进起居郎兼侍讲迩英殿，除起居舍人，数月，拜中书舍人，直学士院。

　　初，罢侍从转对，专责以论思，武仲言："苟不持之以法，则言与不言，将各从其意。愿轮二人次对。"时议祠北郊，久不决。武仲建用纯阴之月亲祠，如神州地祇。擢给事中，迁礼部侍郎，以宝文阁待制知洪州。请："从臣为州者,杖以下公坐止劾官属,俟狱成,听大理约法,庶几刑不退贵近,又全朝廷体貌之意。"遂著为令。

徙宣州,坐元祐党夺职,居池州。卒,年五十七,元符末,追复之。所著《诗书论语》、《金华讲义》、《内外制》、《杂文》共百余卷。

平仲字义甫。登进士第,又应制科。用吕公著荐,为秘书丞、集贤校理。文仲卒,归葬南康,诏以平仲为江东转运判官护葬事,提点江浙铸钱、京西刑狱。绍圣中,言者诋其元祐时附会当路,讥毁先烈,削校理,知衡州。提举董必劾其不推行常平法,陷失官米之直六十万,置狱潭州。平仲疏言:"米贮仓五年半,陈不堪食,若非乘民阙食,随宜泄之,将成弃物矣。傥以为非,臣不敢逃罪。"乃徙韶州。又坐前上书之故,责惠州别驾,安置英州。徽宗立,复朝散大夫,召为户部、金部郎中,出提举永兴路刑狱,帅鄜延、环庆。党论再起,罢主管兖州景灵宫,卒。平仲长史学,工文词,著《续世说》、《释稗》、《诗戏》诸书傅于世。

李周字纯之,冯翊人。登进士第,调长安尉。岁饥,官为粥以食饿者,民坌集不可禁,县以属周,周设椸枑,间老少男女,无一乱者。都巡检赵瑜诘盗南山,诸尉皆属焉。瑜悍急,多行无礼,独于周不敢肆。

转洪洞令。民有世绝而官录其产者,其族晚得遗券,周取以还之。郡吏咎周,周曰:"利民,所以利国也。"县之南有涧,支流溢入,岁赋蓄楗,调徒遏之,周始筑新堤,民不告病。改知云安县,蠲盐井之征且百万。通判施州。州介群獠,不习服牛之利,为辟田数千亩,选谪戍知田者,市牛使耕,军食赖以足。

司马光将荐为御史,欲使来见,周曰:"司马公之贤,吾固愿见,但闻荐而往,所谓'呈身御史'也。"卒不往。神宗诏近臣举士,孙固以周闻。神宗召对,谓曰:"知卿不游权门,识今执政乎?"对曰:"不识也。""识司马光乎?"曰:"不识也。"访御边之术,曰:"四边,手足尔，若疲中国以勤远略，致百姓穷困，聚为盗贼，惧成腹心之忧。"神宗颔之，翼日，语固曰："李周，朴忠之士也。朕且以为御史。"执政意其异己请试以事。除提点京西刑狱。

时方兴水利，或请酾淜河为六渠，以益钳卢陂水，度用工八十万。周曰："淜河原高委下，捍以堤，犹患决溢，若又导之，必致为害。"乃疏言："渠成未可必，而费已不赀。盍姑凿其一而试之，傥可以足用，行之。"渠卒无功。明年，河溢，邓城几没，始思其议。竟以直道罢，判西京国子监，慈圣后复土，庄职陵下，中贵人至者旁午，次舍帟幕，竞为华靡。周曰："臣子执丧，不能寝苫枕块，奈何又从而侈乎？"讫役，山陵使第功载，人人自言，周独否。

哲宗立，召为职方郎中。朝廷议和西夏，界以侵地，至欲弃兰州。周曰："陇右故为唃氏所有，常为吾藩篱。今唃氏破灭，若弃之，必归夏人。彼以区区河南，百年为勃敌，苟益以河湟，是尽得吐蕃之地，非秦、蜀之利也。"遂不果弃。迁太常少卿、秘书少监，以直龙图阁为陕西转运使，复入为太常少卿，进权工部侍郎，旋以集贤院学士知邠州，恩礼如待制。徙凤翔府、河中府、陕州，提举崇福宫，改集贤殿修撰。卒，年八十。绍圣中，追贬贺州别驾，后复旧职。

周自为小官，沉晦自匿，未尝私谒执政，有公事，公诣中书白之。薛向使三司，欲辟为属，及相见，卒不敢言，退而叹曰："若人未易屈也。"以是不偶于世。

鲜于侁字子骏，阆州人。唐剑南节度使叔明裔孙也。性庄重，力学。举进士，为江陵右司理参军。庆历中，天下旱，诏求言，侁推灾变所由兴，又条当世之失有四，其语剀切。唐介与同乡里，称其名于上官，交章论荐。侁盛言左参军李景阳、枝江令高汝士之美，乞移与之，介益以为贤，调黟令，摄治婺源。奸民汪氏富而狠，横里中，因事抵法，群吏罗拜曰："汪族败前令不少，今不舍，后当诒患。"侁怒，立杖之，恶类屏迹。

通判绵州。绵处蜀左，吏狃贪成风，至课卒伍供薪炭、刍豆，鬻果蔬多取赢直。伋一切弗取,郡守以下效之。赵抃使蜀,荐于朝,未及用。从何郯辟,签书永兴军判官。万年令不任职,系囚累百,府使往治,数日,空其狱。神宗诏求直言,伋为蔡河拨发,应诏陈十六事,神宗爱其文。诏近臣举所知,范镇以伋应选,除利州路转运判官。

初,王安石居金陵,有重名,士大夫期以为相。伋恶其沽激要君,语人曰:“是人若用,必坏乱天下。”至是,乃上书论时政,曰:“可为忧患者一,可为太息者二,其他逆治体而召民怨者,不可概举。”其意专指安石。安石怒,毁短之。神宗曰:“伋有文学,可用。”安石曰:“陛下何以知之?”神宗曰:“有章奏在。”安石及不敢言。

初,助役法行,诏诸路各定所役缗钱。利州转运使李瑜定四十万,伋争之曰:“利州民贫地瘠,半此可矣。”瑜不从,各以其事闻。时诸路役书皆未就,神宗是伋议,谕司农曾布使颁以为式。因黜瑜,而升伋副使,仍兼提举常平。部民不请青苗钱,安石遣吏廉按,且诘伋不散之故。伋曰:“青苗之法,愿取则与,民自不愿,岂能强之哉!”

左藏库使周永懿守利州,贪虐不法,前使者畏其凶,莫敢问。伋捕械于狱,流之衡湘,因请更以文臣为守,并易班行领县事。凡居部九年,治所去阆中近,姻戚旁午,待之无所私,各得其欢心。苏轼称伋上不害法,中不废亲,下不伤民,以为“三难”。二税输绢绵,伋奏听民以畸零纳直。其后有李元辅者,辄变而多取之,父老流涕曰:“老运使之法,何可改?”盖伋之侄师中亦居是职,故称“老”以别之。

徙京东西路。河决澶渊,议欲勿塞,伋言:“东州汇泽淮两泺,夏秋雨淫,犹溢而害。若纵大可注其中,民为鱼矣。”作《议河书》上之,神宗嘉纳。后两路合为一,以伋为转运使。

时王安石、吕惠卿当路,正人多不容。伋曰:“吾有荐举之权,而所列非贤,耻也。”故凡所荐如刘挚、李常、苏轼、苏辙、刘攽、范祖禹,皆守道背时之士。元丰二年召对,命知扬州。神宗曰:“广陵重镇,久不得人,今朕自选卿往,宜善治之。”苏轼自湖州赴狱,亲朋皆绝交。道扬,伋往见,台吏不许通。或曰:“公与轼相知久,其所往来书文,宜焚之勿留,不然,且获罪。”伋曰:“欺君负友,吾不忍为,以忠义分遣,则所愿也。"为举吏所累,罢主管西京御史台。

哲宗立,念东国困于役,吴居厚掊敛虐害,窜之,复以伋使京东。司马光言于朝曰:"以伋之贤,不宜使居外,顾齐鲁之区,凋敝已甚,须伋往救之,安得如伋百辈,布列天下乎?"士民闻其重临,如见慈父母。召为太常少卿。侍从议神宗庙配享,不欲用王安石、吴充者,伋曰:"先朝宰相之贤,谁出富弼右?"乃用弼。拜左谏议大夫。

伋见哲宗幼冲,首言君子小人消长之理甚备。又言:"制举,诚取士之要,国朝尤为得人。王安石用事,讳人讥訾新政,遂废其科。今方搜罗俊贤,廓通言路,宜复六科之旧。"又乞罢大理狱,许两省、谏官相往来,减特奏言举人,严出官之法,京东盐得通商,复三路义勇以宽保甲,罢戎、泸保甲以宽民力,事多施行。在职三月,以疾求去。除集贤殿修撰、知陈州。诏满岁进待制。居无何,卒,年六十九。

伋刻意经术,著《诗传》、《易断》,为范镇、孙甫推许。孙复与论《春秋》,谓今学者不能如之。作诗平澹渊粹,尤长于《楚辞》,苏轼读《九诵》,谓近屈原、宋玉,自以为不可及也。

顾临字子敦,会稽人。通经学,长于训诂。皇祐中,举说书科,为国子监直讲,迁馆阁校勘、同知礼院。熙宁初,神宗以临喜论兵,诏编《武经要略》。初命都副承旨提举,神宗谓临馆职,改提举曰馆干。且召临问兵,对曰:"兵以仁义为本,动静之机,安危所系,不可轻也。"因条十事以献。出权湖南转运判官,提举常平。议事忤执政意,罢归。改同判武学,进集贤校理、开封会推官,请知颍州。入为吏部郎中、秘书少监,以直龙图阁为河东转运使。

元祐二年,擢给事中,朝廷方事回河,拜临天章阁待制、河北都转运使。于是,翰林学士苏轼与李常、王古、邓温伯、孙觉、胡宗愈言:"临资性方正,学有根本,慷慨中立,无所回挠。自处东省,封驳论议,凛然有古人之风。侥幸之流,侧目畏惮。忽去朝廷,众所嗟惜,宜留置左右,以补阙遗,别选知河事者往使河北。"谏议大夫梁焘亦言:"都漕之职,在外岂无其人,在朝求如临者,恐不易得。"皆不报。

临至部,请因河势回使东流。复以给事中召还。历刑、兵、吏三部侍郎兼侍读,为翰林学士。

绍圣初,以龙图阁学士知定州,徙应天、河南府。中人梁惟简坐尝事宣仁太后得罪,过洛,转运使郭茂恂徇时宰意,劾临与之宴集,夺职知歙州,又以附会党人,斥饶州居住。卒,年七十二。徽宗立,追复之。

李之纯字端伯,沧州无棣人。登进士第。熙宁中,为度支判官、江西转运副使。御史周尹劾广西提点刑狱许彦先受邕吏金,命之纯往究其端,乃起于出婢之口。之纯以为芜俚之言,不治,彦先得免。

徙成都路转运使。成都岁发官米六千石,损直与民,言者谓惠民损上,诏下其议。之纯曰:“蜀郡人恃此为生百年,奈何一旦夺之。”事遂已。秩满复留,凡数岁,始还朝。神宗劳之曰:“遐方不欲数易大吏,使剑外安靖,年谷屡丰,以彰朝廷绥远之意,汝知之乎?”以为右司郎中,转太仆卿。

元祐初,加直龙图阁、知沧州,召为户部侍郎。未至,改集贤殿修撰、河北都转运使,进宝文阁待制、知瀛州。俄以直学士知成都府,还为户部,三迁御史中丞。建言:“朝廷事下六部,但随省吏视其前后批,以制缓急之序,是为胥吏颛处命令也。若大臣不暇省,宜令列曹长贰随其所承,当行即行,当止即止,必禀而后决,毋拘于文,则吏不得舞权,而下情达矣。”又言:“众贤和于朝,则万物和于野。燮理阴阳,辅相之职。间者,国论稍亏雍睦,语言播传,动系观望,不可以不谨。”

董敦逸、黄庆基论苏轼托词命以毁先帝,苏辙以名器私所亲,皆以监司罢,之纯疏其诬罔,乃更黜之。以疾,改工部尚书。绍圣中,刘拯劾其阿附辙,出知单州。卒,年七十五。从弟之仪。

之仪字端叔。登第几三十年,乃从苏轼于定州幕府。历枢密院编修官,通判原州。元符中,监内香药库。御史石豫言其尝从苏轼辟,不可以任京官,诏勒停。徽宗初,提举河东常平。坐为范纯仁遗表,作行状,编管太平,遂居姑熟,久之,徙唐州,终朝请大夫。

之仪能为文,尤工尺牍,轼谓入刀笔三昧。

王觌字明叟,泰州如皋人。第进士。熙宁中,为编修三司令式删定官。不乐久居职,求润州推官。二浙旱,郡遣吏视苗伤,承监司风旨,不敢多除税。觌受檄覆按,叹曰:"旱势如是,民食已绝,倒廪赡之,犹惧不克济,尚可责以赋邪?"行数日,尽除之。监司怒,捃摭百出。会朝廷遣使振贷,觌请见,为言民间利病。使者喜,归荐之,除司农寺主簿,转为丞。司农时为要官,进用者多由此选。觌拜命一日,即求外,韩绛高其节,留检详三司会计。绛出颍昌,辟签书判官。坐在润公免,屏居累年,起为太仆丞,徙太常。

哲宗立,吕公著、范纯仁荐其可大任,擢右正言,进司谏。上疏言:"国家安危治乱,系于大臣。今执政八人,而奸邪居半,使一二元老,何以行其志哉?"因极论蔡确、章惇、韩缜、张璪朋邪害正,章数十上,相继斥去。又劾窜吕惠卿。朝论以大奸既黜,虑人情不安,将下诏慰释之,且戒止言者。觌言:"诚出于此,恐海内有识之士,得以轻议朝廷。舜罪四凶而天下服,孔子诛少正卯而鲁国治。当是之时,不闻人情不安,亦不闻出命令以悦其党也。盖人君之所以御下者,黜陟二柄而已。陟一善而天下之为善者劝,黜一恶而天下之为恶者惧。岂以为恶者惧而朝廷亦为之惧哉?诚为陛下惜之。"觌言虽切,然不能止也。

夏主新立,有轻中国心,觌曰:"小羌窥我厌兵,故桀骜若是。然所当忧者,不在今秋而在异日,所当谨者,不在边备而在庙谟。翕张取予之权,必持重而后可。"洮东擒鬼章槛至阙下,觌曰:"老羌虽就擒,其子统众如故,疆土种落未减于前,安可遽戮以贾怨。宜处之洮、岷、秦、雍间,以示含容好生之德,离其石交而坏其死党。"又言:"今民力凋瘵,边费亡极,不可不深为之计。"于是疏将帅非其人者请易之,茶盐之害民者请革之,至逋债、振赡、赋敛、科须,皆指陈其故。

差役法复行，觌以为朝廷意在便民，而议者遂谓免役法无一事可用。夫法无新旧，惟善之从。因采掇数十事于差法有助可以通行者上之。遂论青苗之害，乞尽罢新令，而复常平旧法，曰："聚敛之臣，惟知罔利自媒，不顾后害。以国家之尊，而与民争锥刀之利，何以示天下？"又言："刑罚世轻世重。熙宁大臣，谓刑罚不重，则人无所惮。今法令已行，可以适轻之时，愿择质厚通练之士，载加芟正。"于是置局编汇，俾觌预焉。大抵皆用中典，《元祐敕》是也。

神宗复唐制，谏官分列两省。至是，大臣议徙之外门，而以其直舍为制敕院，名防漏泄，实不欲使与给舍相通。觌争之曰："制敕院，吏舍也。夺谏省以广吏舍，信胥吏而疑诤臣，何示不广也。"乃不果徙。

觌在言路，欲深破朋党之说。朱光庭讦苏轼馆职策问，吕陶辩其不然，遂起洛、蜀二党之说，觌言："轼之辞，不过失轻重之体尔。若悉考同异，深究嫌疑，则两歧遂分，党论滋炽。夫学士合词失指，其事尚小；使士大夫有朋党之名，大患也。"帝深然之，置不问。

寻改右司员外郎，未几，拜侍御史、右谏议大夫。坐论尚书右丞胡宗愈，出知润州，加直龙图阁、知苏州。州有狡吏，善刺守将意以挠权，前守用是得讥议。觌穷其奸状，置于法，一郡肃然。民歌咏其政，有"吏行水上，人在镜心"之语。徙江、淮发运使，入拜刑、户二部侍郎，与丰稷偕使辽，为辽人礼重。

绍圣初，以宝文阁直学士知成都府。蜀地膏腴，亩千金，无闲田以葬，觌索侵耕官地，表为墓田。江水贯城中为渠，岁久湮塞，积苦霖潦而多水灾，觌疏治复故，民德之，号"王公渠"。徙河阳，贬少府少监，分司南京，又贬鼎州团练副使。

徽宗即位，还故职，知永兴军。过阙，留为工部侍郎，迁御史中丞。改元诏下，觌言："'建中'之名，虽取皇极。然重袭前代纪号，非是，宜以德宗为戒。"时任事者多乖异不同，觌言："尧、舜、禹相授一道，尧不去四凶而舜去之，尧不举元凯而舜举之，事未必尽同；文王作邑于丰而武王治镐，文王关市不征，泽梁无禁，周公征而禁之，不害其为善继、善述。神宗作法于前，子孙当守于后。至于时异事殊，须损益者损益之，于理固未为有失也。"当国者忿其言，遂改为翰林学士。

日食四月朔，帝下诏责躬，觌当制，有"惟德弗类，未足以当天心"之语，宰相去之，乃力请外。以龙图阁学士知润州，徙海州，罢主管太平观，遂安置临江军。

觌清修简澹，人莫见其喜愠。持正论始终，再罹谴逐，不少变。无疾而卒，年六十八。绍兴初，追复龙图阁学士。从子俊义。

俊义字尧明。游学京师，资用乏，或荐之童贯，欲厚聘之，拒不答。林灵素设讲席宝箓宫，诏两学选士问道。车驾将临视推恩，司成以俊义及曹伟应诏，俊义辞焉。人曰："此显仕捷迳也，不可失。"俊义曰："使辞不获命，至彼亦不拜。倘见困辱，则以死继之。"逮至讲所，去御幄跬步，内侍呼姓名至再，俊义但望幄致敬，不肯出；次呼曹伟，伟回首，俊义目之，亦不出。既罢，皆为之惧，俊义处之恬然。

以太学上舍选，奏名列其下，徽宗亲程其文，抆为第一。及赐第，望见容貌甚伟，大说，顾侍臣曰："此朕所亲擢也，真所谓'俊义'矣。自古未有人主自为主司者，宜即超用。"蔡京邀使来见，曰："一见我，左右史可立得。"俊义不往，仅拜国子博士。居二年，乃得改太学博士。

郓王谒先圣，有司议诸生门迎。俊义曰："此岂可施于人臣哉？礼如见宰相足矣。"乃序立敦化堂下，及王至，犹辞不敢当。进吏部员外郎。尝入对，帝问："卿知前所以亲擢乎？盖主司之意不一，是以天子自提文衡也。卫肤敏、吴安国今安在？"具以对，即召为馆职，而迁俊义右司员外郎。为王黼所恶，以直秘阁知岳州。卒，年四十七。

俊义与李祁友善，首建正论于宣和间。当是时，诸公卿稍知分别善恶邪正，两人力也。祁字肃远，亦知名士，官不显。

马默字处厚，单州成武人。家贫徒步诣祖徕从石介学。诸生时以百数，一旦出其上。既而将归，介语诸生曰："马君他日必为名臣，宜送之山下。"

登进士第，调临濮尉，知须城县。县为郓治所，郓吏犯法不可捕，默趋府，取而杖之客次，阖府皆惊。曹佾安郓，心不善也，默亦不为屈，后守张方平素贵，掾属来前，多闭目不与语。见默白事，忽开目熟视久之，尽行其言，自是诿以事。治平中，方平还翰林，荐为盐察御史里行，遇事辄言无顾。方平间遣所亲徼之曰："言太直，得无累举者乎？"默谢曰："辱知之深，不敢为身谋，所以报也。"

时议尊崇濮安懿王，台谏吕诲力争以为不可，悉出补外。默请还之，不报。遂上言："濮王生育圣躬，人谁不知。若称之为亲，义无可据，名之不正，失莫大焉。愿蔽自宸心，明诏寝罢，以感召和气，安士庙之神灵，是一举而众善随之也。"又言："致治之要，求贤为本。仁宗以官人之权，尽委辅相，数十年间，贤而公者无几。官之进也，不由实绩，不自实声，但趋权门，必得显仕。今待制以上，数倍祖宗之时，至谋一帅臣，则协于公议者十无三四。庶僚之众，不知几人，一有难事，则曰无人可使，岂非不才者在上，而贤不肖混淆乎？愿陛下明目达聪，务既其实，历试而超升之，以幸天下。"

刑部郎中张师颜提举诸司库务，绳治不法，众吏惧摇，飞语谮去之。默力陈其故，以为："恶直丑正，实繁有徒。今将去积年之弊，以兴太平，必先官举其职。宜崇奖师颜，厉以忠勤，则尸素括囊之徒，知所劝矣。"

西京会圣宫将创仁宗神御殿，默言："事不师古，前典所戒。汉以诸帝所幸郡国立庙，知礼者非之。况先帝未尝幸洛，而创建庙祀，实乖典则，愿以礼为之节，义为之制，亟止此役，以章清静奉先之意。"会地震河东、陕西郡，默以为阴盛，虑为边患，宜备之。后数月，西夏果来侵。

神宗即位，以论欧阳修事，通判怀州。上疏陈十事：一曰揽威权，二曰察奸佞，三曰近正人，四曰明功罪，五曰息大费，六曰备凶年，七曰崇俭素，八曰久任使，九曰择守宰，十曰御边患。揽威权，则天子势重，而大臣安矣；察奸佞，则忠臣用，而小人不能幸进矣；近正人，则谏诤日闻，而圣性开明矣；明功罪，则朝廷无私，而天下服矣；息大费，则公私富，而军旅有积矣；备凶年，则大恩常施，而祸乱不起矣；崇俭素，则自上化下，而民朴素矣；久任使，则官不虚授，而职事举矣；择守宰，则庶绩有成，而民受赐矣；御边患，则四远畏服，而中国强矣。

除知登州。沙门岛囚众，官给粮者才三百人，每益数，则投诸海。砦主李庆以二年杀七百人，默责之曰："人命至重，恩既贷其生，又从而杀之，不若即时死乡里也。汝胡不以乏粮告，而颛杀之如此？"欲按其罪，庆惧，自缢死。默为奏请，更定《配岛法》凡二十条，溢数而年深无过者移登州，自是多全活者。其后苏轼知登州，父老迎于路曰："公为政爱民，得如马使君乎？"

徙知曹州，召为三司盐铁判官。以默与富弼善，且论新法不便，出知济、兖二州。还提举三司帐司。为神宗言用兵形势，及指画河北山川道里，应对如流。神宗喜，将用之，大臣滋不悦，以提点京东刑狱。

默性刚严疾恶，部吏有望风投檄去者。金乡令以贿著，其父方执政，诒书曰："马公素刚，汝有过，将不免。"令惧，悉取不义之物焚撤之。改广西转运使，会安化等蛮岁饥内寇，默上平蛮方略，以为、胜负不右兵而在将。富良宵遁，郭逵怯懦；邕城陷没，苏缄老谬；归仁铺覆军，陈曙先走；昆仑关丧师，张守节不战；侬智高破亡，因狄青之智勇；欧希范之诛灭，乃杜杞之方略，此足验矣。"

以疾求归，知徐州。属城利国监苦吴居厚之虐，默皆革之。召为司农少卿。司马光为相，欲尽修祖宗法，问默以复乡差衙前法如何？默曰："不可。如常平，自汉为良法，岂宜尽废？去其害民者可也。"其后役人立为一州一县法，常平提举官省归提刑司，颇自默发之。

除河东转运使。时议弃葭芦、吴堡二砦,默奏控扼险阻,敌不可攻,弃之不便。由是二砦得不弃。移兖州,请褒录石介后,诏官其孙。东州荐饥,流民大集,所振活数万计。入拜卫尉卿,权工部侍郎,转户部。告老,以宝文阁待制复知徐州,改河北都转运使。

初,元丰间,河决小吴,因不复塞,纵之北流。元祐议臣以为东流便,水官遂与之合。默与同时监司上议,以北流为便。御史郭知章复请从东流,于是作东西马头,约水复故道,为长堤壅河之北流者,劳费甚大。明年,复决而北,竟不能使之东。

久之,告老,提举鸿庆宫。绍圣时,坐附司马光,落待制致仕。元符三年,复之。卒,年八十。绍兴中,以其子纯请,赠开府仪同三司,加赠太保。

论曰:《诗》云:“时靡有争,王心载宁。”王安石之为相,可谓致天下之争,而君心不宁矣。孙觉、李常力诤新法,宁失故人之意,毅然去之而无悔,贤哉。孔文仲之策制科,以微官慷慨论事,言虽不听,而名彻上聪。安石既斥其人,又废其科,何迁怒之甚耶!鲜于侁早识安石败事,与吕诲同见几先。马默用张方平荐为御史,至于尽言而不讳,方平止之而不听,斯为不负知已矣。李周之耿介,顾临之用兵,李之纯、王觌再黜而不改其正,亦足以见一时多贤焉。

宋史卷三四五
列传第一○四

刘安世　邹浩 田昼　王回　曾诞附
陈瓘　任伯雨

　　刘安世字器之,魏人。父航,第进士,历知虞城、犀浦县。虞城多奸猾,喜寇盗;犀浦民弱而驯。航为政,宽猛急缓不同,两县皆治。知宿州。押伴夏使,使者多所要请,执礼不逊,且欲服球文金带入见,航皆折正之。以群牧判官为河南监牧使。持节册夏主秉常,凡例所遗宝带、名马,却弗受。还,上《御戎书》,大略云:"辨士好为可喜之说,武夫徼冀不赀之宠,或为所误,不可不戒。"为河北西路转运使。熙宁大旱求言,航论新政不便者五,又上书言:"人主不可轻失天下心,宜乘时有所改为,则人心悦而天意得矣。"不报。乃请提举崇福宫,起知泾、相二州。王师西征,徙知陕府。时仓卒军兴,馈饷切急,县令佐至荷校督民,民多弃田庐,或至自尽。航独期会如平日,事更以办。终太仆卿。

　　安世少时持论已有识。航使监牧时,文彦博在枢府,有所闻,每呼安世告之。安世从容言:"王介甫求去,外议谓公且代其任。"彦博曰:"安石坏天下至此,后之人何可为?"安世拱手曰:"安世虽晚进,窃以为未然。今日新政,果顺人所欲而为人利乎?若不然,公当去所害,兴所利,反掌间耳。"彦博默不应,他日见航,叹奖其坚正。

　　登进士第,不就选。从学于司马光,咨尽心行己之要,光教之以诚,且令自不妄语始。调洺州司法参军,司户以贪闻,转运使吴守礼将按之,问于安世,安世云:"无之。"守礼为止。然安世心常不自安,曰:"司户实贪而吾不以诚对,吾其违司马公教乎!"后读扬雄《法言》"君子避碍则通诸理",意乃释。

光入相,荐为秘书省正字。光薨,宣仁太后问可为台谏于吕公著,公著以安世对。擢右正言。时执政颇与亲戚官,安世言:"祖宗以来,大臣子弟不敢受内外华要之职。自王安石秉政,务快私意,累圣之制,扫地不存。今庙堂之上,犹习故态。"因历疏文彦博以下七人,皆耆德魁旧,不少假借。

章惇以强市昆山民田罚金,安世言:"惇与蔡确、黄履、邢恕素相交结,自谓社稷之臣,贪天之功,徼幸异日,天下之人指为'四凶'。今惇父尚在,而别籍异财,绝灭义理,止从薄罚,何以示惩?"会吴处厚解释确《安州诗》以进,安世谓其指斥乘舆,犯大不敬,与梁焘等极论之,窜之新州。宰相范纯仁至于御史十人,皆缘是去。

迁起居舍人兼左司谏,进左谏议大夫。有旨暂罢讲筵,民间欢传宫中求乳婢,安世上疏谏曰:"陛下富于春秋,未纳后而亲女色。愿太皇太后保祐圣躬,为宗庙社稷大计,清闲之燕,频御经帐,仍引近臣与论前古治乱之要,以益圣学,无溺于所爱而忘其可戒。"哲宗俯首不语。后曰:"无此事,卿误听尔。"明日,后留吕大防告之故。大防退,召给事中范祖禹使达旨。祖禹固尝以谏,于是两人合辞申言之甚切。

邓温伯为翰林承旨,安世言其"出入王、吕党中,始终反覆。今之进用,实系君子小人消长之机。乞行免黜"。不报。遂请外,改中书舍人,辞不就。以集贤殿修撰提举崇福宫,才六月,召为宝文阁待制、枢密都承旨。

范纯仁复相,吕大防白后欲令安世少避。后曰:"今既不居言职,自无所嫌。"又语韩忠彦曰:"如此正人,宜且留朝廷。"乃止。吕惠卿复光禄卿,分司,安世争以为不可,不听出知成德军。章惇用事,尤忌恶之。初黜知南安军,再贬少府少监,三贬新州别驾,安置英州。

同文馆狱起，蔡京乞诛灭安世等家，谳虽不行，犹徙梅州。惇与蔡卞将必置之死，因使者入海岛诛陈衍，讽使者过安世，胁使自裁。又擢一土豪为转运判官，使杀之。判官疾驰将至梅，梅守遣客来劝安世自为计。安世色不动，对客饮酒谈笑，徐书数纸付其仆曰："我即死，依此行之。"顾客曰："死不难矣。"客密从仆所视，皆经纪同贬当死者之家事甚悉。判官未至二十里，呕血而毙，危得免。

昭怀后正位中宫，惇、卞发前谏乳媪事，以为为后设。时邹浩既贬，诏应天少尹孙鳌以槛车收二人赴京师，行数驿而徽宗即位赦至，鳌乃还。凡投荒七年，甲令所载远恶地无不历之。移衡及鼎，然后以集贤殿修撰知郓州、真定府，曾布又忌之，不使入朝。蔡京既相，连七谪至峡州羁管。稍复承议郎，卜居宋都。宣和六年，复待制，中书舍人沈思封还之。明年卒，年七十八。

安世仪状魁硕，音吐如钟。初除谏官，未拜命，入白母曰："朝廷不以安世不肖，使在言路。倘居其官，须明目张胆，以身任责，脱有触忤，祸谴立至。主上方以孝治天下，若以老母辞，当可免。"母曰："不然，吾闻谏官为天子诤臣，汝父平生欲为之而弗得，汝幸居此地当捐身以报国恩。正得罪流放，无问远近，吾当从汝所之。"于是受命。在职累岁，正色立朝，扶持公道。其面折廷争，或帝盛怒，则执简立，伺怒稍解，复前抗辞。旁侍者远观，蓄缩悚汗，目之曰"殿上虎"，一时无不敬慑。

家居未尝有惰容，久坐身不倾倚，作字不草书，不好声色货利。其忠孝正直，皆则象司马光。年既老，群贤凋丧略尽，岿然独存，而名望益重。梁师成用事，能生死人，心服其贤，求得小吏吴默尝趋走前后者，使持书来，啖以即大用，默因劝为子孙计，安世笑谢曰："吾若为子孙计，不至是矣。吾欲为元祐全人，见司马光于地下。"还其书不答，死葬祥符县。后二年，金人发其冢，貌如生，相惊语曰："异人也！"为之盖棺乃去。

邹浩字志完，常州音陵人。第进士，调扬州、颍昌府教授。吕公著、范纯仁为守,皆礼遇之。纯仁属撰乐语,浩辞。纯仁曰:"翰林学士亦为之。"浩曰:"翰林学士则可,祭酒、司业则不可。"纯仁敬谢。

元祐中,上疏论事,其略曰:"人材不振,无以成天下之务。陛下视今日人材,果有邪,果不足邪?以为不足,则中外之百执事未尝不备。以为有余,则自任以天下之重者几人?正色昌言不承望风旨者几人?持刺举之权以肃清所部者几人?承流宣化而使民安田里者几人?民贫所当富也,则曰水旱如之何;官冗所当澄也,则曰民情不可扰;人物所当求也,则曰从古不乏材;风俗所当厚也,则曰不切于时变,是皆不明义理之过也。"

苏颂用为太常博士,来之邵论罢之。后累岁,哲宗亲擢为右正言。有请以王安石《三经义》发题试举人者,浩论其不可而止。陕西奏边功,中外皆贺,浩言:"先帝之志而陛下成之善矣。然兵家之事,未战则以决胜为难,既胜则以持胜为难,惟其时而已。苟为不然,将弃前功而招后患。愿申敕将帅,毋狃屡胜,图惟厥终。"

京东大水,浩言:"频年水异继作,虽盈虚之数所不可逃,而消复之方尤宜致谨。《书》曰:'惟先格王正厥事。'不以为数之当然,此消复之实也。"

蹇序辰看详元祐章奏,公肆诋欺,轻重不平。浩言:"初旨便分两等,谓语及先帝并语言过差而已;而今所施行,混然莫辨。以其近似难分之迹,而典刑轻重随以上下,是乃陛下之威福操柄下移于近臣,愿加省察,以为来事之监。"

章惇独相用事,威虐震赫,浩所言每触惇忌,仍上章露劾,数其不忠慢上之罪,未报。而贤妃刘氏立,浩言:

　　　立后以配天子,安得不审。今为天下择母,而所立乃贤妃,一时公议,莫不疑惑诚以国家自有仁祖故事,不可不遵用之尔。盖郭后与尚美人争宠,仁祖既废后,并斥美人,所以示公也。及立后,则不选于妃嫔而卜于贵族,所以远嫌,所以为天下万世法也。陛下之废孟氏,与郭后无以异。果与贤妃争宠而致罪乎?抑其不然也?二者必居一于此矣。孟氏罪废之初,天下孰不疑立贤妃为后。及读诏书,有"别选贤族"之语;又闻陛下临朝慨叹,以为国家不幸;至于宗景立妾,怒而罪之,于是天下始释然不疑。今竟立之,岂不上累圣德?

臣观白麻所言,不过称其有子,及引永平、祥符事以为证。臣请论其所以然:若曰有子可以为后,则永平贵人未尝有子也,所以立者,以德冠后宫故也。祥符德妃亦未尝有子,所以立者,以钟英甲族故也。又况贵人实马援之女,德妃无废后之嫌,迥与今日事体不同。顷年冬,妃从享景灵宫,是日雷变甚异。今宣制之后,霖雨飞雹,自奏告天地宗庙以来,阴淫不止。上天之意,岂不昭然!考之人事既如彼,求之天意又如此,望不以一时改命为难,而以万世公议为可畏,追停册礼,如初诏行之。

帝谓:"此亦祖宗故事,岂独朕邪?"对曰:"祖宗大德可法者多矣,陛下之取,而效其小疵,臣恐后世之责人无已者纷纷也。"帝变色,犹不怒,持其章踌躇四顾,凝然若有所思,付外。明日,章惇诋其狂妄,乃削官,羁管新州。蔡卞、安惇、左肤继请治其祖送者王回等,语在他传。

徽宗立,亟召还,复为右正言,迁左司谏。上疏谓:"孟子曰:'左右诸大夫皆曰贤,未可也;国人皆曰贤,然后察之,见贤焉,然后用之。左右诸大夫皆曰不可,勿听;国人皆曰不可,然后察之,见不可焉,然后去之。'于是知公议不可不恤,独断不可不谨。盖左右非不亲也,然不能无交结之私;诸大夫非不贵也,然不能无恩仇之异。至于国人皆曰贤,皆曰不可,则所谓公议也。公议之所在,概已察之,必待见贤然后用,见不可然后去,则所谓独断也。惟恤公议于独断未形之前,谨独断于公议已闻之后,则人君所以致治者,又安有不善乎?伏见朝廷之事,颇异于即位之初,相去半年,遽已如是,自今以往,将如之何?愿陛下深思之。"

改起居舍人,进中书舍人。又言:"陛下善继神宗之志,善述神宗之事,考德至矣。尚有五朝圣政盛德,愿稽考而继述之,以扬七庙之光,贻福万世。"迁兵、吏二部侍郎,以宝文阁待制知江宁府,徙杭、越州。

初，浩还朝，帝首及谏立后事，奖叹再三，询谏草安在。对曰：
"焚之矣。"退告陈瓘，瓘曰："祸其在此乎。异时奸人妄出一缄，则不
可辨矣。"蔡京用事，素忌浩，乃使其党为伪疏，言刘后杀卓氏而夺
其子。遂再责衡州别驾，语在《献愍太子传》。寻窜昭州，五年始得
归。

初，浩除谏官，恐贻亲忧，欲固辞。母张氏曰："儿能报国，无愧
于公论，吾顾何忧？"及浩两谪岭表，母不易初意。稍复直龙图阁。瘴
疾作，危甚。杨时过常，往省之。茶然仅存余息，犹眷眷以国事为问，
语不及私。卒，年五十二。高宗即位，诏曰："浩在元符间，任谏争，
危言谠论，朝野推仰。"复其待制，又赠宝文阁直学士，赐谥忠。

浩所与游田昼、王曾诞，皆良士也。

昼字承君，阳翟人。枢密使况之从子，以任为校书郎。调磁州
录事参军，知西河县，有善政，民其德之。议论慨慷，有前辈风。

与邹浩以气节相激励，元符中，浩为谏官，昼监京城门，往见浩
曰："平生与君相许者何如，今君为何官？"浩曰："上遇群臣，未尝假
以辞色，独于浩差若相喜。天下事固不胜言，意欲待深相信而后发，
贵有益也。"昼然之。既而以病归许，邸状报立后，昼谓人曰："志完
不言，可以绝交矣。"浩得罪，昼迎诸涂，浩出涕，昼正色责曰："使志
完隐默官京师，遇寒疾不汗，五日死矣。岂独岭海之外能死人哉？愿
君毋以此举自满，士所当为者，未止此也。"浩茫然自失，叹谢曰：
"君之赠我厚矣。"

建中靖国初，入为大宗正丞。曾布数罗致之，不为屈；欲与提举
常平官，亦辞。请知淮阳军，岁大疫，日挟医问病者药之，遇疾卒。淮
阳人祀以为土神云。

回字景深，仙游人。第进士。调松滋令。荆、沔俗用人祭鬼，回
捕治甚严，其风遂革。知鹿邑县，入为宗正寺簿。元符中，叶祖洽荐

为睦亲宅讲书。与邹浩友善，皇后刘氏立，浩将论之，密告回，回曰："事宁有大于此者乎？子虽有亲，然移孝为忠，亦太夫人素志也。"

浩南迁，人莫敢顾。回敛交游钱与治装，往来经理，且慰安其母。逻者以闻，逮诣诏狱，众为之惧，回居之晏然。御史诘之，对曰："实尝预议，不敢欺也。"因诵浩所上章，几二千言。狱上，除名停废。即徒步出都门，行数十里，其子追及，问以家事，不答。祖洽亦坐黜。

徽宗立，召还旧官，擢监察御史。数日卒，年五十三。岑象求、王觌、贾易上章，乞录其子，恤其家，以奖劝忠义，诏除子涣老郊社斋郎，蔡京为相，夺之，仍列名党籍。

诞，公亮从孙也。孟后之废，诞三与浩书，劝力请复后，浩不报。及浩以言南迁，诞著《玉山主人对客问》以讥之，其略曰："客问：邹浩可以为有道之士乎？主人曰：浩安得为知道。虽然，予于此时议浩，是天下无全人也。言之尚足为来世戒。《易》曰：'知几其神乎？'又曰：'知进退存亡而不失其正者，其惟圣人乎？'方孟后之废，人莫不知刘氏之将立，至四年之后而册命未行，是天子知清议之足畏也。使当其时，浩力言复后，能感悟天子，则无今日刘氏之事，贻朝廷于过举，再三言而不听，则义亦当矣。使是时得罪，必不若是酷以贻老母之忧矣。呜呼！若浩者，虽不得为知几之士，然百世之下，顽夫廉，懦夫有立志，尚不失为圣人之清也。"其书既出，识者或以比韩愈《谏臣论》。诞仕亦不显。

陈瓘字莹中，南剑州沙县人。少好读书，不喜为进取学。父母勉门户事，乃应举，一出中甲科。调湖州掌书记，签书越州判官。守蔡卞察其贤，每事加礼，而瓘测知其心术，常欲远之，屡引疾求归，章不得上。檄摄通判明州。卞素敬道人张怀素，谓非世间人，时且来越，卞留瓘小须之，瓘不肯止，曰："子不语怪力乱神，斯近怪矣。州牧既信重，民将从风而靡。不识之，未为不幸也。"后二十年而怀素诛。明州职田之入厚，瓘不取，尽弃于官以归。

　　章惇入相，瓘从众道谒。惇闻其名，独邀与同载，询当世之务，瓘曰："请以所乘舟为喻：偏重可行乎？移左置右，其偏一也。明此，则可行矣。天子待公为政，敢问将何先？"惇曰："司马光奸邪，所当先辨，势无急于此。"瓘曰："公误矣。此犹欲平舟势而移左以置右，果然，将失天下之望。"惇厉色曰："光不务缵述先烈，而大改成绪，误国如此，非奸邪而何？"瓘曰："不察其心而疑其迹，则不为无罪；若指为奸邪，又复改作，则误国益甚矣。为今之计，唯消朋党，持中道，庶可以救弊。"意虽忤惇，然亦惊异，颇有兼收之语。

　　至都，用为太学博士。会卞与惇合志，正论遂绌。卞党薛昂、林自官学省，议毁《资治通鉴》，瓘因策士题引神宗所制序文以问，昂、自意沮。

　　迁秘书省校书郎。绍述之说盛，瓘奏哲宗言："尧、舜、禹皆以'若稽古'为训。'若'者，顺而行之；'稽'者，考其当否，必使合于民情，所以成帝王之治。天子之孝，与士大夫之孝不同。"帝反复究问，意感悦，约瓘再入见。执政闻而憾之，出通判沧州，知卫州。徽宗即位，召为右正言，迁左司谏。瓘论议持平，务存大体，不以细故藉口，未尝及人暗昧之过。尝云："人主托言者以耳目，诚不当以浅近见闻，惑其聪明。"惟极论蔡卞、章惇、安惇、邢恕之罪。

　　御史龚夬击蔡京，朝廷将逐夬，瓘言："绍圣以来，七年五逐言者，常安民、孙谔、董敦逸、陈次升、邹浩五人者，皆与京异议而去。今又罢夬，将若公道何。"遂草疏论京，未及上，时皇太后已归政，瓘言外戚向宗良兄弟与侍从希宠之士交通，使物议籍籍，谓皇太后今犹预政。由是罢监扬州粮料院。瓘出都门，缴四章奏之，并明宣仁诬谤事。帝密遣使赐以黄金百两，后亦命勿遽去，畀十僧牒为行装，改知无为军。

　　明年，还为著作郎，迁右司员外郎兼权给事中。宰相曾布使客告以将即真，瓘语子正汇曰："吾与丞相议事多不合，今若此，是欲以官爵相饵也。若受其荐进，复有异同，则公议私恩，两有愧矣。吾有一书论其过，将投之以决去就，汝其书之。但郊祀不远，彼不相容,则泽不及汝矣,能不介于心乎?"正汇愿得书。且持入省,布使数人邀相见,甫就席,遽出书,布大怒。争辨移时,至箕踞诟语,瓘色不为动,徐起白曰:"适所论者国事,是非有公议,公未可失待士礼。"布矍然改容。信宿,出知泰州。崇宁中,除名窜袁州、廉州,移郴州,稍复宣德郎。

正汇在杭,告蔡京有动摇东宫迹。杭守蔡薿执送京师,先飞书告京俾为计。事下开封府制狱,并逮瓘。尹李孝称逼使证其妄,瓘曰:"正汇闻京将不利社稷,传于道路,瓘岂得预知?以所不知,忘父子之恩而指其为妄,则情所不忍;挟私情以符合其说,又义所不为。京之奸邪,必为国祸。瓘固尝论之于谏省,亦不待今日语言间也。"内侍黄经臣莅鞫,闻其辞,失声叹息,谓曰:"主上正欲得实,但如言以对可也。"狱具,正汇犹以所告失实流海上,瓘亦安置通州。

瓘尝著《尊尧集》,谓绍圣史官专据王安石《日录》改修《神宗史》,变乱是非,不可传信;深明诬妄,以正君臣之义。张商英为相,取其书,既上,而商英罢,瓘又徙台州。宰相遍令所过州出兵甲护送;至台,每十日一徙告;且命凶人石悈知州事,执至庭,大陈狱具,将胁以死。瓘揣知其意,大呼曰:"今日之事,岂被制旨邪!"悈失措,始告之曰:"朝廷令取《尊尧集》尔。"瓘曰:"然则何用许。使君知'尊尧'所以立名乎?盖以神考为尧,主上为舜,助舜尊尧,何得为罪?时相学术浅短,为人所愚。君所得几何,乃亦不畏公议,干犯名分乎?"悈惭,揖使退。所以窘辱之百端,终不能害。宰相犹以悈为怯而罢之。

在台五年,乃得自便。才复承事郎,帝批进目,以为所拟未当,令再叙一官,仍与差遣,执政持不行。卜居江州,复有谮之者,至不许辄出城。旋令居南康,才至,又移楚。瓘平生论京、卞,皆披挺其处心,发露其情慝,最所忌恨,故得祸最酷,不使一日少安。宣和六年卒,年六十五。

瓘谦和不与物竞,闲居矜庄自持,语不苟发。通于《易》,数言国家大事,后多验。靖康初,诏赠谏议大夫,召官正汇。绍兴二十六年,高宗谓辅臣曰：“陈瓘昔为谏官，甚有说议。近览所著《尊尧集》，明君臣之大分，合于《易》天尊地卑及《春秋》尊王之法。王安石号通经术，而其乃谓‘道隆德骏者，天子当北面而问焉’，其背经悖理甚矣。瓘宜特赐谥以表之。”谥曰忠肃。

任伯雨字德翁，眉州眉山人。父孜，字遵圣，以学问气节推重乡里，名与苏洵埒，仕至光禄寺丞。其弟汲，字师中，亦知名，尝判黄州，后知泸州。当时称“大任”、“小任”。

伯雨自幼，已矫然不群，邃经术，文力雄健。中进士第，调施州清江主簿。郡守檄使莅公库，笑曰：“里名胜母，曾子不入，此职何为至我哉？”拒不受。知雍丘县，御史如束湿，抚民如伤，县枕汴流，漕运不绝，旧苦多盗，然未尝有获者，人莫知其故。伯雨下令纲舟无得宿境内，始犹不从，则命东下者斧断其缆，趣京师者护以出，自是外户不闭。

使者上其状，召为大宗正丞，甫至，擢右正言。时徽宗初政，纳用谠论，伯雨首击章惇，曰：“惇久窃朝柄，迷国罔上，毒流缙绅，乘先帝变故仓卒，辄逞异意，睥睨万乘，不复有臣子之恭。向使其计得行，将置陛下与皇太后于何地！若贷而不诛，则天下大义不明，大法不立矣。臣闻北使言，去年辽主方食，闻中国黜惇，放箸而起，称其善者再，谓南朝错用此人。北使又问，何为只若是行遣？以此观之，不独孟子所谓‘国人皆曰可杀’，虽蛮貊之邦，莫不以为可杀也。”章八上，贬惇雷州。继论蔡卞六大罪，语在《卞传》。

建中靖国改元，当国者欲和调元祐、绍圣之人，故以“中”为名。伯雨言：“人才固不当分党与，然自古未有君子小人杂然并进可以致治者。盖君子易退，小人难退，二者并用，终于君子尽去，小人独留。唐德宗坐此致播迁之祸，建中乃其纪号，不可以不戒。”

时议者欲西北典郡专用武臣，伯雨谓：“李林甫致禄山之乱者，此也。”又论钟傅、王赡生湟、鄯边事，失与国心，宜弃其地，以安边息民；张耒、黄庭坚、晁补之、欧阳棐、刘唐老等宜在朝廷。上书皇太后,乞暴蔡京之恶,召还陈瓘,以全定策之勋。

时以正月朔旦有赤气之异,诣火星观以禳之,伯雨上疏言:"尝闻修德以弭灾,未有禳祈以消变。《洪范》以五事配五行,说者谓视之不明,则有赤眚、赤祥。乞揽权纲以信赏罚,专威福以殊功罪,使皇明赫赫,事至必断,则乖气异象,转为休祥矣。"又言:"比日内降浸多,或恐矫傅制命。汉之鸿都卖爵,唐之墨敕斜封,此近监也。"

王觌除御史中丞,仍兼史官,伯雨谓:"史院宰相监修,今中丞为属,非所以重风宪,远嫌疑。"已而觌除翰林,伯雨复论曰:"学士爵秩位序,皆在中丞上。今觌为之,是谏官论事,非特朝廷不行,适足以为人迁官尔。"

伯雨居谏省半岁,所上一百八疏,大臣畏其多言,俾权给事中,密谕以少默即为真。伯雨不听,抗论愈力,且将劾曾布。布觉之,徙为度支员外郎,寻知虢州。崇宁党事作,削籍编管通州。为蔡卞所陷,与陈瓘、龚夬、张庭坚等十三人皆南迁,独伯雨徙昌化。奸人犹未甘心,用匿名书复逮其仲子申先赴狱,妻适死于淮,报讣俱至。伯雨处之如平常,曰:"死者已矣,生者有负于朝廷,亦当从此诀。如其不然,天岂杀无辜耶!"申先在狱,锻炼无所传致,乃得释,居海上三年而归。宣和初,卒,年七十三。

长子象先,登世科,又中词学兼茂举,有司启封,见为党人子,不奏名,调秦州户曹掾。闻父谪,弃官归养。王安中辟燕山宣抚幕,勉应之,道引疾还,终身不复仕。申先以布衣特起至中书舍人。

绍兴初,高宗诏赠伯雨直龙图阁,又加谏议大夫,采其谏章,追贬章惇、蔡卞、邢恕、黄履,明著诬宣仁事以告天下。淳熙中,赐谥忠敏。

论曰:刘安世复文彦博之言,时年尚少,然其言即元祐之初政,而司马光之用心也。邹浩谏立刘后,反复曲折,极人所难言。二人除言官,俱入白其母,母俱勉以尽忠报国,无分毫顾虑后患意。呜呼,贤哉!陈瓘、任伯雨抗迹疏远,立朝寡援,而力发章惇、曾布、蔡京、蔡卜群奸之罪,无少畏忌,古所谓刚正不挠者欤!

宋史卷三四六
列传第一〇五

陈次升　陈师锡　彭汝砺
弟汝霖　汝方 　吕陶　张庭坚
龚夬　孙谔　陈轩　江公望
陈祐　常安民

陈次升字当时，兴化仙游人。入太学，时学官始得王安石《字说》，招诸生训之，次升作而曰："丞相岂秦学邪？美商鞅之能行仁政，而为李斯解事，非秦学而何？"坐屏斥。既而第进士，知安丘县。转运使吴居厚以聚敛进，檄尉罔征税于远郊，得农家败絮，捕送县，次升纵遣之。居厚怒，将被以文法，会御史中丞黄履荐，为监察御史。

哲宗立，使察访江、湖。先是，蹇周辅父子经画江右盐法，为民害，次升举劾之。还言："额外上供之数未除，异日必有非法之敛，愿从熙宁以来创行封桩名钱悉赐豁免。又役法未定，人情荧惑，乞速定差顾及均数之等，先为之节而审行之。"提点淮南、河东刑狱。

绍圣中，复为御史，转殿中。论章惇、蔡卞植党为奸，乞收还威福之柄。禁中火，慧出西方，次升请修德求言，以弭天变。掖庭鞫厌魅狱，次升言："事关中宫，宜付外参治。今属于阉寺之手，万一有冤滥，贻后世讥。"济阳郡王宗景请以妾为妻，论其以宗藩废礼，为圣朝累。

初,惇、卞以次升在元祐间外迁,意其不能无怨望,卞又与同乡里,故延置宪府,欲使出力为助,挤排众贤;而一无所附。进方编元祐章疏,毒流缙绅。次升言:"陛下初即位,首下诏令,导人使谏;亲政以来,又揭敕榜,许其自新。今若考一言之失,致于谴累,则前之诏令适所以误天下,后之敕榜适所以诳天下,非所以示大信也。"又论卞客周穜贪鄙,郑居中憸佞。由是惇、卞交恶之,使所善太府少卿林颜致己意,尝以美官。次升曰:"吾知守官而已,君为天子卿士,而为宰相传风旨邪?"惇、卞益不乐,乘间白为河北转运使,帝曰:"漕臣易得耳,次升敢言,不当去。"更进左司谏。

宣仁有追废之议,次升密言:"先太后保佑圣躬,始终无间,愿勿听小人销骨之谤。"帝曰:"卿安所闻?"对曰:"臣职许风闻,陛下毋诘其所从来可也。"吕升卿察访广南,次升言:"陛下无杀流人之意,而遣升卿出使。升卿资性惨刻,喜求人过,今使逞志释憾,则亦何所不至哉?"乃止不遣。

次升累章劾章惇,皆留中。帝尝谓曰:"章惇文字勿令绝。"次升退告王巩,巩曰:"君胡不云:谏臣,耳目也;帝王,心也。心所不知,则耳目为之传达;既知之,何以耳目为?"居数日,复入见,帝申前旨,乃以巩语对。帝曰:"然。顾未有代之者尔。"讫不克去。京师富家乳婢怨其主,坐儿于上而嵩呼者三。逻系狱。次升乞戒有司无得观望。帝问大臣何谓,蔡卞曰:"正谓观望陛下尔。"诬其毁先烈,拟谪监全州酒税,帝以为远,改南安军。

徽宗立,召为侍御史。极论惇卞、曾布、蔡京之恶,窜惇于雷,居卞于池,出京于江宁。迁右谏议大夫。献体道、稽古、修身、仁民、崇俭、节用六事,言多规切。崇宁初,以宝文阁待制知颖昌府,降集贤殿修撰,继又落修撰,除名徙建昌,编管循州,皆以论京、卞故。政和中,用赦恩复旧职。卒,年七十六。

次升三居言责,建议不苟合,刘安世称其有功于元祐人,谓能遏吕升卿之行也。它所言曾肇、王觌、张庭坚、贾易、李昭玘、吕希哲、范纯礼、苏轼等,公议或不谓然。

　　陈师锡字伯修,建州建阳人。熙宁中,游太学,有隽声。神宗知其材,及廷试,奏名在甲乙间,帝偶阅其文,屡读屡欢赏,顾侍臣曰:"此必陈师锡也。"启封果然,擢为第三。调昭庆军掌书记,郡守苏轼器之,倚以为政。轼得罪,捕诣台狱,亲朋多畏避不相见,师锡独出饯之,又安辑其家。

　　知临安县,为监察御史。上言:"宋兴,享国长久号称太平者,莫如仁宗,切考致治之本,不过延直言,御群下,进善退邪而已。明道中,亲览万几,见政事之多辟,辅佐之失职,自吕夷简、张耆、夏竦、陈尧佐、范雍、晏殊等,一日罢去。宝元初,冬雷地震,用谏官韩琦之言,王随、陈尧佐、韩亿、石中立同时见黜。其后,不次擢用杜衍、范仲淹、富弼、韩琦,以成庆历、嘉祐之治,愿稽皇祖纳谏、御臣之意,以兴治功。"帝善其言。

　　时诏进士习律,师锡言:"陛下方大阐学校,用经术训迪士类,不应以刑名之学乱之。夫道德,本也;刑名,末也。教之以本,人犹趋末,况教之以末乎?望追踪寝其制,使得悉意本业。"用事者谓倡为诐说,出知宿迁县。

　　元祐初,苏轼三上章,荐其学术渊源,行己洁素,议论刚正,器识靖深,德行追踪于古人,文章冠绝于当世。乃入为秘书省校书郎,迁工部员外郎,加秘阁校理,提点开封县镇。建言:"铨法,选人用举者迁升,而岁有定额。今请托者溢数,而寒畯有不足之患,请为之限约。"畿内将官苛惨失士心,方大阅,群卒讻噪,将吏莫知所为。师锡驰至军,推首恶者致诸法,按阅如初,而劾斥其将,县人欢服。枢密院犹以事不先白为罪,罢知解州。历考功员久郎,知宣州、苏州。

　　徽宗立,召拜殿中侍御史。疏言:"元丰之末,中外汹汹矣。宣仁圣后安天下,委国而治者,司马光、吕公著尔。章惇诬其包藏祸心,至于追贬。天相陛下,发潜继统,而惇犹据高位,光等赠谥未还,墓碑未复。愿早摅宸略,以慰中外之望。"

蔡京为翰林学士,师锡言:"京与第卞同恶,迷国误朝。而京好大喜功,锐于改作,日夜交结内侍、戚里,以觊大用。若果用之,天下治乱自是而分,祖宗基业自是而隳矣。京援引死党至数百人,邓洵武内行污恶,搢绅不齿,岂可渟秽史笔?向宗回、宗良亦阴为京助。是皆国之深患,为陛下忧,为宗庙忧,为贤人君子忧。若出之于外,社稷之福也。"帝曰:"此于东朝有碍,卿为我处之。"对曰:"审尔,臣当具白太后。"遂上封事言:"自昔母后临朝,危乱天下,载在史册,可考而知。至于手书还政,未有如圣母,退抑谦逊,真可为万世法。而蔡京阴通二向,妄言宫禁预政,以诬圣德,不可不察也。"

诏索秘阁图画,师锡言:"《六经》载道,诸子言理,历代史籍祖宗图画,天人之蕴,性命之妙,治乱安危之机,善恶邪正之迹在焉。望留意于此,以唐山水图代《无逸》为监。"

俄改考功郎中,师锡抗章言曰:"臣在职数月,所言皆当今急务。若以为非,陛下方开纳褒奖;若以为是,则不应遽解言职。如蔡京典刑未正,愿受窜贬。"于是出知颍、庐、滑三州。坐党论,监衡州酒;又削官置郴州。卒,年六十九。师锡始与陈瓘同论京、卞,时号"二陈"。绍圣中,赠直龙图阁。

彭汝砺字器资,饶州鄱阳人。治平二年,举进士第一。历保信军推官、武安军掌书记、潭州军事推官。王安石见其《诗义》,补国子直讲,改大理寺丞,擢太子中允,既而恶之。

御史中丞邓绾将举为御史,召之不往;既上章,复以失举自列。神宗怒,逐绾,用汝砺为监察御史里行。首陈十事:一正己,二任人,三守令,四理财,五养民,六振救,七兴事,八变法,九青苗,十盐事。指挝利害,多人所难言者。又论吕嘉问市易聚敛非法,当罢;俞充谄中人王中正,至使妻拜之,不当检正中书五房事。神宗为罢充,诘其语所从,汝砺曰:"如此,非所以广聪明也。"卒不奉诏。及中正与李宪主西师,汝砺言不当以兵付中人,因及汉、唐祸乱之事。神宗不怿,语折之。汝砺拱立不动,伺间复言,神宗为改容,在廷者皆叹服。

宗室以女卖婚民间,有司奏罢之。汝砺言:"此虽疏属,皆天家子孙,不可使闾阎之贱服以货取,愿更著婚法。"

元丰初,以缙阁校勘为江西转运判官,陛辞,复言:"今不患无将顺之臣,患心谏诤之臣;不患无敢为之臣,患无敢言之臣。"神宗嘉其忠荩。代还,提点京西刑狱。

元祐二年,召为起居舍人。时相问新旧之政,对曰:"政无彼此,一于是而已。今所更大者,取士及差役法,行之而士民皆病,未见其可。"逾年,迁中书舍人,赐金紫。词命雅正,有古人风。其论诗赋、回河事尤力,大臣有持平者,颇相左右,一时进取者病之,欲排去其类,未有以发。

会知汉阳军吴处厚得蔡确安州诗上之,傅会解释,以为怨谤。谏官交章请治之,又造为危言,以激怒宣仁后,欲置之法。汝砺曰:"此罗织之渐也。"数以白执政,不能救,遂上疏论列,不听。方居家待罪,得确谪命除目草词,曰:"我不出,谁任其责者。"即入省,封还除目,辨论愈切。谏官指汝砺为朋党,宣仁后曰:"汝砺岂党确者,亦为朝廷论事尔。"及确贬新州,又须汝砺草词,遂落职知徐州。初,汝砺在台时,论吕嘉问事,与确异趣,徙外十年,确为有力。后治嘉问它狱,以不阿执政,坐夺二官。至是,又为确得罪,人以此益贤之。

加集贤殿修撰,入权兵、刑二部侍郎。有狱当贷,执政以特旨杀之,汝砺持不下。执政怒,罚其属。汝砺言:"制书有不便,许奏论,法也。属又何罪?"遂自劾请去,章四上。诏免属罚,徙汝砺礼部,真拜吏部侍郎。

哲宗躬听断,修熙宁、元丰政事,人皆争献所闻,汝砺独无建白。或问之,答曰:"在前日则无敢言,于今则人人能言,于今则人人能言之矣。"进权吏部尚书。言者谓尝附会刘挚,以宝文阁直学士知成都府。未行,章数上,又降待制、知江州。将行,哲宗问所欲言,对曰:"陛下今所复者,其政不能无是非,其人不能无贤否。政惟其是,则无不善;人惟其贤,则无不得矣。"

至郡数月而病去。其遗表略云:"土地已有余,愿抚以仁;财用非不饶，愿节以礼。佞人初若可悦，而其患在后；忠言初若可恶，而其利甚博。"至于恤河北流移，察江南水旱，凡数百言。朝廷方以枢密都丞旨命之而已卒，乃以告赐其家。年五十四。

汝砺读书为文，志于大者，言动取舍，必合于义，与人交，必尽诚敬。兄无子，为立后，官之。少时师事桐庐倪天隐，既死，并其母妻葬之，且衣食其女。同年生宋涣死，经理其后，不啻如子。所著《易义》、《诗义》、《诗文》凡五十卷。弟汝霖、汝方。

汝霖字岩老。第进士，以曾布荐，为秘书丞，擢殿中侍御史，由是附布。时绍述之论复兴，都水丞李夷行乞复诗赋，汝霖劾之。韩忠彦议权合祭，汝霖言其非礼。迁侍御史。门下侍郎李清臣与布异，布先讽江公望使击之，将处以谏议大夫，公望弗听。汝竟逐清臣，果得谏议。

鞫赵谂反狱，穷其党与。元祐祸再兴，吴材、王能甫排斥不已，汝霖言："诸人罪状，已经绍圣出削，案籍具在，但可据以行，不必俟指名弹击。"于是司马光以下复贬。布失位，汝霖罢知泰州，又谪濮州团练副使。后以显谟阁待制卒。

汝方字宜老。以汝砺荫为荥阳尉、临城主簿。汝砺卒，弃官归葬。丰稷留守南京，辟司录。宣和初，通判衢州，使者疏其治状，擢知州事。

方腊起睦之青溪，与衢接境。寇至，无兵可御，众望风奔溃。汝方独与其僚段约介守孤城，三日而陷，骂贼以死，年六十六。徽宗褒叹之，超赠龙图阁直学士、通议大夫，谥曰忠毅，官其家七人。

吴陶字元钧，成都人。蒋堂守蜀，延多士入学，亲程其文，尝得陶论，集诸生诵之，曰："此贾谊之文也。"陶时年十三，一坐皆惊。由是礼诸宾筵。一日，同游僧舍，共读寺碑，酒阑，堂索笔书碑十纸，行断句阙，以示陶曰："老夫不能尽忆，子为我足之。"陶书以献，不缪一字。

中进士第，调铜梁令。发庞氏姊妹三人冒隐幼弟田，弟壮，诉官不得直，贫至庸奴于人。及是又诉，陶一问，三人服罪。弟泣拜，愿以田半作佛事以报。陶晓之曰："三姊皆汝同气，方汝幼时，适为汝主之尔；不然亦为他人所欺。与其捐半供佛，曷若遗姊，复为兄弟顾不美乎？"弟又拜听命。

知太原寿阳县。府帅唐介辟签书判官，暇日促膝晤语，告以立朝事君大节，曰："君廊庙人也。"以介荐，应熙宁制科。时王安石从政，改新法，陶对策枚数其过，大略谓："贤良之旨，遣犯不贵隐。臣愚，敢忘斯义。陛下初即位，愿不惑理财之说，不间老成之谋，不兴疆场之事。陛下措意立法，自谓庶几尧、舜，然陛下之心如此，天下之论如彼，独不反而思之乎？"及奏第，神宗顾安石取卷读，读未半，神色颇沮。神宗觉之，使冯京竟读，谓其言有理。司马光、范镇见陶，皆曰："自安石用事，吾辈言不复效，不意君及此，平生闻望，在兹一举矣。"

安石既怒孔文仲，科亦随罢，陶虽入等，才通判蜀州。张商英为御史，请废永康军，下旁郡议，陶以为不可。及知彭州，威、茂夷入寇，陶召大姓潜具守备，城门启闭如平时，因以永康前议上于朝，军遂不废。

王中正为将，蜀道畏事之甚谨，而其所施悉谬盭，陶奏召还之。李杞、蒲宗闵来榷茶，西州骚动。陶言："川蜀产茶，视东南十不及一，诸路既皆通商，两川独蒙禁榷。茶园本是税地，均出赋租，自来敷卖以供衣食，盖与解盐、晋矾不同。今立法太严，取息太重，遂使良民枉陷刑辟，非陛下仁民爱物之意也。"宗闵怒，劾其沮败新法，责监怀安商税。或往吊之，陶曰："吾欲假外郡之虚名，救蜀民百万之实祸。幸而言行，所济多矣，敢有荣辱进退之念哉。"起知广安军，召为司门郎中。

元祐初，擢殿中侍御史，首献邪正之辨曰："君子小人之分辨，则王道可成，杂处于朝，则政体不纯。今蔡确、韩缜、张璪、章惇，在先朝，则与小人表里，为贼民害物之政，使人主德泽不能下流；在今日，则观望反覆，为异时子孙之计。安焘、李清臣又依阿其间，以司势之所在而归之。昔者负先帝，今日负陛下。愿亟加斥逐，以清朝廷。"于是数人相继罢去。

时议行差役，陶言："郡县风俗异制，民之贫富不均，当此更法之际，若不预设防禁，则民间虽无纳钱之劳，反有偏颇之害。莫若以新旧二法，裁量厥中。"会陶谒告归，诏于本道定议。陶考究精密，民以为便。还朝，遂正两路转运使李琮、蒲宗闵之罪；又奏十事，皆利害切于蜀者。

苏轼策馆职，为先光庭所论，轼亦乞补郡，争辨不已。陶言："台谏当徇至公，不可假借事权以报私隙，议者皆谓轼尝戏薄程颐，光庭乃其门人，故为报怨。夫欲加轼罪，何所不可，必指其策问以为讥谤，恐朋党之敝，自此起矣。"由是两置之。

陶与同列论张舜民事不合，傅尧俞、王岩叟攻之，太皇太后不纳，迁陶左谏议，继出为梓州、淮西、成都路转运副使。入拜右司郎中、起居舍人。大臣上殿，有乞屏左右及史官者，陶曰："屏左右已不可，况史官乎？大臣奏事而史官不得闻，是所言私也。"诏定为令。迁中书舍人。奉使契丹归，乞修边备。哲宗喜曰："臣僚言边事，惟及陕西，不及河北。殊不知河北有警，则十倍陕西矣！卿言甚善。"进给事中。

哲宗始亲政，陶言："太皇太后保佑九年，陛下所深知，尊而报之，惟恐不尽。然臣犹以无可疑为疑，不必言而言，万一有奸邪不正之谋，上惑渊听，谓某人宜复用，某事宜复行，此乃治乱安危之机，不可不察也。"俄以集贤院学士知陈州，徙河阳、潞州，例夺职，再贬库部员外郎，分司。徽宗立，复集贤殿修撰、知梓州，致仕。卒，年七十七。

张庭坚字才叔，广安军人。进士高第，调成都观察推官，为太学《春秋》博士。绍圣经废，通判汉州。入为枢密院编修文字，坐折简别邹浩免。徽宗召对，除著作佐郎，擢右正言。帝方锐意图治，进延忠鲠，庭坚与邹浩、龚夬、江公望、常安民、任伯雨在谏列，一时翕然称得人。

庭坚在职逾月，数上封事，其大要言："世之论孝，必曰绍复神考，然后谓孝。夫前后异宜，法亦随变，而欲纤悉必复，然则将敝于一偏，久必有不便于民而招怨者，如此而谓之孝，可乎？司马光因时变革，以便百姓，人心所归，不为无补于国家；陈瓘执义论诤，将以去小人，士论所推，不为无益于宫禁。乞尽复光赠典以悦人心，召还瓘言职以慰士论。又士大夫多以继志述事劝陛下者，臣恐必有营私之人，欲主其言以自售，谓复绍先烈非其徒不可，将假名继述，而实自肆焉。今远略之耗于内者，弃不以为守，则兵可息；特旨之重于法者，删不以为例，则刑可省。近以青唐反叛，弃善守湟。既以鄯为可弃，则区区之湟，亦安足守？臣谓并弃湟州便。"庭坚言论深切，退辄焚稿。

是时，议者往往指元祐旧臣在廷者太多。庭坚为帝言司马光、吕公著之贤，且曰："陛下践阼以来，合人心事甚众，惟夫邪正殊未差别。如光、公光、公著甄叙，但用赦恩，初未尝别其无罪也。"又荐苏轼、苏辙可用，颇忤旨，曾布因称其所论不当，帝命徙为郎，俄出为京东转运判官。任伯雨言庭坚立身有本末，不应罢言职。庭坚亦辞新命，改知汝州，又送吏部。伯寸复争之，乞以庭坚章付外，考其所言，毋使言者为三省所胁。李清臣从而挤之，改通判陈州。

初，蔡京守蜀，庭坚在幕府与相好。及京还朝，欲引以为己用，先令乡人谕意，主庭坚不肯往。京大恨，后遂列诸党籍。又坐尝谈瑶华非辜事，编管赣州，再徙鼎州、象州。久之，复故官。卒，年十七。绍兴初，诏赠直徽猷阁。

龚夬字彦和，瀛州人。清介自守，有重名。进士第三，签书河阳判官。从曾布于瀛。绍圣初，擢监察御史以亲老求通判相州，知洛州。

徽宗立，召拜殿中侍御史。始上殿，即抗疏请辨忠邪，曰："好恶未明，则人迷所向；忠邪未判，则众必疑。今圣政日新，远近忻悦，进退人材，皆出睿断，此甚盛之举也。然奸党既破，必将早夜执计，广为身谋。或遽革面以求自文，或申邪说以拒正论，或诡称祸福以动朝廷，或托言祖宗以胁人主。巧事贵戚，阴结左右，变乱是非，奸计百出，幸其既败复用，已去复留。君子直道而行，则必堕其术中。然则天下治忽，未可知也。故宜洞察忠邪，行之以决。若小不忍，则害大政。臣愿陛下明好恶以示之，使远近知进贤退奸之意，太平之治，不难致也。"又言："朝廷累下赦令，洗涤元祐愆负被坐之人，至于官职资荫，多未给还。愿申诏有司，亟为施行，以伸先帝宽仁之意。"

时章惇、蔡卞用事，夬首论其恶，大略以为："昔日丁谓当国，号为恣睢，然不过陷一寇准而已。及至于惇，而故老、元辅、侍从、台省之臣，凡天下之所谓贤者，一日之间，布满岭海，自有宋以来，未之闻也。当是时，惇之威势震于海内，此陛下所亲见。盖其立造不根之语，文致悖逆之罪，是以人人危惧，莫能自保，俾其朽骨衔冤于地下，子孙禁锢于炎荒，忠臣义士，愤闷而不敢言，海内之人，得以归怨先帝。其罪如此，尚何俟而不正典刑哉？卞事上不忠，怀奸深阻，凡惇所为，皆卞发之，为力居多。望采之至公，昭示谴黜。"

又论："蔡京治文及甫狱，本以偿报私仇，始则上诬宣仁，终则归咎先帝，必将族灭无辜，以逞其欲。臣料当时必有案牍章疏，可以见其锻炼附会。如方天若之凶邪，而京收置门下，赖其倾险，以为腹心，立起狂狱，多斥善士，天下冤之，皆京与天若为之也。愿考证其实，以正奸臣之罪。"于是三人者皆去。

又上疏乞正元祐后册位号，及元符后不当并立，书报闻。已而元祐后册再废，言者论夬首尾建言，诏削籍，编管房州。继徙象，又徙化。徒步适贬所，持扇乞钱以自给。逢赦令得归，政和元年卒，年五十五。绍兴元年，赠直龙图阁。六年，再赠右谏议大夫，官其后二人。

弟大壮，少有重名，清介自立。从兄官河阳，曾布欲见之，不可得,乃往谒夬,邀之出从容竟日,题诗壁间,有"得见两龚"之语。夬为御史,大壮劝使早去,夬以为畏友。不幸早卒。

孙谔字元忠,睢阳人。父文用,以信厚称乡里,死谥慈静居士。谔少挺特不群,为张方平所器。登进士第,调哲信主簿,选为国子直讲。陷虞蕃狱,免。

元祐初,起为太常博士,迁丞。哲宗卜后,太史惑阴阳拘忌之说,谔上疏太皇太后言:"家人委巷之语,不足以定大计,愿断自圣虑。"出为利、梓路转运判官,召拜礼部员外郎、左正言。

绍圣治元祐党,谔言:"汉、唐朋党之祸,其监不远。"塞序辰编类章疏,谔又言:"朝廷当示信,以静安天下,请如前诏书,一切勿问。"尝侍对,论星文变咎,愿修省消复,罢幸西池及寝内降除授。帝每患台乏人,谔曰:"士岂乏于世,顾陛下不知尔。"立疏可用者二十二人,章惇恶其拂己,出知广德军,徙唐州,提点湖南刑狱。

徽宗立,复为右司谏,首论大臣邪正、政事可废置因革者,帝称其鲠直。议者欲以群臣封事付外详定,谔言:"君不密则失臣,是将速忠臣之祸矣,不宜泄。"乃止。迁左司谏,俄以疾卒。

谔与彭汝砺以气节相尚,汝砺亡,谔语所知曰:"吾居言责,不愧器资于地下矣。"及再入谏省,不能旬月,时论惜之。

陈轩字元舆,建州建阳人。进士第二,授平江军节度推官。元祐中,为礼部郎中、徐王翊善,再迁中书舍人。上疏言:"祖宗旧制,诸道帅守、使者辞见之日,并召对便殿,非特可以周知利害,亦可观阅人才。今视朝数刻而退,惟执政大臣得在帝所,或经旬阅月,台谏官乃得觐,余皆无因而前,殆非所谓广览兼听之道。愿诏有司,使如故事。"又言:"所在巡检,招惰游恶少以隶土军,习暴横,为田野患,请使以厢卒代。"皆从之。高丽入贡,轩馆客,其使求市历代史、《策府元龟》,抄郏、卫曲谱,皆为上闻。礼部尚书苏轼劾其失体,以龙图阁待制知庐州,徙杭州、江宁颍昌府。

徽宗立，为兵部侍郎兼侍读。论监司、守臣数易之弊，如江、淮发运使，十五年间至更三十二人，愿稍久其任。又言："比更定役法，欲以宽民力，而有司生事，急切苟营赢羡。散青苗以抑兼并，拯难困，不当以散多予赏。"入侍经闱，每劝帝以治贵清净，愿法文、景之恭俭，帝颇听行之。加龙图阁直学士、知成都府，不行，改杭州、福州。卒，年八十四。

江公望字民表，睦州人。举进士。建中靖国元年，由太常博士拜左司谏。时御史中丞赵挺之与户部尚书王古用赦恩理逋欠，古多所蠲释，挺之劾古倾天下之财以为私惠。公望以为天子登极大赦，将与天下更始，故一切与民，岂容古行私惠于其间，乃上疏曰："人君所以知时政之利病、人臣忠邪，无若谏官、御史之为可信。若挟情肆诬，快私忿以罔上听，不可不察也。臣闻挺之与古论事每不相合，屡见于辞气，怀不平之心，有待而发，俚语有之，'私事官仇'，此小人之所不为，而挺之安为之，岂忠臣乎？"

又上疏曰："自哲宗有绍述之意，辅政非其人，以媚于己为同，忠于君为异。一语不合时学，必目为流俗；一谈不徉时事，必指为横议。借威柄以快私隙，必以乱君臣父子之名分感动人主，使天下骚然，泰陵不得尽继述之美。元祐人才，皆出于熙宁、元丰培养之余，遭绍圣窜逐之后，存者无几矣。神考与元祐之臣，其先非有射钩斩袪之隙也。先帝信仇人而黜之。陛下若立元祐为名，必有元丰、绍圣为之对，有对则争兴，争兴，则党复立矣。陛下改元诏旨，亦称思建皇极，盖尝端好恶以示人，本中和而立政，皇天后土，实闻斯言。今若欲渝之，奈皇天后土何？"

内苑稍畜珍离奇兽，公望力言非初政所宜。它日入对，帝曰："已纵遣之矣，唯一白鹇畜之久，终不肯去。"先是，帝以柱杖逐鹇，鹇不去，乃刻公望姓名于杖头，以识其谏。蔡王似府史以语言疑似成狱，公望极言论救，出知淮阳军。未几，召为左司员外郎，以直龙图阁知寿州。蔡京为政，编管南安军。遇赦还家，卒。建炎中，与陈瓘同赠右谏议大夫。

陈祐字纯益，仙井人。第进士。元符末，以吏部员外郎拜右正言。上疏徽宗曰：“有旨令臣与任伯雨论韩忠彦援引元祐臣僚事。按贾易、岑象求、丰稷、张来、黄庭坚、龚原、晁补之、刘唐老、李昭玘人才均可用，特迹近嫌疑而已。今若分别党类，天下之人，必且妄意陛下逐去元祐之臣，复兴绍圣政事。今绍圣人才比肩于朝，一切不问；元祐之人数十辄攻击不已，是朝廷之上，公然立党也。”

迁右司谏。言：“林希绍圣初掌书命，草吕大防、刘挚、苏辙、梁焘等制，皆务求合章惇之意。陛下顷用臣言褫其职，自大名移扬州，而希谢表具言皆出于先朝。大抵奸人诋毁善类，事成则摅己所愤，事败则归过于君。至如过失未形而训辞先具，安得为责人之实？历辨诋诬而上侵圣烈，安得为臣子之谊？不一二年，致位枢近，而希尚敢忿躁不平，谢章慢上不敬。此而可忍，孰可不忍！”希再降知舒州。又论章惇、蔡京、蔡卞、郝随、邓洵武，忤旨，通判滁州。卞乞贬伯雨等，祐在数中，编管沣州，徙归州。复承议郎，卒。

常安民字希古，邛州人。年十四，入太学，有俊名。熙宁以经取士，学翕然宗王氏，安民独不为变。春试，考第一，主司启封，见其年少，欲下之。判监常秩不可，曰：“糊名较艺，岂容辄易？”具以白王安石。安石称其文，命学者视以为准，由是名益盛。安石欲见之，不肯往，登六年进士举，神宗爱其策，将使魁多士。执政谓其不熟经学，列之第十。

授应天府军巡判官，选成都府教授。与安惇为同僚，惇深刻奸诈，尝偕谒府帅，辄毁素所厚善者。安民退谓惇曰：“若人不厚于君乎？何诋之深也。”惇曰：“吾心实恶之，姑以为面交尔。”安民曰：“君所谓匿怨而友其人，乃李林甫也。”惇笑曰：“直道还君，富贵输我。”安民应之曰：“处厚贵，天下事可知，我当归山林，岂复与君校是非邪！第恐累阴德尔。”后惇贵，遂陷安民，而惇子坐法诛死，如安民言。秩满寓京师。妻孙氏与蔡确之妻,兄弟也。确时为相,安民恶其人,绝不相闻。确夫人使招其妻,亦不往。

调知长洲县,以主信为治,人不忍欺。县故多盗,安民籍尝有犯者,书其衣,揭其门,约能得它盗乃除,盗为之息。追科不下吏,使发自输,先它邑以办。转运使许懋、孙昌龄入境,邑民颂其政,皆称为古良吏。元祐初,李常、孙觉、范百禄、苏轼、鲜于侁连章论荐,擢大理、鸿胪丞。

是时,元丰用事之臣,虽去朝廷,然其党分布中外,起私说以摇时政。安民窃忧之,贻书吕公著曰:“善观天下之势,犹良医之视疾,方安宁无事之时,语人曰‘其后必将有大忧’,则众必骇笑。惟识微见几之士,然后能逆知其渐。故不忧于可忧,而忧之于无足忧者,至忧也。今日天下之势,可为大忧。虽登进忠良,而不能搜致海内之英才,使皆萃于朝,以胜小人,恐端人正士,未得安枕而卧也。故去小人不为难,而胜小人为难。陈蕃、窦武协心同力,选用名贤,天下想望太平,然卒死曹节之手,遂成党锢之祸。张柬之五王中兴唐室,以谓庆流万世,及武三思一得志,至于窜移沦没。凡此者皆前世已然之祸也。今用贤如倚孤栋,拔士如转巨石,虽有奇特瑰卓之才,不得一行其志,甚可叹也。猛虎负嵎,莫之敢撄,而卒为人所胜者,人众而虎寡也。故以十人而制一虎则人胜,以一人而制十虎则虎胜,奈何以数十人而制千虎乎?今怨忿已积,一发其害必大,可谓大忧乎。”及章惇作相,其言遂验。

历太常博士,转为丞。与少卿朱光庭论不合,出为江西转运判官,不行,改宗正丞。苏辙荐为御史,宰相不乐,除开封府推官。绍圣初,召对,为哲宗言:“今日之患,莫大于士不知耻。愿陛下奖进廉洁有守之士,以厉风俗。元祐进言者,以熙丰为非,今之进言者反是,皆为偏论,愿公听并观,择其中而归于当。”拜监察御史。论章惇颛国植党,乞收主柄而抑其权,反复曲折,言之不置。惇遣所亲信语之曰:“君本以文学闻于时,奈何以言语自任与人为怨?少安静,当以左右相处。”安民正色斥之曰:“尔乃为时相游说邪?”惇益怒。

中官裴彦臣建慈云院，户部尚书蔡京深结之，强毁人居室。诉于朝，诏御史劾治。安民言：：事有情重而法轻者，中官豪横，与侍从官相交结，同为欺罔，此之奸状，恐非法之所能尽。愿重为降责，以肃百官。"狱具，惮主之甚力，止罚金。安民因论京："奸足以惑众，辨足以饰非，巧足以移夺人主之视听，力足以颠倒天下之是否。内结中官，外连朝士，一不附己，则诬以党于元祐；非先帝法，必挤之而后已。今在朝之臣，京党过半，陛下不可不早觉悟而逐去之。他日羽翼成就，悔无及矣。"是时，京之奸始萌芽，人多未测，独安民首发之。

又言："今大臣为绍述之说，皆借此名以报复私怨，朋附之流，遂从而和之。长商英在元祐时上吕公著诗求进，谀佞无耻，近乞毁司马光及公著神道碑。周秩为博士，亲定光谥为文正，近乃乞斫棺鞭尸。陛下察此辈之言，果出于公论乎？"章疏前后至数十百上，度终不能回，遂丐外，帝慰勉而已。

大飨明堂，刘贤妃从侍斋宫。安民以为万众观瞻，亏损圣德，语颇切直，帝微怒。曾布始以安民数憾章惇。意其附己，屡称之于朝。其后并论，帝布亦恨，于是与惇比而排之，及取其所贻吕公著书白于帝。它日，帝谓安民曰："卿所上宰相书，比朕为汉灵帝，何也？"安民曰："奸臣指擿臣言，推其世以文致臣尔，虽辨之，何益？"

董敦逸再为御史，欲劾苏轼兄弟，安民谓二苏负天下文章重望，恐不当尔。至是，敦逸奏之，诏与知军，惇径拟监滁州酒税。至滁，日亲细务。郡守曾肇约为山林之游，曰："谪官例不治事。"安民谢曰："食焉而怠其事，不可。"满三岁，通判温州。

徽宗立，朝论欲起为谏官，曾布沮之，以提点永兴军路刑狱。蔡京用事，入党籍，流落二十年，政和末，卒，年七十。建炎四年，赠右谏议大夫。子同，为御史中丞，自有传。

论曰：次升从容一言，止吕升卿之使岭南，大有功于元祐诸臣。师锡谓蔡京若用，天下治乱自是而分，惜其言不行于当时，而徒有验于其后。汝砺辨救蔡確，以直报怨。陶言榷茶为西南害，毅然触蒲、李之锋。庭坚论绍复未足以尽孝道。谔言世非乏士，患上不知，乃荐可用者二十有二人，号称鲠直，裨益尤多。轩力陈青苗贻害，愿以清前夕为治。祐击林希，且论惇、京、卞辈，斥死弗悔。公望谓神宗于元祐诸臣非有射钩斩祛之隙，而终不能移奸邪先入之言。夬击逐章惇、蔡京、蔡卞于外，亦足少泄四海臣民之愤；然京、卞既仆即起，已去复来，至于玷危不悟也。庸暗之主，可与言哉！安民人虎多少之喻，惴惴焉惧不足以胜小人。不幸而属奸相相继用事，在廷忠直之臣，动因事而斥去之，驯致靖康之祸，其所由来远矣。小人之得政，可畏夫！

宋史卷三四七
列传第一○六

孙鼛　吴时　李昭玘
吴师礼　王汉之　弟涣之　黄廉
朱服　张舜民　盛陶　章衡
颜复　孙升　韩川　龚鼎臣
郑穆　席旦　乔执中

　　孙鼛字叔静，钱塘人。父直言，徙扬之江都。鼛年十五，游太学，苏洵、滕甫称之。用父任，调武平尉，捕获名盗数十，谢赏不受。再调越州司法参军，守赵抃荐其材。知偃师县，蒲中优人诡僧服隐民间，以不语惑众，相传有异法，奔凑其门。鼛收按奸状，立伏辜。韩缜镇长安，辟入府；缜去，后来者仍挽之使留，居五年，签书西川判官。或荐于朝，召对，擢提举广东常平。徽宗初，徙两浙。由福建转运判官召为屯田员外。

　　鼛微时与蔡京善，常曰："蔡子，贵人也；然才不胜德，恐贻天下忧。"至是，京还朝，遇诸涂。既见，京逆谓曰："我若用于天子，愿助我。"鼛曰："公诚能谨守祖宗之法，以正论辅人主，示节俭以先百吏，而绝口不言兵，天下幸甚。鼛何为者。"京默然。既相，出提点江东刑狱。

　　未几，入为少府少监、户部郎中。县官用度无艺，鼛与尚书曾孝广、侍郎许几谋曰："日增一日，岁增一岁，天下之财岂能给哉？"共疏论之。当国者不乐，孝广、几由是罢，徙蘩开封。迁太仆卿、殿中少监。

四辅建，以显谟阁待制知曹州。论经始规画之劳，转太中大夫，徙郓州。邑人子为"草祭"之谣，指切蔡京。蘩以闻，京怒，使言者诬以它谤，提举鸿庆宫。起知单州，遂致仕。靖康二年卒，年八十六。赠银青光禄大夫，谥曰通靖。

蘩笃于行义，在广东时，苏轼谪居惠州，极意与周旋。二子娶晁补之、黄庭坚女，党事起，家人危惧，蘩一无所顾。时人称之。

吴时字伸道，邛州人。初举进士，得学究出身；再试，中甲科。知华州郑县，转运使檄州馈米五万输长安，郑独当三万。时贻书使者曰："会三万斛之费，以车则千五百乘，以卒则五万夫，县民可役者才二百五十八户耳。古者用师则赢粮以养兵，无事则移兵以就食，诚能移兵于华，则前费可免。华、雍相去百六十里，一旦欲用，朝发而夕至矣。"使者从其言。

陆师闵干秦、蜀茶马，辟为属。章棻欲以御史荐，力辞之。徽宗求言，远臣上章，封识多不能如式，有司悉却之，时建言，乃得达。为睦亲宅教授，提举永兴军路学事。华州诸生有触忌讳者，教授欲上之，曰："是间言语，皆臣子所不忍闻。"时即火其书，曰："臣子不忍闻，而令君父闻乎？"

召为工部员外郎，改礼部，兼辟雍司业。大观兴算学，议以黄帝为先师。时言："今祠祀圣祖，祝板书臣名，而释奠孔子，但列中祀。数学，六艺之一耳，当以何礼事之？"乃止。迁太仆少卿。

张商英罢相，言者指时为党，出知耀州，又降通判鼎州；未赴，提举河东常平。岁饥，发公粟以振民。童贯经略北方，每访以边事，辄不答。还为大晟典乐，擢中书舍人、给事中。内侍何䜣谪监衡州酒，犹领节度使，时奏夺之。

又因进对及取燕事，曰："祖宗盟血未乾，渝之必速乱。"蔡攸闻之,以告王黼,黼怒,斥为腐儒。时求去,以徽猷阁待制兼待读,俄提举上清太平宫。西归,遇其里人赵雍,为言:"取燕必召祸。吾老,得不遭其变,幸矣。"累岁而卒,年七十八。

时敏于为文,未尝属稿,落笔已就,两学目之曰"立地书厨"。

李昭玘字成季,济南人。少与晁补之齐名,为苏轼所知。擢进士第,徐州教授。守孙觉深礼之,每从容讲学及古人行己处世之要,相得欢甚。用李清臣荐,为秘书省正字、校书郎,加秘阁校理。

通判潞州,潞民死多不葬,昭玘斥官地,画兆窆,具棺衾,作文风晓之,俗为一变。入为秘书丞、开封推官,俄提点永兴、京西、京东路刑狱,坐元符党夺官。

徽宗立,召为右司员外郎,迁太常少卿。韩忠彦欲用为起居舍人,曾布持之,布使山陵,命始下。为陈次升所论,出知沧州。崇宁初,诏以昭玘尝倾摇先烈,每改元丰敕条,倡从宽之邪说,罢主管鸿庆宫,遂入党籍中。居闲十五年,自号乐静先生。寓意法书、图画,贮于十囊,命曰"燕游十友",为之序,以为:"与今之人友,或趋附而陷于祸。吾宁与十者友,久益有味也。"

初,昭玘校试高密,得侯蒙。蒙执政,思顾旧恩,使人致己意,昭玘唯求秘阁法帖而已。使陕西时,延安小将车吉者是被诬为盗,昭玘察知无它。吉后立战功,至皇城使,遇昭玘京师,拜于前曰:"感公生存之恩,愿以名马为献。"笑却之。晚知歙州,辞不行。靖康初,复以起居舍人召,而已卒。绍兴初,追复直徽猷阁

吴师礼字安仲,杭州钱塘人。太学上舍赐第,调泾县主簿,知天长县主簿,知天长县。召太学博士、秘书省正字,预饯邹浩,免。徽宗初,为开封府推官。蔡王似宫吏有不顺语,下之府,师礼主治。狱成,不使一词及王;吏虽有死者,亦不被以指斥罪。擢右司谏,改右司员外郎。

师礼工翰墨,帝尝访以字学,对曰:"陛下御极之初,当志其大

者,臣不敢以末伎对。"闻者奖其得体。以直秘阁知宿州,卒。

师礼游太学时,兄师仁为正,守《春秋》学。它学官有恶之者,条其疑问诸生,师礼悉以兄说对。学官怒,鸣鼓坐堂上,众质之,师礼引据《三传》,意气自如。江公望时在旁,心窃喜。后相遇于泌阳,公望谓曰:"子异日得志,当如何?"曰:"但为人作丰年耳。"遂定交。

师仁字坦求。笃学厉志,不事科举。丧亲,庐墓下,日倩旁寺僧造饭一钵以充饥,不复置庖爨及蓄僮仆。郡守陈襄、邓润甫、蒲宗孟皆以遗逸荐于朝。元祐初,如召为太学正,迁博士,十年无它除。后为颍川、吴王宫教授,卒。

王汉之字彦昭,衢州常山人。父介,举制科,以直闻,至秘阁校理。汉之进士甲科,调秀州司户参军,知金华、渑池二县,为鸿胪丞,知真州。时诏诸道经画财用上诸朝,汉之言:"所在无都籍,是以不能周知而校其登耗以待用。愿令郡县先置籍,总之诸道,则天下如指诸掌矣。"从之。入为开封府推官,历工、吏、礼三部员外郎,太常少卿。

蔡京置讲议司。汉之,其客也,引为参详官。擢礼部侍郎,转户部,以显谟阁待制知瀛州。言:"自何承矩规塘泺之地屯田,东达于海。其后又修保塞五州为堤道,备种所宜木至三百万本,此中国万世之利也。今浸失其道,愿讲行之。"雄州归信、容城灾,两输户请蠲税,吏不听。汉之言:"雄州规小利,失大体,万一契丹蠲之,为朝廷羞。"

徙江宁、河南府,不至,而为苏、潭、洪三州。召拜兵部侍郎,复以显谟阁直学士知成都,又不至,连徙五州,入为工部侍郎。奉使契丹,还,言其主不恤民政,而掊克荒淫,亡可跂而待也。徽宗悦,以知定州。久之,徙江宁。

方腊之乱,录奏报御捕功,加龙图阁直学士,又进延康殿学士。卒,年七十。弟涣之。

涣之字彦舟。未冠,擢上第,有司疑年未及铨格,特补武胜军节度推官。方新置学官，以为杭州教授，知颍上县。元祐中，为太学博士，校对黄本秘书。通判卫州，入编修《两朝鲁卫信录》。

徽宗立，以日食求言。涣之用大臣交荐召对，因言："求言非难，听之难；听之非难，察而用之难。今国家每下求言之诏，而下之报上，乃或不然，以指陈阙失为讪上，以阿谀佞谄为尊君，以论议趋时为国是，以可否相济为邪说。志士仁人知言之无益也，不复有言，而小人肆为诡谲可骇之论，苟容偷合，愿陛下虚心公听，言无逆逊，唯是之从；事无今昔，唯当为贵；人无同异，唯正是用。则人心说，治道成，天意行矣。"帝欣然延纳，欲任以谏官、御史。辞曰："臣由大臣荐，不可以居是官。"乃拜吏部员外郎，迁左司员外郎、起居舍人，擢中书舍人。趋省之日，词头三十三，下笔即就。

崇宁初，进给事中、吏部侍郎，以宝文阁待制知广州。言者论涣之当元祐之末，与陈瓘、龚夬、张庭坚游，既弃于绍圣，而今复之，有害初政。解职知舒州，入党籍。寻知福州，未至，复徙广州。蕃客杀奴，市舶使据旧比，止送其长杖笞，涣之不可，论如法。

召诣阙，言者复拾故语以沮之，罢为洪州。改滁州，历潭、杭、扬三州。张商英相，为给事中、吏部侍郎。商英去，亦出守。越八年，知中山府，加宝文阁直学士。朝廷议北伐，涣之以疾提举明道宫。又四年卒，年四十五。

涣之性淡泊，恬于仕进，每云："乘车常以颠坠处之，乘舟常以覆溺处之，仕宦常以不遇处之，则无事矣。"其时趣如此。

黄廉字夷仲，洪州分宁人。第进士，历州县。熙宁初，或荐之王安石。安石与之言，问免役事，廉据旧法以对，甚悉。安石曰："是必能办新法。"白神宗，召访时务，对曰："陛下意在便民，法非不良也，而吏非其人。朝廷立法之意则一，而四方推奉，纷然不同，所以法行而民病，陛下不尽察也。河朔被水，河南、齐、晋早，淮、浙飞蝗，江南疫疠，陛下不尽知也。"帝即命廉体量振济东道，除司农丞。还报合旨，擢利州路囤运判官，复丞司农。

为监察御史里行,建言:"成天下之务,莫急于人才,愿令两制近臣及转运使各得举士。"诏各荐一人。继言:"寒远下僚,既得名闻于上,愿令中书审其能而表用,则急才之诏,不虚行于天下矣。"又言:"比年水旱,民蒙支贷倚阁之恩,今幸岁丰,有司悉当举催。久饥初稔,累给并偿,是使民遇丰年而思歉岁也,请令诸道以渐督取之。"

论俞充结王中正致宰属,并言中正任使太重。帝曰:"人才盖无类,顾驾御之何如耳。"对曰:"虽然,臣虑渐不可长也。"

河决曹村,坏田三十万顷、民庐舍三十八万家。受诏安抚京东,发廪振饥,远不能至者,分遣吏移给,择高地作舍以居民,流民过所毋征算,转行者赋粮,质私牛而与之钱,养男女弃于道者,丁壮则役其力,凡所活二十五万。

相州狱起,邓温伯、上官均论其冤,得谴去,诏廉诘之,竟不能正。未几狱成,始悔之。加集贤校理,提点河东刑狱。

辽人求代北地,廉言:"分水画境,失中国险固,启豺狼心。"其后契丹果包取两不耕地,下临雁门,父老以为恨。王中正发西兵,用一而调二,转运使又附益之,廉曰:"民膏剥削至骨,斟酌不乏兴,足矣!忍自竭根本邪?"即奏云:"师必无功,盖有以善其后?"既,大军溃归,中正嫁罪于转饷。廉诣上党对理,坐贬秩。

元祐元年,召为户部郎中,陆师闵茶法为川、陕害,遣廉使蜀按察,至则奏罢其泰甚者。且言:"前所为诚病民,若悉以予之,则边计不集,蜀货不通,园圃将受其敝。请榷熙、秦茶勿改,而许东路通商;禁南茶毋入陕西,以利蜀货。定博马岁额为万八千匹。"朝廷可其议,使以直秘阁提举。

明年,还,为左司郎中,迁起居郎、集贤殿修撰、枢密都承旨。上官均论其往附蔡确为狱,改陕西都转运使。拜给事中,卒,年五十九。

朱服字行中,湖州乌程人。熙宁进士甲科,以淮南节度推官充修撰、经义局检讨,历国子直讲、秘阁校理。元丰中,擢监察御史里行。参知政事章惇遣所善袁默、周之道见服,道荐引意以市恩,服举效之。惇补郡,免默、之道官。

受诏治朱明之狱。故事,制狱许上殿,非本章所云者皆取旨。服论其非是,罢之。俄知谏院,迁国子司业、起居舍人,以直龙图阁知润州,徙泉、婺、宁、庐、寿五州。庐人饥,守便宜振护,全活十余万口。明年大疫,又课医持善药分拯之,赖以安者甚众。

当元祐时,未尝一日在朝廷,不能无少望。值绍圣初政,因表贺,乃力底变乱法度之故。召为中书舍人。使辽,未反而母死,诏以其有贫,赐帛三百,丧除,拜礼部侍郎。湖州守马城言其居丧疏几筵而独处它室,谪知莱州。

徽宗即位,加集贤殿修撰,再为庐州;越两月,徙广州。哲宗既祥,服赋诗有"孤臣正泣龙髯草"之语,为部使者所上,黜知袁州。又坐与苏轼游,贬海州团练副使,蕲州安置。改兴国军,卒。

张舜发字芸叟,邠州人。中进士第,为襄乐令。王安石倡新法,舜民上书言:"裕民所以穷民,强内所以弱内,辟国所以蹙国。以堂堂之天下,而与小发争利,可耻也。"时人壮之。元丰中,朝廷讨西夏,陈留县五路出兵,环庆帅高遵裕辟掌机宜文字。王师无功,舜发在灵武诗有"白骨似沙沙似雪",及官军斫受降城柳为薪之句,坐谪监邕州盐米仓;又追赴鄜延诏狱,改监郴州酒税。

会赦北还,司马光荐其才气秀异,刚直敢言,以馆阁校勘为监察御史。上疏论西夏强臣争权,不宜加以爵命,当兴师问罪,因及文彦博,左迁监登闻鼓院。台谏交章乞还职,不听。通判虢州,提点秦凤刑狱。召拜殿中侍御史,固辞,改金部员外郎。进秘书少监,使辽,加直秘阁、陕西转运使,知陕、潭、青三州。元符中,罢职付东铨,以为坊州、凤翔,皆不赴。

徽宗立,擢右谏议大夫,居职才七日,所上事已六十章。陈陕西之弊曰:"以庸将而御老师,役饥民而争旷土。"极论河朔之困,言多削峭。徙吏部侍郎，旋以龙图阁待制知定州，改同州。坐元祐党，谪楚州团练副使，商州安置。复集贤殿修撰，卒。

舜民慷慨喜论事，善为文，自号浮休居士。其使辽也，见其太孙禧好音乐、美姝、名茶、古画，以为他日必有如唐张义潮挈十三州来归者，不四十年当见之。后如其言。绍兴中，追赠宝文阁直学士。

盛陶字仲叔，郑州人。第进士。熙宁中，为监察御史。神宗问河北事，对曰："朝廷以便民省役，议废郡县，诚便。然沿边地相属，如北平至海不过五百里，其间列城十五，祖宗之意固有所在，愿仍旧贯。"庆州李复圭轻敌败国，程昉开河无功，籍水政以扰州县，皆疏其过。二人实王安石所主，陶不少屈，出签书随州判官。

久之，入为太常博士、考功员外郎、工部右司郎中，至侍御史。陈官冗之敝，谓恩泽举人，宜取嘉祐、治平之制；选人改官，宜准熙宁、元丰之法。谏官刘安世等攻蔡确为谤诗，陶曰："确以弟硕有罪，但坐罢职，不应怀恨。注释诗语，近于捃摭，不可以长告讦之风。"安世疏言："陶居风宪地，目睹无礼于君亲之人，而附会观望，纪纲何赖。"出知汝州，徙音州，召为太常少卿。

议合祭天地，请从先帝北郊之旨；既而合祭，陶即奉行，亦不复辨执也。进权礼部侍郎、中书舍人，以龙图阁待制知应天府、顺昌府、瀛州。元符中，例夺职，卒，年六十七。

论曰：王氏、章、蔡之当国也，士大夫知拂之心斥，附之必进也，而孙鼛正言蔡京不肯为之助；吴时却童贯，忤王黼，乃幸于罢归；昭玘辞侯蒙之延致；朱服发章惇之荐引；舜民诋新法；而盛陶不屈于安石：其大节皆可取。独汉之为京客，黄廉附蔡确狱，有愧鼛等多矣。《易》曰："介于石，不终日，贞吉。"故君子贵乎知几。

章衡字子平，浦城人。嘉祐二年，进士第一，通判湖州，直集贤院，改盐铁判官，同修起居注。物有挂空籍者，奏请蠲之。又言："三司经费，取领而无多寡，率不预知。急则敛用于民，仓卒趣迫，故苦其难供。愿敕三部判官，簿正其数，即有所赋，先期下之，使公私皆济。"三司使忌其能，出知汝州、颍州。

熙宁初，还判太常寺。建言："自唐开元纂礼书，以'国恤'一章为豫凶事，删而去之。故不幸遇事，则捃摭坠残，茫恍所据。今宜为《厚陵集礼》，以贻万世。"从之。

出知郑州，奏罢原武监，弛牧地四千二百顷以予民。复判太常，知审官西院。使辽，燕射连发破的，辽以为文武兼备，待之异于他使。归复命，言辽境无备，因此时可复山后八州。不听。

衡患学者不知古今，纂历代帝系，名曰《编年通载》，神宗览而善之，谓可冠冕诸史；且念其尝先多士，进用独后，而赐三品服。判吏部流内铨，尝有员阙，既拟注，而三班院辄用之，反讼事部。宰相主其说，衡连奏疏与之辨。或曰宰相之势，恐不可深校，衡不为止，至诉于御前。神宗命内侍偕至中书，宰相见之怒，衡曰："衡为朝廷法耳。"以壮上请而视之，相悟曰："若尔，吏部是矣。"乃罪三班。

未几，知通进银台司、直舍人院，拜宝文阁待制、知澶州。神宗曰："卿为仁宗朝魁甲，宝文藏御集之处，未始除人，今以之处卿。"衡拜谢。至郡，会官立法禁民贩盐，衡言："民恃盐以生，生之所在，虽犯法不顾。空令犴狱日繁，请如故便。"徙知成德军，坐事免。

元祐中，历秀、襄、河阳、曹、苏州，加集贤院学士，复以待制知扬、庐、宣、颍州，卒，七十五。

颜复字长道，鲁人，颜子四十八世孙也。父太初，以名儒为国子监直讲，出为临晋簿。嘉祐中，诏郡国敦访遗逸，京东以复言。凡试于中书者二十有二人，考官欧阳修奏复第一。赐进士，为校书郎，知永宁县。熙宁中，为国子直讲。王安石更学法，取士率以己意，使常秩等校诸直讲所出题及所考卷，定其优劣，复等五人皆罢。

元祐初，召为太常博士。建言："士发礼制不立，下无矜式。请令礼官会萃古今典范为五礼书。又请考正祀典，凡干谶纬曲学、污

条陋制、道流醮谢、术家厌胜之法，一切芟去。俾大小群祀尽合圣人
之经，为后世法。”迁礼部员外郎。孔宗翰请尊奉孔子祠，复因上五
议，欲专其祠飨，优其田禄，蠲其庙干，司其法则，训其子孙。朝廷多
从之。

　　兼崇政殿说书，进起居舍人兼侍讲，转起居郎。请择经行之儒，
补诸县教官；凡学者考其志业，不由教官荐，不得与贡举、升太学。
拜中书舍人兼国子监祭酒。言：“太学诸生，有诱进之法，独教官未
尝旌别，似非严师劝士之道。”未逾年，以疾改天章阁待制，未拜而
卒，年五十七。王岩叟等言复学行超特，且加优赗，诏赐钱五十万。
子岐，建炎中为门下侍郎。

　　孙升字君孚，高邮人。第进士，签书泰州判官。哲宗立，为监察
御史。朝廷更法度，逐奸邪，升多所建明。尝上疏曰：“自二圣临御，
登用正人，天下所谓忠信端良之士，豪杰俊伟之材，俱收并用，近世
得贤之盛，未有如今日者，君子日进而小人日退，正道日长而邪慝
日消，在廷济济有成周之风，此首开言路之效也。愿于耳之臣，论议
之际，置党附之疑，杜小人之隙；疑间一开，则言者不安其职矣。言
者不安其职，则循默之风炽，而壅蔽之患生，非朝廷之福也。”迁殿
中侍御史。

　　梁焘责张问，升从而击之，执政指为附焘，出知济州。逾年，提
点京西刑狱，召为金部员外郎，复拜殿中侍御史，进侍御史。时翰林
承旨邓温伯为台臣所攻，升与贾易论之尤力。谓草蔡确制，称其定
策功比汉周勃，欺天负国，岂宜亲承密命？不报。由起居郎擢中书
舍人，直学士院，以天章阁待制知应天府。董敦逸、黄廷基摭升过，
改集贤院学士。

　　绍圣初，翟思、张商英又劾之，削职，知房州，归州，贬水部员外
郎，分司；又贬果州团练副使，汀州安置。卒，年六十二。

　　升在元祐初，尝言：“王安石擅名世之学，为一代文宗。及进居
大位，出其私智，以盖天下之聪明，遂为大害。今苏轼文章学问，中

外所服,然德业器职,有所不足。为翰林学士,已极其任矣;若使辅佐经纶,愿以安石为戒。"世讥其失言。

韩川字元伯,陕人。进士上第,历开封府推官。元祐初,用刘挚荐,为监察御史。极论市易之害,以为:"虽曰平均物直,而其实不免𢴅交以取利,就使有获,尚不可为,况所获不所亡,果何事也? 愿量留官吏,与之期,使趣罢此法。"从之。

迁殿中侍御中史。疏言:"朝廷于人才,常欲推至公以博采,及其弊也,则几于利权势而抑孤寒;常欲收勤绩以赴用,要其终也,则莫不收虚名而废实效。近制太中大夫以上岁举守臣,遇大州阙,则选诸所表;他虽考课上等,皆莫得预。推原旨意,固欲得人。然所谓太中大夫以上,率在京师,唯驰鹜请求者,得之为多;至于淹历郡县治状应法者,顾出其下,则是谨身修洁之人,不若营求一章之速化也。"于是诏吏部更立法。

张舜民论西夏事,乞停封册,朝廷以为开边隙,罢其御史。梁焘等为舜民争之。川与吕陶、上官均谓舜民之言,实不可行。焘等去,川亦改太常少卿,不拜,加集贤校理、知颍州。还为侍御史、枢密都承旨,进中书舍人、吏、礼二部侍郎,以龙图阁等制复守颍,徙虢州。与孙升同受责,由坊州、郓州贬屯田员外郎,分司,岷州团练副使,道州安置。徽宗立,得故官,知青、襄二州,卒。

龚鼎臣字辅之,郓之须城人。父诱衷,武陵令。鼎臣幼孤自立,景祐元年第进士,为平阴主簿,疏泄潴水,得良田数百千顷,调孟州司法参军,以荐,为泰宁军节度掌书记。

徂徕石介死,谗者谓介北走辽,诏究兖州劾状。郡守杜衍会问,掾属莫对,鼎臣独曰:"介宁有是,愿以阖门证其死。"衍探怀出奏稿示之,曰:"吾既保介矣,君年少见义如是,未可量也。"举为秘书省著作佐郎、知莱芜县。大臣荐试馆职,坐与石介善,不召。徙知濮阳县,转秘书丞。丁母忧,服除,知安丘县。以贤良方正召试秘阁,转太常博士，赐五品服，知渠州。渠故僻陋无学者，鼎臣请于朝，建庙学，选邑子为生，日讲说，立课肄法，人大劝，始有登科者。郡人绘像事之。

召入编校史馆书籍，转都官，擢起居舍人、同知谏院。岁冬旱，将锡春宴，鼎臣曰："旱菑太甚，非君臣同乐之时，请罢宴以答天戒。"日当食，阴云不见，鼎臣曰："阳精既亏，四方必见，为异益大，愿精思力行，进贤远佞，以应皇极。"又论内侍都知邓保信罪状，不应出入禁中；苏安静年未五十，不应超押班；妃嫔赠三代，僭后礼；董淑妃赐谥，非是；凡大礼赦，请准太平兴国诏书，前期下禁约，后有犯不原，以杜指赦为奸者，宜著为令；开封三司于法外断狱，朝廷多风徇其请，愿先付中书审画。仁宗悉从之。

寻兼管勾国子监，判登闻检院，详定宽恤民力奏议。淮南灾，以鼎臣体量安抚，蠲逋振贷，全活甚众。为辽正旦使，鼎臣奏："景德中，辽犯淄、青，臣祖母、兄、姊皆见略，义不忍往。"许之，仍诏后子孙并免行焉。

俄拜户部员外郎兼侍御史知杂事，赐三品服。转吏、礼二部郎中。论宗室宜岁试补外官，请汰滥官冗兵，蕃财用，禁奢靡。连劾薛向奸暴，鬻盐、市马皆罔上。英宗登位，屡乞延访臣下，亲决国事。上疏劝皇太后早还政；及卷帘而御玺未复，又极论。谓昭陵宜俭葬，景灵神御殿不宜增侈，以彰先帝恭德。鼎臣在言路累岁，阔略细故，至大事，无所顾忌。然其言优游和平，不为峻激，使人主易听，退亦未尝语人，故其事多施行。

改集贤殿修撰、知应天府，徙江宁。召还，判太常寺兼礼仪事。神宗即位，判吏部流内铨、太常寺。选人得官待班谢辞，率皆留滞。鼎臣奏易为门谢辞，其便之。明堂议侑帝，或云以真宗，或云以仁宗。鼎臣曰："严父莫大于配天，未闻以祖也。"乃奉英宗配。王安石侍讲，欲赐坐。事下礼官，鼎臣言不可，安石不悦。求补外，知兖州。

是时，诸道方田使者希功赏，概取税虚额及尝所蠲者，加旧籍以病民。鼎臣独按籍差次为十等，一无所增，兖人德之。改吏部，提举西京崇福宫。复判太常寺，留守南京。陛辞，神宗顾语移晷，喜曰：

"人言卿老不任事,精明乃尔,行且用卿矣。"

时河决曹村,流殍满野,鼎臣劳来振拊,归者不胜计。拜谏议大夫、京东东路安抚使、知青州,改太中大夫,请老,提举亳州太清宫。寻以正议大夫致仕,年七十七,元祐元年卒。

郑穆字闳中,福州候官人。性醇谨好学,读书至忘栉沐,进退容止必以礼。门人千数与陈襄、陈烈、周希孟友,号"四先生"。举进士,四冠乡书,遂登第,为寿安主簿。召为国子监直讲,除编校集贤院书籍。岁满,为馆阁校勘,积官太常博士。乞纳一秩,先南郊追封考妣,从之。改集贤校理,求外补,通判汾州。

熙宁三年,召为岐王侍讲。嘉王出阁,改诸王侍讲,府僚阙员,御史陈襄请择人,神宗曰:"如郑穆德行,乃宜左右王者。"凡居馆阁三十年,而在王邸一纪,非公事不主执政之门。讲说有法,可为劝戒者,必反复捃诵,岐、嘉二王咸敬礼焉。

元丰三年,出知越州,加朝散大夫。先是,鉴湖旱干,民因田其中,延袤百里,官籍而税之。既而连年水溢,民通官租积万缗,穆奏免之。未满告老,管勾杭州洞霄宫。

元祐初,召拜国子祭酒。每讲益,无问寒暑,虽童子必朝服廷接,以礼送迎。诸生皆尊其经术,服其教训。故人张景晟者死,遗白金五百两,托其孤,穆曰:"恤孤,吾事也,金于何有?"反金而收其子,长之。三年,扬王、荆王请为侍讲,罢祭酒,除直集贤院,复入王府。荆王颢,为扬王翊善。太学生乞为师,复除祭酒,兼徐王翊善。四年,拜给事中兼祭酒;五年,除宝文阁待制,仍祭酒。

六年,请老,提举洞霄宫,敕过门下,给事中范祖禹言:"穆虽年出七十,精力尚强。古者大夫七十而致仕,有不得谢,则赐之几杖。祭酒居师资之地,正宜处老成,愿毋轻听其去。"不报。太学之士数千人,以状诣司业,又诣宰相请留,亦不从。于是公卿大夫各为诗赠其行。空学出祖汴东门外,都人观者如堵,欢未尝见。明年卒,年七十五。子璆,军事推官。

　　席旦字晋仲,河南人。七岁能诗,尝登沉黎岭,得句警拔,观者惊异。元丰中,举进士,礼部不奏名。时方求边功,旦诣阙上书言:"战胜易,守胜难,知所以得之,必知所以守之。"神宗嘉纳,令廷试赐第。历齐州司法参军、郑州河阳教授、敕令所删定官。

　　徽宗召对,擢右正言,迁右司谏。御史中丞钱遹率同列请废元祐皇后而册刘氏为太后,旦面质为不可,遹劾旦阴佐元祐之政,左转吏部员外郎。改太常少卿,迁中书舍人、给事中,数建殿中省,命为监,俄拜御史中丞兼侍讲。

　　内侍郝随骄横,旦劾罢之,都人诵其直。帝以其章有"媚惑先帝"之语,嫌为指斥,旋改吏部侍郎,以显谟阁待制知宣州。召为户部侍郎,还吏部。郝随复入侍,乃以羔谟阁直学士知成都府。

　　自赵谂以狂谋诛后,蜀数有妖言,议者遂言蜀土习乱。或导旦治以峻猛,旦政和平,徙郑州。入见,言:"蜀人性善柔,自古称兵背叛,皆非其土俗。愿勿为虑。"遂言:"蜀用铁钱,以其艰于围移,故权以楮券,而有司冀赢羡,为之益多,使民不敢信。"帝曰:"朕为卿损数百万虚券,而别给缗钱与本业,可乎?"对曰:"陛下幸加惠远民,不爱重费以救敝法,此古圣王用心也。"自是钱引稍仍故。

　　坐进对淹留,黜知滁州。久之,帝思其治蜀功,复知成都。朝廷开西南夷,黎州守诣幕府白事,言云南大理国求入朝献,旦引唐南诏为蜀患,拒却之。已而威州守焦才叔言,欲诱保、霸二州内附。旦上章劾才督为奸利敛困诸蕃之状,宰相不悦,代以庞恭孙,而徙旦永兴。恭孙俄罪去,加旦述古殿直学士,复知成都,时郅永寿、汤延俊纳土,枢密院用以诘旦,旦曰:"吾以为朝廷悔开疆之祸,今犹自若邪?"力辞之。卒于长安,年六十二,赠太中大夫。

　　旦立朝无所附徇,第为中丞时,蔡王似方以疑就第,旦纠其私出府,请推治官吏,议者哂之。子益,字大光,绍兴初,参知政事。

　　乔执中字希圣,高邮人。入太学,补《五经》讲书,五年不谒告。

王安石为群牧判官,见而器之,命子弟与之游。擢进士,调须城主簿。时河役大兴,部役者不得人,一夕,噪而溃,因致大狱。执中往代,终帖然。富民赂吏,将创桥所居以罔市利,执中疏其害,使者入吏言使成之,执中曰:“官可去,桥不可创也。”卒不能夺。

王安石为政,引执中编修《熙宁条例》,选提举湖南常平。章惇讨五溪,檄执中取大田、离子旱峒。峒路险绝,期迫,执中但走一校谕其酋,即相率归命。录功当迁秩,辞以及父母。

就徙转运判官,召为司农丞、提点开封县镇。诸县牧地,民耕岁久,议者将取之,当夷拓墓,伐桑柘,万家相聚而泣。执中请于朝,神宗诏复予民。改提点京西北路刑狱。时河决广武,埽危甚,相聚莫敢登,执中不顾,立其上,众随之如蚁附,不日埽成。

元祐初,为吏部郎中,请选人由县令、录事参军致仕者,升朝籍,得封其亲。兼徐王府侍进、翊痒,迁起居舍人、专起居郎,权给事中。有司以天下谳狱失出入者同坐,执中驳之曰:“先王重入矰轻出,恤刑之至也。今一旦均之,恐自是法吏不复肯与生比,非好生洽民之意也。”进中书舍人。邢恕遇赦甄复,执中言:“恕深结蔡确,鼓唱扇摇,今复其官,惧疑中外。”迁给事中、刑部侍郎。

绍圣初,上官均擿执中为吕大防所用,以宝文阁待制知郓州。执中宽厚有仁心,屡典刑狱,雪活以百数。明年,梦神人畀以骑都尉,诘旦为客言之,少焉,谈笑而逝,年六十三。

论曰:宋之人才,自祖宗涵养,至于中叶,盛矣。颜复、郑穆醇然儒者,宜居师表。龚鼎臣、乔执中始终不俞厥守,岂易得哉。章衡欲复山后八州,为国启衅;孙开以苏轼比王安石为人;韩川诋张舜民之言不可行;席旦以蔡王见疑,因而挤之。然瑕不掩瑜,它善盖亦有可称者。古称“才难不其然”者,其斯之谓欤?

宋史卷三四八
列传第一○七

傅楫　沈畸 萧服附 **徐勣**
张汝明　黄葆光　石公弼
张克公附 **毛注　洪彦升　钟传**
陶节夫　毛渐　王祖道
张庄　赵遹

　　傅楫字元通,兴化军仙游人。少自刻厉,从孙觉、陈襄学。第进士,调扬州司户参军,摄天长令,发掘隐伏,奸猾屏迹。转福清丞,知龙泉县。孙觉为御史中丞,语之曰:"朝廷欲用君,盍少留!"楫曰:"仕宦所以乐居中者,免外台督责耳。今俯首权门,与外台奚择?且外官,己所当得也。"遂去不顾。

　　道除太学博士,居四年,未尝一迹大臣门。既满,径赴铨曹。楫丞福清时,受知郡守曾巩,巩弟布方执政,由是荐为太常博士。徽宗以端王就资善堂学,择师傅为说书,升楫记室参军,进侍讲、翊善。中人莅事于府者,多与宫僚狎,楫独漠然不可亲,一府严惮之。五年不迁。邹浩得罪贬,楫以赆行免官。

　　徽宗即位,召为司封员外郎,历监察御史、国子司业、起居郎,拜中书舍人。时曾布当国,自以于楫有汲引恩,冀为之用。楫略无所倾下,凡命令有不当,用人有未厌,悉极论之,虽屡却不为夺,布大失望。帝以旧学故，多所延访，楫每以遵祖宗法度、安静自然为言。他日，李清臣劝帝清心省事，帝曰："近臣中唯傅楫尝道此。"

楫在朝岁余，见时事浸异，窃叹曰："祸其始此乎！"闻者甚之，楫笑曰："后当信吾言。"遂上疏丐去，以龙图待制知博州。卒，年六十一。帝念其藩邸旧臣，赐绢三百疋。

沈畸字德侔，湖州德清人。第进士，历官州县。崇宁中，为尚书议礼局编修官，召对，擢监察御史。畸至台，欲有所论建，而六察无言事法，乃诣匦上十事，言花石扰民，土木弊国，冗费多，恩泽滥，议论异同，下情暌隔。其论当十、夹锡钱最为剀当，略曰："小钱之便于民，久矣。古者军兴用乏，或以一当百，至于当千，此权时之术，非可行于无事之世。今当十之议，固足纾目前，然使游手鼓铸，无故有倍称之息，何惮而不为？虽日加断斩，势不可止。恐未能期岁，东南小钱轻，钱轻则物重，物重则民愈困，此盗贼所由起也。陕西旧无铜钱，故以夹锡为贵，一切改铸，则犹前日铁钱耳。今东南方私铸，又将使西北效之，是导民犯法也。"

进殿中侍御史。尝经国子监门，有小内侍从数骑绝道突过，驺卒追问不为止，台檄诸司捕之不获。畸曰："风宪之地，可但已乎？"入言之，徽宗下内省迹治，竟抵罪。

蔡京兴苏州钱狱，欲陷章綖兄弟，遣开封尹李孝寿、御史张茂直鞫之。株逮至千百，强抑使承盗铸罪，死者甚众，京犹以为缓。帝独意其非辜，遣畸及御史萧服往代。京将啖以显仕，白为左正言，又擢侍御史。畸至苏，即日决释无左证者七百人，叹曰："为天子耳目司，而可傅会权要，杀人以苟富贵乎？"遂阅实平反以闻。京大怒，削畸三秩，贬监信州酒税，未几，卒。既而狱事竟，复羁管明州。使者持敕至家，将发棺验实，畸子浚泣诉，乃止。建炎初，赠龙图阁直学士。浚官至右正言。

萧服字昭甫，庐陵人。第进士，调望江令，治以教化为本。访古迹,得王祥卧冰池、孟宗泣笋台,皆为筑亭。又刻唐县令鞠信陵文于石,俾民知所向。已而邑人朱氏女刲股愈母疾,人颂传之,以为治化所致。知高安县,尉获凶盗,狱具矣,服审其辞,疑之,且视其刀室不与刃合,顷之而杀人者得,囚盖平民也。徙知康州,未行,改亲贤宅教授。提举淮西常平,召为将作少监。

以使事得入对,论人主听言之要,以谓唐、虞盛世,犹畏巧言而埋谗说。缅缅数百言,徽宗谓有争臣风,擢监察御史。奉诏作《崇宁备官记》,帝称善,诏辅臣曰:"服文辞劲丽,宜居翰苑。朕爱其鲠谔,顾台谏中何可阙此人?"俄偕沈畸使鞠狱,坐羁管处州,逾岁得归。张商英当国,引为吏部员外郎。送辽使,得疾于道,遂致仕。既愈,还旧职,以父老,得请知蕲州。卒,年五十六。

徐勣字元功,宣州南陵人。举进士,调吴江尉,选桂州教授。王师讨交趾,转运使檄勣从军。饷路瘴险,民当役者多避匿,捕得千余人,使者使勣杖之,勣曰:"是固有罪,然皆饥羸病乏,不足胜杖,姑涅臂以戒,亦可已。"使者怒,欲并劾勣,勣力争不变,使者不能夺。郭逵宿留不进,勣谓副使赵离曰:"师出淹时,而主帅无讨贼意,何由成功?"因具蛮人情状疏于朝,谓断者人主之利器,今诸将首鼠不进,惟断自上意而已。既而逵、勣果皆以无功贬。

舒亶闻其名,将以御史荐,勣恶亶为人,辞不答。求知建平县,入为诸王宫教授,通判通州。濒海有捍堤,废不治,岁苦漂溺。勣躬督防卒护筑之,堤成,民赖其利。复教授广陵、申王院,改诸王府记室参军。哲宗见其文,谕奖之,欲俟满岁以为左右史,未及用。

徽宗立,擢宝文阁待制兼侍讲,迁中书舍人,修《神宗史》。时绍圣党与尚在朝,人怀异意,以沮新政。帝谓勣曰:"朕每听臣僚进对,非诈则谀;惟卿鲠正,朕所倚赖。"因论择相之难,云已召范纯仁、韩忠彦。勣顿首贺曰:"得人矣!"诏与蔡京同校《五朝宝训》。勣不肯与京联职,固辞;奏京之恶,引卢杞为喻。迁给事中、翰林学士。上疏陈六事:曰时要,曰任贤,曰求谏,曰选用,曰破朋党,曰明功罪。

　　国史久不成，勣言："《神宗正史》，今更五闰矣，未能成书。盖由元祐、绍圣史臣好恶不同，范祖禹等专主司马光家藏记事，蔡京兄弟纯用王安石《日录》，各为之说，故论议纷然。当时辅相之家，家藏记录，何得无之？臣谓宜尽取用，参订是非，勒成大典。"帝然之，命勣草诏戒史官，俾尽心去取，毋使失实。

　　帝之初政，锐欲损革新法之害民，曾布始以为然，已乃密陈绍述之说。帝不能决，以问勣，勣曰："圣意得非欲两存乎？今是非未定，政事未一，若不考其实，姑务两存，臣未见其可也。"又因论弃湟州，请"自今勿妄兴边事，无边事则朝廷之福，有边事则臣下之利。自古失于轻举以贻后悔，皆此类也。"

　　勣与何执中偕事帝于王邸，蔡京以宫僚之旧，每曲意事二人，勣不少降节。谒归视亲病，或言翰林学士未有出外者，帝曰："勣谒告归尔，非去朝廷也，奈何轻欲夺之！"俄而遭忧。京入辅，执中亦预政，掎勣行章惇词，以为诋先烈。服阕，以主管灵仙观，入党籍中。起知江宁府，言者复论为元祐奸朋，必不能推行学政，罢归。

　　大观三年，知太平州。召入觐，极论茶盐法为民病，帝曰："以用度不足故也。"对曰："生财有道，理财有义，用财有法。今国用不足，在陛下明诏有司，推讲而力行之耳。"帝曰："不见卿久，今日乃闻嘉言。"加龙图阁直学士，留守南京。

　　蔡京自钱塘召还，过宋见勣，微言撼之曰："元功遭遇在伯通右，伯通既相矣。"勣笑曰："人各有志，吾岂以利禄易之哉？"京惭不能对，勣亦终不复用。以疾，除显谟阁学士致仕。卒，年七十九。赠资政殿学士、正奉大夫。勣挺挺持正，尤为帝所礼重，而不至大用，时议惜之。

　　张汝明字舜文，世为庐陵人，徙居真州。兄侍御史汝贤，元丰中以论尚书左丞王安礼，与之俱罢。未几，卒。汝明少嗜学，刻意属文，下笔辄千百言。入太学，有声一时。国子司业黄隐将以子妻之，汝明约无饰华侈，协力承亲欢，然后受室。

　　登进士第，历卫真、江阴、宜黄、华阴四县主簿，杭州司理参军，亳州鹿邑丞。母病疽，更数医不效，汝明刺血调药，傅之而愈。江阴尉贫且病，市物不时予直，部使者欲绳以法，汝明为橐橐中装，代偿之。华阴修岳庙，费钜财窘，令以属汝明。汝明严与为期，民德其不扰，相与出力佐役，如期而成。他庙非典祀、妖巫凭以惑众者，则毁而惩其人。滞州县二十年，未尝出一语干进，故无荐者。

　　大观中，或言其名，召置学制局，预考贡士，去取皆有题品。值不悦者诬以背王氏学，诏究其事，得所谓《去取录》，徽宗览之曰："考校尽心，宁复有此？"特改宣教郎。

　　擢监察御史。尝摄殿中侍御史，即日具疏劾政府市恩招权，以蔡京为首。帝奖其介。京颇惮之，徙司门员外郎，犹虞其复用，力排之，出通判宁化军。地界辽，文移数往来，汝明名触其讳，辽以檄暴于朝。安抚使问故，众欲委罪于吏，汝明曰："诡辞欺君，吾不为也。"坐责监寿州麻步场。遇赦，签书汉阳判官。田法行，受牒按境内。时主者多不亲行，汝明使四隅日具官吏所至，而躬临以阅实，虽雨雪不渝，以故吏不得通赇谢，而税均于一路最。晚知岳州，属邑得古编钟，求上献。汝明曰："天子命我以千里，惧不能仰承德意，敢越职以幸赏乎？"卒于官，年五十四。

　　汝明事亲孝，执丧，水浆不入口三日，日饭脱粟，饮水，无醯盐草木之滋。浸病羸，行辄踣。梦父授以服天南星法，用之，验，人以为孝感。汝明学精微，研象数，贯穿经史百家，所著书不蹈袭前人语，有《易索书》、《张子卮言》、《太究经》传于世。

　　黄葆光字元晖，徽州黟人。应举不第，以从使高丽得官，试吏部铨第一，赐进士出身。由齐州司理参军为太学博士，迁秘书省校书郎，擢监察御史、左司谏。始莅职，即言："三者吏猥多，如迁补、升转、奉入，赏劳之类，非元丰旧制者，其大弊有十，愿一切割去。"徽宗即位命厘正之，一时士论翕然。而蔡京怒其异已，密白帝，请降御笔云："当丰亨豫大时，为衰乱减损之之计。"徙葆光符宝郎。省吏醵钱入宝录宫,作千道斋报上恩,帝思其忠,明年,复拜侍御史。

辽人李良嗣来归,上《平夷书》规进用,擢秘书丞。葆光论其五不可,大概言"良嗣凶黠忿鸷,犯不赦之罪于邻国,逃命逭死,妄作《平夷》等书,万一露泄,为患不细。中秘图书之府,岂宜以罪人为之?宜厚其禄赐,实诸畿甸之外。"又言:"君尊如天,臣卑如地。刚健者君之德,而其道不可屈;柔顺者臣之常,而其分不可亢。苟致屈以求合,则是伤仁,非所以驭下也;苟矫亢以求伸,则是犯分,非所以尊君也。"帝感悟,命近臣读其奏于殿中。

自崇宁后,增朝士,兼局多,葆光以为言。乃命蔡京财定,京阳请一切废罢,以激怒士大夫。葆光言:"如礼制局详议官至七员、检讨官至十六员,制造局三十余员,岂不能省去一二,上副明天子之意?"时皆壮之。

政和末,岁旱,帝以为念。葆光上疏曰:"陛下德足以动天,恩足以感人,检身治事,常若不及,而不能感召和气,臣所以不能无疑也。盖人君有屈己逮下之心,而人臣无归美报上之意者,能致阴阳之变;人君有慈惠恻怛之心,而人臣无将顺钦承之意者,能致阴阳之变。陛下恭俭敦朴以先天下,而太师蔡京侈大过制,非所以明君臣之分;陛下以绍述为心,而京所行乃背元丰之法,强悍自专,不肯上承德意。太宰郑居中、少宰余深依违畏避,不能任天下之责。此天气下而地不应,大臣不能尚德以应陛下之所求者如此。"疏入不报。

且欲再上章,京权势震赫,举朝结舌,葆光独出力攻之。京惧,中以它事,贬知昭州立山县。又使言官论其附会交结,泄漏密语,诏以章揭示朝堂,安置昭州。京致仕,召为职方员外郎,改知处州。州当方腊残乱之后,尽心牧养,民列上其状。加直秘阁,再任,卒,年五十八,州人祠之。

葆光善论事,会文切理,不为横议所移,时颇推重。本出郑居中门,故极论蔡京无所顾,然其他不能不迎时好。方作神霄万寿宫,温州郭敦实、泗州叶点皆坐是得罪。葆光遂疏建昌军陈并、秀州蔡宗、岳州傅惟肖、祁门令葛长卿不即奉行制书,存留僧寺形胜、佛像,及决罚道流,乞第行窜黜,遂悉坐停废,议者尤之。

石公弼字国佐,越州新昌人。登进士第,调卫州司法参军。淇水监牧马逸,食人稻,为田主所伤。时牧法至密,郡守韩宗哲欲坐以重辟。公弼当此人无罪,宗哲曰:"人伤官马,奈何无罪?"公弼曰:"禽兽食人食,主者安得不御,御之岂能无伤?使上林虎豹绝槛害人,可无杀乎?今但当惩围者,民不可罪。"宗哲怒,以属史。既而使者来虑囚,如公弼议。获嘉民甲与乙斗,伤指;病小愈,复与丙斗,病指流血死。郡史具狱,两人以他物伤人,当死。公弼以为疑,驳而鞠之,乃甲捽丙发,指脱瘢中风死,非由击伤也。两人皆得免。

章惇求太学官,或荐公弼,使往见。谢曰:"丞相资侮人,见者阿意苟容,所不忍也。"再调涟水丞。供奉高公备纲舟行淮,以溺告。公弼曰:"数日无风,安有是?"使尉核其所载,钱失百万。呼舟人物色之,乃公备与寓客妻通,杀其夫,畏事觉,所至窃官钱赂其下,故诡为此说。即收捕穷治,皆服辜。

知广德县,召为宗正寺主簿。入见,言:"朝廷比日所为,直词罕闻,颂声交至,未有为陛下廷争可否者。愿崇忠正以销谀佞,通谏争以除雍蔽。"徽宗善之。擢监察御史,进殿中侍御史。三舍法行,士子计等第,颇事告讦。公弼言:"设学校者,要以仁义渐摩,欲人有士君子之行。顾使之相告讦,非所以建学本意也。"又言:"删定敕令官、寺监丞簿,比多以执政近臣子弟为之,未有资考,不习政事。请一切汰遣,以开寒畯之路。"从之。

由右正言改左司谏。论东南军政之敝,以为"有兵之籍,无兵之技。以太半之赋,养无用之兵,异日惧有未然之患"。其后睦盗起,如其言。太史保章正朱汝楫冒奉得罪,而内侍失察者皆不坐。公弼言:"是皆矫称诏旨,安得勿论?请自今中旨虽不当覆者,亦令有司审奏。"

迁御史。苏杭造作局工盛,公弼陈扰民之害,请革技巧之靡丽者,稍罢进奉,帝纳之。蔡京始与公弼有连,故因得进用,至是,意浸异,京忌焉。徙太常少卿,迁起居郎,兼定王、嘉王记室。故事,初至官,例得金缯之赐二百万,公弼辞不受。

大观二年,拜御史中丞。执政言:“国朝未有由左史为中执法者。”帝曰:“公弼尝为侍御史矣。”时斥卖元丰库缣帛,贱估其直,许朝士分售,皆有定数,从官至二千匹。公弼得券,上还之。宰相有已取万匹者,即日反其故。

水官赵霆建开直河议,谓自此无水忧,已而决坏钜鹿,法当斩。霆善交结,但削一官,犹为太仆少卿。公弼论为失刑,霆坐贬。京西转运使张徽言欲因方田籍增立汝、襄、邓三州税,公弼以为“方田之制,奠天下之地征,正欲均其赋耳,而徽言掊克重敛,民何以堪?”诏罢之。遂劾蔡京罪恶,章数十上,京始罢。又言吏员狠冗,戾元丰旧制。于是堂选归吏部者数千员,罢宫庙者千员、都水知埽六十员,县非大郡悉省丞,在京茶事归之户部,诸道市舶归之转运司,仕途为清。

京虽上相印,犹提举修实录。公弼复言:“京盘旋京师无去志,其余威震于群臣。愿持必断之决,以消后悔。”又因星变言之,竟出京杭州。及刘逵主国柄,公弼复论其废绍述良法,启用元祐邪党学术,人以是知其非一意于正者。进兵部尚书兼侍读。上疏言:“崇宁以来,臣下专务生事,开边兴利,营缮徭役,蹶民根本,因之饥馑,汴西挽运花石,农桑废业徒弊所有,以事无用。宜使之休息,以承天意。”

张商英入相,欲引为执政,何执中、吴居厚交沮之。以枢密直学士知扬州。群不逞为侠于闾里,自号“亡命社”。公弼取其魁桀痛治,社遂破散。江贼巢穴菰芦中,白昼出剽,吏畏不敢问。公弼严赏罚督捕,尽除之。改述古殿直学士、知襄州。蔡京再辅政,罗致其罪,责秀州团练副使,台州安置。逾年,遇赦归。卒,年五十五。后三岁,复其官。

公弼初名公辅,徽宗以与杨公辅同名,改为公弼云。

　　张克公字介仲,颍昌阳翟人。起进士。大观中,为监察御史,迁殿中侍御史。蔡京再相,克公与中丞石公弼论其罪,京罢,克公徙起居舍人。逾月,进中书舍人,改右谏议大夫。京犹留京师,会星文变,克公复论之,中其隐匿,语在《京传》。

　　京致仕,张商英为相,与郑居中不合。克公由兵部侍郎拜御史中丞,治堂吏讼,归曲商英,且疏其罪十。商英罢,京复召,衔克公弗置。徽宗知之,为徙吏部尚书。京欲以铨综稽违中克公,既又挺其知贡举事,帝以为所取得人,不问也。居吏部六年,卒,赠资政殿学士。

　　毛注字圣可,衢州西安人。举进士,知南陵、高苑、富阳三县,皆以治办称。大观中,御史中丞吴执中荐为御史,诏赐对,未及而执中罢,注辞焉。徽宗固命之,既见,谓曰:“今士大夫方寡廉鲜耻,而卿独知义命,故特召卿。”即以为主客员外郎,俄擢殿中侍御史。

　　蔡京免相留京师,注疏其擅持威福,动摇中外,以叶梦得为腹心,交植党羽。帝为逐梦得,而迁注侍御史。遂极论京“受孟诩妖奸之书,与逆人张怀素游处,引凶朋林摅置政府,用所亲宋乔年尹京。其门人播传,咸谓陛下恩眷不衰,行且复用。”于是论者相继,京遂致仕。

　　四年,彗再见,注又言:“臣累论蔡京罪积恶大,天人交谴,虽罢相致政,犹怙恩恃宠,偃居赐第,以致上天威怒。推原其咎,实在于京。考京之罪,盖不可以缕数:陛下去《党碑》以开自新之路,京疾其异己而别为防禁;陛下颁明诏以来天下之言,京恶其议已而重致于法;以严刑峻罚胁持海内,以美官重禄交结人心,钱钞屡更而商贾不行,边事数兴而国力大匮。声焰所震,中外愤疾,宜早令去国,消弭灾咎。”奏上,京始出居钱塘。

　　注复采当世之急务,曰省边事,足财用,收士心,禁技巧。大概谓:“近年以来,边民侥幸苟得:昔所入贡者,今必城为郡县;昔所羁縻者,今尽纳其土疆。以内地金帛,而事穷荒不可计之费。今黔南已有处分,如夔、渝新边,宜在裁省。运盐昔主于漕计,今移于它司;常平昔积于外州,今输于都下。经费安得不匮,财货何以转移?愿诏有司,悉讲复元丰旧制。汤之遭旱,以士失职为辞。今学校养士,盖有常额,额外之人,不复可预教养,岁贡之余,略无可进之地。愿留贡籍三分,暂存科举,以待学外之士,使无失职。东南造作奇玩、花石纲舟,与后苑工徒、京城营缮,并宜暂罢,以抑末敦本。凡此,皆圣政之所当先,人心悦则天意解矣。"注所论切于世务类此。

迁左谏议大夫。张商英为相,言者攻之力,注亦言其无大臣体,然讫以与之交通,罢提举洞霄宫,居家数岁,卒。建炎末,追复谏议大夫。

洪彦升字仲达,饶州乐平人。登第,调常熟尉。奉母之官,既至,前尉欲申期三月以规荐,而中分奉入。彦升处僧舍,却奉不纳,如约,始交印。历郴州判官,签书镇东军节度判官。

彦升尝辟广西经略府,或称其才,擢提举常平。御史中丞石公弼荐新提举广西学事幸义可御史,及陛辞,适与同日,徽宗两留之,遂为监察御史,迁殿中侍御史。彦升孤立,任言责阅五年,论:"蔡京再居元宰,假绍述之名,一切更张,败坏先朝法度,朋奸误国,公私困弊。既已上印,而偃蹇都城,上凭眷顾之恩,中怀跋扈之志。愿早赐英断,遣之出京。"何执中缘潜邸之旧,德薄位尊,当轴处中,殊不事事,见利忘义,唯货殖是图。愿解其机政,以全晚节。"吕惠卿与张怀素厚善,序其所注《般若心经》云:"我遇公为黄石之师。"且张良师黄石之策,为汉祖定天下,惠卿安得辄以为比?"他如邓洵仁、蔡薿、刘拯、李孝称、许光凝、许几、盛章、李譓、任熙明之流,皆条摭其过,一不为回隐。

右仆射张商英与给事中刘嗣明争曲直,事下御史。彦升蔽罪商英,商英去。又累疏抨郭天信以谈命进用,交结窜斥;因请禁士大夫毋语命术,毋习释教。

先是,诏诸道监司具法令未备,若未便于民者,久而弗上。彦升言："吏狃于势,随时俯仰,不能上承德音,因缘为奸者众。有因追科而欲害熙宁保伍之法,因身丁而故摇崇宁学校之政,省事原情,当有劝沮。宜遣官编汇,辨其邪正,以行赏罚。"皆从之。迁给事中。尝谒告一日,而张商英复官之旨经门下,言者以为顾避封驳,出知滁州。寻加右文殿修撰,进徽猷阁待制,知吉州。久之,知潭州,未行,卒,年六十三。赠太中大夫。

论曰:蔡京用事,焱焰炽然,其势莫敢遏。此数子者,乃力数其罪而连攻之,似矣。然葆光、克公主郑居中,公弼、注朋张商英,皆非端直士也。若楫先见,畸、服不阿,汝明不欺,彦升孤立,其贤乎!唯勣宫邸旧学,人望攸属,而不使跻政地;至京则暂罢亟起,始终倚任焉。善善而不能用,恶恶而不能去,徽宗以之,此齐桓公所以嗤于郭亡也。

钟传字弱翁,饶州乐平人。本书生,用李宪荐,为兰州推官。坐对狱不实,羁管郴州。绍圣中,章惇兴边事,奏还其官。得入对,为哲宗言:"兵贵智而不贵力,夏众伙而勇,难以一举灭。但当择城险要,以正不朝削地之法,坐待其毙。"帝然之,命干当熙河、泾原、秦凤三路公事。

夏人陷金明,渭帅毛渐出兵攻其没烟砦,传合击破之,又与熙州王文郁进筑西安城,论功加秘阁校理。章楶帅渭,命传所置将苗履统众会泾原之灵平,夏人悉力来拒,传步骑二万,出不意造河梁以济师,遂作金城关,又献白草原捷,连进集贤殿修撰、知熙州。传自始仕至此,仅再岁。遂擅帅熙、秦骑四万出塞,无功而还。惇方主其议,不加罪。

初,传请合三路兵从青南讹心或颠耳关筑天都城,以包浅井、乩啰、和市。工既集,复言水源不壮,不可兴役。朝论以所奏乖异,将罢传,曾布为言,但褫职。俄而白草原诈增首虏事觉,责监永州税,再贬连州别驾。崇宁中,复起知河中府,历郓、瀛、谓三州,擢显谟阁待制。建言:"河南要地,灵武为根本。其西十五州,六为王土。其东由清远距罗山走灵州不及百里,夏以五监军统焉。若选将简师先击之,以趋韦州,可断其右臂。徐当拊纳离畔。渐规进取,讫城萧关,可断其左臂。"乃条上十四事,未报。

诏诸道进讨,传遣将折可适领锐骑出萧关,至灵州川,有功。进龙图阁直学士。会别将高永年没于西,而可适遇雨失道,为虏所乘,乃班师。传以稽违逗挠,黜知汝州,夺学士。未几,复为杭州、真定、永兴、太原、延安府,以故职卒。赠端明殿学士。传从布衣致通显,所行事大氐欺妄,故屡起屡偾云。

陶节夫字子礼,饶州鄱阳人,晋大司马侃之裔也。第进士,起家为广州录事参军。杨元寇暴山谷间,捕系狱,屡越以逸,且不承为盗,既累年。节夫诘以数语,元即吐服,将适市,与诸囚诀曰:"陶公长者,虽死可无憾。"知新会县,广守章楶重其材,楶帅泾原,辟入府。

崇宁初,为讲议司检讨官,进虞部员外郎,迁陕西转运副使,徙知延安府。以招降羌有功。加集贤殿修撰。筑石堡等四城。石堡以天涧为隍,可趋者唯一路,夏人窖粟其间,以千数。既为宋有,其酋惊曰:"汉家取我金窟埚!"亟发铁骑来争。节夫分部将士遮御之,斩获统军以下数十百人。夏人度不可得,敛兵退。连擢显谟阁待制、龙图阁直学士。

方议城银州,谍告夏人已东。节夫料必西趋泾原,官属不肯从。节夫曰:"吾计之熟矣。"乃遣裨将耿端彦疾驱至银州,五日城成,夏人果从泾原至,则城备已固,遂遁去。进枢密直学士。

节夫在延安日久,蔡京、张康国从中助之,故唯京意是徇。夏人欲款塞,拒弗纳。放牧者执杀之,夏人怨怒,大入镇戎军,杀卤数万口。节夫寻领经制环庆、泾原、河东边事,言:"今既得石堡,又城银州,西夏洪、宥皆在吾顾盼中。横山之地,十有七八,兴州巢穴浅露,直可以计取。"遂陈取兴、灵之策。加龙图阁学士。会朝廷罢经制司,且弃所城地，节夫乃求内郡。徙洪州。改江宁府，历青秦二州、太原府。

群盗李勉起辽州、北平之间，河东、河北骚动，两路帅臣、宪臣皆罪去，至出台郎督捕之。节夫请悉罢所遣兵，卒以计获勉。坐上疏乞留本道兵勿移戍，降为待制知永兴军，数月，卒。追复龙图阁学士。

毛渐字正仲，衢州江山人。第进士，知宁乡县。熙宁经理五溪，渐条利害以上察访使，使者诿以区画，遂建新化、安化二县。渐用是得著作佐郎、知安化县。召为司农丞，提举京西南路常平。

元祐初，知高邮军，迁广东转运判官。渠阳蛮扰边，近臣言渐习知蛮事，徙荆湖北路转运判官。时朝廷议弃地，渐曰："蛮徭畔服不常，非稍威以兵，未易怀德。今一犯边即弃地，非计也。"不报，渠阳既弃，蛮复大入钞略，覆官军，荆土为大扰。

渐历提点江西刑狱、江东两浙转运副使。浙部水溢，诏赐缗钱二百万以振之。渐言："数州被害即捐二百万倘仍岁如之，将何以继？"乃按钱氏有国时故事，起长安堰至盐官，彻清水浦入于海；开无锡莲蓉河，武进庙堂港，常熟疏泾、梅里入大江；又开昆山七耳、茜泾、下张诸浦，东北道吴江，开大盈、顾汇、柘湖，下金山小官浦以入海。自是水不为患。

加集贤校理，入为吏部右司郎中。以秘阁校理为陕西转运使，摄渭、秦、熙三州。未几，复摄帅泾原。日夜治兵，乘夏人犯边，遣将捣其虚，遂破没烟砦。进直龙图阁、知渭州，命下，卒，年五十九。优赠龙图阁待制。

王祖道字若愚，福州人。第进士，又举制科，会罢，调韩城尉，知松阳、白马二县。为司农丞、监察御史。数言事，以论枢密承旨张诚一试补吏挟私、延州吕惠卿遣禁卒馈徐禧公使物非是，改司封员外郎、知汀、泉、福三州。历使诸路，入为户部、吏部员外郎，左司谏。言陕西兵未可减,徽宗谓其论事无足行,依阿苟容,出知海州。拜秘书少监,再为福州。加直龙图阁、知桂州。

蔡京开边,祖道欲乘时徼富贵,诱王江酋杨晟免等使纳土,夸大其辞,言:"向慕者百二十峒、五千九百家、十余万口,其旁通江洞之众,尚未论也。王江在诸江合流之地,山川形势,据诸峒会,幅员二千里。宜开建城邑,控制百蛮,以武臣为守,置溪峒司主之。"诏以为怀远军,且颁诸司使至殿侍军将告命,使第补其首领。置二砦,为立学。

又言:"黎人为患六十年,道路不通。今愿为王民,得地千五百里。"遂以安口隘为允州,中古州地为格州,增提举溪峒官三员。又言羁縻知地州罗文诚、文州罗更晏、兰州韦晏闹、那州罗更从皆内附,请于黎母山心立镇州,为下都督府,赐军额曰静海,知州领海南安抚都监,徙万安军于水口。南丹州莫公佞独拒命,发兵讨擒之,遂筑怀远军为平州,格州为从州,南丹为观州,并允、地、文、兰、那五州置黔南路。擢祖道显谟阁待制,进龙图阁直学士。

召为兵部尚书,未行,与融州张庄谋,使庄奏言海南一千二十峒皆已团结,所未得者百七十峒,今黎人款化,则未得者才十之一耳。于是猺、黎渠帅不胜忿,蜂起侵剽,围新万安军及观州,杀官吏。初,祖道徙城时,言黎人伐木助役。及是诏问,不能对。京芘之,犹除端明殿学士、知福州,复以刑部尚书召。大观二年,卒,赠宣奉大夫。祖道在桂四年,厚以官爵金帛挑诸夷,建城邑,调兵镇戍,辇输内地钱布、盐粟,无复齐限。地瘴疠,戍者岁亡什五六,实无尺地一民益于县官。蔡京既自以为功,至谓:"混中原风气之殊,当天下舆图之半。"祖道用是超取显美。张商英为相,治其诞罔,追贬昭信军节度副使。京再辅政,复还之。然其所创名州县,不旋踵皆罢。是后庞恭孙、张庄、赵遹、程邻皆以拓地受上赏,大氐皆规模祖道。祖道起冗散,骤取美官,而朝廷受其敝云。

张庄,应天府人也。元丰三年,擢进士第。历提举司、讲议司检讨官,出提举荆湖、夔州等路香盐事。改提举荆湖北路常平、本路提点刑狱,进龙图阁直学士、广南西路转运副使。

王祖道既请立朱崖诸州县,徙万安军,诏庄按覆相度,实与祖道相表里。祖道召为兵部尚书,授庄集贤殿修撰、知桂州。祖道既留,以庄知融州。已而祖道徙福州,庄复知桂州。奏:"安化上三州一镇地土,及恩广监洞蒙光明、落安知洞程大法、都丹团黄光明等纳土,共五万一千一百余户,二十六万二千余人,幅员九千余里。"寻又奏:"宽乐州、安沙州、谱州、四州、七源等州纳土,计二万人,一十六州、三十三县、五十余峒,幅员万里。"蔡京帅百官表贺,进庄兼黔南路经略安抚使、知靖州。

王子武者,惠恭皇后族子也。靖州界接平、允、从三州,子武欲通之,因请复元佑所弃渠阳军。渠阳既城,乃上言:"湖北至广西,由湖南则迂若弓背,自渠阳而往,犹弓弦耳。"因以利啗诸蛮使纳土,立里堠。庄忌之,且欲蛮之多属广西为己功,因诱复水蛮石盛唐毁其烽表、桥梁。渠阳蛮酋杨惟聪请讨之,子武以闻,朝议谓其生事,罢子武。

未几,安化蛮纳土,庄遣黄忱往筑州城。忱,蛮将也,知蛮情伪,力言不可。庄怒,遣忱护筑溪州,别遣胡超、侬昌等筑安化城,果为蛮所掎,超等没者几千人。中书舍人宇文粹中言:"祖道及庄擅兴师旅,启衅邀功,妄言诸蛮效顺,纳款得地。当时柄臣揽为绥抚四夷之功,奏贺行赏,张皇其事。自昔欺君,无大于此。"朝廷既追贬祖道,庄责舒州团练副使,永州安置,再贬连州,移和州。

起知荆南府,徙江宁。复进徽猷阁直学士,历知渭亳襄州、镇江东平府。宣和六年,坐缮治东平城不加功辄复摧圮,降两官,提举嵩山崇福宫。卒,赠宣奉大夫。

赵遹,开封人。大观初,以发运司勾当公事为梓州路转运司判官。泸、戎诸夷纳土,命遹相置,以建立纯州县、砦劳,加直秘阁。升转运副使，俄授龙图阁直学士，为正使。

政和五年，晏州夷酋卜漏反，陷梅岭堡，知砦高公老遁。公老之妻，宗女也，常出金玉器饮卜漏等酒，漏心艳之。会泸帅贾宗谅以敛竹木扰夷部，且诬致其酋斗个旁等罪，夷人咸怨。漏遂相结，因上元张灯袭破砦，房公老妻及其器物，四出剽掠。遹行部昌州，闻之，倍道趣泸州。贼分攻乐共城、长宁军、武宁县，宗谅皆遣将拒却之。已而乐共城监押潘虎诱杀罗始党族首领五十人，其族蛮愤怒，合漏等复攻乐共城。遹并劾之，诏斩虎，罢宗谅，代以康延鲁，而听遹节制。遹阴有专讨意，兵端益大矣。于是诏发陕西军、义军、土军、保甲三万人，以遹为泸南招讨使。遹与别将马觉、张思正分道出，期会于晏州。思峨州近而固，遹遣王育先破之，村囤诸落相继而克，因其积谷食士卒。

既抵晏州，觉、思正各以兵来会。漏据轮缚大囤，其山崛起数百仞，林箐深密，夷奔溃者悉赴之。乃垒石为城，外树木栅，当道穿坑阱，仆巨栟，布渠答，夹以守障，俯瞰官军。矢石所中皆糜碎，遹军不能进。间从巡检种友直、田佑恭按视，其旁山崖壁特峭绝，贼恃之无守备。遹欲袭取，命友直、佑恭军其下，而身当贼冲，番军迭攻之。未旦，鼓而进，迨夕则止，贼并力拒战，不得息。

友直所部多思、黔土丁，习山险，而山多生猱，遹遣土丁捕之。伐去蒙密，缘崩石挽藤葛而上，得猱数十头，束麻作炬，灌以膏蜡，缚于猱背。暮夜，复遣土丁负绳梯登崖颠，乃缒梯引下，人人衔枚，挈猱蚁附而上。比鸡鸣，友直、佑恭与其众悉登，拥刀斧穿箐入。及贼栅，出火然炬，猱热狂跳，贼庐舍皆茅竹，猱窜其上，火辄发，贼号呼奔扑，猱益惊，火益炽。官军鼓噪破栅，遹望见火，麾军蹑云梯攻其前。两军相应，贼扰乱，不复能抗，赴火堕崖死者不可计，俘斩数千人。卜漏突围走，至轮多囤，追获之。晏州平，诸夷落皆降，拓地环二千里。遹为建城砦，画疆亩，募人耕种，且习战守，号曰"胜兵"。诏置沿边安抚司，以转运副使孙羲叟为安抚使。高公老妻不辱而死，诏赠节义族姬。

　　加通龙图阁直学士、熙州兰湟经略安抚使。通以疾请祠，不许。既入对，赐上舍出身，拜兵部尚书。通与童贯有隙，力请去，以提举醴泉观兼详定一司敕令。六年，出知成德军，拜延康殿学士，赐其子永裔上舍出身、秘书省校书郎。

　　涞水人董才得罪亡命，因聚众为贼，攻败城邑，辽人不能制。中山帅府阴与才通，诱使来归，才寻为辽所破，遂上书请取全燕以自效。王黼、童贯大喜，将许之，通言不可。客或以沮朝廷密谋止通，通曰："帅臣所部，封境虽异，事无异也。"且论思献纳，侍从之职，通今以侍从备帅臣，而真定、中山边接，隙苟一开，吾境得无事乎""疏奏，上然之，乃斥还才书。才穷蹙，转入河东。诏以问通，通复具疏极论其害。洎通徙熙州，黼等卒纳才，又虑通过阙入见有所陈，趣使便道赴镇。诸蕃闻黼至，相贺曰："吾父来，朝廷真欲无事矣！"争出锄耰，牛价为顿高。

　　时议更陕西大铁钱，价与铜钱轻重等。通上言曰："铜重铁轻，自然之理，今反其理，民谁信之？以人夺天，虽厉其禁，终不可行也。"居数月，以疾乞致仕，命提举嵩山崇福宫。起知中山、顺昌、应昌府。金人举兵，召通赴阙，寻卒。

　　永裔历知眉州。言者论通欺罔朝廷以军功，永裔遂放罢。

　　论曰：夏人时踏敓，逐之使出则已。章惇、蔡京故挠之用兵，涂边人肝脑于地，以幸己功，不亦憯乎？诸蛮溪峒，茅瘴非人域，鸩虺与居，况无敢闯吾圉。京乃使祖道、张庄之徒凿空为功，举中国重赀，弃诸不毛，而文饰奸慝，铺张表贺，徽宗亦偃然受其欺。好大黩武之心一侈，而燕朔之谋作矣。《诗》曰："池之竭矣，不云自频；泉之竭矣，不云自中。"徽之耗内贪外，驯召祸败，迹所从来，此其本也。呜呼，可不戒哉！

宋史卷三四九
列传第一○八

郝质　贾逵　窦舜卿
刘昌祚　卢政　燕达
姚兕 _{弟麟 子雄 古}　杨燧
刘舜卿　宋守约 _{子球}

郝质字景纯,汾州介休人。少从军,挽强为第一。充殿前行门,换供奉官,为府州驻泊都监,主管麟府军马。与田朏将兵护军需馈麟州,道遇西夏数千骑寇钞,质先驱力战,轹道获马数百。又与朏行边,至柏谷,敌堑道以阻官军,质御之于寒岭下,转门逐北,遂修复宁远诸栅,以扼贼冲。宣抚使杜衍、安抚使明镐连荐之,且条上前后功状,超迁内殿承制、并代路都监。大名贾昌朝又荐为路钤辖。

使讨贝州,文彦博至,命部城西面。河上有亭甚壮,彦博虑为贼焚,遣小校蔺千守,而质使千往他营度战具,千辞,质曰:"亭焚,吾任其责。"千去而亭焚。彦博将斩千,质趋至帐下曰:"千之去,质实使之,罪乃在质,愿代千死。"彦博壮其义,两释之。质自此益知名。

贼平,迁六宅使,历高阳关、定州、并代钤辖,驻泊副都部署,龙神卫、捧日天武都指挥使,马军殿前都虞候,加领贺州刺史、英州团练、眉州防御使。奉诏城丰州,进步军副都指挥使、宿州观察使。召还宿卫,改马军。英宗立,迁武昌军节度观察留后,加安德军节度使，为殿前副指挥使。神宗立，易节安武军，为都指挥使。元丰元年，卒，帝亲临其丧，赠侍中，谥曰武庄。

质御军有纪律，犯者不贷，而享犒丰渥，公钱不足，出己奉助之，平居自奉简俭，食不重肉，笃于信义。田咄不振而死，为表揭前功，官其一孙。在并州，与朝士董熙善，约为婚姻。熙死，家贫无依，质已为节度使，竟以女归董氏。自为官，不上伐阅，从微至贵，皆以功次迁云。

贾逵，真定槁城人。隶拱圣为卒，至殿前班副都知，换西染院副使。从狄青征侬智高，战于归仁驿。既阵，青誓众曰："不待令而举者斩！"时左将孙节战死，逵为右先锋将，私念所部兵数困易衄，兵法先据高者胜，苟复待命而贼乘胜先登，吾事去矣。即日引军趋山。既定，贼至，逵麾众驰下，仗剑大呼，断贼为二。贼首尾不相救，遂溃。逵诣青请罪，青抚其背劳谢之。邕州城空，青使逵入括公私遗坠，固辞。是时，将校多以搜城故匿窃金宝，独逵无所犯。迁西染院使、嘉州刺史、秦凤路钤辖。

初，逵少孤，厚赂继父，得其母奉以归。至是，以母老辞，不许，而赐母冠帔。秦山多巨木，与夏人错壤，逵引轻兵往采伐。羌酋驰至，画地立表约决胜负。逵引弓连三中的，酋下马拜伏，从逵取盈而归。徙并代路，专主管麟府军马。熟户散处边关，苦于寇略，逵差度远近，聚为二十七堡，次第相望，自是害乃息。画铁为的，激种豪使射，久皆成劲兵，一夕，烽火屡发，左右白当起，逵卧不应。旦而谓人曰："此必妄也。脱有警，可夜出乎？"徐问之，果边人烛遗物也。复徙秦凤，去之十日，而代者郭恩败。朝廷以逵为能，边擢捧日天武四厢都指挥使、马步殿前都虞候，历泾原、高阳关、麟延路副都总管，以利州观察使入为步军副都指挥使。

都城西南水暴溢，注安上门，都水监以急变闻。英宗遣逵督护，亟囊土塞门，水乃止。议者欲穴堤以泄其势，逵请观水所行，谕居民徙高避水，然后平决之。军校营城外者，每常朝，即未晓，启门钥，或辍朝失报,启钥如平时。逵言:"禁城当谨启闭,不宜凭报者。"乃冶铁铸"常朝"字,俾持以示信。

迁马军副都指挥使,复总鄜延兵。延州旧有夹河两城,始,元昊入寇据险,城几不能守。逵相伏龙山、九州台之间可容窥觇,请于其地筑保障,与城相望,延人以为便。转昭信军节度观察留后。逵言:"种谔处绥州降人于东偏,初云万三千户,今乃千二百户耳,逋逃之余,所存才八百。蕃汉两下杀伤,皆不啻万计。自延州运粟至怀宁,率以四百钱致一石。而缘边居人,壮者但日给一升,罔冒何啻大半。谔徒欲妄兴边事以自为功,不可不察也。"元丰初,拜建武军节度使、殿前都指挥使。请不俟郊赦赠三世官,神宗曰:"逵武人,能有念亲之志,其特听之。"数月而卒,年六十九。赠侍中,谥曰武恪。

窦舜卿字希元,相州安阳人。以荫为三班奉职,监平乡县酒税。有僧欲授以化汞为白金之术,谢曰:"吾禄足养亲,不愿学也。"辟府州兵马监押。夏人犯塞,舜卿欲袭击,举烽求援于大将王凯,凯弗应。舜卿度事急,提州兵出战,胜之。明日,经略使问状,凯惧,要以同出为报。舜卿欢然相许,不自以为功。为青淄路都监。海盗行劫,执博昌镇官吏,肆剽掠,舜卿募士三百,悉擒之。使契丹,主客马佑言:"昔先公省善射,君当传家法。"置酒请射,舜卿发辄中。佑使奴持二弓示之,一挽皆折。

湖北蛮徭彭仕羲叛,徙为钤辖,兼知辰州。建请筑州城,不扰而办。帅师取富州,蛮将万年州据石狗崖。舜卿选壮卒奋击,蛮矢石交下,卒蒙盾直前,发强弩射,万年州毙于崖下,遂拔之。左右欲尽剿其众,舜卿不许,曰:"仕羲愿内附,特为此辈所胁,今死矣,何以多杀为?"引兵入北江,仕羲降。擢康州刺史,加龙神卫、捧日天武四厢指挥使、马军殿前都虞候,三迁邕州观察使,历彬宁环庆路副都总管。熙宁中,十上章求退,且丐易文阶。改刑部侍郎,提举嵩山崇福宫。以光禄大夫致仕,再转金紫光禄大夫。卒,年八十八。谥曰康敏。

刘昌祚字子京，真定人。父贺，战没于定川。录为右班殿直，主秦州威远寨。青唐聚兵盐井，经年不散。昌祚奉帅命往诘之，诸酋曰："闻汉家欲取吾盐井。"昌诈曰："国家富有四海，何至与汝争此邪？"与酋俱来，犒赉之，欢然帅众去。迁西路都巡检。使辽还，神宗临试驰射，授通事舍人。夏人寇刘沟堡，昌祚领骑二千出援。虏伏万骑于黑山而伪遁，卒遇之，战不解，薄暮，大酋突而前，昌祚抽矢，一发殪之，余众悉遁，帅李师中上其功曰："西事以来，以寡抗众，未有如昌祚者。"知阶州，讨平毋家等族，又平叠州。转作坊使，为熙河路都监。

从王中正入蜀，破筚篥羌。加皇城使、荣州刺史、秦凤路钤辖，又加西上阁门使、果州团练使，知河州。元丰四年，为泾原副都总管。王师西征，诏与总管姚麟率蕃汉兵五万，受环庆高遵裕节制。令两路合军以出，既入境，而庆兵不至。昌祚出胡卢川，次磨齐隘，夏众十万扼险不可前。昌祚挟两盾先登，夏人小却，师乘之，斩首千七百级。进次鸣沙川，取其窖粟，遂薄灵州。城未及合，先锋夺门几入，遵裕驰遣使止之，昌祚曰："城不足下，脱朝廷谓我争功，奈何？"命按甲勿攻。是夕，庆兵始距城三十里而军，遇敌接战，昌祚遣数千骑赴之。迟明，贼已退，遂谒遵裕，遵裕讶应援之缓，有诛昌祚意。既见，问下城如何，昌祚曰："比欲攻城，以幕府在后未敢。前日磨齐之战，夏众退东关，若乘锐破之，城必自下。"遵裕弗内，曰："吾夜以万人负土囊傅垒，至旦入矣。"怒未解，欲夺其兵付姚麟，麟不敢受，乃已。明日，遣昌祚巡营，凡所得马粮，悉为庆兵所取，泾师忿噪。遵裕围城十八日，不能下，夏人决七级渠以灌遵裕师，军遂溃。即南还，复命泾师为殿。昌祚手剑水上，待众济然后行，为虏所及，战退之。至渭州，粮尽，士争入，无复行伍，坐贬永兴军钤辖。

明年，复徙泾原，加龙、神卫四厢都指挥使，知延州。时永乐方陷，士气不振，昌祚先修马政，令军中校技击，优者乃给焉。自义合至德靖寨，绵亘七百里，堡垒疏密不齐，烽燧不相应。昌祚度屯戍险易、地望远近、事力强弱，立为定式，上诸朝。夏人寇塞门、安远寨，拒破之，杀其统军叶悖麻、咩吡埋二人，盖始谋攻永乐者。图其形以献。帝喜，遣近侍劳军。

哲宗立，进步军都虞候、雄州团练使、知渭州，历马军殿前都虞候。渭地宜牧养，故时弓箭手人授田二顷，有马者复增给之，谓之"马口分地"。其后马死不补，而据地自若。昌祚按举其法，不二年，耗马复初。又括陇山间田得万顷，募士五千，别置将统之，劲悍出诸军右。朝廷归夏人四寨，昌祚以为不可。再迁殿前副都指挥使、冀州观察使、武康军节度使。卒，年六十八。赠开府仪同三司，谥曰毅肃。

昌祚气貌雄伟，最善骑射，箭出百步之外。夏人得箭以为神，持归事之。所著《射法》行于世。

卢政，太原文水人。以神卫都头从刘平与夏人战延州。虏薄西南隅，兵不得成列，政引数骑挑战，发伏弩二百射之。日且暮，政说平曰："今处山间，又逼污泽，宜速退保后山，须明决斗；不然，彼夜出，乘高蹙我，何以御之？"平不听，遂败。政脱身归，黄德和诬平降贼，仁宗引政问状，政言："平被执，非降也。"因自陈失主将当死。帝义其言，赦之，以为供奉官、德州兵马监押。预讨贝州，率勇敢数百人，飞缳挂堞而登，守者莫能抗，大军乘之以入。迁内殿承制。南征侬智高，亦有功。

历秦凤、高阳关都钤辖。治平、熙宁中，为捧日、天武四厢都指挥使，三卫都虞候、副都指挥使，泾原、定州、并代、真定四路副都总管，累转祁州团练、昌州防御、黔州观察使。拜武泰军节度使，政时年七十五，气貌不衰，侍立殿下，虽久无惰容，能上马踊跃，观者壮之。早朝暴卒，赠开府仪同三司。

燕达字逢辰，开封人。为儿时，与侪辈戏，辄为军阵行列状，长老异之。既长，容体魁梧，善骑射。以材武隶禁籍，授内殿崇班，为延州巡检，戍怀宁寨。夏人三万骑薄城，战竟日不决，达所部止五百人，跃马奋击，所向披靡。擢鄜延都监，数帅兵深入敌境，九战皆以胜归。罗兀之弃也，遣达援取戍卒辎重，为贼所邀，且战且南，失亡颇多。神宗以达孤军遇敌，所全亦不为少，累迁西上阁门使、领英州刺史，为秦凤副总管。计破河州羌，遂降木征。迁东上阁门使、副都总管，拜真忠州刺史、龙神卫四厢都指挥使。

郭逵招讨安南，为行营马步军副都总管。入辞，神宗谕之曰："卿名位已重，不必亲矢石，第激勉将士可也。"达顿首谢曰："臣得凭威灵灭贼，虽死何惮！"初度岭，闻前锋遇敌苦战，欲往援，偏校有言当先为家基然后进者，达曰："彼战已危，讵忍为自全计。"下令敢言安营者斩。乃卷甲趋之，士皆自奋，传呼太尉来，蛮惊溃，即定广源。师次富良江，蛮权斗舸于南岸，欲战不得，达默计曰："兵法致人而不致于人，吾示之以虚，彼必来战。"已而蛮果来，击之，大败，乃请降。师还，拜荣州防御使。以主帅得罪而独蒙赏，乞同责，不听。

元丰中，迁金州观察使，加步军都虞候，改马军，超授副指挥使。以训阅精整，除一子阁门祗候。数被诏奖，进殿前副都指挥使、武康军节度使。哲宗立，迁为使，徙节武信。卒，赠开府仪同三司，谥曰毅敏。

达起行伍，喜读书，神宗以其忠实可任，每燕见，未尝不从容。尝问："用兵当何先？"对曰："莫如爱。"帝曰："威克厥爱可乎？"达曰："威非不用，要以爱为先耳。"帝善之。

姚兕字武之，五原人。父宝，战死定川，兕补右班殿直，为环庆巡检。与夏人战，一矢毙其酋，众溃，因乘之，遂破兰浪。敌大举寇边，诸寨皆受围。兕时驻荔原堡，先羌未至，据险张疑兵，伺便辄出。有悍酋临阵甚武，兕前射中其目，斩首还，一军欢呼。明日，来攻隘急，兕手射数百人，裂指流血。又遣子雄引壮骑驰掩其后，所向必克。敌度不可破，乃退攻大顺城。兕复往救，转斗三日，凡斩级数千，卒全二城。庆军叛，兕以亲兵守西关，盗众不得入而奔。兕追及，下马与语，皆感泣罗拜，誓无复为乱。

神宗闻其名，召入觐，试以骑射，屡中的，赐银枪、袍带。迁为路都监，徙鄜延泾原。从攻河州，飞矢贯耳，战益力。河州既得，又为鬼章所围，兕曰：“解围之法，当攻其所必救。”乃往击陇宗，围遂解。累迁皇城使，进钤辖。从攻交阯有功，领雅州刺史。破乞弟，领忠州团练使，进副总管，迁东上阁门使，徙熙河。与种谊合兵讨鬼章于洮州，破六逋宗城，夜断浮桥，援兵不得度，遂擒鬼章。真拜通州团练使。卒于鄜延总管，赠忠州防御使。

兕幼失父，事母孝，凡图画器用，皆刻“仇仇未报”字。力学兵法，老不废书，尤喜颜真卿翰墨，曰：“吾慕其人耳。”弟麟，亦有威名，关中号“二姚”。子雄、古。

麟字君瑞，兄兕攻河州时，俱在兵间。中矢透骨，镞留不去，以强弩出之，笑语自若。积功至皇城使，为秦凤副总管。从李宪讨生羌，擒冷鸡朴。再转东上阁门使、英州刺史。元丰西讨，以泾原副总管从刘昌祚出战，胜于磨哆隘。转战向鸣沙，趋灵州，而高遵裕败还，降为皇城使、永兴军路钤辖，复为泾原副总管。夏人修贡，且乞兰会壤土，麟言：“夏人囚其主，王师是征。今秉常不废，即为顺命，可因以息兵矣。独兰会不可与。愿戒将帅饬边备，示进讨之形，以绝其望。”从之。督诸将讨堪哥平，经略使卢秉上其功状，赐金帛六百。

元佑初，擢威州团练使、龙神卫四厢都指挥使，历步军殿前都虞候、步军马军副都指挥使。绍圣三年，以建武军节度观察留后出知渭州。安焘请留之，曾布曰：“臣尝访麟御边之策及熙河疆域，俱不能知。愿加敕儆，使之尽力。”韩忠彦曰：“奏对语言，非所以责此辈。”哲宗乃留麟不遣。寻拜武康军节度使、殿前副都指挥使。王赡取青唐，麟以为朝廷讨伐方息肩，奈何复生此大患。已而赡果败。徽宗立，进都指挥使，节度建雄、定武军，检校司徒。卒，帝诣其第临奠,赠开府仪同三司。

麟为将沈毅,持军不少纵舍。宿卫士尝犯法,诏释之,麟杖之于庭,而后请拒诏之罪,故所至肃然。

雄字毅夫,少勇鸷有谋,年十八即佐父征伐。从讨金汤,以百骑先登夺隘,又成荔原之功。韩绛荐其材,阅试延和殿。安南、泸川之役,皆在军行。历泾原、秦凤将,驻甘谷城,知通远镇戎军、岷州,官累左骐骥使。绍圣中,渭帅章粢城平夏,雄部熙河兵策援,夏人倾国来,与之鏖斗,流矢注肩,战深厉,贼引却,追蹑大破之,斩首三千级,俘馘数万。先五日,折可适败于没烟,士气方沮,雄贾勇得隽,诸道始得并力。城成,擢东上阁门使、秦州刺史。

明年,虏攻平夏,势锐甚,城几不守。雄与弟古合兵却之。徙知会州,领熙河钤辖。王赡略地青唐,羌人攻湟、鄯,诏雄与苗履援之。邈川方急,雄适至,羌望见尘起,惊而溃。围既解,遂趋鄯州。履后期乃至,赡言兰溪宗有遗寇,宜席胜平之。履即往,雄谏不听,戒所部严备以待。俄而履师退,贼追及,雄整众迎击,破之,献馘二千。哲宗遣中使持诏劳问,徙河州。种朴战没,王赡军陷敌中,雄自鄯至湟,四战皆捷,拔出之。遂筑安乡关,夹河立堡,以护浮梁,通湟水漕运,商旅负贩入湟者,始络绎于道。加复州防御使。

建中靖国初,议弃湟州,诏访雄利害。雄以为可弃,遂以赐赵怀德,徙雄知熙州,进华州观察使。蔡京用王厚复河湟,治弃地罪,停雄官,光州居住。三年,得自便。后论为责轻,复窜金州。明年,乃听归。高永年死。西宁诸戍阻绝,起雄权经略熙河、安辑复新边使。知沧州,加捧日、天武四厢都指挥使,复为熙州,迁安德军节度观察留后、步军副都指挥使,拜武康军节度使。召诣阙,为中太一宫使。引疾纳节钺,改左金吾卫上将军,又以武康节度知熙州。熙河十八年间更十六帅,唯雄三至,凡六年。未几,以检校司空、奉宁军节度使致仕。卒,赠开府仪同三司,谥武宪。

古亦以边功，官累熙河经略。靖康元年，金兵逼京城，古与秦凤经略种师中及折彦质、折可求等俱勒兵勤王。时朝命种师道为京畿、河北路制置使，趣召之，师道与古子平仲先已率兵入卫。钦宗拜师道同知枢密院、宣抚京畿、河北、河东，平仲为都统制。上方倚师道等却敌，而种氏、姚氏素为山西巨室，两家子弟各不相下。平仲恐功独归种氏，忌之，乃以士不得速战为言，欲夜劫斡离不营。谋泄，反为所败。

既而议和，金兵退，诏古与种师中、折彦质、范琼等领兵十余万护送之。粘罕陷隆德府，以古为河东制置，种师中副之。古总兵援太原，师中援中山、河间诸郡。粘罕围太原，内外不相通。古进兵复隆德府、威胜军，厄南北关，与金人战，互有胜负。太原围不解，诏古与师中掎角，师中进次平定军，乘胜复寿阳、榆次等县。朝廷数遣使趣战，师中约古及张灏两军齐进，而二人失期不至。师中回趋榆次，兵败而死。金人进兵迎古，遇于盘陀，古兵溃，退保隆德。诏以解潜代之。古之屯威胜军也，帐下统制官焦安节妄传寇至以动军情，既又劝古遁去，故两郡皆溃。李纲召安节，斩于琼林苑。中丞陈过庭奏古罪不可恕，诏安置广州。

杨燧，开封人。善骑射，应募隶军籍，从征贝州，穴城以入。贼平，功第一，补神卫指挥使。又从征侬蛮，数挑战，手杀数十人，众乘之而捷。擢万胜都指挥使，迁荣州团练使、京城左厢巡检。救濮宫火，英宗识其面，及即位，以为邓州防御使、步军都虞候。历环庆、泾原、鄜延三路副都总管，至马军副都指挥使，由容州观察使拜宁远军节度、殿前副都指挥使。卒，赠侍中，谥曰庄敏。

燧初穴贝州城时，为叛兵所伤，同行卒刘顺救之，得免。及贵，顺已死，访恤其家甚至。故人妻子贫不能活者，一切收养之。人推其义。

刘舜卿字希元，开封人。父钧，监镇戎兵马，庆历中，与子尧卿战死于好水。舜卿年十岁,录为供奉官,历昌州驻泊都监。谕降泸水蛮八百人,诛其桀傲者。知水洛城。

神宗经略西边,近臣荐其能,召问状,对曰:"自元昊称臣,秦中不复戒严。今宜先自治。"帝善之,命训京东将兵。一年,入阅于内殿,帝叹曰:"坐作有度,其可用也。尔无忘世仇,勉思忠孝,期以尽敌。"舜卿泣谢,即日加通事舍人。

环庆有警,诏帅长安兵赴之,乃单骑驰往庆州,至则难已解。知原州,改秦凤钤辖。袭击西市城,先登有功,迁皇城副使。久之,知代州,加客省副使。辽遣谍盗西关锁,舜卿密易旧镭而大之。数日,虏以锁来归,舜卿曰:"吾未尝亡锁也。"引视,纳之不能受,遂惭去,诛谍者。

转西上阁门使、知雄州。始视事,或告契丹游骑大集,请甲以俟,舜卿不为动,乃妄也。契丹系州民,檄索之,不听。会有使者至,因捕取其一以相当,必得释乃遣。在雄六年,恩信周浃。

元祐初,进龙神卫四厢都指挥使、高州刺史、知熙州。夏人聚兵天都,连西羌鬼章青宜结,先城洮州,将大举入寇,舜卿欲乘其未集击之,会诸将议方略。使姚兕部洮西,领武胜兵合河州熟羌捣讲珠城,遣人间道焚河桥以绝西援;种谊部洮东,由哥龙谷宵济邦金川,黎明,到临洮城下,一鼓克之,俘鬼章并首领九人,斩馘数千计。迁马军都虞候,再迁徐州观察使、步军副都指挥使、知渭州。召还宿卫,未上道,卒,赠奉国军节度使,谥曰毅敏。

舜卿知书,晓吏事,谨文法,善料敌,著名北州。

宋守约,开封酸枣人。以父任为左班殿直,至河北缘边安抚副使,选知恩州。仁宗谕以乱后抚御之意,对曰:"恩与他郡等耳,而为守者犹以反侧待之,故人心不自安。臣愿尽力。"徙益州路钤辖,累迁文州刺史、康州团练使、知雄州,历龙神卫、捧日天武都指挥使,马步殿前都虞候。

入宿卫,迁洋州观察使。卫兵以给粟陈哗噪,执政将付有司治,守约曰："御军安用文法!"遣一牙校语之曰："天子太仓粟,不请何为? 我不贷汝。"众惧而听命。进步军副都指挥使、威武军留后。神宗以禁旅骄惰,为简练之法,屯营可并者并之。守约率先推行,约束严峻,士始怨终服。或言其持军太急,帝密戒之,对曰:"臣为陛下明纪律,不忍使恩出于臣,而怨归陛下。"帝善之,欲擢置枢府,宰相难之,乃止。故事,当郊之岁,先期籍士卒之凶悍者,配下军以警众,当受粮而倩人代负者罚,久而浸弛,守约悉举行之。所居肃然无人声,至蝉噪于庭亦击去,人以为过。莅职十年卒,年七十一。赠安武军节度使,谥曰勤毅。

子球,以荫干当礼宾院。条秦、川券马四弊,群牧使用其议,马商便之。再使高丽,密访山川形势、风俗好尚,使还,图纪上之,神宗称善,进通事舍人。帝崩,告哀契丹,至,则使易吉服,球曰:"通和岁久,忧患是同,大国安则为之。"契丹不能夺。积迁西上阁门使、枢密副都承旨。为人谨密,朝日所闻上语,虽家人不以告。卒于官。

论曰:自郝质至宋守约,皆恂直忠笃,为一时名将。遭世承平,边疆少警,拥节旄,立殿陛,高爵重禄,以寿考终,宜也。姚氏世用武奋,兕与弟麟并有威名,关中号"二姚"。兕之子雄,亦以战功至节度使,而古竟以败贬,其才否可见已。

宋史卷三五○
列传第一○九

苗授 子履　　王君万 子赡

张守约　　王文郁　　周永清

刘绍能　　王光祖　　李浩

和斌 子诜　　刘仲武　　曲珍

刘阒　　郭成　　贾岩　　张整

张蕴　　王恩　　杨应询　　赵隆

苗授字授之,潞州人。父京,庆历中,以死守麟州抗元昊者也。少从胡翼之学,补国子生,以荫至供备库副使。

王韶取镇洮,授为先锋,破香子城,拔河府。羌虽败,气尚锐,辄围香子以迎归师。韶遣将田琼救之,琼死,乃简骑五百属授,授奋击败之。休士二日,羌复要于架麻平,注矢如雨,众惧,授令曰:"第进毋恐!毡牌数百且至。"行前者传呼,羌惊乱。力战数十,斩首四千级。又破之于牛精谷,取珂诺城,尽得河湟地。

知德顺军,三迁西上阁门使。鬼章寇河州,诏授往,一战克撒宗,论功第一,遂知州事。加四方馆使、荣州刺史。从燕达取银川,降木征,献之京师,加引进使、果州团练使、泾原都钤辖。

召使契丹,神宗劳之曰:"曩香子之役,非汝以寡击众,几败吾事。"以为秦凤副总管,徙熙河,复知河州。副李宪讨生羌于露骨山,斩首万级,获其大酋冷鸡朴,羌族十万七千帐内附,威震洮西。拜昌州团练使、龙神卫四厢都指挥使,徙知雄州、熙州。

元丰西讨,授出古渭取定西,荡禹臧花麻诸族,降户五万。城兰州,遇贼数万于女遮谷,登山逆战,败退伏垒中,半夜遁去。授逾天都山,焚南牟,屯没烟,凡师行百日,转斗千里,始入塞。

授遇事持议不苟合。初在德顺,或议城篯南,授曰:"地阻大河,粮道不济,非万全计也。"役即止。师征灵武,诏令援高遵裕,即条上进退利害甚切。历进步军副都指挥使、威武军节度观察留后。元佑三年,迁武泰军节度使、殿前副都指挥使。逾岁,以保康节度知潞州,提举上清太平宫,复使殿前。薨,年六十七,赠开府仪同三司,谥曰庄敏。

子履。履束发从戎。授之降木征也,履护送至京,得阁门祗候。历熙、延、渭、秦四路钤辖,知镇戎军。及其父时,已官四方馆使、吉州防御使矣,以事窜房州,起为西上阁门副使、熙河都监。又责右清道率府率,监峡州酒税。元符初,悉还其官,以熙河兰会都钤辖知兰州。

诏同王赡取青唐,与姚雄合兵讨鬼羌篯罗结。赡将李忠战败,罗结大集众,宣言欲围青唐。履、雄将至,羌列阵以待,势甚盛。履叱军士纳弓于鞬,拔刀而入。羌怙巢穴殊死斗,枭将陈迪、王亨辈皆反走,履独驻马不动。有酋青袍白马突而前,手剑击履,帐下王拱以弓格之,仅免。复绕出履背,欲断军为二,别将高永年率所部力战数十合,羌退,乘胜围兰宗堡,弗能拔。日暮,收兵入营,羌宵溃。明日,纵兵四掠,焚其族帐而还。

既而阿章叛,诏履与种朴过河讨荡,辞以兵少,朴遂陷。录履前功,擢龙神卫四厢都指挥使、成州团练使,知庆州,徙渭州,进捧日、天武都指挥使。是后史失其传。子傅,在《叛臣传》。

王君万，秦州宁远人。以殿侍为秦凤指挥使。王韶开边，青唐大酋俞龙珂归国，独别羌新罗结不从。经略使韩缜期诸将一月取之。君万诈为猎者逐禽至其居，稍相亲狎，与同猎，乘间挝之，坠马，斩首驰归以献。甫及一月，积功得阁门祗候。王师定武胜，首领药厮逋邀劫于闽贡物，帅师讨焉。君万出南山，履险略地。羌潜伏山谷间，忽一骑跃出，横矛将及，君万亟侧身避之，回首奋击，斩以徇。其众惊号，相率听命，所斩乃药厮逋也。复破北关、南市，功最多，擢熙河路钤辖，进领英州刺史、达州团练使，赐绢五百。

洮西羌叛，围河州，君万请于王韶，以为南撒宗城小而坚，强勇所聚，若并兵破之，围当自解。韶用其计，围果解。累官客省使，为副总管。坐贷结籴钱数万缗，为转运使孙迥所纠，贬秩一等。讨西山、铁城有功，复故官职。君万怨孙迥，使番官木丹讼之，鞫于秦、陇，又贬为凤翔钤辖，籍家资偿逋，遂以愤卒。

子赡。赡始因李宪以进。立战功，积官至皇城使，领开州团练使。元符中，知河州。熙帅钟传以冒白草原赏，狱治于秦，诏转运使张询谕诸将得自首。赡具伏诈增首级，因说询云："青唐人有叛瞎征意，可取也。"询信之，即具奏言已令赡结约起兵。哲宗与辅臣罪其狂妄专辄，亟罢询，而命孙迥究实。狱上，夺赡十一官，犹令领州。

赡欲以功赎过，乃密画取青唐之策，遣客诣章惇言状。惇下其事于孙路，路以为可取。赡遂引兵取邈川。路知赡狡狯难制，使总管王愍统军，而以赡副。赡为前锋渡河，先下陇朱黑城。忌愍分其功，绐之曰："晨食毕乃发。"愍信之。夜半，赡忽传发。平明，入邈川，据府库，径上捷书，不以白军府。愍过午始至，以事诉于路，路亦怒，颛以兵柄付愍，而留赡屯邈川。

宗哥酋舍钦脚求内附，赡遣裨将王咏率五千骑赴之。既入，而诸羌变，咏驰书告急，王厚使高永年救之，乃免。赡与愍交讼，又诉路指画相违。惇主赡而不直路，曰："首谋者赡也，路欲掩其功，故抑赡。"乃徙路河南，罢愍统制，以胡宗回为帅。

　　时瞎征已来降,青唐戎将惟心牟钦毡父子百余人在。赡不即取,二羌遂迎溪巴温之子陇拶入守。始,孙路乞先全邈川及河南北诸城,然后进师。赡怨路,因言青唐不烦大兵可下,而路逗遛失机会。暨宗回至,乃云夏人谋攻邈川,当为守备青唐未可取。宗回责其反覆,日夜督出师,遣使威以军法,且声言欲使王愍代将。赡惧,急进攻陇拶及心牟等,皆出降。赡入据其城。诏建为鄯州,进赡四方馆使、荣州防御使、知州事。黄履谓赏薄,乃拜维州团练使,为路钤辖。

　　赡纵所部剽夺,羌众携贰,心牟等结诸族帐谋复青唐,其在山南者先发。赡遣将李宾领二千骑掩袭心牟以下,自守西城与羌斗。宾逾南山入保敦谷讨荡,羌战败奔北,四山皆空。赡戮心牟等九人,悉捕斩城中羌,积级如山。

　　初,赡讽诸酋籍胜兵者涅其臂,无应者。篯罗结请归帅本路为唱,赡听之去,遂啸集外叛,以数千人围邈川,夏众十万助之,城中危甚。苗履、姚雄来援,围始解。

　　已而王吉、魏钊、种朴相继败没,将士夺气。书闻,帝震骇,于是转运使李谦、秦希甫劾赡盗取二城财物,因此致变;又杀心牟钦毡以灭口。曾布言赡创造事端以生边害,万死不塞责。诏贬右千牛将军,房州安置。言者论之不已,熙河又奏青唐诸族怨赡入骨髓,日图报复,枢密院乞斩赡以谢一方。诏配昌化军,行至穰县而缢。

　　崇宁初,蔡京入相,钱遹讼赡功;及王厚平鄯、廓,于是追赠保平军节度观察留后,除其子珏通事舍人。

　　张守约字希参,濮州人。以荫主原州截原寨,招羌酋水令逋等十七族万一千帐。为广南走马承受公事,当侬寇之后,二年四诣阙,陈南方利害,皆见纳用。欧阳修荐其有智略、知边事,擢知融州。峒将吴侬恃险为边患,捕诛之。修复荐守约可任将帅,为定州路驻泊都监,徙秦凤。居职六年,括生羌隐土千顷以募射手,筑硖石堡、甘谷城,第功最多。

夏人万骑来寇，守约适巡边，与之遇，不解鞍，简兵五百逆战，众寡不侔，势小却。夏人张两翼来，守约挺身立阵前，自节金鼓，发强弩殪其酋，敌遂退。

神宗开拓熙河，召问曰："王韶能办事否？"对曰："以天威临之，当无不济；但董毡忠勤效顺，恐不宜侵逼。"因请名古渭为军，以根本陇右。帝从之，建为通远军。加通事舍人、熙河钤辖，仍统秦凤羌兵驻通远。

河州羌率众三万屯于敦波，欲复旧地，守约度洮水击破之，取窖粟食军。羌老弱畜产走南山，左右欲邀之，云可获万万。守约曰："彼非敢迎战，逃死耳，辄出者斩！"鬼章围岷州，守约提敢死士鸣鼓张帜高山上，贼惊顾而遁，遂知岷州，降其首领千七百人。迁西上阁门使、知镇戎军。徙环州。

慕家族颉很难制，摇动种落，勒兵讨擒之，余遁入夏国。守约驻师境上，檄取不置，居数日，械以来，斩于市。

从征灵武，至清远军，言于高遵裕曰："此去灵州不三百里，用以前军先出，直捣其城。今夏人以一方之力，应五路之师，横山无人，灵州城中惟僧道数百。若裹十日粮，疾驰三日可至，军无事矣。"又劝高遵裕令士众护粮饷，以防抄掠，不听，果以败还。守约有捍海南咸平之功，亦不录。

进为环庆都钤辖、知邠州，徙泾原、鄜延、秦凤副总管，领康州刺史。夏人十万屯南牟，畏其名，引去。知泾州，泾水善暴城，每春必增治堤堰，费不资。适岁饥，罢其役。或曰："如水害何"？守约曰："歉岁劳民，甚于河患，吾且徐图之。"河神祠故在南墉，祷而迁诸北，以杀河怒。一夕雷雨，明日，河徙而南，其北遂为沙碛。以龙、神卫四厢都指挥使召还，道卒，年七十五。

守约典七州，皆有惠爱可纪。神宗尝谓武臣可任者，以燕达、刘昌祚、姚麟、王崇极、刘舜卿等对，其后皆为名将，时称知人。

王文郁字周卿，麟州新秦人。以供奉官为府州巡检。韩琦荐其材,加阁门祗候、麟府驻泊都监。

熙宁讨夏国,文郁败之吐浑河。其将香崖夜遣使以剑为信,欲举众降,许之。且而至与偕行,众情忽变,噪以出。文郁击之,追奔二十里。据险大战,矢下如雨,文郁徐引度河,谓吏士曰:"前追强敌,后背天险,韩信驱市人且破赵,况尔曹皆百战骁勇邪?"士感奋进击,夏人大溃,降其众二千。迁通事舍人。夏人逾屈野河掠塞上,文郁追至长城坂,尽夺所掠而还。

神宗召见,问曰:"向者招纳香崖,群议不一,其为朕言之。"对曰:"此乃致敌上策,恨未能多尔。并边生羌善驰突,识乡导,傥能抚柔之,所谓以外夷而攻外夷也。"帝于是决意招纳,多获其用。知文郁善左射,并招其子弟阅肄殿庭,文郁九发八中,诏官其二子。

知镇戎、德顺军,预定洮、河,迁左骐骥副使、知麟州。夏众践稼,袭败之,部使者劾为生事,夺郡印。

未几,为熙河将。李宪讨灵武,文郁得羌户万余,迁路钤辖。夏人围兰州,已夺两关门,文郁募死士夜缒而下,持短兵突贼,即扫营去。擢东上阁门使、知兰州。谍知夏人将大入,清野以俟,果举国趋皋兰,文郁乘城御之,杀伤如积,围九日而解,收其尸为京观。加荣州团练使,以捧日、天武都指挥使为副都总管,以殿前都虞候知河州。筑安西城、金城关,进秦州防御、冀州观察使。卒,年六十六。

周永清字肃之,世家灵州,州陷,祖美归京师。永清以荫从仕,宰相庞籍言其忠勇,加阁门祗候。押时服刚夏国,至宥州,夏人受赐不跪,诘之,恐而跪。迁通事舍人、渭州钤辖。渭兵劲而阵伍不讲,永清训以李靖法。帅蔡挺嘉其整,图上之,诏推于诸道。

知德顺军,夏众入寇,击擒其酋吕效忠。又募勇士夜驰百里,捣贼巢穴,斩首三百级,俘数千人,获橐驼、甲马万计,城中无知者。并寨禁地三百里,盗耕不可禁,永清拓籍数千顷,置射士二千,声闻敌廷。降者引入帐下,待之不疑,多得其死力。

徙秦凤钤辖、河北沿边安抚副使、知代州。契丹无名求地,朝廷命韩缜分划,永清贰焉。入对言:"疆境不可轻与人,臣职守土,不愿行。"固遣之,复上章陈利害,竟以母病辞。历高阳关、定州、泾原路钤辖,知泾州、保州,又为定州路副总管,终东上阁门使。

刘绍能字及之,保安军人。世为诸族巡检,父怀忠,官内殿崇班、阁门祗候。元昊叛,厚以金币及王爵招之,怀忠毁印斩使,泊入寇,力战以死。录绍能右班殿直,赐以名,为军北巡检。击破夏右枢密院党移赏粮数万众于顺宁。夏人围大顺城,绍能为军锋,毁其栅,至奈王川,邀击于长城岭;熙宁中,又败夏人于破啰川,皆策功最,累迁洛苑使、英州刺史,鄜延王兵马都监。旧制,内属者不与汉官齿,至是,悉如之,仍以其子袭故职。

元丰西讨,召诣阙,神宗访以计,对曰:"师旅远征,储偫不继为大患。若俟西成后,因粮深入,乃可以得志。"帝以为然,命统两军进讨。绍能世世边将,为敌所忌,每设疑以间之。帝独明其不然,手诏云:"能战功最多,忠勇第一,此必夏人畏忌,为间害之计耳。"绍能捧诏感泣。尝坐谗逮对,按验卒无实。守边围四十七年,大小五十战,以皇城使、简州团练使卒。

王光祖字君俞,开封人。父珪,为泾原勇将,号"王铁鞭",战死好水川。录光祖为供奉官、阁门祗候。

熙宁中,同提点河北刑狱,改沿边安抚都监,进副使。界河巡检赵用扰北边,契丹以兵数万压境,造浮桥,如欲度者。光祖在舟中,对其众尽撤户牖。或谓:"契丹方阵,而以单舟临之,如不测何?"光祖曰:"彼所顾者,信誓也;其来,欲得赵用耳。避之则势张,吾死不足塞责。"

已而契丹欲相与言,光祖即命子襄往。兵刃四合,然语唯在用,襄随机折塞之。其将萧禧遽挥兵去,且邀襄食,付所戴青罗泥金笠以为信,即上之。时已有诏罢光祖矣,吴充曰:"向非光祖以身对垒,又使子冒白刃取从约,则事未可知。宜赏而黜,何以示惩劝?"乃除真定钤辖。

徙祖梓夔。渝獠叛，诏熊本安抚，而命内藏库使杨万、成都钤辖贾昌言、梓夔都监王宣与光祖同致讨，皆受本节度。本疑光祖不为用，分三道进师，使光祖将后军，出黄沙坎。比发，日已暮，土以杖索涂，相挽而前，夜半，抵绝顶。质明，獠望见，大骇，一鼓而溃。万等困于松溪，又亟往援。出石门，夺其险，促黔兵先登袭贼，贼舍去。光祖夜泊松岭上，旦始遇万等，与俱还。本愧谢，上其功第一。

吐蕃围茂州，光祖领兵三千，会王中正破鸡宗关，贼据石鼓村，扼其半道。中正召诸将问计，光祖独请行。既抵石鼓，择锐兵分袭吐蕃背，出其不意，皆惊遁，遂会中正于茂。

泸夷乞第杀王宣，诏从韩存宝讨之，军于梅岭，夷数万众出驻落个栈，欲老我师。霖雨不止，光祖劝存宝早决战，不听。林广至，复从征，荡其巢窟。积功至四方馆使、知泸州。置泸南安抚使，俾兼领，边事听专颛决。迁客省使、嘉州刺史。历泾原、河东、定州路副总管，卒。

李浩字直夫，家本绥州，徙西河。浩务学，通兵法，以父定荫，从军破侬智高。韩绛城啰兀，领兵战赏堡岭川，杀大首领讹革多移，斩首千三百余级。积官供备库副使、广西都监。

衷西北疆事著《安边策》谒王安石。安石言之神宗，召对，改管干麟府兵马。未行，又从章惇于南江，引兵由三路屯镇江，入叙州，讨舒光贵，破盈口栅，下天府，会于洽州，入懿州。蛮酋田元猛、元喆合猎狫拒官军，浩分兵击之，杀猎狫，降元猛、元喆，遂城懿州。进讨黔江蛮，复城黔江。惇上其功，谓不当与他将比，擢引进副使、熙河钤辖。

李宪讨山后羌，浩将右军至合龙岭会战，遣降羌乞喏轻骑突敌帐，俘其酋冷鸡朴、李密撒，馘三千。迁东上阁门使，为副总管、知河州、安抚洮西。五路大举，浩将前军，复兰州。迁引进使、陇州防御使、知兰州兼熙河泾原安抚副使。坐西关失守及报上不实，再贬秩。

旋以战吃啰、瓦井连立功,复之。

哲宗即位,拜忠州防御使、捧日天武都指挥使、马军都虞候,进黔州观察使,历鄜延、太原、永兴、环庆路副都总管,再知兰州。卒,赠安化军留后。

和斌字胜之,濮州鄄城人。选隶散直,为德顺军指挥使,凡五年,数捍敌,被重创十余。知军事刘兼济以兄平败没,执送京师,并逮其家。斌慰安调护,为寓金帛他所,密告兼济勿以家为恤。平冤既伸,兼济获免,家赖以全。定川之役,将曹英丧所乘马,斌辍骑与之,且战且行,与俱免。

狄青南征,使部骑兵为前锋。青驻宾州十日以怠寇,既乃倍道兼行。斌以兵疲于险,利在速战,即日度关。鏖贼归仁驿,孙节死,斌引骑血战,绕出贼后,遂败之。师还,张破贼阵形于殿廷,仁宗抚劳,擢文思副使、权广西钤辖。改秦凤,广西以蛮事乞留,秦州亦请之,诏留广西。

累岁,徙泾原。召对,议者谓交州可取,斌盛言有害无益,愿戒边臣无妄动。神宗叹曰:“卿质直如此,乃知两路争卿,为不诬矣。”进带御器械。渭部饥,帅王广渊命吏赈给,斌曰:“救之无术,是杀之耳。”广渊以委斌,斌择地营居,养视有法,所活以万数。

安南入寇,复徙广西。累迁皇城使、昭州刺史。抚水蛮罗世念犯宜州,守将战死。斌提步骑三千进讨,方暑,昼夜趣兵,至怀远寨,曰:“此要害之地,得之则生。”或曰:“奈何背龙江邪?”笑曰:“是所以生也。”因示弱骄之,蛮果大至,斌选将迎敌,戒以遇之则走,诱至平坂,列八阵以待之。张疑兵左右山上,蛮登岭望见,始大惊。斌分骑翼其旁,自被甲步出,为众士先,殊死战。蛮大败,世念率酋党四千八百内附。遂以荣州团练使知宜州,迁西上阁门使、知邕州,以老请还,除高阳关副总管,历永兴军路。召拜龙、神卫四厢都指挥,至步军都虞候,卒,年八十。赠宁州防御使。

斌老于为将,以恩信得边人心,岭南珍货,一无所蓄。边吏欲希功造事,皆惮不敢发;或巧为谍报启衅,亦必折其奸谋。故所至无事,士大夫称之。

子诜,以荫为河北副将,累官至右武大夫、威州刺史。知雄州。上制胜强远弓式,能破坚于三百步外,边人号为"凤凰弓"。进相州观察使。在雄十年,颇能侦敌。童贯攻燕,召诜计事,悦之。分麾下兵俾以副统制,从种师道军于白沟,旬有二日而退。追兵至,北风,大雨雹,师不能视。契丹以背盟谯责,薄暮,始得还。于是贯以契丹尚盛未可图,劾诜觇候不实,贬濠州团练副使,筠州安置。

诜始与取燕之谋,见事势浸异,则又以为不宜取,故平燕肆赦,独不得还。后复官,卒。

刘仲武字子文,秦州成纪人。熙宁中,试射殿庭异等,补官。数从军,累转礼宾使,为泾原将。夏人谋犯天圣寨,渭帅檄诸将会兵,约曰:"过某日贼不至,即去。"仲武谍得的期,乞缓分屯。帅不乐,但留一将及仲武军,如期而敌至,力战却之。迁皇城使、熙河都监。复湟川,进东上阁门使、知河州。

吐蕃赵怀德、狼阿章众数万叛命,仲武相持数日,潜遣二将领千骑扣其营,戒曰:"彼出,勿与战,亟还,伏兵道左。"二将还,羌果追之,遇伏大败,斩首三千级,复西宁州。未几,怀德、阿章降。累进客省使、荣州防御使。

副高永年西征。仲武欲持重固垒,永年易贼轻战,遂大败。仲武引咎自劾,坐流岭南。命未下,与夏人战,伤足。朝廷闵之,贷其罚,以为西宁都护。

童贯招诱羌王子臧征仆哥,收积石军,邀仲武计事。仲武曰:"王师入,恙必降,或退伏巢穴,可乘其便。但河桥功力大,非仓卒可成,缓急要预办耳。若禀命待报,虑失事机。"贯许以便宜。仆哥果约降,而索一子为质。仲武即遣子锡往,河桥亦成。仲武帅师渡河,挈与归。贯掩其功,仲武亦不自言。徽宗遣使持盏至边,赐获王者。访得仲武,召对,帝劳之曰:"高永年以不用卿言失律,仆哥之降,河南绥定,卿力也。"问几子,曰:"九人。"悉命以官,锡阁门祗候。

仲武知西宁州,徙渭州,召为龙、龙卫都指挥使,复出熙州、秦州,迁步军副指挥使。熙帅刘法死,又以熙、渭都统制摄之。历拜徐州观察使、保静军承宣使、泸川军节度使。以老,提举明道宫,再起为熙州。卒于官,年七十三。赠检校少保,谥曰威肃。子锜,别有传。

曲珍字君玉,陇干人,世为著姓。宝元、康定间,夏人数入寇,珍诸父纠集族党御之,敌不敢犯。于是曲氏以材武长雄边关。

珍好驰马试剑,尝与叔父出塞游猎,猝遇夏人,陷其围中,驰击大呼,众披靡,得出,顾叔不至,复持短兵还决斗,遂俱脱,秦凤都钤辖刘温润奇其材,一日,出宝剑令曰:"能射一钱于百步外者,与之。"诸少年百发不能中,珍后至,一矢破之。从温润城古渭,与羌战,先登陷阵。为绥德城监押,提孤军拒寇,斩其大酋,加阁门祗候。有功洮西,迁内殿崇班。

郭逵、赵离南征,为第一将。进自右江,抚接广源三州十二县,降伪守已下百六十人,老稚三万六千口。是行也,功最诸将,迁西染院使。得疾,舆还京师,神宗遣使临问,少间,令入对。珍念二帅不和睦。上问必及之,言之心形曲直,将何以对,乃以余疾未平为解。帝复使奖劳,赐之弓剑、鞍勒,命有司蠲其乡摇赋,擢鄜延钤辖,进副总管。

从种谔攻金汤、永平川,斩二千级。累迁客省使,拜怀州防御使、龙神卫四厢都指挥使。徐禧城永乐,珍以兵从。板筑方兴,羌数十骑济无定河觇役,珍将追杀之,禧不许。谍言夏人聚兵甚急,珍请禧还米脂而自居守。明日果至,禧复来,珍白:"敌兵众甚,公宜退处内栅,檄诸将促战。"禧笑曰:"曲侯老将,何怯邪?"夏兵且济,珍欲乘其未集击之,又不许。及攻城急,又劝禧曰:"城中井深泉啬,士卒渴甚,恐不能支。宜乘兵气未衰,溃围而出,使人自求生。"禧曰:"此城据要地,奈何弃之?且为将而奔,众心摇矣。"珍曰:"非敢自爱,但敕使、谋臣同没于此,惧辱国耳。"数日城陷,珍缒而免,子弟死者六人。亦坐贬皇城使。帝察其无罪,谕使自安养,以图后效。

元祐初,为环庆副总管。夏人寇泾原,号四十万,珍捣虚驰三百里,破之曲律山,俘斩千八百人,解其围。进东上阁门使、忠州防御使。卒,年五十九。珍善抚士卒,得其死力。虽不知书,而忠朴好义,本于天性。

刘阒字静叔,青州北海人。以拳力为军校,从延州军出塞遇敌,矢贯左耳,战不顾,众服其勇。

从文彦博讨贝州,次城下,攀垒欲登,贼以曲戟钩其甲,阒裂之而坠。议者欲穿地道入,阒曰:“穴地积土,贼且知之。城濒河,若昼囊土而夜投诸河,宜无知者。”彦博以为然。穴成,阒持短兵先入,众始从,遂登埤,引绳而上,迟明,师毕入。贝州平,功第一,擢虎翼指挥使。累迁宣武神卫都指挥使、昭州刺史、辰州团练使。

韩绛宣抚陕西,诏阒自河东为犄角。至铁冶沟,夏人大集。众惧,阒自殿后,率锐骁搏战,飞矢蔽体不为隙,却敌解去。

为冀州驻泊总管。河水涨,堤防垫急,阒请郡守开青杨道口以杀水怒,莫敢任其责。阒躬往浚决,水退,冀人赖之。以左金吾大将军致仕。卒,年八十五。

郭成字信之。德顺中安堡人也。从军,得供奉官。王师趋灵武,成将泾原兵击破夏人于漫哆隘。至城下,有羌乘白马驰突阵前,大将刘昌祚曰:“谁能取此者?”成跃马枭其首以献,进秩四等。

朝廷筑平夏城,置将戍之,又环以五寨。渭帅章楶问可守者于诸将,皆曰:“非郭成不可。”遂使往守。夏人恚失地,空国入争,谋曰:“夏平视诸垒最大,郭成最知兵。”遂自没烟峡连营百里,飞石激火,昼夜不息。成与折可适议乘胜深入,以万骑异道并进,遂俘阿埋、都逋二大酋。捷闻,进雄州防御使、泾原钤辖。徽宗诏诸军并力筑绥戎、怀戎二堡,成独当合流之役,暴露雪中,感疾卒。帝悼之甚,赙以金帛,官其子婿。

成轻财好施，名震西鄙。既没，廉访使者王孝竭白于朝，帝手书报曰："郭成尽忠报国，有功于民，宜载祀典。"榜其庙曰："仁勇"云。子浩，绍兴中为西边大将，至节度使。

贾岩字民瞻，开封人。少时，善骑射，喟然叹曰："大丈夫生世，要当自奋，扬名显亲可也。"遂起家从戎，神宗选材武，以为内殿承制、庆州荔原堡都监。

林广讨泸夷，辟将前锋。又为河东将，改西夏兵于明堂川。累功转庄宅副使，迁路监。绍圣中，夏兵数万围麟州神堂寨甚急，岩以数百骑往援，令其下曰："国家无事时，不惜厚录养汝辈，正以待一旦之用耳。今力虽不敌，吾誓以死报！"众感历，即循屈野河行，且五里，据北拦坡岭上，一矢殪其酋，众骇溃。哲宗嘉叹，赐以袍带。知皇城使、威州刺史，迁路钤辖。

岩在兵间二十年，有智略，能抚御士卒，所向辄胜。时以良将入对，留擢龙、神卫四厢都指挥使，迁步军都虞候、濠州团练使。卒，年五十二，赠雄州御使。

张整字成伯，亳州酇阳人。初隶皇城司御龙籍，补供奉官，为利、文州都巡检使。边夷岁钞省地，吏习不与校，至反遗之物，留久乃去。整恶其贪暴无已，密募死士，时其来，掩击几尽。有司劾生事，神宗壮之，不问。

调荆湖将领，拓溪蛮地，筑九城，董兵镇守。又破蛮于大田，岁中三迁。猎狫万众乘舟屯托口，迫黔江城，时守兵才五百，人情大恐。整伏其半于托口旁，戒曰："须吾旦度金斗崖，举帜，则噪而前。"及旦，率其半，缚艨艟，建旗鼓，泝流急趋。贼望见大笑。帜举伏发，前后合击，人人殊死斗，蛮腾践投江中，杀获不可计。为广西钤辖，坐杀降猺，责监江州酒税。复为泾原、真定、京东、环庆钤辖。

整莅军严明，哲宗尝访于辅臣，召之对，擢为龙神卫四厢都指挥使、管干马军司。卒，官至威州刺史。

张蕴字积之,开封将家子也。从军为小校,隶刘昌祚。至灵州,遇敌中矢,拔镞复战,以功赐金带。从征安南,次富良江,诸将犹豫未进,蕴褰裳先济,众随之。蛮遁走,使巫被发登崖为厌胜,蕴射之,应弦而毙,一军欢噪。

历京西、泾原将,知绥德、怀宁、顺宁军等六城,储粟至三十万斛。将兵取宥州,破夏人于大吴神流堆。宥州监军引铁骑数千趋松林堡,蕴谍知之,顿兵长城岭以待,戒诸部曰:"贼远来气盛,少休必困,困而击之,必捷。"果以胜归。夏人寇顺宁,蕴置伏狭中,约闻呼则起,俘斩数百十人,获马、械甚众。累迁皇城使、荣州刺史、成州团练使、通州防御使,开德、河阳马步军副总管。

显肃皇后母自郑氏再适蕴,徽宗屡欲以恩进其官,辄力辞不敢受,人以为贤。卒,年七十三,赠感德军节度使,谥曰荣毅。

王恩字泽之,开封人,以善射入羽林,神宗阅卫士,挽强中的,且伟其貌,补供备库副使。为河州巡检,夏羌寇兰州,恩搏战城下,中两矢,拔去复斗,意气弥厉。迁泾原将。尝整军出万惠岭,士饥欲食,恩倍道兼行,众汹汹。已而遇敌数万,引兵先入壁,井灶皆具,诸将始服。羌扣壁愿见,恩单骑径出,遥与语,一夕,羌引去。

哲宗召见,语左右曰:"先帝时宿卫人,皆杰异如此。"留为龙、神卫都指挥使,迁马军都虞候。契丹使来,诏陪谢,使者问:"闻泾原有王骑将,得无是乎?"应曰:"然"。射三发皆中,使以下相视皆叹息。

出为泾原副都总管,并获秦、渭、延、熙四路兵,城西安,筑临羌、天都十余垒。羌围平夏,诸校欲出战,恩曰:"贼倾国远寇,难以争锋,宜以全制其敝。彼野无所掠,必携,携而遇伏,必败。"乃先行万人设伏,羌既退师,果大获。

徽宗立,以卫州防御使徙熙何,改知渭州。括隐地二万三千顷,分弓箭士耕屯,为三十一部,以省馈饷。边臣献车战议,帝以访恩,恩曰:"古有之,偏籍、鹿角,今相去益远,人非所习,恐缓急难用。夫操不习之器,与敌周旋,先自败耳。"帝善其对。迁马步军都指挥使、殿前都指挥使、武信军节度使。

尝汰禁卒数十人,枢密请命都承旨覆视,恩言:"朝廷选三帅,付以军政,今去数十冗卒而不足信,即其他无可为者。"帝立为罢之。眷顾甚宠,赐居宅,又赐城西地为园囿。属疾,以检校司徒致仕。薨,年六十二,赠开府仪同三司。

杨应询字仲谋,章惠皇后族孙也。历知信安保定军、霸州。塘泺之间地沮洳,水潦易集,居人浮板以济。应询增堤防为长衢,浚其旁以泄流,民利赖之。为河北沿边安抚使。徽宗以归信、容城两县弓手为契丹所惮,欲增为千人,或恐生事,应询曰:"吾欲备他盗,彼安能禁我?"卒增之。

知雄州,朝廷多取西夏地,契丹以姻娅为言,遣使乞还之,不得,拥兵并塞,中外恫疑。应询曰:"是特为虚声吓我耳。愿治兵积粟示有备,彼将闻风自戢。"明年,果还兵。复遣其相臣萧保先、牛温舒来请,诏应询逆于境。既至,帝遣问所以来,应询对:"愿固守前议。"寻兼高阳关路铃辖。

边人捕得北盗吕忻儿,契丹谓略执平民,有诏使纵释。应询言:"吾知执盗耳,因其求而遂与之,是示以怯也。"不与。遂质我民,固索之。应询以违诏贬秩,再迁洋州观察使。入提举万寿观。馆契丹使,当赐柑而贡未至,有司代以他物,使不受,应询以言折之,乃下拜。复为定州、真定、大名副都总管。卒,年六十三,赠昭化军节度使,谥曰康理。

赵隆字子渐,秦州成纪人。以勇敢应募,从王韶取熙河。大将姚麟出战,被重创,谓曰:"吾渴欲死,得水尚可活。"时已暮,有泉近贼营,隆独身潜往,渍衣泉中。贼觉,隆且斗且行,得归,持衣裂水以饮麟,麟乃甦。又从李宪破西市。师讨鬼章,外河诸羌皆以兵应之。

隆率众先至，斧其桥，鬼章失援，乃成擒。

为泾原将，战平夏川，功最多。崇宁中，钤辖熙河兵，将前军出邈川，预复鄯、廓。夏人寇泾原，诏熙河深入分其兵，无令专乡东方。师至铁山，隆先登，士皆殊死战，夏人解去。召诣阙，徽宗慰劳之曰："铁山之战，卿力也。"

童贯与论燕云事，隆极言不可。贯曰："君能共此，当有殊拜。"隆曰："隆武夫，岂敢干赏以败祖宗二百年之好？异时起衅，万死不足谢责。"贯知不可夺，白以知西宁州，充陇右都护。羌豪信服，十二种户三万六千，愿比内地。

帅刘法西讨，隆以奇兵袭羌，羌溃，城震武。迁温州防御使，龙神卫、捧日天武都指挥使，仍为本道马步副都总管。卒，赠镇潼军节度使，命词臣制碑，帝篆额曰"旌忠"。

论曰：有国家者不可忘武备，故高祖以马上得天下，而犹有"安得猛士守四方"之叹。然所贵为将领者，非取其武勇而已也，必忠以为主，智以为本，勇以为用，及其成功，虽有小大之殊，俱足以尊主庇民也。苗授策箧南之不可城，履不肯讨阿章，永清不以地与敌，文郁抚纳香崖，绍能之忠勇，珍之忠朴好义，光祖、应询明于料敌，守约及整御众严明，斌、浩之善战，岩、恩之善射，阊之出则先登，入则殿后，其材虽殊，其可以任奔走御侮之责于四境则一也。成以捍卫边陲，服勤致死，明诏褒饬，庙食一方，宜哉。君万挟诬报怨，赡狨谲喜功，国有常罚，父子谪死，亦宜也。诜首取燕，终变其说，既黜旋复，为失刑矣。至若仲武败则引咎责己，胜则不自言功，隆不敢启衅干赏，蕴甘分而辞荣，有士君子之行焉。尤武士之所难能也。

宋史卷三五一
列传第一一〇

赵挺之　张商英 兄唐英
刘正夫　何执中　郑居中
张康国　朱谔　刘逵
林摅　管师仁　侯蒙

　　赵挺之字正夫,密州诸城人。进士上第。熙宁建学,选教授登、棣二州,通判德州。哲宗即位,赐士卒缗钱,郡守贪毳不时给,卒怒噪,持白挺突入府。守趋避,左右尽走。挺之坐堂上,呼问状,立发库钱,而治其为首者,众即定。魏境河屡决,议者欲徙宗城县。转运使檄挺之往视,挺之云:“县距高原千岁矣,水未尝犯。今所迁不如旧,必为民害。”使者卒徙之,财二年,河果坏新城,漂居民略尽。

　　召试馆职,为秘阁校理,迁监察御史。初,挺之在德州,希意行市易法。黄庭坚监德安镇,谓镇小民贫,不堪诛求。及召试,苏轼曰:“挺之聚敛小人,学行无取,岂堪此选。”至是,劾奏轼草麻有云“民亦劳止”,以为诽谤先帝。既而坐不论蔡确,通判徐州,俄知楚州。

　　入为国子司业,历太常少卿,权吏部侍郎,除中书舍人、给事中。使辽,辽主尝有疾,不亲宴,使近臣即馆享客。比岁享乃在客省,与诸国等,挺之始争正其礼。

　　徽宗立,为礼部侍郎。哲宗祔庙,议迁宣祖,挺之言:“上于哲宗兄弟，同一世；宣祖未当迁。"从之。拜御史中丞，为钦圣后陵仪仗使。曾布以使事联职，知禁中密指，谕使建议绍述，于是挺之排击元佑诸人不遗力。由吏部尚书拜右丞，进左丞、中书门下侍郎。时蔡京独相，帝谋置右辅，京力荐挺之，遂拜尚书右仆射。

既相，与京争权，屡陈其奸恶，且请去位避之。以观文殿大学士、中太一宫使留京师。乞归青州，将入辞，会彗星见，帝默思咎征，尽除京诸蠹法，罢京，召见挺之曰："京所为，一如卿言。"加挺之特进，仍为右仆射。京在崇宁初，首兴边事，用兵连年不息。帝临朝，语大臣曰："朝廷不可与四夷生隙，隙一开，祸拏不解，兵民肝脑涂地，岂人主爱民恤物意哉！"挺之退谓同列曰："上志在息兵，吾曹所宜将顺。"已而京复相，挺之仍以大学士使佑神观。未几卒，年六十八。赠司徒，谥曰清宪。

张商英字天觉，蜀州新津人。长身伟然，姿采如峙玉。负气倜傥，豪视一世。调通州主簿。渝州蛮叛，说降其酋。辟知南川县。章惇经制夔夷，狎侮郡县吏，无敢与共语。部使者念独商英足抗之，檄至夔。惇询人才，使者以商英告，即呼入同食。商英著道士服，长揖就坐。惇肆意大言，商英随机折之，落落出其上。惇大喜，延为上客。归，荐诸王安石，因召对，以检正中书礼房擢监察御史。

台狱失出劫盗，枢密检祥官刘奉世驳之，诏纠察司劾治。商英奏："此出大臣私分，愿收还主柄，使耳目之官无为近臣所胁。"神宗为置不治。商英遂言奉世庇博州失入囚，因撼院吏徇私十二事，语侵枢臣，于是文彦博等上印求去。诏责商英监荆南税，更十年，乃得馆阁校勘、检正刑房。商英尝荐舒亶可用，至是，亶知谏院，商英以婿王沩之所业示之，亶缴奏，以为事涉干请，责监赤岸盐税。

哲宗初，为开封府推官，屡诣执政求进。朝廷稍更新法之不便于民者，商英上书言："三年无改于父之道，可谓孝矣。'今先帝陵土未干，即议变更，得为孝乎？"且移书苏轼求入台，其廋词有"老僧欲住乌寺，呵佛骂祖"之语。吕公著闻之，不悦。出提点河东刑狱，连使河北、江西、淮南。

哲宗亲政,召为右正言、左司谏。商英积憾元佑大臣不用己,极力攻之,上疏曰:"先帝盛德大业,跨绝今古,而司马光、吕公著、刘挚、吕大防援引朋俦,敢行讹议。凡详定局之所建明,中书之所勘当,户部之所行遣,百官之所论列,词臣之所作命,无非指擿抉扬,鄙薄嗤笑,剪除陛下羽翼于内,击周逐股肱于外,天下之势,岌岌殆矣。今天清日明,诛赏未正,愿下禁省检索前后章牍,付臣等看详,签揭以上,陛下与大臣斟酌而可否焉。"遂论内侍陈衍以摇宣仁,至比之吕、武;乞追夺光、公著赠谥,仆碑毁冢;言文彦博背负国恩,及苏轼、范祖禹、孙升、韩川诸人,皆相继受谴。又言:"愿陛下无忘元佑时,章惇无忘汝州时,安焘无忘许昌时,李清臣、曾布无忘河阳时。"其观望捭阖,以险语激怒当世,概类此。

惇、焘交恶,商英欲助惇,求所以倾焘者。阳翟民盖氏养子渐,先为祖母所逐,以家资属其女,经元丰诉理不得直。商英论其冤,导渐使遮执政,及诣御史府讦焘姻家与盖女为道地。哲宗不直商英,徙左司员外郎。既与渐交关事皆露,责监江宁酒。起知洪州,为江、淮发运副使,入权工部侍郎,迁中书舍人。谢表历诋元佑诸贤,众益畏其口。徽宗出为河北都转运使,降知随州。

崇宁初,为吏部、刑部侍郎,翰林学士。蔡京拜相,商英雅与之善,适当制,过为褒美。寻拜尚书右丞,转左丞。复与京议政不合,数诋京"身为辅相,志在逢君"。御史以为非所宜言,且取商英所作《元佑嘉禾颂》及《司马光祭文》,斥其反覆。罢知亳州,入元佑党籍。

京罢相,削籍知鄂州。京复相,以散官安置归、峡两州。大观四年,京再逐,起知杭州。过阙赐对,奏曰:"神宗修建法度,务以去大害、兴大利,今诚一一举行,则尽绍述之美。法若有弊,不可不变,但不失其意足矣。"留为资政殿学士、中太一宫使。顷之,除中书侍郎,遂拜尚书右仆射。京久盗国柄,中外怨疾,见商英能立同异,更称为贤,徽宗因人望相之。时久旱,彗星中天,是夕,彗不见,明日,雨。徽宗喜,大书"商霖"一字赐之。

商英为政持平,谓京虽明绍述,但借以劫制人主,禁锢士大夫尔。于是大革弊事,改当十钱以平泉货,复转般仓以罢直达,行钞法以通商旅,蠲横敛以宽民力。劝徽宗节华侈,息土木,抑侥幸。帝颇严惮之,尝葺升平楼,戒主者遇张丞相导骑至,必匿匠楼下,过则如初。杨戬除节度使,商英曰:"祖宗之法,内侍无至团练使。有勋劳当陟,则别立昭宣、宣政诸使以宠之,未闻建旄钺也。"讫持不下,论者益称之。

然意广才疏,凡所当为,先于公坐诵言,故不便者得预为计。何执中、郑居中日夜醖织其短,先使言者论其门下客唐庚,窜之惠州。有郭天信者,以方技隶太史,徽宗潜邸时,尝言当履天位,自是稍眷宠之。商英因僧德洪、客彭几与语言往来,事觉,鞠于开封府。御史中丞张克公疏击之,以观文殿大学士知河南府,旋贬崇信军节度副使,衡州安置。天信亦斥死。京遂复用。

未几,太学诸生诵商英之冤,京惧,乃乞令自便。继复还故官职。宣和三年卒,年七十九。赠少保。

商英作相,适承蔡京之后,小变其政,譬饥者易为食,故蒙忠直之名。靖康褒表司马光、范仲俺,而商英亦赠太保。绍兴中,又赐谥文忠,天下皆不谓然。兄唐英。

唐英字次功。少攻苦读书,至经岁不知肉味。及进士第,翰林学士孙抃得其《正议》五十篇,以为马周、魏元忠不足多。荐试贤良方正,不就。调谷城令。县圃岁畦姜,贷种与民,还其陈,复配卖取息,铨曹指为富县。唐英至,空其圃,植千株柳,作柳亭其中,闻者咨羡。

英宗继大统,唐英上《谨始书》云:"为人后者为子,惧他日必有引汉定陶故事以惑宸听者,愿杜其渐。"既而濮议果起。帝不豫,皇太后垂帘,又上书请立颍王为皇太子。神宗即位,知其人,擢殿中侍御史。入对,帝问何尚衣绿,对曰:"前者固得之,回授臣父。"帝嘉其孝,赐五品服。

帝方厉精图治,急于用人,唐英言:"知江宁府王安石经术道德,宜在陛下左右。"又论宗室禄多费巨,宜以服为差杀;天下苦役不均,盍思所以宽民力、代民劳者。其后略施行。帝方欲用之,以父忧去,未几卒。

唐英有史材,尝著《仁宗政要》、《宋名臣传》、《蜀梼杌》行于世。

刘正夫字德初,衢州西安人。未冠入太学,有声,与范致虚、吴材、江屿号"四俊"。元丰八年,南省奏名在优选,而犯高鲁王讳,凡五人皆当黜。宣仁后曰:"外家私讳颁未久,不可以妨寒士。"命置末级。久之,为太学录、太常博士。母服阕,御史中丞石豫荐之,召赴阙,道除左司谏。

时方究蔡邸狱,正夫入对,徽宗语及之,徐引淮南"尺布、斗粟"之谣以对。帝感动,解散其狱,待蔡王如初。他日,谓正夫曰:"兄弟之间,人所难言,卿独能及此,后必为公辅。"又言:"元祐、绍圣所修《神宗史》,互有得失,当折中其说,传信万世。"遂诏刊定,而以起居舍人为编修官。不阅月,迁中书舍人,进给事中、礼部侍郎。

蔡京据相位,正夫欲附翼之,奏言:"近命官纂录绍述先志及施行政事,愿得陈力其间。"诏俾阅详焉。京罢,正夫与郑居中阴援京。京憾刘逵次骨,而逵善正夫,京虽赖其助,亦恶之。因章绹铸钱狱辞及正夫,时使辽还,京讽有司追逮之。帝知其情,第贬两秩。京又出之成都,入辞,留为翰林学士。京愈不能平,谋中以事。作春宴乐语,有"紫宸朝罢衮衣闲"之句,京党张康国密白帝曰:"衮衣岂可闲?"竟改龙图阁直学士、知河南府。

召为工部尚书,拜右丞,进中书侍郎。太学诸生习乐成,京欲官之。正夫曰:"朝廷长育人材,规为时用,而使与伶官齿,策名以是,得无为士子羞乎?"东封仪物已具,正夫请间,力陈不可,帝皆为之止,益喜其不与京同。

政和六年,擢拜特进、少宰。才半岁,属疾,三上章告老,除安化军节度使、开府仪同三司致仕。病小愈,丐东归,诏肩舆至内殿,长子皂民掖入坐。从容及燕云事,曰:"臣起书生,军旅之事未之学,然两朝信誓之久,四海生灵之众,愿深留圣思。"明日,徙节安静军,起充中太一宫使,封康国公。将行,赐之诗及砚笔、图画、药饵、香茶之属甚厚。正夫献诗谢,帝又属和以荣其归。至盱眙,病呕,命子弟作遗牍,自书"留神根本,深戒持盈"八字,遂卒,年五十六。赠太保,谥文宪,再赠太傅。

正夫由博士入都,驯致宰相,能迎时上下,持禄养权。性吝啬,惟恐不足于财。晚年,筑第杭州万松岭,以建阁奉御书为名,悉取其旁军营民舍,议者讥之。帝眷念不衰,以皂民为兵部侍郎;少子皂民,徽猷阁待制。

何执中字伯通,处州龙泉人。进士高第,调台、亳二州判官。亳数易守,政不治。曾巩至,颇欲振起之,顾诸僚无可仗信者,执中一见合意,事无纤巨,悉委以专决。有妖狱久不竟,株连浸多。执中讯诸囚,听其相与语,谓牛羊之角皆曰:"股",扣其故,闭不肯言,而相视色变。执中曰:"是必为师张角讳耳。"即扣头引伏。蒋之奇使淮甸。号强明,官吏望风震慑,见执中喜曰:"一州六邑,赖有君尔。"知海盐县,为政识后先,邑人纪其十异。

入为太学博士,以母忧去,寓苏州。比邻夜半火,执中方索居,遑遑不能去,抚柩号恸,誓与俱焚。观者悲其孝而危其难,有顷火却,柩得存。绍圣中,五王就傅,选为记室,转侍讲。端王即位,是为徽宗,超拜宝文阁待制,迁中书舍人、兵部侍郎、工部吏部尚书兼侍读。四选案籍,吏多藏于家,以舞文取贿。执中请置库架阁,命官莅之,是后六曹皆仿其法。

蔡京籍上书人为邪等,初无朝觐及入都之禁,执中申言之,且请任在京职秩者皆罢遣。辟雍成,执中请开学殿,使都人士女纵观,大为士论所贬。

崇宁四年,拜尚书右丞。大观初,进中书、门下侍郎,积官金紫光禄大夫。一意谨事京,三年,遂代为尚书左丞,加特进。制下,太学诸生陈朝老诣阙上书曰:"陛下知蔡京奸,解其相印,天下之人鼓舞,有若更生。及相执中,中外默然失望。执中虽不敢肆为非法若京之蠹国害民,然碌碌庸质,初无过人。天下败坏至此,如人一身,脏府受沴已深,岂庸庸之医所能起乎?执中寅缘攀附,致位二府,亦已大幸,遽俾之经体赞元,是犹以蚊负山,多见其不胜任也。"疏奏不省,而眷注益异。初,赐第信陵坊,以为浅隘,更徙金顺坊甲第。建嘉会成功阁,帝亲书巨额以示宠。

执中与蔡京并相,凡营立皆预议,略无所建明。及张商英任事,执中恶其出己上,与郑居中合挤之。陈瓘在台州,执中起迁人石悈知州事,使胁取《尊尧集》,谋必死瓘;瓘不死,执中怒罢悈。

政和二年,大长公主丧,罢上元端门观灯,执中言:"不宜以长主故阕众情,愿特为徙日,以昭与民同乐之意。"帝重逆其请,为申五日期。用提举修《哲宗史纪》恩,加少保。入宴太清楼,锡白玉带。会正宰相官名,转少傅,为太宰;又迁少师,封荣国公。

执中辅政一纪,年益高。五年,卧疾甚,赐宽告。他日造朝,命止赴六参起居,退治省事。明年,乃以太傅就第,许朝朔望,仪物廪稍,一切如居位时。入见,帝曰:"自相位致为臣,数十年无此矣。"对曰:"昔张士逊亦以旧学际遇,用太傅致仕,与臣适同。"帝曰:"当时恩礼,恐未必尔。"执中顿首谢。其在政府,尝戒边吏勿生事,重改作,惜人材,宽民力。虽居富贵,未尝忘贫贱时。斥缗钱万置义庄,以赡宗族。性复谨畏,至于迎顺主意,赞饰太平,则始终一致,不能自克。卒,年七十四。帝即幸其家,以不及视其病为恨,辍视朝三日,赠太师,追封清源郡王,谥曰正献。

郑居中字达夫,开封人。登进士第。崇宁中,为都官礼部员外郎、起居舍人,至中书舍人、直学士院。初,居中自言为贵妃从兄弟,妃从藩邸进,家世微,亦倚居中为重,由是连进擢。会妃父绅客祝安中者,上书涉谤讪,言者并及居中,罢知和州,徙颍州。明年,归故官,迁给事中、翰林学士。大观元年,同知枢密院。时妃宠冠后宫,于居中无所赖，乃用宦官黄经臣策，以外戚秉政辞。改资政学士、中太一宫使兼侍读。

蔡京以星文变免，赵挺之相，与刘逵谋尽改京所为政。未几，徽宗颇悔更张之暴，外莫有知者。居中往来绅所，知之，即入见言："陛下建学校、兴礼乐，以藻饰太平；置居养、安济院，以周拯穷困，何所逆天而致威谴乎？"帝大悟。居中退语礼部侍郎刘正夫，正夫继请对，语同。帝意乃复向京。京再得政，两人之助为多。

居中厚责报，京为言枢密本兵之地，与三省殊，无嫌于用亲。经臣方持权，力抗前说，京言不效。居中疑不己援，始怨之，乃兴张康国比而间京。都水使者赵霖得龟两首于黄河，献以为瑞。京曰："此齐小白所谓'象罔'，见之而霸者也。"居中曰："首岂宜有二？人皆骇异，而京独主之，殆不可测。"帝命弃龟金明池，谓"居中爱我"，遂申前命，进知院事。四年，京又罢。居中自许必得相，而帝觉之，不用。妃正位中宫，复以嫌，罢为观文殿学士。

政和中，再知枢密院，官累特进。时京总治三省，益变乱法度。居中每为帝言，帝亦恶京专，寻拜居中少保、太宰，使伺察之。居中存纪纲，守格令，抑侥幸，振淹滞，士论翕然望治。丁母忧，旋诏起复。逾年，加少傅，得请终丧。服除，以威武军节度使使佑神观。还领枢密院，加少师，连封崇、宿、燕三国公。

朝廷遣使与金约夹攻契丹，复燕云，蔡京、童贯主之。居中力陈不可，谓京曰："公为大臣，国之元老，不能守两国盟约，辄造事端，诚非妙算。"京曰："上厌岁币五十万，故尔。"居中曰："公独不思汉世和戎用兵之费乎？使百万生灵肝脑涂地，公实为之。"由是议稍寝。其后金人数攻，契丹日蹙，王黼、童贯复议举兵，居中又言："不宜幸灾而动，待其自毙可也。"不听。燕山平，进位太保，自陈无功，不拜。

入朝，暴遇疾归舍，数日卒，年六十五，赠太师、华原郡王，谥文正。帝亲表其隧曰："政和寅亮醇儒宰臣文正郑居中之墓。"

居中始仕，蔡京即荐其有廊庙器。既不合，遂因蔡渭理其父确功状,追治王珪。居中,珪婿也,故借是撼之,然卒不能害。

子修年、亿年,皆至侍从。亿年遭靖康之难,没入于金。后遣事刘豫,晚得南归,秦桧以妇氏亲擢为资政殿大学士,位视执政。桧死,亦窜死抚州。

时又有安尧臣者,亦尝上书论燕云之事,其言曰:

宦寺专命,倡为大谋,燕云之役兴,则边衅遂开;宦寺之权重,则皇纲不振。

昔秦始皇筑长城,汉武帝通西域,隋炀帝辽左之师,唐明皇幽蓟之寇,其失如彼。周宣王伐猃狁,汉文帝备北边,元帝纳贾捐之之议,光武斥臧宫、马武之谋,其得如此。艺祖拨乱反正,躬擐甲胄,当时将相大臣,皆所与取天下者,岂勇略智力,不能下幽燕哉?盖以区区之地,契丹所必争,忍使吾民重困锋镝!章圣澶渊之役,与之战而胜,乃听其和,亦欲固本而息民也。

今童贯深结蔡京,同纳赵良嗣以为谋主,故建平燕之议。臣恐异时唇亡齿寒,边境有可乘之衅,狼子蓄锐,伺隙以逞其欲,此臣所以日夜寒心。伏望思祖宗积累之艰难,鉴历代君臣之得失,杜塞边隙,务守旧好,无使外夷乘间窥中国,上以安宗庙,下以慰生灵。

徽宗然之,命尧臣以官;后竟为奸谋所夺。尧臣尝举进士不第,盖惇之族子也。

论曰:君子小人,犹冰炭不可一日而处者也。赵挺之为小官,薄有才具,熙宁新法之行,迎合用事,元祐更化,宜为诸贤鄙弃。至于绍圣,首倡绍述之谋,抵排正人,靡所不至。其论蔡京,不过为攘夺权宠之计而已,所谓"楚固为失,齐亦未为得也。"徽宗知京不可专任,乃以张商英、郑居中辈敢与京为异者参而用之。殊不知二人者,向背离合,视利所在,亦何有于公议哉?商英以倾诐之行,窃忠直之名,没齿犹见褒称,其欺世如此!何执中贪缘旧学,致位两府,无所建明,惟务媢嫉,至用石悈胁陈瓘取《尊尧集》,欲因以杀瓘,何为者耶?宣、政命相,得若而人,尚望治乎?刘正夫生平所为,睒眹出没正邪之间,商英之徒也。唐英有清才而寡失德,独荐王安石为可咎;然安石未相,正人端士孰不与之,又何责乎唐英!

张康国字宾老,扬州人。第进士,知雍丘县。绍圣中,户部尚书蔡京整治役法,荐以参详利害,使提举两浙常平推行之,豪猾望风敛服。发仓救荒,江南就食者活数万口。徙福建转运判官。崇宁元年,入为吏部、左司员外郎,起居郎。二年,为中书舍人。徽宗知其能词章,不试而命。迁翰林学士。三年,进承旨,拜尚书左丞,而以其兄康伯代为学士。寻知枢密院事。康国自外官为郎,不三岁至此。

始因蔡京进,京定元祐党籍,看详讲议司,编汇章牍,皆预密议,故汲汲引援之,帝亦器重焉。及得志,浸为崖异。帝恶京专愎,阴令沮其奸,尝许以相。是时,西北边帅多取部内好官自辟置,以力不以才。康国曰:"并塞当择人以纾忧顾,奈何欲私所善乎?"乃随阙选用,定为格。

京使御史中丞吴执中击康国,康国先知之。且奏事,留白帝曰:"执中今日入对,必为京论臣,臣愿避位。"既而执中对,果陈其事,帝叱去之。他日,康国因朝退,趋殿庐,暴得疾,仰天吐舌,异至待漏院卒,或疑中毒云。年五十四。赠开府仪同三司,谥曰文简。康伯,仕终吏部尚书。

朱谔字圣与,秀州华亭人,初名绂。进士第二,调忠正军推官。崇宁初,由太常丞擢殿中侍御史,迁侍御史、给事中。以同党籍人姓名,故改名。进御史中丞,入谢,徽宗曰:"今朝廷肃清,上下无事,宜审重以称朕意。"对曰:"前此中执法类不知职守,言事多妄,至过天津桥,见汴堤一角垫陷,乞修葺。如许细故,何足论哉?"帝曰:"然。比石豫、许敦仁妄发,皆如是。"谔遂奏:"愿如神宗故事,听政之余,开内阁，延群臣，从容论道。"

又言："陛下手诏屡下，恻怛愿治。然吏奉行者多安于苟简，或怀二三，栀置不行，使德音善教，无由下达。愿分命使者刺举诸道，有受令而不行及行令而不尽者，论如古留令、亏令之罪，则令出而朝廷尊矣。元祐纷更，凡得罪于熙宁、元丰者，不问是否，辄陈冤诉自归无过之地，彰先朝之失刑，希合奸臣，规求进用。门下侍郎许将顷下御史狱，抗章云："丝毫自知其无事，父子相系而为囚，追属吏十有六人，系病者百有三日，终无可坐之罪，遂加不实之刑。"夫以追属吏如是之多，系病者如是之久，卒之于无可坐，则先帝所用之刑为何哉？将于哲庙表，泛为平词；至宣和太后之前，则衔冤负痛。其辞如此，于陛下绍述成功，得无少损乎？"诏出将河南。

六察官弹治稽违，近岁察事多者辄推赏，有侥求之敝。谓乞罢赏，使各安职分，从之。俄兼侍读，徙兵、礼、吏三部尚书。大观元年，拜右丞。居三月卒，年四十。赠光禄大夫，谥忠靖。

谓出蔡京门，善附合，不能有所建白。既死，京为志其墓。

刘逵字公路，随州随县人。进士高第，调越州观察判官。入为太学、太常博士，礼部、考功员外郎，国子司业。崇宁中，连擢秘书少监、太常少卿、中书舍人、给事中、户部侍郎。使高丽，迁尚书。由兵部同知枢密院，拜中书侍郎。

逵无他才能，初以附蔡京故躐进。京以彗星见去相，而逵贰中书，首劝徽宗碎《元祐党碑》，宽上书邪籍之禁；凡京所行悖理虐民事，稍稍澄正。逵与赵挺之同心；然挺之多智，虑后患，每建白，务开其端，而使逵终其说。逵欲自以为功，直情不顾。未满岁，帝疑逵擅政，而郑居中、刘正夫之策售矣。

帝意既移，于是御史余深、石公弼论逵专恣反覆，乘间抵巇，尽废绍述良法；愚视丞相，陵蔑同列；凡所启用，多取为邪党学术者及邪籍中子弟；庇其妇兄章绖，使之盗铸。罢知亳州。

京复相，再责镇江节度副使，安州居住。京再以星变去，稍起知杭州,加资政殿学士。以醴泉观使召,及都而卒,年五十。赠光禄大夫。

林摅字彦振,福州人,徙苏。父邵,显谟阁直学士。摅用荫至敕令检讨官。蔡京讲明熙宁、元丰故事,引以为属,迁屯田、右司员外郎。

时遣朝士察诸道,摅使河北。入辞,言大府宜择帅,边州宜择守,西山木不宜采伐,保甲有艺者宜贡诸朝,骄兵宜使更戍,钱货、文书阑出疆外者宜遏绝。徽宗喜曰:“卿所陈,已尽河朔利害,毋庸行。”赐进士第,擢起居舍人,进中书舍人。俄直学士院,禁林官不乏,帝特命,遂为翰林学士。

初,朝廷数取西夏地,夏求援于辽,辽为请命。摅报聘,京密使激怒之以启衅。入境,盛气以待迓者,小不如仪,辄辨诘。及见辽主,始跪授书,即抗言数夏人之罪,谓北朝不能加责而反为之请。礼出不意,辽之君臣不知所答。及辞,辽使摅附奏,求还进筑夏人城栅。摅答语复不逊,辽人大怒,空客馆水浆,绝烟火,至舍外积潦亦污以矢溲,使饥渴无所得。如是三日,乃遣还,凡饔饩、祖犒皆废。归复命,议者以为怒邻生事,犹除礼部尚书。既而辽人以失礼言,出知颍州。

寻召为开封尹。大驵负贾钱久不偿,一日,尽掔当十钱来,贾疑不纳,驵讼之。摅驰诣蔡京,问曰:“钱法变乎?”京色动曰:“方议之,未决也。”摅曰:“令未布而贾人先知,必有与为表里者。”退鞫之,得省吏主名,置于法。

张怀素妖事觉,摅与御史中丞余深及内侍杂治,得民士交关书疏数百,摅请悉焚荡,以安反侧,众称为长者,而京与怀素游最密,摅实为京地也。京深德之,用鞫狱明允,加秩二等。改兵部尚书,进同知枢密院、尚书左丞、中书侍郎。自大观元年春至二年五月,由朝散大夫九迁至右光禄大夫。

集英胪唱贡士,摅当传姓名。不识“甄盎”字,帝笑曰:“卿误邪?"撼不谢,而语诋同列。御史论其寡学,倨傲不恭,失人臣礼,黜知滁州。言者不厌,罢,提举洞霄宫。起为越州、永兴军,皆以亲年高辞。拜端明殿学士,久之,知扬州,政以察,察闻,锄大侠,绳污吏,下不敢欺。有行商寓逆旅,晨出不反,馆人以告,撼曰:"此当不远,或利其货杀之耳。"指踪物色,得尸沟中,果城民张所为也。

徙大名府。道过阙,为帝言:"顷使辽,见其国中携贰,若兼而有之,势无不可。据盖以襄辱,故修怨焉。其后北伐,盖兆于此。加观文殿学士,拜庆远军节度使。言者复论罢之。还姑苏,疡生于首而卒,年五十九。帝念其奉使之勤,申赠开府仪同三司,录子伟直秘阁,数月伟死,嗣遂绝。靖康元年,以京死党,追贬节度副使。

管师仁字元善,处州龙泉人。中进士第,为广亲、睦亲宅教授。通判沣州,知建昌军,有善政。擢右正言、左司谏。论苏轼、苏辙深毁熙宁之政,其门下士吏部员外郎晁补之辈不宜在朝廷,逐去之。河北滨、棣诸州岁被水患,民流未复,租赋故在,师仁请悉蠲减,以绥徕之,一方赖其赐。迁起居郎、中书舍人、给事中、工部侍郎。选曹吏多挠法为过,师仁暂摄领,发其奸,抵数人于罪,士论称之。改吏部,进刑部尚书,以枢密直学士知邓州,未行,改扬州,又徙定州。

时承平百余年,边备不整,而辽横使再至,为西人请侵疆。朝廷诏师仁设备,至则下令增陴浚湟,缮葺甲胄。僚吏惧,不知所裁。师仁预为计度,一日而举众十万,转盼讫成,外闲无知者。于是日与宾客燕集,以示间暇,使敌不疑。帝手书诏奖激。召为吏部尚书,俄同知枢密院。才两月,病。拜资政殿学士、佑神观使,卒,年六十五。赠正奉大夫。

侯蒙字元功,密州高密人。未冠,有俊声,急义好施,或一日挥千金。进士及第,调宝鸡尉,知柏乡县。民讼皆决于庭,受罚者不怨。转运使黄湜闻其名,将推毂之,召诣行台白事,蒙以越境不肯往。湜怒,他日行县,阅理文书,欲翻致其罪;既而无一疵可指,始以宾礼见,曰:"君真能吏也。"率诸使者合荐之。徙知襄邑县,擢监察御史,进殿中侍御史。

崇宁星变求言,蒙疏十事,曰去冗官,容谏臣,明嫡庶,别贤否,绝幸冀,戒滥恩,宽疲民,节妄费,戚里毋预事,阉寺毋假权。徽宗听纳,有大用意。迁侍御史。

西将高永年死于羌,帝怒,亲书五路将帅刘仲武等十八人姓名,敕蒙往秦州逮治。既行,拜给事中。至秦,仲武等囚服听命,蒙晓之曰:"君辈皆侯伯,无庸以狱吏辱君,第以实对。"案未上,又拜御史中丞。蒙奏言:"汉武帝杀王恢,不如秦缪公赦孟明;子玉缢而晋侯喜,孔明亡而蜀国轻。今羌杀吾一都护,而使十八将由之而死,是自艾其支体也。欲身不病,得乎?"帝悟,释不问。

迁刑部尚书,改户部。比岁郊祭先期告办,尚书辄执政。至是,帝密谕之。对曰:"以财利要君而进,非臣所敢。"母丧,服除,归故官,遂同知枢密院。进尚书左丞、中书侍郎。先是,御史中丞蔡薿诋张商英私事甚力,有旨令廷辨。蒙曰:"商英虽有罪,宰相也;蔡薿虽言官,从臣也。使之廷辨,岂不伤国体乎?"帝以为然。一日,帝从容问:"蔡京何如人?"对曰:"使京能正其心术,虽古贤相何以加。"帝颔首,且使密伺京所为。京闻而衔之。

大钱法敝,朝廷议改十为三,主藏吏来告曰:"诸府悉辇大钱市物于肆,皆疑法当变。"蒙曰:"吾府之积若干?"曰:"八千缗。"蒙叱曰:"安有更革而吾不知!"明日,制下。又尝有几事蒙独受旨,京不知也;京侦得之,白于帝,帝曰:"侯蒙亦如是邪?"罢知亳州。旋加资政殿学士。

宋江寇京东,蒙上书言:"江以三十六人横行齐、魏,官军数万无敢抗者,其才必过人。今清溪盗起,不若赦江,使讨方腊以自赎。帝曰:"蒙居外不忘君,忠臣也。"命知东平府,未赴而卒,年六十八。赠开府仪同三司,谥文穆。

论曰:崇宁、宣和之间,政在蔡京,罢不旋踵辄起,奸党日蕃。一时贪得患失之小人,度徽宗终不能去之,莫不趋走其门。若张康国、朱谔、刘逵、林摅者,皆是也。康国、逵中虽异京,然其材智皆非京敌,卒为京党所击。摅奉京奸谋,激怒邻国,渝约启衅,罪莫大焉。《易》曰:"开国承家,小人勿用。"共谓是欤! 管师仁执政仅两月,引疾求去,斯可尚已。侯蒙逮治五路将师,力为申理,十八人者由之而免,其仁人利溥之言乎?

宋史卷三五二
列传第一一一

唐恪　李邦彦　余深　薛昂
吴敏　王安中　王襄　赵野
曹辅　耿南仲　王寓附

　　唐恪字钦叟,杭州钱塘人。四岁而孤,闻人言其父,辄悲泣。以荫登第,调郴尉。县民有被害而尸不获,吏执其邻人,抑使自诬,令以为信。恪争之,令曰:"否将为君累。"恪曰:"吾为尉而盗不能捕,更俾亡辜死乎?"躬出访求,夕,若有告者,且而得尸,遂获盗。知榆次,县豪子雄于乡,萃逋庇奸,不输公赋,前后莫敢诘。恪以理善晓之,悟而自悔,折节为长者。最闻,擢提举河东常平、江东转运判官。

　　大观中,牂牁内附,召为屯田员外郎,持节招纳夷人。夷始恫疑,衷甲以逆,恪尽去兵卫,从数十卒单行。夷望见欢呼,投兵听命。以奉使称职,迁右司员外郎、起居舍人。迎辽使还,言河北边备弛废,宜及今无事,以时治之。徽宗壮之,曰:"非卿谁宜为者。"命为都转运使,加集贤殿修撰。中贵人称诏有所市,恪不答,愤而归,中以它事,降直龙图阁、知梓州。

　　历五年,徙沧州。河决,水犯城下,恪乘城救理。都水孟昌龄移檄索船与兵,恪报水势方恶,舡当以备缓急;沧为极边,兵非有旨不敢遣。昌龄怒,劾之,恪不为动,益治水。水去,城得全,诏书嘉奖。乃上疏请暂免保甲、保马呈阅及复诸县租,等第振贷,以宽被水之民。未报,悉便宜罢行之,民大悦。

进龙图阁待制、知扬州,召拜户部侍郎。京师暴水至,汴且溢,付恪治之。或请决南堤以纾宫城之患,恪曰:"水涨堤坏,此亡可奈何,今决而浸之,是鱼鳖吾民也。"亟乘小舟,相水源委,求所以利导之,乃决金堤注之河。浃旬水平,入对,帝劳之曰:"宗庙社稷获安,卿之力也。"恪再拜,因上疏言:"水,阴类也,至犯京阙,天其或者以阴盛之诊儆告陛下乎? 愿垂意时事,益谨天戒。"

宣和初,迁尚书,帝许以二府。为宰相王黼所陷,罢知滁州。言者论其治第历阳,扰民逾制,提举鸿庆宫。五年,起知青州;未行,召为吏部尚书,徙户部。复请外,以延康殿学士知潭州,请往钱塘扫墓,然后之官,遂改杭州。

靖康初,金兵入汴,李邦彦荐之,拜同知枢密院事,至则为中书侍郎。时进见者多论宣和间事,恪言于钦宗曰:"革弊当以渐,宜择今日之所急者先之。而言者不顾大体,至毛举前事,以快一时之愤,岂不伤太上道君之心哉。京、攸、黼、贯之徒既从窜斥,姑可已矣,他日边事既定,然后白道君,请下一诏,与天下共弃之,谁曰不可。"帝曰:"卿论甚善。为朕作诏书,以此意布告在位。"因赐东宫旧书万卷,且用近比除子璟直秘阁,力辞之。

八月,进拜少宰兼中书侍郎,帝注礼之甚渥。然恪为相,无济时大略。金骑再来,邀割三镇,恪集廷臣议,以为当与者十九,恪从之。使者既行,于是诸道劝王兵大集,辄谕止令勿前,皆反斾而去。洎金兵薄城下,始悔之,密言于帝曰:"唐自天宝而后屡失而复兴者,以天子在外可以号召四方也。今宜举景德故事,留太子居守而西幸洛,连据秦、雍,领天下亲征,以图兴复。"帝将从其议,而开封尹何㮚入见,引苏轼所论,谓周之失计,未有如东迁之甚者。帝幡然而改,以足顿地曰:"今当以死守社稷。"㮚桌门下侍郎,恪计不用。

从帝巡城,为都人遮击,策马得脱,遂卧家求去。御史胡舜陟继劾其罪,谓"恪之智虑不能经画边事,但长于交结内侍,今国势日蹙,诚不可以备位"。乃以观文殿大学士、中太一宫使兼侍读罢,桌代为相。

京城不守，车驾至金帅营，恪曰："计失矣。一入，将不得还。"既而还宫，恪迎拜道左，请入觐，桌不可。二年正月，复幸，恪曰："一之谓甚，其可再乎?"及金人逼百官立张邦昌，令吴幵、莫俦入城取推戴状，恪既书名，仰药而死。

李邦彦字士美，怀州人。父浦，银工也。邦彦喜从进士游，河东举人入京者，必道怀访邦彦。有所营置，浦亦罢工与为之，且复资给其行，由是邦彦声誉弈弈。入补太学生，大观二年，上舍及第，授秘书省校书郎，试符宝郎。

邦彦俊爽，美风姿，为文敏而工。然生长闾阎，习猥鄙事，应对便捷;善讴谑，能蹴鞠，每缀街市俚语为词曲，人争传之，自号李浪子。言者劾其游纵无检，罢符宝郎，复为校书郎。俄以吏部员外郎领议礼局，出知河阳，召为起居郎。邦彦善事中人，争荐誉之，累迁中书舍人、翰林学士承旨。

宣和三年，拜尚书右丞;五年，转左丞。浦死，赠龙图阁直学士，谥曰宣简。邦彦起复，与王黼不协，乃阴结蔡攸、梁师成等，谗黼罢之。明年，拜少宰，无所建明，惟阿顺趋谄充位而已，都人目为"浪子宰相"。

徽宗内禅，命为龙德宫使，升太宰。知众议不与，外患日逼，抗疏丐宫祠。金人既薄都城，李纲、种师道罢，邦彦坚主割地之议。太学生陈东数百人伏宣德门上书，言邦彦及白时中、张邦昌、赵野、王孝迪、蔡懋、李棁之徒为社稷之贼，请斥之。邦彦退朝，群指而大诟，且欲殴之，邦彦疾驱得免。乃以特进、观文殿大学士充太一宫使。不旬日，吴敏为请，复起为太宰。人皆骇愕，言者交论之。出知邓州，遂请持余服，提举亳州明道宫。建炎初，以主和误国，责建武军节度副使，浔州安置。

方蔡京、王黼用事，附丽者多援引入政府，若余深、薛昂、吴敏、王安中、赵野，史皆逸其事，因附著于此云。

余深，福州人。元丰五年，进士及第。崇宁元年，为太常博士、著作佐郎，改司封员外郎，拜监察御史、殿中侍御史，试辟雍司业。

累官御史中丞兼侍读。治张怀素狱，事连蔡京，与开封尹林摅曲为掩覆，狱辞有及京者，辄焚之。京遂力引深与摅，骤至执政。大观二年，以吏部尚书拜尚书左丞。三年，转中书侍郎；四年，转门下侍郎。京即致仕，深不自安，累疏请罢，乃以资政殿学士知青州。

政和二年，京复赴都堂治事，于是深复入为门下侍郎。七年，拜少宰。宣和元年，为太宰，进拜少保，封丰国公。再封卫国，加少傅。时福建以取花果扰民，深为言之，徽宗不悦。遂请罢，出为镇江军节度使、知福州。靖康初，加恩特进、观文殿大学士。故事，凡仆射、使相、宣徽使皆判州府，深以少傅、节度知福州，有司失之也。

深谄附蔡京，结为死党。京奸谋诡计得助多者，深为首，摅次之。言者累章劾深，深益惧，丐致仕。建炎二年，降中大夫，临江军居住。寻以渡江赦恩，还乡里，卒。子日章，亦以言者罢徽猷阁待制。

薛昂，杭州人，登元丰八年进士第。崇宁初，历太学博士、校书郎、著作佐郎，为殿中侍御史，试起居郎，改中书舍人兼侍讲，升给事中兼大司成。

昂寡学术，士子有用《史记》、《西汉》语，辄黜之。在哲宗时，常请罢史学，哲宗斥为俗佞。拜翰林学士，以不称职改刑部尚书，转兵中。大观三年，拜尚书左丞。明年，请补外，出知江宁，徙河南。久之，提举嵩山崇福宫。

政和三年，蔡京复用事，昂复自尚书右丞为左丞，迁门下侍郎。寻请罢，授彰化军节度使、佑神观使，改特进，充资政殿大学士、知应天府。昂与余深、林摅始终附会蔡京，至举家为京讳。或误及之，辄加笞责，昂尝误及，即自批其口。靖康初，言者斥其罪，诏以金紫光禄大夫致仕。杭州军乱，昂不请命领州事，责徽州居住。昂主王氏学，尝在安石坐，围棋赌诗，局败，昂不能作，安石代之，时人以为笑云。

　　吴敏字元中，真州人。大观二年，辟雍私试首选。蔡京喜其文，欲妻以女，敏辞。因擢浙东学事司干官，为秘书省校书郎，京荐之充馆职。中书侍郎刘正夫以敏未尝过省，不可，京乃请御笔特召上殿，除右司郎官。御笔自此始，违者以大不恭论，由是权幸争请御笔，而缴驳之任废矣。升中书舍人、同修国史，改给事中。敏为蔡京所引，郑居中方秉政，敏数言其失，居中衔之。坐驳盗当死者，罢为右文殿修撰、提举南京鸿庆宫。久之，复为给事中、权直学士院兼侍讲。

　　徽宗将内禅，蔡攸探知上意，引敏入对。宰臣执政皆在，敏前奏事，且曰：“金人渝盟，举兵犯顺，陛下何以待？”上蹙然曰：“奈何！”时东幸计已定，命户部尚书李棁先出守金陵。敏退，诣都堂言曰：“朝廷便为弃京师计，何理也？此命果行，须死不奉诏。”宰执以为言，棁遂罢行。皇太子除开封尹，上去意益决，敏因奏对得请，遂荐李纲。纲尝语敏以上宜传位，如唐天宝故事，故荐之，冀上或有所问也。明日，宰臣奏事，徽宗独留李邦彦，语敏所对。命除门下侍郎，辅太子。敏骇曰：“臣既画计，当从陛下巡幸。陛下且传位，而臣受不次之擢，臣曷敢？”上曰：“不意卿乃尔敢言。”于是命敏草传位诏。

　　钦宗既立，上皇出居龙德宫，敏与蔡攸同为龙德宫副使，迁知枢密院事，拜少宰。敏主和议，与太宰徐处仁议不合，纷争上前。御史中丞李回劾之，与处仁俱罢，为观文殿大学士、醴泉观使。顷之，言者论其庇蔡京父子，出知扬州，再贬崇信军节度副使，涪州安置。建炎初，移柳州。俄用范宗尹荐，起知潭州，敏辞免，丐宫祠，乃提举洞霄宫。绍兴元年，复观文殿大学士，为广西、湖南宣抚使，卒于官。

　　王安中字履道，中山阳曲人。进士及第，调瀛州司理参军、大名县主簿，历秘书省著作郎。政和间，天下争言瑞应，廷臣辄笺表贺，徽宗观所作，称为奇才。他日，特出制诏三题使具草，立就，上即草后批：“可中书舍人。”未几，自秘书少监除中书舍人，擢御史中丞。

开封逻卒夜迹盗,盗脱去,民有惊出与卒遇,缚以为盗;民讼诸府,不胜考掠之惨,遂诬服。安中廉知之,按得冤状,即出民,抵吏罪。

有徐裎者,以增广鼓铸之说媚于蔡京,京奏遣裎措置东南九路铜事,且令搜访宝货。裎图绘坑冶,增旧几十倍,且请开洪州严阳山坑,迫有司承岁额数十两。其所烹炼,实得铢两而已。裎术穷,乃妄请得希世珍异与古之宝器,乞归书艺局,京主其言。安中独论裎欺上扰下,宜令九路监司覆之,裎竟得罪。

时上方乡神仙之事,蔡京引方士王仔昔以妖术见,朝臣戚里夤缘关通。安中疏请自今招延山林道术之士,当责所属保任,宣召出入,必令察视其所经由,仍申严臣庶往还之禁;并言京欺君僭上、蠹国害民数事。上悚然纳之。已而再疏京罪,上曰:“本欲即行卿章,以近天宁节,俟过此,当为卿罢京。”京伺知之,大惧,其子攸日夕侍禁中,泣拜恳祈。上为迁安中翰林学士,又迁承旨。

宣和元年,拜尚书右丞;三年,为左丞。金人来归燕,谋帅臣,安中请行。王黼赞于上,授庆还军节度使、河北河东燕山府路宣抚使、知燕山府,辽降将郭药师同知府事。药师跋扈,府事皆专行,安中不能制,第曲意奉之,故药师愈骄。俄加检校少保,改少师。时山后诸州俱陷,唯平州为张觉所据。金人入燕,以觉为临海军节度使。其后叛金,金人攻之,觉败奔燕。金人来索急,安中不得已,缢杀之,函其首送金。郭药师宣言曰:“金人欲觉即与,若求药师,亦将与之乎?”安中惧,奏其言,因力求罢。药师自是解体,金人终以是启衅。安中以上清宝录宫使兼侍读召还,除检校太保、建雄军节度使、大名府尹兼北京留守司公事。

靖康初,言者论其缔合王黼、童贯及不几察郭药师叛命,罢为观文殿大学士、提举嵩山崇福宫;又责授朝议大夫、秘书少监、分司南京,随州居住;又贬单州团练副使,象州安置。高宗即位,内徙道州,寻放自便。绍兴初,复左中大夫。子辟章知泉州,迎安中往,未几卒,年五十九。

安中为文丰润敏拔,尤工四六之制。徽宗尝宴睿谟殿,命安中赋诗百韵以纪其事。诗成，赏叹不已，令大书于殿屏，凡侍臣皆以副本赐之。其见重如此。有《初寮集》七十六卷传于世。

王襄初名宁，邓州南阳人，擢进士第。崇宁二年，以军器监主簿言事称旨，擢库部员外郎，改光禄少卿，出察访陕西。还，为显谟阁待制、权知开封府。府事浩穰，讼者株蔓千余人，缧系满狱。襄昼夜决遣，四旬俱尽；又阅月，狱再空。迁龙图阁直学士、吏部侍郎，出知杭州；未至，改海州；又改应天府，徙郓州。召为礼部尚书，移兵部，出知颍州，改永兴军。蒲城妖贼王宁适同姓名，请更名宓。为左司谏石公弼所劾，徙汝州，俄夺学士，提举南京鸿庆宫。

大观三年，以集贤殿修撰知潭州，改兵部侍郎，使高丽。还对称旨，诏赐名襄。历工部、吏部尚书，拜同知枢密院事。坐荐引近侍，以延康殿学士罢知亳州；又坐交通郭天信落职，提举嵩山崇福宫。久之，起知郓州，复学士秩，寻加资政殿学士，徙知淮宁府。以言事忤王黼，复提举崇福宫。

宣和六年，起为河南尹。金人再入，出为西道都总管，张杲副之。高宗开大元帅府，襄以所部兵会于虞城县。即位，命襄知河南府。襄初与赵野分总西北道诸军，金人围京师，征兵入援，二人故迁道宿留。至是，降宁远军节度副使，永州安置，卒。

赵野，开封人。登政和二年进士第。历监察御史、殿中侍御史，试起居舍人兼太子舍人，俄迁中书舍人、给事中、大司成，拜刑部尚书、翰林学士。时蔡京、王黼更秉政，植党相挤，一进一退，莫有能两全者，野处之皆得其心，京、黼亦待之不疑。宣和七年，拜尚书右丞，升左丞。

靖康初，为门下侍郎。徽宗东幸，诏野为行宫奉迎使。以左司谏陈公辅言，罢野行，出为北道都总管，颜歧副之。已而落职，提举嵩山崇福宫。元师府建，命与范讷为宣抚司，守东京，寻帅师屯宛亭，以待王师。王襄既责，野亦降安远军节度副使，邵州安置。

建炎元年,复起知密州。时盗贼充斥山东,车驾如淮南,命令阻绝,野弃城去。军校杜彦等乘间作乱,追野以归。彦坐堂上数之曰:"汝知州而携家先遁,此州之人,谁其为主?"野不能应,遂见杀。家属悉为贼所分,唯子学老得免。

曹辅字载德,南剑州人。第进士。政和二年,以通仕郎中问学兼茂科,历秘书省正字。

自政和后,帝多微行,乘小轿子,数内臣导从。置行幸局,局中以帝出日谓之有排当,次日未还,则传旨称疮痍,不坐朝。始,民间犹未知。及蔡京谢表有"轻车小辇,七赐临幸",自是邸报闻四方,而臣僚阿顺,莫敢言。辅上疏略曰:

陛下厌居法宫,时乘小舆,出入陌矗之中、郊坰之外,极游乐而后反。道途之言始犹有忌,今乃谈以为常,某日由某路适某所,某时而归,又云舆饰可辨而避。臣不意陛下当宗庙社稷付托之重,玩安忽危,一至于此。夫君之与民,本以人合,合则为腹心,离则为楚、越,畔服之际在于斯须,甚可畏也。昔者仁祖视民如子,恻然惟恐其或伤。一旦宫闱不禁,卫士辄逾禁城,几触宝瑟。荷天之休,帝躬保佑。俚语有之,'盗憎主人',主人何负于盗哉?况今革冗员,斥滥奉,去浮屠,诛胥吏,蚩愚之民,岂能一一引咎安分?万一当乘舆不戒之初,一夫不逞,包藏祸心,发蜂虿之毒,奋兽穷之计,虽神灵垂护,然亦损威伤重矣。又况有臣子不忍言者,可不戒哉!

臣愿陛下深居高拱,渊默雷声,临之以穹昊至高之势,行之以日月有常之度。及其出也,太史择日,有司除道,三卫百官,以前以后。若曰省烦约费,以便公私,则临时降旨,存所不可阙,损所未尝用。虽非祖宗旧制,比诸微服晦迹,下同臣庶,堂陛陵夷,民生奸望,不犹愈乎?

上得疏,出示宰臣,令赴都堂审问。太宰余深曰:"辅小官,何敢论大事?"辅对曰:"大官不言,故小官言之。官有大小,爱君之心,则一也。"少宰王黼阳顾左丞张邦昌、右丞李邦曰:"有是事乎?"皆应以不知。辅曰:"兹事虽里巷细发无不知,相公当国,独不知邪?曾此不知,焉用彼相!"黼怒其侵己,令吏从辅受辞。辅操笔曰:"区区之心,一无所求,爱君而已。"退,待罪于家。黼奏不重责辅,无以息浮言,遂编管郴州。辅将言,知必获罪,召子绅来,付以家事,乃闭户草疏。夕有恶鸟鸣屋极,声若纺轮,心知其不详,弗恤也。处郴六年,黼当国不得移,辅亦怡然不介意。

靖康元年,召为监宗御史,守殿中侍御史,除左谏议大夫、御史中丞。不旬日,拜延康殿学士、签书枢密院事。未几,免签书。金人围汴都,要亲王、大臣出盟,辅与尚书左丞冯澥出使粘罕军。康王开元帅于相州,金人请钦宗诏召之,乃遣辅往迓。至曹州,不见而复,遂从二帝留金军中。张邦昌请归辅,辅归,乞奉祠,邦昌不从。康王次南京,邦昌遣辅来见。康王即位,辅仍旧职。未几卒,诏厚恤其家。

耿南仲,开封人。与余深同年登第,历提举两浙常平,徙河北西路,改转运判官、提点广南东路及夔州路刑狱、荆湖江西两路转运副使,入为户部员外郎、辟雍司业,坐事罢知衢州。政和二年,以礼部员外郎为太子右庶子,改定王、嘉王侍读,俄试太子詹事、徽猷阁直学士,改宝文阁直学士。在东宫十年。

钦宗辞内禅,得疾,出卧福宁殿,宰相百官班俟,日暮不敢退。李邦彦曰:"皇太子素亲耿南仲,可召之人。"南仲与吴敏至殿中侍疾。明日,帝即位,拜资政殿大学士、签书枢密院事。未几,免签书。帝以南仲东宫旧臣,礼重之,赐宅一区,升尚书左丞、门下侍郎。

金人再举乡京师,请割三镇以和,议者多主战守,唯南仲与吴开坚欲割地。康王使军前,请南仲偕。帝以其老,命其子中书舍人延禧代行。金人次洛阳,不复言三镇,直请画河为界。于是议遣大臣往,南仲以老辞,聂昌以亲辞。上大怒,即令南仲出河东、昌出河北,议割地。

初,南仲自谓事帝东宫,首当柄用,而吴敏、李纲越次进,位居己上，不能平。因每事异议，摈斥不附己者。纲等谓不可和，而南仲力沮之，惟主和议，故战守之备皆罢。康王在相州，南仲偕金使王汭往卫州。乡兵危杀汭，汭脱去，南仲独趣卫，卫人不纳。走相州，以上旨喻康王，起河北兵入卫京师，因连署募兵榜揭之，人情始安。二帝北行，南仲与文武官吏劝进。

高宗既即位，薄南仲为人，因其请老，罢为观文殿大学士、提举杭州洞霄宫。延禧以龙图阁直学士知宜州。已而言者论其主和误国罪，诏镌学士秩，延禧亦落职与祠。寻责南仲临江军居住。御史中丞张澄又言："南仲趣李纲往救河东，以致师溃，盖不恤国事，用此报仇。"帝曰："南仲误渊圣，天下共知，朕尝欲手剑击之。"命降授别驾，安置南雄，行至吉州卒。建炎四年，复观文殿大学士。

王寓字元忠，江州人。父易简，资政殿大学士兼侍讲。历校书郎、著作佐郎、度支员外郎兼充编修官、国子司业，为起居舍人，改中书舍人兼蕃衍宅直讲。钦宗立，以给事中命兼迩英殿经筵侍讲，转吏部侍郎，升礼部尚书、翰林学士。

康王之使金也，以寓为尚书左丞副之。寓惮行，假萝兆丐免，易简亦上书以请。上震怒，追毁左丞命，降单州团练副使，新州安置，并易简宫祠黜之。建炎四年，贼马进破江州，易简等三百人俱被害。

论曰：三代之后，有天下而长久者，汉、唐、宋尔。汉、唐末世，朋党相确，小人在位，然犹有君子扶持迁延，浸微浸灭；未有纯用小人，至于主辱国播，如宋中叶之烈也。蔡京以绍述为罗，张端官、修士而尽之，上箝下锢，其术巧矣。徽宗亦颇悟，间用郑居中、王黼、李邦彦辈、褫京柄权。以不肖易不肖，犹去野葛而代鸟喙也，庸愈哉！当是时，王、蔡二党，阶京者仳京，缔黼者右黼，援丽省台，迭相指嗾，徽功挑患，汴、洛既震，则惴缩无策，苟生丐和。彼邦彦，安中、深、敏辈误国之罪，当正其僇，而钦、高二君徒从宵典，信失刑矣。恪既预推戴，署状乃死，无足赎者。辅以小臣劘上，面谯大臣，坐斥不变,独终始无朋与,其贤矣乎。

宋史卷三五三
列传第一一二

何㮚　孙傅　陈过庭
张叔夜　聂昌　张阁
张近　郑仅　宇文昌龄 _{子常}
许几　程之邵　龚原
崔公度　蒲卣

　　何㮚字文缜，仙井人。政和五年进士第一，擢秘书省校书郎。逾年，提举京畿学事，召为主客员外郎、起居舍人，迁中书舍人兼侍讲。

　　徽宗数从咨访，欲付以言责。或论㮚与苏轼乡党，宗其曲学，出知遂宁府。已而留为御史中丞，论王黼奸邪专横十五罪，黼既抗章请去，而尤豫未决。㮚继上七章，黼及其党胡松年、胡益等皆罢，㮚亦以微猷阁待制知泰州。

　　钦宗立，复以中丞召。阅月，为翰林学士，进尚书右丞、中书侍郎。会王云使金帅斡离不军还，言金人怒割三镇缓，却礼币弗纳曰，兼旬使不至，则再举兵。于是百官议从其请。㮚曰：“三镇，国之根本，奈何一旦弃之。况金人变诈叵测，安能保必信？割亦来，不割亦来。”宰相主割议，㮚论辨不已，曰：“河北之民，皆吾赤子。弃地则并其民弃之，岂为父母意哉？”帝颇悟。㮚请建四道总管，使统兵入援，以胡直孺、王襄、赵野、张叔夜领之。兵既响应,而康恪、耿南仲、聂昌信和议,相与谋曰:"方继好息民而调发不已,使金人闻之,奈何?"亟檄止之。

㮚解政事,俄以资政殿大学士领开封尹。金兵长驱傅城下,帝罢恪相,而拜㮚为尚书右仆射兼中书侍郎,始复三省旧制。时康王在河北,信使不通,㮚建议请以为元帅,密草诏藁上之。乃以康王充天下兵马大元帅,陈遘充兵马元帅,宗泽、汪伯彦充副元师。京城失守,从幸金帅营,遂留不返。既而议立异姓,金人曰:"唯何㮚、李若水毋得预议。"既陷朔庭,㮚仰天大恸,不食而死,年三十九。

建炎初,诏以为观文殿大学士、提举玉局观使,禄其家。讣闻,赠开府仪同三司,议者指其误国,不行。秦桧自北还,具道其死时状,乃改赠大学士,官其家七人。

孙傅字伯野,海州人。登进士第,中词学兼茂科,为秘书省正字、校书郎、监察御史、礼部员外郎。时蔡脩为尚书,傅为言天下事,劝其亟有所更,不然必败。脩不能用。迁秘书少监,至中书舍人。

宣和末,高丽入贡,使者所过,调夫治舟,骚然烦费。傅言:"索民力以妨农功,而于中国无丝毫之益。"宰相谓其所论同苏轼,奏贬蕲州安置。给事中许翰以为傅论议虽偶与轼合,意亦亡他,以职论事而责之过矣。翰亦罢去。靖康元年,召为给事中,进兵部尚书。上章乞复祖宗法度,钦宗问之,傅曰:"祖宗法惠民,熙、丰法惠国,崇、观法惠奸。"时谓名言。十一月,拜尚书右丞,俄改同知枢密院。

金人围都城,傅日夜亲当矢石。读丘浚《感事诗》,有"郭京杨适、刘无忌"之语,于市人中访得无忌,龙卫兵中得京。好事者言京能施六甲法,可以生擒二将而扫荡无余,其法用七千七百七十七人。朝廷深信不疑,命以官,赐金帛数万,使自募兵,无问技艺能否,但择其年命合六甲者。所得皆市井游惰,旬日而足。有武臣欲为偏裨,京不许,曰:"君虽材勇,然明年正月当死,恐为吾累。"其诞妄类此。

敌攻益急,京谈笑自如,云:"择日出兵三百,可致太平,直袭击至阴山乃止。"傅与何㮚尤尊信,倾心待之。或上书见傅曰:"自古未闻以此成功者。正或听之,姑少信以兵,俟有尺寸功,乃稍进任。今委之太过,惧必为国家羞。"傅怒曰:"京殆为时而生,敌中琐微无不知者。幸君与傅言,若告他人,将坐沮师之罪。"揖使出。又有称"六丁力士"、"天关大将"、"北斗神兵"者,大率皆效京所为,识者危之。京曰:"非至危急,吾师不出。"㮚数趣之,徙期再三,乃启宣化门出,戒守陴者悉下城,无得窃觇。京与张叔夜坐城楼上。金兵分四翼噪而前,京兵败退,堕于护龙河,填尸皆满,城门急闭。京遽白叔夜曰:"须自下作法。"因下城,引余众南遁。是日,金人遂登城。

二年正月,钦宗诣金帅营,以傅辅太子留守,仍兼少傅。帝兼旬不返,傅屡贻书请之。乃废立檄至,傅大恸曰:"吾惟知吾君可帝中国尔,苟立异姓,吾当死之。"金人来索太上、帝后、诸王、妃主,傅留太子不遣。密谋匿之民间,别求状类宦者二人杀之,并斩十数死囚,持首送之,给金人曰:"宦者欲窃太子出,都人争斗杀之,误伤太子。因帅兵讨定,斩其为乱者以献。苟不已,则以死继之。"越五日,无肯承其事者。傅曰:"吾为太子傅,当同生死。金人虽不吾索,吾当与之俱行,求见二酋面责之,庶或万一可济。"傅直皇城司,其子来省,叱之曰:"使汝勿来,而竟来邪!吾已分死国,虽汝百辈来何益!"挥使速去。子亦泣曰:"大人以身徇国,儿尚何言。"遂以留守事付王时雍而从太子出。至南薰门,范琼力止之,金守门者曰:"所欲得太子,留守何预?"传曰:"我宋之大臣,且太子傅也,当死从。"夕宿门下;明日,金人召之去。明年二月,死于朔廷。

绍兴中,赠开府仪同三司,谥曰忠定。

陈过庭字宾王,越州山阴人。中进士第,为馆陶主簿、澶州教授、知中牟县,除宗子博士。何执中、侯蒙器其才,荐之,擢祠部、吏部、右司员外郎。使契丹,过庭初名扬庭,辞日,徽宗改赐今名。时人或传契丹主苦风痹,又箭损一目,过庭归证其妄,且劝帝以边备为念。迁太常少卿、起居舍人。

宣和二年，进中书舍人；才七日，迁礼部侍郎；未尽一月，又迁御史中丞兼侍读。睦寇窃发，过庭言："致寇者蔡京，养寇者王黼，窜二人，则寇自平。又朱勔父子，本刑余小人，交结权近，窃取名器，罪恶盈积，宜昭正典刑，以谢天下。"由是大与权贵迕，反陷以不举劾之罪，罢知蕲州。未半道，责海州团练副使，黄州安置。三年，得自便。

钦宗立，以集英殿修撰起知潭州；未行，以兵部侍郎召，在道除中丞。初入见，帝谕以国家多难，每事当悉意尽言。于是节度使范讷丐归环卫，过庭因言："自崇宁以来，建旄钺进者多不由勋绩，请除宗室及将帅立功者，余并如讷例。"又乞辨宣仁后诬谤。姚古拥兵不援太原，陈其可斩之罪七，窜诸岭表。进礼部尚书，擢右丞、中书侍郎。议遣大臣割两河与金，耿南仲以老、聂昌以亲辞，过庭曰："主忧臣辱，愿效死。"帝为挥涕叹息，固遣南仲、昌。及城陷，过庭亦行，金人拘之军中，因留不得还。建炎四年，卒于燕山，年六十，赠开府仪同三司，谥曰忠肃。

张叔夜字稽仲，侍中耆孙也。少喜言兵，以荫为兰州录事参军。州本汉金城郡，地最极边，恃河为固，每岁河冰合，必严兵以备，士不释甲者累月。叔夜曰："此非计也。不求要地守之，而使敌迫河，则吾既殆矣。"有地曰大都者，介五路间，羌人入寇，必先至彼点集，然后议所向，每一至则五路皆竦。叔夜按其形势，画攻取之策，讫得之，建为西安州，自是兰无羌患。

知襄城、陈留县，蒋之奇荐之，易礼宾副使、通事舍人、知安肃军，言者谓太优，还故官。献所为文，知舒、海、秦三州。大观中，为库部员外郎、开封少尹。复献文，召试制诰，赐进士出身，迁右司员外郎。

使辽，宴射，首中的。辽人叹诧，求观所引弓，以无故事，拒不与。还，图其山川、城郭、服器、仪范为五篇，上之。从弟克公弹蔡京，京迁怒叔夜，擿司存微过，贬监西安草场。久之，召为秘书少监，擢中书舍人、给事中。时吏惰不虔，凡命令之出于门下者，预列衔，使书名而徐填其事，谓之"空黄"。叔夜极陈革其弊。进礼部侍郎，又为京所忌，以徽猷阁待制再知海州。

宋江起河朔，转略十郡，官军莫敢撄其锋。声言将至，叔夜使间者觇所向，贼径趋海濒，劫巨舟十余，载掳获。于是募死士得千人，设伏近城，而出轻兵距海，诱之战。先匿壮卒海旁，伺兵合，举火焚其舟。贼闻之，皆无斗志，伏兵乘之，擒其副贼，江乃降。

加直学士，徙济南府。山东群盗猝至，叔夜度力不敌，谓僚吏曰："若束手以俟援兵，民无噍类，当以计缓之。使延三日，吾事济矣。"乃取旧赦贼文，俾邮卒传至郡，盗闻，果小懈。叔夜会饮谯门，示以闲暇，遣吏谕以恩旨。盗狐疑相持，至暮未决。叔夜发卒五千人，乘其惰击之，盗奔溃，追斩数千级。以功进龙图阁直学士、知青州。

靖康改元，金人南下，叔夜再上章乞假骑兵，与诸将并力断其归路，不报。徙邓州。四道置帅，叔夜领南道都总管。金兵再至，钦宗手札趣入卫。即自将中军，子伯奋将前军，仲熊将后军，合三万人，翌日上道。至尉氏，与金游兵遇，转战而前。十一月晦，至都，帝御南薰门见之，军容甚整。入对，言贼锋方锐，愿如唐明皇之避禄山，暂诣襄阳以图幸雍。帝领之。加延康殿学士。闰月，帝登城，叔夜陈兵玉津园，铠甲光明，拜无城下。帝益喜，进资政殿学士，令以兵入城，俄签书枢密院。连四日，与金人大战，斩其金环贵将二人。帝遣使斋蜡书，以褒宠叔夜之事檄告诸道，然迄无赴者。城陷，叔夜被创，犹父子力战。车驾再出郊，叔夜因起居叩马而谏，帝曰："朕为生灵之故，不得不亲往。"叔夜号恸再拜，众皆哭。帝回首字之曰："嵇仲努力！"

金人议立异姓，叔夜谓孙傅曰："今日之事，有死而已。"移书二帅，请立太子以从民望。二帅怒，追赴军中，至则抗讲如初，遂从以北。道中不食粟，唯时饮汤。既次白沟，驭者曰："过界河矣。"叔夜乃蹶然起，仰天大呼，遂不复语。明日，卒，年六十三。讣闻，赠开府仪同三司，谥曰忠文。

聂昌字贲远，抚州临川人。始由太学上舍释褐，为相州教授。用蔡攸荐，召除秘书郎，擢右司员外郎。时三省大吏阶官视卿监者，立都司上，昌以名分未正，极论之。诏自今至朝请大夫止。以直龙图阁为湖南转运使，还为太府卿、户部侍郎，改开封尹，复为户部。昌本厚王黼，既而从蔡京，为黼所中，罢知德安府。又以乡人讼，谪崇信军节度副使，安置衡州。

钦宗立，吴敏用事，以昌猛厉径行为可助己，自散地授显谟阁直学士、知开德府，道拜兵部侍郎，进户部尚书，领开封府。昌遇事奋然不顾，敢诛杀。敏度不为用，始惮之，引唐恪、徐处仁等共政，独遗昌。

李纲之罢，太学生陈东及士庶十余万人，挝鼓伏阙下，经日不退，遇内侍辄杀之，府尹王时雍麾之不去。帝顾昌俾出谕旨，即相率听命。王时雍欲置东等狱，昌力言不可，乃止。

昌再尹京，恶少年怙乱，昼为盗，入官民家攘金帛；且去，辄自缚党中三两辈，声言擒盗，持仗部走委巷，乃释缚，分所掠而去。人不奠居。昌悉弹治正法，而纵博奕不之问，或谓令所禁，昌曰："姑从所嗜，以懈其谋，是正所以禁其为非尔。"昌旧名山，至是，帝谓其有周昌抗节之义，乃命之曰"昌"。

京师复戒严，拜同知枢密院。入谢，即陈捍敌之策，曰："三关四镇，国家藩篱也，闻欲以畀敌，一朝渝盟，何以制之？愿勿轻与，而檄天下兵集都畿，坚城守以遏其冲，简禁旅以备出击，壅河流以断归路。前有坚城，后有大河，劲兵四面而至，彼或南下，堕吾网中矣。臣愿激合勇义之士，设伏开关，出不意扫其营以报。"帝壮之，命提举守御，得以便宜行事。

会金人再议和，割两河，须大臣报聘。诏耿南仲及昌往，昌言："两河之人忠义勇劲，万一不从，必为所执，死不瞑目矣。倘和议不遂,臣当分遣官属,促勤王之师入卫。"许之。行次永安,与金将黏罕遇,其从者称阁门舍人,止昌撤伞,令用榜子赞名引见,昌不可,争辨移时,卒以客礼见。昌往河东,至绛,绛人闭壁拒之。昌持诏抵城下,缒而登。州钤辖赵子清麾众害昌,抉其目而窬之,年四十九。

建炎四年,始赠观文殿大学士,谥曰忠愍。父用之,年九十,以忧死。昌为人疏隽,喜周人之急,然恩怨太明,睚眦必报。王黼之死,昌实遣客刺之,弃尸道旁。遂附耿南仲取显位,左右其说以误国,卒至祸变,而身亦不免焉。

论曰:何㮚、孙傅、聂昌皆疏俊之士,而器质㿃薄,使当重任于艰难之秋,宋事盖可知矣。钦宗之再诣金营,实误之,一死不足偿也。傅匿太子之谋甚疏,昌河东之行尤谬,效死弗当,徒伤勇尔。过庭因方腊之乱,乞诛蔡京、王黼、朱勔以谢天下,庶几有敢谏之风焉。

张阁字台卿,河阳人。第进士。崇宁初,由卫尉主簿迁祠部员外郎;资阅浅,为掌制者所议,蔡京主之,乃止。俄徙吏部,迁宗正少卿、起居舍人,属疾不能朝,改显谟阁待制、提举崇福宫。疾愈,拜给事中、殿中监,为翰林学士。

河北诸帅以缮城讫役,降奖诏,有中贵人为之地,将继此策赏。阁言:"此牧伯常职,若奖之,恐开邀功生事之路。"徽宗曰:"卿言是也。"格不下。尝夜盛寒草制稿进,帝犹坐,赏其警敏,赐诗以为宠。京免相,阁当制,历数其过,词语遒拔,人士多传诵之。

京复相,以龙图阁学士知杭州。浙部和买绢,杭独居十三,户有至数百匹者,阁请均之他郡。杭久阙守,阁经理有叙,去恶少年之为人害者,州以理闻。召拜兵部尚书兼侍读,复为学士,上日特赐敕诏,且有意大用,未几,卒,年四十六。阁初出守杭,思所以固宠,辞日,乞自领花石纲事,应奉由是滋炽云。

张近字几仲，开封人。第进士，累迁大理正、发运使。吕温卿以不法闻，近受诏鞫治，哲宗谕之曰："此出朕命，卿毋畏惠卿。"对曰："法之所在，虽陛下不能使臣轻重，何惠卿也？"温卿谩不肯置对，近言："温卿所坐明白，倘听其蔓词，惧为株连者累。"诏以众证定其罪。提举河北东路常平、西路刑狱，入为刑部员外郎，大理少卿，以集贤殿修撰知瀛州。"

辽使为夏人请命，而宿兵以临我，近请亦出秦甲戍北道，伐其谋。边人吕忏儿入瓦桥为盗，吏执之，辽人因略宋民为质。近言："朝廷方继好息民，当使曲在彼。一偷之得失，不足为轻重。释之便。"沧民渔于海，辽卒利其饶，而私举网取鱼。守兵舆之斗，斩级三十二，州将请赏之。或言所杀乃平人，宜论如律，议弗决。近言："边人贪利喜功，遂赏之，则为国起怨；然彼挟兵涉吾地，谓之非盗可乎？如罪以擅兴，他日将谁使御敌？愿两置赏刑，略而不问。"从之。出镇高阳八年，累加显谟阁待制、直学士，徙知太原府，以疾，提举洞霄宫。先，承诏买马三千给牧户，近悉敛诸民而不予直，为御史所劾，失学士。二年而复之。卒，年六十五。

郑仅字彦能，徐州彭城人。第进士，为大名府司户参军。留守文彦博以为材，部使者檄往他郡，彦博曰："如郑参军讵可令数出？"奏改司法，迁冠氏令。河决府西，檄夜下调夫急，仅方阅保甲，尽籍即行，先他邑至，决遂塞。使者怒劾之，留守王拱辰争于朝曰："微冠氏，城民鱼矣。"犹坐罚金。时河朔饥，盗起，独冠氏无之，且不入境。他邑获盗，诘治之，盗因言："郑冠氏仁，故相戒不犯尔。"知福昌县，复值岁饥，悉意振贷，民不流亡。当第赏，不肯自列。

提举京东常平，入为户部员外郎，至太府卿，加直龙图阁，为陕西都转运使。论馈饷河湟功，进集贤殿修撰、显谟阁待制。仅请籍间田为官庄，是岁，镇戎、德顺收谷十余万。会西宁高永年战没熙河，帅臣归咎官庄夺属羌地，致其怨畔，诏罢之，议者以为惜。

改知庆州，诸军多杀老弱，持首要赏。仅下令非强壮而能生致者,赏半之。有内附羌追寇,得老人,不忍杀,擒之,乃其父也,相持哭,一军感动。时诸路争进讨奏捷,仅独保境不生事,寇亦不犯。

徙秦州,复为都转运使,召拜户部侍郎,改吏部侍郎、知徐州。以显谟阁直学士、通议大夫卒,年六十七,赠光禄大夫,谥曰修敏。子望之,自有传。

宇文昌龄字伯修,成都双流人。进士甲科,调荣州推官。熊本经制梓夔,辟干当公事。凡攻讨招袭,建南平诸城寨,皆出其画。迁大理丞。本归阙,言其功,擢提举秦凤路常平,改两浙。

神宗患司农图籍不肃,选官厘整,昌龄以使夔路入辞,留为寺主薄,遂拜监察御史,鄜延帅奏所部刘绍能与西羌通,将为患。帝察其不然,命昌龄即鄜州鞫之,果妄也。昌龄因请深戒守臣,毋生事徼赏,以靖边人之心。使还,赐五品服。

尚书省建,以为比部员外郎。时官曹更新,统纪未立,昌龄悉力从事,虽抵暮亦程吏不止。具所立纲要,请于朝而行之。三司故吏狃玩弛,多不便,思有以中之。挺逻卒纠其宿直遣小吏取衺服事,大臣欲论以私役,帝以职事修饬,释不问。改吏部员外郎,出京西转运副使,召为左司员外郎。

送辽使至雄州,当宴,从者不待揖而坐,昌龄诮其使曰:"两朝聘好百年矣,入境置宴,非但今日,揖而后坐,此礼渠可阙邪?"使者阳若不服,而心悟其非,卒成礼去。

迁太常少卿,诏议郊祀合祭,论者不一。昌龄曰:"天地之数,以高卑则异位,以礼制则异宜,以乐舞则异数;至于衣服之章,器用之具,日至之时,皆有辨而不乱。夫祀者自有以感于无,自实以通于虚,必以类应类,以气合气,合然后可以得而亲,可以冀其格。今祭地于圜丘,以气则非所合,以类则非所应,而求高厚之来享,不亦难乎。"后竟用其议。改直秘阁、知梓州,历寿州、河中府、邓郓青三州。

徽宗立,召为刑部侍郎,徙户部侍郎。陕西馈刍粮于边,旧制令内郡转给,为民病。昌龄建言止输其州,而令量取道里费助边籴,从之。岁省缗价五百万，公私便之。以宝文阁待制知开封府，复为户部侍郎，知青、杭、越三州。卒，年六十五，诏为封传护送归，官给其葬费。子常。

常字权可。政和末，知黎州。有上书乞于大渡河外置城邑以便互市者，诏以访常。常言："自孟氏入朝，艺祖取蜀与地图观之，画大渡为境，历百五十年无西南夷患。今若于河外建城立邑，虏情携贰，边隙浸开，非中国之福也。"

寻提举成都路茶马。自熙、丰以来，岁入马蕃多；至崇、观间，其法始坏。提举官岁以所入进羡余，吏缘为奸，市马裁十一二，且负其直，夷人皆怨。常尽革其弊，马遂溢额。加直秘阁，改知夔州，进秘阁修撰。官累中大夫，卒。

许几字先之，信州贵溪人。少以诸生谒韩琦于魏，琦勉入太学。擢第，调高安、乐平主簿，知南陵县，还民之托僧尼为奸者数百人。

提举京西常平，为开封府推官，进至将作监。吏与匠比为奸欺，凡断削、涂塈、丹腹之工当以次用，而始役即概给其廪，费亡艺而患不均。几逆为之程，费省工倍。再迁太仆卿、户部侍郎，以显谟阁待制知郓州。

梁山泊多盗，皆渔者窟穴也。几籍十人为保，使晨出夕归，否则以告，辄穷治，无脱者。

几有吏干，善理财，由是四入户部至尚书。尝以摇泉布法罢，又以治染院事失实，知婺州。进枢密直学士、河北都转运使，徙知成德军、知太原府。张商英裁损吏禄，几预其议，贬永州团练副使，安置袁州。遇恩，复中大夫，卒。

程之邵字懿叔，眉州眉山人。曾祖仁霸，治狱有阴德。之邵以父荫为新繁主簿。熙宁更募役法，常平使者欲概州县民力，以羡乏相补。之邵曰："此法乃成周均力遗意，当各以一邑之力供一邑之

役,岂宜以此邑助他邑哉?"使者愧服,辟之邵为属,听其所为。熊本
察访蜀道归,语诸朝曰:"役法初行,成都路为最详,之邵力也。"诏
召见,成都守赵抃奏留之。入为三司磨勘官,得隐匿数十万缗。从
副使蹇周辅计度江、岭盐,还,除广东转运判官。元祐初,提举利、梓
路常平、周辅得罪,亦罢知祥符县。俄知泗州,为夔路转运判官。夔
守疆很不奉法,劾正其罪。大宁井盐为利博,前议者辄储其半供公
上,余鬻于民,使先输钱,盐不足给,民以病告。之邵尽发所储与之,
商贾既通,关征增数倍。除主管秦、蜀茶马公事,革黎州买马之弊,
岁以仲秋为市,市四月止,以羡茶入熙、秦易战骑,得良马益多。

知凤翔府,民负债无以偿,自焚其居,而绐曰遗火;有主藏吏杀
四婢,人无知者。之邵发捶,岐人传诵。徙郑州。

元符中复主管茶马,市马至万匹,得茶课四百万缗。童贯用师
熙、岷,不俟报,发钱二十万亿佐用度。连加直龙图阁、
集贤殿修撰,三进秩,为熙河都转运使。秦凤出师,命之经制,即言
已备十万骑可食三百日矣。徽宗喜,擢显谟阁待制。敌犯熙河,之
邵摄帅事,屯兵行边境,解去。俄得疾卒。方录功转太中大夫,不及
拜,赠龙图阁直学士,官护丧归。子唐,至宝文阁学士。

龚原字深之,处州遂昌人。少与陆佃同师王安石。进士高第,
元丰中为国子直讲,以虞蕃讼失官。哲宗即位,诣诉理所得直,为国
子丞、太常博士。方议祀北郊,原曰:"合祭,非理也。天子父天母地,
既不为寒而废祠,其可为暑而辍行?此汉儒陋说尔,愿亟正之。"加
秘阁校理,充徐王府记室,出为两浙转运判官。

绍圣初,召拜国子司业,入对,帝问曰:"卿历徐邸官,何为补
外,得非大臣私意乎?"对曰:"臣出使乡部,获知民间事宜,臣素知
如是,不知其因也。"旋兼侍讲,迁秘书少监、起居舍人,权工部侍
郎。为曾布所重,安惇论其直讲时事,以集贤殿修知润州。

徽宗初,入为秘书监,进给事中。时除郎官五人,皆执政姻戚,
悉举驳之;又论郝随得罪,不得居京师,邓洵武不宜再入史院。朝论

谓帝为哲宗服,当循开宝故事,为齐衰期。原曰:"三年之丧,自天子达于庶人,一也。"主议者斥其妄,黜知南康军,改寿州。俄用三年之制,乃复修撰,知扬州。还朝,历兵、工部二侍郎,除宝文阁待制、知卢州。陈瓘击蔡京,原与瓘善,或谓原实使之,夺职居和州。起为亳州,命下而卒,年六十七。

初,王安石改学校法,引原自助,原亦为尽力。其后,司马光召与语,讥切王氏,原反覆辨救不少衰。光叹曰:"王氏习气尚尔邪!"为司业时,请以安石所撰《字说》、《洪范传》及子雱《论语》、《孟子义》刊板传学者。故一时学校举子之文,靡然从之,其敝自原始。

崔公度字伯易,高邮人。口吃不能剧谈,而内绝敏,书一阅即不忘。刘沆荐茂才异等,辞疾不应命。用父任,补三班差使,非其好也,益闭户读书。欧阳修得其所作《感山赋》,以示韩琦,琦上之英宗,即付史馆。授和州防御推官,为国子直讲,以母老辞。

王安石当国,献《熙宁稽古一法百利论》,安石解衣握手,延与语。召对延和殿,进光禄丞,知阳武县。京官谒尹,故事当拜庭下,公度疑尹辱己,径诣安石诉之,安石使邓绾荐为御史。未几,为崇文校书,删定三司令式,于是诵言京官庭谒尹非宜,安石为下编敕所更其制。加集贤校理,知太常礼院。

公度起布衣,无所持守,惟知媚附安石,昼夜造请,虽踞厕见之,不屑也。尝从后执其带尾,安石反顾,公度笑曰:"相公带有垢,敬以袍拭去之尔。"见者皆笑,亦恬不为耻。请知海州。元祐、绍圣之间,历兵、礼部郎中、国子司业,除秘书少监、起居郎,皆辞不受。知颍、润、宣、通四州,以直龙图阁卒。

蒲卣字君锡,阆州人。母任知书,里中号"任五经",卣幼以开敏闻。中进士第,历利州司户参军、三泉主簿、知合江金水县。通判文州,有献议者欲开文州径路达陕西,卣言:"洮、岷、积石至文为甚迩,自文出江油,邓艾取蜀故道也。异时鬼章欲从此窥力量,为其阻隘而止。夏人志此久矣，可为之通道乎？"议遂塞。

　　为睦亲宅教授，提举湖北、京西常平。崇宁均田，转运使以用不足，将度费以定税，卣曰："诏旨所以嘉惠元元尔，初不在增赋也。"宛、穰地广沃，国初募民垦田，得为世业，令人毋辄诉，盖百年矣，好讼者稍以易佃法摇之，卣一切禁止。有持献于权贵而降中旨给赐者，卣言："地盈千顷，户且数百，传子至孙久，一旦改隶，众将不安。先朝明诏具在，不可易也。"朝廷是其议。

　　提点湖南刑狱，知鼎、辽、陇、宁四州，复提举潼川路刑狱。有议榷酤于泸、叙间，云岁可得钱二十万。卣言："先朝念此地夷汉杂居，弛其榷禁，以惠安边人。今之所行，未见其利。"乃止。累官中大夫，卒，年七十二。

　　论曰：《传》曰："尺有所不逮，寸有所不覃。"观二张之理郡，郑仅之守藩，宇文父子之便边枭、革马政，许几、程之邵之经制财运，蒲卤之议税榷，皆有可称道。若阁之固宠于花石，而龚原、崔公度主王氏学以谄事安石，则搢绅所不齿也。

宋史卷三五四
列传第一一三

沈铢　弟锡　　路昌衡　　谢文瓘
陆蕴　黄寔　　姚祐　　楼异
沈积中　李伯宗　　汪澥
何常　叶祖洽　　时彦
霍端友　俞栗　蔡薿

　　沈铢字子平，真州扬子人。父季长，王安石妹婿也。铢少从安石学，进士高第，至国子直讲。季长领监事，改审官主簿，坐虞蕃事免归。元祐置诉理所，被罪者争自列，铢独不言。

　　绍圣初，起为太学博士、秘书省正字、崇政殿说书，受旨同编类元祐臣僚章疏。以进讲为解，拜右司谏，辞，改起居郎、权中书舍人。吴居厚除户部尚书，铢论其使京东时聚敛，诏具实状，不能对，罚金。讲《诗南山有台》，至"万寿无期"，以为此太平之基，立而可久之应，哲宗屡首肯。真拜中书舍人兼侍讲，俄引疾，以龙图阁待制知宣州卒。弟锡。

　　锡字子昭，以王安礼任，为鄂州司户参军。崇宁初，为讲议司检讨。蔡京方铨次元符上书人，欲定罪，锡曰："远方之士，未能知朝廷好恶，若概罪之，恐非敦世厉俗之道。"京不从。除卫尉丞，迁祠部员外郎，提点江东刑狱、知婺州。入为左司员外郎，兼定、嘉二王侍讲，进太常少卿，拜兵部侍郎，以徽猷阁待制知应天府，徙江宁。

张怀素诛，朝廷疑其党有脱者，江、淮间往往以诬告兴狱。锡至郡，有告者，按之，则妄也。具疏于朝，由是他郡系者皆得释。历知海、泰、汝、宣四州，以通议大夫致仕。卒，赠宣奉大夫。

路昌衡字持正，开封祥符人。起进士，至太常博士。参鞫陈世儒狱，逮治苛峻，至士大夫及命妇，皆不免。迁右司员外郎，历江淮发运、陕西转运副使，知广州，徙荆南，又徙潭州，加直龙图阁、知庆州

绍圣中，召为卫尉、大理卿，迁工部侍郎，俄以宝文阁待制知开封府。李清臣有狂妇人之诉，昌衡致之重辟。出知瀛州，徙永兴军，进直学士、知成都。

徽宗立，应诏上书曰：“频年以来，西方用兵，致兴大役，利源害政，佞臣蔽主，四者皆阴之过盛。自陕以西，民力伤残，人不聊生。灾异之变，生于天地之不和，起于人心之怨望。故妖星出见，大河横决，秋雨霖淫，诸路饥馑，殍死道路，妻子弃捐，破析资储，以应星火之令。勤劳憔悴，多不生还，人心如此，而欲其无怨，难矣。”

俄坐清臣狱事，责司农少卿，分司，居郓州。明年，起为滁州、定州，复直学士、知开封府。乞严告捕虚妄之法，以靖讦诉。徙南京留守，又坐前上书事落职，入党籍，卒。宣和五年，赠龙图阁学士。

谢文瓘字圣藻，陈州人。进士甲科，教授大名府。元丰中，上疏言：“臣下推行新法，多失本意，而榜笞禁锢，民受其虐，掊克聚敛，不胜多门。其不急之征，非理之取，宜罢减之。”大臣以为讪朝廷，议置之罪。神宗曰：“彼谓奉法者非其人尔，匪讪也。”

哲宗时，御史中丞黄履荐为主簿，三年不诣执政府。召对，除秘书省正字，考功、右司员外郎。绍圣末，都水使者议建广武四埽石岸，朝廷命先治岸数十步，以验其可否。黄流湍悍，役人多死，一方

甚病,功不可成,而使者申前说愈力。文瓘条别利害,罢其役。

徽宗立,擢起居舍人、给事中。诏修《神宗宝训》,文瓘请择当时大政事、大黜陟,节其要旨,而为之说以进。然所论率是王安石,谓神宗能察众多之谤,任之而不贰,于是朋党消而威柄立,他皆放此。辽主洪基殂,使往吊之,令从者变服而入,贬秩二等。

崇宁元年,出知濮州。寻治党事,坐元丰上疏及尝诒吕公著书,再谪邵武军,移处州。帝披党籍曰:"朕究知文瓘本末。"命出籍,乃以为集英殿修撰、知济州,卒。

子觊,宣和中,为驾部员外郎、知汝州。钦宗时,上封事十篇,论事切至。使于金,还,提点京西北路刑狱。金人犯汝州,觊自襄阳领兵往援之,战死。

陆蕴字敦信,福州候官人。少知名,登进士第,为太学《春秋》博士。经废员省,改国朝会要所检阅文字。

崇宁中,提举河北、两浙学事,召对,言:"元祐异意俗学,既不为我用,近诏不以使一路,而犹得为守令,臣愚未知其可。"遂拜礼部员外郎,转吏部,迁辟雍司业、太常少卿。议原庙不合,黜知瑞金县。还为太常,进国子祭酒、中书舍人。请茸诸州天庆观,立学事司考课法。迁大司成,擢御史中丞。引门下侍郎余深亲嫌自列,徽宗曰:"相避之法,防有司不能尽公尔,侍从吾所信任,岂得下同庶僚乎?"不许。

蕴颇论事,尝言:御笔一日数下,而前后相违,非所以重命令;辅相大臣,宦官戚里,赐第营筑,纵撤民居,县官市材于民,而不予直;贵游子弟以从官领闲局,奉朝请,为员猥多,无益于事;又赐予过制,中外用度多于赋入;数幸私室,乖尊卑之分,亦非臣下之福。其言皆中时病。

以龙图阁待制知福州,改建州。时弟藻由列曹侍郎出为泉州,过蕴,合乐燕欵,闽人以为盛事。加显谟阁直学士,引疾,提举鸿庆宫。方二浙用兵,旁郡皆缮治守备,蕴闻命就道,使者劾为避事,夺职。稍复集英殿修撰,卒。

黄寔字师是,陈州人。登进士第,历司农主簿,积官提举京西、淮东常平。元丰末,议罢提举官,命未布,寔舅章惇属蔡確徙寔提点开封县镇。迁提点梓州路、两浙刑狱,京东、河北转运副使。

哲宗以寔为监司久,议召用,曾布阴沮之。林希曰:“寔两女皆嫁苏轼子,所为不正,不宜用。”乃以知陕州,为江、淮发运副使。贺辽主登位,及境,迓者移牒来,称为贺登宝位使。寔报以受命无“宝”字,拒不受。还除太仆卿,再擢宝文阁待制、知瀛州,徙定州。朝旨籍民兵旁郡,因缘扰困,寔怀檄不下,而画利害请之,事得寝。卒于官,赠龙图阁直学士。

寔孝友敦睦,世称其内行。苏辙在陈与寔游,因结昏,其后又与轼友善。绍圣党祸起,寔以章惇甥故获免,然亦不得久于朝著焉。

姚祐字伯受,湖州长兴人。元丰末,第进士。徽宗初,除夔州路转运判官。且行,会帝幸禁苑御弓矢,祐奏《圣武临射赋》。帝大悦,留为右正言。历陈绍述之说,迁左司谏。建议置辅郡以拱大畿,进殿中监。六尚局官制成,凡所以享上率属、察举稽违、殿最勤惰之法,皆祐裁定。以亲老请郡,授显谟阁待制、知江宁府。时召捕张怀素,祐追获之,复为殿中监。

逾岁,以直学士知郑州,改秦州。或请调熙河弓箭士徙边,以省更戍。祐谓人情怀土重迁,丐以二年为更发之期,满岁乐业而愿留者,乃听。且请择熙、秦富民分丁授田,蠲役借粮,以劝耕植。益广秦之东、西川,建城壁,严保障,以控熙河、泾原。皆从之。复为殿中监,改吏部侍郎,命镇蜀,用母老辞。迁工部尚书,加龙图阁学士,为大名尹,进延康殿学士,复为工部尚书,徙礼部。母丧,除知太原府。

县有小胥造冢逼其先墓者,祐疑为厌己,请解官持服。先是,诏许祐悉买墓旁地,遂并徙他冢,小胥不从,故祐持以为说。言者论其挟仇要君,乃止。以提举上清宝录宫卒,赠特进,谥曰文禧。

楼异字试可，明州奉化人。进士高第，调汾州司理参军，徙永兴虞策幕府，监在京文绣院，知大宗正丞，迁度支员外郎。以养亲求知泗州，复为吏部右司员外郎、左司郎中、太府鸿胪卿，除直秘阁、知秀州。

政和末，知随州，入辞，请于明州置高丽一司，创百舟，应使者之须，以遵元丰旧制。州有广德湖，垦而为田，收其租可以给用。徽宗纳其说。改知明州。赐金紫。出内帑缗钱六万为造舟费，治湖田七百二十顷，岁得谷三万六千。加直龙图阁、秘阁修撰，至徽猷阁待制。郡资湖水灌溉，为利甚广，往者为民包侵，异令尽泄之垦田。自是苦旱，乡人怨之。

在郡五年，既请温之船官自隶以便役，又请越、台之盐以佐费，诏责之曰："郡自有盐策不能兴，而欲东取诸台，西取诸越，斯乃以邻国为壑也。"睦寇起，善理城戍有绩，进徽猷阁直学士、知平江府，卒。

沈积中，常州人。赐进士出身，为辟雍正、户部员外郎，至秘阁修撰、河北转运使，召拜户部侍郎，进尚书，知河间、真定府。

积中本王黼所引拔，黼方图燕地，使觇边隙。中书舍人程振语之曰："当思异时覆族之祸。"积中感其戒，至镇，以书谢振，盛言其不可，振宣告于朝。已而师败于白沟，童贯还，罢积中提举上清宝箓宫。既得燕山，又命以资政殿学士同知府，未行而卒，或曰为盗所杀，或曰婢杀之，终亦不能明也。贯恶其暴言，追削官职。建炎中，宰相上其书，乃悉复之。

李伯宗字会之，河阳人。第进士，知内丘、咸阳、太康县。建言："朝廷行方田均税之法，令以丰岁推行。今州县吏，苟简怀异者指熟为灾，而贪进幸赏者掩灾为熟，望深察其违戾，而置诸罚。"括县壮丁为兵，得千人，上其名数与按阅之法。知枢密院蔡卞喜而荐之，提举京畿保甲,使行其说,增籍二万。已而有诉者,陈牒至八百七十,左迁通判相州、提举白波辇运,提点江、淮坑冶铸钱,入为将作少监。

开封民有鬻神祠故帽饰以龙者,吏以为乘舆服御,伯宗曰:"此无他,当坐不应为尔。"尹不从,具以请,如伯宗议。历大理卿,入对言:"今情重法轻者许奏请,而情轻法重者不得焉,恐非仁圣忠恕之意。"徽宗纳之。迁刑部侍郎。与王黼不相能,用胥吏微过罢,提举崇福宫。

明年,知同州,徙陕西都转运使。以通奉大夫、显谟阁待制卒,赠光禄大夫,谥曰荣。

汪澥字仲容,宣州旌德人。少从胡瑗学《易》。又学于王安石,著《三经义传》,澥与其议,又首传其说。

熙宁太学成,分录学政。登进士第,调鼎州司理参军、知黔县,入为太学正,累迁国子祭酒,兼定、嘉二王翊善,擢中书舍人,为大司成。议学制不合,以显谟阁待制知婺州,改颍昌,又改陈、寿二州,徙应天府。上章辞行,提举崇福宫。卒,赠宣奉大夫。

澥自布衣录天子学,至为正,为司业、祭酒,迄于司成,官以儒名者三十年,一时人士推之。

何常字德固,京兆人。中进士第,为开封府兵曹。绍圣初,或言苏轼主文柄,取士之非毁宗庙者,常预其间,出通判原州。历将作丞、陕西转运判官、熙河转运副使。议者欲贷民金帛,而使入粟塞下。常曰:"车牛转输,民力已病,然未至于死亡者,粟自官出,而民无害也。今强以金帛,使自入粟,惧非贫弱之利。"熙帅及监军劾之,贬秩,徙成都路。

中使持御札至,令织戏龙罗二千,绣旗五百。常奏:"旗者,军器之饰,敢不奉诏。戏龙罗唯供御服,日衣一匹,岁不过三百有奇;今乃数倍,无益也。"诏奖其言,为减四之三。

　　除直龙图阁，加集贤殿修撰，为使徙陕西，以显谟阁待制知秦州，转通议大夫。谍告夏人多筑堡栅，朝议出兵牵制，常言："羌人，生长射猎，今困于版筑，违所长，用所短，可以拱手待其弊，无烦有为也。"从之

　　镇秦六岁，察访方劭劾其越法贷酒，借米曲于官而毁其历。狱具，责昭化军节度副使。数月，复其官。终右文殿修撰，年七十三。

　　论曰："西汉之末，士大夫阿谀销懦，遂底于亡。东都诸贤以风节相尚，激成党祸。宋元祐类东都，崇、宣类西汉末世，盖忠鲠获罪，则相习容悦而已。君骄臣谄，此邦之所由丧也。观沈铢诸人，徒徇时轩轾，不能为有亡。恶足以言士哉！

　　叶祖洽字敦礼，邵武人。熙宁初，策试进士，祖洽所对，专投合用事者，考官宋敏求、苏轼欲黜之，吕惠卿擢为第一。签书奉国军判官、判登闻检院，由国子丞知湖州，留为校书郎。

　　元祐初，历职方、兵部员外郎，加集贤校理，进礼部郎中。给事中赵君锡论其对策讪及宗庙，祖洽自辨，事下从官定议。苏轼、刘攽言："祖洽谓祖宗纪纲法度，因循苟简，愿朝廷与大臣合谋而新之。可以为议论乖谬，若谓之讪则不可。"于是但出提点淮西刑狱。

　　绍圣中，入为左司郎中、起居郎、中书舍人、给事中。祖洽性狠愎，喜谀附，密言王珪于册立时有异论。哲宗曰："宣仁圣烈，妇人之尧、舜也。其于社稷大计，圣意素定，朕已令作告命，明述此旨。"祖洽复言："若以珪为无迹，则黄履、刘拯相继论之矣，愿稽合群情，决之独断。"珪遂追贬。又言："司马光、吕公著获终牖下，恩礼隆缛；蔡确受遗定策，而贬死岭外，乞恤其孤。"其论率类此。林希荐祖洽，谓其最向正，帝言不可大用，乃已。坐举王回出知济州，徙洪州，以牟利黩货闻。

　　祖洽与曾布厚，人目为"小训狐"。布用事，欲以吏部侍郎召，韩忠彦不可，白为宝文阁待制、知青州。未赴，布竟引为吏部。布罢，

乃出知定州,且行,大言于上,至云:“当时蔡確稍失事几,王珪果遂
奸谋,则神宗遂失正统,不知今日神器孰归。臣为朝廷宗杜明確之
功,正珪之罪,劝沮忠邪于千万年,以此报神宗足矣。”徽宗怒其躁
妄,降集贤殿修撰、提举冲佑观,自是不复用。久之,知洪州,改亳
州,加徽猷阁直学士。政和末,卒。

　　时彦字邦美,开封人。举进士第,签书颍昌判官,入为秘书省正
字,累至集贤校理。绍圣中,迁右司员外郎。使辽失职,坐废,旋复
校理,提点河东刑狱。蹇序辰使辽还,又坐前受赐增拜,隐不言,复
停官。

　　徽宗立,召为吏部员外郎,擢起居舍人,改太常少卿,以直龙图
阁为河东转运使,加集贤殿修撰、知广州。未行,拜吏部侍郎,徙户
部,为开封尹。异时都城苦多盗,捕得,则皆亡卒,吏惮于移问,往往
略之。彦始请一以公凭为验,否则拘系之以俟报,坊邑少安,狱屡
空。数月,迁工部尚书,进吏部,卒。

　　霍端友字仁仲,常州武进人。徽宗即位,策进士第一,授宣义
郎。不阅月,擢秘书省校书郎,迁著作佐郎、起居郎、中书舍人,服金
紫。故事唯服黑角带,帝顾见之,曰:“给事、舍人等尔,而服饰相绝
如是。”始命犀带佩鱼。

　　进给事中、大司成、礼部侍郎。端友言:“朝廷尊安,重内轻外。
可令内外侍从更出迭入,以奉禁闼,殿大邦,俾天下之势如持衡,庶
无首重尾轻之患。”疏入,即请补郡,乃以显谟阁待制知平江。

　　改陈州,为政以宽闻,不立声威。陈地污下,久雨则积潦,时疏
新河八百里,而去淮尚远,水不时泄。端友请益开二百里,撤于淮,
自是水患遂去。内侍石煮传诏索瑞香花数十本,端友不可,疏罢之。
复以礼部召,转吏部。官至通议大夫。卒,赠宣奉大夫。

　　俞㮚字祗若,江宁人。崇宁四年,以上舍生赐进士第,签书镇南

军判官。未赴，为辟雍博士、秘书省正字、吏部员外郎、起居舍人，兼定、嘉二王记室，擢中书舍人。居三月，进给事中、殿中侍御史。毛注建议罢增石炭场，栗驳其非。除显谟阁待制、知蔡州，明日复留。逾年，竟出为襄州。还，拜给事中，上言："学校，三代之学也。然崇宁四年以前，议者以为是，五年，则非之；大观三年以前，议者以为是，四年，则非之。岂学校固若是哉？观望者无定说尔。必使士有成才，人无异论，事之不美者不出于学校，然后为得。"言颇见行。

蔡京再相，憾向所用士多畔己，叶梦得言栗独否，遂拜御史中丞。陈士风六弊，又发户部尚书刘炳为举子时阴事。京方倚炳为腹心，戾其意，改栗翰林学士。迁兵部尚书，以枢密直学士知开德府。石公弼在襄州，以论衙前事谪言者，谓栗实倡之，罢，提举崇禧观。竟以毁绍圣法度，贬常州团练副使，安置太平州。行未至，复述古殿直学士、知江宁府，卒。

蔡薿字文饶，开封人。崇宁五年，以诸生试策，揣蔡京且复用，即对曰："熙、丰之德业，足以配天，不幸继之以元祐；绍圣之缵述，足以永赖，不幸继之以靖国。陛下两下求言之诏，冀以闻至言、收实用也。而见于元符之末者，方且幸时变而肆奸言，乘间隙而投异意，诋诬先烈不以为疑，动摇国是不以为惮。愿逆处其未至而绝其原。"于是擢为第一，以所对颁天下。甫解褐，即除秘书省正字，迁起居舍人。未几，为中书舍人。自布衣至侍从，才九月，前所未有也。

旋进给事中。一意附蔡京，叙族属，尊为叔父。京命攸、修等出见，薿亟云："向者大误，公乃叔祖，此诸父行也。"遂列拜之。八宝赦恩，诏两省差择元祐党人，情轻者出籍。薿不肯书，言者论其不能推广上恩，使岁久获罪之人得以洗濯。出知和州。明年，加显谟阁待制、知杭州。

始薿未第时，以书谒陈瓘，称其谏疏似陆贽，刚方似狄仁杰，明道似韩愈。及对策，所持论顿异，遂欲害瓘以绝口。因其子正汇告蔡京不轨，执送京师。瓘复入为给事中，又与宰相何执中谋，使石悈治瓘，几不免，事具《瓘传》。御史毛注言：“陛下修善政以应天，斥大奸以定国，而薿巧言惑众，造为衅端。”疏入不报。

范柔中者，顷以上书入邪等，至是进阶。薿言：“柔中尝毁神考，哲宗有弗共戴天之仇。知今春党人复官，士论骇愕，有致疑于绍述者。乞削其叙迁，昭示好恶。”从之。张商英作相，常安民与之书，激使为善。薿弟莱剟其稿示薿，即论之以摇商英。薿迁翰林学士，坐妄议政事罢，提举洞霄宫。起知建宁府。

方建神霄宫，薿先一路奏办，下诏褒奖，召为学士承旨、礼部尚书。尝阴附权幸，事觉徽宗令入对，将面诘之。逾月不奉诏，帝怒，命黜之。御史言：“薿游太学，则挟诡计以钳诸生；居侍从，则抉私事以胁宰辅；处门下，则借国法以快私忿；为郡守，则妄尊大而蔑监司。召自金陵，偃然以丞辖自处，既升宗伯，乃怀不满之心。宜重置诸罚。”遂贬单州团练副使，房州安置。

宣和中，复龙图阁直学士，再知杭州。为政喜怒徇情，任刑大惨。方腊乱后，西北戍卒代归，人得犒绢，薿禁民与为市，乃下其直，强取之。卒怒，乘薿夜饮客，纵火焚州治，须其出救，杀之。薿知事势汹汹，逾垣走，仅得免。诏夺职罢归。明年，以徽猷阁待制卒。

论曰：自太宗岁设大科，致多士，居首选者躐取华要，有不十年至宰相，亦多忠亮雅厚，为时名臣。治平更三岁之制，继以王安石改新法，士习始变。哲、徽绍述，尚王氏学，非是无以得高第。叶祖洽首迎合时相意，擢第一，自是靡然，士风大坏，得人亦衰，而上之恩秩亦薄矣。熙宁而后，讫于宣和，首选十八人，唯何㮚、马涓与此五人有传，然时彦、端友觊觎，祖洽、俞㮚、蔡薿憸邪小人。由王氏之学不正，害人心术，横溃烂漫，并邦家而覆之，如是其惨焉，此孟子所以必辩邪说、正人心也。

宋史卷三五五
列传第一一四

贾易　董敦逸　上官均
来之邵　叶涛　杨畏
崔台符　杨汲　吕嘉问
李南公　董必　虞策 弟奕
郭知章

　　贾易字明叔,无为人。七岁而孤。母彭,以纺织自给,日与易十钱,使从学。易不忍使一钱,每浃旬,辄复归之。

　　年逾冠,中进士甲科,调常州司法参军。自以儒者不闲法令,岁议狱,唯求合于人情,曰:"人情所在,法亦在焉。"讫去,郡中称平。

　　元祐初,为太常丞、兵部员外郎,迁左司谏。论吕陶不争张舜民事,与陶交攻,遂劾陶党附苏轼兄弟,并及文彦博、范纯仁。宣仁后怒其讦,欲谪之,吕公著救之力,出知怀州。御史言其谢表文过,徙广德军。明年,提点江东刑狱,召拜殿中侍御史。遂疏彦博至和建储之议为不然,宣仁后命付史馆,彦博不自安,竟解平章重事而去。苏辙为中丞,易引前嫌求避,改度支员外郎,孙升以为左迁。又改国子司业,不拜,提点淮东刑狱。

　　复入,为侍御史。上书言:

　　天下大势可畏者五:一曰上下相蒙,而毁誉不得其真。故人主聪明壅蔽,下情不得上达;邪正无别,而君子之道日消,小人之党日进。二曰政事苟且,而官人不任其责。故治道不成,万事隳废,恶吏市奸而自得,良民受弊而无告;愁叹不平之气,充溢宇宙,以干阴阳之和。三曰经费不充,而生财不得其道。故公私困弊,无及时预备之计,衣食之源日蹙;无事之时尚犹有患,不幸仓卒多事,则狼狈穷迫而祸败至矣。四曰人材废阙,而教养不以其方。故士君子无可用之实,而愚不肖充牣于朝;污合苟容之俗滋长,背上欺君之风益扇,士气浸弱,将谁与立太平之基。五曰刑赏失中,而人心不知所向。故以非为是,以黑为白,更相欺惑,以罔其上;爵之以高禄而不加劝,僇之以显罚而不加惧,徼利苟免之奸,冒货犯义之俗,将何所不有。

今二圣焦劳念治,而天下之势乃如此,任事者不可以不忧。是犹寝于积薪之上,火未及然,而自以为安,可不畏乎?

然则欲知毁誉真伪之情,则莫若明目达聪,使下无壅蔽之患。欲官人皆任其责,则莫若询事考言,循名责实。欲生财不逆其道,则莫若敦本业而抑末作,崇俭约而戒奢僭。欲教养必以其方,则莫若广详延之路,厉廉耻之节,使公卿大臣各举所知,召对延问,以观其能否,善者用之,不善者罢之。欲人心皆知所向,则莫若赏以劝善,刑以惩恶,不以亲疏贵贱为之轻重。则民志一定,而放僻邪侈不为矣。

其言虽颇切直,然皆老生常谈,志于抵厄时事,无他奇画。

苏轼守杭,诉浙西灾潦甚苦。易率其僚杨畏、安鼎论轼姑息邀誉,眩惑朝听,乞加考实。诏下,给事中范祖禹封还之,以谓正宜阔略不问,以活百姓。易遂言:“轼顷在扬州题诗,以奉先帝遗诏为‘闻好语’;草《吕大防制》云‘民亦劳止’,引周厉王诗以比熙宁、元丰之政。弟辙早应制科试,文谬不应格,幸而滥进,与轼昔皆诽怨先帝,无人臣礼,至指李林甫、杨国忠为喻。”议者由是薄易,出知宣州。除京西转运副使,徙苏州、徐州,加直秘阁。元符中,累谪保静军行军司马,邵州安置。

徽宗立，召为太常少卿，进右谏议大夫。陈次升论其为曾布客，改权刑部侍郎，历工部、吏部，未满岁为真。以宝文阁待制知邓州，寻入党籍。卒，年七十三。

董敦逸字梦授，吉州永丰人。登进士第，调连州司理参军、知穰县。时方兴水利，提举官调民凿马渡港，云可灌田二百顷，敦逸言于朝，以为利不补害，核实如敦逸言。免役夫十六万，全旧田三千六百顷。徙知弋阳县，宝丰铜冶役卒多困于诱略，有致死者，敦逸推见本末，纵还乡者数百人。稍迁梓州路转运判官。

元祐六年，召为监察御史，同御史黄庆基言："苏轼昔为中书舍人，制诰中指斥先帝事，其弟辙相为表里，以紊朝政。"宰相吕大防奏曰："敦逸、庆基言轼所撰制词，以为谤毁先帝。臣窃观先帝圣意，本欲富国强兵，鞭挞不庭，一时群臣将顺太过，故事或失当。及太皇太后与皇帝临御，因民所欲，随事救改，盖事理当然尔。昔汉武帝好用兵，重敛伤民，昭帝嗣位，博采众议，多行寝罢，明帝尚察，屡兴惨狱，章帝改之以宽厚，天下悦服，未有以为谤毁先帝者也。至如本朝真宗即位，驰放逋欠以厚民财；仁宗即位，罢修宫观以息民力。凡此皆因时施宜，以补助先朝阙政，亦未闻当时士大夫有以为谤毁先帝者也。比惟元祐以来，言事官用此以中伤士人，兼欲动摇朝廷，意极不善。"辙复奏曰："臣昨日取兄轼所撰《吕惠卿告》观之，其言及先帝者，有曰：'始以帝尧之仁，姑试伯鲧；终然孔子之圣，不信宰予。'兄轼亦岂是谤毁先帝者邪？臣闻先帝末年，亦自深悔已行之事，但未暇改尔。元祐改更，盖追述先帝美意而已。"宣仁后曰："先帝追悔往事，至于泣下。"大防曰："先帝一时过举，非其本意。"宣仁后曰："皇帝宜深知。"于是敦逸、庆基并罢。敦逸出为湖北运判，改知临江军。

绍圣初，轼、辙失位，刘拯讼敦逸无罪。哲宗记其人，曰："非前日白须御史乎？"复除监察御史。论常安民为二苏之党，凡论议主元祐者，斥去之。改工部员外郎，迁殿中侍御史、左司谏、侍御史，入谢曰："臣再污言路,第恐挤逐,不能久奉弹纠之责。"哲宗曰："卿能言,无患朕之不能听;卿言而信,无患朕之不能行也。"

瑶华秘狱成,诏诣掖庭录问。敦逸察知冤状,握笔弗忍书,郝随从旁胁之,乃不敢异。狱既上,于心终不安。几两旬,竟上疏,其略云："瑶华之废,事有所因,情有可察。诏下之日,天为之阴翳,是天不欲废之也;人为之流涕,是人不欲废之也。臣尝阅录其狱,恐得罪天下。"哲宗读之怒,蔡卞欲加重贬,章惇、曾布以为不可,曰："陛下本以皇城狱出于近习,故使台端录问,冀以取信中外。今谪敦逸,何以解天下后世之谤。"哲宗意解而止。明年,用他事出知兴国军,徙江州。

徽宗即位,加直龙图阁、知荆南,召入,为左谏议大夫,敦逸极言蔡京、蔡卞过恶。迁户部侍郎。卒,年六十九。

上官均字彦衡,邵武人。神宗熙宁亲策进士,擢第二,为北京留守推官、国子直讲。元丰中,蔡确荐为监察御史里行。时相州富人子杀人,谳狱为审刑、大理所疑,京师流言法官窦莘等受赇。蔡确引猜险吏数十人,穷治莘等惨酷,无敢明其冤。均上疏言之,乞以狱事诏臣参治,坐是,谪知光泽县。莘等卒无罪,天下服其持平。有巫托神能祸福人,致资甚富,均焚像杖巫,出诸境。还,监都进奏院。

哲宗即位,擢开封府推官。元祐初,复为监察御史。议者请兼用诗赋取士,宰相遂欲废经义。均言："经术以理为主,而所根者本也;诗赋以文为工,而所逐者末也。今不计本末,而欲袭诗赋之敝,未见其为得也。"自熙宋以来,京师百司有谒禁。均言："以诚待人,则人思竭忠;以疑遇物,则人思苟免。愿除开封、大理外,余皆释禁,以明洞达不疑之意。"遂论青苗,以为有惠民之名而无惠民之实,有目前之利而为终岁之患,愿罢之而复为常平籴粜之法。

又言官冗之弊,请罢粟补吏,减任子员,节特奏名之滥,增摄官之举数,抑胥史之幸进,以清入仕之源。诏有司议,久之不能有所省。复疏言："今会议之臣,畏世俗之讥评,不计朝廷之利害,闵鄙毫之不进，不思才者之闲滞，非策之善也。"因请对，力陈之。宣仁后曰："当从我家始。"乃自后属而下至大夫，悉裁其数。

又言："治天下道二，宽与猛而已。宽过则缓而伤义，猛过则急而伤恩。术虽不同，其蠹政害民，一也。间者，监司务为惨核，郡县望风趣辨，不暇以便民为意。陛下临御，务从宽大，为吏者又复苟简纵弛，猛宽二者胥失。愿明诏四方，使之宽不纵恶，猛不伤惠，以起中和之风。"诏下其章。

蔡确弟硕盗贷官钱以万计，狱既上，均论确为宰相，挟邪挠法，当显正其罪，以厉百官。张璪、李清臣执政，与正人异趣，相继击去之。监察御史张舜民论边事，因及宰相文彦博，舜民左迁。均言："风宪之任许风闻，所以广耳目也。舜民之言是，当行之；其言非，当容之。愿复舜民职。"不从。台谏约再论，均谓事小不当再论，王岩叟遂劾均反覆，岩叟移官。均迁殿中侍御史，内不自安，引义丐去，改礼部员外郎。居三年，复为殿中侍御史。

西夏自永乐之战，怙胜气骄，欲复故地。朝廷用赵卨计，弃四寨，至是，又请兰州为寨地。均上疏曰："先王之御外国，知威之不可独立，故假惠以济威，知惠之不可独行，故须威以行惠，然后外国且怀且畏，无怨望轻侮之心。今西夏所争兰州寨地，皆控扼要路，若轻以予之，恐夏人揣虚，熙河数郡，孤立难守。若继请熙河故地，将何辞以拒之？是傅虎以翼，借寇以兵，不惟无益，祗足为患。不如治兵积谷，画地而守，使夏人晓然知朝廷意也。"

时傅尧俞为中书侍郎，许将为右丞，韩忠彦为同知枢密院。三人者，论事多同异，俱求罢。均言："大臣之任同国休戚，庙堂之上当务协谐，使中外之人，泯然不知有同异之迹。若幸幸然辨论，不顾事体，何以观视百僚。尧俞等虽有辨论之失，然事皆缘公，无显恶大过，望令就职。"诏从之。

御史中丞苏辙等尚以为言，均上疏曰："进退大臣当，则天下服陛下之明，而大臣得以安其位。进退不当，则累陛下之哲，而言者自此得以朋党，合谋并力，以倾摇大臣。天下之事，以是非为主。所论

若当，虽异，不害其为善；所论若非，虽同，未免为不善。今尧俞等但
不能协和，实无大过。苏辙乃以许将当时已定议，既而背同列之议，
独上论奏。臣以为善则顺之，恶则正之，岂在每事唯命，遂非不改，
然后为忠邪?将舍同列之议，上奉圣旨，是能将顺其美，不当反以为
过恶也。若使不忠，虽与同列协和，是乃奸臣尔，非朝廷之利也。"

　　将罢，均又言："吕大防坚强自任，每有差除，同列不敢异，唯许
将时有异同。辙素与大防善，尽力排将，期于必胜。臣恐纲纪法令，
自此败坏矣。"因论："御史，耳目之任；中丞，风宪之长。辙当公是公
非，别白善恶，而不当妄言也。"遂乞罢，出知广德军，改提点河北东
路刑狱。

　　绍圣初，召拜左正言。时大防、辙已罢政，均论大防、辙六罪，并
再黜大防，史祸由此起。又奏罢诗赋，专以经术取士。宰相章惇欲
更政事，专黜陟之柄，阴去异己，出吏部尚书彭汝砺知成都府，召朱
服为中书舍人。均言汝砺不可出，服不可用。惇怒，迁均为工部员
外郎。寻提点京东、淮东刑狱，历梓州淮南转运副使、知越州。

　　徽宗立，入为秘书少监，迁起居郎，拜中书舍人、同修国史兼
《哲宗实录》修撰，迁给事中。太学生张寅亮应诏论事，得罪屏斥，均
言："寅亮虽不识忌讳，然志非怀邪。陛下既招其来，又罪其言，恐沮
多士之气。"寅亮得免。时宰相欲尽循熙、丰法度为绍述以风均，均
曰："法度惟是之从，无彼此之辨。"由是不协，以龙图阁待制知永兴
军，徙襄州。崇宁初，与元祐党籍，夺职，主管崇禧观。政和中，复集
贤院修撰、提举洞霄宫。久之，复龙图阁待制，致仕。卒，年七十八。

　　来之邵字祖德，开封咸平人。登进士第，由潞州司理参军为刑
部详断官。元丰中，改大理评事，御史中丞黄履荐为监察御史。未
几，买倡家女为妾，履劾其污行，左迁将作丞。

　　哲宗即位，为太府丞、提举秦凤常平、利州成都路转运判官，入
为开封府推官，复拜监察御史，迁殿中侍御史。之邵资性奸谲，与杨
畏合攻苏颂，论颂稽留贾易知苏州之命。又论梁焘缘刘挚亲党，致

位丞弼。又论范纯仁不可复相,乞进用章惇、安焘、吕惠卿。

绍圣初,国事丕变,之邵逆探时指,先劾吕大防。惇既相,擢为侍御史。王安石配食神宗,之邵又请加美谥。疏:"司马光等叛道逆理,典刑未正,鬼得而诛。独刘挚尚存,实天以遗陛下。"其阿恣无忌惮如此。

进刑部侍郎。阳翟民盖渐以讼至有司,之邵二子皆娶盖氏,诬渐非盖氏子,以规其赀。谏官张商英论之,以直龙图阁出知蔡州。卒,年四十八。蔡京为相,特赠大中大夫。

叶涛字致远,处州龙泉人。进士乙科,为国子直讲。虞蕃讼起,涛坐受诸生茶纸免官。涛,王氏婿也,即往从安石于金陵,学为文词。哲宗立,上章自理,得太学正,迁博士。绍圣初,为秘书省正字,编修《神宗史》,进校书郎。曾布荐为起居舍人,擢中书舍人。司马光、吕公著、王岩叟追贬,吕大防、刘挚、苏辙、梁焘、范纯仁责官,皆涛为制词,文极丑诋。安焘降学士,涛封还命书,云:"焘在元祐时,尝诋文彦博弃熙河,全先帝万世之功,不宜加罪。"蔡京劾为党,罢知光州。又以诉理有过,为范镗所论,连三黜。曾布引为给事中,居数月而病,以龙图阁待制提举崇禧观,卒。

杨畏字子安,其先遂宁人,父徙洛阳。畏幼孤好学,事母孝,不事科举。党友交劝之,乃擢进士第。调成纪主簿,不之官,刻志经术,以所著书谒王安石、吕惠卿,为郓州教授。自是尊安石之学,以为得圣人之意。除西京国子监教授,舒亶荐为监察御史里行。时有御史中丞出为郡守,监司荐之,畏言:"侍从贤否,上所素知,监司乃敢妄荐,盖为异日地尔,乞戒其观望。"舒亶有盗学士院厨钱罪,为王安礼所白,畏抗章辨论,以为可谓之失,未可谓之故。亶罢,畏坐左转宗正丞,出提点夔州路刑狱。

元祐初,请祠归洛。畏恐得罪于司马光,尝曰:"畏官夔峡,虽深山群獠,闻用司马光,皆相贺,其盛德如此。"至光卒,畏复曰:"司马光若知道,便是皋、夔、稷、契;以不知道,故于政事未尽也。"吕大防、刘挚为相,俱与畏善,用畏为工部员外郎,除监察御史,擢殿中侍御史。畏助大防攻挚十事,并言梁焘、王严叟、刘安世、朱光庭皆其死党,必与为地。既而焘等果救挚,皆不纳。挚罢,苏颂为相,畏复攻颂,以留贾易除书为颂罪。颂罢,畏意欲苏辙为相。宣仁后外召范纯仁为右仆射,畏又攻纯仁,不报。畏本附辙,知辙不相,复上疏诋辙不可用。其倾危反覆如此,百僚莫不侧目。

迁侍御史,畏言事之未治有四:曰边疆,曰河事,曰役法,曰内外官政。时有旨令两省官举台官,畏言:"御史与宰执,最为相关之地。宰执既不自差,使其属举之,可乎?"太常博士朱彦以议皇地示祭不同,自列乞罢。畏言:"彦据经论理,若彦罢出,恐自是人务观望,不敢以守官为义。"

宣仁后崩,吕大防欲用畏谏议大夫,范纯仁以畏非端士,不可,大防乃迁畏礼部侍郎。及大防为宣仁后山陵使,畏首背大防,称述熙宁、元丰政事与王安石学术,哲宗信之,遂荐章惇、吕惠卿可大任。廷试进士,李清臣发策有绍述意,考官第主元祐者居上,畏复考,悉下之,拔毕渐以为第一。

惇入相,畏遣所亲阴结之,曰:"畏前日度势力之轻重,遂因吕大防、苏辙以逐刘挚、梁焘。方欲逐吕、苏,二人党,罢畏言职。畏迹在元祐,心在熙宁,首为相公开路者也。"惇至,徙畏吏部,引以自助。中书侍郎李清臣、知枢密院安焘与惇不合,畏复阴附安、李,惇觉其情,又曾布、蔡卞言畏平日所为于惇,遂以宝文阁待制出知真定府。天下于是目为"杨三变",谓其进于元丰,显于元祐,迁于绍圣也。

寻落职知虢州,入元祐党。后知郓州,复集贤殿修撰、知襄州,移荆南,提举洞霄宫,居于洛。未几,知邓州,再丐祠,以言者论列落职,主管崇禧观。

蔡京为相,畏遣子侄见京,以元祐末论苏辙不可大用等章自明,又因京党河南尹薛昂致言于京,遂出党籍。寻复宝文阁待制。政和二年，洛人诣阙，请封禅嵩山，畏上疏累千余言，极其诇佞。方治行，得疾卒，年六十九。畏颇为纵横学，有才辩而多捭阖，与邢恕缔交，其好功名富贵亦同。然恕疏而多失，畏谋必中，其究俱为搢绅祸云。

论曰："贾易初以刚直名，观其再劾文彦博、范纯仁而斥苏轼、苏辙尤甚，何以刚直为哉？董敦逸于元祐末与黄庆基诬二苏，以开绍圣之祸，及绍圣则肆诋元祐诸臣，甚至瑶华之冤不能持正，虽终悔而谏，亦何及焉。及见蔡京、蔡卞稔恶，乃论其过恶以自文，杯水不足以救车薪之火也。上官均谏切中时事，及不从绍述之议，其为人若可观，然论吕大防、苏辙，以之再黜，是亦助绍述者也。杨畏倾危反覆，周流不穷，虽仪、秦纵横，无以尚之，岂徒有三变而已。至于倡绍述以取信哲宗，又谓王安石之学有圣人意，可谓小人无忌惮也哉。来之邵尽击时贤而进章惇、安焘、吕惠卿，又请加美谥于安石，其流恶不已，乃诬人非其子而欲掩其资，何所不至焉。叶涛在太学，已著污迹，擢第之后，谄安石而从之学，后得曾布之荐，凡元祐名贤贬责制辞，肆笔丑诋，虽有善犹不能自涤，况无可述者乎！

崔台符字平叔，蒲阴人。中明法科，为大理详断官，校试殿帷，仁宗赐以"尽美"二字。熙宁中，文彦博荐为群牧判官，除河北监牧使，入判大理寺。初，王安石定按问欲举法，举朝以为非，台符独举手加额曰："数百年误用刑名，今乃得正。"安石喜其附己，故用之。历知审刑院，判少府监。复置大理狱，拜右谏议大夫，为大理卿。时中官石得一以皇城侦逻为狱，台符与少卿杨汲辄迎伺其意，所在以锻炼笞掠成之，都人惴栗，至不敢偶语。数年间，丽文法者且万人。官制行，迁刑部侍郎，官至光禄大夫。元祐初，御史林旦、上官均发其恶，出知潞州，又贬秩徙相州。后兼监牧使。卒，年六十四。

旧制武臣至内殿崇班，始荫其族。台符言："文吏州判司犹许用荫，武臣五岁一迁，自借职四十年乃得通朝籍，轻重不相准。请自供奉官即用荫。"从之。尝使辽，至其朝，久立帐前，傧者不赞导。问其故，曰："太子未至。"台符诮之曰："安有君父临轩而臣子偃蹇不至，久立使者礼乎？"傧者惧，赞导如仪。

杨汲字潜古，泉州晋江人。登进士第，调赵州司法参军。州民曹浔者，兄遇之不善，兄子亦加侮焉。浔持刀逐兄子，兄挟之以走，浔曰："兄勿避，自为侄尔。"既就吏，兄子云："叔欲给吾父，止而杀之。"吏当浔谋杀兄，汲曰："浔呼兄使勿避，何谓谋。若以意为狱，民无所措手足矣。"州用其言，谳上，浔得不死。

主管开封府界常平，权都水丞，与侯叔献行汴水淤田法，遂酾汴流涨潦以溉西部，瘠土皆为良田。神宗嘉之，赐以所淤田千亩。提点淮西刑狱，提举西路常平，修古芍陂，引汉泉灌田万顷。召判都水监，为大理卿，迁刑部、户部侍郎。元祐初，以宝文阁待制知庐州。崔台符被劾，汲亦落职知黄州。历徐、襄、越州。绍圣中，复为户部侍郎，卒。

吕嘉问字望之，以荫入官。熙宁初，条例司引以为属，权户部判官，管诸司库务，行连灶法于酒坊，岁省薪钱十六万缗。王安石用魏继宗议，即京城置市易务，命嘉问提举。上建置十三事，其一欲于律外禁兼并之家辄取利，神宗去之，安石执不可。居二年，连以羡课受赏。神宗闻其扰民，语安石。安石曰："嘉问奉法不公，以是媒怨。"神宗曰："免行钱所收细琐，市易鬻及果实，大伤国体。"安石伪辨自解，至讥神宗为丛脞，不知帝王大略，且曰："非嘉问，孰敢不避左右近习？非臣，孰为嘉问辨？"神宗曰："即如是，士大夫何故以为不便？"安石请言者姓名，令嘉问条析。

七年，旱，帝忧心恻怛，语韩维、孙永集市人问之，减坐贾钱千万。安石遂持嘉问条析奏曰："此皆百姓所愿，不如人言也。"嘉问言："朝廷所以许民输钱免行者，盖人情安于乐业，厌于追扰，若一切罢去，则无人祇承。又吏胥禄廪薄，势不得不求于民，非重法莫禁。以薄廪申重法，则法有时而不行。县官为给事，则三司经费有限，今取民于鲜，而吏知自重，此臣等推行之本意也。议者乃欲除去，是殆不然。民未尝不畏吏，方其以行役触罪，虽欲出钱，亦不可得。今吏禄可谓厚矣，然未及昔日取民所得之半，市易所收免行钱，亦未足以偿仓法所增之禄，以此推穷，则利害立见矣。”

初，市易隶三司，嘉问恃势陵使薛向，出其上。曾布代向，怀不能平。会神宗出手札询布，布访于魏继宗，继宗愤嘉问掠其功，列其与初议异者。布得实，具上嘉问多收息干赏，挟官府而为兼并之事。神宗将委布考之，安石言二人有私忿，于是诏布与吕惠卿同治。惠卿故憾布，至三司，召继宗及市贾问状，其辞同，乃胁继宗使诬布语言增加，继宗不从。布言惠卿不可共事，神宗欲听之，安石不可。神宗遂诏中书曰：“朝廷设市易，本为平准以便民，若《周官》泉府者。今顾使中人之家失业，宜厘定其制。”布见神宗曰：“臣每闻德音，欲以王道治天下，今所为骎骎乎间架、除陌矣。嘉问又请贩盐鬻帛，岂不诒四方笑？”神宗颔之。事未决，安石去位，嘉问持之以泣，安石劳之曰：“吾已荐惠卿矣。”惠卿既执政，前狱遂成，布得罪，嘉问亦出知常州。

明年，安石复相，召检正中书户房。安石罢，以知江宁府。岁余，转运使何琬劾嘉问营缮越法，徙润州，复坐免。久之，入为吏部郎中、光禄卿。言者交论市易之患，被于天下。本钱无虑千二百万缗，率二分其息，十有五年之间，子本当数倍，今乃仅足本钱。盖买物入官，未转售而先计息取赏；至于物货苦恶，上下相蒙，亏折日多，空有虚名而已。于是削嘉问三秩，黜知淮阳军，悉罪前被赏者。

绍圣中，擢宝文阁待制、户部侍郎，加直学士、知开封府。专附章惇、蔡卞，多杀不辜，焚去案牍以灭口。尝荐邹浩，浩南迁，坐罢知怀州。徽宗时，屡暴其宿恶，至分司南京，光州居住，郓州安置。然为蔡氏所右，其婿刘逵寋序辰、其死友邓洵武羽翼之，故不久辄起。以龙图阁学士、太中大夫卒，年七十七，赠资政殿学士。

初，嘉问窃从祖公弼论新法奏稿，以示王安石，公弼以是斥于外,吕氏号为"家贼"故不得与吕氏同传。

李南公字楚老,郑州人。进士及第,调浦江令。郡猾吏恃守以陵县,不输负租,南公捕系之。守怒,通判为谢曰:"能按郡吏,健令也。"卒置诸法。知长沙县,有嫠妇携儿以嫁,七年,儿族取儿,妇谓非前子,讼于官。南公问儿年,族曰九岁,妇曰七岁。问其齿,曰:"去年毁矣。"南公曰:"男八岁而龀,尚何争?"命归儿族。熙宁中,提举京西常平、提点陕西河北刑狱、京西转运副使、入为屯田员外郎。南公有女皆适人,而同产女弟年三十不嫁,寄他妹家,为御史所论,罢主管崇福宫。

为河北转运副使。先是,知澶州王令图请开迎阳归旧河,于孙村置约回水东注,南公与范子奇以为可行,且欲于大吴北进锯牙约河势归故道。朝廷命使者行视,两人复以前议为非,云:"迎阳下瞰京师,孙村水势不便。"又为御史所论,诏罚金。

加直秘阁、知延安府。夏人犯泾原,南公出师捣其虚,夏人解去。进直龙图阁,擢宝文阁待制、知瀛州,拜户部吏部侍郎、户部尚书。历知永兴军、成都真定河南府、郑州,擢龙图阁直学士。

初,哲宗主入庙,南公修奉,希执政指,请祔东夹室,礼官争之不得。及更建庙室,坐前议弗当,夺学士;未几,复之,遂致仕。卒,年八十三。南公为吏六十年,干局明锐,然反覆诡随,无特操,识者非之。子谯。

谯字智甫。第进士。绍圣间,知章丘县。陕西麦熟,朝廷议遣官诸州。令民平偿逋负,谯与余景在选中。将赐对,曾布言于哲宗曰:"丰凶未可知,谯、景皆刻薄,必因此暴敛,为民之忧。陛下临政以来,延见人士未多,如两人者,惧不足以辱大对。"乃喻使戒饬。使还,为河东转运判官,徙陕西。进筑京师,讫役,除秘阁校理。以母忧去。方建永泰陵,起使京西。谏官任伯雨言:"祖宗之世,朝廷有大事,边鄙有兵革,将相大臣召为侍从,乃不得已夺情。今山陵事人皆可办，何至以一谲隳事体哉？"命遂格。终制，以直龙图阁知熙州。蔡京使王厚复河湟，谲与之异，召为光禄卿。厚奏功，罢谲守虢。坐尝言招纳未便，停官。

后数年，为陕西转运使。京兆麦价踊贵，谲与府县议从民和市，民弗肯损价。谲移府勒上户闭籴，府帅徐处仁不听，且责之。谲怒，上章言处仁沮格诏令，陵毁使者。诏黜处仁，而擢谲显谟阁待制，代其任。鄜延帅钱昂奏："处仁本以官谷麦损价，与谲争，乃为民久长之论，不当黜。"诏以昂违道干誉，谪永州。谲又代任鄜延，复徙永兴。伪为蟾芝以献，徽宗疑曰："蟾，动物也，安得生芝？"命渍盆水，一夕而解。坐罔上，贬散官安置，三年复之。历数郡，卒。

董必字子强，宣州南陵人。尝谒王安石于金陵，咨质诸经疑义，为安石称许。登进士第。绍圣中，提举湖南常平。时相章惇方置众君子于罪。孔平仲在衡州，以仓粟腐恶，乘饥岁，稍损价发之。必即劾其戾常平法，置鞫长沙，以承惇意，无辜系讯多死者。平仲坐徙韶州。

惇与蔡卞将大诛流人，遣吕升卿往广东，必往广西察访。哲宗既止不治，然必所至，犹以惨刻按胁立威，为五书归奏。除工部员外郎，中书舍人郭知章封还其命；诏以付赵挺之，权给事中陈次升复封驳不下。必于是讼知章、次升为元祐党人。坐不当讼言者，出知江州，改湖南转运判官，提点河北刑狱，召为左司员外郎。

初，舒亶守荆南，起边事，一切诈诞，云徭人款附，实亦不然，必盖与之谋。及是，亶暴卒，加必直龙图阁往代。乃城通道等六寨，置靖州折博市易，且移飞山营戍。公私烦费，荆人病之。进集贤殿修撰、显谟阁待制。卒，年五十六，赠龙图阁待制。

虞策字经臣，杭州钱塘人。登进士第，调台州推官、知乌程县、通判蕲州。通判蒋之奇以江、淮发运上计，神宗访东南人才，以策对。王安礼、李常继荐之，擢提举利州路常平、湖南转运判官。

元祐五年,召为监察御史,进右正言。数上书论事,谓人主纳谏乃有福,治道以清静为本。西夏未顺命,策言:"今边备解弛,戎备不修。古之人,善镇静者警备甚密,务持重者谋在其中,未有鲁莽阔疏,而曰吾镇静、吾持重者。"又乞诏内而省曹、寺监,外而监司、守令,各得以其职,陈朝政阙失、百姓疾苦。星文有变,乞顺天爱民,警戒万事,思治心修身之道,勿以宴安为乐。哲宗纳后,上《正始要言》。迁左司谏。

曾肇以议北郊事,与朝论不合,免礼部侍郎,为徐州。策时权给事中,还其命,以为肇礼官也,不当以议礼得罪。不从。帝亲政,条所当先者五十六事,后多施行。迁侍御史、起居郎、给事中,以龙图阁待制知青州,改杭州。过阙,留为户部侍郎。历刑部、户部尚书,拜枢密直学士,知永兴军、成都府。

入为吏部尚书,奏疏徽宗,请均节财用,曰:"臣比在户部,见中都经费岁六百万,与天下上供之数略相当。尝以祖宗故实考之,皇佑所入总三千九百万,而费才三之一;治平四千四百万,而费五之一;熙宁五千六十万,而费尽之。今诸道随一月所须,旋为裒会,汲汲然不能终日。愿深裁浮冗,以宽用度。"属疾祈外,加龙图阁学士、知润州,卒于道,年六十六。赠左正议大夫。

策在元、绍圣时,皆居言职。虽不依人取进,亦颇持两端,故党议之兴,己独得免。弟奕。

奕字纯臣。第进士。崇宁,提举河北西路常平,洛相饥,徙之东路。入对,徽宗问行期,对曰:"臣退即行,流民不以时还,则来岁耕桑皆废矣。"帝悦。既而西部盗起,复徙提点刑狱。时朝廷将遣兵逐捕,奕条上方略,请罢勿用,而自计讨贼,不阅月可定。转运使张抟以为不可,宰相主抟策,数月不效,卒用奕议,悉降之。擢监察御史。

亲祭北郊,燕人赵良嗣为秘书丞侍祠,奕白其长曰:"今亲卫不用三路人,而良嗣以外国降子,顾得预祠事,可乎?"长用其言,具以请,不报。阳武民佣于富家,其室美,富子欲私之,弗得,怒杀之,而赂其夫使勿言。事觉,府县及大理鞫狱,奕受诏鞫讯,皆伏辜。坐漏泄语言罢去。

再逾年,还故职,提点河北刑狱。自何承矩创边地为塘泺,有定界。既中贵人典领,以屯田开拓为功,肆侵民田,民上诉,屡出使者按治,皆不敢与直。奕曲折上之,疏其五不可,诏罢屯田。加直秘阁、淮南转运副使。

入为开封少尹。故时大理、开封治狱,得请实蔽罪,其后率任情弃法,法益不用。奕言:"廷尉持天下平,京师诸夏本,法且不行,何以示万国。请自今非情法实不相当,毋得辄请。"从之。迁光禄卿、户部侍郎。睦州乱,以龙图阁直学士知镇江府。寇平,论劳增两秩。

还为户部。内侍总领内藏,予夺颛己,视户部如僚属。度支郎方讨理滞,奉中旨,令开封尹与总领者来。奕白宰相曰:"计臣不才,当去之而易能者,不可使他人侵其官。"即自劾不称职。诏为罢内侍,而徙奕工部。

袭庆守张澄使郡人诣阙请登封,东平守王觌谏以京东岁凶多盗,不当请封。为政者不悦,将罪觌,奕言:"觌忧民爱君,所当奖激,奈何用为罪乎?"觌获免。未几卒,年六十,赠龙图阁学士。

郭知章字明叔,吉州龙泉人。第进士,从刘彝广西幕府,知浮梁、分宁县。黄履荐为御史,以忧不克拜,知海州、濮州,提点梓州路刑狱。复以郑雍、顾临荐,为监察御史。

哲宗亲政,上书请用淳化、天禧诏增谏官员,曰:"馆职无所用,朝廷设之不疑,谏官最急,乃常不足。是急于所无用,缓其所当急也。又比岁选授监司,多由寺监丞,不过知县资序。外官莫重于部使者,岂宜轻用若是?宜稍限以节。如转运判官择实任通判者,提点刑狱择实任郡守者,然后考其治理,简拔用之。"又言:"自大河东、北分流,生灵被害。今水之趋东者已不可遏,顺而导之,闭北而行东,其利百倍矣。"

迁殿中侍御史,言:"先帝辟地进壤,建策四寨,据高临下,扼西戎咽喉。元祐用事者委而弃之,愿讨颐议奏,显行黜罚。”史院究《神宗实录》诬罔事,知章请贬治吕大防等。绍圣复制科,知章校试,言:“先朝既策进士,即废此科,近年复置,诚无所补。”遂复罢。又请复元丰役法,大抵迎合时好。

进左司员外郎,改左司谏。尝言:“爵禄庆赏,以劝天下之善,愿无以假借大臣,使行私恩;刑罚诛戮,以惩天下之恶,愿无以假借大臣,使快私忿,忠于陛下者,必见忌大臣;党于大臣者,必上负陛下。惟明主财察。”权工部侍郎,为中书舍人。

辽使萧德崇来为夏人请还河西地,命知章报聘。德崇曰:“两朝久通好,小国蕞尔疆土,还之可乎?”知章曰:“夏人累犯边,法当致讨,以北朝劝和之故,务为优容。彼若恭顺如初,当自有恩旨,非使人所能预知也。”归未至,坐尝主导河东流议,以集贤殿修撰知和州。

徽宗立,曾布用为工部侍郎,加宝文阁直学士、知太原府。召拜刑部尚书、知开封府,为翰林学士。言者又论河事,罢知邓州。旋入党籍。数年,复显谟阁直学士。政和初,卒。

论曰:神宗好大喜功之资,王安石、吕惠卿出而与之遇合,流毒不能止也。哲、徽之世,一变而为蔡确、章惇、曾布,又变而为蔡京、蔡卞,日有甚之,而天下亡矣。乘时起而附之者甚众,若崔台符、杨汲以狱杀民;吕嘉问以均输困民,董必肆酷,欲害流人以取悦,李南公以反覆诡随;虞策以心持两端;郭知章迎合时好,且发实录之诬。观诸人所学与其从政,已多可尚,何乐而为此恶哉?不过视一时君相之好尚,将以取富贵而已。设使神宗如仁宗之治,哲、徽承之,必无绍述之祸,虽安石辈亦将有所薰陶,而未必肆其情以至是,况此诸人乎?世道污隆,士习升降,系于人主一念虑之取向,可不戒哉!可不惧哉!

宋史卷三五六
列传第一一五

刘拯　钱遹　石豫　左肤

许敦仁　吴执中　吴材

刘昺　宋乔年　子昪　强渊明

蔡居厚　刘嗣明　蒋静

贾伟节　崔鶠　张根　弟朴

任谅　周常

　　刘拯字彦修，宣州南陵人。进士及第。知常熟县，有善政，县人称之。元丰中，为监察御史，历江东淮西转运判官提点广西刑狱。

　　绍圣初，复为御史，言：“元祐修先帝实录，以司马光、苏轼之门人范祖禹、黄庭坚、秦观为之，窜易增减，诬毁先烈，愿明正国典。”又言：“苏轼贪鄙狂悖，无事君之义，尝议罪抵死，先帝赦之，敢以怨忿形于诏诰，丑诋厚诬。策试馆职，至及王莽、曹操之事，方异意之臣，分据要路，而轼问及此，传之四方，忠义之士，为之寒心扼腕。愿正其罪，以示天下。”时祖禹等已贬，轼谪英州，而拯犹鸷视不惬也。进右正言，累至给事中。

　　徽宗立，钦圣后临朝，而钦慈后葬，大臣欲用妃礼。拯曰：“母以子贵，子为天子，则母乃后也，当改园陵为山陵。”又言：“门下侍郎韩忠彦，虽以德选，然不可启贵戚预政之渐。"帝疑其阿私观望，黜知濠州。改广州，加宝文阁待制，以吏部侍郎召还。帝称其议钦慈事，褒进两秩，迁户部尚书。

蔡京编次元祐奸党，拯言："汉、唐失政，皆分朋党，今日指前人为党，安知后人不以今人为党乎？不若定为三等，某事为上，某事为中，某事为下，而不斥其名氏。"京不乐。又言户部月赋入不足偿所出。京益怒，徙之兵部。旋罢知蕲州，徙润州。张商英入相，召为吏部尚书。拯已昏愦，吏乘为奸，又左转工部，以枢密直学士知同州。时商英去位，侍御史洪彦升并劾之，削职，提举鸿庆宫，卒。

钱遹字德循，婺州浦江人。以进士甲科调洪州推官，累通判越州，至校书郎。

徽宗立，擢殿中侍御史。中丞丰稷论其回邪不可任风宪，不报。稷复言"必用遹则愿罢臣"，乃以提举湖北常平。崇宁初，召为都官员外郎、殿中侍御史。劾曾布援元祐奸党，挤绍圣忠贤，布去。

迁侍御史，阅两月，进中丞。乞治元符末大臣尝乞复孟后而废刘后事，韩忠彦、曾布、李清臣、黄履及议者曾肇、丰稷、陈瓘、龚夬皆坐贬。遂与殿中侍御史石豫、左肤言："元祐皇后得罪先朝，昭告宗庙，天下莫不知。哲宗上宾，太母听政。当国大臣尽欲变乱绍圣之事，以逞私欲，因一布衣何大正狂言，复还废后位号。当时物议固已汹汹，乃至疏逖小臣，诣阙上书，忠义激切，则天下公议从可知矣。今朝廷既已贬削忠彦等，及追褫大正误恩，则元祐皇后义非所安。孔子曰：'必也正名乎，名不正则言不顺。'夫在先朝则曰后，今日则谓之元祐皇后，于名为不正，先朝废而陛下复，于事为不顺。考之典礼，则古昔所无稽之朝，则故实未有；询之师言，则大以为不然。况既为先朝所废，则宗庙祭告，岁时荐飨，人事有嫌疑之迹，神灵萌厌斁之心，万世之后，配祔将所安所施。宜早正厥事，断以大义，无牵于流俗非正之论，以累圣朝。"

明日，又言："典礼所在，实朝廷治乱之所系，虽人主之尊不得而擅，又况区区臣下，敢轻变易者哉？元祐皇后得罪先朝，废处瑶华，制诰一颁，天下无间然者。并后匹嫡，《春秋》讥之，岂宜明盛之朝，而循衰世非礼之事？"于是尚书右仆射京、门下侍郎将、中书侍郎尚书左丞挺之、右丞商英言："元祐皇后再复位号，考之典礼，将来宗庙不可从享，陵寝不可配祔。揆诸礼制，皆所未安，请如绍圣三年九月诏书旨。"后由是复废。遹、豫遂言元符皇后名位未正，乃册为崇恩太后。

遹章所言小臣上书者，昌州推官冯澥也。其书以谓："先帝既终，则后无单立之义；稽之逆顺，陛下无立嫂之礼；要之终始，皇太后亦不得伸慈妇之恩。虽已遂之事，难复之失，然感悟追正，何有不可？"解用是得召对，除鸿胪主簿。

蔡京谋取青唐，澥助成其议。会籍元祐党，澥以为多漏略，给事中刘逵驳之，左转户部侍郎，俄迁工部尚书兼侍读。逾年，以枢密直学士知颍昌府。言诸疏其罪，黜为滁州，稍复显谟阁待制、直学士，徙宣州。复为工部尚书，举冯澥自代，谓"澥趣操端劲，古人与稽，尝建明典礼，忠义凛凛，搢绅叹服。"言者又疏其罪，以待制知秀州；中书舍人侯绶封还之，又夺待制。久之，还故职，改述古殿直学士。屏居十五年，方腊陷婺，遹逃奔兰溪，为贼所杀，年七十二。

石豫者，宁陵人。第进士。以安惇荐，为监察御史。与左肤鞫邹浩狱，文致重比，又使广东钟正甫逮治浩，欲致之死。豫论边事，谓中国与四夷，相交为君臣，相与为宾客。徽宗以其言无伦理，且辱国，出为淮南转运判官。陈瓘又追论罗织邹浩事，降通判亳州。

崇宁元年，召拜殿中侍御史。遂同钱遹造废元祐皇后议，亟迁侍御史，至中丞。请削去景灵宫绘像臣僚，自文彦博、司马光、吕公著、吕大防、范纯仁、刘挚、范百禄、梁焘、王岩叟以下。既以论罢军器监蔡硕，硕讼豫平生交通状，黜知陈州，徙邓州。过阙，留为工部侍郎，进户部，兼侍读。以调度不继，降秩一等，徙刑部。祖母死，用嫡孙承重去官，服未阕而卒。

肤，庐州人，亦用安惇荐为御史，履历大略与石豫同。迁侍御史，累至刑、兵、户三尚书，以枢密直学士知河南府，改永兴军，卒。

许敦仁，兴化人。第进士。崇宁初，入为校书郎。蔡京以州里之旧，擢监察御史，亟迁右正言、起居郎，倚为腹心。敦仁凡所建请，悉受京旨，言："元符之末，奸臣用事，内外制诏，类多诬实。乞自今日以前，委中书舍人或著作局讨论删正。"起居郎、舍人，异时遇车驾行幸，惟当直者从，敦仁始请悉扈跸。

迁殿中监，拜御史中丞。甫视事，即上章请五日一视朝。徽宗以其言失当，乘宵旰图治之意，命罚金，仍左迁兵部侍郎；他日，为朱谔言，且欲逐敦仁，而京庇之甚力，敦仁亦处之自如。后二年卒。靖康中，谏官吕好问论蔡京使敦仁请五日一视朝，欲颛窃国命，盖指此也。

吴执中字子权，建州松溪人。登嘉祐进士第，历官州县。同门婿吕惠卿方贵盛，不肯附以取进。凡三十余年，始提举河南常平，连徙河东、淮南、江东转运判官，提点广东刑狱，入为库部、吏部、右司郎中。

大观初，擢兵部侍郎。二年，进御史中丞，论开封府、内侍省、京畿、秦凤违法干请，诏奖其得风宪体。又言："开封之治事，大理之决狱，将作之营缮，权货之入中，皆职所当为，乃妄以为功，一岁迁官至五六，宜行抑损。"遂诏自今但赐束帛。郑居中知枢密院，执中言外戚不宜在政地，帝还其章，而谕所以用居中之意。

初，蔡京忌张康国，故引执中居言路。执中先劾刘炳兄弟、宋乔年父子，皆京客也。帝尝语执政，嘉其不阿。康国曰："是乃为逐臣地耳。"已而章果至。帝怒，黜知滁州。未几，徙越州。石公弼以为执中反覆得罪，未宜殿大府。改提举洞霄宫，以集贤殿修撰知扬州，加显谟阁待制、知河南府。道过都，复拜中丞。

帝以星变逐蔡京，言者未已，执中谓进退大臣，当全体貌，于是为京下诏，京得不重贬。庞恭孙、赵遹开梓、夔诸夷州，执中乞正其罪。又言："八行之举，所得皆乡曲常人，不足以为士，愿下太学，考其道艺而进退之。"所论多施行。迁礼部尚书。

张商英罢，御史张克公言，执中与商英皆由郭天信以进，除枢密直学士、知越州。寻降待制，又夺职。卒于家。

吴材字圣取，处州龙泉人。中进士第，历青溪主簿、咸平尉、知江都县。入为太学博士，以赵挺之荐，擢右正言，迁左司谏。

党论复起，材首论范纯礼为朋附党与，前日大臣变更神考法度，故引之执政，不宜复其职；程之元为苏轼心腹，不宜亚九卿；张舜民当初政时，猖狂无所顾忌，不宜以从官处乡郡。其后受曾布指，与王能甫疏言："元符之末，变神考之美政，逐神考之人材者，韩忠彦实为之首。"忠彦遂罢。

材鸷忍，疾视善类，所排逐最多。进起居郎，以忧去。蔡京用为给事中、吏部侍郎。陛见，有所陈，京不悦。以天章阁待制知光州。挺之作相，召拜工部侍郎，卒。

论曰："绍述说行，权臣颛假以攻元祐正士；网既尽矣，复假以攻异己。鹰犬外搏，鬼蜮内狙，宜小人得志而空朝廷也。故刘拯摭实录以肆诋，钱通斥孟后以遍刺，石豫指绘像以削诸贤，吴材揽党论以揃善类，许敦仁五日一朝之请，吴执中体貌大臣之言，俱蔡京腹心计也。谗说殄行，虞帝攸斁；似是而非，孔圣恶佞。有国家者，可不监夫。

刘昺字子蒙，开封东明人，初名炳，赐今名。元符末，进士甲科，起家太学博士，迁秘书省正字、校书郎。

兄炜，通乐律。炜死，蔡京擢昺大司乐，付以乐正。遂引蜀人魏汉津铸九鼎，作《大晟乐》。昺撰《鼎书》、《新乐书》，皆汉津妄出己意,而昺为缘饰,语在《乐志》。累迁给事中。京置局议礼,昺又领之。为翰林学士,改工部尚书。提举《纪元历》,有所损益,为吴执中所论,以显谟阁直学士知陈州。

昺与弟焕皆侍从,而亲丧不葬,坐夺职罢郡,复以事免官。京再辅政,召为户部尚书。昺尝为京画策,排郑居中,故京力援昺,由为黜中还故班。御史中丞俞㮚发其奸利事,京徙昺他官。

徽宗所储三代彝器,诏昺讨定,凡尊爵、俎豆、盘匜之属,悉改以从古,而载所制器于祀仪,令太学诸生习肄雅乐。阅试日,昺与大司成刘嗣明奏,有鹤翔宫架之上。再为翰林学士,东宫建,为太子宾客,又还户部。

大理议户绝法,若祖有子未娶而亡,不得养孙为嗣。昺曰:“计一岁诸路户绝,不过得钱万缗。使岁失万缗而天下无绝户,岂不可乎?”诏从其议。加宣和殿学士,知河南府,积官金紫光禄大夫。与王寀交通,事败,开封尹盛章议以死,刑部尚书范致虚为请,乃长流琼州。死,年五十七。

宋乔年字仙民,宰相庠之孙也。父充国,刻意问学,以乡书试礼部;既,自谓宰相子,辄罢举。仁宗知之,召试学士院,赐进士出身,签书河南判官,判登闻鼓院,知太常礼院。英宗祔庙,议者欲祧僖祖藏夹室,充国请配感生帝为宋始祖,从之。东西府建,上二箴以戒大臣,大臣不怿。会庙飨宿斋,其妻遣两妾至寺,充国自劾,罢礼院,遂致仕。充国性刚介,孝于奉亲,平居得微物,必先荐家庙,乃敢尝。官至太中大夫,卒。

乔年用父荫监市易,坐与倡女私及私役吏失官,落拓二十年。女嫁蔡京子攸。京当国,始复起用。崇宁中,提举开封县镇、府界常平,改提点京西北路刑狱。赐进士第,加集贤殿修撰、京畿转运副使,进显谟阁待制,为都转运使,改开封尹,以龙图阁学士知河南府。京罢相,谏议大夫毛注、御史中丞吴执中交击之,贬保静军节度副使,蕲州安置。京复相,还旧官,知陈州。政和三年,卒,年六十七,谥曰忠文。子昇。

昇字景裕。崇宁初，由谯县尉为敕令删定官，数年，至殿中少监。时乔年尹京，父子依凭蔡氏，陵轹士大夫，阴交谏官蔡居厚，使为鹰犬。以徽猷阁待制知陈州。乔年贬，昇亦谪少府少监，分司南京，未几，知应天府。

乔年卒，起复为京西都转运使，苴葺西宫及修三山新河，擢至显谟阁学士。方是时，徽宗议谒诸陵，有司预为西幸之备。昇治宫城，广袤十六里，创廊屋四百四十间，费不可胜。会𥔱漆，至灰人骨为胎，斤值钱数千。尽发洛城外二十里古冢，凡衣冠垄兆，大抵遭暴掘。用是迁正议大夫、殿中监，又奉命补治三陵泄水坑洞，计役四百九十万工。未几，卒，赠金紫光禄大夫、延康殿学士，谥曰恭敏。

强渊明字隐季，杭州钱塘人。父至，以文学受知韩琦，终祠部郎中。渊明进士第，调海州司法参军，历济、杭二州教授，知蔡州确山县，通判保定军。入为太府丞、军器少监、国子司业。与兄浚明及叶梦得缔蔡京为死交，立元祐籍，分三等定罪，皆三人所建，遂济成党祸。渊明以故亟迁秘书少监、中书舍人、大司成、翰林学士。

大观三年，京罢相，以龙图阁直学士知永兴军，徙郑、越二州。召为礼部尚书，复拜学士，进承旨。翰林广直庐，帝书“摛文堂”榜赐之。兼太子宾客。以疾，改延康殿学士、提举醴泉观兼侍读、监修国史。卒，赠金紫光禄大夫、资政殿学士，谥曰文宪。浚明早死。

蔡居厚字宽夫，熙宁御史延禧子也。延禧尝击吕惠卿兄弟，有直名。居厚第进士，累官吏部员外郎。

大观初，拜右正言，奏疏曰：“神宗造立法度，旷古绝儗、虽符、佑之党力起相轧，而终不能摇者，出于人心理义之所在也。陛下继志广声，政事具举，愿如明诏敕有司勒为成书，以明一代之制。”迁起居郎，进右谏议大夫。论东南兵政七弊，及言学官书局皆为要涂，宜公选实学多闻之士,无使庸常之徒,得以幸进。

河北、河东群盗起,太原、真定守皆以不能擒捕罪去。居厚言:"将帅之才,不储养于平时,故缓急无所可用,宜令观察使以上,各举所知。"又言:"比来从事于朝者,皆姑息胥吏,吏强官弱,浸以成风。盖辇毂之下,吏习狡狯,故怯懦者有所畏,至用为耳目,倚为乡尊,假借色辞,过为卑辱,浸淫及于侍从。今庙堂之上,稍亦为之,愿重为之制。"改户部侍郎。言者论其在谏省时,为宋乔年父子用,以集贤殿修撰知秦州。降羌在州者逸入京师诉事,坐失察,削职罢。

蔡京再相,起知沧、陈、齐三州,加徽猷阁待制,为应天、河南尹。初建神霄宫,度地污下,为道士交诉,徙汝州。久之,知东平府。复以户部侍郎召,未至,又以知青州。病不能赴,未几卒。

刘嗣明,开封祥符人。入太学,积以试艺,名出诸生右。崇宁中,车驾幸学,解褐补承事郎,历校书郎至给事中。

张商英居相位,恶其不附己。时郑居中虽以嫌去枢密,然阴殖党与,窥伺益固。嗣明与之合,计倾商英。门下省吏张天忱贬秩,嗣明驳弗下,商英争之。诏御史台蔽曲直,商英以是罢。嗣明遂论商英引李士观、尹天民入政典局,矫为敕语,共造奸谋,三人俱坐责。

嗣明迁大司成。士子肄雅乐被恩,嗣明亦升班与学士等。已而言者论其取悦权贵,妄升国子生预舍法以抑寒士,黜知颍州。未几,入为工部侍郎、翰林学士、工部尚书。卒,赠资政殿学士、太中大夫。

蒋静字叔明,常州宜兴人。第进士,调安仁令。俗好巫,疫疠流行,病者宁死不服药,静悉论巫罪,聚其所事淫像,得三百躯,毁而投诸江。知陈留县,与屯将不协,罢去。

徽宗初立,求言,静上言,多诋元祐间事,蔡京第为正等,擢职方员外郎;中书舍人吴伯举封还之,京怒,黜伯举。明年,迁国子司业。帝幸太学,命讲《书·无逸篇》,赐服金紫,进祭酒,为中书舍人。以显谟阁待制知寿州,徙江宁府。

茅山道士刘混康以技进，赐号“先生”。其徒倚为奸利，夺民苇场，强市庐舍，词讼至府，吏观望不敢治，静悉抵于法。徙睦州，移病，提举洞霄宫。赵九年，召为大司成，出知洪州。复告归，加直学士。卒，年七十一，赠通议大夫。

贾伟节，开封人。第进士，累擢两浙转运判官。条上民间利病，加直秘阁，为江、淮发运逼使。蔡京坏东南转般法为直达纲，伟节率先奉承，岁以上供物径造都下，籍催诸道通负，造巨船二千四百艘，非供奉物而辄运载者，请论以违制。花石、海错之急切，自此而兴。论功进秩，遂拜户部侍郎，改刑部。岁余，以显谟阁直学士提举醴泉观，卒。

论曰：善乎欧阳修之论朋党也，其言曰：“君子以同道为真朋，小人以同利为伪朋，同道则同心相益而共济，小人见利则争先，利尽则疏而相贼害矣。”苏轼续修说，谓：“君子不得志则奉身而退，乐道不仕；小人不得志则侥幸复用，唯怨之报，此所以不胜也。”秦观亦言：“君子小人，不免有党。人主不辨邪正，必至两废；或言两存，则小人卒得志，君子终受害。”其说明甚，徽宗弗之察也。唯蔽于绍述之说，崇奸贬正，党论滋起。于是绍圣指元祐为党，崇宁指元符为党，而郑居中、张商英、蔡京、王黼诸人互指为党，不复能辨。始以党败人，终以党败国，衣冠涂炭，垂三十年，其祸汰于东都、白马，盖至是而三子之言效焉。彼刘昺、强渊明、宋乔年、刘嗣明直斗筲耳，亦使攘臂恣睢，撼撞无忌，小人之为术蠚矣。呜呼！朋党之说，真能空人之国如此哉。

崔鶠字德符，雍丘人。父毗，徙居颍州，遂为阳翟人。登进士第，调凤州司户参军、筠州推官。

徽宗初立，以日食求言，鶠上书曰：

　　臣闻谏争之道，不激切不足以起人主意，激切则近讪谤。

夫为人臣而有讪谤之名,此谗邪之论所以易乘,而世主所以不悟,天下所以卷舌吞声,而以言为戒也。臣尝读史,见汉刘陶曹鸾、唐李少良之事,未尝不掩卷兴嗟,矫然有山林不反之意。比闻国家以日食之异,询求直言,伏读诏书,至所谓"言之失中,朕不加罪",盖陛下披至情,廓圣度,以来天下之言如此,而私秘所闻,不敢一吐,是臣子负陛下也。

方今政令烦苛,民不堪扰,风俗险薄,法不能胜,未暇一二陈之,而特以判左右之忠邪为本。臣生于草莱,不识朝廷之士,特怪左右之人,有指元祐之臣为奸党者,必邪人也。使汉之党锢,唐之牛、李之祸,将复见于今日,甚可骇也。

夫毁誉者,朝廷之公议。故责授朱崖军司户司马光,左右以为奸,而天下皆曰忠;今宰相章惇,左右以为忠,而天下皆曰奸。此何理也?臣请略言奸人之迹;夫乘时抵巇以盗富贵,探微揣端以固权宠,谓之奸可也;包苴满门,私谒踵路,阴交不逞,密结禁廷,谓之奸可也;以奇伎淫巧荡上心,以倡优女色败君德,独操赏刑,自报恩怨,谓之奸可也;蔽遮主听,排斥正人,微言者坐以刺讥,直谏者陷以指斥,以杜天下之言,掩滔天之罪,谓之奸可也。凡此数者,光有之乎?惇有之乎?

夫有其实者名随之,无其实而有其名,谁肯信之?《传》曰:"谓狐为狸,非特不知狐,又不知狸。"是故以佞为忠,必以忠为佞,于是乎有缪赏滥罚。赏缪罚滥,佞人徜徉,如此而国不乱,未之有也。

光忠信直谅,闻于华夷,虽古名臣,未能远过,而谓之奸,是欺天下也。至如惇狙诈凶险,天下士大夫呼曰"惇贼"。贵极宰相,人所具瞻,以名呼之,又指为贼,岂非以其孤负主恩,玩窃国柄,忠臣痛愤,义士不服,故贼而名之,指其实而号之以贼邪。京师语曰"大惇小惇,殃及子孙",谓惇与御史中丞安惇也。小人譬之蝮蝎,其凶忍害人,根乎天性,随遇必发。天下无事,不过贼陷忠良,破碎善类;至缓急危疑之际,必有反覆卖国、跋扈不臣之心。

比年以来，谏官不论得失，御史不劾奸邪，门下不驳诏令，共持暗默，以为得计。

昔李林甫窃相位十有九年，海内怨痛，而人主不知。顷邹浩以言事得罪，大臣拱而观之，同列无一语者，又从而挤之。夫以股肱耳目，治乱安危所系，而一切若此，陛下虽有尧、舜之聪明，将谁使言之，谁使行之。

夫日者阳也，食之者阴也。四月正阳之月，阳极盛、阴极衰之时，而阴干阳，故其变为大。惟陛下畏天威、听明命，大运乾刚大明邪正，毋违经义，毋郁民心，则天意解矣。若夫伐鼓用币，素服撤乐，而无修德善政之实，非所以应天也。

帝览而善之，以为相州教授。

后蔡京条籍上书人，以鶠为邪等，免所居官。久之，调绩溪令。移病归，始居郏城，治地数亩，为婆娑园。屏处十余年，人无贵贱长少，悉尊师之。

宣和六年，起通判宁化军，召为殿中侍御史。既至而钦宗即位，授右正言。上疏曰：

六月一日诏书，诏谏臣直论得失，以求实是，有以见陛下求治之切也。数十年来，王公卿相，皆自蔡京出。要使一门生死，则一门生用；一故吏逐，则一故吏来。更持政柄，无一人立异，无一人害己者，此京之本谋也。安得实是之言，闻于陛下哉？

谏议大夫冯澥近上章曰："士无异论，太学之盛也。"澥尚敢为此奸言乎？王安石除异己之人，著《三经》之说以取士，天下靡然雷同，陵夷至于大乱，此无异论之效也。京又以学校之法驭士人，如军法之驭卒伍，一有异论，累及学官。若苏轼、黄庭坚之文，范镇、沈括之杂说，悉以严刑重赏，禁其收藏，其苛锢多士，亦已密矣。而澥犹以为太学之盛，欺罔不已甚乎。原京与澥罪，乃天地否泰所系，国家治乱，由之以分，不可忽也。

仁宗、英宗选敦朴敢言之士以遗子孙,安石目为流俗,一切逐去。司马光复起而用之,元祐之治,天下安于泰山。及章惇、蔡京倡为绍述之论,以欺人主。绍述一道德,而天下一于谄佞;绍述同风俗,而天下同于欺罔;绍述理财而公私竭;绍述造士而人材衰;绍述开边而塞尘犯阙矣。元符应诏上书者数千人,京遣腹心考定之,同己为正,异己为邪,瀣与京同者也,故列于正。京之术破坏天下,于兹极矣,尚忍使其余蠹再破坏邪?京奸邪之计大类王莽,而朋党之众则又过之,愿斩之以谢天下。

累章极论,时议归重。

忽得痿疾,不能行。三求去,帝惜之,不许。吕好问、徐秉哲为言,乃以龙图阁直学士主管嵩山崇福宫,命下而卒。鹏平生为文至多,辄为人取去,箧无留者。尤长于诗,清峭雄深,有法度。无子,婿卫昂集其遗文,为三十卷,传于世。

张根字知常,饶州德兴人。少入太学,甫冠,第进士。调临江司理参军、遂昌令。当改京秩,以四亲在堂,冀以父母之恩封大父母,而赪妻封及母,遂致仕,得通直郎,如其志。时年三十一。乡人之贤者彭汝砺序其事,自以为不及。

屏处十年,曾布、曾肇、邹浩及本道使者上其行义,徽宗召诣阙。为帝言:“人主一日万几,所恃者是心耳。一累于物,则聪明智虑且耗,贤不肖混淆,纲纪不振矣。愿陛下清心省欲,以窒祸乱之原。”遂请罢钱塘制造局。帝改容嘉美,以为亲贤宅教授。

未几,通判杭州,提举江西常平。内侍走马承受举劾一路以钱半给军衣非是,自转运使、郡守以下皆罢。根言:“东南军法与西北殊,此事行之百五十年矣。帅守、监司,分朝廷忧,愿使有罪,犹当审处,岂宜以小奄尺纸空十郡吏哉?”诏皆令复还。又言:“本道去岁蠲租四十万,而户部责偿如初。祖宗立发运上供额,而给本钱数百万缗,使广籴以待用。比希恩者乃献为羡余,故岁计不足,至为无名之敛。"诏贷所蠲租,而以籴本钱还之六路。洪州失官锡,系治兵吏千计。根曰:"此有司失于几察之过也。今罗取无罪之人,责以不可得之物,何以召和气?"乃罢其狱。

大观中,入对言:"陛下幸涤烦苛,破朋党,而士大夫以议论不一,观望苟且,莫肯自尽。陛下毁石刻,除党籍,与天下更始,而有司以大臣仇怨,废锢自如。为治之害,莫大于此,愿思所以励救之。"即命为转运副使,改淮南转运使,加直龙图阁。上书请:"常平止听纳息,以塞兼并;下户均出役钱,以绝奸伪;市易惟取净利,以役商贾。虽名若非正,然与和买不仇其直什一,而使之倍输额外无名无数之敛,有间矣。"又请"分举官为三科:一县令,二学官,三县丞曹。州郡亦分三等。明言其人某材堪充某州、某官、某县令,吏部据以注拟,则令选稍清,视平配硬差远矣。"诏吏部、户部相度以闻。根又以水灾多,乞蠲租赋,散洛口米、常平青苗米,振贷流民。诏褒谕之。

徙两浙,辞不行,乃具疏付驿递奏。大略谓:"今州郡无兼月之储,太仓无终岁之积,军须匮乏,边备缺然。东南水旱、盗贼间作,西、北二国窥伺日久,安得不豫为之计?"因条列茶盐、常平等利病之数,遂言:"为今之计,当节其大者,而莫大于土木之功。今群臣赐一第,或费百万。臣所部二十州,一岁上供财三十万缗耳,曾不足给一第之用。以宠元勋盛德,犹虑不称,况出于闾阎干泽者哉。虽赵普、韩琦佐命定策所未有,愿陛下靳之。其次如田园、邸店,虽不若赐第之多,亦愿日削而月损之。如金帛好赐之类,亦不可不节也。又其次如锡带,其直虽数百缗,亦必敛于数百家而后足,今乃下被仆隶,使混淆公卿间,贤不肖无辨。如以其左右趋走,不欲墨绶,当别为制度,以示等威可也。"书奏,权幸侧目,谋所以中伤之者,言交上,帝察根诚,不之罪也。

寻以花石纲拘占漕舟,官买一竹至费五十缗,而多入诸臣之家。因力陈其弊,益忤权幸,乃摘根所书奏牍注切草略,为傲慢不恭,责监信州酒。既又言根非诋常平之法,以摇绍述之政,再贬濠州团练副使,安置郴州。寻以讨淮贼功,得自便。以朝散大夫终于家,年六十。

根性至孝，父病蛊戒盐，根为食淡。母嗜河豚及蟹，母终，根不复食。母方病，每至鸡鸣则少苏，后不忍闻鸡声。子熹，自有传。弟朴。

朴字见素。第进士。历耀、淄、宿三州教授、太学录，升博士，改礼部员外郎。高丽遣子弟入学肄业，又兼博士，迁光禄、太常少卿，擢侍御史。

郑居中去位，朴言："朋党分攻，非朝廷福，若不揃其尤，久则难图。"于是宇文黄中、贾安宅等六人皆罢，凡蔡京所恶，亦指为居中党而逐。时郎员冗滥，至五十五人。徽宗喻朴使论列，乃揃其庸缪者十六人，疏斥诸外。

徐处仁议置裕民局，以京提举，京不乐，朴言"国家法令明具，何尝不裕民乎？今置局非是"，卒罢之。起复修制大乐局管勾官田为大晟府典乐，朴论为"食滥不法，物论弗齿，且典乐在太常少卿之上，修制冗官不当超逾"，乃罢为乐令。未几，复前命，朴争不已，改秘书少监。蔡攸引为道史检讨官，召试中书舍人，卒。

任谅字子谅，眉山人，徙汝阳。九岁而孤，舅欲夺母志，谅拘衣泣曰："岂有为人子不能养其亲者乎！"母为感动而止。谅力学自奋，年十四，即冠乡书。登高第，调河南户曹。以兵书谒枢密曾布，布使人邀诣阙，既见，觉不能合，径去。布为相，犹欲用之。谅予书，规以李德裕事，布始怒。蒋之奇、章楶在枢府，荐为编修官，布持其奏不下，为怀州教授。徽宗见其所作《新学碑》，曰："文士也。"擢提举夔路学事，历京西、河北、京东，改转运判官。著《河北根本籍》，凡户口之升降，官吏之增损，与一岁出纳奇赢之数，披籍可见，上之朝。张商英见其书，谓为天下部使者之最。

提点京东刑狱。梁山泊渔者习为盗，荡无名籍，谅伍其家。刻其舟，非是不得辄入。他县地错其间者，镵石为表。盗发，则督吏名捕,莫敢不尽力,迹无所容。加直秘阁,徙陕西转运副使。降人李讹哆知边廪不继,阴阙地窖粟而叛,遗西夏统军书,称定边可唾手取。谅谍知其谋,亟输粟定边及诸城堡,且募人发所窖,得数十万石。讹哆果入寇,失藏粟,七日而退。他日,复围观化堡,而边储已足,讹哆遂解去。

加徽猷阁待制、江淮发运使。蔡京破东南转般漕运法为直达纲,应募者率游手亡赖,盗用乾没,漫不可核,人莫敢言。谅入对,首论之,京怒。会汴、泗大水,泗州城不没者两板。谅亲部卒筑堤,徙民就高,振以米粟。水退,人获全,京诬以为漂溺千计,坐削籍归田里。执政或言:“水灾守臣职,发运使何罪?”帝亦知其枉,复右文殿修撰、陕西都转运使。寻复徽猷阁待制,进直学士。章贯更钱法,必欲铁钱与铜钱等,物价率十减其九。诏谅与贯议,谅言为六路害,寝其策。加龙图阁直学士、知京兆府,徙渭州。以母忧去。

宣和七年,提举上清宝录宫、修国史。初,朝廷将有事于燕,谅曰:“中国其有忧乎。”乃作书贻宰相曰:“今契丹之势,其亡昭然,取之当以渐,师出不可无名。宜别立耶律氏之宗,使散为君长,则我有存亡继绝之义,彼有瓜分辐裂之弱,与邻崛起之金国,势相万也。”至是,又言郭药师必反。帝不听,大臣以为病狂,出提举嵩山崇福宫。是冬,金人举兵犯燕山,药师叛降,皆如谅言。乃复起谅为京兆,未几,卒,年五十八。

周常字仲修,建州人。中进士第。以所著《礼檀弓义》见王安石、吕惠卿,二人称之,补国子直讲、太常博士。以养亲,求教授扬州。年未五十即致仕。

久之,御史中丞黄履荐其恬退,起为太常博士,辞。元符初,复申前命,兼崇政殿说书,迁著作佐郎。疏言:“祖宗诸陵器物止用涂金,服饰又无珠玉,盖务在质素,昭示训戒。自裕陵至宣仁后寝宫,乃施金珠,愿收贮景灵殿,以遵遗训。”诏置之奉宸库。擢起居舍人。邹浩得罪,常于讲席论救,贬监郴州酒。徽宗立,召为国子祭酒、起居郎,从容言:"自古求治之主,未尝不以尚志为先。然溺于富贵逸乐,蔽于谄谀顺适,则志随以丧,不可不戒。元祐法度互有得失,人才各有所长,不可偏弃。"

时以天暑,令记注官卯漏正即勿奏事,仍具为令。常言:"本朝记注类多兼谏员,故凡言动,得以所闻见论可否。神宗皇帝时,修注官虽不兼谏职,亦许以史事于崇政、延和殿直前陈述。陛下于炎暵可畏之候,暂停进对,亦人情之常。若著为定令,则必记于日录,传之史笔,使后人观之,将以为倦于听纳,而忘先帝之美意矣。"事遂寝。进中书舍人、礼部侍郎。蔡京用事,不能容,以宝文阁待制出知湖州。寻又夺职,居婺州。复集贤殿修撰。卒,年六十七。

论曰:徽宗荒于治,嬖幸塞朝,柄移权奸,不鸣者进,习为腰熟。鸥、根、谅、常气节侃侃,指切时敝,能尽言不讳。卒不胜谗舌,根、常死外,鸥、谅甫用而病夺之,可悲也已!金兵既举,郭药师已叛,朝廷犹弗知,矧能先见祸几哉,毋惑乎狂谅之言也。

宋史卷三五七
列传第一一六

何灌　李熙靖　王云
谭世勣　梅执礼　程振
刘延庆

　　何灌字仲源,开封祥符人。武选登第,为河东从事。经略使韩缜虽数试其材,而常沮抑之,不假借。久乃语之曰:"君奇士也,他日当据吾坐。"为府州、大山军巡检。盗苏延福狡悍,为二边患,灌亲枭其首。贾胡疃有泉,辽人常越境而汲,灌亲申画界堠,遏其来,忿而举兵犯我。灌迎高射之,发辄中,或著崖石皆没镞,敌惊以为神,遂巡敛去。后三十年,契丹萧太师与灌会,道曩事,数何巡检神射,灌曰:"即灌是也。"萧矍然起拜。

　　为河东将,与夏人遇,铁骑来追,灌射皆彻甲,至洞胸出背,叠贯后骑,羌惧而引却。知宁化军、丰州,徙熙河都监,见童贯不拜,贯憾焉。张康国荐于徽宗,召对,问西北边事,以笏画御榻,指坐衣花纹为形势。帝曰:"敌在吾目中矣。"

　　提点河东刑狱,迁西上阁门使、领威州刺史、知沧州。以治城彰功,转引进使。诏运粟三十万石于并塞三州,灌言:"水浅不胜舟,陆当用车八千乘,沿边方登麦,愿以运费增价就籴之。"奏上,报可。安抚使忌之,劾云板筑未毕而冒赏,夺所迁官,仍再贬秩,罢去。

　　未几,知岷州,引邈川水溉闲田千顷,湟人号广利渠。徙河州,复守岷,提举熙河兰湟弓箭手。入言:"汉金城、湟中谷斛八钱,今西宁、湟、廓即其地也,汉、唐故渠尚可考。若先葺渠引水,使田不病旱,则人乐应募,而射士之额足矣。"从之。甫半岁,得善田二万六千顷,募士七千四百人,为他路最。童贯用兵西边,灌取古骨龙马进武军,加吉州防御使,改知兰州。又攻仁多泉城,炮伤足不顾,卒拔城,斩首五千级。正拜廓州防御使。

宣和初,刘法陷于敌,震武危甚,熙帅刘仲武使灌往救。灌以众寡不敌,但张虚声骇之,夏人宵遁。灌恐觇其实,遽反兵,仲武犹奏其逗留,罢为淮西钤辖。从平方腊,获贼帅吕师囊,迁同州观察使、浙东都钤辖,改浙西。

童贯北征,檄统制兵马,涿、易平,以知易州,迁宁武军承宣使、燕山路副都总管,又加龙、神卫都指挥使。斡离不取景州,围蓟州。贯诿以兵事,即复景城,释蓟围。郭药师统蕃、汉兵,灌曰:"倾年折氏归朝,朝廷别置一司,专部汉兵,至于克行,乃许同营,今但宜令药师主常胜军,而以汉兵委灌辈。"贯不听。召还,管干步军司。

陪辽使射玉津园,一发破的,再发则否。客曰:"太尉不能耶?"曰:"非也,以礼让客耳。"整弓复中之,观者诵叹,帝亲赐酒劳之。迁步军都虞候。

金师南下,悉出禁旅付梁方平守黎阳。灌谓宰相白时中曰:"金人倾国远至,其锋不可当。今方平扫精锐以北,万有一不枝梧,何以善吾后,盍留以卫根本。"不从,明日,又命灌行,辞以军不堪战,强之,拜武泰军节度使、河东河北制置副使。未及行而帝内禅,灌领兵入卫。郓王楷至门欲入,灌曰:"大事已定,王何所受命而来?"导者惧而退。灌竟行,援兵二万不能足,听募民充数。

靖康元年正月二日,次滑州,方平南奔,灌亦望风迎溃。黄河南岸无一人御敌,金师遂直叩京城。灌至,乞入见,不许,而令控守西隅。背城拒战凡三日,被创,没于阵,年六十二。帐下韩综、雷彦兴,奇士也,各手杀数人,从以死。钦宗哀悼,赐金帛,命官护葬。已而言者论其不守河津,追削官秩。

长子蓟,至阁门宣赞舍人。从父战,箭贯左臂,拔出之,病创死。

绍兴四年，中子薛以灌事泣诉于朝，诏复履正大夫、忠正军承宣使。

李熙靖字子安，常州晋陵人，唐卫公德裕九世孙也。祖均、父公弼皆进士第。公弼，崇宁初通判潞州，以议三舍法不便，使者劾其沮格诏令，坐削黜以死。熙靖擢第，又中词学兼茂，选为辟雍录、太学正，升博士。以父老丐外，除提举淮东学事便养，命下，乃得河东；而为淮东者，臧佑之也。盖省吏取佑之赂，辄易之。或教使自言，熙靖曰："事君不择地，吾其可发人之私，求自便也？"宰相闻而贤之，留为兵部员外郎。遭父忧去，还，为右司员外郎。

王黼以太宰领应奉司，又方事燕云，立经抚房于中书独专之，他执政皆不得预。熙靖与言曰："应奉之职，非宰相所当预。尚书、枢密皆有兵房，足以治疆事，经抚何为者哉？"黼积不乐。同列五人皆躐跻禁从，独滞留四年。都水丞失职，移过于熙靖，贬其两秩，又将左转为国子司业，执政交言不可，仅迁太常少卿。黼罢，乃拜中书舍人，蔡攸又恶之，出知拱州。

越两月，复以故官召，入对言："燕山虽定，宜益谨思患预防之戒。"徽宗曰："《诗》所谓'迨天之未阴雨，彻彼桑土，绸缪牖户'者是也。"熙靖进曰："孔子云'为此诗者，其知道乎！能治其国家，谁敢侮之？'愿陛下为无疆之计。"帝嘉之。

靖康初，同谭世勣事龙德宫，改显谟阁待制、提举醴泉观。道君待之甚厚，常从容及内禅事，曰："外人以为吴敏功，殊不知此自出吾意耳，吾苟不欲，人言且灭族，谁敢哉？或谓吾似唐睿宗上畏天戒，故为之，吾有此心久矣。"熙靖再拜贺。敏闻而忌之，以进对不时受罚。

既拒张邦昌之命，忧愤废食，家人进粥药宽譬之，终无生意。故人视其病，相持啜泣，索笔书唐王维所赋"百官何日再朝天"之句，明日遂卒，年五十三，与世勣同赠端明殿学士。

王云字子飞，泽州人。父献可，仕至英州刺史、知泸州。黄庭坚谪于涪，献可遇之甚厚，时人称之。云举进士，从使高丽，撰《鸡林志》以进。擢秘书省校书郎，出知简州，迁陕西转运副使。宣和中，从童贯宣抚幕，入为兵部员外郎、起居中书舍人。

靖康元年，以给事中使斡离不军，议割三镇以和。使还，传道斡离不之意，以为黏罕得朝廷所与余睹蜡书，坚云中国不可信，欲败和约。执政以为不然，罢为徽猷阁待制、知唐州。

金人陷太原，召拜刑部尚书，再出使，许以三镇赋入之数。云至真定，遣从吏李裕还言："金人不复求地，但索五辂及上尊号，且须康王来，和好乃成。"钦宗悉从之，且命王及冯澥往。未行，而车辂至长垣，为所却，云亦还。澥奏言云诞妄误国，云言："事势中变，金人必欲得三镇，不然，则进兵取汴都。"中外震骇，诏集百官议，云固言："康王旧与斡离不结欢，宜将命。"帝虑为所留，云曰："和议既成，必无留王之理，臣敢以百口保之。"王遂受命，而云以资政殿学士为之副。

顷云奉使过磁、相，劝两郡撤近城民舍，运粟入保，为清野之计，民怨之。及是，次磁州，又与守臣宗泽有憾。于是王出谒嘉应神祠，云在后，民遮道谏曰："肃王已为金人所留，王不宜北去。"厉声指云曰："清野之人，真奸贼也。"王出庙行，或废云笥，得乌缯短巾，盖云夙有风眩疾，寝则以护首者。民益信其为奸，噪而杀之。王见事势汹汹，乃南还相州。是役也，云不死，王必北行，议者以是验天命云。建炎初，赠观文殿学士。

云兄霁，崇宁时，为谋议司详议官，上书告蔡京罪，黥隶海岛。钦宗复其官，从种师中战死。

谭世勣字彦成，潭州长沙人。第进士，教授郴州。时王氏学盛行，世勣雅不喜。或问之，曰："说多而屡变，无不易之论也。"置其书不观。又中词学兼茂科，除秘书省正字。时相蔡京子攸领书局，同舍郎多翕附以取贵仕。世勣独坐直庐，翻书竟日。梁师成之客与为邻居，数致师成愿交意，谢不答。

在馆六年不迁,京罢,用久次为司门员外郎。又三年,迁吏部。京复相,嫌不附已,罢提点太平宫。久之,复还吏部。幸臣妄引恩泽任子,持不与。吏白有某例,世勣曰:"岂当以暂例破成法!"已而取中旨行之。进少府监,擢中书舍人,以谨命令、惜名器、广言路、吝赐予、正上供、省浮费六事言于上,又为当路所嫉,以徽猷阁待制知婺州,未行,复留之。

徽宗禅位东幸,且还,使与李熙靖副执政奉迎,遂同主管龙德宫。请辨正宣仁国史之谤,述钦圣遗旨以复瑶华,大享神祖仍用富弼宥食,释奠先圣不当以王安石配,后皆施行。

秋七月,彗出东方,大臣或谓此四夷将衰之兆,世勣面奏:"垂象可畏,当修德以应天,不宜惑谀说。"进给事中兼侍读。内侍喧争殿门,诏以赎论,世勣驳其不恭,因言:"童贯辈初亦甚微,小恶不惩,将驯至大患。"疏入,同类侧目。何㮚建议分外郡为四道,置都总管,事得专决。世勣言:"裂天下以付四人,而王畿所治者才十六县,独无尾大不掉之虑乎?"㮚不乐。改礼部侍郎。

金骑骎骎南下,世勣言:"守边为上策;今边不得守,守河则京畿自固,中策也;巡幸江、淮,会东南兵以捍敌,下策也。"金人既渡河,又请遣大将秦元以所部京畿保甲,分护国门,使兵势连属,首尾相援,即金人不敢逼。孙傅深然之,又格于勣议。再扈车驾至金帅帐,以十害说其用事者,言讲解之利,词意忠激,金人耸听。

张邦昌僭国,令与李熙靖同直学士院,皆称疾卧不起,以忧卒,年五十四。建炎初,褒其守节,赠端明殿学士。

梅执礼字和胜,婺州浦江人。第进士,调常山尉未赴,以荐为敕令删定官、武学博士。大司成强渊明贤其人,为宰相言,相以未尝识面为慊。执礼闻之曰:"以人言而得,必以人言而失,吾求在我者而已。"卒不往谒。

历军器、鸿胪丞,比部员外郎。比部职勾稽财货,文牒山委,率不暇经目。苑吏有持茶券至为钱三百万者,以杨戬旨意迫取甚急。

执礼一阅,知其妄,欲白之,长贰疑不敢,乃独列上,果诈也。改度支、吏部,进国子司业兼资善堂翊善,迁左司员外郎,擢中书舍人、给事中。

林摅以前执政赴阙宿留,冀复故职,执礼论去之。孟昌龄居郓质人屋,当赎不肯与,而请中旨夺之;外郡卒留役中都者万数,肆不逞为奸,诏悉令还,杨戬占不遣;内侍张佑董葺太庙,僭求赏。皆驳奏弗行。迁礼部侍郎。

素与王黼善,黼尝置酒其第,夸示园池妓妾之盛,有娇色。执礼曰:“公为宰相,当与天下同忧乐。今方腊流毒吴地,疮痍未息,是岂歌舞宴乐时乎?”退又戒之以诗。黼愧怒,会孟飨原庙后至,以显谟阁待制知蕲州,又夺职。

明年,徙滁州,复集英殿修撰。时赋盐亏额,滁亦苦抑配。执礼曰:“郡不能当苏、杭一邑,而食盐乃倍粟数,民何以堪?”请于朝,诏损二十万,滁人德之。

钦宗立,徙知镇江府,召为翰林学士,道除吏部尚书,旋改户部。方军兴,调度不足,执礼请以禁内钱隶有司,凡六宫廪给,皆由度支乃得下。尝有小黄门持中批诣部取钱,而封识不用玺,既悟其失,复取之。执礼奏审,诏责典宝夫人而杖黄门。

金人围京都,执礼劝帝亲征,而请太上帝后、皇后、太子皆出避,用事者沮之,洎失守,金人质天子,邀金帛以数百千万计,曰:“和议已定,但所需满数,则奉天子还阙。”执礼与同列陈知质、程振、安扶皆主根索,四人哀民力已困,相与谋曰:“金人所欲无艺极,虽铜铁亦不能给,盍以军法结罪,傥窒其求。”而宦者挟宿怨语金帅曰:“城中七百万户,所取未百一,但许民持金银换粟麦,当有出者。”已而果然。酋怒,呼四人责之,对曰:“天子蒙尘,臣民皆愿致死,虽肝脑不计,于金缯何有哉?顾比屋枵空,亡以塞命耳。”酋问官长何在,振恐执礼获罪,遽前曰:“皆官民长也。”酋益怒,先取其副胡舜陟、胡唐老、姚舜明、王俣,各杖之百。执礼等犹为之请,俄遣还,将及门,呼下马挝杀之,而枭其首,时靖康二年二月也。是日,天宇昼冥,士庶皆陨涕愤叹。

初,车驾再出,执礼与宗室子昉、诸将吴革等谋集兵夺万胜门,夜捣金帅帐,迎二帝以归。而王时雍、徐秉哲使范琼泄其谋,故不克。死时,年四十九。高宗即位,诏赠通奉大夫、端明殿学士。议者以为薄,复加资政殿学士。

程振字伯起,饶州乐平人。少有轶材,入太学,一时名辈多从之游。徽宗幸学,以诸生有职除官,为辟雍录,升博士,迁太常博士,提举京东、西路学事。请立庙于邹祀孟轲,以公孙丑、万章、乐正克等配食,从之。

提举京西常平,入学膳部员外郎、监察御史、辟雍国子司业、左司员外郎兼太子舍人。始至,即言:“古者大祭祀登飨受爵,必以上嗣,既《礼经》所载,且元丰彝典具存。昨天子展事明堂,而殿下不预,非所以尊宗庙、重社稷也。”太子矍然曰:“宫僚初无及此者。”由是特加奖异。

方腊起,振谓王黼宜乘此时建革天下弊事,以上当天意,下顺人心。黼不怿,曰:“上且疑黼挟寇,奈何?”振知黼忌其言,趋而出,然太子荐之甚力,遂擢给事中。黼白振资浅,且雅长书命,请以为中书舍人。侍郎冯熙载出知亳州,黼怨熙载,欲振诋以丑语,振不肯。黼使言者劾为党,罢提举冲佑观。居三年,复还故官。

靖康元年,进吏部侍郎,为钦宗言:“柄臣不和,论议多驳,诏令轻改,失于事几。金人交兵半岁,而至今不解者,以和战之说未一故也。裁抑滥赏,如白黑易分,而数月之间,三变其议,以私心不除,各蔽其党故也。今日一人言之,以为是而行;明日一人言之,以为非而止。或圣断临度而不暇畴咨,或大臣偏见而遂形播告,所以动未必善,处未必宜,乃辄为之反汗,其势不得不尔也。”

时金兵至河北,振请纠诸道兵掎角击之,曰:“彼猖獗如此,陛下尚欲守和议,而不使之少有惩艾乎?”上嗟昧其言,而牵于外廷,不能用。拜开封尹。故时,大辟有情可矜,多奏取原贷;崇宁以来,议者谓辇毂先弹压,率便文杀之。振请复旧制。诏捕亡命卒,得数千人。振请以隶步军而除其罪。步军司欲论如法,振曰:"方多事之际,而一日杀数千人,必大骇观听。"乃尽释之。改刑部侍郎。

金骑在郊,邀车驾出城,振为何㮚言:"宜思所以折之之策。"㮚不从。未几,及于难,年五十七。金人去,从子庭访得其首归葬之。初,王黼使其客沈积中图燕,振戒以后祸,积中惧而言不可。既而振乃用是死,闻者痛之。

初,宣和崇道家之说,振侍坐东宫,从容言:"孔子以《鸱鸮》之诗为知道,其词不过曰'迨天之未阴雨,绸缪牖户'而已。老子亦云'为之于未有,治之于未乱。'今不固根本于无事之时,而事目前区区,非二圣人意。"他日,太子为徽宗道之。徽宗寤,颇欲去健羡,疏左右近习,而宦寺杨戬辈方大兴宫室,惧不得肆,因谮家令杨冯,以为将辅太子幸非常。徽宗震怒,执冯诛之,而太子之言亦废。振尹京时,两宫方困于谗间,振极意弥缝,治龙德梁忻狱,宽其罪,不使有纤介可指。

高宗即位,进秩七等,仍官其子及亲属三人,又赠端明殿学士。端平初,曾孙东请谥,赐谥刚愍。同时死者礼部侍郎陈知质,失其传;给事中安扶,附见父《安焘传》。

刘延庆,保安军人。世为将家,雄豪有勇,数从西伐,立战功,积官至相州观察使、龙神卫都指挥使、鄜延路总管。迁泰宁军节度观察留后,改承宣使。破夏人成德军,擒其酋赏屈,降王子益麻党征。拜保信军节度使、马军副都指挥使。从童贯平方腊,节度河阳三城。又从北伐,以宣抚都统制督兵十万,渡白沟。

延庆行军无纪律,郭药师扣马谏曰:"今大军跋队行而不设备,若敌人置伏邀击,首尾不相应,则望尘决溃矣。"不听。至良乡,辽将萧干帅众来,延庆与战,败绩,遂闭垒不出。药师曰:"干兵不过万人,今悉力拒我,燕山必虚,愿得奇兵五千,倍道袭取,令公之子三将军简师为后继。"延庆许之,遣大将高世宣与药师先行,即入燕城,干举精甲三千巷战。三将军者,光世也。

渝约不至,药师失援败走,世宣死之。延庆营于卢沟南,干分兵断饷道,擒护粮将王渊,得汉军二人,蔽其目,留帐中,夜半伪相语曰:"闻汉军十万压吾境,吾师三倍,敌之有余。当分左右翼,以精兵冲其中,左右翼为应,歼之无遗。"阴逸其一人归报。明旦,延庆见火起,以为敌至,烧营而奔,相蹂践死者百余里。自熙、丰以来,所储军实殆尽。退保雄州,燕人作赋及歌诮之。朝议延庆丧师,不可不行法,坐贬率府率,安置筠州。契丹知中国不能用兵,由是轻宋。

未几,复为镇海军节度使。靖康之难,延庆分部守京城,城陷,引秦兵万人夺开远门以出,至龟儿寺,为追骑所杀。光世自有传。

论曰:靖康之变,执礼、振不忍都人涂炭,拒强敌无厌之欲,亲逢其凶。熙靖、世勣不肯以一身事二姓,悲不食以终。灌、延庆战败而没。此数人者,其所遭不同,至于死国难则一而已。云之死,虽其有以取之,殆亦天未欲绝宋祀也;不然,是行也,康王其危哉!

宋史卷三五八
列传第一一七

李纲上

　　李纲字伯纪,邵武人也,自其祖始居无锡。父夔,终龙图阁待制。纲登政和二年进士第,积官至监宗御史兼权殿中侍御史,以言事忤权贵,改比部员外郎,迁起居郎。

　　宣和元年,京师大水,纲上疏言阴气太盛,当以盗贼外患为忧。朝廷恶其言,谪监南剑州沙县税务。

　　七年,为太常少卿。时金人渝盟,边报狎至,朝廷议避敌之计,诏起师勤王,命皇太子为开封牧,令侍从各具所见以闻。纲上御戎五策,且语所善给事中吴敏曰:“建牧之议,岂非欲委以留守之任乎?巨敌猖獗如此,非传以位号,不足以招徕天下豪杰。东宫恭俭之德闻于天下,以守宗社可也。公以献纳论思为职,曷不为上极言之。”敏曰:“监国可乎?”纲曰:“肃宗灵武之事,不建号不足以复邦,而建号之议不出于明皇,后世惜之。主上聪明仁恕,公言万一能行,将见金人悔祸,宗社底宁,天下受其赐。”

　　翌日,敏请封,具道所以,因言李纲之论,盖与臣同。有旨召纲入议,纲刺臂血上疏云:“皇太子监国,典礼之常也。今大敌入攻,安危存亡在呼吸间,犹守常礼可乎?名分不正而当大权,何以号召天下,期成功于万一哉?若假皇太子以位号,使为陛下守宗社,收将士心,以死捍敌,天下可保。”疏上,内禅之议乃决。

　　钦宗即位,纲上封事,谓:“方今中国势弱,君子道消,法度纪纲,荡然无统。陛下履位之初,当上应天心,下顺人欲。攘除外患,使中国之势尊;诛锄内奸,使君子之道长,以副道君皇帝付托之意。"召对延和殿,上迎谓纲曰:"朕顷在东宫,见卿论水灾疏,今尚能诵之。"李邺使金议割地,纲奏:"祖宗疆土,当以死守,不可以尺寸与人。"钦宗嘉纳,除兵部侍郎。

靖康元年,以吴敏为行营副使,纲为参谋官。金将斡离不兵渡河,徽宗东幸,宰执议请上暂避敌锋。纲曰:"道君皇帝挈宗社以授陛下,委而去之可乎?"上默然。太宰白时中谓都城不可守,纲曰:"天下城池,岂有如都城者,且宗庙社稷、百官万民所在,舍此欲何之?"上顾宰执曰:"策将安出?"纲进曰:"今日之计,当整饬军马,固结民心,相与坚守,以待勤王之师。"上问谁可将者,纲曰:"朝廷以高爵厚禄崇养大臣,盖将用之于有事之日。白时中、李邦彦等虽未必知兵,然藉其位号,抚将士以抗敌锋,乃其职也。"时中忿曰:"李纲莫能将兵出战否?"纲曰:"陛下不以臣庸懦,傥使治兵,愿以死报。"乃以纲为尚书右丞。

宰执犹守避敌之议。有旨以纲为东京留守,纲为上力陈所以不可去之意,且言:"明皇闻潼关失守,即时幸蜀,宗庙朝廷毁于贼手,范祖禹以为其失在于不能坚守以待援。今四方之兵不日云集,陛下奈何轻举以蹈明皇之覆辙乎?"上意颇悟。会内侍奏中宫已行,上色变,仓卒降御榻曰:"朕不能留矣。"纲泣拜,以死邀之。上顾纲曰:"朕今为卿留。治兵御敌之事,专责之卿,勿令有疏虞。"纲皇恐受命。

未几,复决意南狩,纲趋朝,则禁卫擐甲,乘舆已驾矣。纲急呼禁卫曰:"尔等愿守宗社乎,愿从幸乎?"皆曰:"愿死守。"纲入见曰:"陛下已许臣留,复戒行何也?今六军父母妻子皆在都城,愿以死守,万一中道散归,陛下熟与为卫?敌兵已逼,知乘舆未远,以健马疾追,何以御之?"上感悟,遂命辍行。纲传旨语左右曰:"敢复有言去者斩!"禁卫皆拜伏呼万岁,六军闻之,无不感泣流涕。

命纲为亲征行营使,以便宜从事。纲治守战之具,不数日而毕。

敌兵攻城，纲身督战，募壮士缒城而下，斩酋长十余人，杀其众数千
人。金人知有备，又闻上已内禅，乃退。求遣大臣至军中议和，纲请
行。上遣李棁，纲曰："安危在此一举，臣恐李棁怯懦而误国事也。"
上不听，竟使棁往。金人须金币以千万计，求割太原、中山、河间地，
以亲王、宰相为质。棁受事目，不措一辞，还报。纲谓："所需金币，
竭天下且不足，况都城乎？三镇，国之屏蔽，割之何以立国？至于遣
质，即宰相当往，亲王不当往。若遣辩士姑与之议所以可不可者，宿
留数日，大兵四集，彼孤军深入，虽不得所欲，亦将速归。此时而与
之盟，则不敢轻中国，而和可久也。"宰执议不合，纲不能夺，求去。
上慰谕曰："卿第出治兵，此事当徐议之。"纲退，则誓书已行，所求
皆与之，以皇弟康王、少宰张邦昌为质。

　　时朝廷日输金币，而金人需求不已，日肆屠掠。四方勤王之师
渐有至者，种师道、姚平仲亦以泾原、秦凤兵至。纲奏言："金人贪婪
无厌，凶悖已甚，其势非用师不可。且敌兵号六万，而吾勤王之师集
城下者已二十余万；彼以孤军入重地，犹虎豹自投槛阱中，当以计
取之，不必与角一旦之力。若扼河津，绝饷道，分兵复畿北诸邑，而
以重兵临敌营，坚壁勿战，如周亚夫所以困七国者。俟其食尽力疲，
然后以一檄取誓书，复三镇，纵其北归，半渡而击之，此必胜之计
也。"上深以为然，约日举事。

　　姚平仲勇而寡谋，急于要功，先期率步骑万人，夜斫敌营，欲生
擒干离不及取康王以归。夜半，中使传旨谕纲曰："姚平仲已举事，
卿速援之。"纲率诸将且出封丘门，与金人战幕天坡，以神臂弓射金
人，却之。平仲竟以袭敌营不克，惧诛亡去。金使来，宰相李邦彦语
之曰："用兵乃李纲、姚平仲，非朝廷意。"遂罢纲，以蔡懋代之。太学
生陈东等诣阙上书，明纲无罪。军民不期而集者数十万，呼声动地，
懋不得报，至杀伤内侍。帝亟召纲，纲入见，泣拜请死。帝亦泣，命
纲复为尚书右丞，充京城四壁守御使。

　　始，金人犯城者，蔡懋禁不得辄施矢石，将士积愤，至是，纲下
令能杀敌者厚赏，众无不奋跃。金人惧，稍稍引却，且得割三镇诏及

亲王为质,乃退师。除纲知枢密院事。纲奏请如澶渊故事,遣兵护
送,且戒诸将,可击则击之。乃以兵十万分道并进,将士受命,踊跃
以行。先是,金帅粘罕围太原,守将折可求、刘光世军皆败;平阳府
义兵亦叛,导金人入南北关,取隆德府,至是,遂攻高平。宰相咎纲
尽遣城下兵追敌,恐仓卒无措,急征诸将还。诸将已追及金人于邢、
赵间,遽得还师之命,无不扼腕。比纲力争,复遣,而将士解体矣。

诏议迎太上皇帝还京。初,徽宗南幸,童贯、高俅等以兵扈从。
既行,闻都城受围,乃止东南邮传及勤王之师。道路籍籍,言贯等为
变。陈东上书,乞诛蔡京、蔡攸、童贯、朱勔、高俅、卢宗原等。议遣
聂山为发运使往图之,纲曰:"使山所图果成,震惊太上,此忧在陛
下。万一不果,是数人者,挟太上于东南,求剑南一道,陛下将何以
处之?莫若罢山之行,请于太上去此数人,自可不劳而定。"上从其
言。

徽宗还次南都,以书问改革政事之故,且召吴敏、李纲。或虑太
上意有不测,纲请行,曰:"此无他,不过欲知朝廷事尔。"纲至,具道
皇帝圣孝思慕,欲以天下养之意,请陛下早还京师。徽宗泣数行下,
问:"卿顷以何故去?"纲封曰:"臣昨任左史,以狂妄论列水灾,蒙恩
宽斧钺之诛,然臣当时所言,以谓天地之变,各以类应,正为今日攻
围之兆。夫灾异变故,譬犹一人之身,病在五脏,则发于气色,形于
脉息,善医者能知之。所以圣人观变于天地,而修其在我者,故能制
治保邦,而无危乱之忧。"徽宗称善。

又询近日都城攻围守御次第,语渐浃洽。徽宗因及行宫止递角
等事,曰:"当时恐金人知行宫所在,非有他也。"纲奏:"方艰危时,
两宫隔绝,朝廷应副行宫,亦岂能无不至者,在圣度烛之耳。"且言:
"皇帝仁孝,惟恐有一不当太上皇帝意者,每得诘问之诏,辄忧惧不
食。臣窃譬之,家长出而强寇至,子弟之任家事者,不得不从宜措
置。长者但当以其能保田园大计而慰劳之,苟诛及细故,则为子弟
者,何所逃其责哉?皇帝传位之初,陛下巡幸,适当大敌入攻,为宗
社计,庶事不得不小有更革。陛下回銮,臣谓宜有以大慰安皇帝之

心,勿问细故可也。"徽宗感悟,出玉带、金鱼、象简赐纲,曰:"行宫人得卿来皆喜,以此示朕意,卿可便服之。"且曰:"卿辅助皇帝、捍守宗社有大功,若能调和父子间,使无疑阻,当遂书青史,垂名万世。"纲感泣再拜。

纲还,具道太上意。宰执进迎奉太上仪注,耿南仲议欲屏太上左右,车驾乃进。纲言:"如此,是示之以疑也。天下之理,诚与疑、明与暗而已。自诚明而推之,可至于尧、舜;自疑暗而推之,其患有不可胜言者。耿南仲不以尧舜之道辅陛下,乃暗而多疑。南仲怫然曰:"臣适见左司谏陈公辅,乃为李纲结士民伏阙者,乞下御史置对。"上愕然。纲曰:"臣与南仲所论,国事也。南仲乃为此言,臣何敢复有所辨?愿以公辅事下吏,臣得乞身待罪。"章十余上,不允。

太上皇帝还,纲迎拜国门。翌日,朝龙德宫,退,复上章恳辞。上手诏谕意曰:"乃者敌在近郊,士庶伏阙,一朝仓猝,众数十万,忠愤所激,不谋同辞,此岂人力也哉?不悦者造言,致卿不自安,朕深谅卿,不足介怀。巨敌方退,正赖卿协济艰难,宜勉为朕留。"纲不得已就职。上备边御敌八事。

时北兵已去,太上还宫,上下恬然,置边事于不问。纲独以为忧,与同知枢密院事许翰议调防秋之兵。吴敏乞置详议司检详法制,以革弊政,诏以纲为提举官,南仲沮止之。纲奏:"边患方棘,调度不给,宜稍抑冒滥,以足国用。谓如节度使至遥郡刺史,本以待勋臣,今皆以戚里恩泽得之;堂吏转官止于正郎,崇、观间始转至中奉大夫,今宜皆复旧制。"执政揭其奏通衢,以纲得士民心,欲因此离之。会守御司奏补副尉二人,御批有"大臣专权,浸不可长"语。纲奏:"顷得旨给空名告敕,以便宜行事。二人有劳当补官,故具奏闻,乃遵上旨,非专权也。"

时太原围未解,种师中战没,师道病归,南仲曰:"欲援太原,非纲不可。"上以纲为河东、北宣抚使。纲言:"臣书生,实不知兵。在围城中,不得已为陛下料理兵事,今使为大帅,恐误国事。"因拜辞,不许。退而移疾,乞致仕,章十余上,不允。台谏言纲不可去朝廷,上以其为大臣游说，斥之。或谓纲曰："公知所以遣行之意乎？此非为边事，欲缘此以去公，则都人无辞耳。公坚卧不起，谗者益肆，上怒且不测，奈何？"许翰书"杜邮"二字遗纲，纲皇恐受命。上手书《裴度传》以赐，纲言："吴元济以区区环蔡之地抗唐室，与金人强弱固不相侔，而臣曾不足以望裴度万分之一。然寇攘外患可以扫除，小人在朝，蠹害难去。使朝廷既正，君子道长，则所以捍御外患者，有不难也。"因书裴度论元稹、魏洪简章疏要语以进，上优诏答之。

宣抚司兵仅万二千人，庶事未集，纲乞展行期。御批以为迁延拒命，纲上疏明其所以未可行者，且曰："陛下前以臣为专权，今以臣为拒命，方遣大帅解重围，而以专权、拒命之人为之，无乃不可乎？愿乞骸骨，解枢管之任。"上趣召数四，曰："卿为朕巡边，便可还朝。"纲曰："臣之行，无复还之理。昔范仲淹以参政出抚西边，过郑州，见吕夷简。夷简曰：'参政岂可复还！'其后果然。今臣以愚直不容于朝，使既行之后，进而死敌，臣之愿也。万一朝廷执议不坚，臣当求去，陛下宜察臣孤忠，以全君臣之义。"上为之感动。及陛辞，言唐恪、聂山之奸，任之不已，后必误国。

进至河阳，望拜诸陵，复上奏曰："臣总师出巩、洛，望拜陵寝，潸然出涕。恭惟祖宗创业守成，垂二百年，以至陛下。适丁艰难之秋，强敌内侵，中国势弱，此诚陛下尝胆思报，厉精求治之日，愿深考祖宗之法，一二推行之。进君子，退小人，益固邦本，以图中兴，上以慰安九庙之灵，下为亿兆苍生之所依赖，天下幸甚！"

行次怀州，有诏罢减所起兵，纲奏曰："太原之围未解，河东之势甚危，秋高马肥，敌必深入，宗社安危，殆未可知。使防秋之师果能足用，不可保无敌骑渡河之警。况臣出使未几，朝廷尽改前诏，所团结之兵，悉罢减之。今河北、河东日告危急，未有一人一骑以副其求，甫集之兵又皆散遣，臣诚不足以任此。且以军法勒诸路起兵，而以寸纸罢之，臣恐后时有所号召，无复应者矣。"疏上，不报。御批日促解太原之围，而诸将承受御画，事皆专达，宣抚司徒有节制之名。纲上疏，极谏节制不专之弊。

　　时方议和，诏止纲进兵。未几，徐处仁、吴敏罢相而相唐恪，许翰罢同知枢密院而进聂山、陈过庭、李回等，吴敏复谪置涪州。纲闻之，叹曰："事无可为者矣！"即上奏丐罢。乃命种师道以同知枢密院事领宣抚司事，召纲赴阙。寻除观文殿学士、知扬州，纲具奏辞免。未几，以纲专主战议，丧师费财，落职提举亳州明道宫，责授保静军节度副使，建昌军安置；再谪宁江。

　　金兵再至，上悟和议之非，除纲资政殿大学士，领开封府事。纲行次长沙，被命，即率湖南勤王之师入援，未至而都城失守。先是，康王至北军，为金人所惮，求遣肃王代之。至是，康王开大元帅府，承制复纲故官，且贻书曰："方今生民之命，急于倒垂，谅非不世之才，何以协济事功。阁下学穷天人，忠贯金石，当投袂而起，以副苍生之望。"

　　高宗即位，拜尚书右仆射兼中书侍郎，趣赴阙。中丞颜岐奏曰："张邦昌为金人所喜，虽已为三公、郡王，宜更加同平章事，增重其礼；李纲为金人所恶，虽已命相，宜及其未至罢之。"章五上，上曰："如朕之立，恐亦非金人所喜。"岐语塞而退。岐犹遣人封其章示纲，觊以沮其来。上闻纲且至，遣官迎劳，锡宴，趣见于内殿。纲见上，涕泗交集，上为动容。因奏曰："金人不道，专以诈谋取胜，中国不悟，一切堕其计中。赖天命未改，陛下总师于外，为天下臣民之所推戴，内修外攘，还二圣而抚万邦，责在陛下与宰相。臣自视阙然，不足以副陛下委任之意，乞追寝成命。且臣在道，颜岐尝封示论臣章，谓臣为金人所恶，不当为相。如臣愚蠢，但知有赵氏，不知有金人，宜为所恶。然谓臣材不足以任宰相则可，谓为金人所恶不当为相则不可。"因力辞。帝为出范宗尹知饶州、颜岐与祠。纲犹力辞，上曰："朕知卿忠义智略久矣，欲使敌国畏服，四方安宁，非相卿不可，卿其勿辞。"纲顿首泣谢，云：

　　　　臣愚陋无取，荷陛下知遇，然今日扶颠持危，图中兴之功，在陛下而不在臣。臣无左右先容，陛下首加识擢，付以宰柄，顾区区何足以仰副图任责成之意？然"靡不有初，鲜克有终"。臣孤立寡与,望察管仲害霸之言,留神于君子小人之间,使得以尽志毕虑,虽死无憾。昔唐明皇欲相姚崇,崇以十事要说,皆中一时之病。今臣亦以十事仰干天听,陛下度其可行者,赐之施行,臣乃敢受命。

一曰议国是。谓中国之御四裔,能守而后可战,能战而后可和,而靖康之末皆失之。今欲战则不足,欲和则不可,莫若先自治,专以守为策,俟吾政事修,士气振,然后可议大举。

二曰议巡幸。谓车驾不可不一到京师,见宗庙,以慰都人之心,度未可居,则为巡幸之计。以天下形势而观,长安为上,襄阳次之,建康又次之,皆当诏有司预为之备。

三曰议赦令。谓祖宗登极赦令,皆有常式。前日赦书,乃以张邦昌伪赦为法,如赦恶逆及罪废官尽复官职,皆泛滥不可行,宜悉改正以法。

四曰议僭逆。谓张邦昌为国大臣,不能临难死节,而挟金人之势易姓改号,宜正典刑,垂戒万世。

五曰议伪命。谓国家更大变,鲜仗节死义之士,而受伪官以屈膝于其庭者,不可胜数。昔肃宗平贼,污伪命者以六等定罪,宜仿之以励士风。

六曰议战。谓军政久废,士气怯惰,宜一新纪律,信赏必罚,以作其气。

七曰议守。谓敌情狡狯,势必复来,宜于沿河、江、淮措置控御,以扼其冲。

八曰议本政。谓政出多门,纪纲紊乱,宜一归之于中书,则朝廷尊。

九曰议久任。谓靖康间进退大臣太速,功效蔑著,宜慎择而久任之,以责成功。

十曰议修德。谓上始膺天命,宜益修孝悌恭俭,以副四海之望,而致中兴。

翌日,班纲议于朝,惟僭逆、伪命二事留中不出。纲言:

二事乃今日政刑之大者。邦昌当道君朝,在政府者十年,渊圣即位,首擢为相。方国家祸难,金人易姓之谋,邦昌如能以死守节,推明天下戴宋之义,以感动其心,敌人未必不悔祸而存赵氏。而邦昌方自以为得计,偃然正位号,处宫禁,擅降伪诏,以止四方勤王之师。及知天下之不与,不得已而后请元祐太后垂帘听政,而议奉迎。邦昌僭逆始末如此,而议者不同,臣请备论而以《春秋》之法断之。

夫都城之人德邦昌,谓因其立而得生,且免重科金银之扰。元帅府恕邦昌,谓其不待征讨而遣使奉迎。若天下之愤嫉邦昌者,则谓其建号易姓,而奉迎特出于不得已。都城德之,元帅府恕之,私也;天下愤嫉之,公也。《春秋》之法,人臣无将,将而必诛;赵盾不讨贼,则书以弑君。今邦昌已僭位号,敌退而止勤王之师,非特将与不讨贼而已。

刘盆子以汉宗室为赤眉所立,其后以十万众降光武,但待之以不死。邦昌以臣易君,罪大于盆子,不得已而自归,朝廷既不正其罪,又尊崇之,此何理也?陛下欲建中兴之业,而尊崇僭逆之臣,以示四方,其谁不解体? 又伪命臣寮,一切置而不问,何以厉天下士大夫之节?

时执政中有论不同者,上乃召黄潜善等语之。潜善主邦昌甚力,上顾吕好问曰:“卿昨在围城中知其故,以为何如?”好问附潜善,持两端,曰:“邦昌僭窃位号,人所共知,既已自归,惟陛下裁处。”纲言:“邦昌僭逆,岂可使之在朝廷,使道路指目曰‘此亦一天子’哉!”因泣拜曰:“臣不可与邦昌同列,当以笏击之。陛下必欲用邦昌,第罢臣。”上颇感动。伯彦乃曰:“李纲气直,臣等所不及。”乃诏邦昌谪潭州,吴并、莫俦而下皆迁谪有差。纲又言:“近世士大夫寡廉鲜耻,不知君臣之义。靖康之祸,能仗节死义者,在内惟李若水,在外惟霍安国,愿加赠恤。上从其请,仍诏有死节者,诸路询访以闻。上谓纲曰:卿昨争张邦昌事,内侍辈皆泣涕,卿今可以受命矣。”纲拜谢。

有旨兼充御营使。入对，奏曰：

今国势不逮靖康间远甚，然而可为者，陛下英断于上，群臣辑睦于下，庶几靖康之弊革，而中兴可图。然非有规模而知先后缓急之序，则不能以成功。

夫外御强敌，内销盗贼，修军政，变士风，裕邦财，宽民力，改弊法，省冗官，诚号令以感人心，信赏罚以作士气，择帅臣以任方面，选监司、郡守以奉行新政，俟吾所以自治者政事已修，然后可以问罪金人，迎还二圣，此所谓规模也。至于所当急而先者，则在于料理河北、河东。盖河北、河东者，国之屏蔽也。料理稍就，然后中原可保，而东南可安。今河东所失者恒、代、太原、泽、潞、汾、晋，余郡犹存也。河北所失者，不过真定、怀、卫、睿四州而已，其余二十余郡，皆为朝廷守。两路士民兵将，所以戴宋者，其心甚坚，皆推豪杰以为首领，多者数万，少者亦不下万人。朝廷不因此时置司、遣使以大慰抚之，分兵以援其危急，臣恐粮尽力疲，坐受金人之困。虽怀忠义之心，援兵不至，危迫无告，必且愤怨朝廷，金人因得抚而用之，皆精兵也。

莫若于河北置招抚司，河东置经制司，择有材略者为之使，宣谕天子恩德、所以不忍弃两河于敌国之意。有能全一州、复一郡者，以为节度、防御、团练使，如唐方镇之制，使自为守。非惟绝其从敌之心，又可资其御敌之力，使朝廷永无北顾之忧，最今日之先务也。

上善其言，问谁可任者，纲荐张所、傅亮。所尝为监察御史，在靖康围城中，以蜡书募河北兵，士民得书，喜曰：“朝廷弃我，犹有一张察院能拔而用之。”应募者凡十七万人，由是所之声震河北。故纲以为招抚河北，非所不可。傅亮者，先以边功得官，尝治兵河朔。都城受围时，亮率勤王之兵三万人，屡立战功。纲察其智略可以大用，欲因此试之。上乃以所为河北招抚使，亮为河东经制副使。

皇子生，故事当肆赦。纲奏：“陛下登极，旷荡之恩独遗河北、河东，而不及勤王之师，天下觖望。夫两路为朝廷坚守，而赦令不及，人皆谓已弃之,何以慰忠臣义士之心?勤王之师在道路半年,擐甲荷戈,冒犯霜露,虽未效用,亦已劳矣。加以疾病死亡,恩恤不及,后有急难,何以使人乎?愿因今赦广示德意。"上嘉纳。于是两路知天子德意,人情翕然,间有以破敌捷书至者。金人围守诸郡之兵,往往引去。而山寨之兵,应招抚、经制二司募者甚众。

有许高、许亢者,以防河而遁,谪岭南,至南康谋变,守倅戮之。或议者擅杀,纲曰"高、亢受任防河,寇未至而遁,沿途劫掠,甚于盗贼。朝廷不能正军法,而一守倅能行之,真健吏也。使受命捍贼而欲退走者,知郡县之吏皆得以诛之,其亦少知所戒乎!"上以为然,命转一官。开封守阙,纲以留守非宗泽不可,力荐之。泽至,抚循军民,修治楼橹,屡出师以挫敌。

纲立军法,五人为伍,伍长以牌书同伍四人姓名。二十五人为甲,甲正以牌书伍长五人姓名。百人为队,队将以牌书甲正四人姓名。五百人为部,部将以牌书队将正副十人姓名。二千五百人为军,统制官以牌书部将正副十人姓名。命招置新军及御营司兵,并依新法团结,有所呼召、使令,按牌以遣。三省、枢密院置赏功司,受赂乞取者行军法,遇敌逃溃者斩,因而为盗贼者,诛及其家属。凡军政申明改更者数十条。

又奏步不足以胜骑,骑不足以胜车,请以车制颁京东、西,制造而教阅之。又奏造战舰,募水军,及询访诸路武臣材略之可任者以备用。又进三疏:一曰募兵,二曰买马,三曰募民出财以助兵费。谏议大夫宋齐愈闻而笑之,谓虞部员外郎张浚曰:"李丞相三议,无一可行者。"浚问之,齐愈曰:"民财不可尽括;西北之马不可得,而东南之马不可用;至于兵数,若郡增二千,则岁用千万缗,费将安出?齐愈将极论之。"浚曰:"公受祸自此始矣。"

时朝廷议遣使于金,纲奏曰:"尧、舜之道,孝悌而已,孝悌之至,可以通神明。陛下以二圣远狩沙漠,食不甘味,寝不安席,思迎还两宫,致天下养,此孝悌之至,而尧、舜之用心也。今日之事,正当枕戈尝胆,内修外攘,使刑政修而中国强,则二帝不俟迎请而自归。

不然,虽冠盖相望,卑辞厚礼,恐亦无益。今所遣使,但当奉表通问两宫,致思慕之意可也。"上乃命纲草表,以周望、傅雱为二圣通问使,奉表以往。且乞降哀痛之诏,以感动天下,使同心协力,相与扶持,以致中兴。又乞省冗员,节浮费。上皆从其言。是时,四方溃兵为盗者十余万人,攻劫山东、淮南、襄汉之间,纲命将悉讨平之。

一日,论靖康时事,上曰:"渊圣勤于政事,省览章奏,至终夜不寐,然卒致播迁,何耶?"纲曰:"人主人职在知人,进君子而退小人,则大功可成,否则衡石程书,无益也。"因论靖康初,朝廷应敌得失之策,且极论金人两至都城,所以能守不能守之故;因勉上以明恕尽人言,以恭俭足国用,以英果断大事。上皆嘉纳。又奏:"臣尝言车驾巡幸之所,关中为上,襄阳次之,建康为下。陛下纵未能行上策,犹当且适襄、邓,示不忘故都,以系天下之心。不然,中原非复我有,车驾还阙无期,天下之势遂倾不复振矣。"上为诏谕两京以还都之意,读者皆感泣。

未几,有诏欲幸东南避敌,纲极论其不可,言:"自古中兴之主,起于西北,则足以据中原而有东南;起于东南,则不能以复中原而有西北。盖天下精兵健马皆在西北,一旦委中原而弃之,岂惟金人将乘间以扰内地;盗贼亦将蜂起为乱,跨州连邑,陛下虽欲还阙,不可得矣,况欲治兵胜敌以归二圣哉?夫南阳光武之所兴,有高山峻岭可以控扼,有宽城平野可以屯兵;西邻关、陕,可以召将士;东达江、淮,可以运谷粟;南通荆湖、巴蜀,可以取财货;北距三都,可以遣救援。暂议驻跸,乃还汴都,策无出于此者。今乘舟顺流而适东南,固甚安便,第恐一失中原,则东南不能必其无事,虽欲退保一隅,不易得也。况尝降诏许留中原,人心悦服,奈何诏墨未干,遽失大信于天下!"上乃许幸南阳,而黄潜善、汪伯彦实阴主巡幸东南之议。客或有谓纲曰:"外论汹汹,咸谓东幸已决。"纲曰:"国之存亡,于是焉分,吾当以去就争之。"初,纲每有所论谏,其言虽切直,无不容纳,至是,所言常留中不报。已而迁纲尚书左仆射兼门下侍郎,黄潜善除右仆射兼中书侍郎。张所乞且置司北京,俟措置有绪,乃渡河。北京留守张益谦,潜善党也,奏招抚司之扰,又言自置司河北,盗贼益炽。纲言:"所尚留京师,益谦何以知其扰?河北民无所归,聚而为盗,岂由置司乃盗贼乎?"

有旨令留守宗泽节制傅亮,即日渡河。亮曰:"措置未就而渡河,恐误国事。"纲言:"招抚、经制,臣所建明;而张所、傅亮,又臣所荐用。今潜善、伯彦沮所及亮,所以沮臣。臣每鉴靖康大臣不和之失,事未尝不与潜善、伯彦议而后行,而二人设心如此,愿陛下虚心观之。"既而诏罢经制司,召亮赴行在。纲言:"圣意必欲罢亮,乞以御笔付潜善施行,臣得乞身归田。"纲退,而亮竟罢,乃再疏求去。上曰:"卿所争细事,胡乃尔?"纲言:"方今人材以将帅为急,恐非小事。臣昨议迁幸,与潜善、伯彦异,宜为所嫉。然臣东南人,岂不愿陛下东下为安便哉?顾一去中原,后患有不可胜言者。愿陛下以宗社为心,以生灵为意,以二圣未还为念,勿以臣去而改其议。臣虽去左右,不敢一日忘陛下。"泣辞而退。或曰:"公决于进退,于义得矣,如谗者何?"纲曰:"吾知尽事君之道,不可,则全进退之节,患祸非所恤也。"

初,二帝北行,金人议立异性。吏部尚书王时雍问于吴并、莫俦,二人微言敌意在张邦昌,时雍未以为然。适宋齐愈自敌所来,时雍又问之,齐愈取片纸书"张邦昌"三字,时雍意乃决,遂以邦昌姓名入议状。至是,齐愈论纲三事之非,不报。拟章将再上,其乡人谦齐愈者,窃其草示纲。时方论僭逆附伪之罪,于是逮齐愈,齐愈不承,狱吏曰:"王尚书辈所坐不轻,然但迁岭南,大谏第承,终不过逾岭尔。"齐愈引伏,遂戮之东市。张浚为御史,劾纲以私意杀侍从,且论其买马招军之罪。诏罢纲为观文殿大学士、提举洞霄宫。尚书右丞许翰言纲忠义,舍之无以佐中兴。会上召见陈东,东言:"潜善、伯彦不可任,纲不可去。"东坐诛。翰曰:"吾与东皆争李纲者,东戮都市,吾在庙堂可乎?"遂求去。后有旨,纲落职居鄂州。

自纲罢,张所以罪去,傅亮以母病辞归,招抚、经制二司皆废。车驾遂东幸,两河郡县相继沦陷,凡纲所规画军民之政,一切废罢。

金人攻京东、西,残毁关辅,而中原盗贼蜂起矣。

宋史卷三五九

列传第一一八

李纲下

绍兴二年,除观文殿学士、湖广宣抚使兼知潭州。是时,荆湖江、湘之间,流民溃卒群聚为盗贼,不可胜计,多者至数万人,纲悉荡平之。上言:"荆湖,国之上流,其地数千里,诸葛亮谓之用武之国。今朝廷保有东南,控驭西北。如鼎、沣、岳、鄂若荆南一带,皆当屯宿重兵,倚为形势,使四川之号令可通,而襄、汉之声援可接,乃有恢复中原之渐。"议未及行,而谏官徐俯、刘斐劾纲,罢为提举西京崇福宫。

四年冬,金人及伪齐来攻,纲具防御三策,谓:"伪齐悉兵南下,境内必虚。傥出其不意,电发霆击,捣颍昌以临畿甸,彼必震惧还救,王师追蹑,必胜之理,此上策也。若驻跸江上,号召上流之兵,顺流而下,以助声势,金鼓旌旗,千里相望,则敌人虽众,不敢南渡。然后以重师进屯要害之地,设奇邀击,绝其粮道,俟彼遁归,徐议攻讨,此中策也。万一借亲征之名,为顺动之计,使卒伍溃散,控扼失守,敌得乘间深入,州县望风奔溃,则其患有不可测矣。往岁,金人利在侵掠,又方时暑,势必还师,朝廷因得以还定安集。今伪齐导之而来,势不徒还,必谋割据。奸民溃卒从而附之,声势鸱张,苟或退避,则无以为善后之策。昔苻坚以百万众侵晋,而谢安以偏师破之。使朝廷措置得宜,将士用命,安知北敌不授首于我?顾一时机会所以应之者如何耳。望降臣章与二三大臣熟议之。"诏:纲所陈,今日之急务,付三省、枢密院施行。时韩世忠屡败金人于淮、楚间,有旨督刘光世、张俊统兵渡河,车驾进发至江上劳军。

五年,诏问攻战、守备、措置、绥怀之方,纲奏:

愿陛下勿以敌退为可喜,而以仇敌未报为可愤;勿以东南为可安,而以中原未复、赤县神州陷于敌国为可耻;勿以诸将屡捷为可贺,而以军政未修、士气未振而强敌犹得以潜逃为可虞。则中兴之期,可指日而俟。

议者或谓敌马既退,当遂用兵为大举之计,臣窃以为不然。生理未固,而欲浪战以侥幸,非制胜之术也。高祖先保关中,故能东向与项籍争。光武先保河内,故能降赤眉、铜马之属。肃宗先保灵武,故能破安、史而复两京。今朝廷以东南为根本,将士暴露之久,财用调度之烦,民力科取之困,苟不大修守备,痛自料理,先为自固之计,何以能万全而制敌?

议者又谓敌人既退,当且保据一隅,以苟目前之安,臣又以为不然。秦师三伐晋,以报殽之师;诸葛亮佐蜀,连年出师以图中原,不如是,不足以立国。高祖在汉中,谓萧何曰:'吾亦欲东。'光武破隗嚣,既平陇,复望蜀。此皆以天下为度,不如是,不足以混一区宇,戡定祸乱。况祖宗境土,岂可坐视沦陷,不务恢复乎?今岁不征,明年不战,使敌势益张,而吾之所纠合精锐士马,日以损耗,何以图敌?谓宜于防守既固、军政既修之后,即议攻讨,乃为得计。此二者,守备、攻战之序也。

至于守备之宜,则当料理淮南、荆襄,以为东南屏蔽。夫六朝所以能保有江左者,以强兵巨镇,尽在淮南、荆襄间。故以魏武之雄,苻坚、石勒之众,宇文、拓拔之盛,卒不能窥江表。后唐李氏有淮南,则可以都金陵,其后淮南为周世宗所取,遂以削弱。近年以来,大将拥重兵于江南,官吏守空城于江北,虽有天险而无战舰水军之制,故敌人得以侵扰窥伺。今当于淮之东西及荆襄置三大帅,屯重兵以临之,分遣偏师,进守支郡,加以战舰水军,上连下接,自为防守。敌马虽多,不敢轻犯,则藩篱之势盛而无穷之利也。有守备矣，然后议攻战之利，分责诸路，因利乘便，收复京畿，以及故都。断以必为之志而勿失机会，则以弱为强，取威定乱于一胜之间，逆臣可诛，强敌可灭，攻战之利，莫大于是。

若夫万乘所居，必择形胜以为驻跸之所，然后能制服中外，以图事业。建康自昔号帝王之宅，江山雄壮，地势宽博，六朝更都之。臣昔举天下形势而言，谓关中为上，今以东南形势而言，则当以建康为便。今者，銮舆未复旧都，莫若且于建康权宜驻跸。愿诏守臣治城池，修宫阙，立官府，创营壁，使粗成规模，以待巡幸。盖有城池然后人心不恐，有官府然后政事可修，有营垒然后士卒可用，此措置之所当先也。

至于西北之民，毕陛下赤子，荷祖宗涵养之深，其心未尝一日忘宋。特制于强敌，陷于涂炭，而不能以自归。天威震惊，必有结纳来归、愿为内应者。宜给之土田，予以爵赏，优加抚循，许其自新，使陷溺之民知所依怙，莫不感悦，益坚戴宋之心，此绥怀之所当先也。

臣窃观陛下有聪明睿智之姿，有英武敢为之志，然自临御，迨今九年，国不辟而日蹙，事不立而日坏，将骄而难御，卒惰而未练，国用匮而无赢余之蓄，民力困而无休息之期。使陛下忧勤虽至，而中兴之效，邈乎无闻，则群臣误陛下之故也。

陛下观近年以来所用之臣，慨然敢以天下之重自任者几人？平居无事，小廉曲谨，似可无过，忽有扰攘，则错愕无所措手足，不过奉身以退，天下忧危之重，委之陛下而已。有臣如此，不知何补于国，而陛下亦安取此？夫用人如用医，必先知其术业可以已病，乃可使之进药而责成功。今不详究其术业而姑试之，则虽日易一医，无补于病，徒加疾而已。大概近年，闲暇则以和议为得计，而以治兵为失策；仓卒则以退避为爱君，而以进御为误国。上下偷安，不为长久之计。天步艰难，国势益弱，职此之由。

今天启宸衷,悟前日和议退避之失,亲临大敌。天威所临,使北军数十万之众,震怖不敢南渡,潜师宵奔。则和议之与治兵,退避之与进御,其效概可睹矣。然敌兵虽退,未大惩创,安知其秋高马肥,不再来扰我疆场,使疲于奔命哉?

臣夙夜为陛下思所以为善后之策,惟自昔创业、中兴之主,必躬冒矢石,履行阵而不避。故高祖既得天下,击韩王信、陈豨、黥布,未尝不亲行。光武自即位至平公孙述,十三年间,无一岁不亲征。本朝太祖、太宗,定惟扬,平泽、潞,下河东,皆躬御戎辂;真宗亦有澶渊之行,措天下于大安。此所谓始忧勤而终逸乐也。

若夫退避之策,可暂而不可常,可一而不可再,退一步则失一步,退一尺则失一尺。往时自南都退而至惟扬,则关陕、河北、河东失矣;自惟扬退而至江、浙,则京东、西失矣。万有一敌骑南牧,复将退避,不知何所适而可乎?航海之策,万乘冒风涛不测之险,此又不可之尤者也。惟当于国家间暇之时,明政刑、治军旅,选将帅,修车马,备器械,峙糗粮,积金帛。敌来则御,俟时而奋,以光复祖宗之大业,此最上策也。臣愿陛下自今以往,勿复为退避之计,可乎?

臣又观古者敌国善邻,则有和亲,仇仇之邦,鲜复遣使。岂不以衅隙既深,终无讲好修睦之理故耶?东晋渡江,石勒遣使于晋,元帝命焚其币而却其使。彼遣使来,且犹却之,此何可往?假道僭伪之国,其自取辱,无补于事,祇伤国体。金人造衅之深,知我必报,其措意为何如?而我方且卑辞厚币,屈体以求之,其不推诚以见信,决矣。器币礼物,所费不赀,使轺往来,坐索士气,而又邀我以必不可从之事,制我以必不敢为之谋,是和卒不成,而徒为此扰扰也。非特如此,于吾自治自强之计,动辄相妨,实有所害。金人二十余年,以此策破契丹、困中国,而终莫之悟。夫辨是非利害者,从心所同,岂真不悟哉?聊复用此以侥幸万一,曾不知为吾害者甚大,此古人所谓几何侥幸而不丧人之国者也。臣愿自今以往，勿复遣和议之使，可乎？

二说既定，择所当为者，一切以至诚为之。俟吾之政事修，仓廪实，府库充，器用备，士气振，力可有为，乃议大举，则兵虽未交，而胜负之势已决矣。

抑臣闻朝廷者根本也，藩方者枝叶也，根本固则枝叶蕃。朝廷者腹心也，将士者爪牙也，腹心壮则爪牙奋。今远而强敌，近而伪臣，国家所仰以为捍蔽者在藩方，所资以致攻讨者在将士，然根本腹心则在朝廷。惟陛下正心以正朝廷百官，使君子小人各得其分，则是非明，赏罚当，自然藩方协力，将士用命，虽强敌不足畏，逆臣不足忧，此特在陛下方寸之间耳。

臣昧死上条六事：一曰信任辅弼，二曰公选人材，三曰变革士风，四曰爱惜日力，五曰务尽人事，六曰寅畏天威。

何谓信任辅弼？夫兴衰拨乱之主，必有同心同德之臣相与有为，如元首股肱之于一身，父子兄弟之于一家，乃能协济。今陛下选于众以图任，遂能捍御大敌，可谓得人矣。然臣愿陛下待以至诚，无事形迹，久任以责成功，勿使小人得以间之，则君臣之美，垂于无穷矣。

何谓公选人才？夫治天下者，必资于人才，而创业、中兴之主，所资尤多。何则？继体守文，率由旧章，得中庸之才，亦足以共治；至于艰难之际，非得卓荦瑰伟之才，则未易有济。是以大有为之主，必有不世出之才，参赞翊佐，以成大业。然自昔抱不群之才者，多为小人之所忌嫉，或中之以黯暗，或指之为党与，或诬之以大恶，或谪之以细故。而以道事君者，不可则止，难于自进，耻于自明，虽负重谤、遭深谴，安于义命，不复自辨。苟非至明之主，深察人之情伪，安能辨其非辜哉？陛下临御以来，用人多矣，世之所许以为端人正士者，往往闲废于无用之地；而陛下癏瘝侧席，有乏材之叹，盍少留意而致察焉！

何谓变革士风？夫用兵之与士风，似不相及，而实相为表里。士风厚则议正而是非明，朝廷赏罚当功罪而人心服，考之本朝嘉祐、治平以前可知已。数十年来,奔竞日进,论议徇私,邪说利口,足以惑人主之听。元祐大臣,持正论如司马光之流,皆社稷之臣也,而群枉嫉之,指为奸党,颠倒是非,政事大坏,驯致靖康之变,非偶然也。窃观近年士风尤薄,随时好恶,以取世资,谝訑成风,岂朝廷之福哉?大抵朝廷设耳目及献纳论思之官,固许之以风闻,至于大故,必须核实而后言。使其无实,则诬人之罪,服谗搜慝,得以中害善良,皆非所以修政也。

何谓爱惜日力?夫创业、中兴,如建大厦,堂室奥序,其规模可一日而成,鸠工聚材,则积累非一日所致。陛下临御,九年于兹,境土未复,僭逆未诛,仇敌未报,尚稽中兴之业者,诚以始不为之规摹,而后不为之积累故也。边事粗定之时,朝廷所推行者,不过簿书期会不切之细务,至于攻讨防守之策,国之大计,皆未尝留意。夫天下无不可为之事,亦无不可为之时。惟失其时,则事之小者日益大,事之易者日益难矣。

何谓务尽人事?天人之道,其实一致,人之所为,即天之所为也。人事尽于前,则天理应于后,此自然之符也。故创业、中兴之主,尽其在我,而以其成功归之于天。今未尝尽人事,敌至而先自退屈,而欲责功于天,其可乎?臣愿陛下诏二三大臣,协心同力,尽人事以听天命,则恢复土宇,剪屠鲸鲵,迎还两宫,必有日矣。

何谓寅畏天威?夫天之于王者,犹父母之于子,爱之至,则所以为之戒者亦至。故人主之于天戒,必恐惧修省,以致其寅畏之诚。比年以来,荧惑失次,太白昼见,地震水溢,或久阴不雨,或久雨不霁,或当暑而寒,乃正月之朔,日有食之。此皆天意眷佑陛下,丁宁反覆,以致告戒。惟陛下推至诚之意,正厥事以应之,则变灾而为祥矣。

凡此六者,皆中兴之业所关,而陛下所当先务者。

今朝廷人才不乏,将士足用,财用有余,足为中兴之资。陛下春秋鼎盛,欲大有为,何施不可?要在改前日之辙,断而行之

耳。昔唐太宗谓魏征为敢言，征谢曰："陛下导臣使言，不然，其
敢批逆鳞哉。"今臣无魏征之敢言，然展尽底蕴，亦思虑之极
也。惟陛下赦其愚直，而取其拳拳之忠。

疏奏，上为赐诏褒谕。除江西安抚制置大使兼知洪州。有旨赴
行在奏事毕之官。六年，纲至，引对内殿。朝廷方锐意大举，纲陛辞，
言今日用兵之失者四，措置未尽善者五，宜预备者三，当善后者二。

时宋师与金人、伪齐相持于淮、泗者半年，纲奏："两兵相持，非
出奇不足以取胜。愿速遣骁将，自淮南约岳飞为掎角，夹击之，大功
可成。"已而宋师屡捷，刘光世、张俊、杨沂中大破伪齐兵于淮、淝之
上。

车驾进发幸健康。纲奏乞益饬战守之具，修筑沿淮城垒，且言：
"愿陛下勿以去冬骤胜而自怠，勿以目前粗定而自安，凡可以致中
兴之治者无不为，凡可以害中兴之业者无不去。要以修政事，信赏
罚，明是非，别邪正，招徕人材，鼓作士气，爱惜民力，顺导众心为
先。数者既备，则将帅辑睦，士卒乐战，用兵其有不胜者哉？"

淮西郦琼以全军叛归刘豫，纲指陈朝廷有措置失当者、深可痛
惜者及当监前失以图方来者凡十有五事，奏之。张浚引咎去相位，
言者引汉武诛王恢为比。纲奏曰："臣窃见张浚罢相，言者引武帝诛
王恢事以为比。臣恐智谋之士卷舌而不谈兵，忠义之士扼腕而无所
发愤，将士解体而不用命，州郡望风而无坚城，陛下将谁与立国哉？
张浚措置失当，诚为有罪，然其区区徇国之心，有可矜者。愿少宽
假，以责来效。"

时车驾将半平江，纲以为平江去建康不远，徒有退避之名，不
宜轻动。复具奏曰：

臣闻自昔用兵以成大业者，必先固人心，作士气，据地利
而不肯先退，尽人事而不肯先屈。是以楚、汉相距于荥阳、成皋
间，高祖虽数败，不退尺寸之地；既割鸿沟，羽引而东，遂有垓
下之亡。曹操、袁绍战于官渡，操虽兵弱粮乏，苟或止其退避；
既焚绍辎重，绍引而归，遂丧河北。由是观之，今日之事，岂可

因一叛将之故,望风怯敌,遽自退屈?果出此谋,六飞回驭之后,人情动摇,莫有固志,士气销缩,莫有斗心。我退彼进,使敌马南渡,得一邑则守一邑,得一州则守一州,得一路则守一路;乱臣贼子,黠吏奸氓,从而附之,虎踞鸱张,虽欲如前日返驾还辕,复立朝廷于荆棘瓦砾之中,不可得也。

　　借使敌骑冲突,不得已而权宜避之,犹为有说。今疆场未有警急之报,兵将初无不利之失,朝廷正可惩往事,修军政,审号令,明赏刑,益务固守。而遽为此扰扰,弃前功,蹈后患,以自趋于祸败,岂不重可惜哉!

八年,王伦使北还,纲闻之,上疏曰:

　　臣窃见朝廷遣王伦使金国,奉迎梓宫。今伦之归,与金使偕来,乃以"诏谕江南"为名,不著国号而曰"江南",不云"通问"而曰"诏谕",此何礼也?臣请试为陛下言之。金人毁宗社,逼二圣,而陛下应天顺人,光复旧业。自我视彼,则仇仇也;自彼视我,则腹心之疾也,岂复有可和之理?然而朝廷遣使通问,冠盖相望于道,卑辞厚币,无所爱惜者,以二圣在其域中,为亲屈己,不得已而然,犹有说也。至去年春,两宫凶问既至,遣使以迎梓宫,亟往遄返,初不得其要领。今伦使事,初以奉迎梓宫为指;而金使之来,乃以诏谕江南为名。循名责实,已自乖戾,则其所以罔朝廷而生后患者,不待诘而可知。

　　臣在远方,虽不足以知其曲折,然以愚意料之,金以此名遣使,其邀求大略有五:必降诏书,欲陛下屈体降礼以听受,一也。必有赦文,欲朝廷宣布,班示郡县,二也。必立约束,欲陛下奉藩称臣,禀其号令,三也。必求岁赂,广其数目,使我坐困,四也。必求割地,以江为界,淮南、荆襄、四川,尽欲得之,五也。此五者,朝廷从其一,则大事去矣。

　　金人变诈不测,贪婪无厌,纵使听其诏令,奉藩称臣,其志犹未已也。必继有号令,或使亲迎梓宫,或使单车入觐,或使移易将相,或改革政事,或竭取租赋,或朘削土宇。从之则无有纪极，一不从则前功尽废，反为兵端。以谓权时之宜，听其邀求，可以无后悔者，非愚则诬也。使国家之势单弱，果不足以自振，不得已而为此，固犹不可；况土宇之广犹半天下，臣民之心载宋不忘，与有识者谋之，尚足以有为，岂可忘祖宗之大业，生灵之属望，弗虑弗图，遽自屈服，冀延旦暮之命哉？

臣愿陛下特留圣意，且勿轻许，深诏群臣，讲明利害、可以久长之策，择其善而从之。

疏奏，虽与众论不合，上不以为忤，曰："大臣当如此矣。"

九年，除知潭州、荆湖南路安抚大使，纲具奏力辞，曰："臣迂疏无周身之术，动致烦言。今者罢自江西，为日未久，又蒙湔被，畀以帅权。昔汉文帝闻季布贤，召之，既而罢归，布曰：'陛下以一人之誉召臣，一人之毁去臣，臣恐天下有以窥陛下之浅深。'顾臣区区进退，何足少多。然数年之间，亟奋亟踬，上累陛下知人任使之明，实有系于国体。"诏以纲累奏，不欲重违，遂允其请。次年毙，年五十八。讣闻，上为轸悼，遣使赙赠，抚问其家，给丧葬之费。赠少师，官其亲族十人。

纲负天下之望，以一身用舍为社稷生民安危。虽身或不用，用有不久，而其忠诚义气，凛然动乎远迩。每宋使至燕山，必问李纲、赵鼎安否，其为远人所畏服如此。纲有著《易传》内篇十卷、外篇十二卷，《论语详说》十卷，文章、歌诗、奏议百余卷，又有《靖康传信录》、《奉迎录》、《建炎时政记》、《建炎进退志》、《建炎制诏表札集》、《宣抚荆广记》、《制置江右录》。

论曰：以李纲之贤，使得毕力殚虑于靖康、建炎间，莫或挠之，二帝何至于北行，而宋岂至为南渡之偏安哉？夫用君子则安，用小人则危，不易之理也。人情莫不喜安而恶危。然纲居相位仅七十日，其谋数不见用，独于黄潜善、汪伯彦、秦桧之言，信而任之，恒若不及，何高宗之见，与人殊哉？纲虽屡斥，忠诚不少贬，不以用舍为语默，若赤子之慕其母，怒呵犹噭噭焉挽其裳裾而从之。呜呼，中兴功业之不振,君子固归之天,若纲之心,其可谓非诸葛孔明之用心欤?

宋史卷三六〇
列传第一一九

宗泽　赵鼎

　　宗泽字汝霖,婺州义乌人。母刘,梦天大雷电,光烛其身,翌日
而泽生。泽自幼豪爽有大志,登元祐六年进士第。廷对极陈时弊,
考官恶直,置末甲。

　　调大名馆陶尉。吕惠卿帅鄜延,檄泽与邑令视河埽,檄至,泽适
丧长子,奉檄遽行。惠卿闻之,曰:"可谓国尔忘家者。"适朝廷大开
御河,时方隆冬,役夫僵仆于道,中使督之争。泽曰浚河细事,乃上
书其帅曰:"时方凝寒,徒苦民而功未易集,少需之,至初春可不扰
而办。卒用其言上闻,从之。惠卿辟为属,辞。

　　调衢州龙游令。民未知学,泽为建庠序,设师儒,讲论经术,风
俗一变,自此擢科者相继。

　　调晋州赵城令。下车,请升县为军,书闻,不尽如所请。泽曰:
"承平时固无虑,它日有警,当知吾言矣。"

　　知莱州掖县。部使者得旨市牛黄,泽报曰:"方时疫疠,牛饮其
毒则结为黄。今和气横流,牛安得黄?"使者怒,欲劾邑官。泽曰:
"此泽意也。"独衔以闻。

　　通判登州。境内官田数百顷,皆不毛之地,岁输万余缗,率横取
于民,泽奏免之。朝廷遣使由登州结女真,盟海上,谋夹攻契丹,泽
语所亲曰:"天下自是多事矣。"退居东阳,结庐山谷间。

　　靖康元年,中丞陈过庭等列荐,假宗正少卿,充和议使。泽曰:

"是行不生还矣。"或问之,泽曰:"敌能悔过退师固善,否则安能屈节北庭以辱君命乎。"议者谓泽刚方不屈,恐害和议,上不遣,命知磁州。

时太原失守,官两河者率托故不行。泽曰:"食禄而避难,不可也。"即日单骑就道,从羸卒十余人。磁经敌骑蹂躏之余,人民逃徙,币廪枵然。泽至,缮城壁,浚隍池,治器械,募义勇,始为固守不移之计。上言:"邢、洺、磁、赵、相五州各蓄精兵二万人,敌攻一郡则四郡皆应,是一郡之兵常有十万人。"上嘉之,除河北义兵都总管。金人破真定,引兵南取庆源,自李固渡渡河,恐泽兵蹑其后,遣数千骑直扣磁州城。泽擐甲登城,令壮士以神臂弓射走之,开门纵击,斩首数百级。所获羊马金帛,悉以赏军士。

康王再使金,行至磁,泽迎谒曰:"肃王一去不反,今敌又诡辞以致大王,愿勿行。"王遂回相州。

有诏以泽为副元帅,从王起兵入援。泽言宜急会兵李固渡,断敌归路,众不从,乃自将兵趋渡,道遇北兵,遣秦光弼、张德夹击,大破之。金人既败,乃留兵分屯。泽遣壮士夜捣其军,破三十余寨。

时康王开大元帅府,檄兵会大名。泽履冰渡河见王,谓京城受围日久,入援不可缓。会签书枢密院事曹辅赍蜡封钦宗手诏,至自京师,言和议可成。泽曰:"金人狡谲,是欲款我师尔。君父之望入援,何啻饥渴,宜急引军直趋澶渊,次第进垒,以解京城之围。万一敌有异谋,则吾兵已在城下。"汪伯彦等难之,劝王遣泽先行,自是泽不得预府中谋议矣。

二年正月,泽至开德,十三战皆捷,以书劝王檄诸道兵会京城。又移书北道总管赵野、河东北路宣抚范讷、知兴仁府曾楙合兵入援。三人皆以泽为狂,不答。泽以孤军进,都统陈淬言敌方炽,未可轻举。泽怒,欲斩之,诸将乞贷淬,使得效死。泽命淬进兵,遇金人,败之。金人攻开德,泽遣孔彦威与战,又败之。泽度金人必犯濮,先遣三千骑往援,金人果至,败之。金人复向开德,权邦彦、孔彦威合兵夹击,又大败之。

泽兵进至卫南,度将孤兵寡,不深入不能成功。先驱云前有敌营,泽挥众直前与战,败之。转战而东,敌益生兵至,王孝忠战死,前后皆敌垒。泽下令曰:"今日进退等死,不可不从死中求生。"士卒知必死,无不一当百,斩首数千级。金人大败,退却数十余里。泽计敌众十倍于我,今一战而却,势必复来,使悉其铁骑夜袭吾军,则危矣。乃暮徙其军。金人夜至,得空营,大惊,自是惮泽,不敢复出兵。泽出其不意,遣兵过大河袭击,败之。王承制以泽为徽猷阁待制。

时金人逼二帝北行,泽闻,即提军趋滑,走黎阳,至大名,欲径渡河,据金人归路邀还二帝,而勤王之兵卒无一至者。又闻张邦昌僭位,欲先行诛讨。会得大元帅府书,约移师近都,按甲观变。泽复书于王曰:"人臣岂有服赭袍、张红盖、御正殿者乎?自古奸臣皆外为恭顺而中藏祸心,未有窃据宝位、改元肆赦、恶状昭著若邦昌者。今二圣、诸王悉渡河而北,惟大王在济,天意可知。宜亟行天讨,兴复社稷。"且言:"邦昌伪赦,或启奸雄之意,望遣使分谕诸路,以定民心。"

又上书言:"今天下所属望者在于大王,大王行之得其道,则有以慰天下之心。所谓道者,近刚正而远柔邪,纳谏诤而拒谀佞,尚恭俭而抑骄侈,体忧勤而忘逸乐,进公实而退私伪。"因累表劝进。

王即帝位于南京,泽入见,涕泗交颐,陈兴复大计。时与李纲同入对,相见论国事,慷慨流涕,纲奇之。上欲留泽,潜善等沮之。除龙图阁学士、知襄阳府。

时金人有割地之议,泽上疏曰:"天下者,太祖、太宗之天下,陛下当兢兢业业,思传之万世,奈何遽议割河之东、西,又议割陕之蒲、解乎。自金人再至,朝廷未尝命一将、出一师,但闻奸邪之臣,朝进一言以告和,暮入一说以乞盟,终致二圣北迁,宗社蒙耻。臣意陛下赫然震怒,大明黜陟,以再造王室。今即位四十日矣,未闻有大号令,但见刑部指挥云'不得誊播赦文于河之东、西,陕之蒲、解'者,是沮天下忠义之气,而自绝其民也。臣虽驽怯,当躬冒矢石为诸将先,得捐躯报国恩足矣。"上览其言壮之。改知青州,时年六十九矣。

开封尹阙,李纲言绥复旧都,非泽不可。寻徙知开封府。时敌骑留屯河上,金鼓之声,日夕相闻,而京城楼橹尽废,兵民杂居,盗贼纵横,人情凶凶。泽威望素著,既至,首捕诛舍贼者数人。下令曰:"为盗者,赃无轻重,并从军法。"由是盗贼屏息,民赖以安。

王善者,河东巨寇也。拥众七十万、车万乘,欲据京城。泽单骑驰至善营,泣谓之曰:"朝廷当危难之时,使有如公一二辈,岂复有敌患乎。今日乃汝立功之秋,不可失也。"善感泣曰:"敢不效力。"遂解甲降。时杨进号没角牛,兵三十万,王再兴、李贵、王大郎等各拥众数万,往来京西、淮南、河南北,侵掠为患。泽遣人谕以祸福,悉招降之。上疏请上还京。俄有诏:荆、襄、江、淮悉备巡幸。泽上疏言:"开封物价市肆,渐同平时。将士、农民、商旅、士大夫之怀忠义者,莫不愿陛下亟归京师,以慰人心。其唱为异议者,非为陛下忠谋,不过如张邦昌辈,阴与金人为地尔。"除延康殿学士、京城留守、兼开封尹。

时金遣人以使伪楚为名,至开封府,泽曰:"此名为使,而实觇我也。"拘其人,乞斩之。有诏所拘金使延置别馆,泽曰:"国家承平二百年,不识兵革,以敌国诞谩为可凭信,恬不置疑。不惟不严攻讨之计,其有实欲贾勇思敌所忾之人,士大夫不以为狂,则以为妄,致有前日之祸。张邦昌、耿南仲辈所为,陛下所亲见也。今金人假使伪楚,来觇虚实,臣愚乞斩之,以破其奸。而陛下惑于人言,令迁置别馆,优加待遇,臣愚不敢奉诏,以彰国弱。"上乃亲札谕泽,竟纵遣之。言者附潜善意,皆以泽拘留金使为非。尚书左丞许景衡抗疏力辨,且谓:"泽之为尹,威名政绩,卓然过人,今之缙绅,未见其比。乞厚加任使,以成御敌治民之功。"

真定、怀、卫间,敌兵甚盛,方密修战具为入攻之计,而将相恬不为虑,不修武备,泽以为忧。乃渡河约诸将共议事宜,以图收复,而于京城四壁,各置使以领招集之兵。又据形势立坚壁二十四所于城外,沿河鳞次为连珠寨,连结河东、河北山水寨忠义民兵,于是陕西、京东西诸路人马咸愿听泽节制。有诏如淮甸。泽上表谏,不报。

秉义郎岳飞犯法将刑，泽一见奇之，曰："此将材也。"会金人攻汜水，泽以五百骑授飞，使立功赎罪。飞大败金人而还，遂升飞为统制，飞由是知名。

泽视师河北还，上疏言："陛下尚留南都，道路籍籍，咸以为陛下舍宗庙朝廷，使社稷无依，生灵失所仰戴。陛下宜亟回汴京，以慰元元之心。"不报。复抗疏言："国家结好金人，欲以息民，卒之劫掠侵欺，靡所不至，是守和议果不足以息民也。当时固有阿意顺旨以叨富贵者，亦有不相诡随以获罪戾者。陛下观之，昔富贵者为是乎？获罪戾者为是乎？今之言迁幸者，犹前之言和议为可行者也；今之言不可迁者，犹前日之言和议不可行者也。惟陛下熟思而审用之。且京师二百年积累之基业，陛下奈何轻弃以遗敌国乎。"

诏遣官迎奉六宫往金陵，泽上疏曰："京师，天下腹心也。两河虽未敉宁，特一手臂之不信尔。今遽欲去之，非惟一臂之弗瘳，且并与腹心而弃之矣。昔景德间，契丹寇澶渊，王钦若江南人，即劝幸金陵，陈尧叟蜀人，即劝幸成都，惟寇准毅然请亲征，卒用成功。臣何敢望寇准，然不敢不以章圣望陛下。"又条上五事，其一言黄潜善、汪伯彦赞南幸之非。泽前后建议，经从三省、枢密院，辄为潜善等所抑，每见泽奏疏，皆笑以为狂。

金将兀术渡河，谋攻汴京。诸将请先断河梁，严兵自固，泽笑曰："去冬，金骑直来，正坐断河梁耳。"乃命部将刘衍趋滑、刘达趋郑，以分敌势，戒诸将极力保护河梁，以俟大兵之集。金人闻之，夜断河梁遁去。

二年，金人自郑抵白沙，去汴京密迩，都人震恐。僚属入问计，泽方对客围棋，笑曰："何事张皇，刘衍等在外必能御敌。"用选精锐数千，使绕出敌后，伏其归路。金人方与衍战，伏兵起，前后夹击之，金人果败。

金将黏罕据西京，与泽相持。泽遣部将李景良、阎中立、郭俊民领兵趋郑，遇敌大战，中立死之，俊民降，景良遁去。泽捕得景良，谓曰："不胜，罪可恕；私自逃，是无主将也。"斩其首以徇。既而俊民与金将史姓者及燕人何仲祖等持书来招泽，泽数俊民曰："汝失利死，尚为忠义鬼，今反为金人持书相诱，何面目见我乎。"斩之。谓史曰："我受此土，有死而已。汝为人将，不能以死敌我，乃欲以儿女子语诱我乎。"亦斩之。谓仲祖胁从，贷之。

刘衍还，金人复入滑，部将张捴请往救，泽选兵五千付之，戒毋轻战以需援。捴至滑迎战，敌骑十倍，诸将请少避其锋，捴曰："避而偷生，何面目见宗公。"力战死之。泽闻捴急，遣王宣领骑五千救之。捴死二日，宣始至，与金人大战，破走之。泽迎捴丧归，恤其家，以宣权知滑州，金人自是不复犯东京。

山东盗起，执政谓其多以义师为名，请下令止勤王。泽疏曰："自敌围京城，忠义之士愤懑争奋，广之东西、湖之南北、福建、江、淮，越数千里，争先勤王。当时大臣无远识大略，不能抚而用之，使之饥饿困穷，弱者填沟壑，强者为盗贼。此非勤王者之罪，乃一时措置乖谬所致耳。今河东、西不从敌国而保山寨者，不知其几；诸处节义之夫，自黥其面而争先救驾者，复不知其几。此诏一出，臣恐草泽之士一旦解体，仓卒有急，谁复有愿忠效义之心哉。"

王策者，本辽酋，为金将，往来河上。泽擒之，解其缚坐堂上，为言："契丹本宋兄弟之国，今女真辱吾主，又灭而国，义当协谋雪耻。"策感泣，愿效死。泽因问敌国虚实，尽得其详，遂决大举之计，召诸将谓曰："汝等有忠义心，当协谋剿敌，期还二圣，以立大功。"言讫泣下，诸将皆泣听命。金人战不利，悉引兵去。

泽疏谏南幸，言："臣为陛下保护京城，自去年秋冬至于今春，又三月矣。陛下不早回京城，则天下之民何所依载。"除资政殿学士。

又遣子颖诣行阙上疏曰："天下之事，见几而为，待时而动，则事无不成。今收复伊、洛而金酋渡河，捍蔽滑台而敌国屡败，河东、河北山寨义民，引领举踵，日望官兵之至。以几以时而言之，中兴之兆可见，而金人灭亡之期可必，在陛下见几乘时而已。"又言："昔楚人城郢，史氏鄙之。今闻有旨于仪真教习水战，是规规为偏霸之谋，非可鄙之甚者乎？传闻四方，必谓中原不守，遂为江宁控扼之计耳。”

先是，泽去磁，以州事付兵马钤辖李侃，统制赵世隆杀之。至是，世隆及弟世兴以兵三万来归，众惧其变，泽曰："世隆本吾一校尔，何能为。"世隆至，责之曰："河北陷没，吾宋法令与上下之分亦陷没邪？"命斩之。时世兴佩刀侍侧，众兵露刃庭下，泽徐谓世兴曰："汝兄诛，汝能奋志立功，足以雪耻。"世兴感泣。金人攻滑州，泽遣世兴往救，世兴至，掩其不备，败之。

泽威声日著，北方闻其名，常尊惮之，对南人言，必曰宗爷爷。

泽疏言："丁进数十万众愿守护京城，李成愿扈从还阙，即渡河剿敌，杨进等兵百万，亦愿渡河，同致死力。臣闻'多助之至，天下顺之。'陛下及此时还京，则众心翕然，何敌国之足忧乎？"又奏言："圣人爱其亲以及人之亲，所以教人孝；敬其兄以及人之兄，所以教人弟。陛下当与忠臣义士合谋肆讨，迎复二圣。今上皇所御龙德宫俨然如旧，惟渊圣皇帝未有宫室，望改修宝箓宫以为迎奉之所，使天下知孝于父、弟于兄，是以身教也。"上乃降诏择日还京。

泽前后请上还京二十余奏，每为潜善等所抑，忧愤成疾，疽发于背。诸将入问疾，泽矍然曰："吾以二帝蒙尘，积愤至此。汝等能歼敌，则我死无恨。"众皆流涕曰："敢不尽力！"诸将出，泽叹曰：'出师未捷身先死，长使英雄泪满襟。'"翌日，风雨昼晦。泽无一语及家事，但连呼"过河"者三而薨。都人号恸。遗表犹赞上还京。赠观文殿学士、通议大夫，谥忠简。

泽质直好义，亲故贫者多依以为活，而自奉甚薄。常曰："君父侧身尝胆，臣子乃安居美食邪！"始，泽招集群盗，聚兵储粮，结诸路义兵，连燕、赵豪杰，自谓渡河复克可指日冀。有志弗就，识者恨之。

子颖，居戎幕，素得士心。泽薨数日，将士去者十五，都人请以颖继父任。会朝廷已命杜充留守，乃以颖为判官。充反泽所为，颇失人心，颖屡争之，不从，乃请持服归。自是豪杰不为用，群聚城下者复去为盗，而中原不守矣。颖官终兵部郎中。

赵鼎字元镇,解州闻喜人。生四岁而孤,母樊教之,通经史百家之书。登崇宁五年进士第,对策斥章惇误国。累官为河南洛阳令,宰相吴敏知其能,擢为开封士曹。

金人陷太原,朝廷议割三镇地,鼎曰:"祖宗之地不可以与人,何庸议?"已而京师失守,二帝北行。金人议立张邦昌,鼎与胡寅、张浚逃太学中,不书议状。

高宗即位,除权户部员外郎。知枢密院张浚荐之,除司勋郎官。上幸建康,诏条具防秋事宜,鼎言:"宜以六宫所止为行宫,车驾所止为行在,择精兵以备仪卫,其余兵将分布江、淮,使敌莫测巡幸之定所。"上纳之。

久雨,诏求阙政。鼎言:"自熙宁间王安石用事,变祖宗之法,而民始病。假辟国之谋,造生边患;兴理财之政,穷困民力;设虚无之学,败坏人才。至崇宁初,蔡京托绍述之名,尽祖安石之政。凡今日之患始于安石,成于蔡京。今安石犹配享庙廷,而京之党未除,时政之阙无大于此。"上为罢安石配享。擢右司谏,又迁殿中侍御史。

刘光世部将王德擅杀韩世忠之将,而世忠亦率部曲夺建康守府廨。鼎言:"德总兵在外,专杀无忌,此而不治,孰不可为"命鼎鞫德。鼎又请下诏切责世忠,而指取其将吏付有司治罪,诸将肃然。上曰:"肃宗兴灵武得一李勉,朝廷始尊。今朕得卿,无愧昔人矣。"中丞范宗尹言,故事无自司谏迁殿中者,上曰:"鼎在言路极举职,所言四十事,已施行三十有六。"遂迁侍御史。

北兵至江上,上幸会稽,召台谏议去留,鼎陈战、守、避三策,拜御史中丞。请督王璪进军宣州,周望分军出广德,刘光世渡江驻蕲、黄,为邀击之计。又言:"经营中原当自关中始,经营关中当自蜀始,欲幸蜀当自荆、襄始。吴、越介在一隅,非进取中原之地。荆、襄左顾川、陕,右控湖湘,而下瞰京、洛,三国所必争。宜以公安为行阙,而屯重兵于襄阳,运江、浙之粟以资川、陕之兵,经营大业,计无出此。"

韩世忠败金人于黄天荡,宰相吕颐浩请上幸浙西,下诏亲征,鼎以为不可轻举。颐浩恶其异己,改鼎翰林学士,鼎不拜,改吏部尚书,又不拜,言:"陛下有听纳之诚,而宰相陈拒谏之说;陛下有眷待台臣之意,而宰相挟挫沮言官之威。"坚卧不出,疏颐浩过失凡千言。上罢颐浩,诏鼎复为中丞,谓鼎曰:"朕每闻前朝忠谏之臣,恨不之识,今于卿见之。"除端明殿学士、签书枢密院事。

金人攻楚州,鼎奏遣张俊往援之。俊不行,山阳遂陷。金人留淮上,范宗尹奏敌未必能再渡,鼎曰:"勿恃其不来,恃吾有以待之。三省常以敌退为陛下援人才、修政事,密院常虞敌至为陛下申军律、治甲兵,即两得之。"上曰:"卿等如此,朕复何忧。"鼎以楚州之朱,上章丐去。会辛企宗除节度使。鼎言企宗非军功,忤旨,出奉祠,除知平江府,寻改知建康,又移知洪州。

京西招抚使李横欲用兵复东京,鼎言:"横乌合之众,不能当敌,恐遂失襄阳。"已而横战不利走,襄阳竟陷。召拜参知政事。宰相朱胜非言:"襄阳国之上流,不可不急取。"上问:"岳飞可使否?"鼎曰:"知上流利害无如飞者。"签枢徐俯不以为然。飞出师竟复襄阳。

鼎乞令韩世忠屯泗上,刘光世出陈、蔡。光世请入奏,俯欲许之,鼎不可。伪齐宿迁令来归,俯欲斩送刘豫,鼎复争之。俯积不能平,乃求去。朱胜非兼知枢密院,言者谓当国者不知兵,乞令参政通知。由是为胜非所忌。除鼎知枢密院、川陕宣抚使,鼎辞以非才。上曰:"四川全盛半天下之地,尽以付卿,黜陟专之可也。"时吴玠为宣抚副使,鼎奏言:"臣与玠同事,或节制之耶?"上乃改鼎都督川、陕诸军事。

鼎所条奏,胜非多沮抑之。鼎上疏言:"顷张浚出使川、陕,国势百倍于今。浚有补天浴日之功,陛下有砺山带河之誓,君臣相信,古今无二,而终致物议,以被窜逐。今臣无浚之功而当其任,远去朝廷,其能免于纷纷乎?"又言:"臣所请兵不满数千,半皆老弱,所赍金帛至微,荐举之人除命甫下,弹墨已行。臣日侍宸衷,所陈已艰

难,况在万里之外乎?"时人士皆惜其去,台谏有留行者。会边报沓
至,鼎每陈用兵大计,及朝辞,上曰:"卿岂可远去,当遂相卿。"九
月,拜尚书右仆射、同中书门下平章事兼知枢密院事。制下,朝士相
庆。

时刘豫子麟与金人合兵大入,举朝震恐。鼎论战御之计,诸将
各异议,独张俊以为当进讨,鼎是其言。有劝上他幸者,鼎曰:"战而
不捷,去未晚也。"上亦曰:"朕当亲总六师,临江决战。"鼎喜曰:"累
年退怯,敌志益骄,今圣断亲征,成功可必。"于是诏张俊以所部援
韩世忠,而命刘光世移军建康,且促世忠进兵。世忠至扬州,大破金
人于大仪镇。方警报交驰,刘光世遗人讽鼎曰:"相公自入蜀,何事
为他人任患。"世忠亦谓人曰:"赵丞相真敢为者。"鼎闻之,恐上意
中变,乘间言:"陛下养兵十年,用之正在今日。若少加退沮,即人心
涣散,长江之险不可复恃矣。"及捷音日至,车驾至平江,下诏声逆
豫之罪,欲自将渡江决战。鼎曰:"敌之远来,利于速战,遽与争锋,
非策也。且豫犹遣其子,岂可烦至尊耶?"帝为止不行。未几,签书
枢密院事。胡松年自江上还,云北兵大集,然后知鼎之有先见也。

张浚久废,鼎言浚可大任,乃召除知枢密院,命浚往江上视师。
时敌兵久驻淮南,知南兵有备,渐谋北归。鼎曰:"金人无能为矣。"
命诸将邀诸淮,连败之,金人遁去。上谓鼎曰:"近将士致勇争先,诸
路守臣亦翕然自效,乃朕用卿之力也。"鼎谢曰:"皆出圣断,臣何力
之有焉。"或问鼎曰:"金人倾国来攻,众皆凶惧,公独言不足畏,何
耶?"鼎曰:"敌众虽盛,然以豫邀而来,非其本心,战必不力,以是知
其不足畏也。"上尝语张浚曰:"赵鼎真宰相,天使佐朕中兴,可谓宗
社之幸也。"鼎奏金人遁归,尤当博采群言,为善后之计。于是诏吕
颐浩等议攻战备御、措置绥怀之方。

五年,上还临安,制以鼎守左仆射知枢密院事、张浚守右仆射
兼知枢密院事,都督诸路军马。鼎以政事先后及人才所当召用者,
条而置之座右,次第奏行之。制以贵州防御使瑗为保庆军节度使,
封建国公,于行宫门外建资善堂。鼎荐范冲为翊善、朱震为赞读,朝

论谓二人极天下之选。

建炎初,尝下诏以奸臣诬蔑宣仁保佑之功,命史院刊修,未及行,朱胜非为相,上谕之曰:“神宗、哲宗两朝史事多失实,非所以传信后世,宜召范冲刊定。”胜非言:“《神宗史》增多王安石《日录》,《哲宗史》经京、卞之手,议论多不正,命官删修,诚足以彰二帝盛美。”会胜非去位,鼎以宰相监修二史,是非各得其正。上亲书“忠正德文”四字赐鼎,又以御书《尚书》一帙赐之,曰:“《书》所载君臣相戒饬之言,所以赐卿,欲共由斯道。”鼎上疏谢。

刘豫遣子麟、猊分路入冠,时张俊屯盱眙,杨沂中屯泗,韩世忠屯楚,岳飞驻鄂,刘光世驻庐,沿江上下无兵,上与鼎以为忧。鼎移书浚,欲令俊与沂中合兵剿敌。光世乞舍庐还太平,又乞退保采石,鼎奏曰:“豫逆贼也,官军与豫战而不能胜,或更退守,何以立国?今贼已渡淮,当亟遣张浚合光世之军尽扫淮南之寇,然后议去留。”上善其策,诏二将进兵。俊军至藕塘与猊战,大破之。鼎命沂中趋合肥以援光世,光世已弃庐回江北。浚以书告鼎,鼎白上诏浚:有不用命者,听以军法从事。光世大骇,复进至泗河与麟战,破之,麟、猊拔栅遁去。

浚在江上,尝遣其属吕祉入奏事,所言夸大,鼎每抑之。上谓鼎曰:“他日张浚与卿不和,必吕祉也。”后浚因论事,语意微侵鼎,鼎言:“臣初与浚如兄弟,因吕祉离间,遂尔睽异。今浚成功,当使展尽底蕴,浚当留,臣当去。”上曰:“俟浚归议之。”浚尝奏乞幸建康,而鼎与折彦质请回跸临安。暨浚还,乞乘胜攻河南,且罢刘光世军政。鼎言:“擒豫固易耳,然得河南,能保金人不内侵乎?光世累世为将,无故而罢之,恐人心不安。”浚滋不悦。鼎以观文殿大学士知绍兴府。

七年,上幸建康,罢刘光世,以王德为都统制,郦琼副之,并听参谋、兵部尚书吕祉节制。琼与德有宿怨,诉于祉,不得直,执祉以全军降伪齐。浚引咎去位,乃以万寿观使兼侍读召鼎,入对,拜尚书左仆射、同中书门下平章事兼枢密使,进四官。上言:“淮西之报初至，执政奏事皆失措，惟朕不为动。"鼎曰："今见诸将，尤须静以待之，不然益增其骄蹇之心。"台谏交论淮西无备，鼎曰："行朝拥兵十万，敌骑直来，自足抗之，设有他虞，鼎身任其责。"淮西迄无惊。

鼎尝乞降诏安抚淮西，上曰："俟行遣张浚，朕当下罪己之诏。"鼎言："浚已落职。"上曰："浚罪当远窜。"鼎奏："浚母老，且有勤王功。"上曰："功过自不相掩。"已而内批出，浚谪置岭南，鼎留不下。诘旦，约同列救解，上怒殊未释，鼎力恳曰："浚罪不过失策耳。凡人计虑，岂不欲万全，傥因一失，便置之死地，后有奇谋秘计，谁复敢言者。此事自关朝廷，非独私浚也。"上意乃解，遂以散官分司，居永州。

鼎既再相，或议其无所施设，鼎闻之曰："今日之事如人患羸，当静以养之。若复加攻砭，必伤元气矣。"金人废刘豫，鼎遗间招河南守将，寿、亳、陈、蔡之间，往往举城或率部曲来归，得精兵万余，马数千。知庐州刘锜亦奏言："淮北归正者不绝，度今岁可得四五万。"上喜曰："朕常虑江、池数百里备御空虚，今得此军可无患矣。"

金人遣使议和，朝论以为不可信，上怒。鼎曰："陛下于金人有不共载天之仇，今屈己请和，不惮为之者，以梓宫及母后耳。群臣愤懑之辞，出于爱君，不可以为罪。陛下宜谕之曰：'讲和非吾意，以亲故，不得已为之。但得梓宫及母后还，敌虽渝盟，吾无憾焉'"上从其言，群议遂息。

潘良贵以向子諲奏事久，叱之退。上欲抵良贵罪，常同为之辨，欲并逐同。鼎奏："子諲虽无罪，而同与良贵不宜逐。"二人竟出。给事中张致远谓不应以一子諲出二佳士，不书黄，上怒，顾鼎曰："固知致远必缴驳。"鼎问："何也？"上曰："与诸人善。"盖已有先入之言，由是不乐于鼎矣。秦松继留身奏事，既出，鼎问："帝何言？"桧曰："上无他，恐丞相不乐耳。"

御笔和州防御使璩除节钺，封国公。鼎奏："建国虽未正名，天下皆知陛下有子，社稷大计也。在今礼数不得不异，所以系人心不使之二三而惑也。"上曰："姑徐之。"桧后留身，不知所云。

　　鼎尝辟和议，与桧意不合，及鼎以争璩封国事拂上意，桧乘间挤鼎，又荐萧振为侍御史。振本鼎所引，及入台，劾参知政事刘大中罢之。鼎曰："振意不在大中也。"振亦谓人曰："赵丞相不待论，当自为去就。"会殿中侍御史张戒论给事中勾涛，涛言："戒之击臣，乃赵鼎意。"因诋鼎结台谏及诸将。上闻益疑，鼎引疾求免，言："大中持正论，为章惇、蔡京之党所嫉。臣议论出处与大中同，大中去，臣何可留？"乃以忠武节度使出知绍兴府，寻加检校少傅，改奉国军节度使。桧率执政往饯其行，鼎不为礼，一揖而去，桧益憾之。

　　鼎既去，王庶入对，上谓庶曰："赵鼎两为相，于国有大功，再赞亲征皆能决胜，又镇抚建康，回銮无患，他人所不及也。"先是，王伦使金，从鼎受使指。问礼数，则答以君臣之分已定；问地界，则答以大河为界。二者使事之大者，或不从则已。伦受命而行。至是，伦与金使俱来，以抚谕江南为名，上叹息谓庶曰："使五日前得此报，赵鼎岂可去耶？"

　　初，车驾还临安，内侍移竹栽入内，鼎见，责之曰："艮岳花石之扰，皆出汝曹，今欲蹈前辙耶？"因奏其事，上改容谢之。有户部官进钱入宫者，鼎召至相府切责之。翌日，问上曰："某人献钱耶？"上曰："朕求之也。"鼎奏："某人不当献，陛下不当求。"遂出其人与郡。

　　鼎尝荐胡寅、魏矼、晏敦复、潘良贵、吕本中、张致远等数十人分布朝列。暨再相，奏曰："今清议所与，如刘大本、胡寅、吕本中、常同、林季仲之流，陛下能用之乎？妒贤长恶，如赵霈、胡世将、周秘、陈公辅之徒，陛下能去之乎？上为徙世将，而公辅等寻补外。上尝中批二人付庙堂升擢。鼎奏："疏远小臣，陛下何由得其姓名？"上谓："常同实称之。"鼎曰："同知其贤，何不露章荐引？"

　　始，浚荐秦桧可与共大事，鼎再相亦以为言。然桧机阱深险，外和而中异。浚初求去，有旨召鼎。鼎至越丐祠，桧恶其逼己，徙知泉州，又讽谢祖信论鼎尝受张邦昌伪命，遂夺节。御史中丞王次翁论鼎治郡废弛，命提举洞霄宫。鼎自泉州归，复上书言时政，桧忌其复用，讽次翁又论其尝受伪命，乾没都督府钱十七万缗，谪官居兴化军。论者犹不已,移漳州,又责清远军节度副使,潮州安置。

在潮五年,杜门谢客,时事不挂口,有问者,但引咎而已。中丞詹大方诬其受贿,属潮守放编置人移吉阳军,鼎谢表曰:"白首何归,怅余生之无几;丹心未泯,誓九死以不移。"桧见之曰:"此老倔强犹昔。"

在吉阳三年,潜居深处,门人故吏皆不敢通问,惟广西帅张宗元时馈醪米。桧知之,令本军月具存亡申。鼎遣人语其子汾曰:"桧必欲杀我。我死,汝曹无患;不尔,祸及一家矣。"先得疾,自书墓中石,记乡里及除拜岁月。至是,书铭旌云:"身骑箕尾归天上,气作山河壮本朝。"遗言属其子乞归葬,遂不食而死,时绍兴十七年也,天下闻而悲之。明年,得旨归葬。孝宗即位,谥忠简,赠太傅,追封丰国公。高宗祔庙,以鼎配享庙廷,擢用其孙十有二人。

鼎为文浑然天成,凡高宗处分军国机事,多其视草,有拟奏表疏、杂诗文二百余篇,号《得全集》,行于世。论中兴贤相,以鼎为称首云。

论曰:夫谋国用兵之道,有及时乘锐而可以立功者,有养威持重而后能有为者,二者之设施不同,其为忠一而已。方金人逼二帝北行,宗社失主,宗泽一呼,而河北义旅数十万众若响之赴声,实由泽之忠忱义气有以风动之,抑斯民目睹君父之陷于涂淖,孰无愤激之心哉。使当其时,泽得勇往直前,无或龃龉牵制之,则反二帝,复旧都,特一指顾间耳。黄潜善、汪伯彦嫉能而愠功,使泽不得信其志,发愤而薨,岂不悲哉!

及赵鼎为相,则南北之势成矣。两敌之相持,非有灼然可乘之衅,则养吾力以俟时,否则,徒取危困之辱。故鼎之为国,专以固本为先,根本固而后敌可图、仇可复,此鼎之心也。惜乎一见忌于秦桧,斥逐远徙,卒赍其志以亡,君子所尤痛心也。

窃尝论泽、鼎之终而益有感焉。泽之易箦也,犹连呼"渡河"者三;而鼎自题其铭旌,有"气作山河壮本朝"之语"何二臣之爱君忧国,虽处死生祸变之际,而犹不渝若是!而高宗惑于憸邪之口,乍任乍黜,所谓"善善而不能用",千载而下,忠臣义士犹为之抚卷扼腕,国之不竞,有以哉!

宋史卷三六一
列传第一二〇

张浚 子枃

张浚字德远,汉州绵竹人,唐宰相九龄弟九皋之后。父咸,举进士、贤良两科。浚四岁而孤,行直视端,无诳言,识者知为大器。入太学,中进士第。靖康初,为太常簿。张邦昌僭立,逃入太学中。闻高宗即位,驰赴南京,除枢密院编修官,改虞部郎,擢殿中侍御史。驾幸东南,后军统制韩世忠所部逼逐谏臣坠水死,浚奏夺世忠观察使,上下始知有国法。迁侍御史。

时乘舆在扬州,浚言:"中原天下之根本,愿下诏葺东京、关陕、襄邓以待巡幸。"咈宰相意,除集英殿修撰、知兴元府。未行,擢礼部侍郎,高宗召谕曰:"卿知无不言,言无不尽,朕将有为,正如欲一飞冲天而无羽翼,卿勉留辅朕。"除御营使司参赞军事。浚度金人必来攻,而庙堂晏然,殊不为备,力言之宰相,黄潜善、汪伯彦皆笑其过计。

建炎三年春,金人南侵,车驾幸钱塘,留朱胜非于吴门捍御,以浚同节制军马。已而胜非召,浚独留。时溃兵数万,所至剽掠,浚招集甫定。会苗傅、刘正彦作乱,改元赦书至平江,浚命守臣汤东野秘不宣。未几,傅等以檄来,浚恸哭,召东野及提点刑狱赵哲谋起兵讨贼。

时傅等以承宣使张俊为秦凤路总管,俊将万人还,将御兵而西。浚知上遇俊厚,而俊纯实可谋大事,急邀俊,握手语故,相持而泣，因告以将起兵问罪。时吕颐浩节制建业，刘光世领兵镇江，浚遣人赍蜡书，约颐浩、光世以兵来会，而命俊分兵扼吴江。上疏请复辟。傅等谋除浚礼部尚书，命将所部诣行在，浚以大兵未集，未欲诵言讨贼，乃托云张俊骤回，人情震詟，不可不少留以抚其军。

会韩世忠舟师抵常孰，张俊曰："世忠来，事济矣。"白浚以书招之。世忠至，对浚恸哭曰："世忠与俊请以身任之。"浚因大犒俊、世忠将士，呼诸将校至前，抗声问曰："今日之举，孰顺孰逆？"众皆曰："贼逆我顺。"浚曰："闻贼以重赏购吾首，若浚此举违天悖人，汝等可取浚头去；不然一有退缩，悉以军法从事。"众咸感愤。于是，令世忠以兵赴阙，而戒其急趋秀州，据粮道以俟大军之至。世忠至秀，即大治战具。

会傅等以书招浚，浚报云："自古言涉不顺，谓之指斥乘舆；事涉不逊，谓之震惊宫阙；废立之事，谓之大逆不道，大逆不道者族。今建炎皇帝不闻失德，一旦逊位，岂所宜闻。"傅等得书恐，乃遣重兵扼临平，亟除俊、世忠节度使，而诬浚欲危社稷，责柳州安置。俊、世忠拒不受。会吕颐浩、刘光世兵踵至，浚乃声傅、正彦罪，传檄中外，率诸军继进。

初，浚遣客冯辑知其可动，即以大义白宰相朱胜非，使率百官请复辟。高宗御笔除浚知枢密院事。浚进次临平，贼兵拒不得前，世忠等搏战，大破之，傅、正彦脱遁。浚与颐浩等入见，伏地涕泣待罪，高宗问劳再三，曰："曩在睿圣，两宫隔绝。一日啜羹，小黄门忽传太母之命，不得已贬卿柳州。朕不觉羹覆于手，念卿被谪，此事谁任。"留浚，引入内殿，曰："皇太后知卿忠义，欲识卿面，适垂帘，见卿过庭矣。"解所服玉带以赐。高宗欲相浚，浚以晚进，不敢当。傅、正彦走闽中，浚命世忠追缚之以献，与其党皆伏诛。

初，浚次秀州，尝夜坐，警备甚严，忽有客至前，出一纸怀中曰："此苗傅、刘正彦募贼公赏格也。"浚问欲何如，客曰："仆河北人，粗读书，知逆顺，岂以身为贼用？特见为备不严，恐有后来者耳。"浚下执其手，问姓名，不告而去。浚翌日斩死囚徇于众，曰："此苗、刘刺客也。"私识其状貌物色之，终不遇。

巨盗薛庆啸聚淮甸，至数万人。浚恐其滋蔓，径至高邮，入庆垒，喻以朝廷恩意。庆感服下拜，浚留抚其众。或传浚为贼所执，吕颐浩等遽罢浚枢管。浚归，高宗惊叹，即日趣就职。

浚谓中兴当自关陕始，虑金人或先入陕取蜀，则东南不可保，遂慷慨请行。诏以浚为川、陕宣抚处置使，得便宜黜陟。将行，御营平寇将军范琼，拥众自豫章至行在。先是，靖康城破，金人逼胁君、后、太子、宗室北行，多琼之谋；又乘势剽掠，左右张邦昌，为之从卫。至是入朝，悖傲无礼，且乞贷逆党傅、正彦等死罪。浚奏琼大逆不道，乞伸典宪。翌日，召琼至都堂，数其罪切责之，送棘寺论死。分其军隶神武军，然后行。与沿江襄、汉守臣议储蓄，以待临幸。

高宗问浚大计，浚请身任陕、蜀之事，置幕府于秦川，别遣大臣与韩世忠镇淮东，令吕颐浩扈跸来武昌，复以张俊、刘光世与秦川相首尾。议既定，浚行，未及武昌，而颐浩变初议。浚既抵兴元，金人已取鄜延，骁将娄宿孛堇引大兵渡渭，攻永兴，诸将莫肯相援。浚至，即出行关陕，访问风俗，罢斥奸赃，以搜揽豪杰为先务，诸将慑息听命。

会谍报金人将攻东南，浚命诸将整军向敌。已而金人大攻江、淮，浚即治军入卫。至房州，知金人北归，复还关陕。

时金帅兀术犹在淮西，浚惧其复扰东南，谋牵制之，遂决策治兵，合五路之师以复永兴。金人大恐，急调兀术等由京西入援，大战于富平。泾原师刘锜身率将士薄敌阵，杀获颇众。会环庆帅赵哲擅离所部，哲军将校望见尘起，惊遁，诸军皆溃。浚斩哲以徇，退保兴州。命吴玠聚兵扼险于凤翔之和尚原、大散关，以断敌来路；关师古等聚熙河兵于岷州大潭，孙渥、贾世方等聚泾原、凤翔兵于阶、成、凤三州，以固蜀口。浚上书待罪，帝手诏慰勉。

绍兴元年，金将乌鲁攻和尚原，吴玠乘险击之，金人大败走。兀术复合兵至，玠及其弟璘复邀击，大破之，兀术仅以身免，亟剃其须髯遁归。始，粘罕病笃，语诸将曰："自吾入中国，未尝有敢撄吾锋者,独张枢密与我抗。我在,犹不能取蜀;我死,尔曹宜绝意,但务自保而已。"兀术怒曰:"是谓我不能邪!"粘罕死,竟入攻,果败。拜浚检校少保、定国军节度使。

浚在关陕三年,训新集之兵,当方张之敌,以刘子羽为上宾,任赵开为都转运使,擢吴玠为大将守凤翔。子羽慷慨有才略,开善理财,而玠每战辄胜。西北遗民,归附日众。故关陕虽失,而全蜀按堵,且以形势牵制东南,江、淮亦赖以安。

将军曲端者,建炎中,尝迫逐帅臣王庶而夺其印。吴玠败于彭原,诉端不整。师富平之役,端议不合,其腹心张忠彦等降敌。浚初超用端,中坐废,犹欲再用之,后卒下端狱论死。

会有言浚杀赵哲、曲端无辜,而任子羽、开、玠非是,朝廷疑之。三年,遣王似副浚。会金将撒离曷及刘豫叛党聚兵入攻,破金州。子羽为兴元帅,约吴玠同守三泉。金人至金牛,宋师掩击之,斩馘及堕溪谷死者,以数千计。浚闻王似来,求解兵柄,且奏似不可任。宰相吕颐浩不悦,而朱胜非以宿憾日毁短浚,诏浚赴行在。

四年初,辛炳知潭州,浚在陕,以檄发兵,炳不遣,浚奏劾之。至是,炳为御史中丞,率同列劾浚,以本官提举洞霄宫,居福州。浚既去国,虑金人释川、陕之兵,必将并力窥东南,而朝廷已议讲解,乃上疏极言其状。未几,刘豫之子麟果引金人入攻。高宗思浚前言,策免朱胜非,而参知政事赵鼎请幸平江,乃召浚以资政殿学士提举万寿观兼侍读。入见,高宗手诏辨浚前诬,除知枢密院事。

浚既受命,即日赴江上视师。时兀术拥兵十万于扬州,约日渡江决战。浚长驱临江,召韩世忠、张俊、刘光世议事。将士见浚,勇气十倍。浚既部分诸将,身留镇江节度之。世忠遣麾下王愈诣兀术约战,且言张枢密已在镇江。兀术曰:"张枢密贬岭南,何得乃在此?"愈出浚所下文书示之。兀术色变,夕遁。

五年,除尚书右仆射、同中书门下平章事兼知枢密院事,都督诸路军马,赵鼎除左仆射。浚与鼎同志辅治,务在塞幸门,抑近习。时巨寇杨么据洞庭,屡攻不克,浚以建康东南都会,而洞庭据上流,恐滋蔓为害，请因盛夏乘其怠讨之，具奏请行。至醴陵，释邑囚数百，皆杨么谍者，给以文书，俾招谕诸寨，囚欢呼而往。至潭，贼众二十余万相继来降，湖寇尽平。上赐浚书，谓："上流既定，则川陕、荆襄形势接连，事力增倍，天其以中兴之功付卿乎。"浚遂奏遣岳飞屯荆、襄以图中原，乃自鄂、岳转淮东，大会诸将，议防秋之宜。高宗遣使赐诏趣归，劳问之曰："卿暑行甚劳，湖湘群寇既就招抚，成朕不杀之仁，卿之功也。"召对便殿，进《中兴备览》四十一篇，高宗嘉叹，置之坐隅。

浚以敌势未衰，而叛臣刘豫复据中原，六年，会诸将议事江上，榜豫僭逆之罪。命韩世忠据承、楚以图淮阳；命刘光世屯合肥以招北军；命张俊练兵建康，进屯盱眙；命杨沂中领精兵为后翼以佐俊；命岳飞进屯襄阳以窥中原。浚渡江，遍抚淮上诸戍。时张俊军进屯盱眙，岳飞遣兵入至蔡州，浚入觐，力请幸建康。车驾进发，浚先往江上，谍报刘豫与子猊挟金人入攻，浚奏："金人不敢悉众而来，此必豫兵也。"边遽不一，俊、光世皆张大敌势，浚谓："贼豫以逆犯顺，不剿除何以为国？今日之事，有进无退。"且命杨沂中往屯濠州。刘麟逼合肥，张俊请益兵，刘光世欲退师，赵鼎及签书折彦质欲召岳飞兵东下。御书付浚，令俊、光世、沂中等还保江。浚奏："俊等渡江，则无淮南，而长江之险与敌共矣。且岳飞一动，襄、汉有警，复何所恃乎？"诏书从之。沂中兵抵濠州，光世舍庐州而南，淮西汹动。浚闻，疾驰至采石，令其众曰："有一人渡江者斩"光世复驻军，与沂中接。刘猊攻沂中，沂中大破之，猊、麟皆拔栅遁。高宗手书嘉奖，召浚还，劳之。

时赵鼎等议回跸临安，浚奏："天下之事，不倡则不起，三岁之间，陛下一再临江，士气百倍。今六飞一还，人心解体。"高宗幡然从浚计。鼎出知绍兴府。浚以亲民之官，治道所急，条具郡守、监司、省郎、馆阁出入选补之法；又以灾异奏复贤良方正科。

七年，以浚却敌功，制除特进。未几，加金紫光禄大夫。问安使何苏归报徽宗皇帝、宁德皇后相继崩殂，上号恸擗踊，哀不自胜。浚奏:"天子之孝,不与士庶同,必思所以奉宗庙社稷,今梓宫未返,天下涂炭,愿陛下挥涕而起,敛发而趋,一怒以安天下之民。"上乃命浚草诏告谕中外,辞甚哀切。浚又请命诸大将率三军发哀成服,中外感动。浚退上疏曰:"陛下思慕两宫,忧劳百姓。臣之至愚,获遭任用,臣每感慨自期,誓歼敌仇。十年之间,亲养阙然,爱及妻孥,莫之私顾,其意亦欲遂陛下孝养之心,拯生民于涂炭。昊天不吊,祸变忽生,使陛下抱无穷之痛,罪将谁执。念昔陕、蜀之行,陛下命臣曰:'我有大隙于北,刷此至耻,惟尔是属。'而臣终瘝成功,使敌无惮,今日之祸,端自臣致,乞赐罢黜。"上诏浚起视事。浚再疏待罪,不许,乃请乘舆发平江,至建康。

浚总中外之政,几事丛委,以一身任之。每奏对,必言仇耻之大,反复再三,上未尝不改容流涕。时天子方厉精克己,戒饬宫庭内侍,无敢越度,事无巨细,必以咨浚,赐诸将诏,往往命浚草之。

刘光世在淮西,军无纪律,浚奏罢光世,以其兵属督府,命参谋兵部尚书吕祉往庐州节制。而枢密院以督府握兵为嫌,乞置武帅,乃以王德为都统制,即军中取郦琼副之。浚奏其不当,琼亦与德有宿怨,列状诉御史台,乃命张俊为宣抚使,杨沂中、刘锜为制置判官以抚之。未至,琼等举军叛,执吕祉以归刘豫。祉不行,詈琼等,碎齿折首而死。浚引咎求去位,高宗问可代者,且曰:"秦桧何如?"浚曰:"近与共事,方知其暗。"高宗曰:"然则用赵鼎。"桧由是憾浚。浚以观文殿大学士提举江州太平兴国宫。

先是,浚遣人持手榜入伪地间刘豫,及郦琼叛去,复遣间持蜡书遗琼,金人果疑豫,寻废之。台谏交诋,浚落职,以秘书少监分司西京,居永州。九年,以赦复官,提举临安府洞霄宫。未几,除资政殿大学士、知福州兼福建安抚大使。

金遣使来,以诏谕为名,浚五上疏争之。十年,金败盟,复取河南。浚奏愿因权制变,则大勋可集,因大治海舟千艘,为直指山东之计。十一年,除检校少傅、崇信军节度使,充万寿观使,免奉朝请。十二年,封和国公。

十六年,彗星出西方,浚将极论时事,恐贻母忧。母讶其瘠,问故,浚以实对。母诵其父对策之语曰:"臣宁言而死于斧钺,不能忍不言以负陛下。"浚意乃决。上疏谓:"当今事势,譬如养成大疽于头目心腹之间,不决不止。惟陛下谋之于心,谨察情伪,使在我有不可犯之势,庶几社稷安全;不然,后将噬脐。"事下三省,秦桧大怒,令台谏论浚,以特进提举江州太平兴国宫,居连州。二十年,徙永州。

浚去国几二十载,天下士无贤不肖,莫不倾心慕之。武夫健将,言浚者必咨嗟太息,至儿童妇女,亦知有张都督也。金人惮浚,每使至,必问浚安在,惟恐其复用。

当是时,秦桧怙宠固位,惧浚为正论以害己,令台臣有所弹劾,论必及浚,反谓浚为国贼,必欲杀之。以张柄知潭州,汪召锡使湖南,使图浚。张常先使江西,治张宗元狱,株连及浚,捕赵鼎子汾下大理,令自诬与浚谋大逆,会桧死乃免。

二十五年,复观文殿大学士、判洪州。浚时以母丧将归葬。念天下事二十年为桧所坏,边备荡驰;又闻金亮篡立,必将举兵,自以大臣,义同休戚,不敢以居丧为嫌,具奏论之。会星变求直言,浚谓金人数年间,势决求衅用兵,而国家溺于宴安,荡然无备,乃上疏极言。而大臣沈该、万俟卨、汤思退等见之,谓敌初无衅,笑浚为狂。台谏汤鹏举、凌哲论浚归蜀,恐摇动远方,诏复居永州。服除落职,以本官奉祠。

三十一年春,有旨自便。浚至潭,闻钦宗崩,号恸不食,上疏请早定守战之策。未几,亮兵大入,中外震动,复浚观文殿大学士、判潭州。

时金骑充斥,王权兵溃,刘锜退归镇江,遂改命浚判建康府兼行宫留守。浚至岳阳,买舟冒风雪而行,遇东来者云:"敌兵方焚采石,烟炎涨天,慎无轻进。"浚曰:"吾赴君父之急,知直前求乘舆所在而已。"时长江无一舟敢行北岸者。浚乘小舟径进,过池阳,闻亮死,余众犹二万屯和州。李显忠兵在沙上,浚往犒之,一军见浚,以为从天而下。浚至建康,即牒通判刘子昂办行宫仪物,请乘舆亟临幸。

二十二年，车驾幸建康，浚迎拜道左，卫士见浚，无不以手加额。时浚起废复用，风采隐然，军民皆倚以为重。车驾将还临安，劳浚曰："卿在此，朕无北顾忧矣。"兼节制建康、镇江府、江州、池州、江阴军军马。

金兵十万围海州，浚命镇江都统张子盖往救，大破之。浚招集忠义，及募淮楚壮勇，以陈敏为统制。且谓敌长于骑，我长于步，卫步莫如弩，卫弩莫如车，命敏专制弩治车。

孝宗即位，召浚入见，改容曰："久闻公名，今朝廷所恃唯公。"赐坐降问，浚从容言："人主之学，以心为本，一心合天，何事不济？所谓天者，天下之公理而已。必兢业自持，使清明在躬，则赏罚举措，无有不当，人心自归，敌仇自服。"孝宗悚然曰："当不忘公言。"除少傅、江淮东西路宣抚使，进封魏国公。翰林学士史浩议欲城瓜州、采石。浚谓不守两淮而守江干，是示敌以削弱，怠战守之气，不若先城泗州。及浩参知政事，浚所规画，浩必沮之。浚荐陈俊卿为宣抚判官，孝宗召俊卿及浚子栻赴行在。浚附奏请上临幸建康，以动中原之心；用师淮堧，进舟山东，以为吴璘声援。孝宗见俊卿等，问浚动静饮食颜貌，曰："朕倚魏公如长城，不容浮言摇夺。"金人以十万众屯河南，声言规两淮，移文索海、泗唐、邓、商州及岁币。浚言北敌诡诈，不当为之动，以大兵屯盱眙、濠、庐备之，卒以无事。

隆兴元年，除枢密使，都督建康、镇江府、江州、池州、江阴军军马。时金将蒲察徒穆及知泗州大周仁屯虹县，都统萧琦屯灵壁，积粮修城，将为南攻计。浚欲及其未发攻之。会主管殿前司李显忠、建康都统邵宏渊亦献捣二邑之策，浚具以闻。上报可，召浚赴行在，命先图两城。乃遣显忠出濠州，趋灵壁；宏渊出泗州，趋虹县，而浚自往临之。显忠至灵壁，败萧琦；宏渊围虹县，降徒穆、周仁，乘胜进克宿州，中原震动。孝宗手书劳之曰："近日边报，中外鼓舞，十年来无此克捷。"

浚以盛夏人疲，急召李显忠等还师。会金师纥石烈志宁率兵至宿州，与显忠战。连日南军小不利，忽谍报敌兵大至，显忠夜引归。浚上疏待罪，有旨降授特进，更为江、淮宣抚使。

宿师之还，士大夫主和者皆议浚之非，孝宗复赐浚书曰："今日边事倚卿为重，卿不可畏人言而怀犹豫。前日举事之初，朕与卿任之，今日亦须与卿终之。"浚乃以魏胜守海州，陈敏守泗州，戚方守濠州，郭振守六合。治高邮、巢县两城为大势，修滁州关山以扼敌冲，聚水军淮阴、马军寿春，大饬两淮守备。

孝宗复召栻奏事，浚附奏云："自古有为之君，腹心之臣相与协谋同志，以成治功。今臣以孤踪，动辄掣肘，陛下将安用之。"因乞骸骨。孝宗览奏，谓栻曰："朕待魏公有加，不为浮议所惑。"帝眷遇浚犹至，对近臣言，必曰魏公，未尝斥其名。每遣命名来，必令视浚饮食多寡，肥瘠何如。寻诏复浚都督之号。

金帅仆散忠义贻书三省、枢密院，索四郡及岁币，不然，以农隙治兵。浚言："金强则来，弱则止，不在和与不和。"时汤思退为右相。思退，秦桧党也，急于求和，遂遣卢仲贤持书报金。浚言仲贤小人多妄，不可委信。已而仲贤果以许四郡辱命。朝廷复以王之望为通问使，龙大渊副之，浚争不能得。未几，召浚入见，复力陈和议之失。孝宗为止誓书，留之望、大渊待命，而令通书官胡昉、杨由义往，谕金以四郡不可割；若金人必欲得四郡，当追还使人，罢和议。拜浚尚书右仆射、同中书门下平章事兼枢密使，都督如故；思退为左仆射。

胡昉等至宿，金人械系迫胁之，昉等不屈，更礼而归之。孝宗谕浚曰："和议之不成，天也，自此事当归一矣。"二年，议进幸建康，诏之望等还。思退闻之大骇，阳为乞祠状，而阴与其党谋为陷浚计。

俄诏浚行视江、淮。时浚所招徕山东、淮北忠义之士，以实建康、镇江两军，凡万二千余人，万弩营所招淮南壮士及江西群盗又万余人，陈敏统之，以守泗州。凡要害之地，皆筑城堡；其可因水为险者，皆积水为匮；增置江、淮战舰，诸军弓矢器械悉备。时金人屯重兵于河南，为虚声胁和，有刻日决战之语。及闻浚来，亟撤兵归。淮北之来归者日不绝，山东豪杰，悉愿受节度。浚以萧琦契丹望族，沈勇有谋,欲令尽领契丹降众,且以檄谕契丹,约为应援,金人益惧。思退乃令王之望盛毁守备,以为不可恃;令尹穑论罢督府参议官冯方;又论浚费国不赀,奏留张深守泗不受赵廓之代为拒命。浚亦请解督府,诏从其请。左司谏陈良翰、侍御史周操言浚忠勤,人望所属,不当使去国。浚留平江,凡八章乞致仕,除少师、保信军节度、判福州。浚辞,改醴泉观使。朝廷遂决弃地求和之议。

浚既去,犹上疏论尹穑奸邪,必误国事,且劝上务学亲贤。或勉浚勿复以时事为言,浚曰:"君臣之义,无所逃于天地之间。吾荷两朝厚恩,久尸重任,今虽去国,犹日望上心感悟,苟有所见,安忍弗言。上如欲复用浚,浚当即日就道,不敢以老病为辞。如若等言,是诚何心哉!"闻者耸然。行次余干,得疾,手书付二子曰:"吾尝相国,不能恢复中原,雪祖宗之耻,即死,不当葬我先人墓左,葬我衡山下足矣。"讣闻,孝宗震悼,辍视朝,赠太保,后加赠太师,谥忠献。

浚幼有大志,及为熙河幕官,遍行边垒,览观山川形势,时时与旧戍守将握手饮酒,问祖宗以来守边旧法,及军阵方略之宜。故一旦起自疏远,当枢管之任,悉能通知边事本末。在京城中,亲见二帝北行,皇族系虏,生民涂炭,誓不与敌俱存,故终身不主和议。每论定都大计,以为东南形势,莫如建康,人主居之,可以北望中原,常怀愤惕。至如钱塘,僻在一隅,易于安肆,不足以号召北方。与赵鼎共政,多所引擢,从臣朝列,皆一时之望,人号"小元祐"。所荐虞允文、汪应辰、王十朋、刘珙等为名臣;拔吴玠、吴璘于行间,谓韩世忠忠勇,可倚以大事,一见刘锜奇之,付以事任,卒皆为名将,有成功,一时称浚为知人。浚事母以孝称,学邃于《易》,有《易解》及《杂说》十卷,《书》、《诗》、《礼》、《春秋》、《中庸》亦各有解,文集十卷,奏议二十卷。子二人:栻、构。栻自有传。

构字定叟,以父恩授承奉郎,历广西经略司机宜、通判严州。方年少,已有能称,浙西使者荐所部吏而不及构,孝宗特令再荐。召对,差知袁州,戢豪强,弭盗贼。尉获盗上之州,构察知其枉,纵去,莫不怪之，未几，果获真盗，改知衢州。

兄栻丧，无壮子，请祠以营葬事，主管五局观，迁湖北提举常平。奏事，帝大喜，谕辅臣曰："张浚有子如此。"改浙西，督理荒政，苏、湖二州皆阙守，命兼摄焉。有执政姻党闭粜，构首治之，帝奖其不畏强御，迁两浙转运判官。

未几，以直徽猷阁升副使，改知临安府。奏除逋欠四万缗，米八百斛，进直龙图阁，都城浩穰，奸盗聚慝，构画分地以警捕，夜户不闭。张师尹纳女掖庭供给使，恃以恣横，构因事痛绳之，徙其家信州，其类帖伏。南郊礼成，赐五品服，权兵部侍郎，仍知临安，加赐三品服。修三闸，复六井。府治火，延及民居，上疏自劾，诏削二秩。构再疏乞罢，移知镇江。寻改明州，辞，仍知镇江。召为户部侍郎，面对言事，迕时相意。高宗崩，以集英殿修撰知绍兴府，董山陵事。召还，为吏部侍郎。

光宗即位，权刑部侍郎，复兼知临安府。绍熙元年，为刑部侍郎，仍为府尹。内侍毛伯益冒西湖葵地为亭，外戚有杀其仆者，狱具，寅缘宣谕求免，构皆执奏论如律。孝宗观湖，构以弹压伏谒道左，孝宗止辇问劳，赐以酒炙。

京西谋帅，进焕章阁学士、知襄阳府，赐金二百两，别赐金百两，白金倍之。未几，进徽猷阁学士、知建康府，继复命还襄阳。宁宗嗣位，归正人陈应祥、忠义人党琪等谋袭均州，副都统冯湛间道疾驰以闻。构不为动，徐部分掩捕，狱成，斩其为首者二人；尽释党与，反侧以安。

升宝文阁学士、知平江府。未行，改知建康府。升龙图阁学士、知隆兴府兼江西安抚使。奉新县旧有营田，募民耕之，亩赋米斗五升，钱六十，其后议臣请鬻之。始，征两税和买，且加折变，民重为困，构悉奏蠲之。进端明殿学士，复知建康府。以疾乞祠，卒。

构天分高爽，吏材敏给，遇事不凝滞，多随宜变通，所至以治辨称。南渡以来，论尹京者，以构为首。子忠纯、忠恕，自有传。

论曰：儒者之于国家，能养其正直之气，则足以正君心，一众志，攘凶逆，处忧患，盖无往而不自得焉。若张浚者，可谓善养其气者矣。观其初逃张邦昌之议，平苗、刘之乱，其才识固有非偷懦之所敢望。及其攘却勍敌，招降剧盗，能使将帅用命，所向如志。远人伺其用舍为进退，天下占其出处为安危，岂非卓然所谓人豪者欤！群言沸腾，屡奋屡踬，而辞气慨然。尝曰："上如欲复用浚，当即日就道，不敢以老病辞。"其言如是，则其爱君忧国之心，为何如哉！时论以浚之忠大类汉诸葛亮，然亮能使魏延、杨仪终其身不为异同，浚以吴玠故遂杀曲端，亮能容法孝直，浚不能容李纲、赵鼎而又诋之，兹所以为不及欤！至于富平之溃师，淮西之兵变，则成败利钝，虽亮不能逆睹也。

宋史卷三六二
列传第一二一

朱胜非 吕颐浩 范宗尹
范致虚 吕好问

朱胜非字藏一,蔡州人。崇宁二年,上舍登第。靖康元年,为东道副总管,权应天府。金人攻城,胜非逃去。会韩世忠部将杨进破敌,胜非复还视事。逾年,诣济州谓康王言,南京为艺祖兴王之地,请幸之以图大计。王即位南京。

建炎改元,试中书舍人兼权直学士院。时方草创,胜非凭败鼓草制,辞气严重如平时。上疏言:"仁义者,天下之大柄,中国持之,则外夷服而诸夏尊;苟失其柄,则不免四夷交侵之患。国家兴契丹结好,百有余年,一旦乘其乱弱,远交金人为夹攻计,是中国失其柄,而外侮所由招也。陛下即位,宜壹明正始之道,思其合于仁义者行之,不合者置之,则可以攘却四夷,绍复大业矣。"上嘉之。总制使钱盖进职,胜非言盖为陕西制置使弃师误国,封还贴黄,盖遂罢。谏官卫肤敏坐论元祐太后兄子徙官,胜非言以外戚故去谏臣,非所以示天下。

二年,除尚书右丞。时宰执荫补多滥,胜非奏:"旧制,宰执子弟例不堂除,只就铨注,罢政不以罪,然后推恩。赵普子弟皆作武臣,普再相,长子授庄宅使;范纯仁再相,子正平有文行,竟死选调;章惇子援及持皆高科,并为州县、幕职、监当。惟夏竦子安期累作边帅,授待制、直学士;王安石荐子雱为崇政殿说书,除待制。然安期犹有才干,雱犹有学问。至蔡京子六人、孙四人,郑居中、刘正夫子各二人,余深、王黼、白时中、蔡卞、邓洵仁洵武子各一人,并列从班。宣和末,谏官疏谓:'尚从竹马之游,已造荷囊之列。'今不可以不戒。"迁中书侍郎。

三年,上自镇江南幸,留胜非经理。未几,命为控扼使,已而拜宣奉大夫、尚书右仆射兼御营使。故事,命相进三官,胜非特迁五官。会王渊签书枢密院事兼御营司都统制,内侍复用事恣横,诸将不悦。于是苗傅、刘正彦与其徒王钧甫、马柔吉、王世修谋,诬渊结宦官谋反。正彦手斩渊,分捕中官,皆杀之,拥兵至行宫门外。胜非趋楼上,诘专杀之由。上亲御楼抚谕,傅、正彦语颇不逊,胜非乃从皇太后出谕旨。傅等请高宗避位,太后抱皇子听政,太后不可。傅顾胜非曰:"今日正须大臣果决,相公何无一言耶?"胜非还告上曰:"王钧甫乃傅等腹心,适语臣云:'二将忠有余,而学不足。'此语可为后图之绪。"于是太后垂帘,高宗退居显忠寺,号睿圣宫。胜非因请降赦以安傅等。又奏:"母后垂帘,须二臣同对,此承平故事。今日事机有须密奏者,乞许臣僚独对,而日引傅徒二人上殿,以弭其疑。"太后语上曰:"赖相此人,若汪、黄在位,事已狼籍矣。"

王钧甫见胜非,胜非问:"前言二将学不足,如何?"钧甫曰:"如刘将手杀王渊,军中亦非之。"胜非因以言撼之曰:"上皇待燕士如骨肉,那无一人效力者乎? 人言燕、赵多奇士,徒虚语耳。"钧甫曰:"不可谓燕无人。"胜非曰:"君与马参议皆燕中名人,尝献策灭契丹者。今金人所任,多契丹旧人,若渡江,祸首及君矣。盍早为朝廷协力乎!"钧甫唯唯。王世修来见,胜非谕之曰:"国家艰难,若等立功之秋也。诚能奋身立事,从官岂难得乎。"世修喜,时往来道军中情实。擢世修为工部侍郎。

傅、正彦乞改年号及移跸建康,胜非以白太后,因议恐尽废其请,则仓卒变生,乃改元明受。以诏示世修曰:"已从若请矣。"傅等欲挟上幸徽、越,胜非谕之以祸福而止。傅闻韩世忠起兵,取其妻子为质。胜非绐傅曰:"今当启太后召二人慰抚,使报知平江,诸君益安。"傅许诺。胜非喜曰:"二凶真无能为也。"诸将将至,傅等惧,胜非因谓之曰:"勤王之师未进者,使是间自反正耳。不然,下诏率百官六军请上还宫,公等置身何地乎?"即召学士李邴、张守作百官章及太后手诏。

四月朔,胜非率百官诣睿圣宫,亲掖上乘马还宫。苗傅请以王世修为参议,胜非曰:"世修已为从官,岂可复从军?"上既复辟,胜非曰:"臣昔遇变,义当即死,偷生至此,欲图今日之事耳。"乃乞罢政。上问谁可代者,胜非曰:"吕颐浩、张浚。"问孰优,曰:"颐浩练事而暴,浚喜事而疏。"上曰:"浚太年少。"胜非曰:"臣向被召,军旅钱谷悉付浚,此举浚实主之。"御史中丞张守论胜非不能预防,致贼猖獗,宜罢。不报。授观文殿大学士、知洪州,寻除张西安抚大使兼知江州。

绍兴元年,马进陷江州,侍御史沈与求论九江之陷,由胜非赴镇太缓。降授中大夫,分司南京,江州居住。二年,吕颐浩荐兼侍读,又荐都督江、淮、荆、浙诸军事,给事中胡安国、侍御史江跻交章论罢之。颐浩力引其入,再除兼侍读,寻拜尚书右仆射、同中书门下平章事。丁母忧去,起复右仆射兼知枢密院事,上《吏部七司敕令格式》一百八十卷。

时员外郎江端友请营宗庙,议者非之,以为国家期于恢复,不常厥居,胜非方主和议,遂白上营宗庙于临安。徐俯罢参政,胜非荐胡松年。侍御史常同劾松年乃王黼客,胜非徙同左史。莫俦谪曲江,其家苍头奴为胜非治疽而愈,奴为俦请,得复官。姻家刘式尝言为兵官获盗,胜非不以付部用,特旨改官。会久雨,胜非累章乞免,且自论当罢者十一事。魏矴亦劾其罪,遂罢。

五年,应诏言战守四事,起知湖州,引疾归。胜非与秦桧有隙,桧得政,胜非废居八年,卒,谥忠靖。

胜非张邦昌友婿也。始,邦昌僭位,胜非尝械其使,及金人过江,胜非请尊礼邦昌,录其后以谢敌。苗、刘之变,保护圣躬,功居多。既去,力荐张浚。然李纲罢,胜非受黄潜善风旨草制,极言其狂妄。再相，忌赵鼎，鼎宣抚川、陕，欲重使名以制吴玠，胜非曰："元枢出使，岂论此耶？"盖因事出鼎而轻其权。人以此少之。及著《闲居录》，亦多其私说云。

吕颐浩字元直，其先乐陵人，徙齐州。中进士第。父丧家贫，躬耕以赡老幼。后为密州司户参军，以李清臣荐，为邠州教授。除宗子博士，累官入为太府少卿、直龙图阁、河北转运副使，升待制徽猷阁、都转运使。

伐燕之役，颐浩以转输随种师道至白沟。既得燕山，郭药师众二万契丹军万余，皆仰给县官，诏以颐浩为燕山府路转运使。颐浩奏："开边极远，其势难守，虽殚力竭财，无以善后。"又奏燕山、河北危急五事，愿博议久长之策。徽宗怒，命褫职贬官，而领职如故；寻复焉。进徽猷阁直学士。金人入燕，郭药师劫颐浩与蔡靖等以降。敌退得归，复以为河北都转运使，以病辞，提举崇福宫。

高宗即位，除知扬州。车驾南幸，颐浩入见，除户部侍郎兼知扬州，进户部尚书。剧贼张遇众数万屯金山，纵兵焚掠。颐浩单骑与韩世忠造其垒，说之以逆顺，遇党释甲降。进吏部尚书。

建炎二年，金人逼扬州，车驾南渡镇江，召从臣问去留。颐浩叩头愿且留此，为江北声援；不然，敌乘势渡江，事愈急矣。驾幸钱塘，拜同签书枢密院事、江淮两浙制置使，还屯京口。金人去扬州，改江东安抚、制置使兼知江宁府。

时苗傅、刘正彦为逆，逼高宗避位。颐浩至江宁，奉明受改元诏赦，会监司议，皆莫敢对。颐浩曰："是必有兵变。"其子抗曰："主上春秋鼎盛，二帝蒙尘沙漠，日望拯救，其肯遽逊位于幼冲乎？灼知兵变无疑也。"颐浩即遣人寓书张浚曰："时事如此，吾侪可但已乎？"浚亦谓颐浩有威望，能断大事，书来报起兵状。颐浩乃与浚及诸将约，会兵讨贼。时江宁士民汹惧，颐浩乃檄杨惟忠留屯，以安人心。且恐苗傅等计穷挟帝由广德渡江，戒惟忠先为控扼备。俄有旨，召颐浩赴院供职。上言："今金人乘战胜之威，群盗有蜂起之势，兴衰拨乱,事属艰难,岂容皇帝退享安逸?请亟复明辟,以图恢复。"遂以兵发江宁,举鞭誓众,士皆感厉。

将至平江,张浚乘轻舟迓之,相持而泣,咨以大计。颐浩曰:"颐浩曩谏开边,几死宦臣之手;承乏漕挽,几陷腥膻之域,今事不谐,不过赤族,为社稷死,岂不快乎?"浚壮其言。即舟中草檄,进韩世忠为前军,张俊翼之,刘光世为游击,颐浩、浚总中军,光世分军殿后。颐浩发平江,傅党托旨请颐浩单骑入朝。颐浩奏:"所统将士,忠义所激,可合不可离。傅等恐惧,乃请高宗复辟。师次秀州,颐浩勉励诸将曰:"今虽反正,而贼犹握兵居内。事若不济,必反以恶名加我,翟义、徐敬业可监也。"次临平,苗傅等拒战。颐浩被甲立水次,出入行阵,督世忠等破贼,傅、正彦引兵遁。颐浩等以勤王兵入城,都人夹道耸观,以手加额。

朱胜非罢相,以颐浩守尚书右仆射、中书侍郎兼御营使,改同中书门下平章事。车驾幸建康,闻金人复入,召诸将问移跸之地,颐浩曰:"金人谋以陛下所至为边面,今当且战且避,奉陛下于万全之地,臣愿留常、润死守。"上曰:"朕左右不可以无相。"乃以韩世忠守镇江,刘光世守太平。驾至平江,闻杜充败绩,上曰:"事迫矣,若何?"颐浩遂进航海之策。

初,建炎御营使本以行幸总齐军政,而宰相兼领之,遂专兵柄,枢府几无所预。颐浩在位尤颛恣,赵鼎论其过。四年,移鼎为翰林学士、吏部尚书。鼎辞,且攻颐浩,章十数上,颐浩求去。除镇南军节度、开府仪同三司、醴泉观使,诏以颐浩倡义勤王,故从优礼焉。

奉化贼蒋璉乘乱为变,劫颐浩置军中,高宗以颐浩故,赦而招之。寻除江东安抚、制置大使兼知池州。颐浩请兵五万屯建康等处,又请王瓘、巨师古兵自隶。将之镇,而李成遣将马进围江州。乃驻军鄱阳,会杨惟忠兵,请与俱趋南康,遣师古救江州。贼众鏖战,颐浩、惟忠失利,师古败奔洪州。颐浩乞济师讨李成,高宗曰:"颐浩奋不顾身,为国讨贼,群臣所不及,但轻进,其失也。"诏王瓘以万人速往策应。颐浩复军左蠡,又得阁门舍人崔增之众万余,军势复振。命瑰、增击贼败之，乘胜至江州，则马进已陷城矣。朝廷命张俊为招讨使，俊既至，遂败马进。进遁，成以余众降刘豫。

诏以淮南民未复业，须威望大臣措置，以颐浩兼宣抚，领寿春府、滁庐和州、无为军。招降赵延寿于分宁，得其精锐五千，分隶诸将。张琪自徽犯饶州，有众五万。时颐浩自左蠡班师，帐下兵不满万人，郡人皇骇。颐浩命其将阎皋、姚端、崔邦弼列阵以待。琪犯皋军，皋力战，端、邦弼两军夹击，大破之。拜少保、尚书左仆射、同中书门下平章事兼知枢密院事。

二年，上自越州还临安。时桑仲在襄阳，欲进取京城，乞朝廷举兵为声援。颐浩乃大议出师，而身自督军北向。高宗谕颐浩、秦桧曰："颐浩治军旅，桧理庶务，如种、蠡分职可也。"二人同秉政，桧知颐浩不为公论所与，多引知名士为助，欲倾之而擅朝权。高宗乃下诏以戒朋党，除颐浩都督江、淮、荆、浙诸军事，开府镇江。颐浩辟文武士七十余人，以神武后军及御前忠锐崔增、赵延寿二军从行，百官班送。颐浩次常州，延寿军叛，刘光世歼其众；又闻桑仲已死，遂不进，引疾求罢。诏还朝，以知绍兴府朱胜非同都督诸军事。

颐浩既还，欲倾秦桧，乃引胜非为助。给事中胡安国论胜非必误大计，胜非复知绍兴府，寻以醴泉观使兼侍读。安国持录黄不下，颐浩持命检正诸房文字黄龟年书行。安国以失职求去，罢之。桧上章乞留安国，不报。侍御史江跻、左司谏吴表臣皆以论救安国罢，程瑀、胡世将、刘一止、张焘、林待聘、楼照亦坐论桧党斥，台省一空，遂罢桧相。

颐浩独秉政，屡请兴师复中原，谓："太祖取天下，兵不过十万，今有兵十六七万矣。然自金人南牧，莫敢婴其锋。比年韩世忠、张俊、陈思恭、张荣屡奏，人有战心，天将悔祸。又金人以中原付刘豫，三尺童子知其不能立国。愿睿断早定，决策北向。今之精锐皆中原人，恐久而消磨，他日难以举事。"时盗贼稍息，颐浩请遣使循行郡国，平狱讼，宣德意。李纲宣抚湖南，颐浩言纳纵暴无善状，请罢诸路宣抚之名，纲止为安抚使。时李光在江东，与颐浩书，言纲有大节,四夷畏服。颐浩称光结党,言者因论光罢之。时方审量滥赏,颐浩时有纵舍,右司郎官王冈持不可,曰:"公秉国钧,不平谓何。"

颐浩再秉政凡二年,高宗以水旱、地震,下诏罪己求言,颐浩连章待罪。高宗一日谓大臣曰:"国朝四方水旱,无不上闻。近苏、湖地震,泉州大水,辄不以奉,何也?"侍御史辛炳、殿中常同论其罪,遂罢颐浩为镇南军节度使、开府仪同三司、提举洞霄宫,改特进、观文殿大学士。五年,诏问宰执以战守方略,颐浩条十事以献,除湖南安抚、制置大使兼知潭州。时郴、衡、桂阳盗起,颐浩遣人悉平之。帝在建康,除颐浩少保、浙西安抚制置大使、知临安府、行宫留守。明堂礼成,进封成国公。

八年,上将还临安,除少傅、镇南定江军节度使、江东安抚制置大使兼知建康府、行宫留守。颐浩引疾求去,除醴泉观使。九年,金人归河南地,高宗欲以颐浩往陕西,命中使召赴行在。颐浩以老病辞,且条陕西利害,谓金人无故归地,其必有意。召趣赴阙,既至,以疾不能见,乃听归。未几,卒,赠太师,封秦国公,谥忠穆。

颐浩有胆略。善鞍马弓剑,当国步艰难之际,人倚之为重。自江东再相,胡安国以书劝其法韩忠献,以至公无我为先,报复恩仇为戒,颐浩不能用。时军用不足,颐浩与朱胜非创立江、浙、湖南诸路大军月桩钱,于是郡邑多横赋,大为东南患云。

范宗尹字觉民,襄阳邓城人。少笃学,工文辞。宣和三年,上舍登第。累迁侍御史、右谏议大夫。王云使北还,言金人必欲得三镇。宗尹请弃之以纾祸,言者非之,宗尹罢归。张邦昌僭位,复其职,遣同路允迪诣康王劝进。

建炎元年,李纲拜右仆射,宗尹论其名浮于实,有震主之威。不报,出知舒州。言者论宗尹尝污伪命,责置鄂州。既,召为中书舍人,迁御史中丞,拜参知政事。

吕颐浩罢相,宗尹摄其位。时诸盗据有州县,朝廷力不能制。宗尹言:"太祖收藩镇之权,天下无事百五十年,可谓良法。然国家多难，四方帅守单寡，束手环视，此法之弊。今当稍复藩镇之法，裂河南、江北数十州之地，付以兵权，俾蕃王室。较之弃地夷狄，岂不相远?"上从其言。授宗尹通议大夫、守尚书右仆射、同中书门下平章事兼御营使，时年三十。近世宰相年少，未有如宗尹者。

宗尹奏以京畿东西、淮南、湖北地并分为镇，授诸将，以镇抚使为名;军兴，听便宜从事。然李成、薛庆、孔彦舟、桑仲辈起于群盗，翟兴、刘位土豪，李彦光、郭仲威皆溃将，多不能守其地。宗尹请有司讨论崇、观以来滥赏，修书、营缮、应奉、开河、免夫、狱空之类，皆厘正之。宣靖执政、围城、明受伪命之人，反用赦申雪;徐秉哲、吴开、莫俦等并量移;吴敏、王孝迪、耿南仲、孙觌、蔡懋等并叙复。侍郎季陵希宗尹意，乞诏宰执于罪累中选真材实能，量付以事。沈与求劾陵，因及宗尹，宗尹求去。上为罢与求，宗尹乃复视事。

初，宗尹廷对，详定官李邦彦特取旨置宗尹乙科，宗尹德之，赠邦彦观文殿大学士。枢密院副都承旨阙，宗尹拟邢焕、蓝公佐、辛道宗三人，焕戚里，公佐管客省，道宗不知兵，人以此咎宗尹。密院计议官王俏结公佐，宗尹请除俏为宗正丞，侍御史张延寿劾之，上罢俏。

绍兴元年二月辛巳，日有黑子，宗尹以辅政无状请免，上不许。魏滂为江东通判，谏官言其贪盗官钱，滂遂罢;李弻孺领营田，谏官言其媚事朱勔，弻孺亦罢:二人皆宗尹所荐。台州守臣晁公为储峙丰备，论者以为扰民，宗尹阴佑之。会公为妻受囚金事觉，上罢公，宗尹不自安。时明堂覃恩，宗尹请举行讨论之事，上手扎云:"朕不欲归过君父，敛怨士大夫。"始宗尹建此议，秦桧力赞之，及见上意坚，反挤宗尹。上亦恶其与辛道宗兄弟往来，遂罢。沈与求奏其罪状，落职，未几，命知温州。退居天台，卒，年三十七。

宗尹有才智，当北敌肆行之冲，毅然自任，建议分镇，以是得相位。然其置帅多授剧盗，又无总率统属，且不遣援，不通饷，故诸镇守鲜能久存者。及为政多私，屡为议者所诋云。

范致虚字谦叔,建州建阳人。举进士,为太学博士。邹浩以言事斥,致虚坐祖送获罪,停官。徽宗嗣位,召见,除左正言,出通判郢州。崇宁初,以右司谏召,道改起居舍人,进中书舍人。蔡京建请置讲议司,引致虚为详定官,议不合,改兵部侍郎。自是入处华要,出典大郡者十五年。以附张商英,贬通州。政和七年,复官,入为侍读、修国史,寻除刑部尚书、提举南京鸿庆宫。

初,致虚在讲议司,延康殿学士刘昺尝乘蔡京怒挤之。后王寀坐妖言系狱,事连昺论死,致虚争之,昺得减窜,士论贤之。迁尚书右丞,进左丞。

母丧逾年,起知东平府,改大名府。入见,时朝廷欲用师契丹,致虚言边隙一开,必有意外之患。宰相谓其怀异。致虚乞终丧,从之。免丧,知邓州,改河南府。中人规景华苑,欲夺故相富弼园宅。致虚言:“弼和戎有大功,使朝廷享百年之安,乃不保数亩之居邪?”弼园宅得不取。复移邓州、提举亳州明道宫。帝方好老氏,致虚希时好,营饬道宇,赐名炼真宫。

靖康元年,召赴阙,道除知京兆府。时金人围太原,声震关中,致虚修战守备甚力。朝廷命钱盖节制陕西,除致虚陕西宣抚使。金人分道再犯京师,诏致虚会兵入援。钱盖兵十万至颍昌,闻京师破而遁,西道总管王襄南走。致虚独与西道副总管孙昭远合兵,环庆帅臣王似、熙河帅臣王倚以兵来会。致虚合步骑号二十万,以右武大夫马昌佑统之,命杜常将民兵万人趋京师,夏俶将万人守陵寝。

有僧赵宗印者,喜谈兵,席益荐之。致虚以便宜假官,俾充宣抚司参议官兼节制军马。致虚以大军遵陆,宗印以舟师趋西京。金人破京师,遣人持登城不下之诏,以止入援之师,致虚斩之。

初,金人守潼关,致虚夺之,作长城,起潼关迄龙门,所筑仅及肩。宗印又以僧为一军,号“尊胜队”,童子行为一军,号“净胜队”。致虚勇而无谋,委己以听宗印。宗印徒大言,实未尝知兵。至是,宗印舟师至三门津,致虚使整兵出潼关。金守臣高世由谓其帅粘罕曰:“致虚儒者,不知兵,遣斥候三千,自足杀之。”致虚军出武关,至

邓州千秋镇,金将娄宿以精骑冲之,不战而溃,死者过半。杜常、夏
俶先遁,致虚斩之。孙昭远、王似、王倚等留陕府,致虚收余兵入潼
关。方致虚之鼓行出关也,裨将李彦仙曰:"行者利速,多为支军,则
舍不至淹,败不至覆。若众群聚而出淆、渑,一蹶于险,则皆溃矣。"
致虚不听,遂底于败。

　　高宗即位,言论者其逗挠不进,徙知邓州。寻加观文殿学士,复
加京兆府;致虚力辞,而荐席益、李弥大、唐重自代。诏以重守京兆,
致虚复知邓州。次年,宗印领兵出武关,与致虚合。会金将银朱兵
压境,致虚遁,宗印兵不战走,转运使刘汲力战死焉。致虚坐落职,
责授安远军节度副使,英州安置。高宗幸建康,召复资政殿学士、知
鼎州。行至巴陵卒,赠银青光禄大夫。

　　吕好问字舜徒,侍讲希哲子也。以荫补官。崇宁初,治党事,好
问以元祐子弟坐废。两监东岳庙,司扬州仪曹。时蔡卞为帅,欲扳
附善类,待好问特异。好问以礼自持,卞不得亲。及卞得政,当时据
属扳擢略尽,独好问留滞,卞讽之曰:"子少亲我,即阶显列矣。"好
问笑不答。

　　靖康元年,以荐召为左司谏、谏议大夫,擢御史中丞。钦宗谕之
曰:"卿元祐子孙,朕特用卿,令天下知朕意所向。"先是,徽宗将内
禅,诏解党禁,除新法,尽复祖宗之故。而蔡京党戚根据中外,害其
事,莫肯行。好问言:"时之利害,政之阙失,太上皇诏旨备矣。虽使
直言之士抗疏论列,无以过此,愿一一施行之而已。"又言:"陛下宵
衣旰食,有求治之意;发号施令,有求治之言。"逮今半载,治效逾
邈,良由左右前后,不能推广德意,而陛下过于容养。臣恐淳厚之
德,变为颓靡,且今不尽革京、贯等所为,太平无由可致。"钦宗乡
纳。好问疏蔡京过恶,乞投海外,黜朋附之尤者以厉其余。又建白
削王安石王爵,正神宗配飨,褒表江公望、张庭坚、任伯雨、龚夬等,
除青苗之令,湔元符上书获谴者,章前后疏十上。每奏对,帝虽当
食,辄使毕其说。

时金人既退，大臣不复顾虑，武备益弛。好问言："金人得志，益轻中国，秋冬必倾国复来，御敌之备，当速讲求。今边事经画旬月，不见施设，臣僚奏请皆不行下，此臣所深惧也。"及边警急，大臣不知所出，遣使讲解。金人佯许而攻略自如，诸将以和议故，皆闭壁不出。好问言："彼名和而实攻，朝廷不谋进兵遣将，何也？请亟集沧、滑、邢、相之戍，以遏奔冲，而列勤王之师于畿邑，以卫京城。"疏上不省。

金人陷真定，攻中山，上下震骇，廷臣狐疑相顾，犹以和议为辞。好问率台属劾大臣畏懦误国，出好问知袁州。钦宗悯其忠，下迁吏部侍郎。既而金人薄都城，钦宗思好问言，进兵部尚书。都城失守，召好问入禁中，军民数万斧左掖门求见天子，好问从帝御楼谕遣之。卫士长蒋宣帅其徒数百，欲邀乘舆犯围而出，左右奔窜，独好问与孙傅、梅执礼侍，宣抗声曰："国事至此，皆宰相信任奸臣，不用直言所致。"傅呵之。宣以语侵傅，好问晓之曰："若属忘家族，欲冒重围卫上以出，诚忠义。然乘舆将驾，必甲乘无阙而后动，讵可轻邪？"宣诎服曰："尚书真知军情。"麾其徒退。

帝再幸金营，好问实从，帝即留，遣好问还，尉拊都城。已而金人立张邦昌，以好问为事务官。邦昌入居都省，好问曰："相公真欲立邪，抑姑塞敌意而徐为之图尔？"邦昌曰："是何言也？"好问曰："相公知中国人情所向乎？特畏女真兵威耳。女真既去，能保如今日乎？大元帅在外，元祐皇太后在内，此殆天意，盍亟还政，可转祸为福。且省中非人臣所处，宜寓直殿庐，毋令卫士侠陛。故所遗袍带，非戎人在旁，驰勿服。车驾未还，所下文书，不当称圣旨。"以好问摄门下省。好问既系衔，仍行旧职。时邦昌虽不改元，而百司文移，必去年号，独好问所行文书，称"靖康二年"。吴开、莫俦请邦昌见金使于紫宸、垂拱殿，好问曰："宫省故吏骤见御正衙，必将愤骇，变且不测，奈何？"邦昌矍然止。王时雍议肆赦，好问曰："四壁之外，皆非我有，将谁赦？"乃先赦城中。

　　始，金人谋以五千骑取康王，好问闻，即遣人以书白王，言："大王之兵，度能击则邀击之，不然，即宜远避。"且言："大王若不自立，恐有不当立而立者。"既，又语邦昌曰："：天命人心，皆归大元帅，相公先遣人推戴，则功无在相公右者。若抚机不发。他人声义致讨，悔可追邪？"于是邦昌谋遣谢克家奉传国宝往大元帅府，须金人退乃发。金将将还，议留兵以卫邦昌。好问曰："南北异宜，恐北兵不习风土，必不相安。"金人曰："留一勃堇统之可也。"好问曰："勃堇贵人，有如触发致疾，则负罪益深。"乃不复留兵。金人既行，好问趣遣使诣大元师府劝进，请元祐太后垂帘，邦昌易服归太宰位。太后自延福宫入听政。

　　高宗即位，太后遣好问奉手书诣行在所，高宗劳之曰："宗庙获全，卿之力也。"除尚书右丞。丞相李纲以群臣在围城中不能执节，欲悉按其罪。好问曰："王业艰难，政宜含垢，绳以峻法，惧者众矣。"侍御史王宾论好问尝污伪命，不可以立新朝。高宗曰："邦昌僭号之初，好问募人赍白书，具道京师内外之事。金人甫退，又遣人劝进。考其心迹，非他人比。"好问自惭，力求去，且言："邦昌僭号之时，臣若闭门洁身，实不为难。徒以世被国恩，所以受贤者之责，冒围赍书于陛下。"疏入，除资政殿学士、知宣州、提举洞霄宫，以恩封东莱郡侯。避地，卒于桂州。子本中、撰中、弼中、用中、忱中。孙祖谦、祖俭。本中、祖谦、祖俭别有传。

　　论曰：朱胜非、吕颐浩处苗、刘之变，或巽用其智，或震奋其威，其于复辟讨贼之功，固有可言矣。然李纲、赵鼎当世之所谓贤者，而胜非、颐浩视之若冰炭然，其中之所存，果何如哉。范宗尹忍于污张邦昌之伪命，而诬李纲以震主之威，何其缪于是非也。范致虚佞附权臣，大谊已失，其总勤王之师，轻而寡谋，以底于败，宜哉。若吕好问处艰难之际，其迹与宗尹同，而屈己就事，以规兴复，亦若胜非之处苗、刘，其心有足亮云。

宋史卷三六三
列传第一二二

李光 子孟传　　许翰　　许景衡
张悫　　张所　　陈禾　　蒋猷

　　李光字泰发,越州上虞人。童稺不戏弄,父高称曰:"吾儿云间鹤,其兴吾门乎!"亲丧,哀毁如成人,有致赙者,悉辞之。及葬,礼皆中节。服除,游太学,登崇宁五年进士第。调开化令,有政声,召赴都堂审察,时宰不悦,处以监当,改秩,知平江府常熟县。朱勔父冲倚势暴横,光械治其家僮。冲怒,风部使者移令吴江,光不为屈。改京东西学事司管勾文字。

　　刘安世居南京,光以师礼见之。安世告以所闻于温公者曰:"学当自无妄中入。"光欣然领会。除太常博士,迁司封。首论士大夫谀佞成风,至妄引荀卿"有听从,无谏净。"之说,以杜塞言路;又言怨嗟之气,结为妖沴。王黼恶之,令部注桂州阳朔县。安世闻光以论事贬,贻书伟之。李纲亦以论水灾去国,居义兴,光伺光于水驿,自出呼曰:"非越州李司封船乎?"留数日,定交而别。除司勋员外郎,迁符宝郎。

　　郭药师叛,知徽宗有内禅意,因纳符,胃知枢密院蔡攸曰:"公家所为,皆咈众心。今日之事,非皇太子则国家俱危。"攸矍然,不敢为异。钦宗受禅,擢右司谏。上皇东幸,恔人间两宫,光请集议奉迎典礼。又奏:"东南财用,尽于朱勔;西北财用,困于李彦;天下根本之财,竭于蔡京、王黼。名为应奉,实入私室,公家无半年之储,百姓无旬日之积。乞依旧制,三省、枢密院通知兵民财计,与户部量一岁之出入,以制国用,选吏考核,使利源归一。"

金人围太原,援兵无功。光言:"三镇之地,祖宗百战得之,一旦举以与敌,何以为国?望诏大臣别议攻守之策,仍间道遣使檄河东、北两路,尽起强壮策应,首尾掩击。"迁侍御史。

时言者犹主王安石之学,诏榜庙堂。光又言:"祖宗规摹宏远,安石欲尽废法度,则谓人主制法而不当制于法;欲尽逐元老,则谓人主当化俗。而不当化于俗。蔡京兄弟祖述其说,五十年间,毒流四海。今又风示中外,鼓惑民听,岂朝廷之福?"

蔡攸欲以扈卫上皇行宫因缘入都,光奏:"攸若果入,则百姓必致生变,万一惊犯属车之尘,臣坐不预言之罪。望早黜责。"时已葺撷景园为宁德宫,而太上皇后乃欲入居禁中。光奏:"禁中者,天子之宫。正使陛下欲便温清,奉迎入内,亦当躬禀上皇,下有司讨论典礼。"乃下光章,使两宫臣奏知,于是太上皇后居宁德宫。

金人逼京城,士大夫委职而去者五十二人,罪同罚异,士论纷然,光请付理寺公行之。太原围急,奏:"乞就委折彦质尽起晋、绛、慈、隰、潞、威胜、汾八州民兵及本路诸县弓手,俾守令各自部辖。其土豪、士人愿为首领者,假以初官,应副器甲,协力赴援。女真劫质亲王,以三镇为辞,势必深入,请大修京城守御之备,以伐敌人之谋。"

又言:"朱勔托应奉胁制州县,田园第宅,富拟王室。乞择清强官置司,追摄勔父子及奉承监司、守令,如胡直孺、卢宗原、陆置、王仲闳、赵霖、宋晦等,根勘驱磨,计资没入,其强夺编户产业者还之。"

李会、李擢复以谏官召。光奏:"蔡京复用,时会擢选为台官,禁不发一语;金人围城,与白时中、李邦彦专主避敌割地之谋。时中、邦彦坐是落职,而会、擢反被召用,复预谏诤之列。乞寝成命。"不报。光丐外,亦不报。

彗出寅、民间,耿南仲辈皆谓应在外夷,不足忧。光奏:"孔子作

《春秋》，不书祥瑞者，盖欲使人君恐惧修省，未闻以灾异归之外夷也。"疏奏，监汀州酒税。

高宗即位，擢秘书少监，除知江州；未几，擢侍御史，皆以道梗不赴。建炎三年，车驾自临安移跸建康，除知宣州。时范琼将过军，光先入视事，琼至则开门延劳，留三日而去，无敢哗者。光以宣密迩行都，乃缮城池，聚兵粮，籍六邑之民，保伍相比，谓之义社。择其健武者，统以土豪，得保甲万余，号"精拣军"。又栅险要二十三所谨戍之，厘城止为十地分，分巡内外，画则自便，夜则守城，有警则战。苗租岁输邑者，悉命输郡。初让言不便，及守城之日，赡军养民，迄赖以济。事闻，授管内安抚，许便宜从事，进直龙图阁。

杜充以建康降，金人夺马家渡。御营统制王燮、王珉素不相能，至是，拥溃兵寨城外索斗。光亲至营，谕以先国家后私仇之义，皆感悟解去。时奔将、散卒至者，光悉厚赏给遗。有水军叛于繁昌，逼宣境，即兵援击，出贼不意，遂宵遁。进右文殿修撰。光奏："金人虽深入江、浙，然违天时地利，臣已移文刘光世领大兵赴州，并力攻讨。乞速委宣抚使周望，约日水陆并进。"

溃将邵青自真州拥舟数百艘，剽当涂、芜湖两邑间，光招谕之，遗米二千斛。青喜，谓使者曰："我官军也，所过皆以盗贼见遇，独李公不疑我。"于是秋毫无犯。他日，舟过繁昌，或绐之曰："宣境也。"乃掠北岸而去。

剧盗戚方破宁国县，抵城下，分兵四击。光募勇敢劫之，贼惊扰，自相屠蹂。朝廷遣统制官巨师古、刘晏兼程来援。贼急攻朝京门，缆竹木为浮梁以济。须臾，军傅城，列炮具，立石对楼。光命编竹若帘揭之，炮至即反坠，不能伤，取柽木为撞竿，倚女墙以御对楼，贼引却。刘晏率赤心队直捣其寨，贼阳退，晏追之，伏发遇害。师古以中军大破贼，贼遁去。初，戚方围宣，与其副并马巡城，指画攻具。光以书傅矢射其副马前，言："戚方穷寇，天诛必加，汝为将家子，何至附贼。"二人相疑，攻稍缓，始得为备，而援师至矣。尝置匕首枕匣中，与家人约曰："城不可必保，若使人取匕首，我必死。汝辈宜自杀，无落贼手。"除徽猷阁待制、知临安府。

绍兴元年正月，除知洪州，固辞提举临安府洞霄宫。除知婺州，甫至郡，擢吏部侍郎。光奏疏极论朋党之害："议论之臣，各怀顾避，莫肯以持危扶颠为己任。驻跸会稽，首尾三载。自去秋迄今，敌人无复南渡之意，淮甸咫尺，了不经营，长江千里，不为限制，惴惴焉日为乘桴浮海之计。晋元帝区区草创，犹能立宗社，修宫阙，保江、浙。刘琨、祖逖与逆胡拒战于并、冀、兖、豫、司雍诸州，未尝陷没也。石季龙重兵已至历阳，命王导都督中外诸军以御之，未闻专主避狄如今日也。陛下驻跸会稽，江、浙为根本之地，使进足以战、退足以守者，莫如建康。建康至姑熟，一百八十里，其隘可守者有六：曰江宁镇，曰硃砂夹，曰采石，曰大信，其上则有芜湖、繁昌，皆与淮南对境。其余皆芦荻之场，或碛岸水势湍悍，难施舟楫。莫若预于诸隘屯兵积粟，命将士各管地分，调发旁近乡兵，协力守御。乞明诏大臣，参酌施行。"

时有诏，金人深入，诸郡守臣相度，或守或避，令得自便。光言："守臣任人民、社稷之重，固当存亡以之。若预开迁避之门，是诱之遁也，愿追寝前诏。"上欲移跸临安，被旨节制临安府见屯诸军，兼户部侍郎、督营缮事。光经营撙节，不扰而办。奏蠲减二浙积负及九邑科配，以示施德自近之意。戚方以管军属节制，甚惧，拜庭下。光握手起之，曰："公昔为盗，某为守，分当相直；今俱为臣子，当共勉力忠义，勿以前事为疑。"方谢且泣。兼侍读，因奏："金人内寇，百姓失业为盗贼，本非获已，尚可诚感。自李成北走，群盗离心，傥因斯时显用一二酋豪，以风厉其党，必更相效慕，以次就降。"擢吏部尚书。

大将韩世清本苗傅余党，久屯宣城，擅据仓库，调发不行。光请先事除之，乃授光淮西招抚使。光假道至郡，世清入谒，缚送阙下伏诛。

初，光于上前面禀成算，宰相以不预闻，怒之。未至，道除端明殿学士、江东安抚大使、知建康府、寿春、滁、濠、庐、和、无为宣抚使。时太平州卒陆德囚守臣据城叛,光多设方略,尽擒其党。

秦桧既罢,吕颐浩、朱胜非并相,光议论素与不合。言者指光为桧党,落职奉祠。寻复宝文阁待制、知湖州,除显谟阁直学士,移守平江,除礼部尚书。光言:"自古创业中兴,必有所因而起。汉高因关中,光武因河内,驻跸东南,两浙非根本所因之地乎?自冬及春,雨雪不已,百姓失业,乞选台谏察实以闻。兼比岁福建、湖南盗作,范汝为、杨么相挺而起,朝廷发大兵诛讨,杀戮过当。今诸路旱荒,流丐满路,盗贼出入。宜选良吏招怀抚纳,责诸路监司按贪赃,恤流孚。"

议臣欲推行四川交子法于江、浙,光言:"有钱则交子可行。今已谓桩办若干钱,行若干交子,此议者欲朝廷欺陛下,使陛下异时不免欺百姓也。若已椿办见钱,则目今所行钱关子,已是通快,何至纷纷?其工部铸到交子务铜印,臣未敢给降。"降端明殿学士,守台州,俄改温州。

刘光世、张俊连以捷闻。光言:"观金人布置,必有主谋。今已据东南形势,敌人万里远来,利于速战,宜戒诸将持重以老之。不过数月,彼食尽则胜算在我矣。"除江西安抚、知洪州兼制置大使,擢吏部尚书;逾月,除参知政事。

时秦桧初定和议,将揭榜,欲籍光名镇压。上意不欲用光,桧言:"光有人望,若同押榜,浮议自息。"遂用之。同郡杨炜上光书,责以附时相取尊官,堕黜房奸计,隳平时大节。光本意谓但可因和而为自治之计。既而桧议彻淮南守备,夺诸将兵权,光极言戎狄狼子野心,和不可恃,备不可撤。桧恶之。桧以亲党郑亿年为资政殿学士,光于榻前面折之;又与桧语难上前,因曰:"观桧之意,是欲壅蔽陛下耳目,盗弄国权,怀奸误国,不可不察。"桧大怒。明日,光丐去。高宗曰:"卿昨面叱秦桧,举措如古人。朕退而叹息,方寄卿以腹心,何乃引去?"光曰:"臣与宰相争论,不可留。"章九上,乃除资政殿学士、知绍兴府,改提举临安府洞霄宫。

十一年冬,中丞万俟卨论光阴怀怨望,责授建宁军节度副使,藤州安置。越四年，移琼州。居琼州八年，仲子孟坚坐陆升之诬以私撰国史，狱成；吕愿中又告光与胡铨诗赋倡和，讥讪朝政，移昌化军。论文考史，怡然自适。年逾八十，笔力精健。又三年，始以郊恩，复左朝奉大夫，任便居住。至江州而卒。孝宗即位，复资政殿学士，赐谥庄简。

孟传字文授，光幼子也。光南迁之日，才六岁。以光遗表恩，累官至太府丞。韩侂胄愿见之，孟传曰："行年六十，去计已决，不敢闻也。"由是出知江州。以朝请大夫、直宝谟阁致仕。卒，年八十。有《磐溪诗》二十卷，《文稿》三十卷，《宏辞类稿》十卷，《左氏说》十卷，《读史》十卷，《杂志》十卷。博学多闻，持身甚严，时推能世其家。

许翰字嵩老，拱州襄邑人。中元祐三年进士第。宣和七年，召为给事中。为书抵时相，谓百姓困弊，起为盗贼，天下有危亡之忧。愿罢云中之师，修边保境，与民休息。高丽入贡，调民开运河，民间骚然。中书舍人孙傅论高丽于国无功，不宜兴大役，傅坐罢。翰谓傅不当黜，时相怒，落职，提举江州太平观。

靖康初，复以给事中召。时金人攻京师甫退，翰造阙，即日赐对，除翰林学士，寻改御史中丞。上疏言边事，因陈决胜之策。张邦昌为太宰，翰上疏力争之。种师道罢为中太一宫使，翰言："师道名将，沉毅有谋，山西士卒，人人信服，不可使解兵柄。"钦宗谓其老难用，翰曰："秦始皇老王翦而用李信，兵辱于楚；汉宣帝老赵充国，而卒能成金城之功。自吕望以来，用老将收功者，难一二数。以古揆今，师道虽老，可用也。"且谓："金人此行，存亡所系，令一大创，使失利去，则中原可保，四夷可服。不然，将来再举，必有不救之忧。宜起师道邀击之。"上不能用。擢中大夫、同知枢密院，论益不合，以病去，除延康殿学士、知亳州。坐言者落职，提举南京鸿庆宫。

高宗即位，用李纲荐，召复延康殿学士。既至，拜尚书右丞兼权门下侍郎。时建炎大变之后，河北山东大盗李成、孔彦舟等，聚众各数十万,皆以勤王为名,愿得张所为帅。所为御史,尝论黄潜善奸邪不可用,由此得罪。李纲为相,乃以所为河北等路招抚使,率成等众渡河,号召诸路,为兴复计。潜善沮之。宗泽论车驾不宜南幸,宜还京师,且诋潜善等。潜善等请罢泽,翰极论以为不可。李纲罢,翰言:"纲忠义英发,舍之无以佐中兴,今罢纲,臣留无益。"力求去,高宗未许。时潜善奏诛陈东,翰谓所亲曰:"吾与东,皆争李纲者,东戮东市,吾在庙堂可乎?"求去益力,章八上,以资政殿大学士提举洞霄宫。复以言者落职。

绍兴元年,召复端明殿学士、提举万寿观,辞不至。二月,复资政殿学士。三年五月,卒,赠光禄大夫。

翰通经术,正直不挠,历事三朝,致位政府,徒以黼、攸、潜善辈薰莸异味,横遭口语,志卒不展。纲虽力引之,不旋踵去,翰亦斥逐而死。所著书有《论语解》、《春秋传》。

许景衡字少伊,温州瑞安人。登元佑九年进士第。宣和六年,召为监宗御史,迁殿中侍御史。是时,王黼、蔡攸用事,景衡言:"尚书省比阙长官,而同知枢密院亦久阙。虽三公通治三省,然文昌政事之本,枢密总兵之地,各有攸属,安可久虚其位?愿博采公议,遴选忠贤,以补政府之阙。"遂大忤黼意。朝廷用童贯为河东、北宣抚使,将北伐,景衡论其贪缪不可用者数十事,不报。

睦寇平,江、浙郡县残毁,而茶盐比较之法如故。景衡奏:"茶盐之法,当以食之众寡为岁额之高下。今收复之后,户版半耗,民力萧然,而茶盐比较不减于昔。民欲无困得乎?"奏上,诏两浙、江东路权免茶盐比较,贼平日仍旧。

朝廷既兴燕云之师,调度不继,诛求益急。景衡奏:"财力匮乏在节用,民力困弊在恤民。今不急之务,若营缮诸役,花石纲运,其名不一。吏员猥多,军额冗滥。又无名功赏,非常赐予,皆夤缘侥幸,干请无厌,宜节以祖宗之制而省去之。"且极论和买、和籴、盐法之害,不报。会知洋州吴岩夫以私书抵执政子,道景衡之贤。因从子婿符宝郎周离亨以达,离亨缪以其书误致王黼,黼用是中景衡,逐之。

钦宗即位,以左正言召,旋改太常少卿兼太子谕德,迁中书舍人。侍御史李光、正言程瑀以鲠亮忤执政斥,景衡为辨白,坐落职予祠。

高宗即位,以给事中召,既至,除御史中丞。宗泽为东京留守,言者附黄潜善等,多攻其短,欲逐去之。景衡奏曰:“臣自浙渡淮,以至行在。闻泽之为尹,威名政事,卓然过人,虽不识其人,窃用叹慕。臣以为去冬京城内,有赤心为国如泽等数辈,其祝变未至如是之酷。今若较其小短,不顾尽忠徇国之节,则不恕已甚。且开封宗庙社稷所在,苟欲罢泽,别遣留守,不识搢绅中威名政事有加于泽者乎?”疏入,上大悟,封以示泽,泽乃安。

杭州叛卒陈通作乱,权浙西提刑赵叔近招降之,请授以官。景衡曰:“官吏无罪而受诛,叛卒有罪而蒙赏,赏罚倒置,莫此为甚。”卒奏罢之。除尚书右丞。有大政事,必请间极论。潜善、伯彦以景衡异己,共排沮之。或言正、二月之交,乃太一正迁之日,宜于禁中设坛望拜。高宗以问景衡,曰:“修德爱民,天自降福,何迎拜太一之有?”

初,李纲议建都,以关中为上,南阳次之,建康为下。纲既相,遂主南阳之议。景衡为中丞,奏:“南阳无险阻,且密迩盗贼,漕运不继,不若建康天险可据,请定计巡幸。”潜善等倾纲使去,南阳之议遂格。至是,谍报金人攻河阳、汜水,景衡又奏请南幸建康。已而有诏还京,罢景衡为资政殿大学士、提举杭州洞霄宫。至瓜州,得喝疾,及京口卒,年五十七,谥忠简。

景衡得程颐之学,志虑忠纯,议论不与时俯仰。建炎初,李纲议幸南阳,宗泽请还京,景衡乃请幸建康。黄潜善等素恶其异己,暨车驾驻扬州,怵于传闻,不得已下还京之诏,遂借渡江之议罪之,斥逐而死。既没,高宗思之曰:“朕自即位以来,执政忠直,遇事敢言,惟许景衡。”诏赐景衡家温州官舍一区。

张悫字诚伯,河间乐寿人。登元佑六年进士第。累迁龙图阁学士、计度都转运使。

高宗为兵马大元帅,募诸道兵勤王,悫飞挽踵道,建议即元帅府印给盐钞,以便商旅。不阅旬,得缗钱五十万以佐军。高宗器重之,命以便宜权大名尹兼北京留守、马步军都总管。悫初闻二帝北行,率副总管颜岐等三上笺劝进。最后,悫上书,极论中原不可一日无君,高宗为之感悟。

建炎改元,为户部尚书,除同知枢密院事、措置户部财用兼御营副使。建言:"三河之民,怨敌深入骨髓,恨不歼殄其类,以报国家之仇。请依唐人泽潞步兵、雄边子弟遗意,募民聊以什伍,而寓兵于农,使合力抗敌,谓之巡社。"为法精详,前此论民兵者莫及也。诏集为书行之。迁尚书左丞,官至中书侍郎。

悫善理财,论钱谷利害,犹指诸掌。在朝谔谔有大臣节,然论议可否,不形辞色,未尝失同列之欢。卒,谥忠穆。上每念之,谓悫谋国尽忠,遇事敢谏,古之遗直也。

张所,青州人。登进士第,历官为监察御史。高宗即位,遣所按视陵寝,还,上疏言:"河东、河北,天下之根本。昨者误用奸臣之谋,始割三镇,继割两河,其民怨入骨髓,至今无不扼腕。若因而用之,则可藉以守;不则两河兵民,无所系望,陛下之事去矣。"且论还京师有五利,谓国之安危,在乎兵之强弱、将相之贤不肖,不在乎都之迁不迁。又条上两河利害。上欲以其事付所,会所言黄潜善奸邪不可用,恐害新政。乃罢所御史,改兵部郎中。寻责所凤州团练副使,江州安置。

后李纲入相,欲荐所经略两河,以其尝言潜善故,难之。一日,与潜善从容言曰:"今河北未有人,独一张所可用,又以狂言抵罪。不得已扶拭用之,使为招抚,冒死立功以赎过,不亦善乎?"潜善许诺,乃借所直龙图阁,充河北招抚使。赐内府钱百万缗,给空名告千余道；以京西卒三千为卫，将佐官属，许自辟置，一切以便宜从事。所入见，条上利害。上赐五品服遣行，命直秘阁王圭为宣抚司参谋官佐之。

河北转运副使张益谦附黄潜善意，奏所置司北京非是；且言自置招抚，河北盗贼愈炽，不若罢之，专以其事付帅司。李纲言："张所今留京师，招集将佐，尚未及行，益谦何以知其抚？朝廷以河北民无所归，聚而为盗，故置司招抚，因其力而用之，岂由置司乃有盗贼乎？今京东、西群盗公行，攻掠郡县，亦岂招抚司过耶？时方艰危，朝廷欲有所经理，益谦小臣，乃以非理沮抑，此必有使之者。"上乃命益谦分析，命下枢密院，汪伯彦犹用其奏诘责招抚司。李纲与伯彦争于上前，伯彦语塞。

所方招来豪杰，以王彦为都统制，岳飞为准备将，而李纲已罢相。朝廷以王圭代之，所落直龙图阁，岭南安置。卒于贬所。子宗本，以岳飞奏补官。

陈禾字秀实，明州鄞县人。举元符三年进士。累迁辟雍博士。时方以传注记问为学，禾始崇尚义理，黜抑浮华。入对契旨，擢监察御史，殿中侍御史。

蔡京遣酷吏李孝寿穷治章绦铸钱狱，连及士大夫甚众，禾奏免孝寿。京子绦为太常少卿，何执中婿蔡芝为将作监，皆疏其罪，罢之。天下久平，武备宽弛，东南尤甚。禾请增戍、缮城壁，以戒不虞。或指为生事，格不下。其后盗起，人服其先见。迁左正言，俄除给事中。

时童贯权益张，与黄经臣胥用事，御史中丞卢航表里为奸，搢绅侧目。禾曰："此国家安危之本也。吾位言责，此而不言，一迁给舍，则非其职矣。"未拜命，首抗疏劾贯。复劾经臣："怙宠弄权，夸炫朝列。每云诏令皆出其手，言上将用某人，举某事，已而诏下，悉如其言。夫发号施令，国之重事，黜幽陟明，天子大权，奈何使宦寺得与？臣之所忧，不独经臣此涂一开，类进者众，国家之祸，有不可遏，愿驱窜之远方。"

论奏未终，上拂衣起。禾引上衣，请毕其说。衣裾落，上曰："正言碎朕衣矣。"禾言："陛下不惜碎衣，臣岂惜碎首以报陛下？此曹今日受富贵之利，陛下他日受危亡之祸。"言愈切，上变色曰："卿能如此，朕复何忧？"内侍请上易衣，上却之曰："留以旌直臣。"翌日，贯等相率前诉，谓国家极治，安得此不祥语。卢航奏禾狂妄，谪监信州酒。遇赦，得自便例还里。

初，陈瓘归自岭外，居于鄞，与禾相好，遣其子正汇从学。后正汇告京罪，执诣阙，瓘亦就逮。经臣苊其狱，檄禾取证，禾答以事有之，罪不敢逃。或谓其失对，禾曰："祸福死生，命也，岂可以死易不义耶？愿得分贤者罪。"遂坐瓘党停官。

遇赦，复起知广德军，移知和州。寻遭内艰，服除，知秀州。王黼新得政，禾曰："安能出黼门下？"力辞，改汝州。辞益坚，曰："宁饿死。"黼闻而衔之。禾兄秉时为寿春府教授，禾侍兄官居。适童贯领兵道府下，谒不得入，馈之不受。贯怒，归而谮之，上曰："此人素如此，汝不能容邪？"久之，知舒州，命下而卒，赠中大夫，谥文介。

禾性不苟合，立朝挺挺有风操。有《易传》九卷，《春秋传》十二卷，《论语》、《孟子解》各十卷。

蒋猷字仲远，润州金坛县人。举进士。政和四年，拜御史中丞兼侍读，有直声。尝论士风浮薄，廷臣伺人主意，承宰执风旨向背，以特立不回者为愚，共嗤笑之，此风不可长；辅臣奏事殿上，雷同唱和，略无所可否，非论道献替之礼；内侍省不隶台察，紊元丰官制；杨戬不当除节度使；赵良嗣不宜出入禁中。上皆嘉纳，至揭其章内侍省，且诏自今无得规图节钺。又疏孟昌龄、徐铸等奸状。迁兵部尚书兼礼制局详议官。七年，知贡举，改工部、吏部尚书。

以徽猷阁直学士知婺州。明年，请祠归。宣和末，召为刑部尚书兼资善堂翊善。靖康初，奉上表起居太上皇帝于淮阴，且特诏贬童贯。猷奏贯得罪天下，愿黜远之。太上以为然，亟令宣诏，趣贯赴贬所。遂奉太上还京，移兵部尚书，累官正议大夫。引疾，授徽猷阁直学士、提举嵩山崇福宫。卒，赠特进。

论曰：夫拯溺救焚之际，必以任人为急。靖康、建炎之祸变，亦甚于焚溺矣。当时非乏人才也，然而国耻卒不能雪者，岂非任之之道有所未至欤？夫以李光之才识高明，所至有声；许翰、许景衡之论议剀切；张悫之善理财；张所之习知河北利害：皆一时之隽也。是数臣者，使其言听计从，不为谗邪所抑，得以直行其志，其效宜可待也。然或斥远以死，或用之不竟其才，世之治乱安危，虽非人力所为，君子于此，则不能无咎于时君之失政焉。蒋猷历仕五朝，当建炎初，避地而终，则无足称也。陈禾引裾尽言，有古谏臣之风，其行事在宣和之前，孝宗以后乃加褒谥云。

宋史卷三六四
列传第一二三

韩世忠 子彦直

韩世忠字良臣，延安人。风骨伟岸，目瞬如电。早年鸷勇绝人，能骑生马驹。有贫无产业，嗜酒尚气，不可绳检。日者言当作三公，世忠怒其侮己，殴之。年十八，以敢勇应募乡州，隶赤籍，挽强驰射，勇冠三军。

崇宁四年，西夏骚动，郡调兵捍御，世忠在遣中。至银州，夏人婴城自固，世忠斩关杀敌将，掷首陴外，诸军乘之，夏人大败。既而以重兵次蒿平岭，世忠率精锐鏖战，解去。俄复出间道，世忠独部敢死士殊死斗，敌少却，顾一骑士锐甚，问俘者，曰："监军驸马兀㗨也。"跃马斩之，敌众大溃。经略司上其功，童贯董边事，疑有所增饰，止补一资，众弗平。

从刘延庆筑天降山寨，为敌所据，世忠夜登城斩二级，割护城毡以献。继遇敌佛口寨，又斩数级，始补进义副尉。至藏底河，斩三级，转进勇副尉。

宣和二年，方腊反，江、浙震动，调兵四方，世忠以偏将从王渊讨之。次杭州，贼奄至，势张甚，大将惶怖无策。世忠以兵二千伏北关堰，贼过，伏发，众蹂乱，世忠追击，贼败而遁。渊叹曰："真万人敌也。"尽以所随白金器赏之，且与定交。时有诏能得腊首者，授两镇节钺。世忠穷追至睦州清溪峒，贼深据岩屋为三窟，诸将继至，莫知所入。世忠潜行溪谷，问野妇得径，即挺身伏戈直前，渡险数里，捣其穴,格杀数十人,禽腊以出。辛兴宗领兵截峒口,掠其俘为己功,故赏不及世忠。别帅杨惟忠还阙,直其事,转承节郎。

三年,议复燕山,调诸军,至则皆溃。世忠往见刘延庆,与苏格等五十骑俱抵滹沱河。逢金兵二千馀骑,格失措,世忠从容令格等列高冈,戒勿动。属燕山溃卒舟集,即命舣河岸,约鼓噪助声势。世忠耀马薄敌,回旋如飞。敌分二队据高阜,世忠出其不意,突二执旗者,因奋击,格等夹攻之,舟卒鼓噪,敌大乱,追斩甚众。时山东、河北盗贼蜂起,世忠从王渊、梁方平讨捕,禽戮殆尽,积功转武节郎。

钦宗即位,从梁方平屯浚州。金人厌境,方平备不严,金人迫而遁,王师数万皆溃。世忠陷重围中,挥戈力战,突围出,焚桥而还。钦宗闻,召对便殿,询方平失律状,条奏甚悉。转武节大夫。诏诸路勤王兵领所部入卫,会金人退,河北总管司辟选锋军统制。

时胜捷军张师正败,宣抚副使李弥大斩之,大校李复鼓众以乱,淄、青之附者合数万人,山东复扰。弥大檄世忠将所部追击,至临淄河,兵不满千,分为四队,布铁蒺藜自塞归路,令曰:“进则胜,退则死,走者命后队剿杀。”于是莫敢返顾,皆死战,大破之,斩复,余党奔溃。乘胜逐北,追至宿迁,贼尚万人,方拥子女椎牛纵酒。世忠单骑夜造其营,呼曰:“大军至矣,亟束戈卷甲,吾能保全汝,共功名。”贼骇粟请命,因跪进牛酒。世忠下马解鞍,饮啖之尽,于是众悉就降。黎明,见世忠军未至,始大悔失色。以功迁左武大夫、果州团练使。

诏入朝,授正任单州团练使,屯滹沱河。时真定失守,世忠知王渊守赵,遂亟往。金人至,闻世忠在,攻益急,粮尽援绝,人多劝其溃围去,弗听。会大雪,夜半,以死士三百捣敌营。敌惊乱,自相击刺,及旦尽遁。后有自金国来者,始知大酋是日被创死,故众不能支。迁嘉州防御使。

还大名,赵野辟为前军统制。时康王如济州,世忠领所部劝进。金人纵兵逼城,人心凶惧,世忠据西王台力战,金人少却。翌日,酋帅率众数万至,时世忠戏下仅千人,单骑突入,斩其酋长,遂大溃。

康王即皇帝位，授光州观察使、带御器械。世忠请移都长安，下兵收两河，时论不从。初建御营，为左军统制。是岁，命王渊、张俊讨陈州叛兵，刘光世讨黎驿叛兵，乔仲福讨京东贼李昱，世忠讨单州贼鱼台。世忠已破鱼台，又击黎驿叛兵败之，皆斩以献。于是群盗悉平，入备宿卫。而河北贼丁顺、杨进等皆赴招抚司，宗泽收而用之。

建炎二年，升定国军承宣使。帝如扬州，世忠以所部从。时张遇自金山来降，抵城下，不解甲，人心危惧，世忠独入其垒，晓以逆顺，众悉听命。李民众十万亦降，比至，有反覆状。王渊遣世忠谕旨，世忠知其党刘彦异议，即先斩彦，殴李民出，缚小校二十九人，送渊斩之。事定，授京西等路捉杀内外盗贼。

金人再攻河南，翟进合世忠兵夜袭悟室营，不克，反为所败。会丁进失期，陈思恭先遁，世忠被矢如棘，力战得免。还汴，诘一军之先退者皆斩，左右惧。进由是与世忠有隙，寻以叛诛。

召世忠还，授鄜延路副总管，加平寇左将军，屯淮阳，会山东兵拒敌。粘罕闻世忠扼淮阳，乃分兵万人趋扬州，自以大军迎世忠战。世忠不敌，夜引归，敌蹑之，军溃于沭阳，阁门宣赞舍人张遇死之。

三年，帝召诸将议移跸，张俊、辛企宗请往湖南，世忠曰："淮、浙富饶，今根本地，讵可舍而之他？人心怀疑，一有退避，则不逞者思乱，重湖、闽岭之遥，安保道路无变乎？淮、江当留兵为守，车驾当分兵为卫，约十万人，分半扈江、淮上下，止馀五万，可保防守无患乎？"在阳城收合散亡，得数千人，闻帝如钱塘，即由海道赴行在。

苗傅、刘正彦反，张浚等在平江议讨乱，知世忠至，更相庆慰，张俊喜跃不自持。世忠得俊书，大恸，举酒酹神曰："誓不与此贼共戴天！"士卒皆奋。见浚曰："今日大事，世忠愿与张俊身任之，公无忧。"欲即进兵。浚曰："投鼠忌器，事不可急，急则恐有不测，已遣冯辐甘言诱贼矣。"

三月戊戌，以所部发平江，张俊虑世忠兵少，以刘宝兵二千借之。舟行载甲士，绵亘三十里。至秀州，称病不行，造云梯，治器械，傅等始惧。初,傅正彦闻世忠来,檄以其兵屯江阴。世忠以好语报之,且言所部残零,欲赴行在。傅等大喜,许之至,矫制除世忠及张俊为节度使,皆不受。

时世忠妻梁氏及子亮为傅所质,防守严密。朱胜非绐傅曰:"今白太后,遣二人慰抚世忠,则平江诸人益安矣。"于是召梁氏入,封安国夫人,俾逆世忠,速其勤王。梁氏疾驱出城,一日夜会世忠于秀州。

未几,明受诏至,世忠曰:"吾知有建炎,不知有明受。"斩其使,取诏焚之,进兵益急。傅等大惧。次临平,贼将苗翊、马柔吉负山阻河为阵,中流植鹿角,梗行舟。世忠舍舟力战,张俊继之,刘光世又继之。军少却,世忠复舍马操戈而前,令将士曰:"今日当以死报国,面不被数矢者皆斩。"于是士皆用命。贼列神臂弩持满以待,世忠瞋目大呼,挺刃突前,贼辟易,矢不及发,遂败。傅、正彦拥精兵二千,开涌金门以遁。

世忠驰入,帝步至宫门,握世忠手恸哭曰:"中军吴湛佐逆为最,尚留朕肘腋,能先诛乎?"世忠即谒湛,握手与语,折其中指,戮于市;又执贼谋主王世修以属吏。诏授武胜军节度使、御营左军都统制。请于帝曰:"贼拥精兵,距瓯、闽甚迩,傥成巢窟,卒未可灭,臣请讨之。"于是以为江、浙制置使,自衢、信追击,至渔梁驿,与贼遇。世忠步走挺戈而前,贼望见,咋曰:"此韩将军也!"皆惊溃。擒正彦及傅弟翊送行在,傅亡建阳,追禽之,皆伏诛。世忠初陛辞,奏曰:"臣誓生获贼,为社稷刷耻,乞殿前二虎贲护俘来献。"至是,卒如其言。帝手书"忠勇"二字,揭旗以赐。授检校少保、武宁昭庆军节度使。

兀术将入侵,帝召诸将问移跸之地,张俊、辛企宗劝自鄂、岳幸长沙,世忠曰:"国家已失河北、山东,若又弃江、淮,更有何地?"于是以世忠为浙西制置使,守镇江。既而兀术分道渡江,诸屯皆败,世忠亦自镇江退保江阴。杜充以建康降敌,兀术自广德破临安,帝如浙东。世忠以前军驻青龙镇,中军驻江湾,后军驻海口,俟敌归邀击之。帝召至行在，奏："方留江上截金人归师，尽死一战。"帝谓辅臣曰："比吕颐浩在会稽，尝建此策，世忠不谋而同。"赐亲札，听其留。

会上元节，就秀州张灯高会，忽引兵趋镇江。及金兵至，则世忠军已先屯焦山寺。金将李选降，受之。兀术遣使通问，约日大战，许之。战将十合，梁夫人亲执桴鼓，金兵终不得渡。尽归所掠假道，不听；请以名马献，又不听。挞辣在潍州，遗孛堇太一趋江东以援兀术，世忠与二酋相持黄天荡者四十八日。太一孛堇军江北，兀术军江南，世忠以海舰进泊金山下，预以铁绠贯大钩授骁健者。明旦，敌舟噪而前，世忠分海舟为两道出其背，每缒一绠，则曳一舟沉之。兀术穷蹙，求会语，祈请甚哀。世忠曰："还我两宫，复我疆土，则可以相全。"兀术语塞。

又数日求再会，言不逊，世忠引弓欲射之，亟驰去，谓诸将曰："南军使船如使马，奈何？"募人献破海舟策。闽人王某者，教其舟中载土，平版铺之，穴船版以櫂桨，风息则出江，有风则勿出。海舟无风，不可动也。又有献谋者曰："凿大渠接江口，则在世忠上流。"兀术一夕潜凿渠三十里，且用方士计，刑白马，剔妇人心，自割其额祭天。次日风止，我军帆弱不能运，金人以小舟纵火，矢下如雨。孙世询、严允皆战死，敌得绝江遁去。世忠收余军还镇江。

初，世忠谓敌至必登金山庙，观我虚实。乃遣兵百人伏庙中，百人伏岸浒，约闻鼓声，岸兵先入，庙兵合击之。金人果五骑闯入，庙兵喜，先鼓而出，仅得二人。逸其三，中有绛袍玉带、既坠而复驰者，诘之，乃兀术也。是役也，兀术兵号十万，世忠仅八千余人。帝凡六赐札，褒奖甚宠。拜检校少保、武成感德军节度使、神武左军都统制。

建安范汝为反，辛企宗等讨捕未克，贼势愈炽。以世忠为福建、江西、荆湖宣抚副使，世忠曰："建居闽岭上流，贼沿流而下，七郡皆血肉矣。"亟领步卒三万，水陆并进。次剑潭，贼焚桥，世忠策马先渡，师遂济。贼尽塞要路拒王师，世忠命诸军偃旗仆鼓，径抵凤凰山，俯瞰城邑，设云梯火楼，连日夜并攻，贼震怖叵测。五日城破，汝为衅身自焚，斩其弟岳、吉以徇，禽其谋主谢向、施逵及裨将陆必强等五百余人。

世忠初欲尽诛建民，李纲自福州驰见世忠曰："建民多无辜。"世忠令军士驰城上册下，听民自相别，农给牛谷，商贾弛征禁，胁从者汰遣，独取附贼者诛之。民感更生，家为立祠。捷闻，帝曰："虽古名将何以加。"赐黄金器皿。

世忠因奏江西、湖南寇贼尚多，乞乘胜讨平。广西贼曹成拥余众在郴、邵。世忠既平闽寇，旋师永嘉，若将就休息者。忽由处、信径至豫章，连营江滨数十里，群贼不虞其至，大惊。世忠遣人招之，成以其众降，得战士八万，遣诣行在。

遂移师长沙。时刘忠有众数万，据白面山，营栅相望。世忠始至，欲急击，宣抚使孟庚不可，世忠曰："兵家利害，策之审矣，非参政所知，请期半月效捷。"遂与贼对垒，弈棋张饮，坚壁不动，众莫测。一夕，与苏格联骑穿贼营，候者呵问，世忠先得贼军号，随声应之，周览以出，喜曰："此天锡也。"夜伏精兵二千于白面山，与诸将拔营而进。贼兵方迎战，所遣兵已驰入中军，夺望楼，植旗盖，传呼如雷，贼回顾惊溃，麾将士夹击，大破之，斩忠首，湖南遂平。授太尉，赐带、笏，仍敕枢密以功颁示内外诸将。师还建康，置背嵬军，皆勇鸷绝伦者。九月，为江南东、西路宣抚使，置司建康。

三年三月，进开府仪同三司，充江南东、西路宣抚使，置司泗州。时闻李横进师讨伪齐，议遣大将，以世忠忠勇，故遣之。仍赐广马七纲，甲千副，银二万两，帛二万匹；又出钱百万缗，米二十八万斛，为半岁之用。命户部侍郎姚舜明诣泗州，总领钱粮；仓部郎官孙逸如平江府、常秀饶州，督发军食。李横兵败还镇，世忠不果渡淮。

四年，以建康、镇江、江东宣抚使驻镇江。是岁，金人与刘豫合兵，分道入侵。帝手札命世忠饬守备，图进取，辞旨恳切。世忠受诏，感泣曰："主忧如此，臣子何以生为！"遂自镇江济师。俾统制解元守高邮，候金步卒；亲提骑兵驻大仪，当敌骑，伐木为栅，自断归路。

会遣魏良臣使金，世忠撤炊爨，绐良臣有诏移屯守江，良臣疾驰去。世忠度良臣已出境，即上马令军中曰："视吾鞭所向。"于是引军次大仪，勒五阵，设伏二十余所，约闻鼓即起击。良臣至金军中，金人问王师动息，具以所见对。聂儿孛董闻世忠退，喜甚，引兵至江口，距大仪五里；别将挞孛也拥铁骑过五阵东。世忠传小麾鸣鼓，伏兵四起，旗色与金人旗杂出，金军乱，我军迭进。背嵬军各持长斧，上揿人胸，下斫马足。敌被甲陷泥淖，世忠麾劲骑四面蹂躏，人马俱毙，遂擒挞孛也等二百余人。

所遣董旼亦击金人于天长县之鸥口，擒女真四十余人。解元至高邮，遇敌，设水军夹河阵，日合战十三，相拒未决。世忠遣成闵将骑士往援，复大战，俘生女真及千户等。世忠复亲追至淮，金人惊溃，相蹈藉，溺死甚众。

捷闻，群臣入贺，帝曰："世忠忠勇，朕知其必能成功。"沈与求曰："自建炎以来，将士未尝与金人迎敌一战，今世忠连捷以挫其锋，厥功不细。"帝曰："第优赏之。"于是部将董旼、陈桷、解元、呼延通等皆峻擢有差。论者以此举为中兴武功第一。"

时挞辣屯泗州，兀术屯竹墊镇，为世忠所扼，以书币约战，世忠许之，且使两伶人以橘、茗报聘。会雨雪，金馈道不通，野无所掠，杀马而食，蕃汉军皆怨。兀术夜引军还，刘麟、刘猊弃辎重遁。

五年，进少保。六年，授武宁安化军节度使、京东淮东路宣抚处置使，置司楚州。世忠披草莱，立军府，与士同力役。夫人梁亲织薄为屋。将士有怯战者，世忠遗以巾帼，设乐大宴，俾妇人妆以耻之，故人人奋厉。抚集流散，通商惠工，山阳遂为重镇。刘豫兵数入寇，辄为世忠所败。

时张浚以右相视师，命世忠自承、楚图淮阳。刘豫方聚兵淮阳，世忠即引军渡淮，旁符离而北，至其城下。为贼所围，奋戈一跃，溃围而出，不遗一镞。呼延通与金将牙合孛董搏战，扼其吭而禽之，乘税掩击，金人败去。既而围淮阳，贼坚守不下，约曰："受围一日，则举一烽。"至是，六烽具举，兀术与刘猊皆至。世忠求援于张俊，俊以世忠有见吞意，不从。世忠勒阵向敌，遣人语之曰："锦衣骢马立阵前者,韩相公也。"或危之,世忠曰:"不如是,不足以致敌。"敌果至,杀其导战二人,遂引去。寻诏班师,复归楚州,淮阳之民,从而归者以万计。

三月,除京东、淮东宣抚处置使兼节制镇江府,仍楚州置司。四月,赐号"扬武翊运功臣",加横海、武宁、安化三镇节度使。九月,帝在平江,世忠自楚州来朝。

十月,边报急,刘光世欲弃庐州还太平,张俊亦请益兵。都督张浚曰:"今日之事,有进击,无退保。"于是世忠引兵渡淮,与金将讹里也力战。刘猊将寇淮东,为世忠兵扼,不得进。七年,筑高邮城,民益安之。

初,世忠移屯山阳,遣间结山东豪杰,约以缓急为应,宿州马秦及太行群盗,多愿奉约束者。金人废刘豫,中原震动,世忠谓机不可失,请全师北讨,招纳归附,为恢复计。会秦桧主和议,命世忠徙屯镇江。世忠言:"金人诡诈,恐以计缓我师,乞留此军蔽遮江、淮。"又力陈和议之非,愿效死节,率先迎敌;若不胜,从之未晚。又言王伦、蓝公佐交河南地界,乞令明具无反覆文状为后证。章十数上,皆慷慨激切,且请单骑诣阙面奏,帝率优诏褒答。后金果渝盟,咸如其言。

金使萧哲之来,以诏谕为名,世忠闻之,凡四上疏言:"不可许,愿举兵决战,兵势最重处,臣请当之。"又言:"金人欲以刘豫相待,举国士大夫尽为陪臣,恐人心离散,士气凋沮。"且请驰驿面奏,不许。既而伏兵洪泽镇,将杀金使,不克。

九年,授少师。十年,金人败盟,兀术率撒离曷、李成等破三京,分道深入。八月,世忠围淮阳,金人来救,世忠迎击于泇口镇,败之。又遣解元击金人于潭城,刘宝击于千秋湖,皆捷。亲随将成闵从统制许世安夺淮阳门而入,大战门内。世安中四矢,闵被三十余创,复夺门出。世忠奏其功,擢武德大夫,闵由是知名。世忠进太保,封英国公,兼河南北诸路招讨使。

十一年,兀术耻顺昌之败,复谋再入,诏大合兵于淮西以待。既而金败于柘皋，复围濠州。世忠受诏救濠，以舟师至招信县，夜以骑兵击金人于闻贤驿，败之。金人攻濠州，五日而破。破三日，世忠至，杨沂中军已南奔。世忠与金人战于淮岸，夜遣刘宝宝流将劫之，金人伐木塞赤龙洲，扼其归路，世忠知之，全师而还。金人自涡口渡淮北去，自是不复入侵。世忠在楚州十余年，兵仅三万，而金人不敢犯。

秦桧收三大将权，四月，拜枢密使，遂以所积军储钱百万贯，米九十万石，酒库十五归于国。世忠既不以和议为然，为桧所抑。及魏良臣使金，世忠又力言：“自此人情消弱，国势委靡，谁复振之？北使之来，乞与面议。”不许，遂抗疏言桧误国。桧讽言者论之，帝格其奏不下。世忠连疏乞解枢密柄，继上表乞骸。十月，罢为醴泉观使、奉朝请，进封福国公，节钺如故。自此杜门谢客，绝口不言兵，时跨驴携酒，从一二奚童，纵游西湖以自乐，平时将佐罕得见其面。

十二年，改潭国公。显仁皇后自金还，世忠诣临平朝谒。后在北方闻其名，慰问者良久。十三年，封咸安郡王。十七年，改镇南、武安、宁国节度使。二十一年八月薨，进拜太师，追封通义郡王。孝宗朝，追封蕲王，谥忠武，配飨高宗庙庭。

世忠初得疾，敕尚医视疗，将吏卧内问疾，世忠曰：“吾以布衣百战，致位王公，赖天之灵，保首领没于家，诸君尚哀其死邪？”及死，赐朝服、貂蝉冠、水银、龙脑以敛。

世忠尝戒家人曰：“吾名世忠，汝曹毋讳‘忠’字，讳而不言，是忘忠也。”性憨直，勇敢忠义，事关庙社，必流涕极言。岳飞冤狱，举朝无敢出一语，世忠独撄桧怒，语在《桧传》。又抵排和议，触桧尤多，或劝止之，世忠曰：“今畏祸苟同，他日瞑目，岂可受铁杖于太祖殿下？”时一二大将，多曲徇桧苟全，世忠与桧同在政地，一揖外未尝与谈。

嗜义轻财，锡赉悉分将士，所赐田输租与编户等。持军严重，与士卒同甘苦，器仗规画，精绝过人，今克敌弓、连锁甲、猨猊鍪，及跳涧以习骑，洞贯以习射，皆其遗法也。尝中毒矢入骨，以强弩括取之，十指仅全四，不能动，刀痕箭瘢如刻画。然知人善奖用，成闵、解元、王胜、王权、刘宝、岳超起行伍，秉将旄，皆其部曲云。解兵罢政，卧家凡十年，澹然自如，若未尝有权位者。晚喜释、老，自号清凉居士。子彦直、彦质、彦古，皆以才见用。彦古户部尚书。

彦直字子温。生期年，以父任补右承奉郎，寻直秘阁。六岁，从世忠入见高宗，命作大字，即拜命跪书“皇帝万岁”四字。帝喜之，拊其背曰：“他日，令器也。”亲解孝宗卝角之缡傅其首，赐金器、笔研、监书、鞍马。年十二，赐三品服。

绍兴十七年，中两浙转运司试。明年，登进士第，调太社令。二十一年，世忠薨，服除，秦桧素衔世忠不附和议，出彦直为浙东安抚司主管机宜文字。桧死，拜光禄寺丞。二十九年，迁屯田员外郎兼权右曹郎官、工部侍郎。张浚都督江、淮军马，檄权计议军事。督府罢，奉祠。

乾道二年，迁户部郎官、主管左曹，总领淮东军马钱粮。会大军仓给粮，径乘小舆往察之，给米不如数，捕吏置于理。初，代者以乏兴罢，交承，为缗钱仅二十万，明年奏计乃四倍，且以其赢献诸朝。帝嘉之。拜司农少卿，进直龙图阁、江西转运兼权知江州。

时朝廷还岳飞家资产多在九江，岁久业数易主，吏缘为奸。彦直搜剔隐匿，尽还岳氏。复为司农少卿，总领湖北、京西军马钱粮，寻兼发运副使。会时相不乐，密启换武，授利州观察使、知襄阳府，充京西南路安抚使。

七年，授鄂州驻扎御前诸军都统制。条奏军中六事，乞备器械、增战马、革滥赏、厉奇功、选勇略、充亲随等，朝廷多从之。先是，军中骑兵多不能步战，彦直命骑士被甲徒行，日六十里，虽统制官亦令以身帅之，人人习于劳苦，驰骋如飞，事闻，诏令三衙、江上诸军仿行之。

八年，丐归文班，乃授左中奉大夫，充敷文阁待制、知台州。丐祠养亲，提举佑神观、奉朝请。进对言：“顷自岳飞为帅，身居鄂渚，遥领荆襄，田师中继之，始分鄂渚为二军，乞复旧。"又乞并京西、湖北转运为一司，分官置司襄阳，可一事体，帝善之。迁刑部侍郎。

明年，兼工部侍郎，同列议：大辟三鞫之弗承，宜令以众证就刑，欲修立为令。彦直持不可，白丞相梁克家曰："若是，则善类被诬，必多冤狱。且笞杖之刑，犹引伏方决，况人命至重乎？"议卒格。以议夺吴名世改正过名不当，降两官。

会当遣使于金，在廷相顾莫肯先，帝亲择以往，闻命慨然就道。方入境，金使蒲察问接国书事，论难往复数十，蒲察理屈，因笑曰："尚书能力为主。"既至，几罹祸者数，守节不屈，金卒礼遣之，帝嘉叹。迁吏部侍郎，寻权工部尚书，复中大夫，改工部尚书兼知临安府。方控辞，以言罢，提举太平兴国宫，寻提举佑神观、奉朝请。

寻知湿州，首捕巨猾王永年穷治之，杖徙他州。奏免民间积逋，以郡余财代输之，然以累欠内帑坊场钱不发，镌一官。海寇出没大洋劫掠，势甚张，彦直授将领土豪等方略，不旬日，生禽贼首，海道为清。枢密奏功，进敷文阁学士，以弟彦质为两浙转运判官，引嫌易泉府。丐祠奉亲，差提举佑神观，仍奉朝请，特令佩鱼，示异数也。

入对，乞搜访靖康以来死节之士，以劝忠义。又上荐举乞选人已经关升、实历六考、无赃私罪犯者，杂试以经术法律，限其员额，定其高下，俾孤寒者得以自达，定为改官之制。又乞令州郡守臣任满日，开具本州实在财赋数目，具公移与交代者，并达台省，庶可核实，以戢奸弊，帝悉嘉纳。

淳熙十年夏旱，应诏言，迮者滥刑，为致旱之由。明年，入对，论三衙皆所以拱扈宸居，而司马乃远在数百里外，乞令归司。久之，再为户部尚书。会岁旱，乞广籴为先备。又乞追贬部曲曾诬陷岳飞者，以慰忠魂。以言降充敷文阁学士。帝追感世忠元勋，遣使谕彦直，且谓彦直有才力，言者诬之。彦直感泣奏谢。寻提举万寿观，有疾，帝赐之药。进显谟阁学士、提举万寿观。

尝撷宋朝事，分为类目，名《水心镜》，为书百六十七卷。礼部尚书尤袤修国史，白于朝，下取是书以进，光宗览之，称善。进经龙图阁学士、提举万寿观，转光禄大夫致仕。卒，特赠开府仪同三司，赐银绢九百，爵至蕲春郡公。

论曰：古人有言："天下安，注意相，天下危，注意将。"宋靖康建炎之际，天下安危之机也，勇略忠义如韩世忠而为将，是天以资宋之兴复也。方兀术渡江，惟世忠与之对阵，以间暇示之。及刘豫废，中原人心动摇，世忠请乘时进兵，此机何可失也？高宗惟奸桧之言是听，使世忠不得尽展其才，和议成而宋事去矣。暮年退居行都，口不言后，部曲旧将，不与相见，盖惩岳飞之事也。昔汉文帝思颇、牧于前代，宋有世忠而不善用，惜哉！

宋史卷三六五
列传第一二四

岳飞 子云

　　岳飞字鹏举，相州汤阴人。世力农。父和，能节食以济饥者。有耕侵其地，割而与之；贳其财者不责偿。飞生时，有大禽若鹄，飞鸣室上，因以为名。未弥月，河决内黄，水暴至，母姚抱飞坐瓮中，冲涛及岸得免，人异之。

　　少负气节，沈厚寡言，家贫力学，尤好《左氏春秋》、孙吴兵法。生有神力，未冠，挽弓三百斤，弩八石。学射于周同，尽其术，能左右射。同死，朔望设祭于其冢。父义之，曰：“汝为时用，其徇国死义乎。”

　　宣和四年，真定宣抚刘韐募敢战士，飞应募。相有剧贼陶俊、贾进和，飞请百骑灭之，遣卒伪为商入贼境，贼掠以充部伍。飞遣百人伏山下，自领数十骑逼贼垒。贼出战，飞阳北，贼来追之，伏兵起，先所遣卒擒俊及进和以归。

　　康王至相，飞因刘浩见，命招贼吉倩，倩以三百八十人降。补承信郎。以铁骑三百往李固渡尝敌，败之。从浩解东京围，与敌相持于滑南，领百骑习兵河上。敌猝至，飞麾其徒曰：“敌虽众，未知吾虚实，当及其未定击之。”乃独驰迎敌。有枭将舞刀而前，飞斩之，敌大败。迁秉义郎，隶留守宗泽。战开德、曹州皆有功，泽大奇之，曰：“尔勇智才艺，古良将不能过，然好野战，非万全计。”因授以阵图。飞曰：“阵而后战，兵法之常，运用之妙，存乎一心。”泽是其言。

康王即位，飞上书数千言，大略谓："陛下已登大宝，社稷有主，已足伐敌之谋，而勤王之师日集，彼方谓吾素弱，宜乘其怠击之。黄潜善、汪伯彦辈不能承圣意恢复，奉车驾日益南，恐不足系中原之望。臣愿陛下乘敌穴未固，亲率六军北渡，则将士作气，中原可复。"书闻，以越职夺官归。

诣河北招讨使张所，所待以国士，借补修武郎，充中军统领。所问曰："汝能敌几何？"飞曰："勇不足恃，用兵在先定谋，栾枝曳柴以败荆，莫敖采樵以致绞，皆谋定也。"所矍然曰："君殆非行伍中人。"飞因说之曰："国家都汴，恃河北以为固。苟冯据要冲，峙列重镇，一城受围，则诸城或挠或救，金人不能窥河南，而京师根本之地固矣。招抚诚能提兵压境，飞唯命是从。"所大喜，借补武经郎。

命从王彦渡河，至新乡，金兵盛，彦不敢进。飞独引所部鏖战，夺其纛而舞，诸军争奋，遂拔新乡。翌日，战侯兆川，身被十余创，士皆死战，又败之，夜屯石门山下，或传金兵复至，一军皆惊，飞坚卧不动，金兵卒不来。食尽，走彦壁乞粮，彦不许。飞引兵益北，战于太行山，擒金将拓跋耶乌。居数日，复遇敌，飞单骑持丈八铁枪，刺杀黑风大王，敌众败走。飞自知与彦有隙，复归宗泽，为留守司统制。泽卒，杜充代之，飞居故职。

二年，战胙城，又战黑龙潭，皆大捷。从闾勍保护陵寝，大战汜水关，射殪金将，大破其众。驻军竹芦渡，与敌相持，选精锐三百伏前山下，令各以薪刍交缚两束，夜半，爇四端而举之。金人疑援兵至，惊溃。

三年，贼黄善、曹成、孔彦舟等合众五十万，薄南薰门。飞所部仅八百，众惧不敌，飞曰："吾为诸君破之。"左挟弓、右运矛，横冲其阵，贼乱，大败之。又擒贼杜叔五、孙海于东明，借补英州刺史。王善围陈州，飞战于清河，擒其将孙胜、孙清，授真刺史。

杜充将还建康，飞曰："中原地尺寸不可弃，今一举足，此地非我有，他日欲复取之，非数十万众不可。"充不听，遂与俱归。师次铁路步，遇贼张用，至六合遇李成，与战，皆败之。成遣轻骑劫宪臣犒军银帛,飞进兵掩击之,成奔江西。时命充守建康,金人与成合寇乌江,充闭门不出。飞泣谏请视师,充竟不出。金人遂由马家渡渡江,充遣飞等迎战,王燮先遁,诸将皆溃,独飞力战。

会充已降金,诸将多行剽掠,惟飞军秋毫无所犯。兀术趋杭州,飞要击至广德境中,六战皆捷,擒其将王权,俘金军首领四十余。察其可用者,结以恩遣还,令夜斫营纵火,飞乘乱纵击,大败之。驻军钟村,军无见粮,将士忍饥,不敢扰民。金所籍兵相谓曰:"此岳爷爷军。"争来降附。

四年,兀术攻常州,宜兴令迎飞移屯焉。盗郭吉闻飞来,遁入湖,飞遣王贵、傅庆追破之,又遣辩士马皋、林聚尽降其众。有张威武者不从,飞单骑入其营,斩之。避地者赖以免,图飞像祠之。

金人再攻常州,飞四战皆捷;尾袭于镇江东,又捷;战于清水亭,又大捷,横尸十五里。兀术趋建康,飞设伏牛头山待之。夜,令百人黑衣混金营中扰之,金兵惊,自相攻击。兀术次龙湾,飞以骑三百、步兵二千驰至新城,大破之。兀术奔淮西,遂复建康。飞奏:"建康为要害之地,宜选兵固守,仍益兵守淮,拱护腹心。"帝嘉纳。兀术归,飞邀击于静安,败之。

诏讨戚方,飞以三千人营于苦岭。方遁,俄益兵来,飞自领兵千人,战数十合,皆捷。会张俊兵至,方遂降。范宗尹言张俊自浙西来,盛称飞可用,迁通、泰镇抚使兼知泰州。飞辞,乞淮南东路一重难任使,收复本路州郡,乘机渐进,使山东、河北、河东、京畿等路次第而复。

会金攻楚急,诏张俊援之。俊辞,乃遣飞行,而命刘光世出兵援飞。飞屯三墩为楚援,寻抵承州,三战三捷,杀高太保,俘酋长七十余人。光世等皆不敢前,飞师孤力寡,楚遂陷。诏飞还守通、泰,有旨可守即守,如不可,但于沙洲保护百姓,伺便掩击。飞以泰无险可恃,退保柴墟,战于南霸桥,金大败。渡百姓于沙上,飞以精骑二百殿,金兵不敢近。飞以泰州失守待罪。

绍兴元年,张俊请飞同讨李成。时成将马进犯洪州,连营西山。

飞曰："贼贪而不虑后，若以骑兵自上流绝生米渡，出其不意，破之必矣。"飞请自为先锋，俊大喜。飞重铠跃马，潜出贼右，突其阵，所部从之。进大败，走筠州。飞抵城东，贼出城，布阵十五里，飞设伏，以红罗为帜，上刺"岳"字，选骑二百随帜而前。贼易其少，薄之，伏发，贼败走。飞使人呼曰："不从贼者坐，吾不汝杀。"坐而降者八万余人。进以余卒奔成于南康。飞夜引兵至朱家山，又斩其将赵万。成闻进败，自引兵十余万来。飞与遇于楼子庄，大破成军，追斩进。成走蕲州，降伪齐。

张用寇江西，用亦相人，飞以书谕之曰："吾与汝同里，南薰门、铁路步之战，皆汝所悉。今吾在此，欲战则出，不战则降。"用得书曰："果吾父也。"遂降。

江、淮平，俊奏飞功第一，加神武右军副统制，留洪州，弹压盗贼，授亲卫大夫、建州观察使。建寇范汝为陷邵武，江西安抚李回檄飞分兵保建昌军及抚州，飞遣人以"岳"字帜植城门，贼望见，相戒勿犯。贼党姚达、饶青逼建昌，飞遣王万、徐庆讨擒之。升神武副军都统制。

二年，贼曹成拥众十余万，由江西历湖湘，据道、贺二州。命飞权知潭州，兼权荆湖东路安抚都总管，付金字牌、黄旗招成。成闻飞将至，惊曰："岳家军来矣。"即分道而遁。飞至茶陵，奉诏招之，成不从。飞奏："比年多命招安，故盗力强则肆暴，力屈则就招，苟不略加剿除，蜂起之众未可遽殄。"许之。

飞入贺州境，得成谍者，缚之帐下。飞出帐调兵食，吏曰："粮尽矣，奈何？"飞阳曰："姑反茶陵。"已而顾谍若失意状，顿足而入，阴令逸之。谍归告成，成大喜，期翌日来追。飞命士蓐食，潜趋绕岭，未明，已至太平场，破其寨。成据险拒飞，飞麾兵掩击，贼大溃。成走据北藏岭、上梧关，遣将迎战，飞不阵而鼓，士争奋，夺二隘据之。成又自桂岭置寨至北藏岭，连控隘道，亲以众十余万守蓬头岭。飞部才八千，一鼓登岭，破其众，成奔连州。飞谓张宪等曰："成党散去，追而杀之，则胁从者可悯，纵之则复聚为盗。今遣若等诛其酋而抚其众，慎勿妄杀，累主上保民之仁。”于是宪自贺、连，徐庆自邵、道，王贵自郴、桂，招降者二万，与飞会连州。进兵追成，成走宣抚司降。时以盛夏行师瘴地，抚循有方，士无一人死痢者，岭表平。授武安军承宣使，屯江州。甫入境，安抚李回檄飞捕剧贼马友、郝通、刘忠、李通、李宗亮、张式，皆平之。

　　三年春，召赴行在。江西宣谕刘大中奏：“飞兵有纪律，人恃以安，今赴行在，恐盗复起。”不果行。时虔、吉盗连兵寇掠循、梅、广、惠、英、韶、南雄、南安、建昌、汀、邵武诸郡，帝乃专命飞平之。飞至虔州，固石洞贼彭友悉众至雩都迎战，跃马驰突，飞麾兵即马上擒之，余酋退保固石洞。洞高峻环水，止一径可入。飞列骑山下，令皆持满，黎明，遣死士疾驰登山，贼众乱，弃山而下，骑兵围之。贼呼丐命，飞令勿杀，受其降。授徐庆等方略，捕诸郡余贼，皆破降之。初，以隆佑震惊之故，密旨令飞屠虔城。飞请诛首恶而赦胁从，不许；请至三四，帝乃曲赦。人感其德，绘像祠之。余寇高聚、张成犯袁州，飞遣王贵平之。

　　秋，入见，帝手书“精忠岳飞”字，制旗以赐之。授镇南军承宣使、江南西路沿江制置使，又改神武后军都统制，仍制置使，李山、吴全、吴锡、李横、牛皋皆隶焉。

　　伪齐遣李成挟金人入侵，破襄阳、唐、邓、随、郢诸州及信阳军，湖寇杨么亦与伪齐通，欲顺流而下，李成又欲自江西陆行，趋两浙与么会。帝命飞为之备。

　　四年，除兼荆南、鄂、岳州制置使。飞奏：“襄阳等六郡为恢复中原基本，今当先取六郡，以除心膂之病。李成远遁，然后加兵湖湘，以殄群盗。”帝以谕赵鼎，鼎曰：“知上流利害，无如飞者。”遂授黄、复州、汉阳军、德安府制置使。飞渡江中流，顾幕属曰：“飞不擒贼，不涉此江。”抵郢州城下，伪将京超号“万人敌”，乘城拒飞。飞鼓众而登，超投崖死，复郢州，遣张宪、徐庆复随州。飞趣襄阳，李成迎战，左临襄江，飞笑曰：“步兵利险阻，骑兵利平旷。成左列骑江岸，右列步平地，虽众十万何为。”举鞭指王贵曰：“尔以长枪步卒击其骑兵。"指牛皋曰:"尔以骑兵击其步卒。"合战,马应枪而毙,后骑皆拥入江,步卒死者无数,成夜遁,复襄阳。刘豫益成兵屯新野,飞与王万夹击之,连破其众。

飞奏:"金贼所爱惟子女金帛,志已骄惰;刘豫僭伪,人心终不忘宋。如以精兵二十万,直捣中原,恢复故疆,诚易为力。襄阳、随、郢地皆膏腴,苟行营田,其利为厚。臣候粮足,即过江北剿戮敌兵。"时方重深入之举,而营田之议自是兴矣。

进兵邓州,成与金将刘合孛堇列寨拒飞。飞遣王贵、张宪掩击,贼众大溃,刘合孛堇仅以身免。贼党高仲退保邓城,飞引兵一鼓拔之,擒高仲,复邓州。帝闻之,喜曰:"朕素闻岳飞行军有纪律,未知能破敌如此。"又复唐州、信阳军。

襄汉平,飞辞制置使,乞委重臣经画荆襄,不许。赵鼎奏:"湖北鄂、岳最为上流要害,乞令飞屯鄂、岳,不惟江西藉其声势,湖、广、江、浙亦获安妥。"乃以随、郢、唐、邓、信阳并为襄阳府路隶飞,飞移屯鄂,授清远军节度使、湖北路、荆、襄、潭州制置使,封武昌县开国子。

兀术、刘豫合兵围庐州,帝手札命飞解围,提兵趋庐,伪齐已驱甲骑五千逼城。飞张"岳"字旗与"精忠"旗,金兵一战而溃,庐州平。飞奏:"襄阳等六郡人户缺牛、粮,乞量给官钱,免官私逋负,州县官以招集流亡为殿最。"

五年,入觐,封母国夫人。授飞镇宁、崇信军节度使,湖北路、荆、襄、潭州制置使,进封武昌郡开国侯;又除荆湖南北、襄阳路制置使,神武后军都统制,命招捕杨么。飞所部皆西北人,不习水战,飞曰:"兵何常,顾用之何如耳。"先遣使招谕之。贼党黄佐曰:"岳节使号令如山,若与之敌,万无生理,不如往降。节使诚信,必善遇我。"遂降。飞表授佐武义大夫,单骑按其部,拊佐背曰:"子知逆顺者。果能立功,封侯岂足道?欲复遣子至湖中,视其可乘者擒之,可劝者招之,如何?"佐感泣,誓以死报。

时张浚以都督军事至潭,参政席益与浚语,疑飞玩寇,欲以闻。

浚曰："岳侯，忠孝人也，兵有深机，胡可易言？"益惭而止。黄佐袭周伦寨，杀伦，擒其统制陈贵等。飞上其功，迁武功大夫。统制任士安不禀王瓒令，军以此无功。飞鞭士安使饵贼，曰："三日贼不平，斩汝。"士安宣言："岳太尉兵二十万至矣。"贼见止士安军，并力攻之。飞设伏，士安战急，伏四起击贼，贼走。

会召浚还防秋，飞袖小图示浚，浚欲俟来年议之。飞曰："已有定画，都督能少留，不八日可破贼。"浚曰："何言之易？"飞曰："王四厢以王师攻水寇则难，飞以水寇攻水寇则易。水战我短彼长，以所短攻所长，所以难。若因敌将用敌兵，夺其手足之助，离其腹心之托，使孤立，而后以王师乘之，八日之内，当俘诸酋。"竣许之。

飞遂如鼎州。黄佐招杨钦来降，飞喜曰："杨钦骁悍，既降，贼腹心溃矣。"表授钦武义大夫，礼遇甚厚，乃复遣归湖中。两日，钦说余端、刘诜等降，飞诡骂钦曰："贼不尽降，何来也？"杖之，复令入湖。是夜，掩贼营，降其众数万。么负固不服，方浮舟湖中，以轮激水，其行如飞，旁置撞竿，官舟迎之辄碎。飞伐君山木为巨筏，塞诸港汊，又以腐水乱草浮上流而下，择水浅处，遣善骂者挑之，且行且骂。贼怒来追，则草木壅积，舟轮碍不行。飞亟遣兵击之，贼奔港中，为筏所拒。官军乘筏，张牛革以蔽矢石，举巨木撞其舟，尽坏。么投水，牛皋擒斩之。飞入贼垒，余酋惊曰："何神也！"俱降。飞亲行诸寨慰抚之，纵老弱归田，籍少壮为军，果八日而贼平。浚叹曰："岳侯神算也。"初，贼恃其险曰："欲犯我者，除是飞来。"至是，人以其言为谶。获贼舟千余，鄂渚水军为沿江之冠。诏兼蕲、黄制置使，飞以目疾乞辞军事，不许，加检校少保，进封公。还军鄂州，除荆湖南北、襄阳路招讨使。

六年，太行山忠义社梁兴等百余人，慕飞义率众来归。飞入觐，面陈："襄阳自收复后，未置监司，州县无以按察。"帝从之，以李若虚为京西南路提举兼转运、提刑，又令湖北、襄阳府路自知州、通判以下贤否，许飞得自黜陟。

张浚至江上会诸大帅，独称飞与韩世忠可倚大事，命飞屯襄阳,以窥中原,曰:"此君素志也。"飞移军京西,改武胜、定国军节度使,除宣抚副使,置司襄阳。命往武昌调军。居母忧,降制起复,飞扶榇还庐山,连表乞终丧,不许,累诏趣起,乃就军。又命宣抚河东,节制河北路。首遣王贵等攻虢州,下之,获粮十五万石,降其众数万。张俊曰:"飞措画甚大,今已至伊、洛,则太行一带山寨,必有应者。"飞遣杨再兴进兵至长水县,再战皆捷,中原响应。又遣人焚蔡州粮。

九月,刘豫遣子麟、犹分道寇淮西,刘光世欲舍庐州,张俊欲弃盱眙,同奏召飞以兵东下,欲使飞当其锋,而己得退保。张浚谓:"岳飞一动,则襄汉何所制?"力沮其议。帝虑俊、光世不足任,命飞东下。飞自破曹成、平杨幺,凡六年,皆盛夏行师,致目疾,至是,甚。闻诏即日启行,未至,麟败。飞奏至,帝语赵鼎曰:"刘麟败北不足喜,诸将知尊朝廷为可喜。"遂赐札,言:"敌兵已去淮,卿不须进发,其或襄、邓、陈、蔡有机可乘,从长措置。"飞乃还军。时伪齐屯兵窥唐州,飞遣王贵、董先等攻破之,焚其营。奏图蔡以取中原,不许。飞召贵等还。

七年,入见,帝从容问曰:"卿得良马否?"飞曰:"臣有二马,日啖刍豆数斗,饮泉一斛,然非精洁则不受。介而驰,初不甚疾,比行百里始奋迅,自午至酉,犹可二百里。褫鞍甲而不息不汗,若无事然。此其受大而不苟取,力裕而不求逞,远致之材也。不幸相继以死。今所乘者,日不过数升,而秣不择粟,饮不择泉,揽辔未安,踊踊疾驱,甫百里,力竭汗喘,殆欲毙然。此其寡取易盈,好逞易穷,驽驰之材也。"帝称善,曰:"卿今议论极进。"拜太尉,继除宣抚使兼营田大使。从幸建康,以王德、郦琼兵隶飞,诏谕德等曰:"听飞号令,如朕亲行。"

飞数见帝,论恢复之略。又手疏曰:"金人所以立刘豫于江南,盖欲荼毒中原,以中国攻中国,粘罕因得休兵观衅。臣欲陛下假臣月日,便则提兵趋京、洛,据河阳、陕府、潼关,以号召五路叛将。叛将既还,遣王师前进,彼必弃汴而走河北,京畿、陕右可以尽复。然后分兵浚、滑,经略两河,如此则刘豫成擒,金人可灭,社稷长久之计,实在此举。"帝答曰:"有臣如此,顾复何忧,进止之机,朕不中制。"又召至寝阁命之曰:"中兴之事,一以委卿。"命节制光州。

飞方图大举,会秦桧主和,遂不以德、琼兵隶飞。诏诣都督府与张浚议事,浚谓飞曰:"王德淮西军所服,浚欲以为都统,而命吕祉以督府参谋领之,如何?"飞曰:"德与琼素不相下,一旦握之在上,则必争。吕尚书不习军旅,恐不足服众。"浚曰:"张宣抚如何?"飞曰:"暴而寡谋,尤琼所不服。"浚曰:"然则杨沂中尔?"飞曰:"沂中视事等尔,岂能驭此军?"浚艴然曰:"固知非太尉不可。"飞曰:"都督以正问飞,不敢不尽其愚,岂以得兵为念耶?"即日上章乞解兵柄,终丧服,以张宪摄军事,步归,庐母墓侧。浚怒,奏以张宗元为宣抚判官,监其军。

帝累诏趣飞还职,飞力辞,诏幕属造庐以死请,凡六日,飞趋朝待罪,帝慰遣之。宗元还言:"将和士锐,人怀忠孝,皆飞训养所致。"帝大悦。飞奏:"比者寝阁之命,咸谓圣断已坚,何至今尚未决?臣愿提兵进讨,顺天道,因人心,以曲直为老壮,以逆顺为强弱,万全之效可必。"又奏:"钱塘僻在海隅,非用武地。愿陛下建都上游,用汉光武故事,亲率六军,往来督战。庶将士知圣意所向,人人用命。"未报而郦琼叛,浚始悔。飞复奏:"愿进屯淮甸,伺便击琼,期于破灭。"不许,诏驻师江州为淮、浙援。

飞知刘豫结粘罕,而兀术恶刘豫,可以间而动。会军中得兀术谍者,飞阳责之曰:"汝非吾军中人张斌耶?吾向遣汝至齐,约诱至四太子,汝往不复来。吾继遣人问,齐已许我,今冬以会合寇江为名,致四太子于清河。汝所持书竟不至,何背我耶?"谍冀缓死,即诡服。乃作蜡书,言与刘豫同谋诛兀术事,因谓谍曰:"吾今贷汝。"复遣至齐,问举兵期,邵股纳书,戒勿泄。谍归,以书示兀术,兀术大惊,驰白其主,遂废豫。飞奏:"宜乘废豫之际。捣其不备,长驱以取中原。"不报。

八年,还军鄂州。王庶视师江、淮,飞与庶书:"今年若不举兵,当纳节请闲。"庶甚壮之。秋,召赴行在,命诣资善堂见皇太子。飞退而喜曰:"社稷得人矣,中兴基业,其在是乎?"会金遣使将归河南地,飞言:"金人不可信,和好不可恃,相臣谋国不臧,恐贻后世讥。"桧衔之。

九年,以复河南,大赦。飞表谢,寓和议不便之意,有"唾手燕云,复仇报国"之语。授开府仪同三司,飞力辞,谓:"今日之事,可危而不可安;可忧而不可贺;可训兵饬士,谨备不虞,而不可论功行赏,取笑敌人。"三诏不受,帝温言奖谕,乃受。桧遣士伪谒诸陵,飞请以轻骑从洒扫,实欲观衅以伐谋。又奏:"金人无事请和,此必有肘腋之虞,名以地归我,实寄之也。"桧白帝止其行。

十年,金人攻拱、亳,刘锜告急,命飞驰援,飞遣张宪、姚政赴之。帝赐札曰:"设施之方,一以委卿,朕不遥度。"飞乃遣王贵、牛皋、董先、杨再兴、孟邦杰、李宝等,分布经略西京、汝、郑、颍昌、陈、曹、光、蔡诸郡;又命梁兴渡河,纠合忠义社,取河东、北州县。又遣兵东援刘锜,西援郭浩,自以其军长驱以阚中原。将发,密奏言:"先正国本以安人心,然后不常厥居,以示无忘复仇之意。"帝得奏,大褒其忠,授少保,河南府路、陕西、河东北路招讨使,寻改河南、北诸路招讨使。未几,所遣诸将相继奏捷。大军在颍昌,诸将分道出战,飞自以轻骑驻郾城,兵势甚锐。

兀术大惧,会龙虎大王议,以为诸帅易与,独飞不可当,欲诱致其师,并力一战。中外闻之,大惧,诏飞审处自固。飞曰:"金人伎穷矣。"乃日出挑战,且骂之。兀术怒,合龙虎大王、盖天大王与韩常之兵逼郾城。飞遣子云领骑兵直贯其阵,戒之曰:"不胜,先斩汝!"鏖战数十合,贼尸布野。

初,兀术有劲军,皆重铠,贯以韦索,三人为联,号"拐子马",官军不能当。是役也,以万五千骑来,飞戒步卒以麻札刀入阵,勿仰视,第斫马足。拐子马相连,一马仆,二马不能行,官军奋击,遂大败之。兀术大恸曰:"自海上起兵,皆以此胜,今已矣!"兀术益兵来,部将王刚以五十骑觇敌,遇之,奋斩其将。飞时出视战地,望见黄尘蔽天，自以四十骑突战，败之。

方郾城再捷，飞谓云曰："贼屡败，必还攻颍昌，汝宜速援王贵。"既而兀术果至，贵将游奕、云将背嵬战于城西。云以骑兵入百挺前决战，步军张左右翼继之，杀兀术婿夏金吾、副统军粘罕罕孛堇，兀术遁去。

梁兴会太行忠义及两河豪杰等，累战皆捷，中原大震。飞奏："兴等过河，人心愿归朝廷。金兵累败，兀术等皆令老少北去，正中兴之机。"飞进军朱仙镇，距汴京四十五里，与兀术对垒而阵，遣骁将以背嵬骑五百奋击，大破之，兀术遁还汴京。飞檄陵台令行视诸陵，葺治之。

先是，绍兴五年，飞遣梁兴等布德意，招结两河豪杰，山寨韦铨、孙谋等敛兵固堡，以待王师，李通、胡清、李宝、李兴、张恩、孙琪等举众来归。金人动息，山川险要，一时皆得其实。尽磁、相、开德、泽、潞、晋、绛、汾、隰之境，皆期日兴兵，与官军会。其所揭旗以"岳"为号，父老百姓争挽车牵牛，载糗粮以馈义军，顶盆焚香迎候者，充满道路。自燕以南，金号令不行，兀术欲签军以抗飞，河北无一人从者。乃叹曰："自我起北方以来，未有如今日之挫衄。"金帅乌陵思谋素号桀黠，亦不能制其下，但谕之曰："毋轻动，俟岳家军来即降。"金统制王镇、统领崔庆、将官李觊、崔虎、华旺等皆率所部降，以至禁卫龙虎大王下忔查千户高勇之属，皆密受飞旗榜，自北方来降。金将军韩常欲以五万众内附。飞大喜，语其下曰："直抵黄龙府，与诸君痛饮尔！"

方指日渡河，而桧欲画淮以北弃之，风台臣请班师。飞奏："金人锐气沮丧，尽弃辎重，疾走渡河，豪杰向风，士卒用命，时不再来，机难轻失。"桧知飞志锐不可回，乃先请张俊、杨沂中等归，而后言飞孤军不可久留，乞令班师。一日奉十二金字牌，飞愤惋泣下，东向再拜曰："十年之力，废于一旦。"飞班师，民遮马恸哭，诉曰："我等戴香盆、运粮草以迎官军，金人悉知之。相公去，我辈无噍类矣。"飞亦悲泣，取诏示之曰："吾不得擅留。"哭声震野，飞留五日以待其徙，从而南者如市，亟奏以汉上六郡闲田处之。

方兀术弃汴去，有书生叩马曰："太子毋走，岳少保且退矣。"兀术曰："岳少保以五百骑破吾十万，京城日夜望其来，何谓可守？"生曰："自古未有权臣在内，而大将能立功于外者，岳少保且不免，况欲成功乎？"兀术悟，遂留。飞既归，所得州县，旋复失之。飞力请解兵柄，不许，自庐入觐，帝问之，飞拜谢而已。

十一年，谍报金分道渡淮，飞请合诸帅之兵破敌。兀术、韩常与龙虎大王疾驱至庐，帝趣飞应援，凡十七札。飞策金人举国南来，巢穴必虚，若长驱京、洛以捣之，彼必奔命，可坐而敝。时飞方苦寒嗽，力疾而行。又恐帝急于退敌，乃奏："臣如捣虚，势必得利，若以为敌方在近，未暇远图，欲乞亲至蕲、黄，以议攻却。"帝得奏大喜，赐札曰："卿苦寒疾，乃为朕行，国尔忘身，谁如卿者？"师至庐州，金兵望风而遁。飞还兵于舒以俟命，帝又赐札，以飞小心恭谨、不专进退为得体。兀术破濠州，张俊驻军黄连镇，不敢进；杨沂中遇伏而败，帝命飞救之。金人闻飞至，又遁。

时和议既决，桧患飞异己，乃密奏召三大将论功行赏。韩世忠、张俊已至，飞独后，桧又用参政王次翁计，俟之六七日。既至，授枢密副使，位参知政事上，飞固请还兵柄。五月，诏同俊往楚州措置边防，总韩世忠军还驻镇江。

初，飞在诸将中年最少，以列校拔起，累立显功，世忠、俊不能平，飞屈己下之，幕中轻锐教飞勿苦降意。金人攻淮西，俊分地也，俊始不敢行，师卒无功。飞闻命即行，遂解庐州围，帝授飞两镇节，俊益耻。杨么平，飞献俊、世忠楼船各一，兵械毕备，世忠大悦，俊反忌之。淮西之役，俊以前途粮乏诉飞，飞不为止，帝赐札褒谕，有曰："转饷艰阻，卿不复顾。"俊疑飞漏言，还朝，反倡言飞逗遛不进，以乏饷为辞。至视世忠军，俊知世忠忤桧，欲与飞分其背嵬军，飞义不肯，俊大不悦。及同行楚州城，俊欲修城为备，飞曰："当戮力以图恢复，岂可为退保计？"俊变色。

会世忠军吏景著与总领胡纺言："二枢密若分世忠军，恐至生事。"纺上之朝,桧捕著下大理寺,将以扇摇诬世忠。飞驰书告以桧意,世忠见帝自明。俊于是大憾飞,遂倡言飞议弃山阳,且密以飞报世忠事告桧,桧大怒。

初,桧逐赵鼎,飞每对客叹息,又以恢复为己任,不肯附和议。读桧奏,至"德无常师,主善为师"之语,恶其欺罔,恚曰:"君臣大伦,根于天性,大臣忍面谩其主耶!"兀术遗桧书曰:"汝朝夕以和请,而岳飞方为河北图,必杀飞,始可和。"桧亦以飞不死,终梗和议,己必及祸,故力谋杀之。以谏议大夫万俟卨与飞有怨,风卨劾飞,又风中丞何铸、侍御史罗汝楫交章弹论,大率谓:"今春金人攻淮西,飞略至舒、蕲而不进,比与俊按兵淮上,又欲弃山阳而不守。"飞累章请罢枢柄,寻还两镇节,充万寿观使、奉朝请。桧志未伸也,又谕张俊令劫王贵、诱王俊诬告张宪谋还飞兵。

桧遣使捕飞父子证张宪事,使者至,飞笑曰:"皇天后土,可表此心。"初命何铸鞫之,飞裂裳以背示铸,有"尽忠报国"四大字,深入肤理。既而阅实无左验,铸明其无辜。改命万俟卨。卨诬:飞与宪书,令虚申探报以动朝廷,云与宪书,令措置使飞还军;且言其书已焚。

飞坐系两月,无可证者。或教卨以台章所指淮西事为言,卨喜白桧,簿录飞家,取当时御札藏之以灭迹。又逼孙革等证飞受诏逗遛,命评事元龟年取行军时日杂定之,傅会其狱。岁暮,狱不成,桧手书小纸付狱,即报飞死,时年三十九。云弃市。籍家资,徙家岭南。幕属于鹏等从坐者六人。

初,飞在狱,大理寺丞李若朴、何彦猷、大理卿薛仁辅并言飞无罪,卨俱劾去。宗正卿士𠋫请以百口保飞,卨亦劾之,窜死建州。布衣刘允升上书讼飞冤,下棘寺以死。凡傅成其狱者,皆迁转有差。

狱之将上也,韩世忠不平,诣桧诘其实,桧曰:"飞子云与张宪书虽不明,其事体莫须有。"世忠曰:"'莫须有'三字,何以服天下?"时洪皓在金国中,蜡书驰奏,以为金人所畏服者惟飞,至以父呼之,诸酋闻其死,酌酒相贺。

飞至孝,母留河北,遣人求访,迎归。母有痼疾,药饵必亲。母卒,水浆不入口者三日。家无姬侍。吴玠素服飞,愿与交欢,饰名姝遗之。飞曰:"主上宵旰,岂大将安乐时?"却不受,玠益敬服。少豪饮,帝戒之曰:"卿异时到河朔,乃可饮。"遂绝不饮。帝初为飞营第,飞辞曰:"敌未灭,何以家为?"或问天下何时太平,飞曰:"文臣不爱钱,武臣不惜死,天下太平矣。"

师每休舍,课将士注坡跳壕,皆重铠习之。子云尝习注坡,马踬,怒而鞭之。卒有取民麻一缕以束刍者,立斩以徇。卒夜宿,民开门愿纳,无敢入者。军号"冻死不拆屋,饿死不卤掠。"卒有疾,躬为调药;诸将远戍,遣妻问劳其家;死事者哭之而育其孤,或以子婚其女。凡有颁犒,均给军吏,秋毫不私。

善以少击众。欲有所举,尽召诸统制与谋,谋定而后战,故有胜无败。猝遇敌不动,故敌为之语曰:"撼山易,撼岳家军难。"张俊尝问用兵之术,曰:"仁、信、智、勇、严,缺一不可。"调军食,必蹙额曰:"东南民力,耗敝极矣。"荆湖平,募民营田,又为屯田,岁省漕运之半。帝手书曹操、诸葛亮、羊祜三事赐之。飞跋其后,独指操为奸贼而鄙之,尤桧所恶也。

张所死,飞感旧恩,鞠其子宗本,奏以官。李宝自楚来归,韩世忠留之,宝痛哭愿归飞,世忠以书来谂,飞复曰:"均为国家,何分彼此?"世忠叹服。襄阳之役,诏光世为援,六郡既复,光世始至,飞奏先赏光世军。好贤礼士,览经史,雅歌投壶,恂恂如书生。每辞官,必曰:"将士效力,飞何功之有?"然忠愤激烈,议论持正,不挫于人,卒以此得祸。

桧死,议复飞官。万俟卨谓金方愿和,一旦录故将,疑天下心,不可。及绍兴末,金益猖獗,太学生程宏图上书讼飞冤,诏飞家自便。初,桧恶岳州同飞姓,改为纯州,至是仍旧。中丞汪澈宣抚荆、襄,故部曲合辞讼之,哭声雷震。孝宗诏复飞官,以礼改葬,赐钱百万,求其后悉官之。建庙于鄂,号忠烈。淳熙六年,谥武穆。嘉定四年,追封鄂王。

　　五子:云、雷、霖、震、霆。

　　云,飞养子。年十二,从张宪战,多得其力,军中呼曰"赢官人"。飞征伐,未尝不与,数立奇功,飞辄隐之。每战,以手握两铁椎,重八十斤,先诸军登城。攻下随州,又攻破邓州,襄汉平,功在第一,飞不言。逾年,铨曹辨之,始迁武翼郎。杨么平,功亦第一,又不上。张浚廉得其实,曰:"岳侯避宠荣,廉则廉矣,未得为公也。"奏乞推异数,飞力辞不受。尝以特旨迁三资,飞辞曰:"士卒冒矢石立奇功,始沾一级,男云遽蹑崇资,何以服众?"累表不受。颍昌大战,无虑十数,出入行阵,体被百余创,甲裳为赤。以功迁忠州防御使,飞又辞;命带御器械,飞又力辞之。终左武大夫、提举醴泉观。死年二十三。孝宗初,与飞同复元官,以礼祔葬,赠安远军承宣使。

　　雷,忠训郎、阁门祗侯,赠武略郎。霖,朝散大夫、敷文阁待制,赠太中大夫。初,飞下狱,桧令亲党王会搜其家,得御札数箧,束之左藏南库,霖请于孝宗,还之。霖子珂,以淮西十五御札辨验汇次,凡出师应援之先后皆可考。嘉定间,为《吁天辩诬集》五卷、《天定录》二卷上之。

　　震,朝奉大夫、提举江南东路茶盐公事。霆,修武郎、阁门祗侯。

　　论曰:西汉而下,若韩、彭、绛、灌之为将,代不乏人,求其文武全器、仁智并施如宋岳飞者,一代岂多见哉。史称关云长通《春秋左氏》学,然未尝见其文章。飞北伐,军至汴梁之朱仙镇,有诏班师,飞自为表答诏,忠义之言,流出肺腑,真有诸葛孔明之风,而卒死于秦桧之手。盖飞与桧势不两立,使飞得志,则金仇可复,宋耻可雪;桧得志,则飞有死而已。昔刘宋杀檀道济,道济下狱,嗔目曰:"自坏汝万里长城!"高宗忍自弃其中原,故忍杀飞,呜呼冤哉!呜呼冤哉!

宋史卷三六六
列传第一二五

刘锜　吴玠　吴璘 子挺

刘锜字信叔,德顺军人,泸州军节度使仲武第九子也,美仪状,善射,声如洪钟。尝从仲武征讨,牙门水斛满,以箭射之,拔箭水注,随以一矢窒之,人服其精。宣和间,用高俅荐,特授阁门祗侯。

高宗即位,录仲武后,锜得召见,奇之,特授阁门宣赞舍人,差知岷州,为陇右都护。与夏人战屡胜,夏人儿啼,辄怖之曰:"刘都护来!"张浚宣抚陕西,一见奇其才,以为泾原经略使兼知渭州。浚合五路师溃于富平,慕洧以庆阳叛,攻环州。浚命锜救之,留别将守渭,自将救环。未几,金攻渭,锜留李彦琪捍洧,亲率精锐还救渭,已无及,进退不可,乃走德顺军。彦琪遁归渭,降金。锜贬秩知绵州兼沿边安抚。

绍兴三年复官,为宣抚司统制。金人攻拔和尚原,乃分守陕、蜀之地。会使者自蜀归,以锜名闻。召还,除带御器械,寻为江东路副总管。六年,权提举宿卫亲军。帝驻平江,解潜、王彦两军交斗,俱罢,命锜兼将之。锜因请以前护副军及马军,通为前、后、左、右、中军与游奕,凡六军,每军千人,为十二将。前护副军,即彦八字军也。于是锜始能成军,扈从赴金陵。七年,帅合肥。八年,戍京口。九年,擢果州团练使、龙神卫四厢都指挥使,主管侍卫马军司。

十年,金人归三京,充东京副留守,节制军马。所部八字军才三万七千人,将发,益殿司三千人,皆携其孥,将驻于汴,家留顺昌。锜自临安沂江绝淮，凡二千二百里。至涡口，方食，暴风拔坐帐，锜曰："此贼兆也，主暴兵。"即下令兼程而进，未至，五月，抵顺昌三百里，金人果败盟来侵。

锜与将佐舍舟陆行，先趋城中。庚寅，谍报金人入东京。知府事陈规见锜问计，锜曰："城中有粮，则能与君共守。"规曰："有米数万斛。"锜曰："可矣。"时所部选锋、游奕两军及老稚辎重，相去尚远，遣骑趣之，四鼓乃至。及旦得报，金骑已入陈。

锜与规议敛兵入城，为守御计，人心乃安。召诸将计事，皆曰："金兵不可敌也，请以精锐为殿，步骑遮老小顺流还江南。"锜曰："吾本赴官留司，今东京虽失，幸全军至此，有城可守，奈何弃之？吾意已决，敢言去者斩！"惟部将许清号"夜叉"者奋曰："太尉奉命副守汴京，军士扶携老幼而来，今避之走，易耳。然欲弃父母妻子则不忍；欲与偕行，则敌翼而攻，何所逃之？不如相与努力一战，于死中求生也。"议与锜合。锜大喜，凿舟沉之，示无去意。置家寺中，积薪于门，戒守者曰："脱有不利，即焚吾家，毋辱敌手也。"分命诸将守诸门，明斥堠，募土人为间探。于是军士皆奋，男子备战守，妇人砺刀剑，争呼跃曰："平时人欺我八字军，今日当为国家破贼立功。"

时守备一无可恃，锜于城上躬自督厉，取伪齐所造痴车，以轮辕埋城上；又撤民户扉，周匝蔽之；城外有民居数千家，悉焚之。凡六日粗毕，而游骑已涉颍河至城下。壬寅，金人围顺昌，锜豫于城下设伏，擒千户阿黑等二人，诘之，云："韩将军营白沙涡，距城三十里。"锜夜遣千余人击之，连战，杀虏颇众。既而三路都统葛王褒以兵三万，与龙虎大王合兵薄城。锜令开诸门，金人疑不敢近。

初，锜傅城筑羊马垣，穴垣为门。至是，与清等蔽垣为阵，金人纵矢，皆自垣端轶著于城，或止中垣上。锜用破敌弓翼以神臂、强弩，自城上或垣门射敌，无不中，敌稍却。复以步兵邀击，溺河死者不可胜计，破其铁骑数千。特授鼎州观察使、枢密副都承旨、沿淮制置使。

时顺昌受围已四日，金兵益盛，乃移寨于东村，距城二十里。锜

遣骁将阎充募壮士五百人，夜斫其营。是夕，天欲雨，电光四起，见
辫发者辄歼之。金兵退十五里。锜复募百人以往，或请衔枚，锜笑
曰："无以枚也。"命折竹为器，如市井儿以为戏者，人持一以为号，
直犯金营。电所烛则皆奋击，电止则匿不动，敌众大乱。百人者闻
吹声即聚，金人益不能测，终夜自战，积尸盈野，退军老婆湾。

兀术在汴闻之，即索靴上马，过淮宁留一宿，治战具，备糗粮，
不七日至顺昌。锜闻兀术至，会诸将于城上问策，或谓今已屡捷，宜
乘此势，具舟全军而归。锜曰："朝廷养兵十五年，正为缓急之用，况
已挫贼锋，军声稍振，虽众寡不侔，然有进无退。且敌营甚迩，而兀
术又来，吾军一动，彼蹑其后，则前功俱废。使敌侵轶两淮，震惊江、
浙，则平生报国之志，反成误国之罪。"众皆感动思奋，曰："惟太尉
命。"

锜募得曹成等二人，谕之曰："遣汝作间，事捷重赏，第如我言，
敌必不汝杀。今置汝绰路骑中，汝遇敌则佯坠马，为敌所得。敌帅
问我何如人，则曰：'太平边帅子，喜声伎，朝廷以两国讲好，使守东
京图逸乐耳。'"已而二人果遇敌被执，兀术问之，对如前。兀术喜
曰："此城易破耳。"即置鹅车炮具不用。翌日，锜登城，望见二人远
来，缒而上之，乃敌械成等归，以文书一卷击于械，锜惧惑军心，立
焚之。

兀术至城下，责诸将丧师，众皆曰："南朝用兵，非昔之比，元帅
临城自见。"锜遣耿训以书约战，兀术怒曰："刘锜何敢与我战，以吾
力破尔城，直用靴尖趯倒耳。"训曰："太尉非但请与太子战，且谓太
子必不敢济河，愿献浮桥五所，济而大战。"兀术曰："诺。"乃下令明
日府治会食。迟明，锜果为五浮桥于颍河上，敌由之以济。

锜遣人毒颍上流及草中，戒军士虽渴死，毋得饮于河者；饮，夷
其族。敌用长胜军严阵以待，诸酋各居一部。众请先击韩将军，锜
曰："击韩虽退，兀术精兵尚不可当，法当先击兀术。兀术一动，则余
无能为矣。"

时天大暑，敌远来疲敝，锜士气闲暇，敌昼夜不解甲，锜军皆番

休更食羊马垣下。敌人马饥渴，食水草者辄病，往往困乏。方晨气清凉，锜按兵不动，逮未、申间，敌力疲气索，忽遣数百人出西门接战。俄以数千人出南门，戒令勿喊，但以锐斧犯之。统制官赵撙、韩直身中数矢，战不肯已，士殊死斗，入其阵，刀斧乱下，敌大败。是夕大雨，平地水深尺余。乙卯，兀术拔营北去，锜遣兵追之，死者万数。

方大战时，兀术被白袍，乘甲马，以牙兵三千督战，兵皆重铁甲，号"铁浮图"；戴铁兜牟，周匝缀长檐。三人为伍，贯以韦索，每进一步，即用拒马拥之，人进一步，拒马亦进，退不可却。官军以枪标去其兜牟，大斧断其臂，碎其首。敌又以铁骑分左右翼，号"拐子马"，皆女真为之，号"长胜军"，专以攻坚，战酣然后用之。自用兵以来，所向无前；至是，亦为锜军所杀。战自辰至申，敌败，遽以拒马木障之，少休。城上鼓声不绝，乃出饭羹，坐饷战士如平时，敌披靡不敢近。食已，撤拒马木，深入斫敌，又大破之。弃尸毙马，血肉枕藉，车旗器甲，积如山阜。

初，有河北军告官军曰："我辈元是左护军，本无斗志，所可杀者两翼拐子马尔。"故锜兵力击之。兀术平日恃以为强者，什损七八，至陈州，数诸将之罪，韩常以下皆鞭之，乃自拥众还汴。捷闻，帝喜甚；授锜武泰军节度使、侍卫马军都虞侯、知顺昌府、沿淮制置使。

是役也，锜兵不盈二万，出战仅五千人。金兵数十万营西北，亘十五里，每暮，鼓声震山谷，然营中欢哗，终夜有声。金遣人近城窃听，城中肃然，无鸡犬声。兀术帐前甲兵环列，持烛照夜，其众分番假寐马上。锜以逸待劳，以故辄胜。时洪皓在燕密奏："顺昌之捷，金人震恐丧魄，燕之重宝珍器，悉徙而北，意欲损燕以南弃之。"故议者谓是时诸将协心，分路追讨，则兀术可擒，汴京可复；而王师亟还，自失机会，良可惜也。

七月，命为淮北宣抚判官，副杨沂中，破敌兵于太康县。未几，秦桧请令沂中还师镇江，锜还太平州，岳飞以兵赴行在，出师之谋寝矣。

十一年，兀术复签两河兵，谋再举。帝亦测知敌情，必不一挫遂已，乃诏大合兵于淮西以待之。金人攻庐、和二州，锜自太平渡江，抵庐州，与张俊、杨沂中会。而敌已大入，锜据东关之险以遏其冲，引兵出清溪，两战皆胜。行至柘皋，与金人夹石梁河而阵。河通巢湖，广二丈，锜命曳薪垒桥，须臾而成，遣甲士数队路桥卧枪而坐。会沂中、王德、田师中、张子盖之军俱至。

翌日，兀术以铁骑十万分为两隅，夹道而阵。德薄其右隅，引弓射一酋毙之，因大呼驰击，诸军鼓噪。金人以拐子马两翼而进。德率众鏖战，沂中以万兵各持长斧奋击之，敌大败；锜与德等追之，又败于东山。敌望见曰：“此顺昌旗帜也。”即退走。

锜驻和州，得旨，乃引兵渡江归太平州。时并命三帅，不相节制。诸军进退多出于张俊，而锜以顺昌之捷骤贵，诸将多嫉之。俊与沂中为腹心，而与锜有隙，故柘皋之赏，锜军独不与。

居数日，议班师，而濠州告急。俊与沂中、锜趋黄连埠援之，距濠六十里，而南城已陷。沂中欲进战，锜谓俊曰：“本救濠，今濠已失，不如退师据险，徐为后图。”诸将曰：“善。”三帅鼎足而营，或言敌兵已去，锜又谓曰：“敌得城而据退，必有谋也，宜严备之。”俊不从，命沂中与德将神勇步骑六万人，直趋濠州，果遇伏败还。

迟明，锜军至藕塘，则沂中军已入滁州，俊遽军已入宣化。锜军方食，俊遽至，曰：“敌兵已近，奈何？”锜曰：“杨宣抚兵安在？”俊曰：“已失利还矣。”锜语俊：“无恐，锜请以步卒御敌，宣抚试观之。”倚麾下皆曰：“两大帅军已渡，我军何苦独战？”锜曰：“顺昌孤城，旁无赤子之助，吾提兵不满二万，犹足取胜；况今得地利，又有锐兵邪？”遂设三覆以待之。俄而俊至，曰：“谍者妄也，乃戚方殿后之军尔。”锜与俊益不相下。

一夕，俊军士纵火劫锜军，锜擒十六人，枭首槊上，余皆逸。锜见俊，俊怒谓锜曰：“我为宣抚，尔乃判官，何得斩吾军？”锜曰：“不知宣抚军，但斩劫寨贼尔。”俊曰：“有卒归，言未尝劫寨。”呼一人出对。锜正色曰：“锜为国家将帅，有罪，宣抚当言于朝，岂得与卒伍对事?"长揖上马去。已，皆班师，俊、沂中还朝，每言岳飞不赴援，而锜战不力。秦桧主其说，遂罢宣抚判官，命知荆南府。岳飞奏留锜掌兵，不许，诏以武泰之节提举江州太平观。

锜镇荆南凡六年，军民安之。魏良臣言锜名将，不当久闲。乃命知潭州，加太尉，复帅荆南府。江陵县东有黄潭，建炎间，有司决水入江以御盗，由是夏秋涨溢，荆、衡间皆被水患。锜始命塞之，斥膏腴田数千亩，流民自占者几千户。诏锜遇大礼许奏文资，仍以其侄汜为江东路兵马副都监。

三十一年，金主亮调军六十万，自将南来，弥望数十里，不断如银壁，中外大震。时宿将无在者，乃以锜为江、淮、浙西制置使，节制逐路军马。八月，锜引兵屯扬州，建大将旗鼓，军容甚肃，观者叹息。以兵驻清河口，金人以毡裹船载粮而来，锜使善没者凿沉其舟。锜自楚州退军召伯镇，金人攻真州，锜引兵还扬州，帅刘泽以城不可守，请退军瓜洲。金万户高景山攻扬州，锜遣员琦拒于皂角林，陷围力战，林中伏发，大败之，斩景山，俘数百人。捷奏，赐金五百两、银七万两以犒师。

先是，金人议留精兵在淮东以御锜，而以重兵入淮西。大将王权不从锜节制，不战而溃，自清河口退师扬州，以舟渡真、扬之民于江之南，留兵屯瓜洲。锜病，求解兵柄，留其侄汜以千五百人塞瓜洲渡，又令李横以八千人固守。诏锜专防江，锜遂还镇江。

十一月，金人攻瓜洲，汜以克敌弓射却之。时知枢密院事叶义问督师江、淮，至镇江，见锜病剧，以李横权锜军。义问督镇江兵渡江，众皆以为不可，义问强之。汜固请出战，锜不从，汜拜家庙而行。金人以重兵逼瓜洲，分兵东出江皋，逆趋瓜洲。汜先退，横以孤军不能当，亦却，失其都统制印，左军统制魏友、后军统制王方死之，横、汜仅以身免。

方诸军渡江而北也，锜使人持黄、白帜登高山望之，戒之曰："贼至举白帜，合战举二帜，胜则举黄帜。"是日二帜举，逾时，锜曰："黄帜久不举，吾军殆矣。"锜愤懑，病益甚。都督府参赞军事虞允文自采石来,督舟师与金人战。允文过镇江,谒锜问疾。锜执允文手,曰:"疾何必问。朝廷养兵三十年,一技不施,而大功乃出一儒生,我辈愧死矣!"

召诣阙,提举万寿观。锜假都亭驿居之。金之聘使将至,留守汤思退除馆以待,遣黄衣谕锜徙居别试院,锜疑汜累己,常惧有后命。三十二年闰二月,锜发怒,呕血数升而卒。赠开府仪同三司,赐其家银三百两,帛三百匹。后谥武穆。

锜慷慨深毅,有儒将风。金主亮之南也,下令有敢言锜姓名者,罪不赦。杖举南朝诸将,问其下孰敢当者,皆随姓名其答如响,至锜,莫有应者。金主曰:"吾自当之。"然锜卒以病不能成功。世传锜通阴阳家行师所避就,锜在扬州,命尽焚城外居屋,用石灰尽白城壁,书曰:"完颜亮死于此。"金主多忌,见而恶之,遂居龟山,人众不可容,以致是变云。

吴玠字晋卿,德顺军陇干人。父葬永洛城,因徙焉。少沉毅有志节,知兵善骑射,读书能通大义。未冠,以良家子隶泾原军。政和中,夏人犯边,以功补进义副尉,稍擢队将。从讨方腊,破之;及击河北群盗,累功权泾原第十将。靖康初,夏人攻怀德军,玠以百余骑追击,斩首百四十级,擢第二副将。

建炎二年春,金人渡河,出大庆关,略秦雍,谋趋泾原。都统制曲端守麻务镇,命玠为前锋,进据青溪岭,逆击,大破之,追奔三十里,金人始有惮意。权泾原路兵马都监兼知怀德军。金人攻延安府,经略使王庶召曲端进兵,端驻邠州不赴,且曰:"不如荡其巢穴,攻其必救。"端遂攻蒲城,命玠攻华州,拔之。

三年冬,剧贼史斌寇汉中,不克,引兵欲取长安,曲端命玠击斩之,迁忠州刺史。宣抚处置使张浚巡关陕,参议军事刘子羽诵玠兄弟才勇,浚与玠语,大悦,即授统制,弟璘掌帐前亲兵。

四年春,升泾原路马步军副总管。金帅娄宿与撒离喝长驱入关,端遣玠拒于彭原店,而拥兵邠州为援。金兵来攻,玠击败之,撒离喝惧而泣，金军中目为"啼哭郎君。"金人整军复战，玠军败绩。端退屯泾原，劾玠违节度，降武显大夫，罢总管，复知怀德军。张浚惜玠才，寻以为秦凤副总管兼知凤翔府。时兵火之余，玠劳来安集，民赖以生。转忠州防御使。

九月，浚合五路兵，欲与金人决战，玠言宜各守要害，须其弊而乘之。及次富平，都统制又会诸将议战，玠曰："兵以利动，今地势不利，未见其可。宜择高阜据之，使不可胜。"诸将皆曰："我众彼寡，又前阻苇泽，敌有骑不得施，何用他徙？"已而敌骤至，舆柴囊土，藉淖平行，进薄玠营。军遂大溃，五路皆陷，巴蜀大震。

玠收散卒保散关东和尚原，积粟缮兵，列栅为死守计。或谓玠宜退屯汉中，扼蜀口以安人心。玠曰："我保此，敌决不敢越我而进，坚壁临之，彼惧吾蹑其后，是所以保蜀也。"玠在原上，凤翔民感其遗惠，相与夜输刍粟助之。玠偿以银帛，民益喜，输者益多。金人怒，伏兵渭河邀杀之，且令保伍连坐；民冒禁如故，数年然后止。

绍兴元年，金将没立自凤翔，别将乌鲁折合自阶、成出散关，约日会和尚原。乌鲁折合先期至，阵北山索战，玠命诸将坚阵待之，更战迭休。山谷路狭多石，马不能行，金人舍马步战，大败，移寨黄牛，会大风雨雹，遂遁去。没立方攻箭筈关，玠复遣将击退之，两军终不得合。

始，金人之入也，玠与璘以散卒数千驻原上，朝问隔绝，人无固志。有谋劫玠兄弟北去者，玠知之，召诸将歃血盟，勉以忠义。将士皆感泣，愿为用。张浚录其功，承制拜明州观察使。居母丧，起复，兼陕西诸路都统制。

金人自起海角，狃常胜，及与玠战辄北，愤甚，谋必取玠。娄宿死，兀术会诸道兵十余万，造浮梁跨渭，自宝鸡结连珠营，垒石为城，夹涧与官军拒。十月，攻和尚原。玠命诸将选劲弓强弩，分番迭射，号"驻队矢"，连发不绝，繁如雨注。敌稍却，则以奇兵旁击，绝其粮道。度其困且走，设伏于神岔以待。金兵至，伏发，众大乱。纵兵夜击，大败之。兀术中流矢，仅以身免。张浚承制以玠为镇西军节度使,璘为泾原路马步军副总管。兀术既败,遂自河东归燕山。复以撒离喝为陕西经略使,屯凤翔,与玠相持。

二年,命玠兼宣抚处置使司都统制,节制兴、文、龙三州。金久窥蜀,以玠驻兵和尚原扼其冲,不得逞,将出奇取之。时玠在河池,金人用叛将李彦琪驻秦州,睨仙人关以缀玠;复令游骑出熙河以缀关师古,撒离喝自商于直捣上津。三年正月,取金州。二月,长驱趋洋、汉,兴元守臣刘子羽急命田晟守饶风关,以驿书招玠入援。

玠自河池日夜驰三百里,以黄柑遗敌曰:"大军远来,聊用止渴。"撒离喝大惊,以杖击地曰:"尔来何速耶!"遂大战饶风岭。金人被重铠,登山仰攻。一人先登则二人拥后,先者既死,后者代攻。玠军弓弩乱发,大石摧压,如是者六昼夜,死者山积而敌不退。募敢死士,人千银,得士五千,将夹攻。会玠小校有得罪奔金者,导以祖溪间路,出关背,乘高以阚饶风。诸军不支,遂溃,玠退保西县。敌入兴元,刘子羽退保三泉,筑潭毒山以自固,玠走三泉会之。

未几,金人北归,玠急遣兵邀于武休关,掩击其后军,堕涧死者以千计,尽弃辎重去。金人始谋,本谓玠在西边,故道险东来,不虞玠驰至。虽入三郡,而失不偿得。进玠检校少保,充利州路、阶成、凤州制置使。

四年二月,敌复大入,攻仙人关。先是,璘在和尚原,饷馈不继,玠又谓其地去蜀远,命玠弃之,经营仙人关右杀金平,创筑一垒,移原兵守之。至是,兀术、撒离喝及刘夔率十万骑入侵,自铁山凿崖开道,循岭东下。玠以万人当其冲。玠率轻兵由七方关倍道而至,与金兵转战七昼夜,始得与玠合。

敌首攻玠营,玠击走之。又以云梯攻垒壁,杨政以撞竿碎其梯,以长矛刺之。玠拔刀画地,谓诸将曰:"死则死此,退者斩!"金分军为二,兀术阵于东,韩常阵于西,玠率锐卒介其间,左萦右绕,随机而发,战久,玠军少惫,急屯第二隘。金生兵踵至,人被重铠,铁钩相连,鱼贯而上。玠以驻队矢迭射,矢下如雨,死者层积,敌践而登。撒离喝驻马四视曰:"吾得之矣。"翌日,命攻西北楼,姚仲登楼酣战,楼倾，以帛为绳，挽之复正。金人用火攻楼，以酒缶扑灭之。玠急遣统领田晟以长刀大斧左右击，明炬四山，震鼓动地。明日，大出兵。统领王喜、王武率锐士，分紫、白旗入金营，金阵乱。奋击，射韩常，中左目，金人始宵遁。玠遣统制官张彦劫横山寨，王俊伏河池扼归路，又败之。以郭震战不力，斩之。是役也，金自元帅以下，皆携孥来。刘夔乃豫之腹心。本谓蜀可图，既不得逞，度玠终不可犯，则还据凤翔，授甲士田，为久留计，自是不妄动。

捷闻，授玠川、陕宣抚副使。四月，复凤、秦、陇三州。七月，录仙人关功，拜检校少师、奉宁、保定军节度使，璘自防御使升定国军承宣使，杨政以下迁秩有差。六年，兼营田大使，易保平、静难节。七年，遣裨将马希仲攻熙州，败绩，又失巩州，玠斩之。

玠与敌对垒且十年，常苦远饷劳民，屡汰冗员，节浮费，益治屯田，岁收至十万斛。又调戍兵，命梁、洋守将治褒城废堰，民知灌溉可恃，愿归业者数万家。九年，金人请和。帝以玠功高，授特进、开府仪同三司，迁四川宣抚使，陕西阶、成等州皆听节制。遣内侍奉亲札以赐，至则玠病已甚，扶掖听命。帝闻而忧之，命守臣就蜀求善医，且饬国工驰视，未至，玠卒于仙人关，年四十七。赠少师，赐钱三十万。

玠善读史，凡往事可师者，录置座右，积久，墙牖皆格言也。用兵本孙、吴，务远略，不求小近利，故能保必胜。御下严而有恩，虚心询受，虽身为大将，卒伍至下者得以情达，故士乐为之死。选用将佐，视劳能为高下先后，不以亲故、权贵挠之。

玠死，胡世将问玠所以制胜者，璘曰：“璘从先兄有事西夏，每战，不过一进却之顷，胜负辄分。至金人，则更进迭退，忍耐坚久，令酷而下必死，每战非累日不决，胜不遽追，败不至乱。盖自昔用兵所未尝见，与之角逐滋久，乃得其情。盖金人弓矢，不若中国之劲利；中国士卒，不及金人之坚耐。吾常以长技洞重甲于数百步外，则其冲突固不能相及。于是选据形便，出锐卒更迭挠之，与之为无穷，使不得休暇，以沮其坚忍之势。至决机于两阵之间，则璘有不能言者。"

晚节颇多嗜欲,使人渔色于成都,喜饵丹石,故得咯血疾以死。方富平之败,秦凤皆陷,金人一意睨蜀,东南之势亦棘,微玠身当其冲,无蜀久矣。故西人至今思之。谥武安,作庙于仙人关,号思烈。淳熙中,追封涪王。子五人:拱、扶、扐、扩、摠。拱亦握兵云。

吴璘字唐卿,玠弟也。少好骑射,从玠攻战,积功至阁门宣赞舍人。绍兴元年,箭筈关之战,断没立与乌鲁折合兵,使不得合,金人遁,璘功居多,超迁统制和尚原军马,于是玠驻师河池,璘专守原。及兀术大入,玠兄弟以死守之。敌阵分合三十余,璘随机而应,至神坌伏发,金兵大败,兀术中流矢遁。张浚承制以璘为泾原路马步军副都总管,升康州团练使。

三年,迁荣州防御使、知秦州,节制阶、文。是岁,玠败于祖溪岭,时璘犹在和尚原,玠命璘弃原别营仙人关,以防金人深入。四年,兀术、撒离喝果以大兵十万至关下,璘自武、阶路入援。先以书抵玠,谓杀金平地阔远,前阵散漫,须后阵阻隘,然后可以必胜。玠从之,急修第二隘。璘冒围转战,会于仙人关。敌果极力攻第二隘,诸将有请别择形胜以守者,璘奋曰:"兵方交而退,是不战而走也,吾度此敌去不久矣,诸君第忍之。"震鼓易帜,血战连日。金兵大败,二酋自是不敢窥蜀者数年。

露布献捷,迁定国军承宣使、熙河兰廓路经略安抚使、知熙州。六年,新置行营两护军,璘为左护军统制。九年,升都统制,寻除秦凤路经略安抚使、知秦州。玠卒,授璘神龙、卫四厢都指挥使。

时金人废刘豫,归河南、陕西地。楼照使陕,以便宜欲命三帅分陕而守,以郭浩帅鄜延,杨政帅熙河,璘帅秦凤,欲尽移川口诸军于陕西。璘曰:"金人反覆难信,惧有他变。今我移军陕右,蜀口空虚,敌若自南山要我陕右军,直捣蜀口,我不战自屈矣。当且依山为屯,控其要害,迟其情见力疲,渐图进据。"照从之,命璘与杨政两军屯内地保蜀,郭浩一军屯延安以守陕。

　　既而胡世将以四川制置权宣抚司事，至河池，璘见之曰："金大兵屯河中府，止隔大庆一桥尔，骑兵疾驰，不五日至川口。吾军远在陕西，缓急不可追集，关隘不葺，粮运断绝，此存亡之秋也。璘家族固不足恤，如国事何！"时朝廷恃和忘战，欲废仙人关。于是世将抗奏谓："当外固欢和，内修守御。今日分兵，当使陕、蜀相接，近兵官贺仔谍知撒离喝密谋曰：'要入蜀不难，弃陕西不顾，三五岁南兵必来主之，道路吾已熟知，一发取蜀必矣。'敌情如是，万一果然，则我当为伐谋之备，仙人关未宜遽废，鱼关仓亦宜积粮。"于是璘仅以牙校三队赴秦州，留大军守阶、成山寨，戒诸将毋得撤备。世将寻真除宣抚，置司河池。

　　十年，金人败盟，诏璘节制陕西诸路军马。撒离喝渡河入长安，趋凤翔，陕右诸军隔在敌后，远近震恐。时杨政在巩，郭浩在鄜延，惟璘随世将在河池。世将急召诸将议，惟泾原帅田晟与杨政同至，参谋官孙渥谓河池不可守，欲退保仙人原，璘厉声折之曰："懦语沮军，可斩也！璘请以百口保破敌。"世将壮之，指所居帐曰："世将誓死于此！"乃遣渥之泾原，命田晟以三千人迎敌。璘又遣姚仲拒于石壁寨，败之。诏同节制陕西诸路军马。

　　璘以书遗金将约战，金鹘眼郎君以三千骑冲璘军，璘使李师颜以骁骑击走之。鹘眼入扶风，复攻拔之，获三将及女真百十有七人。撒离喝怒甚，自战百通坊，列阵二十里。璘遣姚仲力战破之，授镇西军节度使，升侍卫步军都虞候。十一年，与金统军胡盏战剡家湾，败之，复秦州及陕右诸郡。

　　初，胡盏与习不祝合军五万屯刘家圈，璘请讨之。世将问策安出，璘曰："有新立垒阵法：每战，以长枪居前，坐不得起；次最强弓，次强弩，跪膝以俟；次神臂弓。约贼相搏至百步内，则神臂先发；七十步，强弓并发；次阵如之。凡阵，以拒马为限，铁钩相连，俟其伤则更代。遇更代则以鼓为节。骑，两翼以蔽于前，阵成而骑退，谓之'垒阵'。诸将始犹窃议曰："吾军其歼于此乎？"璘曰："此古束伍令也，军法有之，诸君不识尔。得车战余意，无出于此，战士心定则能持满,敌虽锐,不能当也。”及与二酋遇,遂用之。

二酋老于兵,据险自固,前临峻岭,后控腊家城,谓我必不敢轻犯。先一日,璘会诸将问所以攻,姚仲曰:“战于山上则胜,山下则败。”璘以为然,乃告敌请战,敌笑之。璘夜半遣仲及王彦衔枚截坡,约二将上岭而后发火。二将至岭,寂无人声,军已毕列,万炬齐发。敌骇愕曰:“吾事败矣。”习不祝善谋,胡盏善战,二酋异议。璘先以兵挑之,胡盏果出鏖战。璘以叠阵法更休迭战,轻裘驻马麾麾之,士殊死斗,金人大败。降者万人,胡盏走保腊家城,璘围而攻之。城垂破,朝廷以驿书诏璘班师,世将浩叹而已。明年,竟割和尚原以与敌。撤戍割地,皆秦桧主之也。

十二年,入觐,拜检校少师,阶、成、岷、凤四州经略使,赐汉中田五十顷。十四年,朝议析利州路为东西路,以璘为西路安抚使,治兴州,阶、成、和、凤、文、龙、兴七州隶焉。时和议方坚,而璘治军经武,常如敌至。十七年,徙奉国军节度使,改行营右护军为御前诸军都统制,安抚使如故。二十一年,以守边安静,拜少保。二十六年,领兴州驻札御前诸军都统制职事,改判兴州。渡江以来未有使相为都统制者,时璘已为开府仪同三司,故改命之。

三十一年,金主亮叛盟,拜四川宣抚使。秋,亮渡淮,遣合喜为西元帅,以兵扼大散关,游骑攻黄牛堡。璘即肩舆上杀金平,驻军青野原,益调内郡兵分道而进,授以方略。制置使王刚中来会璘计事,璘寻移檄契丹、西夏及山东、河北,声金人罪以致讨。未几,兼陕西、河东诏讨使。璘以病还兴州,总领王之望驰书告执政,谓璘多病,猝有缓急,蜀势必危。请移璘侄京襄帅拱归蜀,以助西师。凡五书未报。璘已力疾,复上仙人关。

三十二年,璘遣姚仲取巩,王彦屯商、虢、陕、华,惠逢取熙河。或久攻不下,或既得复失,竟无成功。金人据大散关六十余日,相持不能破。仲舍巩攻德顺已逾四旬,璘以知夔州李师颜代之,遣子挺节制军马。挺与敌战于瓦亭,败之。璘自将至城下,守陴者闻呼“相公来”,观望咨嗟,矢不忍发。璘按行诸屯,预治黄河战地,斩不用命者,先以数百骑尝敌。敌一鸣鼓,锐士空壁出突璘军。璘军得先治地,无不一当十。至暮,璘忽传呼"某将战不力",人益夺膊,敌大败,遁入壁。黎明,师再出,敌坚壁不动。会天大风雷,金人拔营去,凡八日而克。璘入城,市不改肆,父老拥马迎拜不绝。璘寻还河池。

四月,原州受围,璘命姚仲以德顺之兵往援,璘自趋凤翔视师。诸将虽力战,敌攻益急,增至七万。五月,仲与敌战于原州之北岭,仲败绩。初,仲自德顺至原,由九龙泉上北岭,令诸军持满引行。以庐士敏兵为前阵,所统军六千为四阵,姚志兵为后拒。随地便利以列,与敌鏖战,开合数十。会辎重队随阵乱行,敌兵冲之,军遂大溃,失将三十余人。始,璘出师,王之望尝言:"此行士卒锐气,不及前时,仲年来数奇,不可委以要地。"及仲至原,璘亦贻仲书,谓原围未即解,且还德顺。书未达而仲败,璘亦无功还。寻夺仲兵,欲斩之,或劝而止,械系河池狱。

孝宗受禅,赐璘札,命兼陕西、河东路宣抚招讨使。璘策金人必再争德顺,亟驰赴城下,而完颜悉烈等兵十余万果来攻。万户豁豁复领精兵自凤翔继至。璘筑堡东山以守,敌极力争之,杀伤大半,终不能克。时议者以为兵宿于外,去川口远,恐敌袭之,欲弃三路。遂诏璘退师。敌乘其后,璘将士死亡者甚众,三路复为敌有。拜少传。隆兴二年冬,金人侵岷州,璘提兵至祁山,金人闻之,退师,遣使来告曰:"两国已讲和矣。"会诏至,俱解去。

沈介为四川安抚、制置使,与璘议不协,兵部侍郎胡铨上书,语颇及璘。璘抗章请朝,上亲札报可。未半道,请罢宣抚使及致仕,皆不允。乾道元年诣阙,遣中使劳问,召对便殿,许朝德寿宫。高宗见璘,欢曰:"朕与卿,老君臣也,可数入见。"璘顿首谢。两宫存劳之使相踵,又命皇子入竭。拜太傅,封新安郡王。越数日,诏仍领宣抚使,改判兴元府。及还镇,两宫宴饯甚宠。璘入辞德寿宫,泣下。高宗亦为之怅然,解所佩刀赐之,曰:"异时思朕,视此可矣。"

璘至汉中,修复褒城古堰,溉田数千顷,民甚便之。三年,卒,年六十六。赐太师,追封信王。上震悼,辍视朝两日,赙赠加等。高宗复赐银千两。初，璘病笃，呼幕客草遗表，命直书其事曰："愿陛下毋弃四川，毋轻出兵。"不及家事，人称其忠。

璘刚勇，喜大节，略苛细，读史晓大义。代兄为将，守蜀余二十年，隐然为方面之重，威名亚于玠。高宗尝问胜敌之术，璘曰："弱者出战，强者继之。"高宗曰："此孙膑三驷之法，一败而二胜也。"

尝著兵法二篇，大略谓："金人有四长，我有四短，当反我之短，制彼之长。四长：曰骑兵，曰坚忍，曰重甲，曰弓矢。吾集蕃汉所长，兼收而并用之，以分队制其骑兵；以番休迭战制其坚忍；制其重甲，则劲弓强弩；制其弓矢，则以远克近，以强制弱。布阵之法，则以步军为阵心、左右翼，以马军为左右肋，拒马布两肋之间；至帖拨增损之不同，则系乎临机。"知兵者取焉。

王刚中尝谈刘锜之美，璘曰："信叔有雅量、无英概，天下雷同誉之，恐不能当逆亮，璘窃忧之。"刚中不以为然，锜果无功，以忧愤卒。璘选诸将率以功。有荐才者，璘曰："兵官非尝试，难知其才。以小善进之，则侥幸者获志，而边人宿将之心息矣。"子挺。

挺字仲烈，以门功补官。从璘为中郎将，部西兵诣行在。高宗问西边形势、兵力与战守之宜，挺占对称旨，超授右武郎、浙西都监兼御前祗候，赐金带。寻差利路钤辖，改利州东路前军同统制，继改西路。

绍兴三十一年，金人渝盟，璘以宣抚使总三路兵御之，挺愿自力军前，璘以为中军统制。王师既复秦州，金将合喜字董介叛将张中彦以兵来争，挺破其治平寨。已而南市城贼亦掎角为援，转战竟日。挺令前军统制梅彦麾众直据城门，众弗喻，彦亦惧力不敌。挺督之，彦出兵殊死战，挺率背嵬骑尽易黄旗绕出敌后，凭高突之。敌哗曰："黄旗儿至矣！"遂惊败。挺不自为功，状彦第一，士颇多之。璘亦引嫌，并匿其功。擢荣州刺史，寻拜熙河经略、安抚使。

明年，挺被檄与都统制姚仲率东西路兵攻德顺。金左都监空平凉之众以援合喜，又遣精兵数万自凤翔来会。仲驻军六盘，挺独趋瓦亭，身冒矢石，众从之。金人舍骑操短兵奋斗，挺遣别将尽夺其马，金众遂溃。挺勒兵追之，擒千户耶律九斤、孛堇等百三十七人。

金人惩前衄，悉兵趋德顺。璘自秦州来督师，先壁于险，且治夹河战地。金人果大至，挺诱致之，至所治战地，盛兵麾之，敌不能支，一夕遁去。巩州久不下，挺以选锋至城下，诸将咸曰："西北坡陀地易攻，若分兵各当一面，宜得利。"挺曰："西北虽卑而土坚，东南并河多沙善圮。且兵分则少，以少当坚城，可得而下乎？"乃命悉众击东南陬。不二日，楼橹俱尽。夜半，其将雷千户约降，黎明，城破。以功授团练使，又以瓦亭功授郢州防御使。

孝宗即位，加璘兼陕西、河东路招讨宣抚使。璘虑敌必再争德顺，至自河池，金人果合兵十余万列栅以拒。有大酋引骑数千睨东山，璘命挺领骑迎击，却之。遂据东山，筑堡以守。敌不能争，乃益修攻具，为大车匿战士其中，将填隍而进。挺命抡大木植中道，车至不得前。拜武昌军承宣使，寻加龙神卫四厢都指挥使、熙河路经略安抚使中军统制，时年二十五。会朝廷主议和，诏西师解严，父子遂旋军。

乾道元年，升本军都统制。三年，以父命入奏，拜侍卫亲步军指挥使，节制兴州军马。璘卒，起复金州都统、金、房、开、达安抚使，改利州东路总管。挺力求终丧，服除，召为左卫上将军。朝廷方议置神武中军五千人以属御前，命挺为都统制。挺力陈不当轻变祖宗法，事遂寝。拜主管侍卫步军司公事。

挺每燕见从容，尝论两淮形势旷漫，备多力分，宜择胜地扼以重兵，敌仰攻则不克，越西南又不敢，我以全力乘其弊，蔑不济者。帝颇嘉纳。淳熙元年，改兴州都统，拜定江军节度使。初，军中自置互市于宕昌，以来羌马，西路骑兵遂雄天下。自张松典榷牧，奏绝军中互市，自以马给之，所得多下驷。挺至，首阵利害以闻，乞岁市五百匹，诏许七百匹。

始，武兴所部就饷诸郡，漫不相属。挺奏以十军为名，自北边至武兴列五军，曰踏白、摧锋、选锋、策选锋、游奕；武兴以西至绵为左、右、后三军；而驻武兴者前军、中军。营部于是始井井然。四年，入觐，除知兴州、利州西路安抚使。密修皂郊堡，增二堡，缮戎器，储于两库，敌终不觉。

十年冬，特加检校少保。成州、西和岁大侵，挺力为振恤，谕总赋者分军储以佐之，全活殆数千万。蜀自诸军宿师，凡廪赐，官率籴三之一，视价高下给之，名曰"折估"，随所屯地相为乘除。岁久屯他徙，廪赐不易旧，至有同部伍而廪相倍蓰者，挺衷为中制上之。

光宗即位，御笔奖劳。而西和、阶、成、凤、文、龙六州器械弗缮，挺节冗费，屯工徒，悉创为之。御军虽严，而能时其缓急，士以不困。郡东北有二谷水，挺作二堤以捍之。绍熙二年，水暴发入城。挺既振被水者，复增筑长堤，民赖以安。诏问备边急务，即建增储之策，由是粮糗不乏。四年春，以疾乞致仕，诏加太尉。卒，年五十六。赠少师、开府仪同三司。

挺少起勋阀，弗居其贵，礼贤下士，虽遇小官贱吏，不敢怠忽。拊循将士，人人有恩。璘故部曲拜于庭下，辄降答之，即失律，诛治无少贷。璘尝对孝宗言，诸子中惟挺可任。孝宗亦曰："挺是朕千百人中选者。"岁时问劳不绝，被遇尤深厚。光宗赐内府珍奇，以示殊礼。子五人，曦，其次也。曦仕至太尉、昭信军节度使，以叛诛，见别传。

论曰：刘锜神机武略，出奇制胜，顺昌之捷，威震敌国，虽韩信泜上之军，无以过焉。或谓其英概不足，雅量有余，岂其然乎？吴玠与弟璘智勇忠实，戮力协心，据险抗敌，卒保全蜀，以功名终，盛哉！挺累从征讨，功效甚著，有父风矣。然玠晚颇荒淫，璘多丧败，岂狃于常胜，骄心侈欤！抑三世为将，酿成逆曦之变，覆其宗祀，盖有由焉。

宋史卷三六七
列传第一二六

李显忠　　杨存中　　郭浩
杨政

李显忠,绥德军青涧人也。初名世辅,南归,赐名显忠。由唐以来,世袭苏尾九族巡检。初,其母当产,数日不能免,有僧过门曰:"所孕乃奇男子,当以剑、矢置母旁,即生。"已而果生显忠,立于蓐,咸异之。

年十七,投效用,随父永奇出入行阵。金人犯鄜延,经略王庶命永奇募间者,得张琦;更求一人,显忠请行。永奇曰:"汝未涉历,行必累琦。"显忠曰:"显忠年小,胆气不小,必不累琦,当与琦俱。"有敌人夜宿陶穴,显忠缒穴中,得十七人,皆杀之,取首二级,马二匹,余马悉折其足。庶大奇之,补承信郎,充队将,由是始知名。转武翼郎,充副将。

金人陷延安,授显忠父子官。永奇聚泣曰:"我宋臣也,世袭国恩,乃为彼用邪!"会刘豫令显忠帅马军赴东京,永奇密戒之曰:"汝若得乘机,即归本朝,无以我故贰其志。事成,我亦不朽矣。"显忠至东京,刘麟喜之,授南路钤辖,乃密遣其客雷灿以蜡书赴行在。已而豫废,兀术以万骑驰猎淮上,与显忠独马围场间。显忠戒吴俊往探淮水可渡马处,欲执兀术归朝。俊还,显忠驰间之,为竹刺伤马而止。兀术授显忠承宣使、知同州。

显忠至鄜省侍,永奇教显忠曰:"同州入南山,乃金人往来驿路,汝可于此擒其酋,渡洛、渭,由商、虢归朝。第报我知,我当以兵取延安而归。"显忠赴同州,即遣黄士成等持书由蜀至吴,报归朝事。元帅撒里曷来同州,显忠以计执之,驰出城。至洛河,舟船后期不得渡,与追骑屡战,皆胜。显忠憩高原,望追骑益多,乃与撒里曷折箭为誓,不得杀同州人,不得害我骨肉,皆许之,遂推之下山崖,追兵争救得免。显忠携扶老幼长驱而北,至鄜城县,急遣人告永奇。永奇即挈家出城,至马趐谷口,为金人所及,家属二百口皆遇害。是日,天昏大雪,延安人闻之皆泣下。

显忠仅以二十六人奔夏国。夏人问故。显忠泣,具言父母妻子之亡,切齿疾首,恨不即死,愿得二十万人生擒撒里曷,取陕西五路归于夏,显忠亦得报不共戴天之仇。夏主曰:"尔能为立功,则不惜借兵。"时有酋豪号"青面夜叉"者,久为夏国患,乃令显忠图之。请三千骑,昼夜疾驰,奄至其帐,擒之以归。夏主大悦,即出二十万骑,以文臣王枢、武臣嗺讹为陕西招抚使,显忠为延安招抚使,时绍兴九年二月十四日也。

显忠引兵至延安,总管赵惟清大呼曰:"鄜延路今复归宋矣,已有赦书。"显忠与官吏观赦书列拜,显忠大哭,众皆哭,百姓哭声不绝。乃以旧部八百余骑往见王枢、嗺讹,谕之曰:"显忠已得延安府,见讲和赦书,招抚可以本部军归国。"嗺讹不从,曰:"初,经略乞兵来取陕西。今既至此,乃令我归耶?"显忠知势不可,乃出刀斫嗺讹,不及,擒王枢缚之。夏人以铁鹞子军来,显忠以所部拒之,驰挥双刀,所向披靡,夏兵大溃,杀死蹂践无虑万人获马四万匹。显忠揭榜招兵,以"绍兴九年"为文书。每得一人,予马一匹,旬日间得万人,皆骁勇少壮。又擒害其父母弟侄者,皆斩于东城之内。行至鄜州,已有马步军四百余。撒里曷在耀州,闻显忠来,一夕遁去。

四川宣抚吴玠遣张振来抚谕云:"两国见议和好,不可生事,可量引军赴行在。"遂至河池县见玠,玠抚之曰:"忠义归朝,惟君第一。"从行使臣崔皋等六百余人列拜庭下,玠又抚之,犒以银绢,诣行府受告敕、金带,除指挥使、承宣使。至行在,高宗抚劳再三,赐名加赍，又赐田镇江，以崔皋辈充将佐。

兀术犯河南，命显忠为招抚司前军都统制，与李贵同破灵壁县。兀术犯合肥，手诏以军与张俊会。显忠至孔城镇，与敌战，败之。兀术谓韩常曰："李世辅归宋，不曾立功，此人敢勇，宜且避之。"乃焚庐江而走。显忠欲追之与死战，俊以奉旨监护，虑失显忠，遂各以军还。

太后至临安，显忠入觐，加保信军节度使，浙东副总管。显忠熟西边山川险易，因上恢复策，忤秦桧意。金使言显忠私遣人过界，遂降官奉祠，台州居住。复宁国军节度使，升都统制。

二十九年，金渝盟，诏显忠以本部捍御。遣统制官韦永寿等以二百骑至安丰军，与金将小韩将军兵五千人战于大人州，败之。俄又增兵万余来，显忠率骑军出，自旦至午，气百倍，以大刀斫敌阵，敌不能支，杀获甚众，掩入淮者不可计。

金主亮犯淮西，朝廷命王权拒于合肥。权退保和州，又弃军渡江，和州失守。金主亲统细军驻和之鸡笼山，将济采石。朝廷诏以显忠代权，命虞允文趣显忠交军，军中大喜，于是有采石之捷，语在《允文传》。显忠退军沙上，得杨存中报："车驾至平江，可速进兵。"显忠选锐士万人渡江，尽复淮西州郡。军至横山涧，与金射雕军战，统制顿遇重伤，韦永寿死之，敌兵败走。金主亮切责诸将不用命，诸将弑之而还。

是役也，显忠所将一万九千八百六人行赏有差，张振功为最。诏赐显忠五子金带。授显忠淮南制置使、京畿等处招讨使，擢太尉、宁国军节度使、主管侍卫马军司公事。赴行在。

孝宗即位，赐田百顷，兼权池州驻札御前诸军都统制，节制军马。隆兴元年，兼淮西招抚使。时金主褎新立，山东、河北豪杰蜂起，耶律诸种兵数十万据数郡之地，太行山忠义耿京、王世隆辈皆欲挈地还于朝。金惧，亟请和。显忠阴结金统军萧琦为内应，请出师自宿、亳趋汴，由汴京以通关陕；关陕既通，则鄜延一路熟知显忠威名，必皆响应；且欲起其旧部曲，可得数万人，以取河东。

时张浚开都督府，四月，命显忠渡江督战。乃自濠梁渡淮，至陡沟，琦背约，用拐子马来拒，与战，败之。琦复背城列阵，显忠躬率将士鏖战，琦败走，遂复灵璧，入城，宣布德意，不戮一人，中原归附者踵接。时邵宏渊围虹县未下，显忠遣灵璧降卒开谕祸福，金贵戚大周仁及蒲察徒穆皆出降。宏渊耻功不自己出；又有降千户诉宏渊之卒夺其佩刀，显忠立斩之，由是二将益不相能。

六月，兵傅宿州城，金人来拒，显忠败之，斩其左翼都统及首房数千人，追奔二十余里。宏渊至，谓显忠曰："招抚真关西将军也。"显忠闭营休士，为攻城计，宏渊等不从。显忠引麾下杨椿上城，开北门，不逾时拔其城。宏渊等殿后，趣之，乃始渡濠登城。城中巷战，又斩首房数千人，擒八十余人，遂复宿州。举寄居官刘时摄州事。捷闻，授显忠开府仪同三司、殿前都指挥使，妻周氏封国夫人。宏渊欲发仓库犒士卒，显忠不可，移军出城，止以见钱犒士，士皆不悦。

金帅孛撒自南京率步骑十万来，晨薄城，列大阵。显忠亲帅军遇于城南，战数十合，孛撒大败，遂退走。统制李福、统领李保各以所部退避，皆斩以徇。翼日，敌益兵至。显忠谓宏渊并力夹击，宏渊按兵不动，显忠独与所部力战百余合，杀左翼都统及千户、万户，斩首房五千余人。俄增兵复来逼城，显忠用克敌弓射却之。

宏渊顾众曰："当此盛夏，摇扇于清凉犹不堪，况烈日中被甲苦战乎？"人心遂摇，无斗志。至夜，中军统制周宏鸣鼓大噪，阳谓敌兵至，与邵世雍、刘侁各以所部兵遁；继而统制左士渊、统领李彦孚亦遁。显忠移军入城，殿前军统制张训通、马司统制张师颜、池州统制荔泽、建康统制张渊各遁去。

金人乘虚复来攻城，显忠竭力捍御，斩首房二千余人，积尸与羊马墙平。城东北角敌兵二十余人已上百余步，显忠取军所执斧斫之，敌始退却。显忠曰："若使诸军相与掎角，自城外掩击，则敌兵可尽，金帅可擒，河南之地指日可复矣。"宏渊又言："金添生兵二十万来，倘我军不返，恐不测生变。"显忠知宏渊无固志，势不可孤立，叹咤曰："天未欲平中原耶？何沮挠若此！"是举，所丧军资器械殆尽，幸而金不复南。显忠以军还，见浚，纳印待罪。责授果州团练副使，潭州安置。后朝廷知其故，移抚州。

乾道改元，乃还会稽，复防御使，观察使、浙东副总管，赐银三万两，绢三万匹，绵一万两。提举台州崇道观。召除威武军节度使、左金吾卫上将军，赐第京师。上奇其状貌魁杰，命绘像阁下。复太尉。乞祠，提举兴国宫，绍兴府居住，岁赐米二千石。

淳熙四年，召赴行在，提举万寿观，奉朝请。入见，给真奉，赐内库金，再茸前所赐第赐之。七月卒，年六十九。赠开府仪同三司，谥忠襄。

杨存中本名沂中，字正甫，绍兴间赐名存中，代州崞县人。祖宗闵，永兴军路总管，与唐重同守永兴，金人陷城，迎战死之。父震，知麟州建宁寨，金人来攻，亦死于难。

存中魁梧沉鸷，少警敏，诵书数百言，力能绝人。慨然语人曰：“大丈夫当以武功取富贵，焉用俯首为腐儒哉！”于是学孙、吴法，善射骑。宣和末，山东、河北群盗四起，存中应募击贼，积功至忠翊郎。

靖康元年，金人再围汴京，诸道兵勤王，存中与张俊、田师中从信德府守臣梁杨祖以万兵入援，后隶张俊部曲。上问将于俊，俊以存中对。召见，赐袍带。时元帅府草创，存中昼夜扈卫寝幄，不顷刻去侧。帝知其忠谨，亲信之。剧贼李昱据任城，久不克，存中以数骑入，击杀数百人。帝乘高望见，介胄尽赤，意其被重创。召视之，皆污贼血，壮之，饮以酒，曰：“酌此血汉。”存中请复往，帝止之。存中曰：“此贼胆碎，即成擒矣。”遂大破之，复任城，迁阁门祗候。

建炎二年，讨贼徐明于嘉兴，先登。主帅将屠城，存中力谏止之，戮其渠魁而已，郡赖以全。迁荣州刺史。高宗南渡，以胜捷军从张俊守吴门；苗、刘之变，又从俊赴难。迁贵州团练使，寻为御前右军统领。金人攻明州，又从俊与田师中、赵密殊死战，破之。以奇功迁文州防御使、御前中军统制。

　　绍兴元年，从俊讨李成。诸将议，多欲分道进，存中曰："贼势如此，兵分则力弱，又诸将位均势敌，非招讨督之，必不相为用。"俊然之。整军至豫章，存中率兵数千，首破贼于玉隆观，追至筠州。贼骁将以众十万来援，夹河而营。存中谓俊曰："彼众我寡，击之当用奇，愿以骑见属，公以步兵居前。"俊从之。存中夜衔枚渡筠河，出西山，驰下击贼，俊以步兵夹攻，俘八千人。诸将夜见存中曰："战未休，降卒多，忽有变，奈何？非尽歼之不可。"存中曰："杀降，吾不忍。"诸将转告俊，竟夜坑之。乘胜追至九江，成遂遁去。迁宣州观察使。

　　二年春，进神武中军统制，宰相吕颐浩袖敕以授存中。俊奏留存中军中，上曰："宿卫乏帅，朕所选，为不可易也。"存中亦固辞，且谓："神武诸帅如韩世忠、张俊，皆贵拥旌钺，名望至重，如臣么麽，一旦位与之抗，实不自安。"不许，遣中使宣押，乃视事。兼提举宿卫亲兵。时中军卒不满五千，疲癃者居半。存中请拘神武卒借出于外者归军中，由是军政浸修。

　　三年，严州妖贼缪罗据白马源，杀王官，存中讨平之。除带御器械，加保信军承宣使、权发遣鄜延路马步军副总管。

　　六年，为龙神卫四厢都指挥使、密州观察使。先是，张俊视师，谋渡淮以图刘豫，倚韩世忠为用。世忠围淮阳，从浚乞张俊将赵密为助，俊拒之。赵鼎语浚曰："世忠所欲者赵密尔，存中武勇，不减于密，盍令存中助之。"浚请于朝，故有是命。于是存中以八队万人，趋督府助世忠。

　　十月，存中与刘猊战于藕塘，大破之。猊之初入也，淮西宣抚使刘光世欲弃庐州，退保太平。贼众十万已次濠、寿间，浚命张俊拒之，使存中往泗州与俊合。及至泗，则光世已舍庐去。浚遣人谕之曰："一人渡江，即斩以徇。"光世不得已还庐驻兵，与存中相应。贼先犯定远县，存中以兵二千袭败于越家坊。既而与猊兵遇藕塘，贼据山列阵，矢下如雨。存中急击之，且使统制吴锡以劲骑五千突其阵。阵乱，存中鼓大军乘之，自以精骑冲其胁，大呼曰："破贼矣！"贼错愕骇视。前军统制张宗颜自泗来，乘背击之，贼大败。猊以首抵谋主李愕曰："适见髯将军，锐不可当，果杨殿前也。"即以数骑遁去。余党万人僵立失措，存中跃马叱之，皆怖而降。麟在顺昌，孔彦舟方围光州，闻之皆拔寨遁去，北方大恐。所得贼舟数百艘，车数千两。

捷闻，帝遣中使劳赐，谓宰执曰"卿辈始知朕得人也。"除保成军节度使、殿前都虞候，寻兼领马步帅。存中奏："祖宗置三衙，鼎列相制，今令臣独总，非故事也。"不允。七年，为淮南西路制置使，将以抚定郦琼诸军，不果行，语在《王德传》。九年，迁殿前副都指挥使。

十年，金人叛盟取河南，命存中为淮北宣抚副使，引兵至宿州，以步军退屯于泗。金人诡令来告敌骑数百屯柳子镇。存中欲即击之，或以为不可，存中不听。留王滋、萧保以千骑守宿，自将五百骑夜袭柳子镇，黎明，不见敌而还。金人以精兵伏归路，存中知之，遂横奔而溃。参议官曹勋不知存中存亡，以闻，朝廷震恐，于是有权宜退保之命。既而存中自寿春渡淮归泗，人心始安。冬，引兵还行在。

十一年，兀术耻顺昌之败，复谋来侵。诏大合兵于淮西以待之。于是存中以殿司兵三万卒戍淮，与金人战于柘皋，败之。时张俊为宣抚使，存中为副使，刘锜为判官，王德为都统制，田师中、张子盖为统制官。金人以拐子马翼进，存中曰："敌恃弓矢，吾有以屈之。"使万人操长斧，如墙而进，诸军鼓噪奋击，金人大败，退屯紫金山。是役也，失将士九百人，金人死者以万计，而濠围犹未解。

俊与存中、锜先议班师。会有云濠路已通者，俊谓锜曰："吾欲与杨太尉耀兵淮上，安抚濠梁之民，取宣化归金陵，杨太尉则渡瓜州还临安。"明日，命二帅行。谍报金攻濠甚急，仓皇复回，邀锜会于黄连埠，距濠六十里，闻城陷矣，召存中、锜谋之。锜谓存中："何以处此？"存中曰："战尔，相公与太尉在后，存中当居前。"锜曰："本来救濠，濠既已失，进无所依，人怀归心，胜气已索，此危道也。不若退师据险，俟其去，为后图。"诸将皆曰："善。"鼎足而营，遣人俟敌，曰："已去矣。"俊自以为功，谓锜毋往，命存中与德偕至濠。列阵未定，烟起城中，金人伏骑万余分两翼出。存中顾德曰："何如？"德曰："德小将，焉敢预事？"存中以策麾军曰："那回！"诸军以为令其走也，遂散乱南奔，无复纪律，金人追杀甚众。后一日，韩世忠大军至，已无及矣。存中乃自宣化渡江归行在。加检校少保、开府仪同三司兼领殿前都指挥使，盖录柘皋之功而掩濠梁之败也。

十二年，徽宗梓宫攒永固陵，命存中都护。竣事，拜少傅，以保傅为管军自存中始。十四年，存中请诣太学谒先圣，帝曰："学校既兴，武人亦知崇尚，如汉羽林士皆通《孝经》，况其他乎？"二十年，封恭国公。二十八年，拜少师，恩数视枢密使。存中以凡重地皆有统制官，独荆、襄无之，请于朝，于是荆南、襄阳初置诸统制。

存中在殿岩凡二十五载，权宠日盛，太常寺主簿李浩、敕令所删定官陆游、司封员外郎王十朋、殿中侍御史陈俊卿相继以为言。三十一年，罢为太傅、醴泉观使，进封同安郡王，赐玉带，朝朔望。

时金主亮有南侵意，存中上备敌十策。步帅赵密谋夺存中权，因指为喜功生事。存中闻之，上章乞免，密竟代之。未几，边声日急，九月，诏存中为御营宿卫使。刘锜战败于瓜洲，命存中往京口，为守江计。虞允文自采石来会，存中与之协力拒敌，敌不能济。金主亮死，与允文轻舟渡江以伺敌。及金人请和，存中奏俟彼得新主之命，无遽许之。

帝如建康，诏存中扈跸，因语宰相曰："杨存中唯命东西，忠无与二，朕之郭子仪也。"金使复请和，存中请拘子之江口，移书审问，若能归我族属，还旧壤，损岁币，复白沟之界，以通兄弟之好，如是则和议可从；不然，请斩其使，亟图恢复。会驾还，以存中为江、淮、荆、襄路宣抚使，给、舍不书黄，命遂寝。未几，仍奉祠。

隆兴元年，王师溃于符离，复起存中为御营使。二年，金人再入关，议割蜀之和尚原以界之。存中入对，曰："和尚原，陇右之藩要也。敌得之，则可以睥睨汉川；我得之，则可以下兵秦雍。曩议予金人，吴璘力争不从。今璘在远，不及知。臣若不言，非特负陛下，亦有愧于璘。近者，王师尽锐而后得，愿毋弃。"

未几，金人复攻淮甸，诏存中同都督江、淮事。汤思退罢，升都督，陛辞，赐坐，赐玉鞍勒。时诸军各守分地，不相统一，存中集诸将调护之，于是始更相为援。帝亲札赐之曰："诸帅协和，互相策应，卿之力也。"会金兵已深入，朝议欲舍淮保江，存中持不可，乃已。金兵在扬州，或劝存中击之。存中不敢渡，独临江固垒以老之。

金人寻请盟。乾道元年班师，加昭庆军节度使，复奉祠。时兴屯田，存中献私田在楚州者三万九千亩。二年，卒，年六十五。以太师致仕，追封和王，谥武恭。高宗追念旧臣，为之出涕，赙钱十万。高宗假借诸将，眷存中尤深，尝曰："朕于存中，抚绥之过于子弟。"濠、庐之役，亲笔戒之曰："若不便进，当行军法。"赵密代领殿帅，则举唐崔佑甫夺王驾鹤兵权事，豫戒大臣。及竣事，又曰："杨存中之罢，朕不安寝者三夕。"

存中天资忠孝敢勇，大小二百余战，身被五十余创。宿卫出入四十年，最寡过。孝宗以为旧臣，尤礼异之，常呼郡王而不名。父、祖及母皆死难，存中既显，请于朝，宗闵谥忠介，震谥忠毅，赐庙曰显忠，曰报忠。又以家庙、祭器为请，遂许祭五世，前所无也。祖母刘流落蜀、陇，存中日夜祷祠访问，间关数千里，卒迎以归。御军宽而不纪，所用将士，专以才勇选，不私部曲之旧。李显忠以罪斥，存中奏为统制官，后为名将。尝以克敌弓虽劲而蹶张难，遂以意创马皇弩，思巧制工，发易中远，人服其精。尝营居凤山，十年而就，极山川之胜，后献于朝廷，更筑室焉。又葺园亭于湖山之间，高宗为书"水月"二字。所居建阁以藏御书，孝宗题曰"风云庆会之阁。"

子，傶工部侍郎；傎签书枢密院事、昭庆军节度使。

郭浩字充道，德顺军陇干人。父任三班奉职。徽宗时，充环庆路第五将部将，尝率百骑抵灵州城下，夏人以千骑追之，浩手斩二骑，以首还。充渭州兵马都监。从种师道进筑葺平寨，敌据塞不源，以渴我师。浩率精骑数百夺之。敌攻石尖山，浩冒阵而前，流矢中左肋，怒不拔，奋力大呼，得贼乃已；诸军从之，敌遁去，由是知名。

累迁中州刺史。

钦宗即位，进安州团练使。以种师道荐，召对，奏言："金人暴露，日久思归，乞给轻兵间道驰滑台，时其半渡，可击也。"会和战异议，不能用。帝问西事，浩曰："臣在任已闻警，虑夏人必乘间盗边，愿选将设备。"已而果攻泾原路，取西安州、怀德军。绍圣开拓之地，复尽失之。种师中制置河东，辟以自随。

建炎元年，知原州。二年，金人取长安，泾州守臣夏大节弃城遁，郡人亦降。浩适夜半至郡，所将财二百人，得金人不杀，使之还，曰："为语汝将曰，我郭浩也，欲战即来决战。"金人遂引去。升本路兵马钤辖、知泾州、权主管鄜延路经略安抚。

时二敌交侵，鄜延之东皆金人，西北即夏境，其属朝廷者惟保安一军、德静一寨。浩间道之德静，置司招收散亡，与敌对垒，一年，敌不能犯。再除泾原路兵马钤辖、知泾州。浩去，夏人复来，权帅耿友谅仅以身免，一路尽陷。

张浚为宣抚处置使，以浩为秦凤路提点刑狱、权经略使、知秦州。时浚经略陕西，有言敌可讨者，浚意向之。诸帅耻于不武，莫敢出言。浚檄五路帅悉所部兵会于富平，浩独谓敌锋方锐，且当分守其地，犄角相援，俟衅而动。浚不听，师出果败，五路俱陷，帅府皆徙置他所。浚复以浩旧官移知凤翔府，寓治宝鸡县，又退保和尚原。金人抵原下，浩与吴玠随方捍御，蜀以安全。第功，迁正任防御使。

绍兴元年，金人破饶凤岭，盗梁、洋，入凤州，攻和尚原。浩与吴璘往援，斩获万计。迁邠州观察使，徙知兴元府。饥民相聚米仓山为乱，浩讨平之。徙知利州。金人以步骑十余万破和尚原，进窥川口，抵杀金平，浩与吴玠大破之。迁彰武军承宣使。玠按本路提点刑狱宋万年阴与敌境通，利所鞫不同，由是与浩意不协，朝廷乃徙浩知金州兼永兴军路经略使。

金州残弊特甚，户口无几，浩招辑流亡，开营田，以其规置颁示诸路。他军以匮急仰给朝廷，浩独积赢钱十万缗以助户部，朝廷嘉之，凡有奏请，得以直达。九年，改金、洋、房州节制。

金人还河南地，以浩为龙、神卫四厢都指挥使，充陕西宣谕使、知金州。楼照行关中，辟浩枢密院都统制、节制陕西军马。十年，拜奉国军节度使，五路陷，徙知夔州，未行，移知金州，仍永兴路经略安抚使，节制陕西河东兼措置河东路忠义军马。十一年，金人内侵，宣抚使胡世将召浩及吴璘、杨政会仙人原，授以攻取之策。浩遣裨将设伏破之。

十四年，召见，拜检校少保，还镇，赐以御府金器、绣鞍，仍官一子文资，赐田五十顷。浩辞曰："臣父子起身行阵，不敢忘本，愿还文资。"帝嘉其意，别与一子阁职。是岁，分利州为东西两路，以浩为金、房、开、达州经略安抚使兼知金州、枢密院都统制，屯金州，仍建帅府。十五年，卒，年五十九。赠检校少师，谥恭毅。淳熙元年，赐立庙金州。

杨政字直夫，原州临泾人。崇宁三年，夏人举国大入，父忠战殁，政甫七岁，哀号如成人。其母奇之，曰："孝于亲者必忠于君，此儿其大吾门乎？"宣和末，应募为弓箭手。靖康初，因拒夏人，稍知名。建炎间，从吴玠击金人，九战九捷。累功至武显郎。

绍兴元年春，金人趋和尚原，又攻箭筈关，政引兵大破之，斩千户一、酋长二。迁右武大夫，十月，金兵大集，号十万，自宝鸡列栅至原下，吴玠与相持累日，以政统领将兵迎敌，日数十合，士卒无不一当百。复出奇兵断其粮道，敌少却，遮击之，获万户及首领三百余人、甲士八百六十人。拜恭州刺史。时有嫉政者，以母妻尚留北境，不宜属以兵权，玠不听，政益感奋。

二年，金合步骑数千栅鱼龙川口，政帅精兵劫破之。升陇州团练使，移知方山原，军储刍谷在其中。三月，金大军来攻，城且下，政击败之。选知凤州。三年，金攻饶凤关，政从玠战关下，凡六日。改明州观察使。

四年，撒离喝衷精兵十万，欲道仙人关入蜀，至上奢田。玠筑垒于关外，政曰："此地为蜀阨塞，当坚守，时出奇击之。"玠用其言。金人变态多端,政随机应之,连日百余战。敌帅督战益急,政命卒以神臂弓射之;又选甲士千余出山谷,断其兵,使不得进退;又出敌不意,夜斫其营。敌遂遁去,追至河池而还。授龙神卫四厢都指挥使、环庆路经略安抚使。

五年,金人攻淮,玠命政帅师乘机牵制,至秦州,一战而拔,抚定居民,秋毫无犯。改经略安抚泾原兼帅环庆、利路。三镇事丛集,剖决无滞。母留敌境,间遣人省视之,母惟勉以忠义。九年春,和议成,始得迎母及兄弟归。乞祠以便养,不许。诏封其母感义郡夫人,以政为熙河兰巩路经略安抚使、知熙州,进武康军承宣使。

十年,徙利州,又徙兴元。会金人渝盟,政建迎敌之策,兼川、陕宣抚副使司都统制。政偕统制杨从义劫金人于凤翔府城南寨,败之,获战马数百。母卒,起复,遂帅师趣宝鸡渭水上,以拒敌冲,凡大战七,斩获甚多。川、陕宣抚副使胡世将奏:"凤翔之捷,政奋不顾身,功效显著。"拜武当军节度使。

十一年秋,金将胡盏、习不祝合军五万来攻,政与吴璘、郭浩会于仙人原。世将授以攻取之策,政出和尚原,浩出商州以为援,璘驻秦州。政引兵夜入陇州界,遂趋吴山,与金人对垒,又败金万户通检于宝鸡。时通检居渭北,政欲攻拔其城,通检将精甲万众出,政帅勇士鏖战,遣裨将突出阵后,登山执帜。金军见之,大呼曰:"伏发矣!"乃惊溃。政乘胜掩杀,通检走至城门而桥已绝,遂擒之。

和议成,帝召政还,军民诣部使者借留。及入见,条奏详明,帝善之。十三年,还镇,加检校少保,赐田五十顷。十四年,分利州为东西两路,政屯兴元府。久之,拜太尉。二十七年,卒,年六十。赠开府仪同三司,谥襄毅。

政守汉中十八年,六堰久坏,失灌溉之利,政为修复。汉江水决为害,政筑长堤捍之。凡利于民者不敢以军旅废。休兵十余年,未尝升迁将士,上下安之。政故为吴璘裨将,及与璘分道建帅,执门下之礼益恭,世颇贤之。

　　论曰：李显忠生而神奇，立功异域，父子破家徇国，志复中原，中罹谗构，屡遭废黜，伤哉！杨存中出入淮甸，无大胜负，典兵最久，贵宠独隆，然颇能知几，不贻祸败，其亦有天幸者欤？郭浩、杨政克左右玠、璘兄弟，保全川蜀。数君子皆人所属倚以成功者，奈何挠于和议，频失事机，人心沮丧，不得如吉甫、方叔，受祉振旅以成中兴之业，惜哉！

宋史卷三六八
列传第一二七

王德　王彦　魏胜　张宪
杨再兴　牛皋　胡闳休

　　王德字子华，通远军熟羊寨人。以武勇应募，隶熙帅姚古。会金人入侵，古军怀、泽间，遣德谍之，斩一酋而还。补进武校尉。古曰："能复往乎？"德从十六骑径入隆德府治，执伪守姚太师，左右惊扰，德手杀数十百人，众愕眙莫敢前。古械姚献于朝，钦宗问状，姚曰："臣就缚时，止见一夜叉耳。"时遂呼德为"王夜叉"。

　　建炎元年，以勤王师倍道趋阙，改隶刘光世，平济南寇李昱、池阳寇张遇。光世将先锋讨李成，德以百骑觇贼，至蔡州上蔡驿口桥，贼疑为诱骑，拥众欲西。德麾骑大呼曰："王师大至矣！"贼骇遁，追杀甚众。成奔新息，收散卒复战。贼见光世张盖行陈，不介胄，知为主帅，并兵围之。德突围拥光世还军，遂袭败李成。授武略大夫。

　　三年春，迁前军统领，屯天长。金人攻扬州，西军多溃，德趋宣化。会叛将张昱、张彦围和州，太守张绩求援于德，德兵傅城下，贼不意其至，大溃。迟明接战，斩昱，俘其兵骑万数，济自采石。

　　光世方谋讨苗、刘之逆，迎至建康，谓德曰："江都之扰，诸军不审则盗。公可仗义夜涉大江，徇国急变。"遂以军属光世。会苗、刘走闽中，诏德追击，隶韩世忠。德欲自致功名，而世宗必欲德为之使，遣亲将陈彦章邀德于信州。彦章拔佩刀击德，德杀彦章，尸诸市。德至浦城，斩苗瑀，擒马柔吉送行在。世忠讼其擅杀，下台狱，侍御史赵鼎按德当死,帝命特原之,编管郴州。

时光世屯九江,得杨惟忠所失空头黄敕,即以便宜复德前军统制,遣平信州妖贼王念经。行次饶州,会贼刘文舜围城,德引兵赴之,文舜请降。德纳而诛之,自余不戮一人。谓诸校曰:"念经闻吾宿留,必不为备。"倍道而趋,一鼓擒之,献俘于朝。诏还旧秩,加武显大夫、荣州刺史。

四年,光世镇京口,以德为都统制。金兵复南,光世将退保丹阳,德请以死捍江,诸将恃以自强。分军扼险,渡江袭金人,收真、杨数郡。既而又遇敌于杨州北,有被重铠突阵者,德驰叱之,重铠者直前刺德,德挥刀迎之,即堕马。众褫骇,因麾骑乘之,所杀万计。

绍兴元年,平秀州水贼邵青。初,德与战于崇明沙,亲执旗麾兵拔栅以入,青军大溃。他日,余党复索战,谍言将用火牛,德笑曰:"是古法也,可一不可再,今不知变,此成擒耳。"先命合军持满,陈始交,万矢齐发,牛皆返奔,贼众歼焉。青自缚请命,德献俘行在。帝召见便殿问劳,褒裳特异。迁中亮大夫、同州观察使。

三年,光世宣抚江、淮,当移屯建康,命韩世忠代之。德从数十骑自京口逆世忠,度将及麾下,徒步立道左,抗言曰:"擅杀陈彦章,王德迎马头请死。"世忠下马握其手曰:"知公好汉,乡来纤介不足置怀。"乃设酒尽欢而别。是冬,知巩州、熙河兰廓路兵马钤辖。

明年春,知兰州,徙屯池阳及当涂,为行营左护军前军统制。金兵掠江北,破滁州。德越江袭夺之,追至桑根,擒女真万户庐孛一人,千户十余人。五年,改环庆副总管。

六年冬,刘豫遣麟、猊驱乡兵三十万,分东西道入寇,中外甚恐,议欲为保江计。殿帅杨沂中、统制张宗颜、田师中及德等兵御之,大败猊兵于藕塘,猊挺身走;麟在顺昌闻之,亦拔寨遁。德追至寿春,弗及,获其粮舟四百艘。第功,除武康军承宣使,真拜相州观察使。

七年,改熙河兰廓路副总管、行营左护军都统制,驻师合肥。会光世罢宣抚,诏德尽护其众,以郦琼副之。琼与德故等夷,耻屈其下，率众叛从刘豫。八年，命隶张俊，名其军曰"锐胜"。

十年，解颍昌围，俊檄德就取宿州。德倍道自寿春驰至蕲县，与敌游骑遇，遂入城，偃旗卧鼓，骑引去。因潜师宿州，夜半，薄贼营。敌将高统军诘朝压汴而陈，伪守马秦、同知耶律温以三千人阻水邀战。德策马先济，步骑从之，遥谓贼曰："吾与金人大小百战，虽名王贵酋，莫不糜碎，尔何为者。"贼遂投兵降。马秦、耶律温驰入，闭门城守。德至，呼秦俞以逆顺，乃自缒而下。德叱其子顺先登，秦率温降，遗诣行在。德乘胜趋亳州，俊会于城父。时叛将郦琼屯亳，闻德至，谓三路都统制曰："夜叉未易当也。"遂遁。德入亳州，白俊曰："今兵威已振，请乘破竹之势，进取东都。"俊难之，乃班师。策功第一，拜兴宁军承宣使、龙神卫四厢都指挥使，再迁侍卫亲军马步军都虞候，封陇西郡侯。

十一年，金人自合肥入侵，游骑及江。俊议分军守南岸，德曰："淮者，江之蔽也，弃淮不守，是谓唇亡齿寒也。敌数千里远来，饷道决不继，及其未济急击之，可以夺气；若迟之，使稍安，则淮非吾有矣。"俊犹豫未许。德请益坚，曰："愿父子先越江，俟和州下，然后宣抚北渡。"俊乃许德即渡采石，俊督军继之。宿江中，德曰："明旦，当会食历阳。"已而夜拔和州，晨迎俊入。敌退保昭关，又击走之，追至柘皋，与金人夹河而军。

诸将帅皆集，惟张俊后至，统制田师中欲待之，德怒曰："事当机会，复何待！"径上马。兀术以铁骑十余万夹道而阵，德曰："贼右阵坚，我当先击之。"麾军渡桥，首犯其锋。一酋被甲跃马始出，德引弓一发而毙；乘胜大呼，令万兵持长斧，如墙而进。敌大败，退屯紫金山，德复尾击之。刘锜谓德曰："昔闻公威略如神，今果见之，请以兄礼事。"召拜清远军节度使、建康府驻扎御前诸军统制，历浙东、福建总管、荆南副都统制。二十五年，卒，赠检校少保，再赠少傅。二子琪、顺，亦以骁勇闻。

王彦字子才，上党人。性豪纵，喜读韬略。父奇之，使诣京师，隶弓马子弟所。微宗临轩阅试,补下班祗应,为清河尉。从泾原路经略使种师道两入夏国,有战功。

金人攻汴京,彦慨然弃家赴阙,求自试讨贼。时张所为河北招抚使,异其才,擢为都统制。使率裨将张翼、白安民、岳飞等十一将,部七千人渡河,与金人战。败之,复卫州新乡县,传檄诸郡。

金人以为大军至,率数万众薄彦垒,围之数匝。彦以众寡不敌,溃围出。诸将散归,彦独保共城西山,遣腹心结两河豪杰,图再举。金人购求彦急,彦虑变,夜寝屡迁。其部曲觉之,相率刺面,作"赤心报国,誓杀金贼"八字,以示无他意。彦益感励,抚爱士卒,与同甘苦,未几,两河响应,忠义民兵首领傅选、孟德、刘泽、焦文通等皆附之,众十余万,绵亘数百里,皆受彦约束。金人患之,召其首领,俾以大兵破彦垒。首领跪而泣曰:"王都统寨坚如铁石,未易图也。"金人乃间遣劲骑挠彦粮道,彦勒兵待之,斩获甚众。益治兵,刻日大举,告期于东京留守宗泽。

泽召彦会议,乃将兵万余渡河,金人以重兵袭其后而不敢击。既至汴京,泽大喜,令彦宿兵近甸,以卫根本。彦即以所部兵马付留守司,量带亲兵趋行在。时已遣宇文虚中为祈请使议和。彦见黄潜善、汪伯彦,力陈两河忠义延颈以望王师,愿因人心,大举北伐。言辞愤激,大忤时相意,遂降旨免对,以彦为武翼郎、阁门宣赞舍人,差充御营平寇统领。时范琼为平寇前将军,彦知琼有逆节,称疾不就,乞致仕,许之。

知枢密院事张浚宣抚川、陕,奏彦为前军统制。浚与金酋娄宿相持于富平,欲大举,初至汉中,会诸将议,彦独以为不可,曰:"陕西兵将上下之情,皆未相通,若少不利,则五路俱失。不若且屯利、阆、兴、洋,以固根本,敌入境,则檄五路兵来援,万一不捷,未大失也。"浚幕府不然其言。彦即为利路钤辖,俄改金、均、房州安抚使,知金州。

时中原盗贼蜂起,加以饥馑,无所资食,惟蜀富饶,巨盗往往窥觎。桑仲既陷淮安、襄阳,乘势西向,均、房失守,直捣金州白土关,众号三十万。仲，彦旧部曲也，以申楱请于彦曰："仲于公无敢犯，愿假道入蜀就食耳。"彦乃遣统领官门立为先锋击之。贼锐甚，立战死。将士失色，或请避之。彦叱曰："枢相张公方有事关陕，若仲越金而至梁、洋，则腹背受敌，大事去矣。敢言避者斩！"即勒兵趋长沙平，阻水据山，设伏以待。贼见官军少，蚁附搏战。彦执帜一麾，士殊死斗，贼败走。彦休士进击，追奔至白碛，复房州。

绍兴元年九月，权京西南路副总管李忠反，扰京西，遂攻金州诸关，贼众皆河朔人，骁果善战，彦与战不利，关陷。彦退屯秦郊，令将士尽伏山谷间，焚秦郊积聚，伪若遁者。秦郊距郡城二十里，路坦夷，彦募敢死士易麾帜，设奇以待。阅再宿，贼至秦郊，官军逆战，大败之，追袭至秦岭，遂复乾祐县以归。忠走降刘豫。

初，桑仲既败还襄阳，乃鸠集散亡陷邓州，凶焰复炽。南攻德安，西据均阳，分众三道：一攻注口关，一出马郎岭，一捣洵阳，前军去金州不三十里。彦曰："仲以我寡彼众，故分三道以离吾势，法当先破其坚，则脆者自走。"遣副将焦文通御注口，自以亲兵营马郎。相持一月，大战六日，贼大败，仲为其下所杀。又有王辟、董贵、祁守中阻兵窥蜀，势虽不及桑仲，然小者犹不减数万，彦悉讨平之。

是冬，伪齐秦凤经略使郭振以数千骑掠白石镇，彦与关师古并兵御之，贼大败，获振，复秦州。张浚承制以彦节制商、虢、陕、华州军马。

三年正月，兀术入侵，浚召彦与吴玠、刘子羽会于兴元。撒离曷自上津疾驰，不一日至洵阳。统制官郭进死之，彦退保石泉县。金人入金、均，彦趋西乡。二月，金人攻饶凤关，彦与吴玠御之，不能却，关破，彦收余兵奔达州。五月，彦遣兵至汉阴县，与刘豫将周贵战，大败之，复金州。浚承制进彦保康军承宣使兼宣抚司参议，彦不受。

五年四月，差知荆南府，充归、峡、荆门、公安军安抚使。彦因荆南旷土措置屯田，自蜀买牛千七百头，授官兵耕，营田八百五十顷，分给将士有差。六年二月，知襄阳府、京西南路安抚使，彦以岳飞嫌辞。浚奏彦为行营前护副军都统制、督府参谋军事。

六月，以八字军万人赴行在。至镇江，闻母丧，上疏乞解官，不许。诏免丧服，趣入对，遂以为浙西、淮东沿海制置副使，以所部屯通州之科角。七年正月，彦因遣将捕亡者于解潜军中，军士交斗于市，言者论其军政不肃，贬秩二等。彦不自安，乞终余服。二月，复洪州观察使、知邵州。彦入辞，帝抚劳甚厚，曰："以卿能牧民，故付卿便郡，行即召矣。"九年，卒于官，年五十。

彦称名将，当建炎初，屡破大敌，威声振河朔。时方挠于和议，遽召之还，又夺其兵柄，而使之治郡，士议惜之。彦事亲孝，居官廉，子弟有战功，不与推赏。将死，召其弟侄，以家财均给之。

魏胜字彦威，淮阳军宿迁县人。多智勇，善骑射，应募为弓箭手，徙居山阳。绍兴三十一年，金人将南侵，聚刍粮，造器械，籍诸路民为兵。胜跃曰："此其时也。"聚义士三百，北渡淮，取涟水军，宣布朝廷德意，不杀一人，涟水民翕然以听。

遂取海州。郡守渤海高文富闻胜起，遣兵来捕胜。距海州南八十里大伊，与金兵遇，胜迎击走之，追至城下。众惊传水陆悉有兵，城中大恐，文富闭门守，驱民上城御之。胜令城外多张旗帜，举烟火为疑兵，又遣人向诸城门，谕以金人弃信背盟，无名兴师，本朝宽大爱民之意。城上民闻之，即开门，胜遣勇锐者登城楼，余自门入，莫有御者。独文富与其子安仁率牙兵拒守，胜整军与安仁父子战谯门内，杀安仁及州兵千余，擒文富，民皆按堵。

胜权知州事，遣人谕朐山、怀仁、沭阳、东海诸县，皆定。乃蠲租税，释罪囚，发仓库，犒战士；分忠义士为五军，纪律明肃，部分如宿将。胜自兼都统制，益募忠义以图收复，远近闻之响应，旬日，得兵数千。即具其事报境上帅守，冀给军装器甲。时帅守虽知金人将渝盟，未有发其端者，莫敢以闻。

左军统制董成谋出西北取沂州，胜先遣间还，知金兵数万至沂，以我军器甲未备，戒成勿动。成不从胜，率所部千余人直入沂州巷战，杀其守及军士三千余，众悉降，得器甲数万。金人生兵复集，竞登屋掷瓦击之，成军几败。胜欲斩成，以其骁勇，释之。

金人遣同知海州事蒙恬镇国以兵万余取海州，抵州北二十里新桥。胜帅兵出迎之，设伏于隘，阵以待。众殊死战，伏发，贼大败，杀镇国，馘千人，降三百人，军声益振。山东之民咸欲来附，胜传檄招谕，结集以待王师之至。

沂民壁苍山者数十万，金人围之，久不下，寨首滕昱告急于胜。胜提兵往救之，阵于山下。金人多伏兵，胜兵遇伏，皆赴寨。金人袭之，胜单骑而殿，以大刀奋击。金人望见胜，知其为将也，以五百骑围之数重。胜驰突四击，金阵开复阖。战移时，身被数十桧，冒刃出围。金兵追之，马中矢踣，步而入寨，无敢当者。金人又急攻，绝其水，寨中食干糒，杀牛马饮血，胜默祷而雨骤作。

金人攻益急，周山为营，胜度其必复攻海州，因间出寨趋城中。金人果解苍山围，自新桥抵城下，胜出战皆捷。金分兵四面攻之，胜募士登城以御，矢石如雨者七日，金兵死伤多，遁去。胜尝出战，矢中鼻贯齿，不能食，犹亲御战。

胜起义久，朝廷尚未知。沿海制置使李宝遣其子公佐由海道觇敌，至州，始遣忠义将朱震、褚道诣行在，白胜姓名于执政，始知胜之功焉。

金主亮举兵渡淮，虑胜睨其后，分军数万来攻。会李宝帅舟师往胶西，破金人舟舰，胜遣人邀之，同击金人于新桥，大败之。金兵未退，宝知金舟将通，复以兵登舟备海道。金主初命造海舰，欲分军入苏、杭，悉以中原民操舟楫。民家送衣裘者相告语，俟王师至即背之。及宝舟入岛中，适北风劲，舟不进。有顷反风，金人舣舟于岸，操舟者望见宝舟，谬云此金国兵也，俾皆入舟中。舟忽至，金人不知，宝纵火焚其舟。舟以赤油绢为帆，风顺火炽，操舟者皆登岸走。金兵在舟中者，坐以待缚，载之槛车，悉获其舟。

宝既捷，胜亦还州为捍御计。金兵至，营于城北砂巷，列阵将攻关门，先遣人说胜使降。胜开门出谕之曰：“汝主叛盟失信，无故兴兵,我朝以仁义之师,来复旧疆,汝主渡淮必败。尔等宜早来归,必获爵赏。"时金兵已逼关,胜登关门张乐饮酒,犒军士,令固守勿出战。金兵攻之逾时,乃少遣士出,凭险临击之。金人知不可攻,率军转而渡河,袭关后。胜敛兵入城,金兵追将及,胜独乘马逐之,叱曰:"魏胜在此!"闻之皆辟易,士卒后入者不复敢追。

胜军已入城,金兵径趋城东,欲过砂堰围城为营。胜先已据堰备之,金军不得过,拒战竟日,终不能近。有新募士守河者,不知,金兵遽过河,胜恐绝河路,亟收军入城。金兵追至东门外黄土坂,胜单骑逐之,大叱之,金兵五百皆望风退。胜又追十数里,士得入城;有不得入者,由城南入西门。金兵复自西南来袭,胜从后叱之,金兵骇散,手杀数人。奏功授阁门祗候,差知海州兼山东路忠义军都统。遣其子昌同峒崤山首领张荣,持旗榜往结山东忠义。

金兵自新桥、关子门、砂堰之败,杀伤者众。一日黎晨,乘昏雾,四面薄城急攻。胜激厉士卒,竭力捍御,矢石交下。城上熔金液,投火牛。金兵不能前,多死伤,乃拔寨走。距海州为长垣,包州城于中,使不能出。及亮死,乃解去。

胜善用大刀,能左右射,旗揭曰"山东魏胜",金人望见即退走。胜为旗十数,书其姓名,密付诸将,遇鏖战即揭之,金兵悉避走。初,胜起义时,无州郡粮饷之给,无府库仓廪之储。胜经画市易,课酒榷盐,劝粜豪右。环海州度视敌兵攻取处,筑城浚隍,塞关隘,在军,未尝一日懈弛,恒如寇至。方纠集远迩,犒劳士卒,期约有日,会金主亮被弑,金兵北归,王师亦南还矣。

初,亮闻胜在海州,知不可取,曰:"少须,他时取之易耳。"亮既殒,胜益得自治军旅,人皆精锐。获金谍者,犒以酒食,厚赂遣还。有自北方来归者,与之同卧起,共饮食,示以不疑;周其窭贫,使之感激。自是山东、河北归附者众,得金人虚实,悉以上闻。又第其忠义士功能,假授官资,因李宝转达于朝,悉如所请。

金人遣山东路都统、总管以兵十万攻海州。时宝帅海舟水陆并进,抵城北砂巷,胜率众合宝军大破之,斩首不可计,堰水为之不流,余悉奔溃。胜独率兵追北二十里,至新桥,又破之,尽获其鞍马器甲。宝亦驻海州,为进取计。

金人复遣五斤太师发诸路兵二十余万来攻海州,先遣一军自州西南断胜军饷道。胜择勇悍士三千余骑,拒于石闼堰,金军不能进。逮夜始还,留千人备险隘。金兵十万来夺,胜率众鏖战,杀数千人,余皆遁去,下令守险勿追。报宝,宝以防海道,登舟,不发发兵。金兵盛集,胜力拒之,自旦至暮,金兵不能夺。胜令步卒整队前行,自为殿。

时百姓以宝既登舟,惧金兵大至,皆欲入城,统制郭蔚闭城门不纳。人民牛马蔽野,呼号动地,城中亦惧。胜入城,谕以贼势退怯之状,固守可保无虞,乃开门尽纳之。居无何,金兵环城围数重,胜与郭蔚分兵备御,偃旗仆鼓,寂若无人。金军惊疑,数日不敢攻,已乃植云梯,置炮石,四面合围,负土填壕。胜俟其近城,鸣鼓张旗,矢石俱发,继以火牛、金液,凡三昼夜,金兵竟不能近。于是罢攻,修营垒,绝河道,谋为固守。胜俟其不备掩击,或独出扰之,使不得休息。又间夜发兵劫其营,或焚其攻具。

既而金人并力急攻,胜告急于李宝。宝以闻,还报城中,已命张子盖率兵来解围。金人亦知子盖军且至,已有退意。顷之,子盖先帅骑兵至,胜出与子盖议战事,且促其步卒。胜出军城北砂巷,与金军大战,斩首不可计,追数十里,余兵皆遁。胜与子盖议进讨,子盖曰:“受诏解围,不知其他。”遂率军还。城中疑惧,欲随王师出,胜亲邀于道而谕之,至涟水军,与偕还。

时都督张浚在建康,招胜,询以军务。转阁门宣赞舍人,差充山东路忠义军都统制兼镇江府驻扎御前前军统制,仍知海州。胜还。

隆兴元年,诏以镇江御前同统制魏全来守海州,督府亦遣贾和仲充山东、河北路招抚使,节制本路军马,海州驻扎。和仲忌胜,阴诱忠义军使不安。胜与辨是非,和仲又谮胜于都督,惑之。呼胜至镇江计事,罢其职,改京东路马步军副总管、都督府统制,建康府驻扎。既而督府知和仲所诬,罢之,复胜旧职,仍遣镇江御前后军屯海州,代前军还镇江。

胜既还海州,镇抚一方,民安其政。改忠州刺史。海州城西南枕孤山,敌至,登山瞰城中,虚实立见,故西南受敌最剧。胜筑重城,围山在内,寇至则先据之,不能害。

胜尝自创如意战车数百辆,炮车数十辆,车上为兽面木牌,大枪数十,垂毡幕软牌,每车用二人推毂,可蔽五十人。行则载辎重器甲,止则为营,挂搭如城垒,人马不能近;遇敌又可以御箭簇。列阵则如意车在外,以旗蔽障,弩车当阵门,其上置床子弩,矢大如凿,一矢能射数人,发三矢可数百步。炮车在阵中,施火石炮,亦二百步。两阵相近,则阵间发弓弩箭炮,近阵门则刀斧枪手突出,交阵则出骑兵,两向掩击,得捷拔阵追袭,少却则入阵间稍憩。士卒不疲,进退俱利。伺便出击,虑有拒遏,预为解脱计,夜习不使人见。以其制上于朝,诏诸军遵其式造焉。

二年,以议和撤海州戍,命胜知楚州,以本州官吏及部兵赴新治。诏胜同淮东路安抚使刘宝、知高邮军刘敏措置盱眙军、楚州一带,胜专一措置清河口。时和议尚未决,金兵乘其懈,以舟载器甲糗粮自清河出,欲侵边。胜觇知之,身帅忠义士拒于清河口。金兵诈称欲运粮往泗州,由清河口入淮。胜知其谋,欲御之,都统制刘宝以方议和,不许。金骑轶境,胜率诸军拒于淮阳,自卯至申,胜负未决。金军增生兵来,胜与之力战,又遣人告急于宝。宝在楚州,相距四十里,坚谓方讲和,决无战事,迄不发一兵。胜矢尽,救不至,犹依土阜为阵,谓士卒曰:“我当死此,得脱者归报天子。”乃令步卒居前,骑为殿,至淮阴东十八里,中矢,坠马死,年四十五。

事闻,赠保宁军节度使,谥忠壮。时淮南未平,诏于镇江府江口镇立庙,赐号褒忠,仍俟事定更祠于战没处。且令有司刻木以敛,葬于镇江。官其二子,郊武功大夫、忠州刺史,昌承信郎。赐银千两,绢千匹,宅一区,田百顷。其后使者过淮东,始得其详,还言于朝。

以刘宝不出救兵,削两镇节钺,没入家资,贬琼州死。胜所纠集忠义,有为贾和仲诱隶别屯及撤戍隔绝者,尚五千余人,入京口驻前军。

郊，添差扬州兵马钤辖。淳熙十五年，孝宗语枢臣曰："魏胜之子，当与优异。"又曰："人材须用而后见，使魏胜不因边衅，何以见其才？"诏郊添差两浙西路马步军副总管。

张宪，飞爱将也。飞破曹成，宪与徐庆、王贵招降其党二万。有郝政率众走沅州，首被白布，为成报仇，号"白巾贼"，宪一鼓擒之。

飞遣宪复随州，敌将王嵩不战而遁。进兵邓州，距城三十里，遇贼兵数万迎战。与王万、董先各出骑突击，贼众大溃，遂复邓州。

十年，金人渝盟入侵，宪战颍昌、战陈州皆大捷，复其城。兀术顿兵十二万于临颍县，杨再兴与战，死之。宪继至，破其溃兵八千，兀术夜遁。宪将徐庆、李山复捷于临颍东北，破其众六千，获马百匹，追奔十五里，中原大震。

会秦桧主和，命飞班师，宪亦还。未几，桧与张俊谋杀飞，密诱飞部曲，以能告飞事者，宪以优赏，卒无人应。闻飞尝欲斩王贵，又杖之，诱贵告飞。贵不肯，曰："为大将宁免以赏罚用人，苟以为怨，将不胜其怨。"桧、俊不能屈，俊劫贵以私事，贵惧而从。时又有王俊者，善告讦，号"雕儿"，以奸贪屡为宪所裁。桧使人谕之，俊辄从。

桧、俊谋以宪、贵、俊皆飞将，使其徒自相攻发，因及飞父子，庶主上不疑。俊自为状付王俊，妄言宪谋还飞兵，令告王贵，使贵执宪。宪未至，俊预为狱以待之。属吏王应求白张俊，以为密院无推勘法。俊不听，亲行鞫炼，使宪自诬，谓得云书，命宪营还兵计。宪被掠无全肤，竟不伏。俊手自具狱成，告桧械宪至行在，下大理寺。

桧奏召飞父子证宪事。帝曰："刑所以止乱，勿妄追证，动摇人心。"桧矫诏召飞父子至。万俟离诬飞使子鹏、孙革致书宪、贵，令虚申警报以动朝廷，云与宪书规还飞军。其书皆无有，乃妄称宪、贵已焚之矣，但以众证具狱。语在飞传。宪坐死，籍家资。绍兴三十二年，追复龙神卫四厢都指挥使、阆州观察使，赠宁远军承宣使，录其家。

　　杨再兴，贼曹成将也。绍兴二年，岳飞破成，入莫邪关。第五将韩顺夫解鞍脱甲，以所虏妇人佐酒。再兴率众直入其营，官军却，杀顺夫，又杀飞弟翻。成败，再兴走跃入涧，张宪欲杀之，再兴曰：“愿执我见岳公。”遂受缚。飞见再兴，奇其貌，释之，曰：“吾不汝杀，汝当以忠义报国。”再兴拜谢。

　　飞屯襄阳以图中原，遣再兴至西京长水县之业阳，杀孙都统及统制满在，斩五百余人，俘将吏百人，余党奔溃。

　　明日，再战于孙洪涧，破其众二千，复长水，得粮二万石以给军民，尽复西应该险要。又得伪齐所留马万匹，刍粟数十万。中原响应。复至蔡州，梦贼粮。

　　飞败金人于郾城，兀术怒，合龙虎大王、盖天大王及韩常兵逼之。飞遣子云当敌，鏖战数十合，敌不支。再兴以单骑入其军，擒兀术不获，手杀数百人而还。兀术愤甚，并力复来，顿兵十二万于临颍。再兴以三百骑遇敌于小商桥，骤与之战，杀二千余人，及万户撒八字菫、千户百人。再兴战死，后获其尸，焚之，得箭镞二升。

　　牛皋字伯远，汝州鲁山人。初为射士，金人入侵，皋聚众与战，屡胜，西道总管翟兴表补保义郎。杜充留守东京。皋讨剧贼杨进于鲁山，三战三捷，贼党奔溃。累迁荣州刺史、中军统领。金人再攻西京，皋十余战皆捷，加果州团练使。京城留守上官悟辟为同统制兼京西南路提点刑狱。金人攻江西者，自荆门北归，皋潜军于宝丰之宋村，击败之。转和州防御使，充五军都统制。又与宇菫战鲁山邓家桥，败之。转西道招抚使。为齐乞师于金入冠，皋设伏要地，自屯丹霞以待。敌兵悉众来，伏发，俘其酋豪郑务儿。迁安州观察使，寻除蔡、唐州、信阳军镇抚使，知蔡州。遇敌战辄胜，加亲卫大夫。

　　会岳飞制置江西、湖北，将由襄汉规中原，命皋隶飞军。飞喜甚，即辟为唐、邓、襄、郢州安抚使，寻改神武后军中部统领。伪齐使李成合金人入寇，破襄阳六郡。敌将五嵩在随州，飞遣皋行，襄三日粮。粮未尽,城已拔,执嵩斩之,得卒五千,遂复随州。李成在襄阳,飞遣皋以骑兵击破之,复襄阳。

金人攻淮西,飞遣皋渡江,自提兵与皋会。时伪齐驱甲骑五千薄庐州,皋遥谓金将曰:"牛皋在此,尔辈胡为见犯!"众皆愕然,不战而溃。飞谓皋曰:"必追之,去而复来,无益也。"皋追击三十余里,金人相践及杀死者相半,斩其副都统及千户五人,百户数十人,军声大振。

庐州平,进中侍大夫。从平杨么,破之。么技穷,举钟子仪投于水,继乃自仆。皋投水擒么,飞斩首函送都督行府。除武太军承宣使,改行营护圣中军统制,寻充湖北、京西宣抚司左军统制,加龙、神卫四厢都指挥使。

金人渝盟,飞命皋出师战汴、许间,以功最,除捧日天武四厢都指挥使、成德军承宣使,枢密行府以皋兼提举一行事务。宣抚司罢,改鄂州驻扎御前左军统制,升真定府路马步军副统总管,转宁国军承宣使、荆湖南路马步军副总管。

绍兴十七年上巳日,都统制田师中大会诸将,皋遇毒,亟归,语所亲曰:"皋年六十一,官至侍从,幸不耐足。所恨南北通和,不以马革裹尸,顾死牖下耳。"明日卒。或言秦桧使师中毒皋云。

初,桧主和,未几,金渝盟入侵,帝手札赐飞以便措置。飞乃命皋及王贵、董先、杨再兴、孟邦杰、李宝等经略东西京、汝、郑、颍、陈、曹、光、蔡诸郡;又遣梁兴渡河,纠合忠义社取河东、北州县。未几,李宝捷于曹州,捷于宛亭,捷于渤海庙;董先、姚政捷于颍昌;刘政捷于中牟。张宪复颍昌、淮宁府;王贵之将杨成复郑州;张应、韩清复西京。皋及傅选捷于京西,捷于黄河上。孟邦杰复永安军,其将杨遇复南城军,又与刘政捷于西京。梁兴会太行忠义及两河濠杰赵云、李进、董荣、牛显、张峪等破金人于垣曲,又捷于沁水,追至孟州之邵原,金张太保、成太保等以所部降,又破金高太尉兵于济源。乔握坚等复赵州;李兴捷于河南府,捷于永安军;梁兴在河北取怀、卫二州,大破兀术军,断山东、河北金帛马纲之路,金人大扰。未几,岳飞还朝,下狱死,世以为恨云。

胡闳休字良骙,开封人。宣和初,入太学。时方讳兵,闳休著《兵书》二卷。靖康初,创知兵科,闳休应试,中优等,补承信郎。

金人围城,闳休分地而守。二帝诣金营,闳休欲结义士劫之,何㮚禁止之。二帝北迁,范琼散勤王师,闳休曰:"勤王师可进不可退。"檄令随军而无靖康年号,闳休得之泣下,怀檄而走,从辛道宗勤王。南渡,以忠义进两官。湖湘盗起,或曰招之便,或曰讨之便,闳休作《致寇》、《御寇》二篇,言天地之气,先春后秋,招之不伏则讨之。于是以岳飞为招讨使,飞辟闳休为主管机宜文字。以诛钟子仪功,进成忠郎。

飞被诬死,闳休发愤杜门,佯疾十年,卒。有《勤王忠义集》藏于家。孙照,德安太守。

论曰:王德素有威略,蚤隶刘光世,审其不可恃;晚从张俊,竟以功名显,其知所择哉。王彦弃家赴国,累破坚敌,威振河朔;晚夺兵柄,使之治郡,用违其材,惜矣。魏胜崛起,无甲兵粮饷之资,提数千乌合之众,抗金人数十万之师,卒完一州,名震当时,壮哉!然见忌于诸将,无援而战死,亦可惜矣。张宪等五人皆岳飞部将,为敌所畏,亦一时之杰也;然或以战没,或以愤卒,而宪以不证飞狱冤死,悲夫!

宋史卷三六九
列传第一二八

张俊 从子子盖　　张宗颜
刘光世　　王渊　　解元　　曲端

　　张俊字伯英，凤翔府成纪人。好骑射，负才气。起于诸盗，年十六，为三阳弓箭手。政和七年，从讨南蛮，转都指挥使。宣和初，从攻夏人仁多泉，始授承信郎。平郓州贼李太及河朔、山东武胡群寇，功最，进武德郎。

　　靖康元年，以守东明县功，转武功大夫。金人攻太原，城守，命制置使种师中往援，屯榆次。金人以数万骑压之。俊时为队将，进击，杀伤甚众，获马千匹，请乘胜要战。师中以日不利，急令退保。金人谍俊计不行，悉兵合围，攻益急。榆次破，师中死之。俊与所部数百人突围而出，且行且战，至乌河川，再与敌遇，斩五百级。

　　金人围汴京，高宗时为兵马大元帅，俊勒兵从信德守臣梁扬祖勤王。高宗见俊英伟，擢元帅府后军统制，累功转荣州刺史。建炎元年正月，从高宗至东平府。时剧贼李昱据兖州，命俊为都统制讨之。与数骑突围挑战，诸军争奋，贼遂歼。进桂州团练使，寻加桂州防御使。

　　中书舍人张澄，自汴京赍蜡诏，命高宗以兵付副帅还京，高宗问大计，俊曰：“此金人诈谋尔。今大王居外，此天授，岂可徒往？”因请进兵，高宗许之，遂如济州。

　　开启乾龙节，迫夜，有告高宗，欲俟元帅谒香劫以叛。群议集诸军屯备,俊曰:"元帅不出,奸谋自破。"遂徙州治。贼术穷,黎明,引军北遁,俊勒兵追杀之。进徐州观察使。

高宗以俊忠劳日积,迁拱卫大夫。既而汴京破,二帝北迁,人心惶惶,俊恳辞劝进,高宗涕泣不许。俊曰:"大王皇帝亲弟,人心所归,当天下汹汹,不早正大位,无以称人望。"且白耿南仲奏之,表三上。高宗发济州,俊便道扈行。至应天府,高宗始即位。初置御营司,以俊为御营前军统制,遣还京迎隆祐太后。权秦凤兵马钤辖。寻奉太后及六宫以归,除带御器械。

时江、淮群盗蜂起,俊讨杜用于淮宁,赵万、郭青于镇江,陈通于杭州,蒋和尚等于兰溪,皆平之。落阶官,除正任观察使。二年,升秦凤路马步军副总管,寻破秀州贼数万,缚徐明斩之。进武宁军承宣使。

帝如扬州,召诸将议恢复,俊曰:"今敌势方张,宜且南渡,据江为险;练兵政,安人心,俟国势定,大举未晚。"俊又请移左藏库于镇江。既而敌掩至,已逼近甸,俊亟奏饬甲乘,从帝如临安。

苗傅、刘正彦反,俊时屯兵吴江县。傅等矫诏加俊捧日、天武四厢都指挥使,以三百人赴秦凤,命他将领余兵。俊知其伪,拒不受。三军汹汹,俊谕之曰:"当诣张侍郎求决。"即引所部八千人至平江。张浚语俊以傅等欲危社稷,泣数行下,俊大恸。浚谕以决策起兵问罪,俊泣拜,且曰:"此须侍郎济以机术,毋惊动乘舆。"吕颐浩至,俊见之,亦涕泣曰:"今日惟以一死报国。"刘光世以所部至,俊释旧憾。韩世忠来自海上,俊借一军与之俱。世忠为前军,俊以精兵翼之,光世次之。战于临平,傅等兵败,开城以出。世忠、俊、光世入城,见于内殿,帝嘉劳久之,拜镇西军节度使、御前右军都统制,寻为浙东制置使。

金人分兵深入,渡江攻浙,杜充弃建康,韩世忠自镇江退保江阴。帝如明州,俊自越州引兵至。兀术攻临安,帝御楼船如温州,留俊于明州以拒敌。帝赐亲札曰:"朕非卿,则倡义谁先,卿舍朕,则前功俱废。宜戮力共歼敌兵,一战成功,当封王爵。"癸卯除夕,金兵至城下，俊使统制刘宝与战，兵少却，其将党用、丘横死之，于是统制杨沂中、田师中、统领赵密皆殊死战。沂中舍舟登岸力战，殿帅李质以班直来助，守臣刘洪道率州兵射其旁，大破之，杀数千人。金呼人至寨计事，俊令小校往。金人与语，欲如越州请降，俊拒之。戒将士毋骄惰，虑敌必再至，下令清野，多以轻舟伏弩，闭关自守。

四年正旦，忽西风起，金人乘之，果复攻明州。俊与刘洪道坐城楼上，遣兵掩击，杀伤大当。金人奔北，死于江者无数，夜拔寨去，屯余姚，且请济师于兀术。后七日，敌再至，俊引兵趋入台州，明州居民去者十七八。

未几，江、浙群盗蜂起，授俊两浙西路、江南东路制置使，以所部招收群盗，命后军统制陈思恭隶之，且令两浙宣抚使周望以兵属俊，刘光世、韩世忠之外，诸将皆受节度。六月，改御前五军为神武军，俊即本军为神武右军都统制，除检校少保、定江、昭庆军节度使。十月，浙西郡盗悉平，改江南招讨使。

绍兴元年，帝至会稽。时金人残乱之余，孔彦强据武陵，张用据襄汉。李成尤悍，强据江、淮、湖湘十余州，连兵数万，有席卷东南意，多造符谶蛊惑中外，围江州久未解，时方患之。范宗尹请遣将致讨，俊慨然请行，遂改江、淮路招讨使。

成党马进在筠州。豫章介江、筠之间，俊闻命就道，急趋豫章，且曰："我已得洪州，破贼决矣。"乃敛兵，若无人者，金鼓不动，令将士登城者斩。居月余，进以大书牒来索战，俊以细书状报之，贼以俊为怯。俊谍知贼怠，乃议战。岳飞为先锋，杨沂中由上流径绝生米渡，出贼不意，追奔七十里，至筠州。贼背筠河而阵，俊用杨沂中计，亲以步兵当其前，精骑数千授沂中及陈思恭，俾从山后夹击，以午为期。俊与贼鏖战至午，精骑自山驰下，贼骇乱退走，大败。

既复筠州、临江军，捷奏，帝赐御笔，谓："宜乘贼势已衰，当官军已振，驱除剿戮，速收全功。"俊未拜亲诏，已追至北奉新楼子庄。贼党商元据草山，挟险设伏，俊遣步兵从间道直趋山椒，杀伏夺险，乘胜追至江州。成势迫，绝江而遁，号俊为"张铁山"。复江州。已而兴国军等处群盗闻俊兵至，皆遁去。俊引兵渡江至黄梅县，亲与成战。成惩奉新失险之败，据石幢坡，凭山以木石投人。俊先遣游卒进退，若争险状以诳贼，俊亲冒矢石，帅众攻险，贼众数万俱溃，马进为追兵所杀，成北走降刘豫，诸郡悉平。拜太尉。

四年十月，金人与刘豫分道入侵。先是谍至，举朝震恐，或请他幸。俊谓赵鼎曰："避将何之？惟向前进一步，庶可脱。当聚天下兵守平江，徐为计。"鼎曰："公言避非策，是也；以天下兵守一州，非也。公但坚前议足矣。"遂以俊为两浙西路、江南东路宣抚使，屯建康。既而改淮西宣抚使。濒江相距逾月，敌不得入。俊遣张宗颜潜渡至六合，出其背。敌将引去，俊继遣王进曰："敌既无留心，必迳渡淮去，可速及其未济击之。"进往，敌果北渡，遂薄诸淮，大败之，获其酋程师回、张延寿以献。

五年，刘麟入寇，俊与杨沂中合兵拒于泗州。六年，改崇信、奉宁军节度使。刘麟兵十余万犯濠、寿，诏并以淮西属俊，杨存中亦听节制，与俊合兵拒敌。俊分遣存中与张宗颜、王玮、田师中等，自定远军次越家坊，遇刘猊左右军，击走之。俊率大军鼓行而前，至李家湾遇猊大兵，与战，杀获略尽，降者万余人，猊仅以身免。拜少保，加镇洮、崇信、奉宁军节度使。帝曰："卿议论持重，深达敌情；兼闻挽强之士数万，报国如此，朕复何虑。"又曰："群臣谓朕待卿独厚，其仰体眷怀，益思勉励。"

七年，改淮南西路安抚使，置司盱眙。俊与韩世忠入见，议移屯。秦桧奏："臣尝语世忠、俊，陛下倚此二大将，譬如两虎，固当各守藩篱，使寇不敢近。"帝曰："正如左右手，岂可一手不尽力邪？"命俊自盱眙屯庐州。八年，金人请寝兵，许之。赐俊"安民靖难功臣"，拜少傅。

九年冬，金复渝盟，再破河南，图顺昌府，命俊策应刘锜。俊督军渡江，金人引退。继而金人三路都统自东、南两京分道来侵，抵亳州北渡河，俊收宿、亳诸军击之，尽复卫真、鹿邑等地，师还。十年，郦琼在亳州，俊以大军至城父，都统制王德下符离，乘胜趋亳与俊合。俊引军入城，金人弃城遁，父老列香花迎俊，遂复亳州，留统制宋超守之。俊引军还寿春，进少师，封济国公。

十一年二月，兀术入合肥，渐攻历阳，江东制置大使叶梦得见俊，请速出军。俊遣兵渡江，谕诸将曰："先得和州者胜。"王德愿为诸军先，士鼓噪而行。敌已据之，德率众渡采石先登，俊宿中流。德抵城下，金人退屯昭关。后三日，复败金将韩常于含山。命关师古复巢县，遂复昭关。使左军统制赵密偃兵篁竹，出六丈河以分金势。张守忠以五百骑败金人于全椒。未几，敌断石梁以拒俊，俊疾作，力疾引众涉流登岸，追击之。王德与杨存中、刘锜会兵，败金人于柘皋。拜枢密使。俊知朝廷欲罢兵，首请纳所统兵。议赏宿、亳功，俊部将王德、田师中、刘宝、李横、马立、张渊六人同日首受上赏。

俊力赞和议，与秦桧意合，言无不从。荐士大夫监司、郡守者甚众，虽刘子羽自谪籍起家，亦俊力也。加太傅，封广国公，寻进益国公。十二年十一月，以殿中侍御史江邈论之，罢为镇洮、宁武、奉宁军节度使，充醴泉观使。初，桧以俊助和议，德之，故尽罢诸将，以兵权付俊。岁余，俊无去意，故桧使邈攻之。寻进封清河郡王，奉朝请。

十三年，敕修甲第，遣中使就第赐宴，侑以教坊乐部。十六年，改镇静江、宁武、静海军。二十一年冬，帝幸其第，拜太师，以其侄清海军承宣使子盖为安德军节度使，其他子弟迁秩者十三人。

南渡后，俊握兵最早，屡立战功，与韩世忠、刘锜、岳飞并为名将，世称张、韩、刘、岳。然濠、寿之役，俊与锜有隙，独以杨沂中腹心，故有濠梁之劫。岳飞冤狱，韩世忠救之，俊独助桧成其事，心术之殊也，远哉！帝于诸将中眷俊特厚，然警敕之者不绝口。自淮西入见，则教其读《郭子仪传》，召入禁中，戒以毋与民争利，毋兴土木。

二十四年六月，薨，年六十九。辍视朝三日，敛以一品服，帝临奠哭之恸。追封循王。子五人：子琦、子厚、子颜、子正、子仁。

子盖字德高。父宏，应募从俊军河上。金人破开德府，宏战死。

子盖初从韩世忠讨苗傅，补承信郎，累功武功郎。

绍兴六年，刘猊大举入寇，过定远县，将趋宣化窥江，诏遣俊会刘光世军剿之。子盖从俊击猊于藕塘，授阁门宣赞舍人。明年，改昌州刺史、江南东路马步军都总管。十年，金人再取河南，以兴复宿、亳功，迁登州防御使兼宣抚司衙兵副统制。

十一年二月，兀术入庐州，攻含山县，渐攻历阳。俊遣兵渡江，子盖从王德驰入和州，金人退屯昭关。会刘锜自东关引兵出清溪邀击金人，俊遣子盖与倚会，大战于柘皋，败之，军势赫张。兀术复攻濠州，子盖又败之于周梁桥，除兴宁军承宣使。和议成，改建康府驻扎御前诸军都统制。十三年，授龙神卫四厢都指挥使、两浙西路马步军都总管。帝幸俊第，授子盖安德军节度使。

三十二年春，金人攻海州急，以子盖为镇江府都统往援之，即日渡江，驰至楚州。淮东漕臣龚涛谓之曰：“敌众十倍，兵力不支，宜张虚声攻淮阳，使之必救，则海州可解。”子盖曰：“彼若不救，将如之何？”乃亟趋涟水，取便道以进。次石潄堰，金人陈万骑于河东，子盖率精锐数千骑击之，谓麾下曰：“彼众我寡，利在速战。”遣统制张玘略阵，玘中流矢，子盖曰：“事急矣！”奋臂大呼，驰入阵，诸将继之殊死战。贼大败，拥溺石潄河死者半，围遂解。金人复整军来战，子盖再率精锐击之，获其车马、铠仗万计，退屯泗州。

孝宗即位，召对，赐鞍马、铠甲、束带，且令招集勇敢，相时而动。子盖受命还，招金大将萧鹧巴、耶律造哩将其众来降。寻以疾还镇江，授检校少保、淮东招抚使，未上，卒，年五十一。赠太尉，谥恭壮。

子盖从俊征讨藕塘、柘皋，虽多奏功，未能出诸将右，惟海州一捷可称云。

张宗颜字希贤，延安人。父吉，为泾原将，解宣威城围，死之。宗颜以父恩补三班借职，监阆乡酒税，积官至泾原副将、权殿前司统辖。御营军统制张俊选为统领，从俊讨浙西寇。秀州军校徐明以城叛，宗颜夜袭其城，明遁。转忠州刺史，迁御前中军统制。

金人攻明州，宗颜破其前军。盗杨勋破松溪，命宗颜及李捧、陈思恭讨之。宗颜次浦城不进，勋又掠建州。宗颜趋南剑州，与勋遇，遂归。盗犹未平，谬言已击退。侍御史沈与求劾宗颜三将并出，不能平数千之溃卒，何以示敌。贬二秩。从俊讨李成。与成将马进战玉隆观，败之。迁环庆路马步军副总管、神武右军统制，改麟州观察使。

伪齐挟金人攻宣化镇，俊遣宗颜潜渡江，出其后袭之，不胜。俊庇之，以捷闻，遂加沂州防御使。继以兵袭击淮北，复迁崇信军承宣使、宣抚司前军统制。伪齐入寇，诏张俊解淮西急。督府张浚遣杨沂中与俊合，檄宗颜自泗州为后继。与猊遇于李家湾，大破之，横尸满野，猊仅以身遁。擢龙神卫四厢都指挥使、武信军承宣使。

八年，知庐州，总帅事。敌数百骑抵城下，宗颜以骑百余御之，敌退。有至自淮北者，传金人言曰："此张铁山弟也。"绍兴九年卒，年四十四。赠保静军节度使，谥壮敏。

刘光世字平叔，保安军人，延庆次子。初以荫补三班奉职，累升鄜延路兵马都监、蕲州防御使。方腊反，延庆为宣抚司都统，遣光世自将一军趋衢、婺，出其不意破之。贼平，授耀州观察使，升鄜延路兵马钤辖。

时有事燕蓟，光世从延庆取易州，授奉国军承宣使。金将郭药师降，除威武、奉宁军承宣使。延庆遣诸将捣虚趋燕，以光世为后继。光世不至，诸将失援而溃，降三官。

河北贼张迪掠浚州境，诏光世讨之。光世曰："贼乌合，非有纪律，佯北以邀之，其乱可取也。"即麾骑退。贼竞进，光世引骑贯其中，贼大溃。复承宣使，充鄜延路马步军副总管。

靖康元年，金兵攻汴京，夏人乘间寇杏子堡。堡有两山对峙，地险扼，光世据之，敌至败去。擢侍卫马军都虞候。金再攻汴京，光世入援，闻范致虚传檄诸路，议引兵会之。会有诏止勤王兵，光世以为宜速进，不可以诏示众。既而溃兵至，具言京城事。众惧，光世矫以蕃官来自汴京，谓二帝决围南去，众稍安，进屯陕府。致虚欲合五路兵进与金战，光世难之，别道趋虢，遂至济州谒康王，命为五军都提举。

王即皇帝位，命为省视陵寝使，寻为提举御营使司一行事务、行在都巡检使。斩山东贼李昱，迁奉国军节度使。平镇江叛兵，改滁、濠、太平州、无为军、江宁府制置使。讨张遇于池州，遇望其阵曰：“官军不整，可破也。”时湖水涸，贼越湖出官军后，官军乱，光世几被执，王德救之得免。遇循江而上，光世整兵追至江州，断其后军破之。遇复东下，又追击于江宁。

二年，以功加检校少保，命讨李成。光世以王德为先锋，与成遇于上蔡驿口桥，败之。成收散卒再战，光世以儒服临军，成遥见白袍青盖，并兵围之，德溃围拔光世以出。下令得成者以其官爵与之。士争夺，再战皆捷，成遁，执其谋主陶子思。加检校少傅。

帝在扬州，金骑掩至天长，光世迎敌，未至而军溃。帝仓卒渡江，命光世为行在五军制置使，屯镇江府，控扼江口。寻加检校太保、殿前都指挥使。

苗、刘为乱，素惮光世，迁光世为太尉、淮南制置使。张浚在平江，驰书谕以勤王，光世不从；吕颐浩遣使至镇江说之，乃引兵会于丹阳。兵进，光世以选卒为游击，仍分军殿后，遇苗翊、马柔吉军于临平，与韩世忠等破之。至行在，迁太尉、御营副使。光世遣王德助乔仲福追傅至崇安县，尽降其众，傅仅以身免。逆将范琼被执，张浚使光世抚定其众，又招贼靳赛降之。命光世为江东宣抚使，守太平及池州，受杜充节制。光世言受充节制有不可者六，帝怒，诏毋入光世殿门，光世始受命。

隆祐太后在南昌，议者谓金人自蕲、黄渡江，陆行二百里可至，命光世移屯江州为屏蔽。光世既至，日置酒高会。金人自黄州渡江，凡三日，无知之者。比金人至，遂遁，太后退保虔州。冯楫贻书光世，言：“贼深入，最兵家之忌。进则距山，退则背江，百无一利，而敢如此横行者,以前无抗拒,后无袭逐也。太尉俛选精兵自将来洪,而开一路令归,伏兵掩之,可使匹马不还。”光世不能用,自信州引兵至南康。郦琼围固始县,光世遣人招降之,又遣王德擒妖贼王念经于信州。

时光世部曲无所隶,号“太尉兵”,侍御史沈与求论其非宜。会御营司废,乃以“巡卫”名其军,命充御前巡卫军都统制。召赴行在,授浙西安抚大使、知镇江府。光世言:“安抚控制一路,若但守镇江,则他郡有警,不可离任。望别除守臣,光世专充安抚使,从便置司。”时光世虑金人必过江,故预择便地,帝觉之,止许增辟通判。右谏议大夫黎确疏其择便求佚,中外所愤,帝释不问,加宁武军节度使使,开府仪同三司以遣之,光世乞便宜行事,不许。时韩世忠、张俊兼领浙西制置使,光世复言本路兵火之余,不任三处需求,遂罢世忠、俊兼领。

时金兵留淮东,光世颇畏其锋,楚州被围已百日,帝手札趣光世援楚者五,竟不行;但遣王德、郦琼将轻兵以出,时奏杀获而已。楚州破,命光世节制诸镇,力守通、泰。完颜昌屯承、楚,光世知其众思归,欲携贰之。乃铸金银铜钱,文曰“招纳信宝”。获敌不杀,令持钱文示其徒,有欲归者,扣江执钱为信。归者不绝,因创“奇兵”、“赤心”两军,昌遂拔寨去。

绍兴元年,金人渡淮,真、杨州皆阙守,命光世兼淮南、京东路宣抚使,置司杨州,措置屯田,迄不行。张俊讨李成,又命光世分兵往舒、蕲捣其巢穴,光世以江北盗未平为辞。命兼淮南宣抚使,领真、杨、通、承、楚州、涟水军。郭仲威谋据淮南以通刘豫,光世遣王德擒之,并其众。范宗尹言:“光世军多冗费,请汰其罢软者。”帝曰:“俟作手书与之,如家人礼,庶几不疑。”

光世以枯秸生穗为瑞,闻于朝。帝曰:“岁丰人不乏食,朝得贤辅佐,军有十万铁骑,乃可为瑞,此外不足信。”淮北人多归附者,命光世兼海、泗宣抚使以安辑之。五湖捕鱼人夏宁聚众千余,掠人为食,郭仲威余党出没淮南,邵青据通州,光世皆招降之。光世请铸淮东宣抚使印，给钱粮，增将史，皆从其请。仍给镇江府、常州、江阴军苗米三十七万斛，为军中一岁费。

二年，复命移屯扬州，时至镇江视师。光世不奉诏，入朝言："邻寇有疑，或致生事，愿仍领浙西为根本计。"右司谏方孟卿劾之，乞召宰执与议，使之必往，光世犹以乏粮为辞。光世之来，以缯帛、方物为献，帝命分赐六宫，中丞沈与求以为不可，命还之。

吕颐浩与光世有故怨，颐浩将出视师，首言光世兵冗不练，乞移其军还阙。帝曰："光世军粮不足，若骤移，必溃，先犒军而后料简可也。"颐浩至镇江，光世军果告乏，颐浩奏光世军月费二千万缗，乞差官考核。诏御史江跻、度支胡蒙至军点校，终不得实。帝方倚其成功，寻诏两漕臣措置镇江酒税务，助其军费；又罢织御服罗，省七百万缗以助之。加宁武、宁国军节度使。光世奏部将乔仲福、靳赛防江有劳，诏进一官，许回授。

光世固乞转行，给事中程瑀持不可，又言光世兵未渡江，金人或渡淮，江、浙必震。光世方遣人按行宜兴湖洑之间，以备退保。诏以章示之，光世迁延如故。

三年，命光世与韩世忠易镇，同召赴阙，授检校太傅、江东宣抚使。世忠既至镇江城下，奸人入城焚府库，光世擒之，皆云世忠所遣。世忠屯登云门，光世引兵出，惧其扼己，改途趋白鹭店。世忠遣兵袭其后，光世以闻。帝遣使和解，仍书《贾复》、《寇恂传》赐之。命为江东、淮西宣抚使，置司池州，赐钱十万缗。

刘豫将王彦光扬兵淮上，有渡江意。光世扼马家渡，遣郦琼屯无为军，为濠、庐援，贼乃退。光世奏鄜延李俦充阁门祗候，言者论其涉私，罢之。金人、刘豫入侵，时光世、张俊、韩世忠权相敌，且持私隙，帝遣侍御史魏矼至军中，谕以灭怨报国。光世乃移书二帅，二帅皆复书致情。光世始移军太平州以援世忠。金兵退，光世入觐，迁少保。帝曰："卿与世忠以少嫌不释，然烈士当以气义相许，先国家而后私仇。"复谕以光武分寇恂、贾复之事。光世泣谢，请以所置淮东田易淮西田，给事中晏敦复言其扰民而止；又请并封其三妾为孺人，南渡后，诸大将封妾自此始。会改神武军为行管护军，以光世所部称左护军。刘豫筑龙城以窥淮西，光世遣王师晟破之，加保静军节度使，遂领三镇。

张浚抚淮上诸屯，刘豫挟金人分道入侵，命光世屯庐州以招北军，与韩世忠、张俊鼎立，杨沂中将精卒为后距。刘猊驱乡民伪为金兵，布淮境。光世奏庐难守，密干赵鼎，欲还太平州。浚命吕祉驰往军中督师，光世已舍庐州退，浚遣人厉其众曰："若有一人渡江，即斩以徇。"光世不得已，驻兵与沂中相应，遣王德、郦琼领兵自安丰出谢步，遇金将三战，皆败之。张浚入对，言光世骄惰不战，不可为大将，请罢之。帝命与赵鼎议，鼎曰："光世将家子孙，将卒多出其门，罢之恐拂人心。"遂迁护国、镇安、保静军节度使。

右司谏陈公辅劾其不守庐州，张浚言其沈酣酒色，不恤国事，语以恢复，意气怫然，乞赐罢斥。光世引疾请罢军政，又献所余金谷于朝。拜少师，充万寿观使，奉朝请，封荣国公，赐甲第一区，以兵归都督府。公辅又言光世虽罢，而迁少师，赏罚不明；中书舍人勾龙如渊又缴还赐第之命。帝曰："光世罢兵柄，若恩礼稍加，则诸将知有后福，皆效力矣。"卒赐之。初，光世麾下多降盗，素无纪律；至是，督府命吕祉节制其军。郦琼杀祉，驱诸军降刘豫。

九年，用讲和恩，赐号"和众辅国功臣"，进封雍国公、陕西宣抚使。弟光远疏其短于言路，如渊时为中丞，再论光世不可遣而止。十年，金人围顺昌，拜太保，为三京招抚处置使，以援刘锜。光世请李显忠为前军都统，又请王德自隶。德不愿受其节制；显忠行至宿、泗，军多溃。进至和州，秦桧主罢兵，召还。光世入见，为万寿观使，改封杨国公。疾革，乞免其家科役，中书舍人张广格不下。卒，年五十四。赠太师，官其子孙、甥侄十四人，谥武僖。乾道八年，追封安城郡王。开禧元年，追封鄜王。

光世在诸将中最先进。律身不严，驭军无法，不肯为国任事，通寇自资，见诋公论。尝入对，言："愿竭力报国，他日史官书臣功第一。"帝曰："卿不可徒为空言，当见之行事。"建炎初，结内侍康履以自固。又亟解兵柄，与时浮沉，不为秦桧所忌，故能窃宠荣以终其身，方之韩、岳远矣。

王渊字几道，熙州人，后徙环州。善骑射。应募击夏国，屡有功，累迁熙河兰湟路第三将部将、权知巩州宁远寨。诸羌入寇，经略司讨之，表渊总领岷山蕃兵将，兴师城泽州。羌悉众来争，渊奋击，大破之，追至邈州城。移同总领湟州蕃兵将兼知临宗寨，坐法免。

宣和三年，刘延庆讨方腊，以渊为先锋。贼将据钱塘，势张甚。渊谕小校韩世忠曰：“贼谓我远来，必易我。明日尔逆战而伪遁，我以强弩伏数百步外，必可得志。”世忠如其言，贼果追之，伏弩卒发，应弦而倒。逐北至淳安，贼据帮源峒，遂围而平之。授阁门宣赞舍人、权京畿提举保甲兼权提点刑狱公事。

继从延庆攻契丹。重兵壁卢沟南，遣渊等数千人护饷道，战败为敌所获。已而逃归，犹以出塞迁武功大夫、果州团练使。又从杨惟忠、辛兴宗破群盗高托山等，迁拱卫大夫、宁州观察使。

靖康元年，为真定府总管，就迁都统制。吴湛据赵州叛，渊讨平之。金人攻汴京，河东、北宣抚使范讷统勤王兵屯雍丘，以渊为先锋。寻以所部归康王府。

明年，张邦昌僭立，康王如济州，命渊以三千人入卫宗庙。渊至汴都，以朝服见邦昌，纳谒曰：“参冢宰相公。”邦昌始易紫袍延之政事堂，渊恸哭宣教。康王即皇帝位，渊与杨惟忠、韩世忠以河北兵，刘光世以陕西兵，张俊、苗傅等以帅府及降群盗兵，皆在行朝，不相统一。始置御营司，以渊为都统制，扈从累月不释甲。帝如扬州，授龙、神卫四厢都指挥使，寻改捧日、天武四厢都指挥使，进保大军承宣使。

时群盗蜂起，以渊为制置使平杭贼，提兵四出，所向皆捷。平军贼赵万于镇江，诛杭贼陈通于杭州，降张遇于杨子桥；期年，群盗略尽。迁向德军节度使。惟赵万、陈通等已招其降，而复尽诛之。

建炎三年二月，金人攻扬州，帝仓卒渡江，渊与内侍康履从至

宋史卷三六九

镇江。奉国军节度使刘光世见帝泣告:"渊专管江上海船,每言缓急决不误事。今臣所部数万,二千余骑,皆不能济。"渊忿其言,斩江北都巡检皇甫佐以自解。中书侍郎朱胜非驰见渊督之,乃始经画,已无所及,自是渊失诸将心。

帝欲如镇江以援江北,群臣亦固请。渊独言:"镇江止可捍一面,若金人自通川渡,先据姑苏,将若之何?不如钱塘有重江之险。"议遂决。命渊守姑苏,言戎器全缺,兵匠甚少,乞括民匠营缮。寻自平江赴行在,拜签书枢密院事,仍兼都统制。命下,诸将籍籍。帝闻之,乃命免奏事签书,仍解都统制,以慰众心。

先是,统制官苗傅自负世将,以渊骤用,颇觖望;刘正彦尝招巨盗丁进,亦以赏薄怨渊。而内侍康履颇用事,及渊入枢府,傅、正彦以其由宦官荐,愈不平。俟渊入朝,伏兵杀之,并杀康履,遂成明受之变。渊时年五十三。

渊为将轻财好义,家无宿储,每言:"朝廷官人以爵,禄足代耕,若事锥刀,我何爱爵禄,曷若为富商大贾邪?"初,帝在南京,闻渊疾,遣中使曾泽问疾。泽还,言其帷幔茵褥皆不具,帝辍所御紫茸茵以赐。然其平群盗多乞降,与康履深交,故及于祸。赠开府仪同三司,累加少保,官其子孙八人。绍兴四年,又官二人。乾道六年,谥襄愍。子倚。

解元字善长,保安军德清寨人。疏眉俊目,猿臂,善骑射。起行伍,为清涧都虞候。建炎三年,隶大将韩世忠麾下,擢偏将。世忠出下邳,闻金兵大至,士皆骇愕。元领二十骑擒其生口,知敌动息。俄逢骑数百,身自陷阵,横刺酋长坠马,余皆遁去。授阁门宣赞舍人。苗傅、刘正彦之变,从世忠追至临平与战,贼势既衰,擒于浦城。

四年三月,金人攻浙西,世忠治兵京口,邀其归路,以海舰横截大江。金人出小舟数十,以长钩扳舰。元在别舸跃入敌舟,以短兵击杀数十人,擒其千户。授忠州团练使,统制前军。继从讨闽寇范汝为,转讨湖外诸盗。时刘忠据白面山,凭险筑垒。世忠讨之,距贼营三十里而阵。元独跨马涉水薄贼寨，四顾周览。贼因山设望楼，从高瞰下，以兵守之，屯壮锐于四山，视其指呼而出战。元既得其形势，归告世忠曰："易与尔，若夺据其望楼，则技穷矣。"世忠然之，遣元率兵五百，长戟居中，翼以弓失，自下趋高，贼众莫支，乃据望楼，立赤帜，四面并进，贼遂平。改相州观察使。

绍兴四年，金人、伪齐合兵入侵。世忠自镇江趋杨州，命元屯承州。金人至近郊，元度翌日必至城下，遣百人伏要路，百人伏岳庙，自以四百人伏路隅。令曰："俟金人过，我当先出掩之。伏要路者，视我麾旗，则立帜以待，金人必自岳庙走，伏者背出。"又决河岸遏其归路。金人果走城下，伏发，金人进退无路，乃走岳庙，元追之，获百四十八人，止遗二人。时城中兵不满三千，金万户黑头虎直造城下约降。元匿其兵，以微服出，伪若降者。金人稍懈，俄伏发，擒黑头虎。未几，金兵四集，元战却之，追北数十里，金人赴水死者甚众。改同州观察使。六年，从世忠出下邳，以数百骑破敌伏兵，授保顺军承宣使。

十年，略地淮阳，至刘冷庄，骑才三百，当敌骑数千。元挥戈大呼，众争奋，敌披靡。俄而救至，后部疑惧，元回顾曰："我在此，若等无虑。"众乃安。转战自辰至午，敌退，成列而还。加龙、神卫四厢都指挥使。

明年，世忠罢兵柄为枢密使，以元为镇江府驻扎御前诸军都统制，以统其众。又明年，进侍卫亲军马步军都虞候，寻授保信军节度使。卒，年五十四。赠检校少保。

曲端字正甫，镇戎人。父涣，任左班殿直，战死。端三岁，授三班借职。警敏知书，善属文，长于兵略。历秦凤路队将、泾原路通安寨兵马监押，权泾原路第三将。

夏人入寇泾原，帅司调统制李庠捍御，端在遣中。庠驻兵柏林堡，斥堠不谨，为夏人所薄，兵大溃，端力战败之，整军还。夏人再入寇，西安州、怀德军相继陷没。镇戎当敌要冲，无守将，经略使席贡疾柏林功,奏端知镇戎军兼经略司统制官。

建炎元年十二月,娄宿攻陕西。二年正月,入长安、凤翔,关、陇大震。二月,义兵起,金人自巩东还。端时治兵泾原,招流民溃卒,所过人供粮秸,道不拾遗。金游骑入境,端遣副将吴玠据清溪岭,与战大破之。端乘其退,遂下兵秦州,而义兵已复长安、凤翔。统领官刘希亮自凤翔归,端斩之。六月,以集英殿修撰知延安府。

王庶为龙图阁待制,节制陕西六路军马。遂授端吉州团练使,充节制司都统制,端雅不欲属庶。九月,金人攻陕西,庶召端会雍、耀间,端辞以未受命。庶以鄜延兵先至龙坊,端又称已奏乞回避,席贡别遣统制官庞世才将步骑万人来会。庶无如之何,则檄贡勒端还旧任,遣陕西节制司将官贺师范趋耀,别将王宗尹趋白水,且令原、庆出师为援,二帅各遣偏将刘仕忠、寇鲜来与师范会。庶欲往耀督战,已行,会庞世才兵至邠,端中悔,以状白庶,言已赴军前,庶乃止。师范轻敌不戒,卒遇敌于八公原,战死,二将各引去,端遂得泾原兵柄。

十一月,金谍知端、庶不协,并兵攻鄜延。时端尽统泾原精兵,驻淳化。庶日移文趣其进,又遣使臣、进士十数辈往说端,端不听。庶知事急,又遣属官鱼涛督师,端阳许而实无行意。权转运判官张彬为端随军应副,问以师期。端笑谓彬曰:“公视端所部,孰与李纲救太原兵乎?”彬曰:“不及也。”端曰:“纲召天下兵,不度而往,以取败。今端兵不满万,不幸而败,则金骑长驱,无陕西矣。端计全陕西与鄜延一路孰轻重,是以未敢即行,不如荡贼巢穴,攻其必救。”乃遣吴玠攻华州,拔之。端自分蒲城而不攻,引兵趋耀之同官,复迁路由汾之三水与玠会襄乐。

金攻延安急,庶收散亡往援。温州观察使、知凤翔府王瓛将所部发兴元,比庶至甘泉,而延安已陷。庶无所归,以军付瓛,自将百骑与官属驰赴襄乐劳军。庶犹以节制望端,欲倚以自副,端弥不平。端号令素严,入壁者,虽贵不敢驰。庶至,端令每门减其从骑之半,及帐下,仅数骑而已。端犹虚中军以居庶,庶坐帐中,端先以戎服趋于庭,既而与张彬及走马承受公事高中立同见帐中。良久,端声色俱厉,问庶延安失守状,曰:"节制固知爱身,不知爱天子城乎?"庶曰:"吾数令不从,谁其爱身者?"端怒曰:"在耀州屡陈军事,不一见听,何也?"因起归帐。庶留端军,终夕不自安。

端欲即军中杀庶,夺其兵。夜走宁州,见陕西抚谕使谢亮,说之曰"延安五路襟喉,今已失之,《春秋》大夫出疆得以专之,请诛庶归报"。亮曰:"使事有指,今以人臣擅诛于外,是跋扈也,公为则自为。"端意阻,复归军。明日,庶见端,为言已自劾待罪。端拘縻其官属,夺其节制使印,庶乃得去。

王瓒将两军在庆阳,端召之,瓒不应。会有告瓒过汾军士劫掠者,端怒,命统制官张中孚率兵召瓒,谓中孚曰:"瓒不听,则斩以来。"中孚至庆阳,瓒已去,遽遣兵要之,不及而止。

初,叛贼史斌围兴元不克,引兵还关中。义兵统领张宗谔诱斌如长安而散其众,欲徐图之。端遣吴玠袭斌擒之,端自袭宗谔杀之。

三年九月,迁康州防御使、泾原路经略安抚使。时延安新破,端不欲去泾原,乃以知泾州郭浩权鄜延经略司公事。自谢亮归,朝廷闻端欲斩王庶,疑有叛意,以御营司提举召端,端疑不行。议者喧言端反,端无以自明。会张浚宣抚川、陕,入辞,以百口明端不反。浚自收揽英杰,以端在陕西屡与敌角,欲仗其威声。承制筑坛,拜端为威武大将军、宣州观察使、宣抚处置使司都统制、知渭州。端登坛受礼,军士欢声如雷。

浚虽欲用端,然未测端意,遣张彬以招填禁军为名,诣渭州察之。彬见端问曰:"公常患诸路兵不合,财不足;今兵已合,财已备,娄宿以孤军深入吾境,我合诸路攻之难。万一粘罕并兵而来,何以待之?"端曰:"不然,兵法先较彼己,今敌可胜,止娄宿孤军一事;然将士精锐,不减前日。我不可胜,亦止合五路兵一事;然将士无以大异于前。况金人因粮于我,我常为客,彼常为主。今当反之,按兵据险,时出偏师以扰其耕获。彼不得耕,必取粮河东,则我为主,彼为客,不一二年必自困毙,可一举而灭也。万一轻举,后忧方大。"彬以端言复命，浚不主端说。

四年春，金人攻环庆，端遣吴玠等拒于彭原店，端自将屯宜禄，玠先胜。既而金军复振，玠小却，端退屯泾州，金乘胜焚邠州而去。玠怨端不为援，端谓玠前军已败，不得不据险以防行冲突，乃劾玠违节制。

是秋，兀术窥江、淮，浚议出师以挠其势。端曰："平原广野，贼便于冲突，而我军未尝习水战。金人新造之势，难与争锋，宜训兵秣马保疆而已，俟十年乃可。"端既与浚异，浚积前疑，竟以彭原事罢端兵柄，与祠，再责海州团练使、万安州安置。

是年，浚为富平之役，军败，诛赵哲，贬刘锡。浚欲慰人望，下令以富平之役，泾原军马出力最多，既却退之后，先自聚集，皆缘前帅曲端训练有方。叙端左武大夫，兴州居住。

绍兴元年正月，叙正任荣州刺史，提举江州太平观，徙阆州。于是浚自兴州移司阆州，欲复用端。玠与端有憾，言曲端再起，必不利于张公，王庶又从而间之。浚入其说，亦畏端难制。端尝作诗题柱曰："不向关中兴事业，却来江上泛渔舟。"庶告浚，谓其指斥乘舆，于是送端恭州狱。

武臣康随者尝忤端，鞭其背，随恨端入骨。浚以随提点夔路刑狱，端闻之曰："吾其死矣！"呼"天"者数声。端有马名"铁象"，日驰四百里，至是连呼"铁象可惜"者又数声，乃赴逮。既至，随令狱吏縶维之，糊其口，胁之以火。端干渴求饮，予之酒，九窍流血而死，年四十一。陕西士大夫莫不惜之，军民亦皆怅怅，有叛去者。浚寻得罪，追复端宣州观察使，谥壮愍。

端有将略，使展尽其才，要未可量。然刚愎，恃才凌物，此其所以取祸云。

论曰：南渡诸将以张、韩、刘、岳并称，而俊为之冠。然夷考其行事，则有不然者。俊受心膂爪牙之寄，其平苗、刘，虽有勤王之绩，然既不能守越，又弃四明，负亦不少。矧其附桧主和，谋杀岳飞，保全

富贵，取媚人主，其负庚又如何哉？光世自恃宿将，选沮却畏，不用
上命，师律不严，卒致郦琼之叛。迎合桧意，首纳军权，虽得善终牖
下，君子不贵也。二人方之韩、岳益远矣。然子盖、宗颜号俊子弟，
著海之功，泗上之捷，亦足称焉。王渊以总率扈从有劳，遂至骄盈，
失将士心，自取覆败。况结托康履与光世一辙，乌足道哉。解元始
由韩世忠进，其攻城野战，未尝败衄，有可称者。不幸早世，惜哉！曲
端刚愎自用，轻视其上，劳效未著，动违节制，张浚杀之虽冤，盖亦
自取焉尔。

宋史卷三七〇
列传第一二九

王友直　李宝　成闵　赵密
刘子羽　吕祉　胡世将
郑刚中

王友直字圣益，博州高平人。父佐，以材武称。友直年十二，随父游，谙兵法。

绍兴三十一年，金人渝盟，友直结豪杰，志恢复。谓其众曰："权所以济事，权归于正，何害于理。"乃矫制自拟承宣使、河北等路安抚制置使，余拟官有差，遍谕州县勤王。未几，得众数万，制为十三军，军置都统制、提举、提点、提辖、训练统之。九月戊子，进攻大名，一鼓而克，抚定众庶，谕以绍兴年号。乃与王任、冯谷、张升、牛汝霖列奏于朝，欲领众南归。时金人尚在扬州，久不报。

友直将由寿春涉淮而济，道拜敕书，勉以率众捣敌腹心，掎角应援。除友直检校少保、天椎军节度使，王任天平军节度使，冯谷左通义大夫、徽猷阁直学士，张升右朝奉大夫、直秘阁，牛汝霖通直郎、直秘阁，职任各从旧，得便宜行事。时三十二年正月一日也。

旋与敌遇，相拒淮北；敌兵来益众，友直即率所部渡淮。既而审金主亮已毙，所遇乃归师，悔不袭击之。高宗视师江上，见于金陵，赐金带、章服，锡赉及二子。友直耻前功不遂，自陈，改复州防御使，以忠义军统制隶镇江都统司。

越四月，诏偕统制张子盖援海州。方接战，友直张一旗，大书"宋忠义将河北王九郎"以自表。潜由小迳背敌阵，因其辎重，扼归道桥，左右枕水。张子盖知友直已乘敌后，麾军进击，敌溃走，尽溺死，围遂解。转宜州观察使。

孝宗受禅，友直与统制宋宁数出奇转战。张浚都督江、淮，一见喜之，辟建康前军统制。隆兴二年九月，金人犯边，宣谕使王之望命以前军戍昭关，友直不逾时即行。他军同戍者，敌至，辄退保和州，友直孤军坚守。金兵驻黄山，鼓柝相闻，益整暇自持。

乾道元年，移镇江御前诸军统制，俄改步司左军统制兼左骁卫上将军。初，淮北之战，友直母子相失，至是，访得之，乃与其妻李携二女自淮而还，锡予加厚。又明年，除御前诸军统制，请祠，手诏慰劳。四年，繇京口入觐，进神、龙卫四厢都指挥使，主管步司公事，迁侍卫亲步军都指挥使。朝廷议遣马、步二司移屯重地，丞相虞允文欲先发步司，友直请以马司先。及马帅李显忠屯金陵，友直奏马军道途转徙，困毙已甚。有旨免移步司。八年，转承宣使，旋除殿前副都指挥使。

淳熙元年，授奉国军节度使。四年，总殿步司大阅于茅滩，铠仗精明，号令闲肃。明年，进殿前指挥使，赐第中都，赐田平江，燕射咸预。晚节宴安，军政稍失律，授宜州观察使。寻罢宫观，徙居信州。以郊祀恩内徙，三奉祠，复武宁军承宣使。卒，年六十一，追复节度使，赠检校少保。

李宝，河北人。尝陷金，拔身从海道来归。金主亮渝盟，淮、浙奸民倪询、梁简等教金造舟，且为向导。金使苏保衡造舟于潞河。明年，以保衡为统军，将繇海道袭浙江。谍闻，高宗谓宰臣曰："李宝顷因召对，询以北事，历历如数。且以一介脱身还朝，陛对无一毫沮慑，是必能事者。"乃授浙西路马步军副总管，驻札平江，令与守臣督海舟捍御。高宗问："舟几何？"曰："坚全可涉风涛者，百二十艘。""兵几何？"曰："仅三千，皆闽、浙弓弩手，非正兵也。旗帜甲仗亦粗备。事急矣,臣愿亟发。”赐宝衣带、鞍马、尚方弓刀、戈甲及银绢万数。

八月,次江阴,先遣其子公佐,谓曰:“汝为潜伺敌动静虚实,毋误。”公佐受命,即与将官边士宁偕往。宝将启行,军士争言西北风力尚劲,迎之非利。宝下令,敢沮大计者斩。遂发苏州,大洋行三日,风甚恶,舟散不可收。宝慨顾左右曰:“天以是试李宝邪?宝心如铁石,不变矣。”酹酒自誓,风即止。明日,散舟复集。士宁自密州回,得敌耗甚悉,且言公佐已挟魏胜得海州。宝喜曰:“吾儿不负乃翁矣。”士气百倍,趣众乘机进。适大风复作,海涛如山,宝神色不为动;风少杀,始纵舟泊抵东海。敌已云合,围海州,旌麾数十里。宝麾兵登岸,以剑画地,令曰:“此非复吾境,力战与否在汝等。”因握槊前行,遇敌奋击,将士贾勇,无不一当十。敌出不意,亟引去。胜出城迎,宝奖其忠义,勉以共立功名,胜感泣。乃维舟犒士,遣辩者四出招纳降附,声振山东。豪杰如王世修辈各署旗,集义勇,争应援,多者数万人。宝列名上诸朝,檄所部会密之胶西,命公佐以郡事畀胜,与俱发。

至胶西石臼岛,敌舟已出海口,泊唐岛,相距仅一山。时北风盛,宝祷于石臼神。俄有风自舵楼中来,如钟铎声,众咸奋,引舟握刃待战。敌操舟者皆中原遗民,遥见宝船,绐敌兵入舟中,使不知王师猝至。风驶舟疾,过山薄虏,鼓声震垒,海波腾跃。敌大惊,制碇举帆,帆皆油缬,弥亘数里,风浪卷聚一隅,窘束无复行次。

宝亟命火箭环射,箭所中,烟焰旋起,延烧数百艘。火所不及者犹欲前拒,宝叱壮士跃登其舟,短兵击刺,殪之舟中。余所谓签军,尽中原旧民,皆登岛垠,脱甲归命,以故不杀。然仓卒,舟不获舣,溺死甚众。俘大汉军三千余人,斩其帅完颜郑家奴等六人,擒倪询等上于朝,获其统军符印与文书、器甲、粮斛以万计。余物众不能举者,悉焚之,火四昼夜不灭。

宝将乘势席卷,公佐切谏,以为金主亮方济淮,闻通、泰已陷,得远失近,且有腹背忧。乃还军驻东海,视缓急为表里援。遣曹洋轻舟报捷。上喜曰："朕独用李宝,果立功,为天下倡矣。"诏奖谕,书"忠勇李宝"四字,表其旗帜。除静海军节度使、沿海制置使,赐金器、玉带。

亮闻胶西之败,大怒,召诸酋约以三日渡江,于是内变杀亮。向微唐岛之捷,则亮之死未可期,钱唐之危可忧也。宝之功亦大矣。

宝战具精利,宰臣陈康伯取长枪、克敌弓弩,俾所司为式制之。卒,赠检校少保。

成闵字居仁,邢州人。靖康初,刘韐为直定帅,募勇士捍金兵,闵在麾下。高宗即位,闵领数百骑至扬州。会上南渡,韩世忠追苗傅及袭兀术、讨范汝为,闵皆在戎行,又以力战却敌,积功至武功大夫、忠州刺史。

从世忠入见,世忠指闵曰："臣在南京,自谓天下当先,使当时见此人,亦避一头矣。"上嘉叹劳勉。旋以取海州功,擢磁州团练使。召见,赐袍带、锦帛,加赠玉束带。时方与金盟,世忠罢兵,入为枢密使,诏进闵隶州防御使、殿前游奕军统制,历迁保宁军承宣使。

绍兴二十三年,拜庆远军节度使。寻丁母忧,诏起复,赠其母郑国夫人。金主亮将败盟,诏闵提禁旅三万镇武昌,命湖北守、漕创寨屋三万间以待之,发折帛米钱茶引共百四十余万缗、义仓和籴米六十三万石备军用,仍赐金器、剑甲临遣之。闵至鄂,未几,进屯应城县。

八月,除湖北、京西制置使,节制两路军马。九月,兼京西、河北招讨使。十一月,诏回援淮西。闵喜於得归,冒雨兼程趋建康,士卒多道死,朝廷所给犒师物奄归己,不及士卒。士卒有怨言,闵斩之。未几,除淮东制置使,驻镇江。既而言者论诸军皆聚镇江,恐出敌不意捣上流,于是诏闵发鄂州张成、华旺军回驻鄂。

亮死,闵引兵渡江趋扬州。及金人自盱眙渡淮北去,闵列兵南岸,军士喏声相闻。金人笑之曰："寄声成太尉,有勤护送。"时虏气已夺,日虞王师之至,委弃戈甲、粟米山积,诸军多仰以给。惟闵军多浙人，素不食粟，死者甚众。

闵至泗州，奏已克复淮东。寻入朝，凡侍从、卿监、阁门、内侍，皆有赂遗。左正言刘庆劾之，犹超拜太尉，主管殿前司公事。寻复为御史论列，罢太尉，婺州居住，夺庆远节。乾道初，听自便，归湖州。寻诏复节，都统镇江诸军。九年，请祠，致仕，治园第于平江。

淳熙元年，卒，年八十一。赠开府仪同三司。子十一人。

赵密字微叔，太原清河人。政和四年，用材武试崇政殿，授河北队将，戍燕。高宗以大元帅开府，檄统先锋援京师。

建炎元年，从张俊讨任城寇李昱，俊轻骑先行，遇伏，密奔射毙数人，乃脱。擢阁门祗候。俊置靖胜军，以密统之。平贼董青、赵万、徐明等，累功转武节郎、左军统领。金兵陷扬州，士民随乘舆渡江，众数万，密露立水滨，麾舟济之。苗傅之变，破赤心军于临平。金人犯明州，俊遣密及杨沂中与殊死战，败之，进武功大夫，升统制。

绍兴元年，李成、马进扰江、淮，俊复遣密大破之，成、进皆北遁。赐金带，转亲卫大夫、康州刺史，总管泾原马步军。平张莽荡，寻诏入卫。十年，金犯亳、宿，从俊营合肥，出西路。时水潦暴涨，涉六昼夜始达宿，与敌遇，败之。

明年，敌分兵犯滁、濠，密进击之，且命张守忠以五百骑出全椒县，伏篁竹间，敌疑，宵遁。密乃引兵出六丈河，断其归路，又败之。进中卫、协忠大夫，和州团练、防御使。寻拜宣州观察使，为龙、神卫四厢都指挥使，主管侍卫步军。

海寇朱明暴横，密授张守忠方略曰："海与陆异，穷之则日月相持，非策之善，要在拊定之耳。"守忠用其计，明降。进定江军承宣使、崇信军节度使，以年劳转太尉，拜开府仪同三司。明年，领殿前都指挥使，献本军酒方六十六所，积钱十万缗、银五万两助军用，诏奖之。上疏告老，以万寿观使奉朝请。

隆兴二年，进少保致仕。俄报金复犯淮，诏密再为殿前都指挥使。初，敌声言航海，朝论选从官视舟师，撤禁旅防守，密不为动，迄如所料。和议成，罢为醴泉使。

乾道元年九月，致仕。卒，年七十一。赠少傅。

刘子羽字彦修，建之崇安人，资政殿学士韐之长子也。宣和末，韐帅浙东，子羽以主管机宜文字佐其父。破睦贼，入主太府、太仆簿，迁卫尉丞。韐守真定，子羽辟从。会金人入，父子相誓死守，金人不能拔而去，由是知名。除直秘阁。京城不守，韐死之，既免丧，除秘阁修撰、知池州。

以书抵宰相，论天下兵势，当以秦、陇为根本。改集英殿修撰、知秦州。未行，召赴行在，除枢密院检详文字。

建炎三年，大将范琼拥强兵江西，召之弗来，来又不肯释兵。知枢密院事张浚，与子羽密谋诛之。一日，命张俊以千兵渡江，若备他盗者，使皆甲而来。因召俊、琼及刘光世赴都堂议事，为设饮食，食已，诸公相顾未发。子羽坐庑下，恐琼觉，取黄纸趋前，举以麾琼曰：“下，有敕，将军可诣大理置对。”琼愕不知所为，子羽顾左右拥置舆中，卫以俊兵，送狱。光世出抚其众，数琼在围城中附金人迫二帝出狩状。且曰：“所诛止琼尔，汝等固天子自将之兵也。”众皆投刃曰：“诺。”有旨分隶御营五军，顷刻而定。琼竟伏诛。浚以此奇其材。

浚宣抚川、陕，辟子羽参议军事。至秦州，立幕府，节度五路诸将，规以五年而后出师。明年，除徽猷阁待制。金人窥江、淮急，浚念禁卫寡弱，计所以分挠其兵势者，遂合五路之兵以进。子羽以非本计，争之。浚曰：“吾宁不知此？顾今东南之事方急，不得不为是耳。”遂北至富平，与金人遇，战不利。金人乘胜而前，宣抚司退保兴州，人情大震。

官属有建策徙治夔州者，子羽叱之曰：“孺子可斩也！四川全盛，敌欲入寇久矣，直以川口有铁山、栈道之险，未敢遽窥耳。今不坚守，纵使深入，而吾僻处夔、峡，遂与关中声援不相闻，进退失计，悔将何及。今幸敌方肆掠，未逼近郡。宣司但当留驻兴州，外系关中之望，内安全蜀之心；急遣官属出关，呼召诸将，收集散亡，分布险隘，坚壁固垒，观衅而动。庶几犹或可以补前愆而赎后咎，奈何乃为此言乎？"浚然子羽言，而诸参佐无敢行者。子羽即自请奉命北出，复以单骑至秦州，召诸亡将。诸亡将闻命大喜，悉以其众来会。子羽命吴玠栅和尚原，守大散关，而分兵悉守诸险塞。金人知有备，引去。

明年，金人复聚兵来攻，再为玠所败。浚移治阆州，子羽请独留河池，调护诸将，以通内外声援，浚许之。明年，玠以秦凤经略使戍河池，王彦以金、均、房镇抚使戍金州。二镇皆饥，兴元帅臣闭籴，二镇病之。玠、彦皆愿得子羽守汉中，浚乃承制拜子羽利州路经略使兼知兴元府。子羽至汉中，通商输粟，二镇遂安。除宝文阁直学士。

是冬，金人犯金州。三年正月，王彦失守，退保石泉。子羽亟移兵守饶风岭，驰告玠。玠大惊，即越境而东，日夜驰三百里至饶风，列营拒守。金人悉力仰攻，死伤山积，更募死士，由间道自祖溪关入，绕出玠后。玠遽邀子羽去，子羽不可，而留玠同守定军山，玠难之，遂西。

子羽焚兴元，退守三泉县，从兵不满三百，与士卒取草牙、木甲食之，遗玠书诀别。玠时在仙人关，其爱将杨政大呼军门曰："节使不可负刘待制，不然，政辈亦舍节使去矣。"玠乃间道会子羽，子羽留玠共守三泉。玠曰："关外蜀之门户，不可轻弃。"复往守仙人关。子羽以潭毒山形斗拔，其上宽平有水，乃筑壁垒，十六日而成。金人已至，距营十数里。子羽拒胡床，坐于垒口。诸将泣告曰："此非待制坐处。"子羽曰："子羽今日死于此。"敌寻亦引去。

自金人入梁、洋，四蜀复大震。张浚欲移潼川，子羽遗浚书，言己在此，金人必不南，浚乃止。撒离曷由斜谷北去，子羽谋邀之于武休，不及，既回凤翔，遣十人持书旗招子羽，子羽尽斩之，而留其一，纵之还，曰："为我语贼，欲来即来，吾有死尔，何可招也！"先是，子羽预徙梁、洋公私之积，至是，金人深入，馈不继，又腹背为子羽、玠所攻，死伤十五六，疫疠且作，亟遁去。子羽出师掩击，堕溪涧死者不可胜计，余兵不能自拔者，悉降。

　　始，金人攻蜀，所选士卒千取百，百取十；战被重铠，登山攻险，每一人前，辄二人推其后，前者死，后者被其甲以进，又死，则又代之，其为必取计如此。浚虽衄师，卒全蜀，子羽之力居多。子羽还兴元。四年，坐富平之役，与浚俱罢。寻为言者所论，责授单州团练副使，泉州安置。

　　新除川、陕宣抚副使吴玠，始为裨将，未知名。子羽独奇之，言于浚，浚与语大悦，使尽护诸将。至是，上疏论子羽之功，请纳节赎其罪。诏听子羽自便。明年，复元官，提举江州太平观。

　　张浚还朝，议合兵大举，乃请召子羽，令谕旨西帅，以集英殿修撰知鄂州。未几，权都督府参议军事，与主管机宜文字熊彦诗同抚谕川、陕。时吴玠屡言军前乏粮，故令子羽见玠谕指，且与都转运使赵开计事，并察边备虚实以闻，时五年冬也。明年秋，与彦诗同还朝。子羽言："金人未可图，宜益兵屯田，以俟机会。"时张浚以淮西安抚使刘光世骄惰不肃，密奏请罢之，而以其兵属子羽。子羽辞，乃以徽猷阁待制知泉州。

　　七年，淮西郦琼叛，张浚罢相。八年，御史常同论子羽十罪，上批出"白州安置"。赵鼎曰："章疏中论及结吴玠事，今方倚玠，恐不自安。"同疏再上，以散官安置漳州。十一年，枢密使张浚荐子羽复元官，知镇江府兼沿江安抚使。金人入寇，子羽建议清野，淮东之人，皆徙镇江，抚以恩信，虽兵民杂居，无敢相侵者。既而金人不至，浚问子羽，子羽曰："异时金人入寇，飘忽如风雨，今久迟回，必有他意。"盖金人以柘皋之败，欲急和也。未几，果遣使议和。复徽猷阁待制。秦桧风谏官论罢之，复提举太平观。

　　十六年，卒。子珙，自有传。吏部郎朱松以子熹托子羽，子羽与弟子翚笃教之，异时卒为大儒云。

　　吕祉字安老，建州建阳人。宣和初，上舍释褐。建炎二年，为右正言，以论事忤执政，通判明州。

　　绍兴元年，盗起湖南、北，为荆湖提刑，祉既至，招捕有方，逾年盗平。进直秘阁，寻召赴行在。淮南宣抚使韩世忠将出师，辟祉议军事，除直徽猷阁，充参议官，辞不行。

三年，升直龙图阁、知建康府。祉到官，与通判府事吴若、安抚司准备差遣陈充共议，作《东南防守利便》三卷上之，大略谓：“立国于东南者，当联络淮甸、荆、蜀之势，今临安僻在海隅，移跸江上，然后可以系南北离散之心。”

四年冬，金人攻淮，江左戒严，独韩世忠统锐卒在高邮。金既陷涟水，破山阳、盱眙，遂犯承州。祉上章言：“宜遣兵为世忠援。”既而援兵不至，世忠退保镇江。祉再上言：“置江北于度外，非命帅宣抚两淮之意，且恐失中原心。唯当急遣诸将，且乞亲御六师，庶几上下协心，可以不战而胜。”于是降诏亲征。车驾至平江，金人退师。

五年，召为中书门下省检正诸房文字，寻除兵部侍郎兼户部侍郎、给事中。六年，迁刑部侍郎、都督府参议军事，俄迁吏部侍郎。刘豫分道入寇，时车驾驻平江，或请回临安，且令守江防海。祉独抗言：“士气当振，贼锋可挫，不可遽退以示弱。”刘麟众十万，已次濠、寿。刘光世在合肥，欲移屯太平州，军已行，乃命祉驰往军前，督其还。七年，迁兵部尚书，升督府参谋军事，往淮西抚谕诸军。

浚以刘光世持不战之论，罢之，乃命行营左护军前统制王德为都统制，又以统制官郦琼为之副。琼与德素不协，祉还朝，琼与德交讼于都督府及御史台，乃命德还建康，以其军隶督府。八月，复命祉往庐州节制之。祉至庐州，琼等复讼德。祉谕之曰：“若以君等为是，则大相诳。然张丞相但喜人向前，傥能立功，虽有大过亦阔略，况此小嫌乎？当力为诸公辨之，保无他虑。”琼等感泣。

事小定，祉乃密奏乞罢琼及统制官靳赛兵权。其书吏漏语于琼，琼令人遮祉所遣邮置，尽得祉所言，大怨怒。会朝廷命张俊为淮西宣抚使，置司盱眙；杨存中为淮西制置使，刘锜为副，置司庐州；召琼赴行在。琼惧，遂叛。诸将晨谒祉，坐定，琼袖出文书，示中军统制官张璟曰：“诸兵官有何罪，张统制乃以如许事闻之朝廷邪？”祉见之大惊，欲返走，不及，为琼所执。璟及兵马铃辖乔仲福，统制刘永、衡友死之。琼遂率金军四万人渡淮降刘豫，拥祉次三塔，距淮三十里。祉下马曰："刘豫逆臣，我岂可见之？"众逼祉上马，祉骂曰："死则死於此！"又语其众曰："刘豫逆臣，尔军中岂无英雄，乃随郦琼去乎？"众颇感动，凡千余人环立不行。琼恐摇动众心，急策马先渡，祉遇害。

时有得祉括发之帛归吴中者，其妻吴氏持帛自缢以徇葬，闻者哀之。庆元间，诏立庙赐额，以旌其忠云。

胡世将字承公，常州晋陵人，宿之曾孙。登崇宁五年进士第。范汝为寇闽，以世将监察御史、福建路抚谕使。入境，韩世忠已平贼。迁尚书右司员外郎，又迁起居郎，迁中书舍人，赐三品服，兼修政局。坐言者落职奉祠。未几，除徽猷阁待制、知镇江府，入为礼部侍郎，改刑部，出知洪州，兼江西安抚、制置使。属建昌兵变，杀守卒，婴城以叛，世将以便宜发兵讨平之。除兵部侍郎，复知镇江。

未几，召为给事中兼侍讲，直学士院，复迁兵部侍郎。寻以枢密直学士出为四川安抚、制置使，兼知成都府。宣抚吴玠以军无粮，奏请踵至。世将既被命入境，约玠会议。蜀之饷运，逆嘉陵江千余里，半年始达。于是奏用转般折运之法，军储稍充，公私便之。

绍兴九年，玠卒，以世将为宝文阁学士、宣抚川、陕。时关陕初复，朝廷分军移屯熙、秦、鄜延诸道。明年夏，金人陷同州，入长安，诸路皆震。蜀兵既分，声援几绝，乃遣大将吴璘、田晟出凤翔，郭浩出奉天，杨政由赤谷归河池。不数日，璘捷于石壁及扶风，金人逡巡不敢度陇，分屯之军得全师而还。诏除端明殿学士。

十一年秋，朝廷复用兵。会母丧，命起复。遂复陇州，破岐下诸屯，又取华、虢，兵威稍振。未几，疡发于首。除资政殿学士致仕，恩数视金书枢密院事。卒，年五十八，命有司给葬事。

郑刚中字亨仲，婺州金华人。登进士甲科，累官为监察御史，迁殿中侍御史。刚中由秦桧荐于朝，桧主和议，刚中不敢言。移宗正少卿，请去，不许，改秘书少监。

金归侵疆，桧遣刚中为宣谕司参谋官；及还，除礼部侍郎。复遣刚中为川、陕宣谕使，谕诸将罢兵，寻充陕西分画地蜀使。金使乌陵赞谟入境，欲尽取阶、成、岷、凤、秦、商六州，刚中力争不从；又欲姑取商、秦，于大散关立界，刚中又坚不从。继除川、陕宣抚副使。

兀术遣人力求和尚原，刚中恐败和好，以和尚原自绍兴四年后不系吴玠地分，于是割秦、商之半，弃和尚原以与金。朝廷命刚中去"陕"字，为四川宣抚副使。刚中治蜀，颇有方略。宣抚司旧在绵、阆间，及胡世将代吴玠，就居河池，馈饷不继。刚中奏：利州在潭毒关内，与兴、洋诸关声振相接，乞移司利州。自是省费百万。刚中始至，即欲移屯一军，大将杨政不从，呼政语之曰："刚中虽书生，不畏死！"声色俱厉，政即德命。

都统每入谒，必庭参然后就坐。吴璘升检校少师来谢，语阍吏，乞讲钧敌之礼。刚中曰："少师虽尊，犹都统制耳，倘变常礼，是废军容。"行礼如故。

奏蠲四川杂征，又请减成都府路对籴及宣抚司激赏钱。时刚中于阶、成二州营田，抵秦州界，凡三千余顷，岁收十八万斛。先是，川口屯兵十万，分隶三大将：吴璘屯兴州，杨政屯兴元府，郭浩屯金州，皆建帅节；而统制官知成州王彦、知阶州姚仲、知西和州程俊、知凤州杨从仪亦领沿边安抚。刚中请分利州为东、西路，以兴元府、利、阆、洋、巴、剑州、大安军七郡为东路，治兴元，命政为安抚，以兴、阶、成、西和、文、陇、凤七州为西路，治兴州，命政为安抚；而命浩为金、房、开、达州安抚；诸裨将领安抚者皆罢。从之。弛夔路酒禁，复利州钱监为绍兴监。时军已罢，移屯内郡，刚中言逐路各有漕司，都漕宜罢。从之。

秦桧怒刚中在蜀专擅，令侍御史汪勃奏置四川财赋总领官，以赵不弃为之，不隶宣抚司。不弃牒宣抚司，刚中怒，由是有隙。不弃颇求刚中阴事言于桧，桧阳召不弃归，因召刚中。刚中语人曰："孤危之迹，独赖上知之耳。"桧闻愈怒，遂罢，责桂阳军居住；再责濠州团练副使,复州安置;再徙封州,卒。

论曰:自绍兴和议成,材武善谋之士,无所用其力。若王友直之矫制起兵,李宝之立功胶西,成闵、赵密皆足以斩将搴旗,刘子羽转战屡胜,吕祉不从刘豫,胡世将、郑刚中威震巴蜀,皆中道以殁,是以知宋不克兴复也。

宋史卷三七一
列传第一三〇

白时中　　徐处仁　　冯澥
王伦　宇文虚中　汤思退

白时中字蒙亨,寿春人。登进士第,累官为吏部侍郎。坐事,降秩知郓州,已而复召用。政和六年,拜尚书右丞、中书门下侍郎。宣和六年,除特进、太宰兼门下,封崇国公,进庆国。

始,时中尝为春官,诏令编类天下所奏祥瑞,其有非文字所能尽者,图绘以进。时中进《政和瑞应记》及《赞》。及为太宰,表贺翔鹤、霞光等事。圆丘礼成,上言休气充应,前所未有,乞宣付秘书省。时燕山日告危急,而时中恬不为虑。金人入攻,京城修守备,时中谓宇文粹中曰:“万事须是涉历,非公尝目击守城之事,吾辈岂知首尾邪?”

钦宗即位,召大臣决策守京师,问谁可将者。李纲言:“朝廷高爵厚禄蓄养大臣,盖将用之有事之日。时中辈虽书生,然抚将士以抗敌锋,乃其职也。”时中勃然曰:“李纲莫能将兵出战乎?”纲曰:“陛下倘使臣,当以死报。”于是以纲为右丞,充守御使。时中寻罢为观文殿学士、中太一宫使。御史劾时中孱懦不才,诏落职。未几,卒。

徐处仁字择之,应天府谷熟县人。中进士甲科,为永州东安县令。蛮人叛,处仁入峒,开示恩信,蛮感泣,誓不复反。知济州金乡县。以荐者召见,徽宗问京东岁事,处仁以旱蝗对。问:“邑有盗贼乎?"曰:"有之。"上谓处仁不欺,除宗正寺丞、太常博士。

时初置算学,议所祖,或以孔子赞《易》知数。处仁言:"仲尼之道无所不备,非专门比。黄帝迎日推策,数之始也,祖黄帝为宜。"擢监察御史,迁殿中、右正言、给事中。摄开封府,裁决如流,囚系常空。进户部尚书,继拜中大夫、尚书右丞。丁母忧,免丧,以资政殿学士知青州,徙知永兴军。

童贯使陕西,欲平物价,处仁议不合,曰:"此令一传,则商贾弗行,而积藏者弗出,名为平价,适以增之。"转运使阿贯意,劾其格德音,倡异论,侵辱使者。诏处仁赴阙。寻改知河阳,落职知蕲州。久之,以显谟阁直学士知颍昌府。民有得罪官掖者,虽赦不原,处仁为奏上。童贯乘是挤之,夺职,提举鸿庆宫。复延康殿学士、知汝州,再奉鸿庆祠、知徐州,召为醴泉观使。

徽宗访以天下事,处仁对曰:"天下大势在兵与民,今水旱之余,赋役繁重,公私凋弊,兵民皆困,不及今谋之,后将有不胜图者。"上曰:"非卿不闻此言。"明日,除侍读。进读罢,理前语,处仁言:"昔周以冢宰制国用,于岁之杪,宜会朝廷一岁财用之数,量入为出,节浮费,罢横敛,百姓既足,军储必丰。"上称善,诏置裕民局讨论振兵裕民之法。蔡京不悦,言者谓:"今设局曰'裕民',岂平日为不裕民哉?"乃罢局,出处仁知扬州。未几,以疾奉祠归南都。

方腊为乱,处仁亟见留守薛昂,为画守战之策。因语昂曰:"睢阳蔽遮江、淮,乃国家受命之地,脱有非常,吾助君死守。"语闻于朝,起为应天尹。河北盗起,徙大名尹。前尹王革惨而怯,盗无轻重悉抵死,小有警,辄闭城以兵自卫。处仁至,即大开城门,撒牙内甲兵,人情遂安。

徽宗赐手诏曰:"金人虽约和,然狼子野心,易煽以变,有当行事以闻。"处仁上《备边御戎》十策。进观文殿学士,召为宝录宫使,特升大学士。旧制,大观文非宰相不除,前二府得除,自处仁始。

钦宗即位,金人犯京师,处仁储粮列备,合锐兵万人勤王;奏乞下诏亲征,以张国威。奏至,朝廷适下亲征诏书,以李纲为行营使。

既移书纲,言备御方略。金人请和而归,处仁奏宜伏兵浚、滑,击其半济,必可成功。召为中书侍郎。入见,钦宗问割三镇,处仁言:"国不竞亦陵,且定武陛下之潜藩,不当弃。"与吴敏议合。敏荐处仁可相,拜太宰兼门下侍郎。

童贯部胜捷军卫徽宗东巡,贯既贬,军士有恶言。徽宗将还,都人汹惧,或请为备。处仁曰:"陛下仁孝,思奉晨昏,属车西还,天下大庆,宜郊迎称贺。军士妄言,臣请身任之。"乃以处仁为扈驾礼仪使,统禁旅从出郊,迄二圣还宫,部伍肃然。

初,处仁为右丞,言:"六曹长贰,皆异时执政之选,而部中事一无所可否,悉禀命朝廷。夫人才力不容顿异,岂有前不能决一职而后可共政者乎? 乞诏自今尚书、侍郎不得辄以事诿上,有条以条决之,有例以例决之,无条例者酌情裁决;不能决,乃申尚书省。"会处仁以忧去,不果行,及当国,卒奏行之。

聂山为户部尚书兼开封尹,库有美珠,山密语宁德宫宦者,用特旨取之。处仁奏:"陛下鉴近患,事必由三省。今以珠为道君太上皇后寿,诚细故,且美事;然此端一开,则前日应奉之徒复纵,臣为陛下惜。"乃抵主藏吏罪。

处仁言论,初与吴敏、李纲合,寻亦有异议。尝与敏争事,掷笔中敏面,鼻额为黑。唐恪、耿南仲、聂山欲排去二人而代之位,讽言者论之,与敏俱罢,处仁以观文殿大学士为中太一宫使。寻知东平府,提举崇福宫。高宗即位,起为大名尹、北道都总管,卒于郡。

处仁在宣和间,数请宽民力以弭盗贼。尹大名,以刚廉称。及为首相,无大建明,方进言以金人出境,社稷再安,皆由圣德俭勤,致有天人之助。种师道请合诸道兵屯河阳诸州,为防秋计,处仁谓金人岂能复来,不宜先自扰以示弱。南都受围时,处仁在围城中,都人指为奸细,杀其长子庚。幼子庠,吏部侍郎。

冯澥字长源,普州安岳人。父山,熙宁末,为秘书丞、通判梓州,邓绾荐为台官,不就,退居二十年,范祖禹荐于朝,官终祠部郎中。

澥登进士第,历官入朝,以言事再谪。

靖康元年,澥为左谏议大夫。金人围太原,朝廷命李纲宣抚两河,澥奏罢之。金人要割三镇,高宗自康邸出使,除澥知枢密院事,充副使,不果行,寻除尚书左丞。金人犯阙,诏宗室郡王为报谢使,澥与曹辅以枢密为副,留金营三日归,诏暂权门下侍郎。钦宗诣金营,澥扈从。张邦昌僭位,与澥有旧,取之归,以澥康邸旧臣,命为奉迎使,为总领迎驾仪物使。建炎初,除资政殿学士、知潼川府。言者论澥尝污伪命,夺职,已而复官。绍兴三年,以资政殿学士致仕,卒。

澥为文师苏轼,论西事与蔡京忤。郡人张庭坚以言事斥象州死,妻子充离,澥力振其家,及入谏省,奏官其一子。然议论主熙、丰、绍圣,而排邹浩、李纲、杨时,君子少之。

王伦字正道,莘县人,文正公旦弟勗玄孙也。家贫无行,为任侠,往来京、洛间,数犯法,幸免。汴京失守,钦宗御宣德门,都人喧呼不已,伦乘势径造御前曰:“臣能弹压之。”钦宗解所佩夏国宝剑以赐,伦曰:“臣未有官,岂能弹压?”遂自荐其才。钦宗取片纸书曰:“王伦可除兵部侍郎。”伦下楼,挟恶少数人,传旨抚定,都人乃息。宰相何㮚以伦小人无功,除命太峻,奏补修职郎,斥不用。

建炎元年,选能专对者使金,问两宫起居,迁朝奉郎,假刑部侍郎,充大金通问使,阁门舍人朱弁副之,见金左副元帅宗维议事,金留不遣。

有商人陈忠,密告伦二帝在黄龙府,伦遂与弁及洪皓以金遗忠往黄龙府潜通意,由是两宫始知高宗已即位矣。久之,粘罕使乌陵思谋即驿见伦,语及契丹时事。伦曰:“海上之盟,两国约为兄弟,万世无变。云中之役,我实馈师,赞成厥功。上国之臣,尝欲称兵南来,先大圣惠顾盟好,不许。厥后举兵以祸吾国,果先大圣意乎?况亘古自分南北,主上恭勤,英俊并用,期必复古。盖思久远之谋,归我二帝、太母,复我土疆,使南北赤子无致涂炭,亦足以慰先大圣之灵,幸执事者赞之。”臣谋沉思曰:“君言是也,归当尽达之。”已而粘

罕至曰："比上国遣使来,问其意指,多不能对。思谋传侍郎语欲议
和,决非江南情实,特侍郎自为此言耳。"伦曰："使事有指,不然来
何为哉?人定者胜天,天定亦能胜人,惟元帅察之。"粘罕不答。是
后,宇文虚中、魏行可、洪皓、崔纵、张邵相继入使,皆拘之。

绍兴二年,粘罕忽自至馆中与伦议和,纵之归报。是秋,伦至临
安,入对,言金人情伪甚悉,帝优奖之。除右文殿修撰,主管万寿观,
官其二弟一侄。时方用兵讨刘豫,和议中格。三年,韩肖胄使金还,
金遣李永寿、王诩继至。二人骄倨,以伦充伴使,伦与道云中旧故,
骄倨少损,遂拜诏。讫事,伦复请祠。刘光世求伦参议军事,辞。宰
相赵鼎请召伦赴都堂禀议,伦陈进取之策,不合,复请祠。

七年春,徽宗及宁德后讣至,复以伦为徽猷阁待制,假直学士,
充迎奉梓宫使,以朝请郎高公绘副之。入辞,帝使伦谓金左副元帅
昌曰："河南地,上国既不有,与其付刘豫,曷若见归?"伦奉诏以行,
因附进太后、钦宗黄金各二百两,仍以金帛赐宇文虚中、朱弁、孙
傅、张叔夜家属之在金国者。

伦至睢阳,刘豫馆之,疑有他谋,移文取国书。伦报曰:"国书须
见金主面纳,若所御命,则祈请梓宫也。"豫胁取不已。会迓者至,渡
河见挞懒于涿州,具言豫邀索国书无状,且谓:"豫忍背本朝,他日
安保其不背大国。"

是年冬,豫废。伦及高公绘还,左副元帅昌送伦等曰:"好报江
南,自今道涂无壅,和议可以平达。"伦入对,言金人许还梓宫及太
后,又许归河南地,且言废豫之谋由己发之。帝大喜,赐予特异。

初,伦既见昌,昌遣使偕伦入燕见金主亶,首谢废豫,次致使
指。金主始密与群臣定议许和,遂遣伦还,且命太原少尹乌陵思谋、
太常少卿石庆来议事。至行在,伦往来馆中计事。八年秋,以端明
殿学士再使金国,知阁门事蓝公佐为之副,申问讳日,期还梓宫。伦
辞,引至都堂授使指二十余事。既至金国,金主亶为设宴三日,遣签
书宣徽院事萧哲、左司郎中张通古为江南诏谕使,偕伦来。

朝论以金使肆嫚,抗论甚喧,多归罪伦。十一月,伦至行在,引

疾请祠,不许,趣赴内殿奏事。时哲等骄倨,受书之礼未定。御史中丞勾龙如渊诣都堂与秦桧议,召伦责曰:"公为使通两国好,凡事当于彼中反覆论定,安有同使至而后议者?"伦泣曰:"伦涉万死一生,往来虎口者数四,今日中丞乃责伦如此。"桧等共解之曰:"中丞无他,亦欲激公了此事耳。"伦曰:"此则不敢不勉。"伦见通古,以一二策动之。通古恐,遂议以桧见金使于其馆,受书以归。金许归梓宫、太母及河南地。

九年春,赐伦同进士出身、端明殿学士、签书枢密院事,充迎梓宫、奉还两宫、交割地界使,既又以伦为东京留守兼开封尹。伦至东京,见金右副元帅兀术,交割地界,兀术还燕。五月,伦自汴京赴金国议事。初,兀术还,密言于金主曰:"河南地本挞懒、宗磐主谋割之与宋,二人必阴结彼国。今使已至汴,忽令逾境。"伦有云中故吏隶兀术者潜告伦,伦即遣介具言于朝,乞为备。兀术遂命中山府拘伦,杀宗磐及挞懒。

十月,伦始见金主于御子林,致使指。金主悉无所答,令其翰林待制耶律绍文为宣勘官,问伦:"知挞懒罪否?"伦对:"不知。"又问:"无一言及岁币,反来割地,汝但知有元帅,岂知有上国邪?"伦曰:"比萧哲以国书来,许归梓宫、太母及河南地,天下皆知上国寻海上之盟,与民休息,使人奉命通好两国耳。"既就馆,金主复遣绍文谕伦曰:"卿留云中已无还期,及贷之还,曾无以报,反间贰我君臣耶!"乃遣蓝公佐先归,论岁贡、正朔、誓表、册命等事,拘伦以俟报;已而迁之河间,遂不复遣。

十年,金渝盟,兀术等复取河南。伦居河间六载,至十四年,金欲以伦为平滦三路都转运使,伦曰:"奉命而来,非降也。"金益胁以威,遣使来趣,伦拒益力。金杖其使,俾缢杀之。伦厚赂使少缓,遂冠带南乡,再拜恸哭曰:"先臣文正公以直道辅相两朝,天下所知。臣今将命被留,欲污以伪职,臣敢爱一死以辱命!"遂就死,年六十一。于是河间地震,雨雹三日不止,人皆哀之。诏赠通议大夫,赐其家金千两、帛千匹。子述与从兄遵间入金境,至河间,得伦骨以归,官给葬事。后谥愍节。

宇文虚中字叔通，成都华阳人。登大观三年进士第，历官州县，入为起居舍人、国史编修官、同知贡举，迁中书舍人。

宣和间，承平日久，兵将骄惰，蔡攸、童贯贪功开边，将兴燕云之役，引女真夹攻契丹，以虚中为参议官。虚中以庙谟失策，主帅非人，将有纳侮自焚之祸，上书言："用兵之策，必先计强弱，策虚实，知彼知己，当图万全。今边围无应敌之具，府库无数月之储，安危存亡，系兹一举，岂可轻议？且中国与契丹讲和，今逾百年，自遭女真侵削以来，向慕本朝，一切恭顺。今舍恭顺之契丹，不羁縻封殖，为我蕃篱，而远逾海外，引强悍之女真以为邻域。女真藉百胜之势，虚喝骄矜，不可以礼义服，不可以言说诱，持卞庄两斗之计，引兵逾境。以百年怠惰之兵，当新锐难抗之敌；以寡谋安逸之将，角逐于血肉之林。臣恐中国之祸未有宁息之期也。"王黼大怒，降集英殿修撰，督战益急。虚中建十一策，上二十议，皆不报。

斡离不、粘罕分道入侵，童贯闻之，忧懑不知所为，即与虚中及范讷等谋，以赴阙禀议为遁归之计，以九月至汴京。是日，报粘罕迫太原，帝顾虚中曰："王黼不用卿言，今金人两路并进，事势若此，奈何？"虚中奏："今日宜先降诏罪己，更革弊端，俾人心悦，天意回，则备御之事，将帅可以任之。"即命虚中草诏，略曰："言路壅蔽，面谀日闻，恩幸持权，贪饕得志，上天震怒而朕不悟，百姓怨怼而朕不知。"又言出宫人、罢应奉等事。帝览诏曰："今日不吝改过，可便施行。"虚中再拜泣下。

时守御难其人，欲召熙河帅姚古与秦凤帅种师道，令以本路兵会郑、洛。外援河阳，内卫京城。帝顾谓虚中曰："卿与姚古、师道如兄弟，宜以一使名护其军。"遂以虚中为资政殿大学士、军前宣谕使。虚中檄趣姚古、师道兵马，令直赴汴京应援。金骑至城下，放兵掠至郑州，为马忠所败，遂收敛为一。西路稍通，师道、姚古及其他西兵并得达汴京。虚中亦驰归，收合散卒，得东南兵二万余人。以便宜起致仕官李邈，令统领于汴河上从门外驻兵。

会姚平仲劫金营失利，西兵俱溃，金人复引兵逼城下，虚中缒而入。钦宗欲遣人奉使，辨劫营非朝廷意，乃姚平仲擅兴兵，大臣皆不肯行。虚中承命即往都亭驿，见金使王芮，因持书复议和。渡濠桥，道逢甲骑如水，云梯、鹅洞蔽地，冒锋刃而进。既至敌营，露坐风埃，自巳至申，金人注矢露刃，周匝围绕，久乃得见康王于军中。次日，侍王至金幕，见二太子者语不逊，礼节倨傲。抵暮，遣人随虚中入城，要越王、李邦彦、吴敏、李纲、曹晟及金银、骡马之类，又欲御笔书定三镇界至，方退军。

令虚中再往，必请康王归。虚中再出，明日，从康王还，除签书枢密院事。自是又三往，金人固要三镇，虚中泣下不言，金帅变色，虚中曰："太宗殿在太原，上皇祖陵在保州，讵忍割弃。"诸酋曰："枢密不稍空，我亦不稍空。"如中国人称"脱空"，遂解兵北去。言者劾以议和之罪，罢知青州，寻落职奉祠。建炎元年，窜韶州。

二年，诏求使绝域者，虚中应诏，复资政殿大学士，为祈请使，杨可辅副之。寻又以刘诲为通问使，王贶为副。明年春，金人并遣归，虚中曰："奉命北来祈请二帝，二帝未还，虚中不可归。"於是独留。虚中有才艺，金人加以官爵，即受之，与韩昉辈俱掌词命。明年，洪皓至上京，见而甚鄙之。累官翰林学士、知制诰兼太常卿，封河内郡开国公，书金太祖《睿德神功碑》，进阶金紫光禄大夫，金人号为"国师"。然因是而知东北之士皆愤恨陷北，遂密以信义结约，金人不觉也。

金人每欲南侵，虚中以费财劳人，远征江南荒僻，得之不足以富国。王伦归，言："虚中奉使日久，守节不屈。"遂诏福州存恤其家，仍命其子师瑗添差本路转运判官。桧虑虚中沮和议，悉遣其家往金国以牵制之。金皇统四年，转承旨，加特进，迁礼部尚书，承旨如故。

虚中恃才轻肆，好讥讪，凡见女真人，辄以"矿卤"目之，贵人达官，往往积不平。虚中尝撰宫殿牓署，本皆嘉美之名，恶之者摘其字以为谤讪，由是媒蘖成其罪，遂告虚中谋反。鞫治无状，乃罗织虚中家图书为反具。虚中曰："死自吾分。至于图籍,南来士大夫家家有之,高士谈图书尤多于我家,岂亦反邪?"有司承顺风旨,并杀士谈。虚中与老幼百口同日受焚死,天为之昼晦。淳熙间,赠开府仪同三司,谥肃愍,赐庙仁勇,且为置后,是为绍节,官至签书枢密院事。开禧初,加赠少保,赐姓赵氏。有文集行于世。

汤思退字进之,处州人。绍兴十五年,以右从政郎授建州政和县令,试博学宏词科,除秘书省正字。自是登郎曹,贰中秘,秉史笔。

二十五年,繇礼部侍郎除端明殿学士、签书枢密院事,未几参大政。先是,秦桧当国,恶直丑正,必不异和议,不摘己过,始久于用。时思退名位日进,桧病笃,招参知政事董德元及思退至卧内,属以后事,各赠黄金千两。德元虑其以我为自外,不敢辞,思退虑其以我期其死,不敢受。高宗闻之,以思退不受金,非桧党,信用之。二十六年,除知枢密院事。明年,拜尚书右仆射;又二年,进左仆射。明年,侍御史陈俊卿论其"挟巧诈之心,济倾邪之术,观其所为,多效秦桧,盖思退致身,皆桧父子恩也。"遂罢,以观文殿展殿大学士奉祠。

隆兴元年,符离师溃,召思退复相。谏议大夫王大宝上章论之,不报。金帅纥石烈志宁遗书三省、枢密院,索海、泗、唐、邓四郡。思退欲与和,遣淮西安抚司干办公事卢仲贤加枢密院计议、编修官,持报书以往。既行,上戒忽许四郡。仲贤至宿州,仆散忠义惧之以威,仲坚皇恐,言归当禀命,遂以忠义为三省、枢密院书来。上独欲止割海、泗,思退遽奏以吏部侍郎王之望为通问使,知阁门事龙大渊副之,将割弃四州。张浚在扬州闻之,遣其子栻入奏仲贤辱国无状。上怒,会侍御周操论仲贤不应擅许四郡,下大理究问,召浚赴行在。十二月,拜思退左仆射,浚右仆射。

二年,浚以金未可与和,请上幸建康,图进兵。上手批王之望等并一行礼物并回,诏荆、襄、川、陕严边备,窜仲贤郴州。思退恐,奏请以宗社大计,奏禀上皇而后从事。上批示三省曰:"金无礼如此,卿犹欲言和。今日敌势,非秦桧时比,卿议论,秦桧不若。"思退大骇，阴谋去浚，遂令之望、大渊驿疏兵少粮乏，楼橹、器械未备，人言委四万众以守泗州，非计。上颇惑之，乃命浚行边，还兵罢招纳。浚力乞罢政，许之。上命思退作书，许金四郡。

既而金专事杀戮，上意中悔，思退复密令孙造谕敌以重兵胁和。上闻有敌兵，命建康都统王彦等御之，仍命思退督江、淮军，辞不行。仆散忠义自清河口渡淮，言者极论思退急和撤备之罪，遂罢相，寻责居永州。于是太学生张观等七十二人上书，论思退、王之望、尹穑等奸邪误国，招致敌人，请斩之。思退忧悸死。

思退始终与张浚不合，浚以雪耻复仇为志，思退每借保境息民为口实，更胜迭负，思退之计迄行，然终以不免。敌既得海、泗、唐、邓，又索商、秦，皆思退力也。

论曰：以白时中之孱佞，徐处仁之奸细，冯澥之邪枉，汤思退之巧诈，而排杨时，误李纲，异张浚，其识趣可见矣，虽有小善，何足算哉。王伦虽以无行应使，往来虎口，屡被拘留，及金人胁之以官，竟不受，见迫而死，悲夫！较之虚中即受其命，为之定官制、草赦文、享富贵者，大有间矣。卒以轻肆讥诬，覆其家族，真不知义命者哉。虽云冤死，亦自取焉。律以豫让之言，益可愧哉。

宋史卷三七二
列传第一三一

朱倬　王绹　尹穑　王之望
徐俯　沈与求　翟汝文
王庶　辛炳

朱倬字汉章,唐宰相敬则之后,七世祖避地闽中,为闽县人。世学《易》,入太学。宣和五年,登进士第,调常州宜兴簿。金将犯边,居民求避地,倬为具舟给食,众赖以济。未几,民告涝于郡,郡檄倬考实,乃除田租什九,守怒,不能夺。张浚荐倬,召对,除福建、广东西财用所属官。宣谕使明橐再荐于朝,时方以刘豫为忧,倬因赐对,策其必败。高宗大喜,诏改合入官。与丞相秦桧忤,出教授越州。用张守荐,除诸王府教授。桧恶言兵,倬论掩骼事,又忤之。

梁汝嘉制置浙东,表摄参谋。有群寇就擒,属倬鞠问,独审二人,余释不问。曰:"吾大父尉崇安日,获寇二百,坐死者七十余人。大父谓此饥民剽食尔,乌可尽绳以法?悉除其罪,不以微赏。吾其可愧大父乎?"通判南剑。建寇阿魏众数千,剑邻于建,兵愦不可用,倬重赏募卒擒获,境内迄平。

除知惠州。陛辞,因言尝策刘豫必败,高宗记其言,问:"卿久淹何所"倬曰:"厄于桧。"上愀然慰谕,目送之。旬日间,除国子监丞,寻除浙西提举,且命自今在内除提举官,令朝辞上殿,盖为倬设也。既对,上曰:"卿以朕亲擢出为部使者,使咸知内外任均。"又曰:"人不知卿，朕独知卿。"除右正言，累迁中丞。尝言："人主任以耳目，非报怨任气之地，必上合天心。"每上疏，辄夙兴露告，若上帝鉴临。奏疏凡数十，如发仓廪，蠲米价，减私盐，核军食，率焚稿不传。知贡举，迁参知政事。

绍兴三十一年，拜尚书右仆射。金兵犯江，倬陈战备、应三策，且谓兵应者胜，上深然之。又策敌三事：上焉者为耕筑计，中焉者守备，下则妄意绝江，金必出下策。果如所料。史浩、虞允文、王淮、陈俊卿、刘珙之进用，皆倬所荐也。

高宗自建康回銮，有内禅意。倬密奏曰："靖康之事正以传位太遽，盍姑徐之。"心不自安，屡求去。诏以观文殿大学士提举江州太平兴国宫。孝宗即位，谏臣以为言，降资政殿学士。明年致仕，卒。复元职，恤典如宰相，赠特进。孙著，淳熙十四年登第，仕至吏部尚书。

王纶字德言，建康人。幼颖悟，十岁能属文。登绍兴五年进士第，授平江府昆山县主簿，历镇江府、婺州、临安府教授，权国子正。

时初建太学，亡旧规，凭吏省记，吏缘为奸。纶厘正之，其弊稍革。迁敕令所删定官、诸王宫大小学教授兼权兵部郎官。言："孔门弟子与后世诸儒有功斯文者，皆得从祀先圣，今辟庠序，修礼乐，宜以其式颁诸郡县。"

二十四年，以御史中丞魏师逊荐，为监察御史，与秦桧论事，忤其意，师逊遂劾纶，且言："智识浅昧，不能知纶。"由此罢去。逾年，知兴国军。桧死，召为起居舍人兼崇政殿说书，寻兼权礼部侍郎。

二十六年，试中书舍人。高宗躬亲政事，收揽威柄，召诸贤于散地，诏命填委，多纶所草。纶奏守臣裕民事，乞毋拘五条，从之。兼侍讲。上喜读《春秋左氏传》，纶进讲，与上意合。尝同讲读官荐兴化军郑樵学行，召对命官，且给笔札，录其所著史。兼直学士院，迁工部侍郎，仍兼直院。撰《吴玠神道碑》，称上旨，赐宸翰褒宠。

二十八年，除同知枢密院事。金将渝盟，边报沓至，宰相沈该未

敢以闻。纶率参知政事陈康伯、同知枢密院事陈诚之共白其事,乞
备御。已而纶病肺咳,告请祠,上遣御医诊视,且赐白金五百两。

二十九年六月,朝论欲遣大臣为泛使觇敌,且坚盟好。纶请行,
乃以为称谢使,曹勋副之。至金,馆礼甚隆。一日,急召使人,金主
御便殿,惟一执政在焉,连发数问,纶条对,金主不能屈。九月,还朝
入见,言:"邻国恭顺和好,皆陛下威德所致。"宰臣汤思退等皆贺。
然当时金已谋犯江,特以善意绐纶尔。

纶旧疾作,力丐外,除资政殿大学士知福州,上解所御犀带赐
之。明年,知建康府兼行宫留守。敌犯江,纶每以守御利害驿闻,上
多从之。三十一年八月,卒。赠左光禄大夫,谥章敏。无子,以兄绰
之子为后。

尹穑字少稷。建炎中兴,自北归南。绍兴三十二年,与陆游同
为枢密院编修官。权知院史浩、同知王祖舜荐其博学有文,召对称
旨,二人并赐进士出身。孝宗奖用西北之士,隆兴元年,除穑监察御
史,寻除右正言。二年五月,除殿中侍御史。历迁谏议大夫,未几而
罢。

初,符离师溃,汤思退复相,金帅移书索地,诏侍从台谏集议。
穑时为监察御史,以为国家事力未备,宜与敌和,惟增岁币,勿弃四
州,勿请陵寝,则和议可成。既而卢仲贤出使,为金所胁,又将遣王
之望,张浚极言其不可。穑为右正言,惧和议弗就,因劾浚拔扈,未
几罢政。后将割四郡,再易国书,岁币如所索之数,而敌分兵入寇。
上意中悔。穑为侍御史,乞置狱,取不肯撤备及弃地者劾其罪,牵引
凡二十余人。

时方以和为急,擢穑为谏议大夫。敌势浸张,远近震动,都督、
同都督相继辞行。上书者攻和议之失,且言:"穑专附大臣为鹰犬,
如张浚忠诚为国,天下共知,穑不顾公议,妄肆诋诽;凡大臣不悦者
皆逐之,相与表里,以成奸谋,皆可斩。"上虽怒言者,而一时主议之
臣与穑,皆相继废黜。先是,胡铨力言主和非是,大臣不悦,命铨与

穑分往浙东西措置海道。二人挈家以行，为言者所劾，遂皆罢，语在《陈康伯传》。

王之望字瞻叔，襄阳谷城人，后寓居台州。父纲，登元符进士第，至通判徽州而卒。之望初以荫补，绍兴八年，登进士第。教授处州，入为太学录，迁博士。久之，出知荆门军，提举湖南茶盐，改潼川府路转运判官，寻改成都府路计度转运副使、提举四川茶马。

朝臣荐其才，召赴行在，除太府少卿，总领四川财赋。金人渝盟，军书旁午，调度百出，之望区画无遗事。第括民质剂未税者，搜抉隐匿，得钱为缗四百六十八万，众咸怨之。后升太府卿。

孝宗即位，除户部侍郎，充川、陕宣谕使。先是，敌帅合喜寇凤州之黄牛堡，吴璘击走之，遂取秦州，连复商、陕、原、环等十七郡。敌以璘精兵皆在德顺，力攻之。时陈康伯秉政，方议罢德顺戍，虞允文为宣谕使，力争不从，上以手札命璘退师。之望既代允文宣谕使，赞璘命诸将弃德顺，仓卒引退。敌乘其后，正兵三万，还者仅七千人，将校所存无几，连营恸哭，声震原野。上闻而悔之。

隆兴初，右谏议大夫王大宝疏之望罪，除集英殿修撰、提举江州太平兴国宫。未几，权户部侍郎、江淮都督府参赞军事。之望雅不欲战，请朝，因奏："人主论兵与臣下不同，惟奉承天意而已。窃观天意，南北之形已成，未易相兼，我之不可绝淮而北，犹敌之不可越江而南也。移攻战之力以自守，自守既固，然后随机制变，择利而应之。"有旨留中。俄兼直学士院。

汤思退力主息兵，奏除之望吏部侍郎、通问使。寻议先遣小使觇敌，召之望还。之望首以守备不足恃为告，上亟罢都督府，以之望为淮西宣谕使，甫拜命，又擢右谏议大夫。之望因上章极言廷臣执偏见为身谋，乞明诏在庭，平其心于议论之际。时思退主和议，浚主恢复，之望言似善，实阴为思退地也。

既而视师江上。金复犯边，遂上和、战二策，且言措置守御之备，疏奏未达，拜参知政事。既入，俄兼同知枢密院事。敌兵交至，濠、楚守将或弃城遁，上命汤思退督江、淮师；未行，复令之望督视，改同都督。力辞不行。会太学诸生上书，上怒，欲加罪，之望救解之。遂以参知政事劳师江、淮。

之望先尝贻书敌帅。至是，王抃使敌军，并割商、秦地，许归被俘人，惟叛亡不预；世为叔侄之国。敌皆听许，讲解而罢。上闻敌师退，令督府择利击之，之望下令诸将不得妄进。朝廷趣行，之望言："王抃既还，不可冒小利，害大计。"言者论罢为端明殿学士、提举江州太平兴国宫，居天台。乾道元年，起知福州、福建路安抚使。捕海贼王大老，捷闻，加资政殿大学士，移知温州，寻复罢。六年冬，卒。

之望有文艺干略，当秦桧时，落落不合，或谓其有守。绍兴末年，力附和议，与思退相表里，专以割地啗敌为得计，地割而敌势益张，之望迄以此废焉。

徐俯字师川，洪州分宁人。以父禧死国事，授通直郎，累官至司门郎。靖康中，张邦昌僭位，俯遂致仕。时工部侍郎何昌言与其弟昌辰避邦昌，皆改名。俯买婢名昌奴，遇客至，即呼前驱使之。建炎初，落致仕，奉祠。

内侍郑谌识俯于江西，重其诗，荐于高宗。胡直孺在经筵，汪藻在翰苑，迭荐之，遂以俯为右谏议大夫。中书舍人程俱言："俯以前任省郎遽除谏议，自元丰更制以来未之有。考之古今，非阳城、种放，则未尝不循序而进，愿姑以所应者命之。昔元稹在长庆间，擢知制诰，真不忝矣。缘其为荆南判司，命从中出，召为省郎，便知制诰，遂喧朝论，时谓荆南监军崔潭峻实引之。近亦传俯与宦寺倡酬，称其警策，恐或者不知陛下得俯之由。"不报，俱遂罢。

绍兴二年，赐进士出身，兼侍读。三年，迁翰林学士，俄擢端明殿学士、签书枢密院事。四年，兼权参知政事。宰相朱胜非言："襄阳上流，所当先取。"帝曰："盍就委岳飞？"参政赵鼎曰："知上流利害，无如飞者。"俯独持不可，帝不听。会刘光世乞入奏，鼎言："方议出师，大将不宜离军。"俯欲许之，鼎固争，俯乃求去，提举洞霄宫。

九年，知信州。中丞王次翁论其不理郡事，予祠。明年，卒。俯才俊，与曾几、吕本中游，有诗集六卷。

沈与求字必先，湖州德清人。登政和五年进士第，累迁至明州通判。以御史张守荐，召对，除监察御史。上疏论执政，迁兵部员外郎，自劾以为言苟不当，不应得迁。上乃行其言，除殿中侍御史。

上在会稽，或劝幸饶、信，有急则入闽。与求以为今日根本正在江、浙，宜进都建康，以图恢复。论范宗尹年少为相，恐误国事。上不悦，以直龙图阁知台州。宗尹罢，召还，再除侍御史。

时军储窘乏，措置诸镇屯田，与求取古今屯田利害，为《集议》二卷上之，诏付户部看详。江西安抚、知江州朱胜非未至，而马进寇江州陷之，与求论九江之陷，由胜非赴镇太缓，胜非罢去。时方多事，百司稽违，与求援元丰旧制，请许台谏官弹奏，上从之。与求再居言路，或疑凡范宗尹所引用者，将悉论出之。与求曰："近世朋党成风，人才不问贤否，皆视宰相出处为进退。今当别人才邪正而言之，岂可谓一时所用皆不贤哉？"人服其言。

吕颐浩再相，御营统制辛永宗、枢密富直柔、右司谏韩璜屡言其短。与求劾直柔附会永宗兄弟，为致身之资。上遂出永宗，而璜、直柔亦相继罢黜。

迁御史中丞。时禁卫寡弱，诸将各拥重兵，与求言："汉有南北军，唐用府兵，彼此相维，使无偏重之势。今兵权不在朝廷，虽有枢密院及三省兵房、尚书兵部，但行文字而已。愿诏大臣益修兵政，助成中兴之势。"浙西安抚刘光世来朝，以缯帛、方物为献，上已分乞六宫，与求奏："今为何时而有此。"时已暮，疏入，上命追取斥还。内侍冯益请别置御马院，自领其事，又擅穿皇城便门。与求劾益专恣，请治其罪。

谍报刘豫在淮阳造舟，议者多欲於明州向头设备。与求言："使贼舟至此，则入吾腹心之地。臣闻海舟自京东入浙，必由泰州石港、通州料角崇明镇等处，次至平江南北洋，次至秀州金山，次至向头。

又闻料角水势湍险，必得沙上水手方能转运。宜于石港、料角等处拘收水手，优给钱粮而存养之，以备缓急。"

两浙转运副使徐康国自温州进发宣和间所制间金、销金屏障什物，与求奏曰："陛下俭侔大禹，今康国欲以微物累盛德，乞斥而焚之，仍显黜康国。"从之。与求历御史三院，知无不言，前后几四百奏，其言切直，自敌己已下有不能堪者。上时有所训敕，每曰："汝不识沈中丞邪？"移吏部尚书兼权翰林学士兼侍读，遂出为荆湖南路安抚使、知潭州。引疾丐祠，许之。

四年，出知镇江府兼两浙西路安抚使。复以吏部尚书召，除参知政事。金人将入寇，上谕辅臣曰："朕当亲总六军。"与求赞之曰："今日亲征，皆由圣断。"上意决亲征，书《车攻诗》以赐。上曰："朕以二圣在远，屈己通和。今豫逆乱如此，安可复忍？"与求曰："和亲乃金人屡试之策，不足信也。"因奏："诸将分屯江岸，而敌人往来淮甸，当遣岳飞自上流取间道乘虚击之，彼必有反顾之忧。"上曰："当如此措置。"

五年，兼权知枢密院事。时张浚视师江上，以行府为名，言知泰州邵彪及具营田利害事，乞送尚书省。有旨从之。与求不能平，曰："三省、枢密院乃奉行行府文书邪？"六年，张浚复欲出视师，不告之同列。及得旨，乃退而叹曰："此大事也，吾不与闻，何以居位？"遂丐祠，罢，出知明州。

七年，上在平江，召见，除同知枢密院事；从至建康，迁知枢密院事。薨，赠左银青光禄大夫，谥忠敏。

翟汝文字公巽，润州丹阳人。登进士第，以亲老不调者十年。擢议礼局编修官，召对，徽宗嘉之，除秘书郎。三馆士建议东封，汝文曰："治道贵清净。今不启上述三代礼乐，而师秦、汉之侈心，非所愿也。"责监宿州税。久之，召除著作郎，迁起居郎。

皇太子就傅，命汝文劝讲，除中书舍人。言者谓汝文从苏轼、黄庭坚游，不可当赞书之任，出知襄州，移知济州，复知唐州，以谢章自辨罢。未几，起知陈州。召拜中书舍人，外制典雅，一时称之。命同修《哲宗国史》，迁给事中。高丽使入贡，诏班侍从之上，汝文言："《春秋》之法，王人虽微，序诸侯上。不可卑近列而尊陪臣。"上遂命如旧制。内侍梁师成强市百姓墓田，广其园圃。汝文言于上，师成讽宰相黜汝文，出守宣州。

召为吏部侍郎，出知庐州，徙密州。密负海产盐，蔡京屡变盐法，盗贩者众，有司穷治党与。汝文曰："祖宗法度，获私商不诘所由，欲靖民也。今系而虐之，将为厉矣。"悉纵之。密岁贡牛黄，汝文曰："牛失黄辄死，非所以惠农，宜输财市之，则其害不私于密。"上从之。钦宗即位，召为翰林学士，改显谟阁学士、知越州兼浙东安抚使。

建炎改元，上疏言："陛下即位赦书，上供常数，后为献利之臣所增者，当议裁损。如浙东和预买绢岁九十七万六千匹，而越州乃二十万五百匹，以一路计之，当十之三。如杭州岁起之额盖与越州等，杭州去年已减十二万匹，独越州尚如旧，今乞视户等第减罢。"杨应诚请使高丽，图迎二帝，汝文奏："应诚欺罔君父，若高丽辞以大国假道以至燕云，金人却请问津以窥吴越，将何辞以对""后高丽果如汝文言。上将幸武昌，汝文疏请幸荆南，不从。

绍兴元年，召为翰林学士兼侍讲，除参知政事、同提举修政局。时秦桧相，四方奏请填委未决，吏缘为奸。汝文语桧，宜责都司程考吏牍，稽违者惩之。汝文尝受辞牒，书字用印，直送省部；入对，乞治堂吏受赂者。桧怒，面劾汝文专擅。右司谏方孟卿因奏汝文与长官立异，岂能共济国事？罢去以卒。

先是，汝文在密，桧为郡文学，汝文荐其才，故桧引用之。然汝文性刚不为桧屈，对案相诟，至目桧为"浊气"。汝文风度翘楚，好古博雅，精于篆籀，有文集行于世。

王庶字子尚，庆阳人。崇宁五年，举进士第，改秩，知泾州保定县。以种师道荐，通判怀德军。契丹为金人所破，举燕云地求援，诏师道受降。庶谓师道曰："国家与辽人百年之好，今坐视其败亡不能救，乃利其土地，无乃基女直之祸乎？"不听。宣和七年，金果入寇。太宰李邦彦夜召庶问计，庶曰："宿将无如种师道，且夷虏畏服，宜付以西兵，使之入援。"邦彦以语蔡攸，攸不然。以庶为陕西运判兼制置解盐事。疆事益棘，钦宗欲幸襄、邓，先命席益为京西安抚使，益求庶自副。

高宗即位，除直龙图阁、鄜延经略使兼知延安府。累立战功，进集英殿修撰，升龙图阁待制，节制陕西六路军马。

先是，河东经制使王璘既遁归，东京留守宗泽承制以庶权陕西制置使。会宣谕使谢亮入关，庶移书曰："夏人之患小而缓，金人之患大而迫，秋高必大举，盍杖节率兵举义，驱逐渡河，徐图恢复。"亮不能从。金人大入，庶调兵自沿河至冯翊，据险以守。金人先已乘冰渡河犯晋宁，侵丹州，又渡清水河，破潼关，秦、陇皆震。庶传檄诸路，会期讨贼。泾原统制曲端雅不欲属庶，以未受命辞；居数日，告身至，又辞。金人知端与庶不协，并兵寇鄜延。庶在坊州闻之，夜趋鄜延以遏其冲。金人诡道陷丹州，州界鄜、延之间，庶乃自当延安路。时端尽统泾原劲兵，庶屡督其进，端讫不行，遂陷延安。语在《端传》。

初，庶闻围急，自收散亡往援。观察使王璘亦将所部发兴元。庶至甘泉而延安已不守，既无所归，遂以军付璘，而自将百骑驰至襄乐劳军，尚倚端为助。庶至，端令每门减从骑之半，比至帐下，仅数骑。端厉声问庶延安失守状，且曰："节制固知爱身，不知为天子爱城乎"庶曰："吾数令不从，谁其爱身者！"端怒，谋即军中诛庶而夺其兵，乃夜走宁州，见谢亮曰："延安，五路襟喉，今既失矣。《春秋》大夫出疆之义得以专之，请诛庶。"亮曰："使事有指，今以人臣而擅诛于外，是跋扈也，公则自为之。"端沮而归，乃夺庶节制使印，又拘縻其官属。会诏庶守京兆，庶先以失律自劾得罢。丁内艰。

时张浚自富平败归，始思庶及端之言可用，乃并召之。庶地近先至，力陈抚秦保蜀之策，劝浚收熙河、秦凤之兵，扼关、陇以为后

图。浚不纳。求终制,不许,乃版授参议官。浚念端与庶必不相容,
端未至,但复其官,移恭州。庶因谓浚曰:"端有反心。"浚亦畏端得
士,始有杀端意矣。语在《端传》。

绍兴五年,起复知兴元府、利夔路制置使。庶以士卒单寡,籍
兴、洋诸邑及三泉县强壮,两丁取一,三丁取二,号"义士",日阅于
县,月阅于州,厚犒之,不半年,有兵数万。浚言于朝,升徽猷阁直学
士。有谗于浚者,徙庶知成都,改嘉州。明年,浚劾庶轻率倾险,落
职奉祠。寻起知遂宁,固避得请。

六年,除湖北安抚使、知鄂州。趋阙,上因燕见,庶言:"陛下欲
保江南,无所事;如曰绍复大业,都荆为可。荆州左吴右蜀,利尽南
海,前临江、汉,出三川,涉大河,以图中原,曹操所以畏关羽者也。"
上大异之。复显谟阁待制、知荆南府、湖北经略安抚使,又复直学
士。

七年十月,以兵部侍郎召。明年春,入对,上曰:"召卿之日,张
浚已去,赵鼎未来,此朕亲擢,非有左右之助。"庶顿首谢,因奏:"恢
复之功十年未立,其失在偏听,在欲速,在轻爵赏,是非邪正混淆。
诚能赏功罚罪,其谁不服?昔汉光武以兵取天下,不以不急夺其费,
不知兵者不可使言兵。"又口陈手画秦、蜀利害。上大喜,即日迁本
部尚书。阅月,拜枢密副使。

议者乞遣重臣行边,遂命庶措置江、淮边防。京、湖宣抚使岳飞
闻庶行边,遗书曰:"今岁若不出师,当纳节请闲。"庶壮之。庶还朝,
论金人变诈,自渝海上之盟,因及飞纳节之语。当是时,秦桧再相,
以和戎为事。金使乌陵思谋至,诏趣庶还。庶力诋和议,乞诛金使,
其言甚切。金又遣肖通古来许割地,还梓宫,归太后。庶曰:"和议
之事,臣所不知。"凡七疏乞免官,乃以资政殿学士知潭州。

御史中丞勾龙如渊劾庶本赵鼎所荐,欺君罔上。庶罢归,至九
江,被命夺职,徙家居焉。十三年,御史胡汝明论庶讥讪朝政,责向
德军节度副使,道州安置。至贬所卒。孝宗思庶言,追复其官,谥敏
节。子六人,之奇,乾道中知枢密院事。

辛炳字如晦，福州侯官县人。登元符三年进士第，累官至监察御史兼权殿中侍御史。先是，蔡京废发运司转般仓为直达纲，舟入，率侵盗，沈舟而遁，户部受虚数，人畏京莫敢言。炳极疏其弊，且以变法后两岁所得之数，较常岁亏欠一百三十有二万，支益广而入寝微，乞下有司计度。徽宗以问京，京怒，以炳为沮挠，责监南剑州新丰场，寻提举洞霄宫，起知袁州，移无为军。靖康初，召为兵部员外郎。

高宗即位，除左司员外郎，辞；未几，起直龙图阁、知潭州。明年，张浚调兵潭州，以炳懦怯不能，罢之，寻以起居舍人召，辞。绍兴二年，复以侍御史召。首言今日公道壅塞，风俗颓薄，连疏三省所行乖失数十事，请谕大臣勿废都堂公见之礼。时福建八州添差至百八十余员，炳言："艰危多事之时，冗食之官无益，当罢。"从之。

苏、湖地震，下诏求言。炳言："大臣无畏天之心，何事不可为？"其言甚峻，由是宰执吕颐浩居家待罪，炳劾罢颐浩。知枢密院事张浚召赴行在，炳论其败事误国，浚坐落职。

除御史中丞。时方遣使议和，炳方言："金人无信，和议不可恃，宜讲求守御攻战之策。"以疾请外，除显谟阁直学士、知漳州，未赴而卒。诏：炳任中执法，操行清修，今其云亡，贫无以葬，赐银帛赙其家，赠通议大夫。

论曰：秦桧晚荐士以收人望，然一时知名之士，亦岂尽可笼络者哉！朱倬论事辄不合，王纶代言辞合体要，若尹穑、王之望人品虽不同，其附和议则一尔。徐俯未与赵鼎争辨，沮抑岳飞，异哉。沈与求止和亲之议，翟汝文善料事，而桧以为异己。王庶论都荆州，当时诸臣之虑皆不及此，考夫祈宽之事，庶盖忠义人也。辛炳雅志清修，又岂多见也欤。

宋史卷三七三
列传第一三二

朱弁 郑望之 张邵 洪皓

子适 遵 迈

朱弁字少章，徽州婺源人。少颖悟，读书日数千言。既冠，入太学，晁说之见其诗，奇之，与归新郑，妻以兄女。新郑介汴、洛间，多故家遗俗，弁游其中，闻见日广。靖康之乱，家碎于贼，弁南归。

建炎初，议遣使问安两宫，弁奋身自献，诏补修武郎，借吉州团练使，为通问副使。至云中，见粘罕，邀说甚切。粘罕不听，使就馆，守之以兵。弁复与书，言用兵讲和利害甚悉。

绍兴二年，金人忽遣宇文虚中来，言和议可成，当遣一人诣元帅府受书还。虚中欲弁与正使王伦探策决去留，弁曰："吾来，固自分必死，岂应今日觊幸先归。愿正使受书归报天子，成两国之好，蚤申四海之养于两宫，则吾虽暴骨外国，犹生之年也。"伦将归，弁请曰："古之使者有节以为信，今无节有印，印亦信也。愿留印，使弁得抱以死，死不腐矣。"伦解以授弁，弁受而怀之，卧起与俱。

金人迫弁仕刘豫，且诇之曰："此南归之渐。"弁曰："豫汝国贼，吾尝恨不食其肉，又忍北面臣之，吾有死耳。"金人怒，绝其饩遗以困之。弁固拒驿门，忍饥待尽，誓不为屈。金人亦感动，致礼如初。久之，复欲易其官，弁曰："自古兵交，使在其间，言可从从之，不可从则囚之、杀之，何必易其官？吾官受之本朝，有死而已，誓不易以辱吾君也。"且移书耶律绍文等曰："上国之威命朝以至，则使人夕以死，夕以至则朝以死。"又以书诀后使洪皓曰："杀行人非细事，吾曹遭之，命也，要当舍生以全义尔。"乃具酒食，召被掠士夫饮，半酣，语之曰："吾已得近郊某寺地，一旦毕命报国，诸公幸瘗我其处，题其上曰'有宋通问副使朱公之墓'，于我幸矣。"众皆泣下，莫能仰视。弁谈笑自若，曰："此臣子之常，诸君何悲也？"金人知其终不可屈，遂不复强。

王伦还朝，言弁守节不屈，帝为官其子林，赐其家银帛。会粘罕等相继死灭，弁密疏其事及金国虚实，曰："此不可失之时也。"遣李发等间行归报。其后，伦复归，又以弁奉送徽宗大行之文为献，其辞有曰："叹马角之未生，魂消雪窖；攀龙髯而莫逮，泪洒冰天。"帝读之感泣，官其亲属五人，赐吴兴田五顷。帝谓丞相张浚曰："归日，当以禁林处之。"八年，金使乌陵思谋、石庆充至，称弁忠节，诏附黄金三十两以赐。

十三年，和议成，弁得归。入见便殿，弁谢且曰："人之所难得者时，而时之运无已；事之不可失者几，而几之藏无形。惟无已也，故来迟而难遇；惟无形也，故动微而难见。陛下与金人讲和，上返梓宫，次迎太母，又其次则怜赤子之无辜，此皆知时知几之明验。然时运而往，或难固执；几动有变，宜鉴未兆。盟可守，而诡诈之心宜嘿以待之；兵可息，而销弭之术宜详以讲之。金人以黩武为至德，以苟安为太平，虐民而不恤民，广地而不广德，此皆天助中兴之势。若时与几，陛下既知于始，愿图厥终。"帝纳其言，赐金帛甚厚。弁又以金国所得六朝御容及宣和御书画为献。秦桧恶其言敌情，奏以初补官易宣教郎、直秘阁。有司校其考十七年，应迁数官，桧沮之，仅转奉议郎。十四年，卒。

弁为文慕陆宣公，援据精博，曲尽事理。诗学李义山，词气雍容，不蹈其险怪奇涩之弊。金国名王贵人多遣子弟就学，弁因文字往来说以和好之利。及归，述北方所见闻忠臣义士朱昭、史玩、张忠辅、高景平、孙益、孙谷、傅伟文、李舟、五台僧宝真、妇人丁氏、晏氏、小校阎进、朱绩等死节事状，请加褒录以劝来者。有《聘游集》四十二卷、《书解》十卷、《曲洧旧闻》三卷、《续骫骳说》一卷、《杂书》一卷、《风月堂诗话》三卷、《新郑旧诗》一卷、《南归诗文》一卷。

郑望之字顾道，彭城人，显谟阁直学士仅之子也。望之少有文名，山东皆推重。登崇宁五年进士第，自陈留簿累迁枢密院编修官，历开封府仪、工、户曹，以治办称。临事劲正，不受请托。宦寺有强占民田者，奏归之。蔡京子欲夺人妾，使人谕意，望之拒不受。除驾部员外郎兼金部。

靖康元年，金人攻汴京，假尚书工部侍郎，俾为军前计议使。既还，金人遣吴孝民与望之同入见。望之言金人意在金币，且要大臣同议，乃命同知枢密院事李棁与望之再使。斡离不以朝廷受归朝官及赐平州张觉手诏为辞，遣萧三宝奴偕棁等还，以书求割三镇，欲得宰相交地，亲王送大军过河。

时高宗在康邸，慷慨请行，遂与张邦昌乘筏渡濠，自午至夜分，始达金寨。又除望之户部侍郎，同棁再至金营，仍以珠玉遗金人。金人拘留望之逾旬。会姚平仲夜劫寨不克，斡离不以用兵诘责诸使者，邦昌恐惧涕泣，王不为动。金人遂不欲留王，更请肃王，乃以兵送望之诣国王寨诘问。会再遣宇文虚中持割地诏至，望之得还，因盛言敌势强大，我兵削弱，不可不和。既而金兵退，朝廷以议和非策，罢望之提举亳州明道宫。

建炎初，李纲以望之张皇敌势，沮损国威，以致祸败，责海州团练副使，连州居住。纲罢，诏望之为户部侍郎，寻转吏部侍郎。论王云之冤，帝为感动，复云元官，与七子恩泽。寻兼主管御营司参赞军事。论航海不便，忤旨，以集英殿修撰再领亳州明道宫。起知宣州，逾年，以言章罢。

绍兴二年，会赦，复徽猷阁待制致仕。七年，落致仕，召赴行在。望之以衰老辞，帝谓大臣曰：“望之，朕故人也。”于是升徽猷阁直学士，复致仕。三十一年，卒，年八十四。赠中大夫。

张邵字才彦,乌江人。登宣和三年上舍第。建炎元年,为衢州司刑曹事。会诏求直言,邵上疏曰:"有中原之形势,有东南之形势。今纵未能遽争中原,宜进都金陵,因江、淮、蜀、汉、闽、广之资,以图恢复,不应退自削弱。"

三年,金人南侵,诏求可至军前者,邵慨然请行,转五官,直龙图阁,假礼部尚书,充通问使,武臣杨宪副之,即日就道。至潍州,接伴使置酒张乐,邵曰:"二帝北迁,邵为臣子,所不忍听,请止乐。"至于三四,闻者泣下。翌日,见左监军挞揽,命邵拜,邵曰:"监军与邵为南北朝从臣,无相拜礼。"且以书抵之曰:"兵不在强弱,在曲直。宣和以来,我非无兵也,帅臣初开边隙,谋臣复启兵端,是以大国能胜之。厥后伪楚僭立,群盗蜂起,曾几何时,电扫无余,是天意人心未厌宋德也。今大国复裂地以封刘豫,穷兵不已,曲有在矣。"挞揽怒,取国书去,执邵送密州,囚于祚山寨。

明年,又送邵于刘豫,使用之。邵见刘豫,长揖而已,又呼为"殿院",责以君臣大义,词气俱厉。豫怒,械置于狱,杨宪遂降。豫知邵不屈,久之,复送于金,拘之燕山僧寺,从者皆莫知所之。后又作书,为金言"刘豫挟大国之势,日夜南侵,不胜则首鼠两端,胜则如养鹰,饱则飏去,终非大国之利",守者密以告,金取其书去,益北徙之会宁府,距燕三千里。金尝大赦,许宋使者自便还乡,人人多占籍淮北,冀幸稍南。惟邵与洪皓、朱弁言家在江南。

十三年,和议成,及皓、弁南归。八月,入见,奏前后使者如陈过庭、司马朴、滕茂实、崔纵、魏行可皆殁异域未褒赠者,乞早颁恤典。邵并携崔纵枢归其家。升秘阁修撰,主管佑神观。左司谏詹大方论其奉使无成,改台州崇道观。移书时相,劝其迎请钦宗与诸王后妃。十九年,以敷文阁待制提举江州太平兴国宫。知池州,再奉祠卒,年六十一。累赠少师。

邵负气,遇事慷慨,常以功名自许,出使囚徙,屡濒于死。其在会宁,金人多从之学。喜诵佛书,虽异域不废。初,使金时,遇秦桧于潍州。及归,上书言桧忠节,议者以是少之。后弟祁下大理狱,将株连邵，会桧死得免。有文集十卷。

子孝览、孝曾、孝忠。孝曾后亦以出使殁于金，金人知为邵子，尚怜之。

洪皓字光弼，番阳人。少有奇节，慷慨有经略四方志。登政和五年进士第。王黼、朱勔皆欲婚之。力辞。宣和中，为秀州司录。大水，民多失业，皓白郡守以拯荒自任，发廪损直以粜。民垒集，皓恐其纷竞，乃别以青白帜，涅其手以识之，令严而惠遍。浙东纲米过城下，皓白守邀留之，守不可，皓曰："愿以一身易十万人命，"人感之切骨，号"洪佛子"。其后秀军叛，纵掠郡民，无一得脱，惟过皓门曰："此洪佛子家也。"不敢犯。

建炎三年五月，帝将如金陵，皓上书言："内患甫平，外敌方炽，若轻至建康，恐金人乘虚侵轶。宜先遣近臣往经营，俟告办，回銮未晚。"时朝议已定，不从，既而悔之。他日，帝问宰辅近谏移跸者谓谁，张浚以皓对。时议遣使金国，浚又荐皓于吕颐浩，召与语，大悦。皓方居父丧，颐浩解衣巾，俾易墨衰绖入对。帝以国步艰难、两宫远播为忧。皓极言："天道好还，金人安能久陵中夏！此正春秋郊、郢之役，天其或者警晋训楚也。"帝悦，迁皓五官，擢徽猷阁待制，假礼部尚书，为大金通问使，龚璹副之。令与执政议国书，皓欲有所易，颐浩不乐，遂抑迁官之命。

时淮南盗贼踵起，李成甫就招，即命知泗州羁縻之。乃命皓兼淮南、京东等路抚谕使，俾成以所部卫皓至南京。比过淮南，成方与耿坚共围楚州，责权州事贾敦诗以降敌，实持叛心。皓先以书抵成，成以汴涸，虹有红巾贼，军食绝，不可往。皓闻坚起义兵，可撼以义，遣人密谕之曰："君数千里赴国家急，山阳纵有罪，当禀命于朝；今擅攻围，名勤王，实作贼尔。"坚意动，遂强成敛兵。

皓至泗境，迎骑介而来，龚璹曰："虎口不可入。"皓遂还。上疏言："成以朝廷馈饷不继，有'引众建康'之语。今靳赛据扬州，薛庆据高邮，万一三叛连衡，何以待之？此含垢之时，宜使人谕意，优进

官秩，畀之以京口纲运，如晋明帝待王敦可也。"疏奏，帝即遣使抚
成，给米伍万石。颐浩恶其直达而不先白堂，奏皓托事稽留，贬二
秩。皓遂请出滁阳路，自寿春由东京以行。至顺昌，闻群盗李阎罗、
小张俊者梗颍上道。皓与其党遇，譬晓之曰："自古无白头贼。"其党
悔悟，皓使持书至贼巢，二渠魁听命，领兵入宿卫。

皓至太原，留几一年，金遇使人礼曰薄。及至云中，粘罕迫二使
仕刘豫，皓曰："万里御命，不得奉两宫南归，恨力不能磔逆豫，忍事
之邪！留亦死，不即豫亦死，不愿偷生鼠狗间，愿就鼎镬无悔。"粘罕
怒，将杀之。旁一酋喑曰："此真忠臣也。"目止剑士，为之跪请，得流
递冷山。流递，犹编窜也。惟琦至汴受豫官。

云中至冷山行六十日，距金主所都仅百里，地苦寒，四月草生，
八月已雪，穴居百家，陈王悟室聚落也。悟室敬皓，使教其八子。或
二年不给食，盛夏衣粗布，尝大雪薪尽，以马矢然火煨面食之。或献
取蜀策，悟室持问皓，皓力折之。悟室锐欲南侵，曰："孰谓海大，我
力可干，但不能使天地相拍尔。"皓曰："兵犹火也，弗戢将自焚，自
古无四十年用兵不止者。"又数为言所以来为两国事，既不受使，乃
令深入教小儿，非古者待使之礼也。悟室或答或默，忽发怒曰："汝
作和事官，而口硬如许，谓我不能杀汝耶？"皓曰："自分当死，顾大
国无受杀行人之名，愿投之水，以坠渊为名可也。"悟室义之而止。

和议将成，悟室问所议十事，皓条析甚。大略谓封册乃虚名，
年号本朝自有；金三千两景德所无，东南不宜蚕，绢不可增了；至于
取淮北人，景德载书独可覆视。悟室曰："诛投附人何为不可？"皓
曰："昔魏侯景归梁，梁武帝欲以易其侄萧明于魏，景遂叛，陷台城，
中国决不蹈其覆辙。"悟室悟曰："汝性直不诳我，吾与汝如燕，遣汝
归议。"遂行。会莫将北来，议不合，事复中止。留燕甫一月，兀术杀
悟室，党类株连者数千人，独皓与异论几死，故得免。

方二帝迁居五国城，皓在云中密遣人奏书，以桃、梨、粟、面献，
二帝始知帝即位。皓闻佑陵讣，北向泣血，旦夕临，讳日操文以祭，
其辞激烈，旧臣读之皆挥涕。绍兴十年，因谍者赵德，书机事数万

言，藏故絮中，归达于帝。言："顺昌之役，金人震惧夺魄，燕山珍宝尽徙以北，意欲捐燕以南弃之。王师亟还，自失机会，今再举尚可。"十一年，又求得太后书，遣李微持归，帝大喜曰："朕不知太后宁否几二十年，虽遣使百辈，不如此一书。"是冬，又密奏书曰："金已厌兵，势不能久，异时以妇女随军，今不敢也。若和议未决，不若乘势进击，再造反掌尔。"又言："胡铨封事此或有之，金人知中国有人，益惧。张丞相名动异域，惜置之散地。"又问李纲、赵鼎安否，献六朝御容、徽宗御书。其浚梓宫及太后归音，皓皆先报。

初，皓至燕，宇文虚中已受金官，因荐皓。金主闻其名，欲以为翰林直学士，力辞之。皓有逃归意，乃请于参政韩昉，乞于真定或大名以自养。昉怒，始易皓官为中京副留守，再降为留司判官。趣行屡矣，皓乞不就职，昉竟不能屈。金法，虽未易官而曾经任使者，永不可归，昉遂令皓校云中进士试，盖欲以计堕皓也。皓复以疾辞。未几，金主以生子大赦，许使人还乡，皓与张邵、朱弁三人在遣中。金民惧为患，犹遣人追之，七骑及淮，而皓已登舟。

十二年七月，见于内殿，力求郡养母。帝曰："卿忠贯日月，志不忘君，虽苏武不能过，岂可舍朕去邪！"请见慈宁宫，帝人设帟，太后曰："吾故识尚书。"命撤之。皓自建炎己酉出使，至是还，留北中凡十五年。同时使者十三人，惟皓、邵、弁得生还，而忠义之声闻于天下者，独皓而已。皓既对，退见秦桧，语连日不止，曰："张和公金人所惮，乃不得用。钱塘暂居，而景灵宫、太庙皆极土木之华，岂非示无中原意乎？"桧不怿，谓皓子适曰："尊公信有忠节，得上眷。但官职如读书，速则易终而无味，须如黄钟、大吕乃可。"八月，除徽猷阁直学士、提举万寿观兼权直学士院。

金人来取赵彬等三十人家属，诏归之。皓曰："昔韩起谒环于郑，郑，小国也，能引义不与。金既限淮，官属皆吴人，宜留不遣，盖虑知其虚实也。彼方困于蒙兀，姑示强以尝中国，若遽从之，谓秦无人，益轻我矣。"桧变色曰："公无谓秦无人。"既而复上疏曰："恐以不与之故，或致渝盟，宜告之曰：'俟渊圣及皇族归，乃遣。'又言：王伦、郭元迈以身徇国,弃之不取,缓急何以使人?"桧大怒,又因言室撵寄声,桧怒益甚,语在《桧传》。翌日,侍御史李文会劾皓不省母,出知饶州。

明年,大水,中官白锷宣言:"燮理乖盭,洪尚书名闻天下,胡不用"桧闻之愈怒,系锷大理狱,寻流岭表。谏官詹大方遂论皓与锷为刎颈交,更相称誉,罢皓提举江州太平观。锷初不识皓,特以从太后北归,在金国素知皓名尔。

寻居母丧,他言者犹谓皓睥睨钧衡。终丧,除饶州通判。李勤又附桧诬皓作欺世飞语,责濠州团练副使,安置英州。居九年,始复朝奉郎,徙袁州,至南雄州卒,年六十八。死后一日,桧亦死。帝闻皓卒,嗟惜之,复敷文阁学士,赠四官。久之,复徽猷阁学士,谥忠宣。

皓虽久在北廷,不堪其苦,然为金人所敬,所著诗文,争钞诵求锓梓。既归,浚使者至,必问皓为何官、居何地。性急义,当艰危中不少变。懿节后之戚赵伯璘隶悟室戏下,贫甚,皓周之。范镇之孙祖平为佣奴,皓言于金人而释之。刘光世庶女为人豢豕,赎而嫁之。他贵族流落贱微者,皆力拔以出。惟为桧所嫉,不死于敌国,乃死于谗愬。

皓博学强记,有文集五十卷及《帝王通要》、《姓氏指南》、《松漠纪闻》、《金国文具录》等书。子适、遵、迈。

适字景伯,皓长子也。幼敏悟,日诵三千言。皓使朔方,适年甫十三,能任家事。以皓出使恩,补修职郎。绍兴十二年,与弟遵同中博学宏词科。高宗曰:"父在远方,子能自立,此忠义报也,宜升擢。"遂除敕令删定官。后三年,弟迈亦中是选,由是三洪文名满天下。改秘书省正字。

甫数月,皓归,忤秦桧,出知饶州,适亦出为台州通判。垂满,皓谪英州,适复论罢,往来岭南省侍者九载。桧死皓还,道卒,服阕,起知荆门军。应诏上宽恤四事:轻茶额钱,它州代贡礼物,辟试闱以复旧额,蠲官田令不种者输租。改知徽州,寻提举江东路常平茶盐,首言役法不均之弊。

会完颜亮来侵，上亲征，适觐金陵，言："本路旱，百姓逐食于淮，复遭金兵，今各怀归而田产为官鬻，请听其估赎之。"及亮毙，适上疏曰："大定僭号，诸国未必服从，宜多遣密诏传谕中原义士，各取州县，因以界之。王师但留屯淮、泗，募兵积粟，以为声援。俟蜀、汉、山东之兵数道皆集，见可而进，庶几兵力不顿，可以万全。"升尚书户部郎中，总领淮东军马钱粮。孝宗即位，海州解围，符离用兵，馈饷繁伙，适究心调度，供亿无阙。迁司农少卿。

隆兴二年二月，召贰太常兼权直学士院。上欲除诸将环卫官，诏讨论其制。适具唐及本朝沿革十一条上之，且言："太祖、太宗朝，常以处诸将及降王之君臣，自后多以皇族为之，故国史以为官存而事废。陛下修饬戎备，不必远取唐制，祖宗故事盖可法则。今径行换授，恐有减奉之患，乞如阁职兼带节度，至刺史带上将军，横行遥郡带大将军，正使带将军，副使带中郎，又下则带左右郎将，其官府人吏，令有司相度以闻。"除中书舍人。时金人再犯淮，羽檄沓至，书诏填委，咨访酬答率称上旨，自此有大用意。金既寻盟，首为贺生辰使。金遣同签书枢密院事高嗣先接伴，自言其父司空有德于皓，相与甚欢，得其要领以归。

乾道元年五月，迁翰林学士，仍兼中书舍人。秦埙久废，忽予祠，适奏曰："李林甫死后，诸子皆流配岭南。秦桧稔恶自毙，不肖之孙官职仍旧，可谓幸矣。宫观虽小，埙得之，则人以除用之渐，恐桧党牵连而进。"其命遂寝。时巫伋复召，莫伋擢枢密院编修官，余尧弼复龙图阁学士，适谓其皆桧党也，随命缴之。

六月，除端明殿学士、签书枢密院事。上谕参政钱端礼、虞允文曰："三省事与洪适商量。"东西府始同班奏事。八月，拜参知政事。谏议大夫林安宅以铜钱多入北境，请禁之，即蜀中取铁钱行之淮上。事既行，适言其不可。上问之，适曰："今每州不得千缗，一州以万户计之，每家才得数百，恐民间无以贸易。且客旅无回货，盐场有大利害。"上以为然，乃寝前命，但于蜀中取十五万缗，行之庐、和二州而已。

十二月，拜尚书右仆射、同中书门下平章事兼枢密使。未几，春霖，适引咎乞退，林安宅抗疏论适，既而台臣复合奏。三月，除观文殿学士、提举江州太平兴国宫。寻起知绍兴府、浙东安抚使。再奉祠。淳熙十一年薨，年六十八，谥文惠。

适以文学闻望，遭时遇主，自两制一月入政府，又四阅月居相位，又三月罢政，然无大建明以究其学。家居十有六年，兄弟鼎立，子孙森然，以著述吟咏自乐，近世备福鲜有及之。或谓适党汤思退，又谓适来自淮东，言张浚妄费，浚以此罢相。子九人：槻、柲、榴、楉、榶、桴、楹、樑、栢。

遵字景严，皓仲子也。自儿时端重如成人，从师业文，不以岁时寒暑辍。父留沙漠，母亡，遵孺慕攀号。既葬，兄弟即僧舍肄词业，夜枕不解衣。以父荫补承务郎，与兄适同试博学宏词科，中魁选，赐进士出身。高宗以皓远使，擢为秘书省正字。中兴以来，词科中选即入馆，自遵始。宰相秦桧子熺为官长，謷欬为人轻重，遵恬然不附丽。二年弗迁。

皓南还，与朝论异，出守。遵遂乞外，通判常、婺、越三州。绍兴二十五年，汤思退荐之，复入为正字。八月，兼权直学士院。汤鹏举副台端，密荐为御史。方赐对而父讣闻。二十八年，免丧，召对，极陈父冤，曰："先臣与龚璹同出疆，璹仕于刘豫，以妄杀兵官为豫所诛，而秦桧赠以节旄，擢用其子。先臣拒金人之命，留十五岁乃得归，顾南窜岭外，臣兄弟屏迹在外。桧不分忠逆如此。"高宗悉为道谤语所起，且曰："卿再登三馆，尝典书命，今以修注处卿。"遂拜起居舍人。

奏乞以经筵官除罢及封章进对、宴会锡予、讲读问答等事，萃为一书，名之曰《迩英记注》。其后乾道间又有《祥曦殿记注》，实自遵始。又因面对，论铸钱利害，帝嘉纳之。迁起居郎兼权枢密院都承旨。旧制，修注官、经筵官许留身奏事，而近例无有。遵奏请复旧制，且言起居注未修者十五年，请除见修月进外，每月带修，皆从之。

二十九年，拜中书舍人。殿前裨将辅逵转防御使，王纲转团练使，遵言："近制管军官十年始一迁，今两人不满岁，安得尔？"时勋臣子孙多躐居台省，遵极言乞明有所止。高宗曰："正立法，自今功臣子孙序迁至侍从，并令久任在京宫观。"遵曰："侍从，朝廷高选，非如磨勘阶官，安有迁序之制？"退而上奏言："今内外将家无虑二十人，若以序迁，不出十年，西清次对皆可坐致。太祖开国功臣子孙不过诸司，惟曹彬之子琮、玮以功名自奋，遂为节度，初不闻有递迁侍从之例。今旨一出，使穆清之地类皆将种，非所以示天下。望收还前诏。"又言："瑞昌、兴国之间茶商失业，聚为盗贼。望揭榜开谕，许其自新，愿充军者填刺，愿为农者放还。"上皆可其奏。

论者欲复鄱阳永平、永丰两监鼓铸，诏给、舍议，遵曰："唐有鼓铸使，国朝或以漕臣兼领，或分道置使，厘为三司。自中兴来，置都大提点，官属太多，动为州县之害。间者亟行废罢，又无一定之论，初委运使，又委提刑，又委郡守、贰，号令不一，鼓铸益少。窃以为复置便。"

三十年正月，试吏部侍郎。异时选人诣曹改秩，吏倚为市，毫毛不中节，必巧生沮阁，须赂饷满欲乃止。遵明与约，苟于大体无害，先行后审，荐员有定限，而举者周遮重复，或同时一章而巧为两牍，或当荐五员而辄逾十数，或当举职官而诡为京状，或身系常调而妄称职司，或东西分曹而交错挽补，或已予复夺而指云事故，件析枚数，请凡如是者得通劾之。旧制，致仕任子，随所在审来牒即请行。是时，从广议者请，必令于元州判奏。遵言："士大夫或游宦粤、蜀，数千里外，不幸以死。临终谢事，其家获归故里已为至难，今复因龃龉。反复稽延，是明与恶吏为地也。"乃止仍旧贯。

平江、湖、秀三州水，无以输秋苗，有司抑令输麦。遵言："麦价殊不在米下，民困如是，奈何指夏以为秋，衍一以为二，使挤沟壑乎？愿量取其半，而被水害者悉免之。"金人来索绛阳郭小的、安化刘孝恭二百家，遵以蜀之李特可为至戒，愿以根集未足为解，淹引日月报之。迁翰林学士兼吏部尚书。汪澈论汤思退罢相，遵行制无贬词，澈以为言。遂丐去，以徽猷阁直学士提举太平兴国宫。

三十一年，金主完颜亮命其尚书苏保衡由海道窥二浙，朝廷以浙西副总管李宝御之。宝驻兵平江，守臣朱翌素与宝异，朝议以遵尝荐宝，乃命遵知平江。及宝以舟师捣胶西，凡资粮、器械、舟楫皆遵供亿，宝成功而归，遵之助为多。车驾幸金陵，禁卫士丐索无艺，它郡随与不厌。至吴，乃相告曰："内翰在此，汝毋复然。"先是，朝廷虑商舶为贼得，悉拘入官，既而不返，并海县团萃巨舰及募水手、民兵，皆执留未得去。遵因对论之，以船还商，而听水手自便，吴人德之。

孝宗即位，拜翰林学士承旨兼侍读。诏问宰执、侍从、台谏曰："敌人来索旧礼，从之则不忍屈，不从则边患未已。中原归正人源源不绝，纳之则东南力不能给，否则绝向化之心。宜指陈定论以闻。"遵与给事中金安节、中书舍人唐文若、起居郎周必大共为一议，其略谓："不宜直情径行，亦未可遽为之屈，谓宜遗金缯如前日之数，或许稍归侵地如海、泗之类，则彼亦可藉口而来议矣。"

知隆兴元年贡举，拜同知枢密院事。寿康殿产金芝十二，同列议表贺，遵引李文靖奏灾异故事风止之。荐眉山李焘、永嘉郑伯熊及林光朝，未及用，会汤思退为左相，而次相张浚罢，御史周操策遵且超迁，上章致劾，上亟徙置他官。遵不能安位，连章乞免，旋与御史俱去。是年七月，以端明殿学士提举太平兴国宫。

乾道六年，起知信州。徙知太平州。前守周操以尝论遵，闻遵来，不俟合符驰去。遵追钱至十里，劳苦如平时，曰："君当官而行，我何怨？"闻者以为盛德。圩田坏，民失业，遵鸠民筑圩凡万数。方冬盛寒，遵躬履其间，载酒食亲饷馌，恩意倾尽，人忘其劳。运使张松忌功，妄奏圩未尝决，民未尝转徙，必责圩户自阏筑，且裁省募工钱米之半。遵连疏争，至乞遣朝臣覆按。于是将作少监马希言、监察御史陈举善狎至，黜松言，圩遂成，合四百五十有五。松无所泄其念,则别治溧水永丰圩,来调丁、米、木,数甚广。遵曰:"郡当岁俭,方振恤流移,劝分乞籴,如自刮其股以充喉,不暇食,况能饱他人腹哉。"执不从。

楚地旱,旁县振赡者虑不早,旋置失后先,或得米而亡以炊,或阖户莩藉而廪不至。遵简实佐,随远近壮老以差赋给,蠲租至十九,又告籴于江西,得活者不啻万计。戍兵乘时盗利,曹伍剽于野,尽执拘以归其军。故当大札瘥而邑落晏然。徙知建康府、江东安抚使兼行宫留守。孝宗谕当制舍人范成大,褒其台绩,且许入觐。

时虞允文当国,有北征志。先调侍卫马军出屯,其在府者五军,悉送其孥,谋筑营寨,无虑万灶。张松用不能罢,特敕遵同宰执赴选德殿奏事。遵奏外臣不敢尾二府后,愿需班退别引,上弗许。进资政殿学士以行。至则揭榜,民苗米唯输正不输耗,听民自持斛概,庾人不能轻重其手。遍行郊野卜寨地,求不妨民居、不夷冢墓者,逾年始得之。营卒醉,妄言摇众,斩之,磔于市,三军无敢哗。有昼入旗亭挺刃椎垆者,械付狱,驿上奏未下,统帅惧得谴,请自治之。孝宗怒,罢统帅,遵亦坐贬两秩。未几,五营成,复元官,仍拜资政殿学士。淳熙元年,提举洞霄宫。十一月,薨,年五十有五,谥文安。

迈字景卢,皓季子也。幼读书日数千言,一过目辄不忘,博极载籍,虽稗官虞初,释老傍行,靡不涉猎。从二兄试博学宏词科,迈独被黜。绍兴十五年始中第,授两浙转运司干办公事,入为敕令所删定官。皓忤秦桧投闲,桧憾未已,御史汪勃论迈知其父不靖之谋,遂出添差教授福州。累迁吏部郎兼礼部。

上居显仁皇后丧,当孟飨,礼官未知所从,迈请遣宰相分祭,奏可。除枢密检详文字。建议令民入粟赎罪,以纾国用,又请严法驾出入之仪。

三十一年,议钦宗谥,迈曰:"渊圣北狩不返,臣民悲痛,当如楚人立怀王之义,号怀宗,以系复仇之意。"不用。吴璘病笃,朝论欲徙吴拱代之。迈曰:"吴氏以功握蜀兵三十年,宜有以新民观听,毋使尾大不掉。"知枢密院事叶义问出视师,奏以迈参议军事,至镇江,闻瓜洲官军与金人相持,遑遽迭措。会建康走驿告急,义问遽欲还,迈力止之曰:"今退师,无益京口胜败之数,而金陵闻返旆,人心动摇,不可。"迁左司员外郎。

三十二年春,金主褒遣左监军高忠建来告登位,且议和,迈为接伴使,知阁门张抡副之。上谓执政曰:"向日讲和,本为梓宫、太后,虽屈己卑辞,有所不惮。今两国之盟已绝,名称以何为正,疆士以何为准,朝见之仪,岁币之数,所宜先定。"及迈、抡入辞,上又曰:"朕料此事终归于和,欲首议名分,而土地次之。"迈于是奏更接伴礼数,凡十有四事。自渡江以来,屈己含忍多过礼,至是一切杀之,用敌国体,凡远迎及引接金银等皆罢。既而高忠建有贵臣礼及取新复州郡之议,迈以闻,且奏言:"土疆实利不可与,礼际虚名不足惜。"礼部侍郎黄中闻之,亟奏曰:"名定实随,百世不易,不可谓虚。土疆得失,一彼一此,不可谓实。"兵部侍郎陈俊卿亦谓:"先正名分,名分正则国威张,而岁币亦可损矣。"

进起居舍人。时议遣使报金国聘,三月丁巳,诏侍从、台谏各举可备使命者一人。初,迈之接伴也,既持旧礼折伏金使,至是,慨然请行。于是假翰林学士,充贺登位使,欲令金称兄弟敌国而归河南地。夏四月戊子,迈辞行,书用敌国礼,高宗亲札赐迈等曰:"祖宗陵寝,隔阔三十年,不得以时洒扫祭祀,心实痛之。若彼能以河南地见归,必欲居尊如故,正复屈己,亦何所惜。"迈奏言:"山东之兵未解,则两国之好不成。"至燕,金阁门见国书,呼曰:"不如式。"抑令使人于表中改陪臣二字,朝见之仪必欲用旧礼。迈初执不可,既而金锁使馆,自旦及暮水浆不通,三日乃得见。金人语极不逊,大都督怀忠议欲质留,左丞相张浩持不可,乃遣还。七月,迈回朝,则孝宗已即位矣。殿中侍御史张震以迈使金辱命,论罢之。明年,起知泉州。

乾道二年,复知吉州。入对,遂除起居舍人,直前言:"起居注皆据诸处关报,始加修纂,虽有日历、时政记,亦莫得书。景佑故事,有《迩英延曦二阁注记》,凡经筵侍臣出处、封章进对、宴会赐予,皆用存记。十年间稍废不续，陛下言动皆罔闻知，恐非命侍本意。乞令讲读官自今各以日得圣语关送修注官，令讲筵所牒报，使谨录之，因今所御殿名曰《祥曦记注》。"制可。

三年，迁起居郎，拜中书舍人兼侍读、直学士院，仍参史事。父忠宣、兄适、遵皆历此三职，迈又踵之。迈奏："三省事无巨细，必先经中书书黄，宰执书押，当制舍人书行，然后过门下，给事中书读，如给、舍有所建明，则封黄具奏，以听上旨。惟枢密院既得旨，即书黄过门下，例不送中书，谓之'密白'，则封驳之职似有所偏，况今宰相兼枢密，因而厘正，不为有嫌。望诏枢密院，凡已被制敕，并关左右省依三省书黄，以示重出命之意。"报可。

六年，除知赣州，起学官，造浮梁，士民安之。郡兵素骄，小不如欲则跋扈，郡岁遣千人戍九江，是岁，或怵以至则留不复返，众遂反戈。民讹言相惊，百姓汹惧。迈不为动，但遣一校婉说之，俾归营，众皆听，垂橐而入，徐诘什五长两人，械送浔阳，斩于市。辛卯岁饥，赣适中熟，迈移粟济邻郡。僚属有谏止者，迈笑曰："秦、越瘠肥，臣子义耶？"寻知建宁府。富民有睚眦杀人裹刃篡狱者，久拒捕，迈正其罪，黥流岭外。

十一年，知婺州，奏："金华田多沙，势不受水，五日不雨则旱，故境内陂湖最当缮治。命耕者出力，田主出谷，凡为公私塘堰及湖，总之为八百三十七所。"婺军素无律，春给衣，欲以缗易帛，吏不可，则群呼啸聚于郡将之治，郡将惴恐，姑息如其欲，迈至，众狃前事，至以飞语榜谯门。迈以计逮捕四十有八人，置之理，党众相嗾，哄拥迈轿，迈曰："彼罪人也，汝等何预？"众逡巡散去。迈戮首恶二人，枭之市，余黥挞有差，莫敢哗者。事闻，上语辅臣曰："不谓书生能临事达权。"特迁敷文阁待制。

明年，召对，首论淮东边备六要地：曰海陵，曰喻泇，曰盐城，曰宝应，曰清口，曰盱眙。谓宜修城池，严屯兵，立游桩，益戍卒。又言："许浦宜开河三十六里，梅里镇宜筑二大堰，作斗门，遇行师，则决防送船。"又言："冯湛创多桨船，底平樯浮，虽尺水可运。今十五六

年，修葺数少，不足用。"谓宜募濒海富商入船予爵，招善操舟者以
补水军，上嘉之。以提举佑神观兼侍讲、同修国史。

迈初入史馆，预修《四朝帝纪》，进敷文阁直学士、直学士院。讲
读官宿直，上时召入，谈论至夜分。十三年九月，拜翰林学士，遂上
《四朝史》，一祖八宗百七十八年为一书。

淳熙改元，进焕章阁学士、知绍兴府。过阙奏事，言新政宜以十
渐为戒。上曰："浙东民困于和市，卿往，为朕正之。"迈再拜曰："誓
尽力。"迈至郡，核实诡户四万八千三百有奇，所减绢以匹计者，略
如其数。提举玉龙寿宫。明年，再上章告老，进龙图阁学士。寻以
端明殿学士致仕，是岁卒，年八十。赠光禄大夫，谥文敏。

迈兄弟皆以文章取盛名，跻贵显，迈尤以博洽受知孝宗，谓其
文备众体。迈考阅典故，渔猎经史，极鬼神事物之变，手书《资治通
鉴》凡三。有《容斋五笔》、《夷坚志》行于世，其他著述尤多。所修
《钦宗纪》多本之孙觌，附耿南仲，恶李纲，所纪多失实，故朱熹举王
允之论，言佞臣不可使执笔，以为不当取觌所纪云。

论曰：孔子云："使于四方，不辱君命，可谓士矣。"当建炎、绍兴
之际，凡使金者，如探虎口，能全节而归，若朱弁、张邵、洪皓其庶几
乎，望之不足议也。皓留北十五年，忠节尤著，高宗谓苏武不能过，
诚哉。然竟以忤秦桧谪死，悲夫！其子适、遵、迈相继登词科，文名
满天下，适位极台辅，而迈文学尤高，立朝议论最多，所谓忠义之
报，讵不信夫。

宋史卷三七四
列传第一三三

张九成　胡铨　廖刚　李迨
赵开

　　张九成字子韶，其先开封人，徙居钱塘。游京师，从杨时学。权贵托人致币曰："肯从吾游，当荐之馆阁。"九成笑曰："王良尚羞与嬖奚乘，吾可为贵游客耶？"

　　绍兴二年，上将策进士，诏考官，直言者置高等。九成对策略曰："祸乱之作，天所以开圣人也。愿陛下以刚大为心，无以忧惊自沮。臣观金人有必亡之势，中国有必兴之理。夫好战必亡，失其故俗必亡，人心不服必亡，金皆有焉。刘豫背叛君亲，委身夷狄，黠雏经营，有同儿戏，何足虑哉。前世中兴之主，大抵以刚德为尚。去逸节欲，远佞防奸，皆中兴之本也。今闾巷之人皆知有父兄妻子之乐，陛下贵为天子，冬不得温，夏不得清，昏无所定，晨无所省，感时遇物，凄惋于心，可不思所以还二圣之车乎？"又言："阉寺闻名，国之不祥也，今此曹名字稍稍有闻，臣之所忧也。当使之安扫除之役，凡结交往来者有禁，干预政事者必诛。"擢置首选。杨时遗九成书曰："廷对自中兴以来未之有，非刚大之气，不为得丧回屈，不能为也。"

　　授镇东军签判，吏不能欺。民冒鹾禁，提刑张宗臣欲逮捕数十人，九成争之。宗臣曰："此事左相封来。"九成曰："主上屡下恤刑之诏，公不体圣意而观望宰相耶"宗臣怒，九成即投檄归。从学者日众，出其门者多为闻人。

赵鼎荐于朝，遂以太常博士召。既至，改著作佐郎，迁著作郎，言：“我宋家法，曰仁而已。仁之发见，尤在于刑。陛下以省刑为急，而理官不以恤刑为念。欲诏理官，活几人者与减磨勘。”从之。除浙东提刑，力辞，乃与祠以归。

未几，召除宗正少卿、权礼部侍郎兼侍讲，兼权刑部侍郎。法寺以大辟成案上，九成阅始末得其情，因请覆实，囚果诬服者。朝论欲以平反为赏，九成曰：“职在详刑，可邀赏乎？”辞之。

金人议和，九成谓赵鼎曰：“金实厌兵，而张虚声以撼中国。”因言十事，彼诚能从吾所言，则与之和，使权在朝廷。鼎既罢，秦桧诱之曰：“且成桧此事。”九成曰：“九成胡为异议，特不可轻易以苟安耳。”桧曰：“立朝须优游委曲。”九成曰：“未有枉己而能直人。”上问以和议，九成曰：“敌情多诈，不可不察。”

因在经筵言西汉灾异事，桧甚恶之，谪守邵州。既至，仓库虚乏，僚属请督酒租宿负、苗绢未输者，九成曰：“纵未能惠民，其敢困民耶”是岁，赋入更先他时。中丞何铸言其矫伪欺俗，倾附赵鼎，落职。

丁父忧，既免丧，秦桧取旨，上曰：“自古朋党畏人主知之，此人独无所畏，可与宫观。”先是，径山僧宗杲善谈禅理，从游者众，九成时往来其间。桧恐其议己，令司谏詹大方论其与宗杲谤讪朝政，谪居南安军。在南安十四年，每执书就明，倚立庭砖，岁久双跌隐然。广州致籯金，九成曰：“吾何敢苟取。”悉归之。桧死，起知温州。户部遣吏督军粮，民苦之，九成移书痛陈其弊，户部持之，九成即丐祠归。数月，病卒。

九成研思经学，多有训解，然早与学佛者游，故其议论多偏。宝庆初，特赠太师，封崇国公，谥文忠。

胡铨字邦衡，庐陵人。建炎二年，高宗策士淮海，铨因御题问“治道本天，天道本民”，答云：“汤、武听民而兴，桀、纣听天而亡。今陛下起干戈锋镝间，外乱内讧，而策臣数十条，皆质之天，不听于民。"又谓："今宰相非晏殊，枢密、参政非韩琦、杜衍、范仲淹。"策万余言，高宗见而异之，将冠之多士，有忌其直者，移置第五。授抚州军事判官，未上，会隆祐太后避兵赣州，金人蹑之，铨以漕檄摄本州幕，募乡丁助官军捍御，第赏转承直郎。丁父忧，从乡先生萧楚学《春秋》。

绍兴五年，张浚开督府，辟湖北仓属，不赴。有诏赴都堂审察，兵部尚书吕祉以贤良方正荐，赐对，除枢密院编修官。

八年，宰臣秦桧决策主和，金使以"诏谕江南"为名，中外汹汹。铨抗疏言曰：

　　臣谨案，王伦本一狎邪小人，市井无赖，顷缘宰相无识，遂举以使虏。专务诈诞，欺罔天听。骤得美官，天下之人切齿唾骂。今者无故诱致虏使，以"诏谕江南"为名，是欲臣妾我也，是欲刘豫我也，刘豫臣事丑虏，南面称王，自以为子孙帝王万世不拔之业，一旦豺狼改虑，捽而缚之，父子为虏。商鉴不远，而伦又欲陛下效之。夫天下者，祖宗之天下也，陛下所居之位，祖宗之位也。奈何以祖宗之天下为金虏之天下，以祖宗之位为金虏藩臣之位！陛下一屈膝，则祖宗庙社之灵尽污夷狄，祖宗数百年之赤子尽为左衽，朝廷宰执尽为陪臣，天下士大夫皆当裂冠毁冕，变为胡服。异时豺狼无厌之求，安知不加我以无礼如刘豫也哉？

　　夫三尺童子，至无识也，指犬豕而使之拜，则怫然怒。今丑虏则犬豕也，堂堂大国，相率而拜犬豕，曾童孺之所羞，而陛下忍为之耶？伦之议乃曰："我一屈膝，则梓宫可还，太后可复，渊圣可归，中原可得。"鸣呼！自变故以来，主和议者，谁不以此说啖陛下哉！然而卒无一验，则虏之情伪已可知矣。而陛下尚不觉悟，竭民膏血而不恤，忘国大仇而不报，含垢忍耻，举天下而臣之甘心焉。就令虏决可和，尽如伦议，天下后世谓陛下何如主？况丑虏变诈百出，而伦又以奸邪济之，梓宫决不可还，太后决不可复，渊圣决不可归，中原决不可得，而此膝一屈不可复伸，国势陵夷不可复振，可为痛哭流涕长太息矣！

向者陛下间关海道，危如累卵，当时尚不忍北面臣虏，况今国势稍张，诸将尽锐，士卒思奋。只如顷者丑虏陆梁，伪豫入寇，固尝败之于襄阳，败之于淮上，败之于涡口，败之于淮阴，校之往时蹈海之危，固已万万，倘不得已而至于用兵，则我岂遽出虏人下哉今无故而反臣之，欲屈万乘之尊，下穹庐之拜，三军之士不战而气已索。此鲁仲连所以义不帝秦，非惜夫帝秦之虚名，惜天下之大有所不可也。今内而百官，外而军民，万口一谈，皆欲食伦之肉。谤议汹汹，陛下不闻，正恐一旦变作，祸且不测。臣窃谓不斩王伦，国之存亡未可知也。

虽然，伦不足道也，秦桧以腹心大臣而亦为之。陛下有尧、舜之资，桧不能致君如唐、虞，而欲导陛下为石晋。近者礼部侍郎曾开等引古谊以折之，桧乃厉声责曰："侍郎知故事，我独不知！"则桧之遂非愎谏，已自可见，而乃建白令台谏、侍臣佥议可否，是盖畏天下议己，而令台谏、侍臣共分谤耳。有识之士皆以为朝廷无人，吁，可惜哉！

孔子曰："微管仲，吾其被发左衽矣。"夫管仲，霸者之佐耳，尚能变左衽之区而为衣裳之会。秦桧，大国之相也，反驱衣冠之俗而为左衽之乡。则桧也不唯陛下之罪人，实管仲之罪人矣。孙近傅会桧议，遂得参知政事，天下望治有如饥渴，而近伴食中书，漫不敢可否事。桧曰虏可和，近亦曰可和；桧曰天子当拜，近亦曰当拜。臣尝至政事堂，三发问而近不答，但曰："已令台谏、侍从议矣。"呜呼！参赞大政，徒取充位如此。有如虏骑长驱，尚能折冲御侮耶？臣窃谓秦桧、孙近亦可斩也。

臣备员枢属，义不与桧等共戴天，区区之心，愿断三人头，竿之藁街，然后羁留虏使，责以无礼，徐兴问罪之师，则三军之士不战而气自倍。不然，臣有赴东海而死尔，宁能处小朝廷求活邪！

书既上，桧以铨狂妄凶悖，鼓众劫持，诏除名，编管昭州，仍降诏播告中外。给、舍、台谏及朝臣多救之者,桧迫于公论,乃以铨监广州盐仓。明年,改签书威武军判官。十二年,谏官罗汝楫劾铨饰非横议,诏除名,编管新州。十八年,新州守臣张棣讦铨与客唱酬,谤讪怨望,移谪吉阳军。

二十六年,桧死,铨量移衡州。铨之初上书也,宜兴进士吴师古锓木传之,金人募其书千金。其谪广州也,朝士陈刚中以启事为贺。其谪新州也,同郡王廷圭以诗赠行。皆为人所讦,师古流袁州,廷圭流辰州,刚中谪知虔州安远县,遂死焉。三十一年,铨得自便。

孝宗即位,复奉议郎、知饶州。召对,言修德、结民、练兵、观衅,上曰:“久闻卿直谅。”除吏部郎官。隆兴元年,迁秘书少监,擢起居郎,论史官失职者四:一谓记注不必进呈,庶人主有不观史之美;二谓唐制二史立螭头之下,今在殿东南隅,言动未尝得闻;三谓二史立后殿,而前殿不立,乞于前后殿皆分日侍立;四谓史官欲其直前,而阁门以未尝预牒,以今日无班次为辞。乞自今直前言事,不必预牒阁门,及以有无班次为拘。诏从之。兼侍讲、国史院编修官。因讲《礼记》,曰:“君以礼为重,礼以分为重,分以名为重,愿陛下无以名器轻假人。”

又进言乞都建康,谓:“汉高入关中,光武守信都。大抵与人斗,不扼其亢,拊其背,不能全胜。今日大势,自淮以北,天下之亢与背也,建康则扼之拊之之地也。若进据建康,下临中原,此高、光兴王之计也。”

诏议行幸,言者请纾其期,遂以张浚视师图恢复,侍御史王十朋赞之。克复宿州,大将李显忠私其金帛,且与邵宏渊忿争,军大溃。十朋自劾。上怒甚,铨上疏愿毋以小衄自沮。

时旱蝗、星变,诏问政事阙失,铨应诏上书数千言,始终以《春秋》书灾异之法,言政令之阙有十,而上下之情不合亦有十,且言:“尧、舜明四目,达四聪,虽有共、鲧,不能塞也。秦二世以赵高为腹心,刘、项横行而不得闻;汉成帝杀王章,王氏移鼎而不得闻;灵帝杀何武、陈蕃,天下横溃而不得闻;梁武信朱异,侯景斩关而不得闻;隋炀帝信虞世基,李密称帝而不得闻;唐明皇逐张九龄,安、史胎祸而不得闻。陛下自即位以来,号召逐客,与臣同召者张焘、辛次膺、王大宝、王十朋,今焘去矣,次膺去矣,十朋去矣,大宝又将去,惟臣在尔。以言为讳,而欲塞灾异之源,臣知其必不能也。”

铨又言:“昔周世宗为刘旻所败,斩败将何徽等七十人,军威大震,果败旻,取淮南,定三关。夫一日戮七十将,岂复有将可用?而世宗终能恢复,非唐懦者去,则勇敢者出耶、近宿州之败,士死于敌者满野,而败军之将以所得之金赂权贵以自解,上天见变昭然,陛下非信赏必罚以应天不可。”其论纳谏曰:“今廷臣以钳默为贤,容悦为忠。驯至兴元之幸,所谓‘一言丧邦’。”上曰:“非卿不闻此。”

金人求成,铨曰:“金人知陛下锐意恢复,故以甘言款我,愿绝口勿言‘和’字。”上以边事全倚张浚,而王之望、尹穑专主和排浚,铨廷责之。兼权中书舍人、同修国史。张浚之子栻赐金紫,铨缴奏之,谓不当如此待勋臣子。浚雅与铨厚,不顾也。

十一月,诏以和戎遣使,大询于庭,侍从、台谏预议者凡十有四人。主和者半,可否者半,言不可和者铨一人而已,乃独上一议曰:“京师失守自耿南仲主和,二圣播迁自何㮚主和,维扬失守自汪伯彦、黄潜善主和,完颜亮之变自秦桧主和。议者乃曰:‘外虽和而内不忘战。’此向来权臣误国之言也。一溺于和,不能自振,尚能战乎?”除宗正少卿,乞补外。不许。

先是,金将薄察徒穆、大周仁以泗州降,肃琦以军百人降,诏并为节度使。铨言:“受降古所难,六朝七得河南之地,不旋踵而皆失;梁武时侯景以河南来奔,未几而陷台城;宣、政间郭药师自燕云来降,未几为中国患。今金之三大将内附,高其爵禄,优其部曲,以系中原之心,善矣。然处之近地,万一包藏祸心,或为内应,后将噬脐,愿忽任以兵柄,迁其众于湖、广以绝后患。”

二年,兼国子祭酒,寻除权兵部侍郎。八月,上以灾异避殿减膳,诏迁臣言阙政急务。铨以振灾为急务,议和为阙政,其议和之书曰:

自靖康迄今凡四十年，三遭大变，皆在和议，则丑虏之不可与和，彰彰然矣。肉食鄙夫，万口一谈，牢不可破。非不知和议之害，而争言为和者，是有三说焉：曰偷惰，曰苟安，曰附会。偷惰则不知立国，苟安则不戒鸩毒，附会则觊得美官，小人之情状具于此矣。

今日之议若成，则有可吊者十；若不成，则有可贺者亦十。请为陛下极言之。

何谓可吊者十？

真宗皇帝时，宰相李沆谓王旦曰："我死，公必为相，切忽与虏讲和。吾闻出则无敌国外患，如是者国常亡，若与虏和，自此中国必多事矣。"旦殊不以为然。既而遂和，海内干耗，旦始悔不用文靖之言。此可吊者一也。

中原讴吟思归之人，日夜引领望陛下拯溺救焚，不啻赤子之望慈父母，一与虏和，则中原绝望，后悔何及。此可吊者二也。

海、泗今日之藩篱咽喉也，彼得海、泗，且决吾藩篱以瞰吾室，扼吾咽喉以制吾命，则两淮决不可保。两淮不保，则大江决不可守；大江不守，则江、浙决不可安。此可吊者三也。

绍兴戊午，和议既成，桧建议遣二三大臣如路允迪等，分往南京等州交割归地。一旦叛盟，劫执允迪等，遂亲征之诏，虏复请和。其反覆变诈如此，桧犹不悟，奉之如初，事之愈谨，赂之愈厚，卒有逆亮之变，惊动辇毂。太上谋欲入海，行朝居民一空，覆辙不远，忽而不戒，臣恐后车又将覆也。此可吊者四也。

绍兴之和，首议决不与归正人，口血未乾，尽变前议。凡归正之人一切遣还，如程师回、赵良嗣等聚族数百，几为萧墙忧。今必尽索归正之人，与之则反侧生变，不与则虏决不肯但已。夫反侧则肘腋之变深，虏决不肯但已，则必别起衅端，猝有逆亮之谋，不知何以待之。此可吊者五也。

自桧当国二十年间，竭民膏血以饵犬羊，迄今府库无旬月之储，千村万落生理萧然，重以蝗虫水潦。自此复和，则蠹国害民，殆有甚焉者矣。此可吊者六也。

今日之患，兵费已广，养兵之外又增岁弊，且少以十年计之，其费无虑数千亿。而岁币之外，又有私觌之费；私觌之外，又有贺正、生辰之使；贺正、生辰之外，又有泛使。一使未去，一使复来，生民疲于奔命，帑廪涸于将迎，瘠中国以肥房，陛下何惮而为之。此其可吊者七也。

侧闻房人嫚书，欲书御名，欲去国号"大"字，欲用再拜。议者以为繁文小节不必计较，臣切以为议者可斩也。夫四郊多垒，卿大夫之辱；楚子问鼎，义士之所深耻；"献纳"二字，富弼以死争之。今丑房横行与多垒孰辱？国号大小与鼎轻重孰多？"献纳"二字与再拜孰重？臣子欲君父屈己以从之，则是多垒不足辱，问鼎不必耻，"献纳"不必争。此其可吊者八也。

臣恐再拜不已必至称臣，称臣不已必至请降，请降不已必至纳土，纳土不已必至御璧，御璧不已必至舆榇，舆榇不已必至如晋帝青衣行酒然后为快。此其可吊者九也。

事至于此，求为匹夫尚可得乎？此其可吊者十也。

窃观今日之势，和决不成，倘乾刚独断，追回使者魏杞、康湑等，绝请和之议以鼓战士，下哀痛之诏以收民心，天下庶乎其可为矣。如此则有可贺者亦十：省数千亿之岁币，一也；专意武备，足食足兵，二也；无书名之耻，三也；无去"大"之辱，四也；无再拜之屈，五也；无称臣之忿，六也；无请降之祸，七也；无纳土之悲，八也；无御璧、舆榇之酷，九也；无青衣行酒之冤，十也。

去十吊而就十贺，利害较然，虽三尺童稚亦知之，而陛下不悟。《春秋左氏》谓无勇者为妇人，今日举朝之士皆妇人也。如以臣言为不然，乞赐流放窜殛，以为臣子出位犯分之戒。

自符离之败，朝论急于和戎，弃唐、邓、海、泗四州与房矣。金又欲得商、秦地,邀岁币,留使者魏杞,分兵攻淮。以本职措置浙西、淮东海道。

时金使仆散忠义、纥石烈志宁之兵号八十万,刘宝弃楚州,王彦弃昭关,濠、滁皆陷。惟高邮守臣陈敏拒敌射阳湖,而大将李宝预求密诏为自安计,拥兵不救。铨劾奏之,曰:"臣受诏令范荣备淮,李宝备江,缓急相援。今宝视敏弗救,若射阳失守,大事去矣。"宝惧,始出师掎角。时大雪,河冰皆合,铨先持铁锤锤冰,士皆用命,金人遂退。久之,提举太平兴国宫。

乾道初,以集英殿修撰知漳州,改泉州。趣奏事,留为工部侍郎。入对,言:"少康以一旅复禹绩,今陛下富有四海,非特一旅,而即位九年,复禹之郊尚未赫然。"又言:"四方多水旱,左右不以告,谋国者之过也,宜令有司速为先备。"乞致仕。

七年,除宝文阁待制,留经筵。求去,以敷文阁直学士与外祠。陛辞,犹以归陵寝、复故疆为言,上曰:"朕志也。"且问今何归,铨曰:"归庐陵,臣向在岭海尝训传诸经,欲成此书。"特赐通天犀带以宠之。

铨归,上所著《易》、《春秋》、《周礼》、《礼记解》,诏藏秘书省。寻复元官,升龙图阁学士、提举太平兴国宫,转提举玉龙万寿宫,进端明殿学士。六年,召归经筵,铨引疾力辞。七年,以资政殿学士致仕。薨,谥忠简。有《澹庵集》一百卷行于世。孙榘、槐,皆至尚书。

廖刚字用中,南剑州顺昌人。少从陈瓘、杨时学。登崇宁五年进士第。宣和初,自漳州司录除国子录,擢监察御史。时蔡京当国,刚论奏无所避。以亲老求补外,出知兴化军。钦宗即位,以右正言召。丁父忧,服阕,除工部员外郎,以母疾辞。

绍兴元年,盗起旁郡,官吏悉逃去,顺昌民以刚为命。刚谕从盗者使反业,既而他盗入顺昌,部使者檄刚抚定。刚遣长子迟谕贼,贼知刚父子有信义,亦散去。除本路提点刑狱。

寻召为吏部员外郎,言:"古者天子必有亲兵自将,所以备不虞而强主威，汉北军、唐神策之类也。祖宗军制尤严。愿稽旧制，选精锐为亲兵，居则以为卫，动则以为中军，此强干弱枝之道。"又言："国家艰难已极，今方图新，若会稽诚非久驻之地。请经营建康，亲拥六师往为固守计，以杜金人窥伺之意。"迁起居舍人、权吏部侍郎兼侍讲，除给事中。

丁母忧，服阕，复拜给事中。刚言："国不可一日无兵，兵不可一日无食。今诸将之兵备江、淮，不知几万，初无储蓄，日待哺于东南之转饷，浙民已困，欲救此患莫若屯田。"因献三说，将校有能射耕，当加优赏，每耕田一顷，与转一资；百姓愿耕，假以粮种，复以租赋。上令都督府措置。

时朝廷推究章惇、蔡卞误国之罪，追贬其身，仍诏子孙毋得官中朝。至是章杰自崇道观知婺州，章仅自太府丞提举江东茶盐事。刚封还诏书，谓即如此，何以示惩，乃并与祠。权户部侍郎，寻迁刑部侍郎。求补外，除徽猷阁直学士、知漳州。

七年二月，日有食之，诏内外官言事。刚言："陛下有建国之封，所以承天意、示大公于天下后世者也，然而未遂正名者，岂非有所待耶？有所待，则是应天之诚未至也。愿陛下昭告艺祖在天之灵，正建国储君之号，布告中外，不匿厥旨。异时虽百斯男，不复更易，天下孰敢不服。"上读之耸然，即召刚趣至阙，拜御史中丞。刚言："臣职纠奸邪，当务大体，若捃摭细故，则非臣本心。"又奏经费不支，盗贼不息，事功不立，命令不孚，及兵骄官冗之弊。

时徽宗已崩，上遇朔望犹率群臣遥拜渊圣，刚言："礼有隆杀，兄为君则君之，已为君是兄之可也。望勉抑圣心，但岁时行家人礼于内庭。"从之。

殿前司强刺民为兵，及大将恃功希恩，所请多废法。刚知无不言，论列至于四五，骄横者肃然。

郑亿年与秦桧有连而得美官，刚显疏其恶，桧衔之。金人叛盟，刚乞起旧相之有德望者，处以近藩，桧闻之曰："是欲置我何地耶"改工部尚书，而以王次翁为中丞。初，边报至，从官会都堂，刚谓亿

年曰："公以百口保金人，今已背约，有何面目尚在朝廷乎？"亿年奉
祠去。次翁与右谏议何铸劾刚荐刘昉、陈渊，相为朋比，以徽猷阁直
学士提举亳州明道宫。明年致仕。以绍兴十三年卒。

子四人：迟、过、遂、遽，仕皆秉麾节，邦人号为"万石廖氏"。

李迨，东平人也。曾祖参，仕至尚书右丞。迨未冠入太学，因居
开封。以荫补官，初调渤海县尉。

时州县团结民兵，民起田亩中，不闲坐作进退之节，或哗不受
令，迨立赏罚以整齐之，累月皆精练，部伍如法。部刺史按阅，无一
人乱行伍者，遂荐之朝，改合入官。累迁通判济州。

时高宗以大元帅过济，郡守自以才不及，逊迨行州事，迨应办
军须无阙。会大元帅府劝进，乘舆仪物皆未备，迨谙熟典故，裁定其
制，不日而办。上深叹赏，即除随军辇运。

上即位于南京，授山东辇运，改金部郎。从驾至维扬，敌犯行在
所，即取金部籍有关于国家经赋之大者载以行，及上于镇江。时建
炎三年二月也。宰相吕颐浩言于上，即日召见。

未几，丁父丧，诏起复，以中散大夫直龙图阁，为御营使司参议
官兼措置军前财用。苗傅、刘正彦叛，吕颐浩、张浚集勤王之师，迨
流涕谓诸将曰："君第行，无虑军食。"师行所至，食皆先具。事平，同
赵哲等入对，上慰劳之。诏转三官，辞不拜，除权户部侍郎。

四年，加显谟阁待制，为淮南、江、浙、荆湖等路制置发运使。寻
以军旅甫定，乞持余服，诏许之。绍兴二年，知筠州。明年，移信州，
寻提举江州太平观。

五年十月，以旧职除两浙路转运使，言："祖宗都大梁，岁漕东
南六百余万斛，而六路之民无飞挽之扰，盖所运者官舟，所役者兵
卒故也。今驻跸浙右，漕运地里不若中都之远，而公私苦之，何也？
以所用之舟太半取于民间，往往凿井沉船以避其役。如温、明、虔、
吉州等处所置造船场，乞委逐州守臣措置，募兵卒牵挽，使臣管押，
庶几害不及民，可以浙复漕运旧制。"诏工部措置。寻加徽猷阁直学

士,升龙图阁直学士,为四川都转运使兼提举成都等路茶事,并提举陕西等路买马。

自熙、丰以来,始即熙、秦、戎、黎等州置场买马,而川茶通于永兴四路,故成都府、秦州皆有榷茶司。至是关陕既失,迨请合为一司,名都大提举茶马司,以省冗费,从之。逾年,诏迨以每岁收支之数具旁通驿奏,迨乃考其本末,具奏曰:

绍兴四年,所收钱物三千三百四十二万余缗,此所支关五十一万余缗。五年,收三千六十万缗,此所支关一千万余缗。六年,未见。七年,所收三千六百六十万余缗,此所支关一百六十一万余缗。自来遇岁计有阙,即添支钱引补助。绍兴四年,添印五百七十六万道。五年,添印二百万道。六年,添印六百万道。见今泛料太多,引价值顿落,缘此未曾添印。兼岁收钱物内有上供、进奉等窠名一千五百九十九万,系四川岁入旧额。其劝谕、激赏等项窠名钱物共二千六十八万,系军兴后来岁入所增,比旧额已过倍,其取于民可谓重矣。

臣尝考《刘晏传》,是时天下岁入缗钱千二百万,而管榷居其半。今四川榷盐榷酒岁入一千九十一万,过于晏所榷多矣。诸窠名钱已三倍刘晏岁入之数,彼以一千二百万赡中原之军而有余,今以三千六百万贯赡川、陕一军而不足。又如折估及正色米一项,通计二百六十五万石。止以绍兴六年朝廷取会官兵数,计六万八千四百四十九人,决无一年用二百六十五万石米之理。数计官员一万一千七员,军兵五万七百四十九人,官员之数比军兵之数约计六分之一。军兵请给钱比官员请给不及十分之一,即是冗滥在官员,不在军兵也。计司虽知冗滥,力不能裁节之,虽是宽剩,亦未敢除减,此朝廷不可不知也。

蜀人所苦甚者,籴买、般运也。盖籴买不科敷则不能集其事,苟科敷则不能无扰;般运事稍缓则船户独受其弊,急则税户皆被其害。欲省漕运莫如屯田,汉中之地约收二十五万余石,若将一半充不系水运去处岁计,以米一半对减川路籴买、般发岁计米，亦可少宽民力。兼臣已委官于兴元、洋州就籴夏麦五十万石，岷州欲就籴二十万石，兼用营田所收一半之数十二万石，三项共计五十七万石。每年水运应付阆、利州以东计米五十八万石，若得此三项，可尽数免川路籴买、般运，此乃恤民之实惠，守边之良策也。

降诏奖谕。以与吴玠不合，与祠。

九年，金人归我三京，命迪为京畿都转运使。孟庾时为权东京留守，潜通北使。迪察其隐微，庾不能平，讼于朝，且使人告迪曰："北人以兵至矣。"迪曰："吾家食国家禄二百年，荷陛下重任，万死不足报。吾老矣，岂能下穹庐之拜乎？首可断而膝不可屈也。如果然，吾将极骂以死。"告者悚然而去。降圣节，庾失于行礼，为迪所持，庾自劾，迪因此求罢去，乃落职与祠归，而庾以京师降于金人。

迪寻复龙图阁待制、知洪州。十六年，以疾丐祠。十八年，卒。

赵开字应祥，普州安居人。登元符三年进士第。大观二年，权辟雍正。用举者改秩，即尽室如京师，买田尉氏，与四方贤俊游，因诇知天下利病所当罢行者。如是七年，慨然有通变救弊志。

宣和初，除礼制局校正检阅官。数月局罢，出知鄢陵县。七年，除讲议司检详官。开善心计，自检详罢，除成都路转运判官，遂奏罢宣和六年所增上供认额纲布十万匹，减绵州下户支移利州水脚钱十分之三，又减蒲江六井元符至宣和所增盐额，列其次第，谓之"鼠尾帐"，揭示乡户岁时所当输折科等实数，俾人人具晓，乡胥不得隐匿窜寄。

尝言："财利之源当出于一，祖宗朝天下财计尽归三司，诸道利源各归漕计，故官省事理。并废以还，漕司则利害可以参究，而无牵制窒碍之患矣。"因指陈榷茶、买马五害，大略谓："黎州买马，嘉祐岁额才二千一百余。自置司榷茶，岁额四千，且获马兵逾千人，犹不足用，多费衣粮，为一害。嘉祐以银绢博马，价皆有定。今长吏旁缘为奸，不时归货，以空券给夷人；使待资次，夷人怨恨，必生边患，为二害。初置司榷茶,借本钱于转运司五十二万缗,于常平司二十余万缗。自熙宁至今几六十年,旧所借不偿一文,而岁借乃准初数,为三害。榷茶之初,预俵茶户本钱,寻于数外更增和买,或遂抑预俵钱充和买,茶户坐是破产,而官买岁增。茶日滥杂,官茶既不堪食,则私贩公行,刑不能禁,为四害。承平时,蜀茶之入秦者十几八九,独患积厌难售。今关、陇悉遭焚荡,仍拘旧额,竟何所用?茶兵官吏坐縻衣粮,未免科配州县,为五害。请依嘉故事,尽罢榷茶,仍令转运司买马,即五害并去,而边患不生。如谓榷茶未可遽罢,亦宜并归转运司,痛减额以苏茶户,轻立价以惠茶商,如此则私贩必衰,盗贼消弭,本钱既常在,而息钱自足。”

朝廷是其言,即擢开都大提举川、陕茶马事,使推行之。时建炎二年也。于是大更茶马之法,官买官卖茶并罢,参酌政和二年东京都茶务所创条约,印给茶引,使茶商执引与茶户自相贸易。改成都旧买卖茶场为合同场买引所,仍于合同场置茶市,交易者必由市,引与茶必相随。茶户十或十五共为一保,并籍定茶铺姓名,互察影带贩鬻者。凡买茶引,每一斤春为钱七十,夏五十,旧所输市例头子钱并依旧。茶所过每一斤征一钱,住征一钱半。其合同场监官除验引、秤茶、封记、发放外,无得干预茶商、茶户交易事。

旧制买马及三千匹者转一官,比但以所买数推赏,往往有一任转数官者。开奏:“请推赏必以马到京实收数为格,或死于道,黜降有差。”比及四年冬,茶引收息至一百七十余万缗,买马乃逾二万匹。

张浚以知枢密院宣抚川蜀,素知开善理财,即承制以开兼宣抚处置使司随军转运使,专一总领四川财赋。开见浚曰:“蜀之民力尽矣,锱铢不可加,独榷货稍存赢余,而贪猾认为己有,互相隐匿。惟不恤怨詈,断而敢行,庶可救一时之急。”

浚锐意兴复,委任不疑,于是大变酒法,自成都始。先罢公使卖供给酒,即旧扑买坊场所置隔槽,设官主之,曲与酒具官悉自买,听酿户各以米赴官场自酿,凡一石米输三千,并头子杂用等二十二。

其酿之多寡,惟钱是视,不限数也。明年,遂遍四路行其法。又法成都府法,于秦州置钱引务,兴州鼓铸铜钱,官卖银绢,听民以钱引或铜钱买之。凡民钱当入官者,并听用引折纳,官支出亦如之。民私用引为市,于一千并五百上许从便增高其直,惟不得减削。法既流通,民以为便。

初,钱引两料通行才二百五十万有奇,至是添印至四千一百九十余万,人亦不厌其多,价亦不削。

宣司获伪引三十万,盗五十人,浚欲从有司议当以死,开白浚曰:"相君误矣。使引伪,加宣抚使印其上即为真。黥其徒使治币,是相君一日获三十万之钱,而起五十人之死也。"浚称善,悉如开言。

最后又变盐法,其法大实视大观东南、东北盐钞条约,置合同场盐市,与茶法大抵相类。盐引每一斤纳钱二十五,土产税及增添等共纳九钱四分,所过每斤征钱七分,住征一钱五分,若以钱引折纳,别输称提勘合钱共六十。初变榷法,怨詈四起,至是开复议更盐法,言者遂奏其不便,乞罢之以安远民,且曰:"如谓大臣建请,务全事体,必须更制,即乞札与张浚照会。"诏以其章示浚,浚不为变。

时浚荷重寄,治兵秦川,经营两河,旬犒月赏,期得士死力,费用不赀,尽取办于开。开悉知虑于食货,算无遗策,虽支费不可计,而赢赀若有余。

吴玠为四川宣抚副使,专治战守,于财盈虚未尝问,惟一切以军期趣办,与开异趣,玠数以饷馈不继诉于朝,开亦自劾老惫,亏去。朝廷未许,乃特置四川安抚制置大使之名,命席益为之。益前执政,诏位宣抚司上,朝论恐未安,仍诏张浚视师荆、襄、川、陕。

六年,罢绵州宣抚司,玠仍以宣抚治兵系,军马听玠移拨,钱物则委开拘收。寻除开徽猷阁待制,加玠两镇节钺。复降旨,都转运使不当与四路漕臣同系衔,成都、潼川两路漕臣与都转运使坐应副军支钱物愆期,各贬二秩。朝廷故抑扬之,使之交解间隙、趣办饷馈也。而开复与席益不和,抗疏乞将旧来宣抚司年计应副军期,不许他司分擘支用。又指陈宣抚司截都漕运司钱,就果、阆籴米非是。又言应副吴玠军须,绍兴四年总为钱一千九百五十五万七千余缗,五年视四年又增四百二十万五千余缗。蜀今公私俱困,四向无所取给,事属危急,实甚可忧,乞许以茶马司奏计诣阙下,尽所欲言。

朝廷既知开与玠及席益有隙,乃诏开赴行在,以李迨代之。会疾作不行,提举江州太平观。七年,复右文殿修撰、都大主管川陕茶马。开已病,累疏丐去,诏从所乞,提举太平观。十一年卒。

论曰:秦桧执国柄,其误宋大计,固无以议为也。张九成之策,胡铨之疏,忠义凛然。廖刚请复用德望之人,岂苟阿时好者哉?李迨、赵开所谓可使治其赋也欤?

宋史卷三七五
列传第一三四

邓肃　李邴　滕康　张守
富直柔　冯康国

邓肃字志宏，南剑沙县人。少警敏能文，美风仪，善谈论。李纲见而奇之，相倡和，为忘年交。居父丧，哀毁逾礼，芝产其庐。入太学，所与游皆天下名士。时东南贡华石纲，肃作诗十一章，言守令搜求扰民，用事者见之，屏出学。

钦宗嗣位，召对便殿，补承务郎，授鸿胪寺簿。金人犯阙，肃被命诣敌营，留五十日而还。张邦昌僭位，肃义不屈，奔赴南京，擢左正言。

先是，朝廷赐金国帛一千万，肃在其营，密觇，均与将士之数，大约不过八万人，至是为上言之，且言："金人不足畏，但其信赏必罚，不假文字，故人各用命。朝廷则不然，有同时立功而功又相等者，或已转数官，或尚为布衣，轻重上下，只在吏手。赏既不明，谁肯自劝？欲望专立功赏一司，使凡立功者得以自陈。若功状已明而赏不行，或功同而赏有轻重先后者，并置之法。"上从之。

朝臣受伪命者众，肃请分三等定罪。上以肃在围城中，知其姓名，令具奏。肃言："叛臣之上者，其恶有五：诸侍从而为执政者，王时雍、徐秉哲、吴开、吕好问、莫俦、李回是也；诸庶官及宫观而起为侍从者，胡思、朱宗、周懿文、卢襄、李擢、范宗尹是也，撰劝进文与赦书者，颜博文、王绍是也；朝臣之为事务官者，私结十友讲册立邦

昌之仪者是也；因张邦昌改名者，何昌言改为善言、其弟昌辰改为
知辰是也。乞置之岭外。所谓叛臣之次者，其恶有三：诸执政、侍从、
台谏称臣于伪庭，执政冯澥、曹辅是也，侍从者已行遣，独李会尚为
中书舍人，台谏中有为金人根括而被杖，一以病得免者，其余无不
在伪楚之庭；以庶官而升擢者，不可胜数，乞委留守司按籍考之，则
无有遣者；愿为奉使者，黎确、李健、陈戢是也，乞于远小处编管。若
夫庶官在位供职不废者，但苟禄而已，乞赦其罪而录其名，不复用
为台谏、侍从。”上以为然。

耿南仲得祠录归，其子延禧为郡守，肃劾：“南仲父子同恶，沮
渡河之战，遏勤王之兵，今日割三镇，明日截两河。及陛下欲进援京
城，又为南仲父子所沮。误国如此，乞正典刑。”南仲尝荐肃于钦宗，
肃言之不恤，上嘉其直，赐五品服。

范讷留守东京，肃言：“讷出师两河，望风先遁，今语人曰：‘留
守之说有四，战、守、降、走而已。战无卒，守无粮，不降则走。’且汉
得人杰，乃守关中，奔军之将，岂宜与此。”讷遂罢。内侍陈良弼肩舆
至横门外，开封买入内女童，肃连章论之。时官吏多托故而去，肃建
议削其仕版，而取其录以给禁卫，若夫先假指挥径徙江湖者，乞追
付有司以正其罪。

因入对，言：“外夷之巧在文书简，简故速；中国之患在文书烦，
烦故迟。”上曰：“正此讨论，故并三省尽依祖宗法。”及建局讨论祖
宗官制，两月不见施行，肃言：“太祖、太宗之时，法严而令速，事简
而官清，未尝旁搜曲引以稽赏罚，故能以十万精兵混一六合。自时
厥后，群臣无可议者，今日献一策，明日献一言，烦冗琐碎，惟恐不
备，此文书所以益烦，而政事所以益缓也。今兵戈未息，岂可揖逊进
退，尚循无事之时？欲乞限以旬日，期于必至，庶几法严事简，赏罚
之权不至濡滞。”肃在谏垣，遇事感激，不三月凡抗二十疏，言皆切
至，上多采纳。

会李纲罢，肃奏曰：“纲学虽正而术疏，谋虽深而机浅，固不足
以副圣意。惟陛下尝顾臣曰：‘李纲真以身徇国者。’今日罢之，而责

词甚严，此臣所以有疑也。且两河百姓无所适从，纲措置不一月间，民兵稍集，今纲既去，两河之民将如何哉？伪楚之臣纷纷在朝，李纲先乞逐逆臣邦昌，然后叛党稍能正罪，今纲既去，叛臣将如何哉？叛臣在朝，政事乖矣，两河无兵，外夷骄矣，李纲于此，亦不可谓无一日之长。”执政怒，送肃吏部，罢归居家。

绍兴二年，避寇福唐，以疾卒。

李邴字汉老，济州任城县人。中崇宁五年进士第，累官为起居舍人，试中书舍人。北方用兵，酬功第赏，日数十百，邴辞命无留难。除给事中、同修国史兼直学士院，迁翰林学士。尝与禁中曲宴，徽宗命赋诗，高丽使入贡，邴为馆伴，徽宗遣中使持示，使者请传录以归。未几，坐言者罢，提举南京鸿庆宫。

钦宗即位，除徽猷阁待制、知越州。久之，再落职，提举西京嵩山崇福宫。高宗即位，复徽猷阁待制。逾岁，召为兵部侍郎兼直学士院。

苗傅、刘正彦迫上逊位，上顾邴草诏，邴请得御札而后敢作。朱胜非请降诏赦，邴就都都堂草之。除翰林学士。初，邴见苗傅，面谕以逆顺祸福之理，且密劝殿帅王元俾以禁旅击贼，元唯唯不能用，即诣政事堂白朱胜非，适正彦及其党王世修在焉，又以大义责之，人为之危，邴不顾也。时御史中丞郑谷又抗疏言睿圣皇帝不当改号，于是邴、谷为端明殿学士、同签书枢密院事。邴与张守分草百官章奏，三奏三答，及太后手诏与复辟赦文，一日而具。

四月，拜尚书右丞，未几，改参知政事。上巡江宁，太后六宫往豫章，命邴为资政殿学士、权知行台三省枢密院事。以与吕颐浩论不合，乞罢，遂以本职提举杭州洞霄宫。未阅月，起知平江府。会兄郸失守越州，坐累落职。明年，即引赦复之，又升资政殿学士。

绍兴五年，诏问宰执方略，邴条上战阵、守备、措画、绥怀各五事。

战阵之利五，曰出轻兵、务远略、储将帅、责成功、重赏格，大略谓："关陕为进取之地,淮南为保固之地。关陕虽利于进取,然不用师于京东以牵制其势,则彼得一力以拒我。今大将统兵者数人,皆所恃以为根本,万一失利,将不可复用。偏裨中如牛皋、王进、杨圭、史康民皆京东土人,知地险易,可各配以部曲三五千人,或出淮阳,或出徐、泗,彼将奔命之不暇,此不动而分陕西重兵之一端也。关陕今虽有二宣抚,其体尚轻,非遣大臣不可。吕颐浩气节高亮,李纲识量宏远,威名素著,愿择其一而用之,必有以报陛下。"又言:"陛下即位之初,韩世忠、刘光世、张俊威名隐然为大将,今又有吴玠、岳飞者出矣。愿诏大将,于所部举智谋忠勇可以驭众统师各两三人,朝廷籍记。遇有事宜,使当一队,毋录大将,则诸人竞奋才智,皆飞、玠之俦矣。大将爵位已崇,难相统一,自今用兵,第可授以成算,使自为战而已,慎勿遣重臣临之,以轻其权而分其功。今却敌退师之后,必论功行赏,愿因此诏有司预定赏格,谓如得城邑及近上首领之类,自一命至节度使,皆差次使足相当。"

所谓守备之宜有五,曰固根本、习舟师、防他道、讲遗策、列长戍,大略谓:"江、浙为今日根本,欲保守则失进取之利,欲进取则虑根本之伤。古之名将,内必屯田以自足,外必因粮于敌。诚能得以功名自任如祖逖者,举淮南而付之,使自为进取,而不至虚内以事外。臣闻朝廷下福建造海船七百只,必如期而办,乞仿古制,建伏波、下濑、楼船之官,以教习水战,俾近上将佐领之,自成一军,而专隶于朝廷。无事则散之缘江州郡,缓急则聚而用之。臣度敌人他年入寇,惩创今日之败,必先以一军来自淮甸,为筑室反耕之计,以缀我师。然后由登、莱泛海窥吴、越,以出吾左,由武昌渡江窥江、池,以出吾右,一处不支则大事去矣。愿预讲左支右吾之策。夫兵之形无穷,愿诏临江守臣,凡可设奇以误敌者,如吴人疑城之类,皆预为措画。今长江之险,绵数千里,守备非一,苟制得其要,则用力少而见功多。愿差次其最紧处,屯军若干人,一将领之,听其郡守节制,次紧稍缓处差降焉,有事则以大将兼统之。既久则谙熟风土,缓急可用,与旋发之师不侔矣。"

所谓措画之方有五,曰亲大阅、补禁卫、讲军制、订使事、降敕榜,大略谓:"因秋冬之交,辟广场,会诸将,取士卒才艺绝特者而爵赏之。建炎以来,禁卫单寡,乃藉五军以为重,臣常寒心。愿择忠实严重之将以为殿帅,稍补禁卫之阙,使隐然自成一军,则其驭诸将也,若臂之使指矣。今诸郡厢禁冗占私役者,大郡二三千人,小郡亦数百人。臣愿讲求,除郡守兵将官自禁军给事外,余兼从衣粮使自僦人以役。大抵杀厢军三分之二,而以其衣粮之数尽募禁军。金人自用兵以来,未尝不以和好为言,此决不可恃。然二圣在彼,不可遂已,姑以余力行之耳。臣谓宜专命一官,如古所谓行人者,或止左右司领之,当遣使人,举成法而授之,庶免临时斟酌之劳,而朝廷得以专意治兵矣。刘豫僭叛,理必灭之,谓宜降敕榜,明著豫僭逆之罪,晓谕江北士民,此亦兵家所谓伐谋伐交者。"

所谓绥怀之略有五,曰宣德意、先振恤、通关津、选材能、务宽货,大略谓:"山东大姓结为山寨以自保,今虽累年,势必有未下者。愿募有心力之人,密往诏谕。应淮北遗民来归者,令淮南州郡给以行由,差船津济,量差地分人护送,毋得邀阻。有官人先次注授差遣,无官而贫乏者,令沿江州郡以官舍居之,仍量给钱米三两月,其能自营为生乃止。内有才智可用之人,随宜任使,勿但縻以爵秩而已。凡诸将行师入境,敢抗拒者,固在剿戮。其有善良、老弱之人,皆从宽货,使之有更生之望。"不报。

邴闲居十有七年,薨于泉州,年六十二,谥文敏。有《草堂集》一百卷。

滕康字子济,应天府宋城人。登崇宁五年进士第,又中词学兼茂科,除秘书省正字,迁著作佐郎、尚书工部礼部员外郎、国子司业。

靖康二年,元帅府闻康习宪章,召至济州。康率群臣劝进,除太常少卿,使定登极礼仪。凡告天及肆赦之文,皆康为之,辞意激切,闻者感动。除起居舍人、权给事中,进起居郎兼讨论祖宗法度检讨官,试中书舍人。

　　会显谟阁学士孟忠厚乞用父减年迁官,康言:"忠厚,隆祐太后之侄也,太宗以来,凡母后兄弟之子无为侍从者。"武义大夫康义用登极恩,迁遥郡刺史,康又封还词头,言:"恩例迁官一等,谓于阶官上进一阶。今康义得特旨转一官,自武义大夫蹑上遥郡刺史,名为迁一官,实升五等,紊法之甚也。自古召乱之源,非外戚挠法,则内侍干政,汉、唐可鉴。"凡再降旨,竟不肯行。

　　后军统制韩世忠以不能戢所部,坐赎金。康言:"世忠无赫赫功,只缘捕盗微劳,遂亚节钺。今其所部卒伍至夺御器,逼谏臣于死地,乃止罚金,何以惩后?"诏降世忠一官。

　　知江州陈彦文用刘光世奏,录其守城功,迁龙图阁待制。康以光世所上彦文功状前后牴牾,阁而未下。宰相力主彦文,趣康行词,康论不已,宰相衔之。会布衣省试卷子不合式,康以其文取之,谏官李处遁论奏,遂以集英殿修撰提举杭州洞霄宫。

　　未几,移跸钱塘,再除中书舍人,奏曰:"去岁郊礼前日食,而日官不以闻,廷臣不以告,使陛下所以应天者未至,故逆臣敢萌不轨者,无先事之戒也。陛下即位,行再岁矣,恻怛爱民之政徒为空言,而百姓不被其恩;哀痛责躬之诏不著事实,四方不以为信。忠佞业驰,而多士解体;刑赏失当,而三军沮气。臣愿陛下取建炎初元以来所下诏书,所举政事,熟思审度,得无一二不类臣言者乎?望参稽得失而罢行之。"上再三褒谕,称其有谏诤风。除左谏议大夫。旬日间,封章屡上,遂擢翰林学士。翌日,除端明殿学士、同签书枢密院事。

　　建炎三年,宰相吕颐浩议幸武昌为趋陕之计,既移跸建康,又议欲尽弃中原,徙居民于东南。康力持不可,上悟而止。未几,上请太后奉神主如江西,以参知政事李邴权知三省枢密院事,康为资政殿学士,同从卫以行。邴辞疾,又命康权知,以刘珏为贰。赐康褒诏,许缀宰执班奏事。

　　康从卫至洪州,刘光世护江不密,金人绝而渡,康等仓卒奉太后趋虔州。殿中侍御史张延寿论康与珏无忧国之心,至使太后涉险,为敌人追迫,责授康秘书少监,分司南京,永州居住。未几,许自便,复左朝请大夫,提举明道宫。

绍兴二年九月卒,年四十八。八年,追复龙图阁学士。有文集二十卷。

张守字子固,常州晋陵人。家贫无书,从人假借,过目辄不忘。登崇宁元年进士第,中词学兼茂科。除详定《九域图志》编修官。以省员罢,改宣德郎,擢为监察御史。丁内艰去。

建炎元年冬,召还,改官,赐五品服。上在维扬,粘罕将自东平历泗、淮以窥行在,宰臣汪伯彦、黄潜善以为李成余党不足畏,上召百官各言所见。叶梦得请上南巡,阻江为守,张俊亦奏敌势方张,宜且南渡。守独抗疏,上防淮渡江利害六事,又别疏言金人犯淮甸之路有四,宜择四路帅守缮兵储粟以捍御之。疏再上,又请诏大臣惟以选将治兵为急,凡不急之务,付之都司、六曹。二相滋不悦,遂建议遣守抚谕京城,守闻命即就道。

三年正月,还,奏金人必来,愿早为之图,上恻然。除起居郎兼直学士院。金人果渡淮,上幸临安。迁御史中丞。

苗、刘既平,诏赦百官,表奏皆守与李邴分为之。守论宰相朱胜非不能思患预防,致贼猖獗,乞罢政,疏留中不出,既而胜非竟罢政。

吕颐浩初相,举行司马光之言,欲并合三省,诏侍从、台谏集议。守言光之所奏,较然可行,若更集众,徒为纷纭。既而悉无异论,竟合三省为一。

上幸建康,吕颐浩、张浚叶议将奉上幸武昌为趋陕之计。时方拜浚为宣抚处置使,身任陕、蜀,守与谏议大夫滕康皆持不可,曰:“东南今日根本也,陛下远适,则奸雄生窥伺之心。况将士多陕西人,以蜀近关陕,可图西归,自为计耳,非为陛下与国家计也。”守又陈十害,至殿庐谓康曰:“幸蜀之事,吾曹当以死争之。”上曰:“朕固以为难行。”议遂寝。

六月,久雨恒阴,吕颐浩、张浚皆谢罪求去,诏郎官以上言阙政。初,守为副端时尝上疏曰:"陛下处宫室之安,则思二帝、母后穹庐氁幕之居;享膳羞之奉,则思二帝、母后膻肉酪浆之味;服细暖之衣,则思二帝、母后穷边绝塞之寒苦;操与夺之柄,则思二帝、母后语言动作受制于人;享嫔御之适,则思二帝、母后谁为之使令;对臣下之朝,则思二帝、母后谁为之尊礼。思之又思,兢兢栗栗,圣心不倦,而天未为之助顺者,万无是理也。"至是复申前说,曰:"今罪己之诏数下,而天示悔祸,实有所未至耳。"且曰:"天时人事至此极矣,陛下睹今日之势与去年孰愈?而朝廷之措置施设,与前日未始异也。俟其如维扬之变而后言之,则虽斥逐大臣,无救于祸。汉制灾异策免三公,今任宰相者,虽有勋劳,然其器识不足以斡旋机务。愿更择文武全材、海内所共推者,亲擢而并用之。上书论事,或有切直,宜加褒擢以来言路。"

先是,守尝论吕颐浩不可独任,张浚不可西去,与上意异,乞补外。除礼部侍郎,不拜,上命吕颐浩至政事堂,论以正人端士不宜轻去,守始受命。殿中侍御史赵鼎入对,论守无故下迁,上曰:"以其资浅。"鼎曰:"言事官无他过,愿陛下毋沮其气。"于是迁翰林学士、知制诰。九月,拜端明殿学士、同签书枢密院事。扈从由海道至永嘉,回至会稽。

四年五月,除参知政事,守尝荐汪伯彦,沈与求劾其短,以资政殿学士提举洞霄宫。未几,知绍兴府。寻以内祠兼侍读,守力辞,改知福州。时右司员外郎张宗臣请令福建筑城,守奏:"福州城于晋太康三年,伪闽增广至六千七百余步,国初削平已久,公私困弊,请俟他年。"遂止。寻以变易度牒钱百万余缗输之行在,助国用。

时刘豫导金人寇淮,上次平江,诸将献俘者相踵,守闻之,上疏曰:"今以献俘诚皆金人,或借诸国,则戮之可也。至如两河、山东之民,皆陛下赤子,驱迫以来,岂得已哉?且谕以恩信,货之使归,愿留者亦听,则贼兵可不战而溃。"金人既遁,诏诸将渡江追击,守复上疏,以敌情难测,愿留刘光世控御诸渡。

上既还临安,又诏问守以攻战之利、宁备之宜、绥怀之略、措置之方,守言:

明诏四事,臣以为莫急于措置,措置苟当,则余不足为陛下道矣。臣请言措置之大略,其一措置军旅,其二措置粮食。

神武中军当专卫行在,而以余军分成三路,一军驻于淮东,一军驻于淮西,一军驻鄂、岳或荆南,择要害之处以处之。使北至关辅,西抵川、陕,血脉相通,号令相闻,有唇齿辅车之势,则自江而南可奠枕而卧也。然今之大将皆握重兵,贵极富溢,前无禄利之望,退无诛罚之忧,故朝廷之势日削,兵将之权日重。而又为大将者,万一有称病而赐罢,或卒然不讳,则所统之众将安属耶?臣谓宜拔擢麾下之将,使为统制,每将不过五千人,棋布四路,朝廷号令径达其军,分合使令悉由朝廷,可以有为也。

何谓措置军食?诸国既分屯诸路,则所患者财谷转输也。祖宗以来,每岁上供六百余万,出于东南转输,未尝以为病也。今宜举两浙之粟以饷淮东,江西之粟以饷淮西,荆湖之粟以饷鄂、岳、荆南。量所用之数,责漕臣将输,而归其余于行在,钱帛亦然,恐未至于不足也。钱粮无乏绝之患,然后戒饬诸将,不得侵扰州县,以复业之民户口多寡,为诸州殿最,岁核实而黜陟之。如是措置既定,俟至防秋,复遣大臣为之统督,使诸路之兵首尾相应,绥怀之略亦在是矣。究其本原,则在陛下内修德而外修政耳。

闽自范汝为之扰,公私赤立,守在镇四年,抚绥雕瘵,且请于朝,蠲除福州所货常平缗钱十五万。累请去郡,以提举万寿观兼侍读召还,甫两月,复引病丐去,知平江府,力丐祠以归。

六年十二月,召见,即日除参知政事,明日兼权枢密院事。七年,张浚罢刘光世兵柄,而欲以吕祉往淮西抚谕诸军,守以为不可,浚不从,守曰:“必曰改图,亦须得闻望素高、能服诸将之心者乃可。”浚不听,遂有郦琼之变。及台谏交章论浚,御批安置岭表,赵鼎不即行,守力解上曰:"浚为陛下捍两淮,罢刘光世,正以其众乌合不为用,今其验矣,群臣从而媒蘖其短,臣恐后之继者,必以浚为鉴,谁肯为陛下任事乎?"浚谪永州,守亦引咎请去,弗许。

八年正月,上自建康将还临安,守言:"建康自六朝为帝王都,江流险阔,气象雄伟,且据都会以经理中原,依险阻以捍御强敌,可为别都以图恢复。"鼎持不可,守力求去,以资政殿大学士知婺州,寻改洪州,兼江南西路安抚使。入对,时江西盗贼未息,上问以弭盗之策,守曰:"莫先德政,伺其不悛,然后加之以兵。"因请出师屯要害。既至部,揭榜郡邑,开谕祸福,约以期限,许之自新,不数月盗平。

后徙知绍兴府。会朝廷遣三使者括诸路财赋,所至以鞭挞立威,韩球在会稽,所敛五十余万缗。守既视事,即求入觐,为上言之,诏追还三使。时秦桧当国,不悦,守亦不自安,复奉祠。

建康谋帅,上曰:"建康重地,用大臣有德望者,惟张守可。"至镇数月薨。

守尝荐秦桧于时宰张浚,及桧为枢密使,同朝。一日,守在省阁执浚手曰:"守前者误公矣。今同班列,与之朝夕相处,观其趋向,有患失之心,公宜力陈于上。"守在江右,以郡县供亿科扰,上疏请蠲和买,罢和籴。上欲行之,时春秦桧方揣度支为月进,且日忧四方财用之不至,见守疏,怒曰:"张帅何损国如是?"守闻之,叹曰:"彼谓损国,乃益国也。"卒谥文靖。孙抑,户部侍郎。

富直柔字季申,宰相弼之孙也。以父任补官。少敏悟,有才名。靖康初,晁说之奇其文,荐于朝,召赐同进士出身,除秘书省正字。

建炎二年,召近臣举所知,礼部侍郎张浚以直柔应。诏授著作佐郎,寻除礼部员外郎、起居舍人,迁右谏议大夫。范致虚自谪籍中召入,直柔力言致虚不当复用,出知鼎州。

迁给事中。医官、团练使王继先以覃恩转防御使,法当回授,得旨特与换武功大夫。直柔论:"继先以计换授,既授之后,转行官资,除授差遣，便无所碍。且武功大夫惟有战功、历边任、负材武者乃迁，不可以轻授。”上谓宰相范宗尹曰：“此除出自朕意。今直柔抗论，朕屈意从之，以伸直言之气。”

四年，迁御史中丞。直柔请罢右司侯延庆，而以苏迟代之，上曰：“台谏以拾遗补过为职，不当荐某人为某官。”于是延庆改礼部员外郎，而迟为太常少卿。

十月，除端明殿学士、签书枢密院事。故事，签书有以员外郎为之，而无三丞为之者。中书言非旧典，时直柔为奉议郎，乃特迁朝奉郎。自是寄禄官三丞除二府者，迁员外郎，自直柔始，遂为例。

绍兴元年，诏礼部太常寺讨论隆祐太后册礼，范宗尹曰：“太母前后废斥，实出章惇、蔡京，人皆知非二圣之过。”直柔曰：“陛下推崇隆祐，天下以为当，然人亦不以为非哲庙与上皇意，愿陛下勿复致疑。”乃命礼官讨论典礼。既而王居正言：“太后隆名定位，已正于元符，宜用钦圣诏，奏告天地宗庙，其典礼不须讨论。”议遂定。

上虞县丞娄寅亮上书言宗社大计，欲选太祖诸孙“伯”字行下有贤德者视秩亲王，使牧九州，以待皇嗣之生，退处藩服。疏入，上大叹悟，直柔从而荐之，召赴行在，除监察御史。于是孝宗立为普安郡王，以寅亮之言也。

除同知枢密院事。侍御史沈与求论直柔附会辛道宗、永宗兄弟得进，并论其所荐右司谏韩璜。先是，直柔尝短吕颐浩于上前，颐浩与秦桧皆忌之，由是二人俱罢，璜责监浔州酒税，而直柔以本官提举洞霄宫。

六年，丁所生母忧。起复资政殿学士、知镇江府，辞不赴。起知衢州。以失入死罪，落职奉祠。寻复端明殿学士。徜徉山泽、放意吟咏，与苏迟、叶梦得诸人游，以寿终于家。

冯康国字元通，本名輗，遂宁府人。为太学生，负气节。建炎中，高宗次杭州，礼部侍郎张浚以御营参赞军事留平江。苗、刘作乱，浚外倡帅诸将合兵致讨，念傅等居中，欲得辩士往说之。客浚所，慷慨

请行，浚遣之至杭，说傅、正彦曰："自古宦官乱政，根株相连，若诛
锄必受祸。今二公一旦为国家去数十年之患，天下蒙福甚大。然主
上春秋鼎盛，天下不闻其过，岂可遽传位于襁褓之子？且前日名为
传位，其实废立，二公本心为国，奈何以此负谤天下？"传按剑大怒。
轓辞气不屈。正彦乃善谕之曰："张侍郎欲复辟固善，然须用面议。"
乃遣轓还，约浚至杭。

　　浚复遣轓移书傅等，告以祸福使改。既又复傅书，诵言其罪。轓
至，傅党马柔吉诉之曰："昨张侍郎书不委曲，二公大怒，已发兵出
杭矣，君尚敢来耶"轓曰："畏则不来，来则不畏。"王世修欲拘留轓，
会浚谬为书遗轓云："适有客自杭来，方知二公于社稷初无不利之
心，甚悔前书之轻易也。"傅等见之喜，轓得免。

　　俄勤王之后大集，傅等始惧，轓知其可动，乃说宰相朱胜非，以
今日之事，当以渊圣皇帝为主，睿圣皇帝宜复为大元帅，少主为皇
太侄，太后垂帘。胜非令与傅、正彦议，皆许诺。轓又请褒傅、正彦
如赵普故事，遂皆赐铁券。诏补轓奉议郎、守兵部员外郎，赐五品
服，更名康国。

　　高宗反正，以张浚宣抚川、陕，浚辟康国主管机宜文字。浚至
蜀，遣康国入奏事，诏进两官，为荆湖宣谕使。康国之行也，上幸浙
东，不暇降诏旨，康国以自意为之，言者劾以擅造制书，坐贬秩二
等。绍兴三年，浚召还，与康国俱赴行在。浚既黜，御史常同因论康
国，罢之。起知万州、湖北转运判官。

　　浚相，入为都官员外郎。康国言："四川税色，祖宗以来，正税重
者科折轻，正税轻者科折重，科折权衡与税平准，故无偏重。近年监
司总漕悉改旧法，取数务多，失业逃亡皆由于此。盍从旧法。"诏以
其言下四川宪司察不如法者。又言："蜀苦陆运，当谕吴玠，非防秋
月，分兵就粮；兼选守牧治梁、洋，招集流散，耕凿就绪，则漕运可
省。此保蜀之食策也。"

　　浚去相位，康国乞补外。赵鼎言于高宗曰："自张浚罢，蜀士不
自安，今留者十余人，臣恐台谏以浚故有论列，望陛下察之。"高宗

曰："朝廷用人，止当论其才与否耳。顷台谏好以朋党论士大夫，如罢一宰相，则凡所荐引，不问才否一时罢黜，乃朝廷使之为朋党，非所以爱人才、厚风俗也。"迁右司员外郎，除直显谟阁、知夔州。丁母忧，起复，抚谕吴玠军，除都大主管川陕茶马，卒。

论曰：邓肃、李邴、滕康当危急存亡之秋，皆侃侃正色，知无不言。张守论事明远，富直柔厄于秦桧、吕颐浩，冯康国说折二凶，皆有用之才也。

宋史卷三七六
列传第一三五

常同　张致远　薛徽言
陈渊　魏矼　潘良贵
吕本中

　　常同字子正,邛州临邛人,绍圣御史安民之子也。登政和八年进士第。靖康初,除大理司直,以敌难不赴,辟元帅府主管机宜文字,寻除太常博士。

　　高宗南渡,辟浙帅机幕。建炎四年,诏:"故监察御史常安民、左司谏江公望,抗节刚直,触怒权臣,摈斥至死。今其子孙不能自振,朕甚悯之。"召同至行在,至则为大宗丞。

　　绍兴元年,乞郡,得柳州。三年,召还,首论朋党之祸:"自元丰新法之行,始分党与,邪正相攻五十余年。章惇唱于绍圣之初,蔡京和于崇宁之后,元祐臣僚,窜逐贬死,上下蔽蒙,豢成夷虏之祸。今国步艰难,而分朋缔交、背公死党者,固自若也。恩归私门,不知朝廷之尊;重报私怨,宁复公议之顾。臣以为欲破朋党,先明是非,欲明是非,先辨邪正,则公道开而奸邪息矣。"上曰:"朋党亦难破。"同对:"朋党之结,盖缘邪正不分,但观其言行之实,察其朋附之私,则邪正分而朋党破矣。"上曰:"君子小人皆有党。"同又对曰:"君子之党,协心济国;小人之党,挟私害公。为党则同,而所以为党则异。且如元祐臣僚,中遭谗谤,窜殛流死,而后祸乱成。今在朝之士,犹谓元祐之政不可行,元祐子孙不可用。"上曰:"闻有此论。"同对以:"祸乱未成,元祐臣僚固不能以自明。今可谓是非定矣,尚犹如此,盖今日士大夫犹宗京、黼等倾邪不正之论。朋党如此,公论何自而出?愿陛下始终主张善类,勿为小人所惑。"

又奏:"自古禁旅所寄,必参错相制。汉有南北军,周勃用南军入北军以安刘氏,唐李晟亦用神策军以复京师,是其效也。今国家所仗,惟刘光世、韩世忠、张俊三将之兵耳。陛下且无心腹禁旅,可备缓急,顷者苗、刘之变,亦可鉴矣。"除殿中侍御史。

时韩世忠屯镇江,刘光世屯建康,以私忿欲交兵。同奏:"光世等不思待遇之恩,而骄狠尚气,无所忌惮,一旦有急,其能相为唇齿乎?望分是非,正国典。昔汉诸侯王有过,犹责师傅,今两军幕属赞画无状,乞先黜责。"上以章示两军。

吕颐浩再相,同论其十事,且曰:"陛下未欲遽罢颐浩者,岂非以其有复辟之功乎?臣谓功出众人,非一颐浩之力。纵使有功,宰相代天理物,张九龄所谓不以赏功者也。"颐浩罢相。论知枢密院宣抚川陕张浚丧师失地,遂诏浚福州居住。同与辛炳在台同好恶,上皆重之。

金使李永寿等入见,同言:"先振国威,则和战常在我;若一意议和,则和战常在彼。"上因语及武备曰:"今养兵已二十万。"同奏:"未闻二十万兵而畏人者也。"

伪齐宿迁令张泽以二千人自拔来归,泗州守徐宗诚纳之,韩世忠以闻。朝论令世忠却泽等,而械宗诚赴行在。同奏:敌虽议和,而两界人往来未尝有禁,伪齐尚能置归受馆,立赏以招吾民,今乃却泽,人心自此离矣。况宗诚起土豪,不用县官财赋,募兵自养,为国障捍,今因受泽而械之,以沮士气,非策也。"诏处来归者于淮南,释宗诚罪。

四年,除起居郎、中书舍人、史馆修撰。先是,同尝上疏论神、哲二史曰:"章惇、蔡京、蔡卞之徒,积恶造谤,痛加诬诋,是非颠倒,循致乱危。在绍圣时,则章惇取王安石《日录》私书改修《神宗实录》;

在崇宁后,则蔡京尽焚毁《时政记》、《日历》,以私意修定《哲宗实录》。其间所载,悉出一时奸人之论,不可信于后世。恭惟宣仁保祐之德,岂容异辞,而蔡确贪天之功,以为己力,厚诬圣后,收恩私门。陛下即位之初,尝下诏明宣仁安社稷大功,令国史院摭实刊修,又复悠悠。望精择史官,先修《哲宗实录》,候书成,取《神宗朱墨史》考证修定,庶毁誉是非皆得其实。”上深嘉纳。至是,命同修撰,且谕之曰:“是除以卿家世传闻多得事实故也。”一日奏事,上愀然曰:“向昭慈尝言,宣仁有保祐大功,哲宗自能言之,正为宫中有不得志于宣仁者,因生诬谤。欲辨白其事,须重修《实录》,具以保立劳效,昭示来世,此朕选卿意也。”同乞以所得圣语宣付史馆,仍记于《实录》卷末。

张俊乞复其田产税役,令一卒持书瑞昌,而凌悖其令郭彦参,彦参系之狱。俊诉于朝,命罢彦参,同并封还二命。俄除集英殿修撰、知衢州,以疾辞,除徽猷阁待制、提举江州太平观。

七年秋,以礼部侍郎召还。未数日,除御史中丞。车驾自建康回临安,同奏:“旋跸之初,去淮益远,宜遣重臣出按两淮,询人情利病,察官吏侵扰,纵民耕垦,勿收租税。数年之后,田野加辟,百姓足而国亦足矣。”乃遣枢密使王庶视师,同乞以此奏付庶,询究罢行。又言:“江、浙困于月桩钱,民不聊生。”上为减数千缗。又言:“吴玠屯师兴、利,而西川人力已困。玠顷年尝讲屯田,愿闻其积谷几何,减馈运几何,赵开、李迨相继为都漕,先后馈运各几何,令制、漕、帅司条具以闻,然后按实讲究,以纾民力。”又言:“国家养兵,不为不多,患在于偏聚而不同力,自用而不同心。今韩世忠在楚,张俊在建康,岳飞在江州,吴玠在蜀,相去隔远,情不相通。今陛下遣枢臣王庶措置边防,宜令庶会集将帅,谕以国体,协心共议御敌,常令诸军相接以常山蛇势,一意国家,无分彼此,缓急应援,皆有素定之术。”诏付王庶出示诸将。

同乞郡,除显谟阁直学士、知湖州。复召,请祠,诏提举江州太平观。绍兴二十年卒。

　　张致远字子猷,南剑州沙县人。宣和三年,中进士第。宰相范宗尹荐其才,召对,擢为枢密院计议官。建寇范汝为已降,犹怀反侧,而招安官谢向、陆棠受贼赂,阴与之通。致远谒告归,知其情,还白执政,请锄其根蘖,于是捕向、棠及制置司属官施宜生付狱。诏参知政事孟庾为福州宣抚使讨贼,韩世忠副之,辟致远为随军机宜文字。贼平,除两浙转运判官,改广东转运判官。招抚剧盗曾衮等,贼众悉降。

　　绍兴四年,以监察御史召。未至,除殿中侍御史。时江西帅胡世将请增和买绢折纳钱,致远上疏言:"折纳绢钱本欲少宽民力,而比旧增半,是欲乘民之急而厚其敛也。"从之。

　　金人与刘豫分道入寇,宰相赵鼎劝高宗亲征,朝士尚以为疑,白鼎审处。致远入对,犹赞其决。迁侍御史。言:"聚财养兵,皆出民力,善理财者,宜固邦本。诸罢榷福建盐,精择三司使、副,以常平茶盐合为一官,令计经常,量入为出,先务省节,次及经理。"诏户部讲究。

　　五年,除户部侍郎,进吏部侍郎,寻复为户部侍郎。言:"陛下欲富国强兵,大有为于天下,愿诏大臣力务省节,明禁僭侈,自宫禁始,自朝廷始。额员可减者减之,司属可并者并之。使州县无妄用,归其余于监司;监司无妄用,归其余于朝廷;朝廷无横费,日积月聚,惟军须是虑,中兴之业可致也。"除给事中。

　　寻以老母丐外,以显谟阁待制知台州。朝廷以海寇郑广未平,改知福州。六年八月,广等降,致远选留四百人,置营城外,除遣还业。复遣广讨他郡诸盗,数月悉平。

　　八年正月,再召为给事中。出知广州。寻以显谟阁待制致仕。十七年卒,年五十八。

　　致远鲠亮有学识,历台省、侍从,言论风旨皆卓然可观。赵鼎尝谓其客曰:"自鼎再相,除政府外,从官如张致远、常同、胡寅、张九成、潘良贵、吕本忠、魏矼皆有士望,他日所守当不渝。"识者谓鼎为知人云。

薛徽言字德老,温州人。登进士第,为枢密院计议官。绍兴二年,遣使分行诸路,徽言在选中,以权监察御史宣谕湖南。时郴、道、桂阳旱饥,徽言请于朝,不待报即谕漕臣发衡、永米以振,而以经制银市米偿之,所刺举二十人。使还,他使皆进擢,宰相吕颐浩以徽言擅易守臣,而移用经制银,出知兴国军。入为郎,迁右司,擢起居舍人。

时秦桧与金人议和,徽言与吏部侍郎晏敦复等七人同拜疏争之。一日,桧于上前论和,徽言直前引义固争,反复数刻。中寒疾而卒。高宗念之,赙绢百匹,特与遗表恩。

陈渊字知默,南剑州沙县人也。绍兴五年,给事中廖刚、中书舍人胡寅、朱震、权户部侍郎张致远言:“渊乃瓘之诸孙,有文有学,自瓘在时,器重特甚,垂老流落,负材未试。”充枢密院编修官。会李纲以前宰相为江南西路安抚制置大使,辟为制置司机宜文字。

七年,诏侍从举直言极谏之士,胡安国以渊应。召对,改官,赐进士出身。九年,除监察御史,寻迁右正言。入对,论:“比年以来,恩惠太滥,赏给太厚,颁赉赐予之费太过。所用既众,而所入实寡,此臣所甚惧也。《周官》‘唯王及后、世子不会’,说者谓不得以有司之法治之,非周公作法开后世人主侈用之端也。臣谓冢宰以九式均节财用,有司虽不会,冢宰得以越式而论之。若事事以式,虽不会犹会也。臣愿陛下凡有锡赉,法之所无而于例有疑者,三省得以共议,户部得以执奏,则前日之弊息矣。”

渊面对,因论程颐、王安石学术同异,上曰:“杨时之学能宗孔、孟,其《三经义辨》甚当理。”渊曰:“杨时始宗安石,后得程颢师之,乃悟其非。”上曰:“以《三经义解》观之,具见安石穿凿。”渊曰:“穿凿之过尚小,至于道之大原,安石无一不差。推行其学,遂为大害。”上曰:“差者何谓?”渊曰:“圣学所传止有《论》、《孟》、《中庸》,《论语》主仁,《中庸》主诚,《孟子》主性,安石皆暗其原。仁道至大,《论语》随问随答,惟樊迟问,始对曰:'爱人。'爱特仁之一端,而安石遂以爱为仁。其言《中庸》,则谓中庸所以接人,高明所以处己。《孟子》七篇,专发明性善,而安石取扬雄善恶混之言,至于无善无恶,又溺于佛,其失性远矣。"

郑亿年复资政殿学士、奉朝请,召见于内殿。渊言:"亿年故相居中之子,虽为从官,而有从贼之丑,乞寝其职名。"不报。亿年,右仆射秦桧之亲党也,由是桧怒之。除秘书少监兼崇政殿说书,以祖名辞。改宗正少卿,以何铸论罢。主管台州崇道观。十五年,卒。

魏矼字邦达,和州历阳人,唐丞相知古后也。少颖悟。时方尚王氏新说,矼犹守所学。宣和三年,上舍及第。建炎四年,召赴阙,诏改宣教郎,除详定一司敕令所删定官。

绍兴元年,迁枢密院计议官,迁考功郎。会星变,矼因转对,言:"治平间,彗出东方,英宗问辅臣所以消弭之道,韩琦以明赏罚为对。比年以来,赏之所加,有未参选而官已升朝者,有未经任而辄为正郎者,罚之所加,有未到任而例被冲替者,有罪犯同而罚有轻重者。"力言大臣黜陟不公,所以致异。上识其忠,擢监察御史,迁殿中侍御史。

临安火,延烧数千家,献谀者谓非灾异。矼言:《春秋》定、哀间数言火灾,说者谓孔子有德而鲁不能用,委孙有恶而不能去,故天降之咎。今朝廷之上有奸慝邪佞之人未逐乎?百执事之间有朋附奔竞之徒未汰乎?缙绅有公忠宿望及抱道怀艺有猷有守之士未用乎?在位之人,畏人轧己,方且蔽贤,未闻推诚尽公,旁招俊乂。宜鉴定、哀之失,甄别邪正,亟加进用。"

内侍李麎饮韩世忠家,刃伤弓匠,事下廷尉。麎言:"内侍出入宫禁,而狠戾发于杯酒,乃至如此,岂得不过为之虑?建炎诏令禁内侍不得交通主兵官及预朝政,违者处以军法。乞申严其禁,以谨履霜之戒。"于是麎杖脊配琼州。迁侍御史,赐麎五品服。

时朱胜非独相，廪论："胜非无所建明，惟知今日进呈一二细故，明日启拟一二故人，而机务不决，军政不修，除授挟私，贤士解体。"又疏其五罪，诏令胜非持余服。又言："国家命令之出，必先录黄。其过两省，则给舍得以封驳；其下所属，则台谏得以论列。此万世良法也。窃闻近时三省、枢密院，间有不用录黄而直降指挥者，亦有虽画黄而不下六部者，望并依旧制。"

刘豫挟金人入寇，宰相赵鼎决亲征之议，矼请扈从，因命督江上诸军。时刘光世、韩世忠、张俊三大将权均势敌，又怀私隙，莫肯协心。矼首至光世军中，谕之曰："贼众我寡，合力独惧不支，况军自为心，将何以战？为诸公计，当思为国雪耻，释去私隙，不独有利于国，亦将有利其身。"光世许之，遂劝其贻书二帅，示以无他，二帅复书交欢。光世以书闻，由此众战屡捷，军声大振。

上至平江，魏良臣、王纶使金回，约再遣使，且有恐迫语。矼请罢"讲和"二字，饬厉诸将，力图攻取。会金屡败遁去，使亦不遣。迁秘书少监。

矼在职七阅月，论事凡百二十余章。寻乞补外，除直龙图阁、知泉州，以亲老辞，知建州。寻召还，丐祠，不允，除权吏部侍郎。

八年，金使入境，命矼充馆伴使，矼言："顷任御史，尝论和议之非，今难以专论。"秦桧召矼至都堂，问其所以不主和之意，矼具陈敌情难保，桧谕之曰："公以智料敌，桧以诚待敌。"矼曰："相公固以诚待敌，第恐敌人不以诚待相公耳。"桧不能屈，乃改命吴表臣。

诏金使入境，欲屈己就和，令侍从、台谏条奏来上。矼言："臣素不熟敌情，不知使人所需者何礼，陛下所以屈己者何事。贼豫为金人所立，为之北面，陛下承祖宗基业，天命所归，何藉于金国乎？传闻奉使之归，谓金人悉从我所欲，必无难行之礼，以重困我，陛下何过自取侮乎？如或不可从之事，倘轻许之，他时反为所制，号令废置将出其手，一有不从，便生兵隙。予夺在彼，失信在我，非计之得也。虽使还我空地，如之何而可保？虽欲寝兵，如之何而可寝？虽欲息民，如之何而可息？非计之得也。陛下既欲为亲少屈，更愿审思天下治乱之机，酌之群情，择其经久可行者行之，其不可从者，以国人之意拒之，庶无后悔。所谓国人者，不过万民、三军尔。缙绅与万民一体，大将与三军一体，今陛下询于缙绅，民情大可见矣。欲望速召大将，各带近上统制官数人同来，详加访问，以塞他日意外之忧。大将以为不可，则其气益坚，何忧此敌。”

未几，丁父忧。免丧，除集英殿修撰、知宣州，不就。改提举太平兴国宫，自是奉祠，凡四任。丁内艰以卒。

潘良贵字子贱，婺州金华人。以上舍释褐为辟雍博士，迁秘书郎。时宰相蔡京与其子攸方以爵禄钩知名士，良贵屹然特立，亲故数为京致愿交意，良贵正色谢绝。除主客郎中，寻提举淮南东路常平。

靖康元年，召还。赐对，钦宗问孰可秉钧轴者，良贵极言：“何㮚、唐恪等四人不可用，他日必误社稷。陛下若欲扶危持颠之相，非博询于下僚，明扬于微陋，未见其可。”语彻于外，当国者指为狂率，黜监信州汭口排岸。

高宗即位，召为左司谏。既见，请诛向党，使叛命者受刃国门，即敌人不敢轻议宋鼎。又乞封宗室贤者于山东、河北，以壮国体，巡幸惟扬，养兵威以图恢复。黄潜善、汪伯彦恶其言，改除工部。良贵以不得其言，求去，主管明道宫。

越数年，除提点荆湖南路刑狱，主管江州太平观，除考功郎，迁左司。宰相吕颐浩从容谓良贵曰：“旦夕相引入两省。”良贵正色对曰：“亲老方欲乞外，两省官非良贵可为也。”退语人曰“宰相进退一世人才，以为贤邪，自当擢用，何可握手密语，先示私恩。若士大夫受其牢笼，又何以立朝。”既日乞补外，以直龙图阁知严州。到官两月，请祠，主管亳州明道宫。起为中书舍人。

会户部侍郎向子𬤇入见，语言烦亵，良贵故善子𬤇，是日摄起居，立殿上，径至榻前厉声曰：“子𬤇以无益之谈久烦圣听！”子𬤇欲退，高宗顾良贵曰：“是朕问之。”又谕子𬤇且款语。子𬤇复语，久不

止,良贵叱之退者再。高宗色变,阁门并弹之,于是二人俱待罪。有
旨良贵放罪,子裡无罪可待。

良贵求去,以集英殿修撰提举江州太平观。起知明州。期年,
除徽猷阁待制、提举亳州明道宫。既归,不出者十年。李光得罪,良
贵坐尝与通书,降三官。卒,年五十七。

良贵刚介清苦,壮老一节。为博士时,王黼、张邦昌俱欲妻以
女,拒之。晚家居贫甚,秦桧讽令求郡,良贵曰:"从臣除授合辞免,
今求之于宰相,辞之于君父,良贵不敢为也。"其谏疏多焚稿,仅存
杂著十五卷,新安朱熹为之序。

吕本中字居仁,元祐宰相公著之曾孙、好问之子。幼而敏悟,公
著奇爱之。公著薨,宣仁太后及哲宗临奠,诸童稚立庭下,宣仁犹进
本中,摩其头曰:"孝于亲,忠于君,儿勉焉。"

祖希哲师程颐,本中闻见习熟。少长,从杨时、游酢、尹焞游,三
家或有疑异,未尝苟同。以公著遗表恩,授承务郎。绍圣间,党事起,
公著追贬,本中坐焉。

元符中,主济阴簿、秦州士曹掾,辟大名府帅司干官。宣和六
年,除枢密院编修官。靖康改元,迁职方员外郎,以父嫌奉祠。丁父
忧,服除,召为祠部员外郎,以疾告去。再直秘阁,主管崇道观。

绍兴六年,召赴行在,特赐进士出身,擢起居舍人兼权中书舍
人。内侍李琮失料历,上以潜邸旧人,不用保任特给之。本中言:
"若以异恩别给,非所谓'宫中府中当为一体'者。"上见缴还,甚悦,
令宰臣谕之曰:"自今有所见,第言之。"

监阶州草场苗亘以赃败,有诏从黥,本中奏:"近岁官吏犯脏,
多至黥籍,然四方之远,或有枉滥,保由尽知?异时察其非辜,虽欲
拔拭,其可得乎?若祖宗以来此刑尝用,则绍圣权臣当国之时,士大
夫无遗类久矣。愿酌处常罚,毋令奸臣得以藉口于后世。"从之。

七年,上幸建康,本中奏曰:"当今之计,必先为恢复事业,求人
才,恤民隐,讲明法度,详审刑政,开直言之路,俾人人得以尽情。然

后练兵谋帅,增师上流,固守淮甸,使江南先有不可动之势,伺彼有衅,一举可克。若徒有恢复之志,而无其策,邦本未强,恐生他患。今江南、两浙科须日繁,闾里告病,倘有水旱乏绝,奸宄窃发,未审朝廷何以待之?近者臣庶劝兴师问罪者,不可胜数,观其辞固甚顺,考其实不可行。大抵献言之人,与朝廷利害绝不相侔,言不酬,事不济,则脱身而去。朝廷施设失当,谁任其咎?鸷鸟将击,必匿其形,今朝廷于进取未有秋毫之实,所下诏命,已传贼境,使之得以为备,非策也。"又奏:"江左形势如九江、鄂渚,荆南诸路,当宿重兵,临以重臣。吴时谓西陵、建平,国之藩表,愿精择守帅,以待缓急,则江南自守之计备矣。"

内侍郑谌落致仕,得兵官。本中言:"陛下进临江浒,将以有为,今贤士大夫未能显用,岩穴幽隐未能招致,乃起谌以统兵之任,何邪?"命遂寝。引疾乞祠,直龙图阁、知台州,不就,主管太平观。召为太常少卿。

八年二月,迁中书舍人。三月,兼侍讲。六月,兼权直学士院。金使通和,有司议行人之供,本中言:"使人之来,正当示以俭约,客馆刍粟若务充悦,适启戎心。且成败大计,初不在此,在吾治政得失,兵财强弱,愿诏有司令无乏可也。"

初,本中与秦桧同为郎,相得甚欢。桧既相,私有引用,本中封还除目,桧勉其书行,卒不从。赵鼎素主元祐之学,谓本中公著后,又范冲所荐,故深相知。会《哲宗实录》成,鼎迁仆射,本中草制,有曰:"合晋、楚之成,不若尊王而贱霸;散牛、李之党,未如明是以去非。"桧大怒,言于上曰:"本中受鼎风旨,伺和议不成,为脱身之计。"风御史萧振劾罢之。提举太平观,卒。学者称为东莱先生,赐谥文清。

有诗二十卷,得黄庭坚,陈师道句法,《春秋解》一十卷、《童蒙训》三卷、《师友渊源录》五卷,行于世。

论曰:《传》有之:"不有君子,其何能国。"绍兴之世,吕颐浩、秦桧在相位,虽有君子,岂得尽其志,宋之不能图复中原,虽曰天命,岂非人事乎?若常同、张致远、薛微言、陈渊、魏矼、潘良贵、吕本中,其才猷皆可以经邦,其风节皆可以历世,然皆论议不合,奉祠去国,可为永慨矣。

宋史卷三七七
列传第一三六

向子諲　　陈规　　季陵
卢知原　弟法原　　陈桷　　李璆
李朴　　王庠　　王衣

向子諲字伯恭,临江人,敏中玄孙,钦圣宪肃皇后再从侄也。元符三年,以后复辟恩,补假承奉郎,三迁知开封府咸平县。豪民席势犯法,岳具上,尹盛章方以狱空觊赏,却不受,子諲以闻,诏许自论决。章大怒,劾以他事勒停。

宣和初,复官,除江、淮发运司主管文字。淮南仍岁旱,漕不通,有欲浚河与江、淮平者,内侍主其议,无敢可否,发运司檄子諲行。子諲曰:"自江至淮数百里,河高江、淮数丈,而欲浚之使平,决不可。曩有司三日一启闸,复作澳储水,故水不乏。比年行直达之法,加以应奉往来,启闭无节,堰闸率不存。今复故制,严禁约,则无患。"使者用其言,漕复通,进秩一等。召对,除淮南转运判官。以户部奏诸路起发上供不及数,降一官。

七年,入为右司员外郎,不就,以直秘阁为京畿转运副使。寻兼发运副使。建炎元年,金人犯亳州,子諲自勤王所以书遗金人,言兵势逆顺,令退保河外。金人遽以亳、宋等州守御所牒报之,约日索战,语极不逊,诸道兵畏缩不进。时康王次济州,子諲遣进士李植献金帛及本司钱谷之在济州者,以助军费。张邦昌僭位,遣人持敕书往庐州问其家安否，子諲檄郡守冯询、提举范仲使拘之以俟王命。邦昌又使其甥刘达赍手书来，子諲不启封焚之，械系达于狱。遣子澹请康王率诸将渡河，出其不意以救二帝；遣将王仪统勤王兵至城下。

迁直龙图阁、江淮发运副使。子諲言："去岁刘顺奉渊圣蜡诏，令监司帅守募兵勤王，臣即镂板遍檄所部，而六路之间漠无应者；间有团结起发者，类如儿戏，姑以避责而已。惟淮东一路，臣亲率诸司，粗成纪律。然诸司犹有占吝钱物，莫肯供亿，殊不念君父幽处围城之中，臣当时恨无利刃以加其颈。今京城失守，二帝播迁，倘赏罚不行，恐金人再为边患，陛下复欲起天下之兵，而诸路玩习故常，恬不知畏，将何恃以济艰难哉？愿明诏大臣按劾诸路监司向承蜡诏废格不勤王，及名为勤王而稽缓者，悉加显黜。"命诸路提刑司究实以闻。九月，子諲罢，以素为李纲所善，故黄潜善斥之。

明年，知袭庆府，道梗不能赴。初，邦昌为平章军国事，子諲乞致仕避之，坐言者降三官，起复知潭州。禁卒为乱，纵火掠市，出浏阳县，子諲遣通判孟彦卿等追及攸县平之。

金人破江西，移兵湖南，子諲闻警报，率军民以死守。宗室成忠郎聿之隶东壁，子諲巡城，顾谓曰："君宗室，不可效此曹苟简。"聿之感激流涕。金人围八日，登城纵火，子諲率官吏夺南楚门遁，城陷。坐敌至失守落职罢。转运副使贾收言子諲督兵巷战，又收溃卒复入治事，帝亦以子諲与他守臣望风遁者殊科，诏复职。

绍元年，移鄂州，主管荆湖东路安抚司。剧盗曹成据攸县，子諲军于安仁，遣使招之，成听命。子諲又遣将西扼衡阳，南守宜章，成逡巡不敢南向者百余日，诸郡遂得割获。既而援兵不至，成忿子諲扼己，拥众而南，子諲率亲兵拒之。会官军溃，度不可遏，单骑入贼中，谕以国家威灵。成不服，执子諲归。会宣抚司都统制马广遣人持吴敏檄谕成，成许受扫，始释子諲。

诏提举江州太平观。胡安国方避地湖南，以书抵秦桧，言："子諲忠节，可以扶持三纲，顾怜其无救而陷于贼，复加收用。"起知广州。时恐贼度岭,故就用子諲守之。又以言者罢,遂致仕。寻起知江州,改江东转运使,进秘阁修撰。江东当饷刘光世军,适刘豫入寇,光世军合淝,以乏饷告,亟退师。子諲驰至合淝,具见粮以闻,光世由是得罪。进徽猷阁待制,徙两浙路为都转运使,除户部侍郎。

入见,论京都旧事,颇及珍玩。起居郎潘良贵故善子諲,闻其言甚怒。既而子諲奏金国报聘及奠朱震事,反复良久。良贵径至榻前厉声叱之曰:“子諲不宜以无益之谈久烦圣听。”子諲欲退,上谓良贵曰:“是朕问之也。”又谕子諲款语。子諲复语,久不止,良贵叱之退者再。上色变,欲抵良贵罪。中丞常同言:“良贵无罪,愿许子諲补外。”上并怒同。张九成言:“士大夫所以嘉子諲者,以其能眷眷于善类。今以子諲故逐柱史,又逐中司,非所以爱子諲也。”上意稍解,批谕同,同言不已,于是三人俱罢。子諲以徽猷阁直学士知平江府。金使议和将入境,子諲不肯拜金诏,乃上章言:“自古人主屈己和戎,未闻甚于此时,宜却勿受。”忤秦桧意,乃致仕。

子諲相家子,能修饬自见于时。友爱诸弟,置义庄,赡宗族贫者。初,漕淮南时,张邦昌伪诏至,虹县令已下迎拜宣读如常式,独武尉徐端益不拜而走。事定,子諲言于朝,易端益文资。退闲十五年,号所居曰:“芗林”。卒,年六十八。

陈规字元则,密州安丘人。中明法科。靖康末,金人入侵,杀镇海军节度使刘延庆,其徒祝进、王在去为盗,犯随、郢、复等州。规为安陆令,以勤王兵赴汴,至蔡州,道梗而还。会祝进攻德安府,守弃城遁,父老请规摄守事。规遣射士张立率兵讨进,却之。既而在复与进合,以炮石鹅车攻城东,规连战败之,二人惧,引众去。

建炎元年,除直龙图阁、知德安府。李孝义、张世以步骑数万薄城,阳称受诏招,规登城视其营垒,曰:“此诈也。”亟为备。夜半,孝义兵围城,遂大败之。与群盗杨进相持十八日,进技穷,以百人自卫,抵濠上求和。规出城与交臂语,进感之,折箭为誓而去。董平引众窥城,遣其党李居正、黄进入城求犒,规斩进,授居正兵为前锋,大破之。升秘阁修撰。寻除德安府、复州、汉阳军镇抚使，赐三品服，俄升徽猷阁待制。

时桑仲剽略襄、汉间，其副霍明屯兵郢上，规请于朝，就以明守郢。张浚都督行蜀道，仲引兵窥之，为王彦所败。仲怒，从数百骑来谯明，明杀之，奔刘豫，以书招规，规械其使以闻。李横围城，造天桥，填濠，鼓噪临城。规帅军民御之，炮伤足，神色不变，围急粮尽，出家财劳军，士气益振。横遣人来，愿得妓女罢军，规不许。诸将曰："围城七十日矣，以一妇活一城，不亦可乎？"规竟不予。会濠桥陷，规以六十人持火枪自西门出，焚天桥，以火牛助之，须臾皆尽，横拔寨去。

升徽猷阁直学士，诏赴行在，改显谟阁直学士，徙知池州、沿江安抚使。入对，首言："镇抚使当罢，诸将跋扈，请用偏裨以分其势。"上皆纳之。迁龙图阁直学士，改知庐州，寻又召赴行在，以疾辞，提举江州太平观。复起知德安府，坐失察吏职，镌两官。

金人归河南地，改知顺昌府，葺城壁，招流亡，立保伍。会刘锜领兵赴京留守过郡境，规出迎，坐未定，传金人已入京城，即告锜城中有粟数万斛，勉同为死守计。相与登城区画，分命诸将守四门，且明斥候，募土人乡道间谍。布设粗毕，金游骑已薄城矣。既至，金龙虎大王者提重兵踵至，规躬擐甲胄，与锜巡城督战，用神臂弓射之，稍引退，复以步兵邀击，溺于河者甚众。规曰："敌志屡挫，必思出奇困我，不若潜兵斫营，使彼昼夜不得休，可养吾锐也。"锜然之，果劫中其寨，歼其兵甚众。金人告急于兀术。规大飨将士，酒半问曰："兀术拥精兵且至，策将安出？"诸将或谓今已累捷，宜乘势全师而归。规曰："朝廷养兵十五年，正欲为缓急用，况屡挫其锋，军声稍振。规已分一死，进亦死，退亦死，不如进为忠也。"锜叱诸将曰："府公文人犹誓死守，况汝曹耶！兼金营近三十里，兀术来援，我军一动，金人追及，老幼先乱，必至狼狈，不犹废前功，致两淮侵扰，江、浙震惊。平生报君，反成误国，不如背城一战，死中求生可也。"

已而兀术至，亲循城，责诸酋用兵之失，众跪曰："南兵非昔比。"兀术下令晨饭府庭,且折箭为誓,并兵十余万攻城,自将铁浮屠军三千游击。规与锜行城,勉激诸将,流矢及衣无惧色,军殊死斗。时方剧暑,规谓锜毋多出军,第更队易器,以逸制劳,蔑不胜矣。每清晨辄坚壁不出,伺金兵暴烈日中,至未申,气力疲,则城中兵争奋,斩获无算,兀术宵遁。锜奏功,诏褒谕之,迁枢密直学士。规至顺昌,即广籴粟麦实仓廪。会计议司移粟赴河上,规请以金帛代输,至是得其用,成锜功者,食足故也。

移知庐州兼淮西安抚,既至,疾作。有旨修郡城,规在告,吏抱文书入卧内,规力疾起曰:"帅事,机宜董之;郡城,通判董之。"语毕而卒,年七十。赠右正议大夫。有《攻守方略》传于世。

初,规守德安时,尝条上营屯田事宜,欲仿古屯田之制,合射士民兵,分地耕垦。军士所屯之田,皆相险隘立堡寨,寇至则堡聚捍御,无事则乘时田作,射士皆分半以耕屯田。民户所营之田,水田亩赋粳米一斗,陆田赋麦豆各五升。满三年无逋输,给为永业。流民自归者以田还之。凡屯田事,营田司兼行,营田事,府县官兼行,皆不更置官吏,条列以闻,诏嘉奖之,仍下其法于诸镇。自绍兴以来,文臣镇抚使有威声者,惟规而已。

规端毅寡言笑,然待人和易。以忠义自许,尤好振施,家无赢财。尝为女求从婢,得一妇甚闲雅,怪而询之,乃云梦张贡士女也,乱离夫死无所托,鬻身求活,规即辍女奁嫁之,闻者感泣。规功名与诸将等,而位不酬劳,时共惜之。乾道八年,诏刻规《德安守城录》颁天下为诸守将法。立庙德安,赐额"贤守",追封忠利侯,后加封智敏。

季陵字延仲,处之龙泉人。登政和二年上舍第,三迁太学博士。论学术邪正异同,长官怒,潜之执政,谪知舒城县。未几,除太常寺簿,迁比部员外郎。高宗即位,从至扬州。建炎二年,守尚书右司员外郎、太常少卿。金人南侵,帝幸杭州,朝廷仪物皆委弃之,陵奉九庙神主负之以行,拜起居郎,迁中书舍人。

　　三年六月，淫雨，诏求直言。陵言："金人累岁侵轶，生灵涂炭，怨气所积，灾异之来，固不足怪。惟先格王，正厥事，则在我者其可忽邪？臣观庙堂无擅命之臣，惟将帅之权太盛；宫闱无女谒之私，惟宦寺之习未革。今将帅拥兵自卫，浸成跋扈，苗、刘窃发，勤王之师一至，凌轹官吏，莫敢谁何？此将帅之权太盛有以干阳也。宦寺纵横，上下共愤，卒碎贼手，可为戒矣。比闻复召蓝圭，党与相贺，闻者切齿，此宦寺之习未革有以干阳也。《洪范》休徵曰，肃时雨若，谋时寒若；咎征曰，狂恒雨若，急恒寒若。自古天子之出，必载庙主行，示有尊也。前日仓卒迎奉，不能如礼。既至钱塘，置太庙于道宫，荐享有阙；留神御于河浒，安奉后时。不肃之咎，臣意宗庙当之。比年盗贼例许招安，未几再叛，反堕其弃计。忠臣之愤不雪，赤子之冤莫报，不谋之咎，臣意盗贼当之。道路之言谓銮舆不久居此，自臣臆度，决无是事，假或有之，不几于狂乎？军兴以来，既结何甲，又改巡社，既招弓手，又募民兵，民力竭矣，而犹诛求焉，不几于急乎？此皆阴道太盛所致。"帝嘉纳之。

　　时除梁杨祖为发运使，给事中刘宁止言其不可，乃以起居郎綦崇礼权给事中，书读，陵封还录黄。又言："防秋已迫，愿陛下先定兵卫及扈从之臣，万一敌势猖獗，便当整驾亲按营垒，召诸道兵以为援，留将相大臣，相率死守，勿效前日百官跣足奔窜，以扈跸为名，弃城池以予敌，使生灵堕涂炭，财用填沟壑。"

　　时张浚为川、陕等路宣抚处置使，陵论其太专，忤旨，罢为徽猷阁待制、知太平州，未行，落职与祠。数月，复职，除知温州，又改中书舍人，皆力辞。

　　范宗尹荐其才，命知临安府，复为中书舍人。入对，言："事有可深虑者四，尚可恃者一：大驾未有驻跸之地，贤人皆无经世之心，兵柄分而将不和，政权去而主益弱；所恃以仅存者，人心未厌币已。前年议渡江，人以为可，朝廷以为不可，故讳言南渡而降诏回銮。去年议幸蜀，人以为不可，朝廷以为可，故驰备江、淮，经营关、陕。以今观之，孰得孰失？惟扬之变，朝廷不及知而功归宦寺；钱塘之变，朝廷不能救而功归将帅,是致此曹有轻朝士之心。黄潜善好自用不能用人,吕颐浩知使能不知任贤。自张悫、许景衡饮恨而死,凡知几自重者,往往卷怀退缩。今天下不可谓无兵,刘光世、韩世忠、张俊各招亡命以张军势,各效小劳以报主恩。然胜不相逊,败不相救,大敌一至,人自为谋耳。周望在浙西,人能言之;张浚在陕右,无敢言者。夫军事恐失机会,便宜可也,乃若自降诏书,得无窃命之嫌邪?官吏责以办事,便宜可也,乃若安置从臣,得无忌器之嫌邪?以至赐姓氏,改寺额,此皆伤于太专,臣恐自陕以西不知有陛下矣。惟祖宗德泽在人心未忘,所望以中兴者此耳,陛下宜有以结之。今欲薄敛以裕民财,而用度方阙;轻徭以纾民力,而师旅方兴。罪己之诏屡降,忧民之言屡闻,丁宁切至,终莫之信。臣谓动民以行不以言,陛下爵当贤,禄当功,刑当罪,施设注措无不当理,天下不心服者未之有也。"

朱胜非除江西帅,未行。陵言:"金人往年休士马于燕山,次年移河北,又次年移京东,今寓淮甸,无复去意,患在朝夕,可谓急矣。若颐浩既去,胜非未至,敌人南向,兵不素练,粮不素积,又不设险,何以御之。臣愿陛下更择贤副,预为经画以待。今日非论安危,实论存亡,朝谋夕行,当如拯溺,岂可不惜分阴。"诏刘洪道趣往池州,措置防江。除户部侍郎。

范宗尹尝仕伪楚,故凡受伪命者皆录用。陵因上疏曰:"前日士大夫名节不立,论事者皆喜攻之,瑕疵既彰,不复可用,纵加拉拭,攻者踵来,虽君相制命,亦不能为之地。臣试举其罪大者言之,崇宁、大观以来,党助巨奸,由诡道以饕宠荣者不知几何人?邦昌乱朝,不能死节者不知几何人?'苗、刘专杀,拱手受制不知几何人?以义责之固不容诛,以情恕之亦不幸耳。弄笔墨者,文致其罪,既得恶名,谁敢引荐。臣愿明诏宰执,于罪戾中选择实能,量付以事,勿因一眚废其终身,仍诏台谏为国爱人,勿复言。"诏榜其疏于朝堂。侍御史沈与求劾陵承望宰执风旨,罢官,提举杭州洞霄宫。

绍兴元年,复右文殿修撰。二年,诏内外官言事。陵言:"军兴以来，朝廷诰牒，非强以予民则莫售；师旅粮草，非强取于民则莫给。旧例和买，无本可支者久矣，新行和籴，能偿其直几何？一遇军兴，事事责办，有不足者，预借后年之赋。虽名曰'和'，实强取之；虽名曰'借'，其实夺之。兵将衣食不取其饱暖，取其丰美；器械不取其坚利，取其华好。务末胜本，初无斗心，贼至则伪言退保，贼去则盛言收复，遇败以千为一，遇胜以一为千。今乘舆服御之费十去七八，百官有司之费十去五六，犹无益于国者，军太冗也。张浚一军以川、陕赡之，刘光世一军以淮、浙赡之，李纲一军以湖广赡之，上供之物得至司农、太府者无几。夫强兵不在冗食，今统领家口随行，一闻贼至，择精锐者护送老小，其自随者祇办走耳，当议者一。虏掠妇女，军中多有，养既不足，宁免作过，当议者二。所至州军，邀求犒赏，守令惮生事，竭取民以奉之，当议者三。诡名虚券，随在批请，枉费官物，当议者四。或假关节，或行贿赂，寄名军籍，规冒功赏，当议者五。愿诏有司专意讲求，革因循以作士气，则军政立。"复徽猷阁待制，帅广。

先是，惠州有狂男子聚众数千，僭号作乱。陵入境，诱其徒曾衮，令以功赎罪，不旬日擒之。在官三年卒，年五十五，赠中大夫。有文集十卷。

陵善言事，奏疏可观。然附范宗尹，则谓凡受伪命者皆当进用，台谏不当复以为言；攻张浚，则谓在蜀失于太专，自陕以西将不知有陛下。君子皆不谓然也。幸医王继先授荣州防御使，陵草其制，时论亦以此少之。

卢知原字行之，湖州德清人。以父任知歙县，因近臣荐，赴都堂审察，累迁梓州路转运副使。时承平既久，戎备皆弛，知原招补兵籍，筑城亘二十余里。王黼当国，费出无艺，知原因疏言之，黼怒，罢去。久之，起提点京东刑狱，改江西转运副使，过阙入奏，徽宗勉之曰："卿在蜀道，功效甚休。"遂赐三品服。

先是，纲运阻于重江，吏卒并缘为奸。知原悉意经理，故先诸道上京师，进一官，寻除直秘阁，为江、淮、荆、浙等路发运使。升秘阁修撰，提举河北。以言者劾，褫职归吏部。

高宗即位，复龙图阁、知温州。时弃浓陷建州，杨勍陷处州，知原缮甲兵，增城浚隍，声势隐然。帝东幸，知原縻海道转粟及金缯十余万至台州。如见，称奖，擢右文殿修撰、管内安抚使。在郡四年，民绘像祠之。

王师讨范汝为，召为添差两浙转运使。罢，提举太平观。都督孟庾辟为参谋，改徽猷阁待制、知临安府。谏官唐辉言："知原为政乖谬。"诏复为都督府参谋官。章再上，遂以旧职奉祠。绍兴十一年十月卒。弟法原。

法原字立之。自知雍丘县积官太府少卿，赐同上舍出身。使辽还，迁司农卿，赐三品服。为吏部尚书，以官秩次第履历总为一书，功过殿最，开卷瞭然，吏不能欺。坐王黼累，罢为显谟阁待制。

绍兴元年，提举临安洞霄宫。张浚承制起知夔州，寻为龙图阁学士、川陕等路宣抚处置副使，进端明殿学士、川陕宣抚副使。

金人攻关辅，叛将史斌陷兴州，诸郡多应者。法原命诸将坚壁，言战者斩，众以为怯。未几，河东经制使王璞以乏食班师，法原开关纳之，与璞同破斌，复兴州。方巨盗充斥，秦、陇叛兵欲窥蜀，法原极意拊循，严为备御，传檄诸路，人心稍安。视山川险阻分地置将："自洮、岷至阶、成，关师古主之，屯通川；文、龙至威、茂，刘锜主之，屯巴西。前后屡捷，上所倚重。

会兀术攻关为吴玠所败。法原素与玠不睦，玠因奏功讼法原不济师，不馈粮，不铨录立功将士。帝手诏诘问，法原自辩甚力，上颇不直之，忧恚，卒于军。

始，法原为川、陕宣抚使，上从容谓知原曰："朕方以川、陕付法原。"盖兄弟皆以材见称于世，故并用之也。

陈桷字季壬，温州平阳人。以上舍贡辟雍。政和二年，廷对第三,授文林郎、冀州兵曹参军,累迁尚书虞部员外郎。

宣和七年,提点福建路刑狱。福州调发防秋兵,资粮不满望,杀帅臣,变生仓卒,吏民奔溃,阖城震骇。桷入乱兵中,谕以祸福,贼气沮,邀桷奏帅臣自毙,桷诡从其请,间道驰奏,以前奏不实待罪,朝廷以桷知变,释之。叛兵既调行,乃道追杀首恶二十余人,一方以安。建炎四年五月,复除福建路提刑,寻以疾乞祠,主管江州太平观。

绍兴三年,召为金部员外郎,升郎中。时言事者率毛举细务,略大利害。桷抗言:"今当专讲治道之本,修政事以攘敌国,不当以细故勤圣虑如平时也。"又言:"刺史县令满天下,不能皆得人,乞选监司,重其权,久其任。"除太常少卿。又陈攻守二策,在于得人心,修军政。

五年,除直龙图阁、知泉州。明年,改两浙西路提刑。乞置乡县三老以厚风俗,凡宫室、车马、衣服、器械定为差等,重侈靡之禁。八年,迁福建路转运副使。

十年,复召为太常少卿。适编类徽宗御书成,诏藏敷文阁,桷以为:"旧制自龙图至徽猷皆设学士、待制,杂压著令,龙图在朝请大夫之上,至徽猷在承议郎之上,每阁相去稍远,议者疑其不伦。直敷文阁者缀徽猷则与诸阁小异,降之则班列太卑,欲参酌取中,并为一列,不必相远,庶几名位有伦,仰称陛下严奉祖宗谟训之意。"又言:"祫祭用太牢,此祀典之常。驻跸之初,未能备礼,止用一羊,乞检会绍兴六年诏旨,复用太牢。"

十一年,除权礼部侍郎,赐三品服。普安郡王出阁,奉诏与吏部、太常寺讨论典故。桷等议以国本未立,宜厚其礼以系天下望,乃以《皇子出阁礼例》上之,或以为太重。诏以不详具典故,专任己意,怀奸附丽,与吏部尚书吴表臣、礼部尚书苏符、郎官方云翼、丁仲宁、太常属王普苏籍并罢。寻以桷提举江州太平观。

十五年,知襄阳府,充京西南路安抚使。襄、汉兵火之余,民物凋瘵,桷请于朝,以今之户数视承平时才二十之一,而赋须尚多,乞重行蠲减。明年，金、房兵叛，桷遣将平之而后以闻。汉水决溢，漂荡庐舍，躬率兵民捍筑堤岸，赖以无虞。以疾乞祠，除秘阁修撰、提举江州太平兴国宫。二十四年，改知广州，充广南东路经略安抚使，未至而卒，年六十四。

桷宽洪酝籍，以诚接物，而恬于荣利。当秦桧用事，以永嘉为寓里，士之夤缘攀附者，无不躐登显要。桷以立螭之旧，为人主所知，出入顿挫，晚由奉常少卿攫权小宗伯，复以议礼不阿忤意，遽罢，其节有足称。自号“无相居士”。有文集十六卷。子汝楫、汝贤、汝谐。孙岘以词学擢第，官中书舍人、直学士院。

李璆字西美，汴人。登政和进士第，调陈州教授，入为国子博士，出知房州。时既榷官茶，复强民输旧额，贫无所出，被系者数百人，璆至，即日尽释之。

宣和三年，廷议将取燕，璆闻之，曰：“百辟卿士，一倡共和，国家安危，其几在是。”上疏切谏，大略谓：“太祖以圣武得天下，将士皆百战之余，以是而取燕云，宜易为力。然赵普辈无敢赞其决者，盖识天下大势，且重民命故也。今承太平之业，父老幸不识兵，虽不得燕云地，保阙于汉。”疏奏不省。及燕既平，责监英州清溪镇。

明年，赦还为郎，寻试中书舍人。建言元祐名臣子孙，久被废锢，宜少宽之。宦官谭稹出师河北，以无功废，将复进用，璆不肯书行。会山东盗起，州县不能制，至河北无见粮，军士汹汹。璆条奏十事，忤大臣意，罢。绍兴四年，以集英殿修撰知吉州。江西兵素剽悍，璆始视事，有相挺为乱者，亟捕诛首谋者，抚循其余，大布恩信，境内遂安。

累迁徽猷阁直学士、四川安抚制置使。成都旧城多毁圮，璆至，道命修筑。俄水大至，民赖以安。三江有堰，可以下灌眉田百万顷，久废弗修，田莱以荒。璆率部刺史合力修复，竟受其利，眉人感之，绘像祠于堰所。间遭岁饥，民徙，发仓振活，无虑百万家，治蜀之政多可纪。有《清溪集》二十卷。

　　李朴字先之,虔之兴国人。登绍圣元年进士第,调临江军司法参军,移西京国子监教授,程颐独器许之。移虔州教授。以掌言隆祐太后不当废处瑶华宫事,有诏推鞫。忌者欲挤之死,使人危言动之,朴泰然夫惧色。旋追官勒停,会赦,注汀州司户。

　　徽宗即位,翰林承旨范纯礼自言待罪四十六日,不闻玉音,谓朴曰:“某事岂便于国乎?某事岂便于民乎?”朴曰:“承旨知而不言,无父风也。”纯礼泣下。

　　右司谏陈瓘荐朴,有旨召对,朴首言:“熙荣、元丰以来,政体屡变,始出一二大臣所学不同,后乃更执圆方,互相排击,失今不治,必至不可胜救。”又言:“今士大夫之学不求诸己,而惟王氏之听,败坏心术,莫大于此。愿诏勿以王氏为拘,则英材辈出矣。”蔡京恶朴鲠直,他执政三拟官,皆持之不下,复以为虔州教授。又嗾言者论朴为元祐学术,不当领师儒,罢为肇庆府四会令。

　　有奸民言邑东地产金宝,立额买扑,破田畴,发墟墓,厚赂乃已,朴至,请罢之。改承事郎,知临江军清江县、广东路安抚司主管机宜文字。钦宗在东宫闻其名,及即位,除著作郎,半岁凡五迁至国子祭酒,以疾不能至。高宗即位,除秘书监,趣召,未至而卒,年六十五。赠宝文阁待制,官其子孙二人。

　　朴自为小官,天下高其名。蔡京将强致之,俾所厚道意,许以禁从,朴力拒不见,京怒形于色,然终不害也。中书侍郎冯熙载欲邂逅见朴,朴笑曰:“不能见蔡京,焉能邂逅冯熙载邪?”居官所至有声。在广南,止其帅孙俟以文具勤王,不若发常赋助边。破漕使郑良引真腊取安南之计,以息边患,人称其智。朴尝自志其墓曰:“以天为心,以道为体,以时为用,其可已矣。”盖叙其平生云。有《章贡集》二十卷行于世。

　　王庠字周彦,荣州人。累世同居,号“义门王氏”。祖伯琪,以义声著于乡州。有盐井籍民煎输,多至破产,惟有禄之家得免。伯琪请于州，均之官户，而仕者诬诉之，赍恨以殁。父梦易，登皇祐第，力成父志，言于州县不听，言于刺史，言于三司，三司以闻，还籍没者三百五十五家，蠲岁额三十万斤。尝摄兴州，改川茶运，置茶铺免役民，岁课亦办。部刺史恨其议不出己，以他事中之，镌三秩，罢归而卒。母向氏，钦圣宪肃后之姑也。

庠幼颖悟，七岁能属文，俨如成人。年十三，居父丧，哀愤深切，谓弟序曰："父以直道见挤，母抚柩誓言，期我兄弟成立赠复父官，乃许归葬，相与勉之。且制科先君之遗意也，吾有志焉。"遂闭户，穷经史百家书传注之学，寻师千里，究其旨归。蚤岁上范纯仁、苏辙、张商英书，皆持中立不倚之论，吕陶、苏辙皆器重之。尝以《经说》寄苏轼，谓："二帝三王之臣皆志于道，惟其自得之难，故守之至坚。自孔、孟作《六经》，斯道有一定之论，士之所养，反不逮古，乃知后世见《六经》之易，忽之不行也。"轼复曰："《经说》一篇，诚哉是言。"

元祐中，吕陶以贤良方正直言极谏科荐之，庠以宋邦杰学成未有荐者，推使先就，陶闻而益加敬。未几，当绍圣诸臣用事，遂罢制科，庠叹曰："命也，无愧先训，以之行己足矣。"

崇宁壬午岁，应能书，为首选。京师蝗，庠上书论时政得失，谓："中外壅蔽，将生寇戎之患。"张舜民见之，叹其危言。下第径归，奉亲养志，不应举者八年。

大观庚寅，行舍法于天下，州复以庠应诏。庠曰："昔以母年五十二求侍养，不复愿仕，今母年六十，乃奉诏，岂本心乎？"时严元祐党禁，庠自陈："苏轼、苏辙、范纯仁为知己，吕陶、王吉尝荐举，黄庭坚、张舜民、王巩、任伯雨为交游，不可入举求仕，愿屏居田里。"以弟序升朝，赠父官，始克葬，葬而母卒。

终丧复举入行，事下太学，大司成考定为天下第一，诏旌其门。朝廷知其不可屈，赐号"处士"。寻改潼川府教授，赐出身及章服，一日四命俱至，竟力辞不受。虽处山林，唱酬赋咏，皆爱君忧国之言。太后念其姑，尝欲官，庠以逊其弟、侄及甥，且以田均给庶兄及前母之姊。庠卒，孝宗谥曰贤节。

序,宣和间以恩幸至徽猷阁直学士。庠浮沉其间,各建大第,或者谓其晚节隐操少衰云。

王衣字子裳,济南历城人。以门荫仕,中明法科,历深、冀二州法曹掾,入为大理评事,升寺正。林灵索得幸,将毁释氏以逞其私。襄州僧杜德宝毁体然香,有司观望灵素意,捕以闻。衣阅之曰:"律自伤者杖而已。"灵素求内批,坐以害风教窜流之,停衣官,寻予祠。为陕西都转运司主管文字、详定一司敕令所删定官、通判袭庆府、知濠州,未行,召为刑部员外郎。

建炎初,为司勋郎中,迁大理少卿。三年,韩世忠执苗傅、刘正彦,献俘,槛车几百辆,先付大理狱,将尽尸诸市。衣奏曰:"此曹在律当诛,顾其中妇女有顾买及卤掠以从者。"高宗矍然曰:"卿言极是,朕虑不及此也。"即诏自傅、正彦妻子外皆释之。范琼有罪下大理寺,衣奉诏鞫之。琼不伏,衣责以靖康围城中逼迁上皇、擅杀吴革,迎立张邦昌事,琼称死罪。衣顾吏曰:"囚词服矣。"遂赐死,释其亲属将佐。

四年,升大理卿。初,带御器械王球为龙德宫都监,尽盗本宫宝玉器玩,事觉,帝大怒,欲诛之。衣曰:"球固可杀,然非其所隐匿,则尽为敌有,何从复归国家乎?"乃宽之。

先是,百司愆戾,会寺劾之,至三问取伏状,被劾者惧对,莫敢辨。衣奏曰:"伏与辨二事也,若一切取伏,是以威迫之,不使自直,非法意也。乞三问未承者,听辨。"从之。同详定一司敕令,删杂犯死罪四十七条,书成,帝嘉其议法详明。

绍兴元年,权刑部侍郎。二年,除集英殿修撰,奉祠。既而赵令畦应诏荐之,复召为刑部侍郎,为言者所格。四年,卒于家。衣质直和易,持法不阿,议者贤之。

论曰:向子諲以相家之子克饬臣节,陈规以文儒之臣有声镇守,可谓拔乎流俗者焉。季陵言事不讳,二卢兄弟并用,以材见称,陈桷守礼知变,李璆为政有惠,咸足纪焉。李朴不诉权威,王庠志高而晚节颇衰,王衣明恕而用刑不刻,虽或器识不齐,亦皆不旷其职也欤!

宋史卷三七八

列传第一三七

卫肤敏　刘珏　胡舜陟
沈晦　刘一止 弟宁止　胡交修
綦崇礼

卫肤敏字商彦,华亭人。以上舍生登宣和元年进士第,授文林郎、南京宗子博士,寻改教授。

六年,召对,改宣教郎、秘书省校书郎,命假给事中贺金主生辰。肤敏奏曰:"彼生辰后天宁节五日,金人未闻入贺,而反先之以失国体,万一金使不来,为朝廷羞。请至燕山候之,彼若不来,则以币置境上而已。"帝可其奏。既至燕,金贺使果不至,遂置币而返。七年,复假给事中以行,及庆源府,逢许亢宗还,语金国事,曰:"彼且大入,其势不可往。"肤敏至燕,报愈急,众惧不敢进,肤敏叱曰:"吾将君命以行,其可止乎?"既至金国,知其兵已举,殊不为屈。及将还,金人所答国书,欲以押字代玺,肤敏力争曰:"押字岂所以交邻国。"论难往复,卒易以玺。及受书,欲令双跪,肤敏曰:"双跪乃北朝礼,安可令南朝人行之哉!"争辨逾时,卒单跪以受。金人积不说,中道羁留且半年。

至涿州新城,与斡离不遇,遣人约相见,拒之不可,遂语之曰:"必欲相见,其礼当如何?"曰:"有例。"肤敏笑曰:"例谓趋伏罗拜,此礼焉可用? 北朝止一君耳,皇子郎君虽贵,人臣也,一介之使虽贱,亦人臣也。两国之臣相见,而用君臣之礼,是北朝一国有二君也。"金人气折,始曰:"唯所欲。"肤敏长揖而入。既坐,金人出誓书示之,肤敏却不视,曰:"远使久不闻朝廷事,此书真伪不可知。"因论用兵事,又以语折之,几复为所留。

靖康初,始还,进三官,迁吏部员外郎。会高丽遣使来贺,命假太常少卿往接之。朝论欲改称宣问使,肤敏曰:"国家厚遇高丽久矣,今边事方作,不可遽削其礼,失远人心,愿姑仍旧。"乃复称接伴使。既至明州,会京师多难,乃便宜称诏厚赐使者,遣还。

建炎元年,复命,自劾矫制之罪,高宗嘉赏。迁卫尉少卿。建议"两河诸郡宜降蜡书,许以世袭,使各坚守。陕西、山东、淮南诸路,并令增陴浚隍,徙民入城为清野计。命大臣留守汴京,车驾早幸江宁。"帝颇纳之。

迁起居舍人,言:"前日金人凭陵,都邑失守,朝臣欲存赵氏者不过一二人而已,其他皆屈节受辱,不以为耻,甚者为敌人敛金帛,索妃嫔,无所不至,求其能诈楚如纪信者无有也。及金人伪立叛臣,僭窃位号,在廷之臣逃避不从及约寇退归位赵氏者,不过一二人而已。其他皆委质求荣,不以为愧,甚者为叛臣称功德,说符命,主推戴之议,草劝进之文,无所不为,求其击朱泚如段秀实者无有也。今陛下践祚之初,苟无典刑,何以立国?凡前日屈节敌人,委质伪命者,宜差第其罪,大则族,次则诛,又其次窜殛,下则斥之远方,终身不齿,岂可犹界祠禄,使尘班列哉?"又言:"今二帝北迁,寰宇痛心,愿陛下愈自贬损,不忘报雪,卑宫室,菲饮食,恶衣服,减嫔御,斥声乐,以至岁时上寿,春秋锡宴,一切罢之,虽飨郊庙亦不用乐。必俟两宫还阙,然后复常,庶几精诚昭格天地,感动人心。"拜右谏议大夫兼侍读,言:"行在颇兴土木之役,非所以示四方,乞罢筑承庆院、升阳宫。"又奏曰:"凡黜陟自中出者,皆由三省乃得奉行,或戾祖宗成宪者,皆许执奏。"时内侍李志道以赦恩复保庆军承宣使,添差入内都知,肤敏极论罢之。初,钦宗内侍昭庆军承宣使容机,围城中时乞致仕,高宗即位,命起之。肤敏言:"自古帝王未有求阉寺于闲退而用者。”遂寝。后父邢焕除徽猷阁侍制，太后兄子孟忠厚显谟阁直学士。肤敏言：“非祖宗法。”焕寻换武职，忠厚自若。

俄迁肤敏中书舍人，肤敏恳奏曰：“昔司马光论张方平不当参知政事，自御史中丞迁翰林学士。光言：‘以臣为是，则方平当罢；以臣为非，则臣当贬。今两无所问而迁臣，臣所未谕。’臣虽不肖，愿附于司马光。”又言：“事母后莫若孝，待戚属莫若恩，劝臣下莫若赏。今陛下顺太母以非法非所谓孝，处忠厚以非分非所谓恩，不用臣言而迁其官非所谓赏，一举而三失矣。”帝命宰相谕肤敏曰：“朝廷以次迁官，非因论事也。”肤敏犹不拜，居家逾月，及忠厚改承宣使，诏后族勿除从官，肤敏始拜命。又言：“中书根本之地，舍人所掌，不特演纶而已。”凡命令不合公议者，率封还之。

会肤敏知贡举，有进士何烈对省试策，谬称“臣”，谏官李处遁乞正考官卤莽之罪，以集英殿修撰提举洞霄宫。或谓肤敏在后省论事，为黄潜善、汪伯彦所恶，故因事斥之。

三年春，召赴行在。时帝次平江。肤敏入见，言及时事，泣下，帝亦泣曰：“卿今宜知无不言，有请不以时对。”肤敏谢曰：“臣顷尝三为陛下言，扬州非驻跸之地，乞早幸江宁。今钱塘亦非帝王之都，宜须事定亟还金陵。”因陈所以守长江之策，帝善其言。翌日，再对，归得疾，然犹力疾扈跸至临安。俄除刑部侍郎，未拜，竭告归华亭就医，许之，迁礼部侍郎。

初，肤敏久疾卧舟中，不能朝，时苗、刘之变，帝未反正，宰相朱胜非言于隆祐太后，以“肤敏称疾坐观成败，无人臣节”。及卒，始明其非伪云。年四十九，特赠大中大夫。子仲英、仲杰、仲循。

刘珏字希范，湖州长兴人。登崇宁五年进士第。初游太学，以书遗中书舍人邹浩曰：“公始为博士论取士之失，免所居官，在谏省斥宫掖之非，还迁岭表，岂逆计祸福，邀后日报哉，固欲蹈古人行也。今庶政岂尽修明，百官岂尽忠实，从臣继去，岂尽非才，言官屡逐，岂尽有罪！信任逾曩昔而拱默不言，天下之士窃有疑焉，愿有以慰塞群望。"浩得书愧谢之。宣和四年,擢监察御史,坐言事知舒州,留为尚书主客员外郎。

靖康初,议皇帝朝竭上皇仪,欲以家人礼见于内庭,珏请皇帝设大小次,俟上皇御坐,宰臣导皇帝升自东阶,拜于殿上,则有君之尊,有父之敬。又谓:"君欲大臣或赐剑履上殿,或许子孙扶掖。皇帝朝竭,宜令环卫士卒侍立于殿西,宰执、三衙、侍从等官扶侍于殿上。如请帝坐,即宰执等退立西隅。"迁太常少卿。讨论皇帝受册宝故事,珏言:"唐太宗、明皇皆亲受父命,未尝再行册礼,肃宗即位于灵武,故明皇遣韦见素就册之,宣政授传国尔,群臣上尊号,至德宗踵行之,后世以为非。"议遂寝。

除中书舍人。陈十开端之戒曰:"陛下即位罢御笔,止营缮,登俊义,诎虚诞,戢内侍之权,开言者之路,命令既当,未尝数改,任用既公,率皆称职,赏必视功,政必核实,此天下所以指日而徯太平也。比者内降数出,三省罕有可否,此御笔之开端也。教子弟既有其所,又彻而新之,长入祗候之班,势若可缓,亟而成之,此营缮之开端也。河阳付之庸才,泾原委之贪吏,此任用失当之开端也。花石等滥赏,既治复止,马忠统兵,累行累召,此命令数易之开端也。三省、密院议论各有所见,启拟各举所知,持不同不比之说,忘同寅协恭之议,此大臣不和之开端也。内路之帅擅作圣旨指挥,行郡之守称为外任监当,此臣下诞谩之开端也。董局务者广辟官属,侍帷幄者分争殿庐,此内侍恣横之开端也。两省缴奏多命以次行下,或戒以不得再缴,台谏言事失当,率责为远小监当,此言路壅塞之开端也。恤民之诏累下,未可行者多,是为空文无实德,此政事失信之开端也。随龙第赏,冠带之工亦推恩,金兵扣阙,礼房之吏亦进秩,此爵赏僭滥之开端也。是十者虽未若前日之甚,其端已见,杜而止之,可以驯致治平,因而循之,虽有智者不能善其后矣。"

詹度都堂禀议,中书舍人安扶持不可,改命珏书行,珏言:"伐燕之役,度以书赞童贯大举,去秋蔡靖屡以金人点集为言,度独谓不应有此,遂不设备,请审度岭表。"诏予宫祠。李纲以观文殿学士知扬州,安抚又持不可,珏言:"韩琦好水之败,韩绛西州之败,皆不免黜责。纲勇于报国,锐于用兵,听用不审,数有败衄,宜降黜以示惩戒。"纲改宫祠。吏部侍郎冯澥言珏持两端,为纲游说,提举亳州明道宫。

建炎元年,复召为中书舍人,至泗州,上书言:"金人尚有屯北者,万一猖獗而南,六飞岂能无警,乞早赐行幸。西兵骁勇,宜留以为卫。西京舟船,恐金人藉以为用,并令东下。"时李纲已议营南阳,珏未知也。既至,极言南阳兵弱财单,乘舆无所取给,乞驻跸金陵以待敌。汪伯彦、黄潜善皆主幸东南,普遂如扬州。潜善兄潜厚除户部尚书,珏言兄弟不可同居一省,帝遣张悫谕旨,珏论如初。诏潜厚提举醴泉观。

迁给事中,论内降、营缮二事曰:"陛下以前朝房院而建承庆院,议者以为营造寝广;以隆祐太后时有御笔,议者以为内降数出。盖除授不归中书,工役领之内侍,此人言所以籍籍也。营缮悉归有司,中旨皆许执奏,则众论息矣。"孟忠厚除显谟阁直学士,邢焕徽猷阁待制,珏封还,言旧制外戚未有为两禁官者,诏焕换武阶。帝曰:"忠厚乃隆祐太后族,宜体朕优奉太后之意。"珏持益坚,忠厚寻亦换武阶。

迁吏部侍郎,同修国史,言:"淮甸备敌,兵食为先,今以降卒为见兵,以籴本为见粮,无一可恃,维扬城池未修,军旅多阙,卒有不虞,何以待之?"已而金人果乘虚大入,帝亟如临安,以珏为龙图阁直学士、知宣州。俄复为吏部侍郎。

以久雨诏求言,珏疏论消天变、收人心数事,词极激切,并陈荆、陕、江、淮守御之略:"愿申诏大臣,悉屏细务,唯谋守御。自京及荆、淮之郡,置大帅,屯劲兵。命沿江之守,各上措画之方,明斥堠,设险阻,节大府之出,广大农之入,检察战舰而习之,则守御详尽,人心安,天意回,大业昌矣。"迁吏部尚书。

隆祐太后奉神主如江西,诏珏为端明殿学士、权同知三省枢密院事从行。时诏元祐党籍及上书废锢人,追复故官,录用子孙,施行未尽者,珏悉奏行之。又言常安民、张克公尝论蔡京罪,乞厚加恩。至洪州,疏言修治巡幸道路之役,略曰:"陛下遭时艰难,躬履俭约,前冬幸淮甸,供帐弊旧,道路险狭,未尝介意。今闻衢、信以来,除治道路,科率民丁,急如星火,广市羊豕,备造服用,使农夫不得获,齐民不得休,非陛下俭以避难之意也。乞降诏悉罢。"金人攻吉州,分兵追太后,舟至太和县,卫兵皆溃,珏奉太后退保虔州。监察御史张延寿论珏罪,珏亦上书自劾,逾岭俟命,落职,提举江州太平观。延寿论不已,责授秘书少监,贬衡州。绍兴元年,许自便。明年,以朝散大夫分司西京。卒于梧州,年五十五。官其二子。八年,追复龙图阁学士。有《吴兴集》二十卷、《集议》五卷、《两汉蒙求》十卷。

胡舜陟字汝明,徽州绩溪人。登大观三年进士第,历州县官,为监察御史。奏:"御史以言为职,故自唐至本朝皆论时事,击官邪,与殿中侍御史同。崇宁间,大臣欲便己,遂变祖宗成宪,南台御史始有不言事者。多事之时,以开言路为急。乞下本台,增入监察御史言事之文,以复祖宗之制。"以内艰去。

服阕,再为监察御史。奏:"河北金兵已遁,备御尤不可不讲。"钦宗即位,又言:"今结成边患,几倾社稷,自归明官赵良嗣始,请戮之以快天下。"遂诛良嗣。又奏:"今边境备御之计,兵可练,粟可积,独将为难得,请诏内外之臣,并举文武官才堪将帅者。"又奏:"上殿班先台后谏,祖宗法也,今台臣在谏臣下,乞今后台谏同日上殿,以台谏杂压为先后。"

迁侍御史。奏:"向者晁说之乞皇太子讲《孝经》,读《论语》,间日读《尔雅》而废《孟子》。夫孔子之后深知圣人之道者,孟子而已。愿诏东宫官遵旧制,先读《论语》,次读《孟子》。"又奏:"涪陵谯定受《易》于郭雍,究极象数,逆知人事,洞晓诸葛亮八阵法,宜厚礼招之。"

高宗即位,舜陟论宰相李纲之罪,帝不听。言者论其尝事伪廷,除集英殿修撰、知庐州。时淮西盗贼充斥,庐人震恐,日具舟楫为南渡计。舜陟至，修城治战具，人心始安。

冀州云骑卒孙琪聚兵为盗，号“一海暇”，至庐，舜陟乘城拒守。琪邀资粮，舜陟不与，众请以粟遗之，舜陟曰：“吾非有所爱，顾贼心无厌，与之则示弱，彼无能为也。”乃时出兵击其抄掠者，琪宵遁，舜陟伏兵邀击，得其辎重而归。

济南僧刘文舜聚党万余，保舒州投子山纵剽，舜陟遣介使招降之。时丁进、李胜合兵为盗蕲、寿间，舜陟遣文舜破之。

张遇自濠州奄至梁县，舜陟使毁竹里桥，伏兵河西，伺其半渡击败之。又请以身守江北，以护行宫。帝壮其言，擢徽猷阁待制，充淮西制置使。范琼自寿春渡淮，贻书责赡军钱帛，舜陟谕以逆顺，琼乃去。

自军兴后，淮西八郡，群盗攻躁无全城，舜陟守庐二年，按堵如故，以微猷阁待制知建康府，充沿江都制置使。逾年，改知临安府，复为微猷阁待制，充京畿数路宣抚使。寻罢，迁庐、寿镇抚使，改淮西安抚使。至庐州，溃兵王全与其徒来降，舜舜散财发粟，流民渐归。改知静江府，诏措置市战马。御史中丞常同奏舜陟凶暴倾险，罢之。

后十八年，复为广西经略。以知邕州俞儋有赃，为运副吕源所按，事连舜陟，提举太平观。先是，舜陟与源有隙，舜陟因讨郴贼，劾源沮军事，源以书抵秦桧，讼舜陟受金盗马，非讪朝政。桧素恶舜陟，入其说，奏遣大理寺官袁楠、燕仰之往推劾，居两旬，辞不服，死狱中。

舜陟有惠爱，邦人闻其死，为之哭。妻江氏诉于朝，诏通判德庆府洪元英究实。元英言：“舜陟受金盗马，事涉暧昧，其得人心，虽古循吏无以过。”帝谓桧曰：“舜陟从官，又罪不至死，勘官不可不惩。”遂送楠、仰之吏部。

沈晦字元用，钱塘人，翰林学士沈遘孙。宣和间进士廷对第一，除校书郎，迁著作佐郎。金人攻汴京，借给事中从肃王枢出质斡离不军。金人再攻也，与之俱南。京城陷，邦昌伪立，请金人归冯澥等，晦因得还，真为给事中。

高宗即位，言者论晦虽使金艰苦，而封驳之职不可以赏劳，除集英殿修撰、知信州。帝如扬州，将召为中书舍人，侍御史张守论晦为布衣时事，帝曰："顷在金营见其慷慨，士人细行，岂足为终身累邪？"不果召。知明州，移处州。

帝如会稽，移守婺州。贼成皋入寇，晦用教授孙邦策，率民兵数百出城与战，大败，晦欲斩邦策，已而释之。时浙东防遏使傅崧卿在城中，单骑往说皋，皋遂降。进微猷阁待制。以言者论晦忘用便宜指挥行事，降集英殿修撰、提举临安府洞霄宫。寻复微猷阁待制、知宣州，移知建康府。甫逾月，以御史常同论罢。

绍兴四年，起知镇江府、两浙西路安抚使，过行在面对，言："藩帅之兵可用。今沿江千余里，若令镇江、建康、太平、池、鄂五郡各有兵一二万，以本郡财赋易官田给之，敌至，五郡以舟师守江，步兵守隘，彼难自渡。假使能渡，五郡合击，敌虽善战，不能一日破诸城也。若围五郡，则兵分势弱，或以偏师缀我大军南侵，则五郡尾而邀之，敌安敢远去。此制稍定，三年后移江北，粮饷、器械悉自随。"又自乞"分兵二千及召募敢战士三千，参用昭义步兵法，期年后，京口便成强藩"。时方以韩世忠屯军镇江，不果用。

刘麟入寇，世忠拒于扬州，晦乞促张俊兵为世忠援。赵鼎称晦议论激昂，帝曰："晦诚可嘉，然朕知其人言甚壮，胆志颇怯，更观临事，能副所言与否？"然晦不为世忠所乐，寻提举临安府洞霄宫，起为广西经略兼知静江府。

先是，南州蛮酋莫公晟归朝，岁久，用为本路钤辖羁縻之，后遁去，旁结诸峒蛮，岁出为边患。晦选老将罗统戍边，招诱诸酋，喻以威信，皆诣府请降，晦犒遗之，结誓而去。自是公晟孤立，不复犯边。晦在郡，岁买马三千匹，继者皆不能及。进微猷阁直学士，召赴行在，除知衢州，改潭州，提举太平兴国宫，卒。

晦胆气过人，不能尽循法度，贫时尤甚，故累致人言。然其当官才具,亦不可掩云。

刘一止字行简,湖州归安人。七岁能属文,试太学,有司欲举八行,一止曰:"行者士之常。"不就。登进士第,为越州教授。参知政事李邴荐为详定一司敕令所删定官。

绍兴初,召试馆职,其略曰:"事不克济者,患在不为,不患其难,圣人不畏多难,以因难而图事耳。如其不为,俟天命自回,人事自正,敌国自屈,盗贼自平,有是哉?"高宗称善,且谕近臣以所言剀切知治道,欲骤用,执政不乐,除秘书省校书郎。考两浙类试,以科举方变,欲得通时务者,同列皆患无其人,一止出一卷曰:"是宜为首。"启号乃张九成也,众皆厌服。

迁监察御史。上疏谓:"天下之治,众君子成之而不足,一小人败之而有余,君子虽众道则孤,小人虽寡势易蔓,不加察,则小人伺隙而入败政矣。"又言:"陛下悯宿蠹未除,颓纲未振,民困财竭,故置司讲究,然未闻有所施行,得无有以疑似之说欺陛下,曰:'如此将失人心'。夫所谓失人心者,必刑政之苛,赋役之多,好恶之不公,赏罚之不明;若皆无是,则所失者小人之心耳,何病焉。"

时庶事草创,有司以吏所省记为法,吏并缘为奸,一止曰:"法令具在,吏犹得舞文,刬一切听其省记,所欲与则陈与例,欲夺则陈夺例,与夺在其牙颊,患可胜言哉!请以省记之文刊定颁行,庶几绝奸吏弄法受赇之弊。"从之。逾年而书成。

秦桧请置修政局,一止言:"宣王内修政事,修其外攘之政而已。今之所修,特簿书狱讼,官吏迁降,土木营建务,未见所当急也。"又谓:"人才进用太遽,仕者或不由铨选,朝士入而不出,外官虽有异能,不见召用,非军事而起复,皆幸门不塞之故。请选近臣晓财利者,仿刘晏法,濒江置司以制国用,乡村置义仓以备水旱,增重监司之选。"后多采用其言。迁起居郎。奏事,帝迎语曰:"朕亲擢也,由六察迁二史,祖宗时有几?"一止谢:"先朝惟张澄、李悦耳。"因极陈堂吏宦官之蠹,执政植私党,无忧国心。翌日罢,主管台州崇道观。

召为祠部郎、知袁州，改浙东路提点刑狱，为秘书少监，复除起居郎，擢中书舍人兼侍讲。莫将赐出身除起居郎，一止奏：“将以上书助和议，骤自太府丞缀从班，前此未有，臣乃与将同命，愿并臣罢之。”不报。

迁给事中。徐伟达者，尝事张邦昌为郎，得知池州，一止曰：“伟达既仕伪廷，今付以郡，无以示天下。”孟忠厚乞试郡，一止言：“后族业文如忠厚虽可为郡，他日有援例者，何以却之？”汪伯彦知宣州入觐，诏以元帅府旧人，特依见任执政给奉，一止言：“伯彦误国之罪，天下共知，以郡守而例执政，殆与异时非待制而视待制，非两府而视两府者类矣。”帝皆为罢之。于凡贵近之请，虽小事亦论执不置。御史中丞廖刚谓其僚曰：“台当有言者，皆为刘君先矣。”

居琐闼百余日，缴奏不已，用事者始忌，奏：“一止同周葵荐吕广问，迎合李光。”罢，提举江州太平观。进敷文阁待制。御史中丞何若奏：“一止朋附光，偃蹇慢上。”落职，罢祠。后八年，请老，复职，致仕。秦桧死，召至国门，以病不能拜，力辞，进直学士，致仕。卒年八十三。

一止冲澹寡欲，尝诲其子曰：“吾平生通塞，听于自然，惟机械不生，故方寸自有乐地。”博学无不通，为文不事纤刻，制诰坦明有体，书诏一日数十辄办，尝言：“训诰者，赏善罚恶词也，岂过情溢美、怒邻骂坐之为哉。”其草颜鲁公孙特命官制甚伟，帝叹赏，为手书之。诗自成家，吕本中、陈与义读之曰：“语不自人间来也。”有类藁五十卷。子峦、嶅，从弟宁止。

宁止字无虞，登宣和进士甲科，除太学录、校书郎。建炎初，为浙西安抚大使司参议，改两浙转运判官。苗傅、刘正彦之变，宁止自毗陵驰诣京口、金陵，见吕颐浩、刘光世，勉以忠义，退而具军须以佐勤王。除左司郎官，辞。帝复位，除右司郎官、给事中。梁扬祖为发运使，宁止再疏论驳。

以添差江、淮、荆湖制置发运副使扈从隆祐太后幸江西,寻为两浙转运副使。录勤王功,直龙图阁,进秘书阁修撰,主管崇道观,提点江、淮等路坑冶铸钱,知镇江府兼沿江安抚,进右文殿修撰。宁止言:“京口控扼大江,为浙西门户固守。”权户部侍郎,总领三宣抚司钱量。张浚都督诸军,以为行府属。除吏部侍郎,进徽猷阁直学士、知秀州,升显谟阁,提举太平观,卒。

宁止有文名,慷慨喜论事。当艰难时,上疏言阙失,指切隐微,多人所难言。乞禁王安石《日录》,复贤良方正科,用司马光十科荐士法,仿唐制宰执论事以谏官侍立,皆其显显者。勤王之举,吕颐浩纪其有输忠赞谋之劳。宁止与一止、岑皆群从昆弟,帝尝称宁止忠、一止清、岑敏云。有《教忠堂类藁》十卷。

胡交修字己楙,常州晋陵人。登崇宁二年进士第,授泰州推官,试词学兼茂科。给事中翟汝文同知贡举,得其文曰:“非吾所能及也。”置之首选,除编类国朝会要所检阅文字。政和六年,迁太常博士、都官郎,徙祠部,迁左司员,拜起居舍人、起居郎。昭慈太后垂帘听政,除右文殿修撰、知湖州。

建炎初,以中书舍人召,辞不至,改徽猷阁待制、提举杭州沿霄宫。三年,复以舍人召,诏守臣津发,寻进给事中、直学士院兼侍讲。入对,首论天下大势曰:“淮南当吾膺,将士遇敌先奔,无藩篱之卫。湖、广带吾胁,群盗乘间窃发,有腹心之忧。江、浙肇吾基,根本久未立。秦、蜀张吾援,指臂不相救。宜诏二三大臣修政事,选将帅,搜补卒乘,以张国势,抚绥疲瘵,以固国本。”

帝又出手诏,访以弭盗保民、丰财裕国、强兵御戎之要,交修疏言:“昔人谓甑有麦饭,床有故絮,虽仪、秦说之不能使为盗,惟其冻饿无聊,日与死迫,然后忍以其身弃之于盗贼。陛下下宽大之诏,开其自新之路,禁苛慝之暴,丰其衣食之源,则悔悟者更相告语欢呼而归。其不变者,党与携落,亦为吏士所系获,而盗可弭,盗弭则可以保民矣。沃野千里,残为盗区,皆吾粳稻之地。操弓矢,带刀剑,椎牛发冢，白昼为盗，皆吾南亩之民。陛下抚而纳之，反其田里，无急征暴敛，启其不肖之心，耕桑以时，各安其业，谷帛不可胜用，而财可丰，财丰则可以裕国矣。日者翟兴连西路，董平据南楚，什伍其人，为农为兵，不数年，积粟充牣，雄视一方。盗贼犹能尔，况以中兴二百郡地，欲强兵以御寇，不能为翟兴辈之所为乎？”世以为名言。

李成盗江、淮，廷议欲亲征，交修谓：“群盗猖狂，天子自将，胜之则不武，不胜则贻天下笑。此将帅之责，何足以辱王师？”议遂格，盗寻遁。

周杞守常州，坐残虐免。会大旱，帝问交修致旱之由，对以殆杞伏罚之故，乃以杞属吏。杞疑为交修所谗，上书告其罪，遣大理寺丞胡蒙诣常按验。交修无所挂，然群从多抵罪。寻以徽猷阁待制提举太平观。

六年，召为给事中、刑部侍郎、翰林学士、知制诰兼侍读。久之，迁刑部尚书。汀州宁化县论大辟十人，狱已上，知州事郑强验问，无一人当死，交修乞治县令冒赏杀无辜罪。江东留狱追逮者尚六百人，交修言：“若待六百人俱至，则瘐死者众矣，请以罪状明白者论如律，疑则从轻。”诏皆如其言。

朝论欲以四川交子行之诸路，交修力陈其害，谓：“崇宁大钱覆辙可鉴，当时大臣建议，人皆附和，未几钱分两等，市有二价，奸民盗铸，死徙相属。以今交子校之大钱，无铜炭之费，无鼓铸之劳，一夫挟纸日作十数万，真假莫辨，售之不疑，一触宪网，破家坏产，以赏告捕，祸及无辜。岁月之后，公私之钱尽归藏镪之家，商贾不行，市井萧条，比及悔悟，恐无及矣。”时议大举，交修曰：“今妄言无行之徒，为迎合可喜之论，吾无以考验其实，遽信之以举事，岂不误国哉？”帝览之矍然。翌日，出其奏示大臣曰：“交修真一士之谔谔也。”

蜀帅席益既去，帝问交修孰可守蜀者，对以臣从子世将可用，遂以世将为枢密直学士、四川安抚制置使。世将在蜀五年，号为名帅。

自重兵聚关外以守蜀，饷道险远，漕舟自嘉陵江而上，春夏涨而多覆,秋冬涸而多胶。绍兴初,宣抚副使吴玠始行陆运,调成都、潼川、利州三路夫十万,县官部送,徼赏争先,十毙三四。至是交修言:"养兵所以保蜀也,民不堪命则腹心先溃,何以保蜀?臣愚欲三月以后、九月以前,第存守关正兵,余悉就粮他州,如此则守关者水运可给,分戍者陆运可免。"帝命学士院述交修意,诏玠行之。

议徽宗配享功臣,交修奏:"韩忠彦建中靖国初为相,贤誉翕然,时号'小元佑'。"从之,人大允服。

八年夏,以亲老,除宝文阁学士、知信州。入辞,上欲留侍经筵,力言母老,愿奉祠里中以便养。帝曰:"卿去,行复召矣。"改提举江州太平兴国宫。九年六月召还,除兵部尚书、翰林学士兼侍讲。时河南新复,交修奏:"京西、陕右取士之法,乞如祖宗时设诸科之目,以待西北之士;别为号于南宫,以收五路之才。"诏令礼部讨论。逾年,复请补外,除端明殿学士、知合州。却私请,免上供以万计,领州数月卒。

交修简重寡言,进止有度,为文不事琢雕,坦然明白,在词苑号为称职。自其从祖宿、从父宗愈至交修、世将,皆在禁林。中兴以后,学士三入者自交修始。交修裒次为书,号《四世丝纶集》,以侈一门之遇。至于事继母以孝闻,抚二弟极其友爱,遇恩以次补官,若交修者,其文行之副者欤!

綦崇礼字叔厚,高密人,后徙潍之北海。祖及父皆中明经进士科。崇礼幼颖迈,十岁能作邑人墓铭,父见大警曰:"吾家积善之报,其在兹乎!"

初入太学,诸生溺于王氏新说,少能词艺者。徽宗幸太学,崇礼出二表,祭酒与同列大称其工。登重和元年上舍第,调淄县主簿,为太学正,迁博士,改宣教郎、秘书省正字,除工部员外郎,寻为起居郎、摄给事中。召试政事堂,为制诰三篇,不淹晷而就,辞翰奇伟。拜中书舍人,赐三品服,进用之速,近世所未有,高宗犹以为得之晚。

车驾如平江,有旨邹浩追复龙图阁待制,崇礼当行词,推帝所以褒恤遗直之意，有曰："处心不欺，养气至大。言期窹意，引裾尝犯于雷霆；计不顾身，去国再迁于岭徼。群臣动色，志士倾心。"又曰："英爽不忘，想生气之犹在；奸谀已死，知朽骨之尚寒。"同列推重，除试尚书吏部侍郎，时从官惟崇礼与汪藻，寻兼直学士院。以徽猷阁直学士知漳州，其俗悍强，号难治，属有巨寇起建州，声撼邻境，人心动摇，崇礼牧民御众，一如常日，讫盗息，环城内外按堵如故。

徙知明州，召为吏部侍郎兼权直学士院。时有诏侍从官日轮一员，具前代及本朝事关治体者一二事进入，崇礼言："祖宗以来选用儒臣，以奉讲读。若令从官一例献其所闻，既非旧典，且又越职，望令讲读官三五日一进。"乃命学士与两省官如前诏。又言："驻跸临安，以浙西为根本，宜固江、淮之守，然后可以图兴复。蜀在万里外，当召用其士夫，慰安远人之心。"时兵革后，省曹簿书残毁几尽，崇礼再执铨法，熟于典故，讨论沿革，援据该审，吏不得容其私。后有诏重刊七司条敕，崇礼所建明，悉著为令。

移兵部侍郎，仍进直学士院。御笔处分召至都堂，令条具进讨固守利害。崇礼奏："谍传金人并兵趣川、陕，盖以向来江左用兵非敌之便，故二三岁来悉力窥蜀。其意以谓蜀若不守，江、浙自摇，故必图之，非特报前日吴玠一败而已。今日利害，在蜀兵之胜负。"又奏："君之有臣，所以济治。臣效实用，则君享其功；臣窃虚名，则群受其弊。实用之利在国，虚名之美在身。忠于国者，不计一己之毁誉，惟天下之治乱是忧；洁其身者，不顾天下之治乱，惟一己之毁誉是恤。然效力于国，其实甚难，世未必贵；窃名于己，其为则易，且以得誉。二者有关于风俗甚大，是不可不察也。"

九月，御笔除翰林学士，自靖康后，从官以御笔除拜自此始。杨惟忠、邢焕以节度使致仕，告由舍人院出，崇礼言："祖宗时，凡节钺臣僚得谢，不以文武，并纳节别除一官致仕。熙宁间，富弼以元勋始令特带节钺致仕，其后继者曾公亮、文彦博，他人岂可援以为例。"诏自今如祖宗故典。进兼侍读兼史馆修撰。时有旨重修《神宗》、《哲宗正史》。兵火之后，典籍散亡，崇礼奏："《神宗实录》墨本，元祐所修已是成书,朱本出蔡卞手,多所附会,乞将朱墨本参照修定。《哲宗实录》,崇宁间蔡京提举编修,增饰语言,变乱是非,难以便据旧录修定,欲乞访求故臣之家文献事迹参照。”又奏:“知湖州汪藻编类元符庚辰至建炎已酉三十年事迹,乞下藻以已成文字赴本所。”并从之。先是,藻奉诏访求甚备,未及修纂,崇礼取而专之。

尝进唐太宗录刺史姓名于屏风故事,曰:“连千里之封得一良守,则千里之民安;环百里之境得一良令,则百里之民说。牧民之吏咸得其良,则治功成矣。苟能效当时之事,以守令姓名详列于屏,简在帝心,则人知尽心职业。”再入翰林凡五年,所撰诏命数百篇,文简意明,不私美,不寄怨,深得代言之体。

以宝文阁直学士知绍兴府。刘豫导金人入侵,扬、楚震扰,高宗躬御戎衣次吴会。崇礼以近臣承宁方面,谓:“浙东一道为行都肘腋之地,备御不可不谨。”密疏于朝,得便宜从事。于是缮城郭,厉甲兵,输钱帛以犒王师,简舟舰以扼海道,疚心夙夜,殆废食寝。及春,帝还,七州晏然不知羽檄之遽。期年,上印绶,退居台州。卒年六十,赠左朝议大夫。

崇礼妙龄秀发,听敏绝人,不为崖岸斩绝之行。廉俭寡欲,犹覃心辞章,洞晓音律,酒酣气振,长歌慷慨,议论风生,亦一时之英也。中年顿锉场屋,晚方登第,以县主簿骤升华要,极润色论思之选。端方亮直,不惮强御,秦桧罢政,崇礼草词显著其恶无所隐,桧深憾之。及再相,矫诏下台州就崇礼家索其稿,自于帝前纳之,且将修怨。会崇礼已没,故身后所得恩泽,其家畏惧不敢陈,士大夫亦无敢为其任保。楼钥尝叙其文,以为气格浑然天成,一旦当书命之任,明白洞达,虽武夫远人晓然知上意所在云。

论曰:建炎、绍兴之际,网罗俊彦,布于庶职,如卫肤敏以下七人者,其论议时政,指陈阙失,虽或好恶多不同,亦皆一时之表表者。矧一止、宁止兄弟之忠清,交修、崇礼之词翰,又有助于治化者焉。

宋史卷三七九
列传第一三八

章谊　韩肖胄　陈公辅
张嵲　胡松年　曹勋　李稙
韩公裔

　　章谊字宜叟,建州浦城人。登崇宁四年进士第,补怀州司法参军,历漳、台二州教授、杭州通判。建炎初,陈通寇钱塘,城闭,部使者檄谊聚杭州七县弓兵,以张声势。会王渊讨贼,谊随渊得入城,贼平,旋加抚定,人皆德之。

　　帝幸临安,苗、刘为变,帝御楼,宰臣百执事咸在,人心汹汹。帝问群臣曰:"今日之事何如?"浙西安抚司主管机宜文字时希孟辄曰:"乞问三军。"谊越班斥之曰:"问三军何义? 若将鼓乱邪?"希孟却立屏息,帝嘉之。事定,窜希孟吉阳军,谊迁二秩,擢仓部员外郎。奉使二浙,贸易祠牒以济军用,以稽迟罢。未几,召为驾部员外郎,迁殿中侍御史。

　　张浚宣抚陕西,谊奏:"自赵哲退败,事任已重,处断太专,当除副贰,使之自助。"何㮚赠官,谊论其"折冲无谋,守御无策,乃中国招祸之首"。乞寝免。

　　邵青自太平乘舟抵平江,所至劫掠。谊请置水军于驻跸之地,且言:"古舟师有三等,大为阵脚,次为战船,小为传令,皆可为战守之备。"诏淮南三宣抚措置。谊又献战守四策,谓:"金人累岁南侵,我亦累岁奔走,盖谋国之臣误陛下也。比者驻跸扬州,有兵数十万,可以一战。斥候不明,金人奄至,逾江而东,此宰相黄潜善、汪伯彦过也。前年,移跸建康,兵练将勇,据长江之险,可守矣。舟师不设,二相异意,金人未至,遵海而南,此宰相吕颐浩过也。不知今年守战之策安所从出?执政大臣谁为陛下任此事者?臣愚谓有江海,必资舟楫战守之具;有险阻,必资郡县防守之力;有兵将,必驾驭抚循,不可为将帅自卫之资;有粮赋,必漕运转输,不可为盗贼侵据之用。四者各付能臣,分路以办,重赏严罚,谁敢不用命哉!”

诏问保民、弭盗、遏寇、生财之策,谊对曰:“去奸贪残虐之吏,则民可保;用循良廉平之吏,则盗可弭;敌寇未遏,以未得折冲御侮之臣;财赋未裕,以未得掌财心计之臣。凡此四者,任人不任法,则政治可得而治矣。”

诏集议明堂配享,胡直儒等请合祭天地,而以太祖、太宗配。谊言:“稽之经旨则未合,参之典故则未尽,施之事帝则未为简严。今国家既以太祖配天于郊,比周之后稷,则太宗宜配帝于明堂,以比周之文王。仁宗皇祐二年,始行明堂合祭天地,并配祖宗,乃一时变礼。至嘉祐七年,再行宗祀,已悟皇祐之非,乃罢配享,仍撤地示之位,故有去并侑烦文之诏。如嘉祐之诏,则太祖地示已不与祭;元丰正祀礼典之诏,则悉罢群祀。臣等谓将来明堂大飨,宜专祀昊天上帝,而以太宗配。”后不果行。

绍兴二年,除大理卿。宰相奏知平江府,帝曰:“谊儒者,赖其奏谳平恕,使民不冤,勿令补外。”寻除权吏部侍郎,乞:“诏有司编类四选通知之条,与一司专用之法,兼以前后续降旨挥,自成一书。如此则铨曹有可守之法,奸吏无舞文之弊,书成而吏铨有所执守矣。”

改刑部侍郎兼详定一司敕令,谊奏:“比修绍兴敕令格式,其忠厚之意,则本于祖宗;其纲条之举,则仍于旧贯。今在有司,为日既久,州县推行,渐见牴牾。欲承疑遵用,则众听惑而不孚;欲因事申明,则法屡变而难守。乞诏监司、郡守与承用官司,参考祖宗旧典,各摭新书之阙遗,条具以闻,然后命官审订删去,著为定法。”

迁徽猷阁直学士、枢密都承旨,谊奏:"汉有南北两屯,唐有南北两卫,皆天子自将之兵。祖宗所置殿班亲军,处禁门之内,皆极天下之选。今日神武兵萃于五军,多逃亡之余,市井之人,殿班亲军,倚以侍卫者,曾无千百。愿陛下酌、汉唐南北禁卫之意,修本朝遴选班直之法,选五军及诸州各为一卫,合取万人,分为两卫,则禁卫增严,王室大竞矣。"

四年,金遣李永寿、王翊来,求还刘豫之俘,及西北人在东南者,又欲画江以益刘豫。时议难之,欲遣大臣为报使。参政席益以母老辞,荐谊为代,加谊龙图阁学士,充军前奉表通问使,给事中孙近副之。谊至云中,与粘罕、兀室论事,不少屈。金人谕亟还,谊曰:"万里衔命,兼迎两宫,必俟得请。"金人乃令萧庆授书,并以风闻事责谊,谊诘其所自,金人以实告,乃还。至南京,刘豫留之,以计得归。帝嘉劳之,擢刑部尚书。

是冬,帝亲征,王师大捷于淮阴,谊扈从。还临安,迁户部尚书,谊言:"祖宗设官理财,内则户部,外则诸路则转运使、副,东南委输最盛,则又置发运,以督诸路供输之入,皆有移用补助之法,户部仰以不乏者也。今川、广、荆湖土贡岁输,不入王府者累年矣,皆发运使失职之罪也。项因定都汴京,故发运使置司真、泗,今驻吴会,则发运当在荆湖南、北之间。望讨论发运置司之地,选能臣以充其任。"又言:"户部左右曹之设,诸路运司左曹之属也,提举则右曹之属也。若复发运司,于诸路各置转运使副二员,以一员检察常平,以应右曹之选,则户部财用无陷失矣。"

五年,以疾请郡,除龙图阁学士、知温州。适岁大旱,米斗千钱,谊用刘晏招商之法,置场增直以籴,米商辐辏,其价自平。部使者以状闻,诏迁官一等。六年,移守平江。时将临幸,供亿繁夥,谊处之皆当于理。召对,赐带笏,帝曰:"此不足以偿卿之劳,其勿谢。"

明年,移跸建康,复为户部尚书。谊奏营田之策,谓:"京西、湖北、淮南东西失业者最多,朝廷必欲家给牛种、人给钱粮以劝耕,则财力不足。今三大将各屯一路,如各捐数县地均给将士,收其余以省转输，非小补也。"

七年，帝还临安，以谊为端明殿学士、江南东路安抚大使、知建康府兼行宫留守。未几，提举亳州明道宫，代还。八年卒，年六十一，谥忠恪。

谊宽厚长者，故事台官言事，非挟怨以快己私，即用仇家言为人报复，谊犹存大体，士论归之。立朝论事，奏疏无虑数十百篇，皆经国济时之策。初，席益荐谊使金，帝曰："谊亦母老，朕当自谕之。"谊闻命，略无难色，戒其家人勿使母知。将行，告曰："是行不数月即归，大似往年太学谒告时尔。"及还，母竟不知其使金也。谊卒，母年九十二。子八人：骉、驹、駟、骥、猝、駉、驰、駎。

韩肖胄字似夫，相州安阳人。曾祖琦，祖忠彦，再世为相。父治。肖胄以荫补承务郎，历开封府司录。与府尹同对殿中，徽宗问其家世，赐同上舍出身，除卫尉少卿，赐三品服。

寻假给事中、充贺辽国生辰使。既还，时治守相州，请祠。肖胄因乞补外侍疾，诏除直秘阁、知相州，代其父任。陛辞，帝曰："先帝诏韩氏世官于相，卿父子相代，荣事也。"在相四年，王师傅燕，肖胄策幽蓟且有变，宜阴为守备。已而金骑入境，野无所掠而去。

建炎二年，知江州，入为祠部郎，迁左司。尝言："中原未复，所恃长江之险，淮南实为屏蔽。沃野千里，近多荒废，若广修农事，则转饷可省，兵食可足。"自是置局建康，行屯田于江淮。又应诏陈五事，曰：远斥堠，戢戍兵，防海道，援中原，修军政。擢工部侍郎。

时川、陕马纲路通塞不常，肖胄请于广西邕州置司，互市诸蕃马，诏行之。时召侍从问战守计，肖胄条奏千余言，帝称其所对事理简当。吏部尚书席益叹曰："援古证今，切于时用，非世官不能也。"

绍兴二年，诏百官各言省费裕国、强兵息民之策，肖胄言："天下财赋窠名，旧悉隶三司，今户部惟有上供之目而已。问诸路窠名于户部，户部不能悉，问诸州窠名于漕司，漕司不能悉，失一窠名，则此项遂亡。愿诏诸路漕司，括州县出纳，可罢罢之，可并并之，立为定籍。漕司总诸州,户部总诸路,则无失陷矣。经费之大,莫过养兵。今人亡而冒请者众,愿立诸军覆实之法,重将帅冒请之罪,则兵数得实,饷给不虚,省费裕国,此其大者。生民常赋之外,迫以军期,吏缘为奸,敛取百端。复为寇所迫逐,田桑失时,寇去复业,未及息肩,催科之吏已呼其门矣。愿诏郡邑,招集流散,官贷之种,俟及三年,始责其赋,置籍书之,以课殿最,强兵息民,此其先者。"时多所采纳。又请复天地、日月、星辰、社稷之祀,于是下有司定一岁祭礼。

迁吏部侍郎,时条例散失,吏因为奸,肖胄立重赏,俾各省记,编为条目,以次行之,舞文之弊始革。阵亡补官,得占射差遣,而在部常调人,守待不能注授,且有短使重难。肖胄请阵亡惟许本家用恩例,异姓候经任收使,遂无不均,且严六部出入之禁,而请托不行。

三年,拜端明殿学士、同签书枢密院事,充通问使,以胡松年副之,肖胄慨然受命。时金酋粘罕专执政,方恃兵强,持和战离合之策,行人皆危之。肖胄入奏曰:"大臣各循己见,致和战未有定论。然和乃权时之宜,他日国家安强,军声大振,誓当雪此仇耻。今臣等行,或半年不返命,必复有谋,宜速进兵,不可因臣等在彼而缓之也。"将行,母文语之曰:"汝家世受国恩,当受命即行,勿以我老为念。"帝称为贤母,封荣国夫人。

肖胄至金国,金人知其家世,甚重之,往返才半年。自帝即位,使者凡六七年未尝报聘,至是始遣人偕来。肖胄先北使入对,与朱胜非议不合,力求去,以旧职知温州,提举临安府洞霄宫。

五年,诏问前宰执战守方略,肖胄言:"女真等军皆畏服西兵劲锐善战,今三帅所统多西人,吴玠继有捷奏,军声益振,敌意必摇,攻战之利,臣固知之。自荆、襄至江、淮,绵亘数千里,不若择文武臣僚按行计度,求险阻之地,屯兵积粮,则形势相接。今淮东、西虽命宣抚使,然将屯置司,乃在江上,所遣偏裨分守,不过资以轻兵,势孤力弱,难以责其固志。当移二将于江北,使藩篱可固。"又言:"诸大将之兵,自主庭户,更相仇疾,若欲并遣进攻,宜先命总帅,分以精锐,自成一军,号令既一,则诸将畴敢不听命。畿甸、山东、关河之民怨金人入骨,当以安集流亡,招怀归附为先,今淮南、江东西荒田至多,若招境上之人,授田给粮,捐其赋租,必将接迹而至。"又奏:"江之南岸,旷土甚多,沿江大将各分地而屯,军士旧为农者十之五六,择其非甚精锐者,使之力耕,农隙则试所习之技艺,秋成则均以所种之禾麦,或募江北流徒及江南无业愿迁之人分给之,创为营屯。止则固守,出则攻讨。"起知常州,如赴行在,提举万寿观,寻除签书枢密院事。

和议已定,复命肖胄为报谢使。接伴者逆于境,谓当称谢恩使。肖胄论难三四反,遂语塞。既至,金遣人就馆议事,肖胄随问随答,众皆耸听。其还,给毡车及顿递宴设,自肖胄始。

除资政殿学士、知绍兴府。寻奉祠,与其弟膺胄寓居于越几十年。事母以孝闻,弟不至不食,所得恩泽,皆先给宗族。卒,年七十六,谥元穆。

琦守相,作画锦堂,治作荣归堂,肖胄又作荣事堂,三世守乡郡,人以为荣。

陈公辅字国佐,台州临海人。政和三年,上舍及第,调平江府教授。朱勔方嬖幸,当官者奴事之,公辅绝不与交。勔有兄丧,诸生欲往吊,公辅予告。勔不悦,讽权要移公辅越州。累迁权应天府少尹,除秘书郎。

靖康初,二府多宣和旧人,公辅言:"蔡京、王黼用事二十余年,台谏皆缘以进,唐重、师骥为太宰李邦彦引用,谢克家、孙觌为篡修蔡攸引用,及邦彦作相,又附丽以进。此四人者,处台谏之任,臣知其决不能言宰相大臣之过。愿择人臣中朴茂纯直、能安贫守节、不附权幸、慷慨论事者,列之台谏,则所任得人,礼义廉耻稍稍振起,敌国闻之,岂不畏服哉!"时吴敏、李纲不协,公辅奏:"陛下初临万机,正赖其同心合谋,而二臣不和,已有其迹,愿谕以圣训,俾务一心以安国家。"

徽宗渡江未还，人情疑惧，公辅力陈父子之义，宜遣大臣迎奉。钦宗嘉之，擢为右司谏。孟夏享景灵宫，遂幸阳德、祐神观。公辅谏不当如平时事宴游，论："蔡京父子怀奸误国，终未行遣。今朝廷公卿百执事半出其门，必有庇之者。"诏谪京崇信军节度副使，德安府安置。又奏："朱勔罪恶，都城之民皆谓已族灭其家，乞勿许其子姓随上皇入京。"

时有指公辅为李纲之党，鼓唱士庶伏阙者。公辅自列，因辞位，后陈三事："其一言李纲书生，不知军旅，遣授太原，乃为大臣所陷，必败事。其二言余应求不当以言远谪。其三言方复祖宗法度，冯澥不宜更论熙宁、元丰之政。"语触时宰，遂与应求、程瑀、李光俱得罪，斥监合州税。

高宗即位，召还，除尚书左司员外郎。明年，始达维扬。初李纲得政，公辅自外除郎，未至而纲罢，改南剑州，寻予宫观。

绍兴六年，召为吏部员外郎。疏言："今日之祸，实由公卿大夫无气节忠义，不能维持天下国家，平时既无忠言直道，缓急讵肯伏节死义，岂非王安石学术坏之邪？议者尚谓安石政事虽不善，学术尚可取。臣谓安石学术之不善，尤甚于政事，政事害人才，学术害人心，《三经》、《字说》诋诬圣人，破碎大道，非一端也。《春秋》正名分，定褒贬，俾乱臣贼子惧，安石使学者不治《春秋》；《史》、《汉》载成败安危、存亡理乱，为圣君贤相、忠臣义士之龟鉴，安石使学者不读《史》、《汉》。王莽之篡，杨雄不能死，又仕之，更为《剧秦美新》之文。安石乃曰：'雄之仕，合于孔子无可无不可之义。'五季之乱，冯道事四姓八君，安石乃曰：'道在五代时最善避难以存身。'使公卿大夫皆师安石之言，宜其无气节忠义也。"复授左司谏，言："中兴之治，在得天得人，以孝感天，以诚得民。"帝喜其深得谏臣体，赐三品服，令尚书省写图进入，以便观览。

公辅感帝知遇，益罄忠鲠，言："正心在务学，治国在用人，朝廷之祸在朋党。"仍乞增轮对官，令审计、官告、粮科、榷货、监仓及茶场等官，有己见，许面对。时有诏将驻跸建康，公辅上疏陈攻守之策,且乞选大臣镇淮西,增兵将守要害,使西连鄂、岳,东接楚、泗,皆有掎角之形。

徽宗讣至,公辅请宫中行三年之丧,视朝服淡黄,群臣未可纯吉服,明堂未当以徽宗配,宜罢临轩策士。又乞权罢讲筵,事不行。

迁尚书礼部侍郎。会赵鼎言进退人才乃其职分,疏稍侵公辅,因力请祠。除集英殿修撰、提举江州太平观,寻知处州。升徽猷阁待制,乃提举太平观。卒,年六十六,赠太中大夫。有《文集》二十卷,奏议十二卷,行于世。公辅论事剀切,疾恶如仇,惟不右程颐之学,士论惜之。

张觷字柔直,福州人。举进士,为小官,不与世诡随。时蔡京当国,求善训子弟者,觷适到部,京族子应之以觷荐,觷再三辞,不获,遂即馆,京亦未暇与之接。觷严毅耸拔,意度凝然,异于他师,诸生已不能堪,忽谓之曰:“汝曹曾学走乎?”诸生骇而问曰:“尝闻先生教令读书徐行,未闻教以走也。”觷曰:“天下被而翁破坏至此,且夕贼来,先至而家,汝曹惟有善走,庶可逃死尔。”诸子大惊,亟以所闻告京,曰:“先生心恙。”京矍然曰:“此非汝所知也。”即见觷深语,觷慷慨言曰:“宗朝社稷,危在旦夕。”京敛容问计,觷曰:“宜亟引耆德老成置诸左右,以开道上心。罗天下忠义之士,分布内外,为第一义尔。”京因扣其所知,遂以杨时荐,于是召时。

觷后守南剑州,迁福建路转运判官。未行,会范汝为陷建州,遣叶彻拥众寇南剑。时统制官任士安驻军城西,不肯力战,觷独率州兵与之战,分为数队,令城中杀羊牛豕作肉串,仍多具饭。将战,则食第一队人,既饱,遣之入阵,便食第二队人,度所遣兵力将困,即遣第三队人往代,第四至五六队亦如之。更迭交战,士卒饱而力不乏,彻中流矢死,众败走。觷知士安惧无功,即函彻首与之,州兵皆愤,觷曰:“贼必再至,非与大军合力不能破也。士安得之大喜,遂驰报诸司,谓已斩彻。未几,彻二子果引众声言复父仇,缟素来攻。于是士安与州兵夹攻,大败之,城赖以全。

再知处州，尝欲造大舟，幕僚不能计其直，阐教以造一小舟，量其尺寸，而十倍算之。又有欲筑绍兴园神庙垣，召匠计之，云费八万缗，阐教之自筑一丈长，约算之可直二万，即以二万与匠者。董役内官无所得，乃奏绍兴空乏难济，太后遂自出钱，费三十二万缗。以直龙图阁知处州，荡平余寇，进秘阁修撰，卒。后庙食邵武。

胡松年字茂老，海州怀仁人。幼孤贫，母粥机织，资给使学，读书过目不忘，尤邃于《易》。政和二年，上舍释褐，补潍州教授。八年，赐对便殿，徽宗伟其状貌，改校书郎兼资善堂赞读。为殿试参详官，以沈晦第一，徽宗大悦曰：“朕久闻晦名，今乃得之。”迁中书舍人。

时方有事燕云，松年累章谓边衅一开，有不胜言者。弗时相意，提举太平观。建炎间，密奏中原利害，召赴行在，出知平江府。未入境，贪吏解印敛迹，以兴利除害十七事揭于都市，百姓便之。加徽猷阁待制。奏防江利害：一曰立国无藩篱之固，二曰遣将无首尾之援，三曰不攻敌技之所短。

召为中书舍人。言武昌、九江、建昌、京口、吴江、钱塘、明、越宜各屯水战士三千以为备。唐恪追复观文殿学士，松年缴奏曰：“靖康之祸，何栗轻脱寡谋，宜为罪首。去年秦桧还朝，力称其抗义守正，遂被褒赠，已大弗士论。今恪子琢自陈其父不获伸迎请二帝之谋，饮药而死。此事凛然，追踪古人。宜诏有司详考实状，庶不为虚美，以示激劝。”

除给事中。会选将帅，松年奏：“富贵者易为善，贫贱者难为功，在上之人识擢何如尔。愿陛下亲出劳军，即行伍搜简之，必有可为时用者。”又奏：“恢复中原，必自山东始，山东归附，必自登、莱、密始，不特三郡民俗忠义，且有通、泰飞艘往来之便。”除兼侍讲。

王伦使金还，言金人欲再遣重臣来计议，以松年试工部尚书为韩肖胄副，充大金奉表通问使。时使命久不通，人皆疑惧，松年毅然而往。至汴京，刘豫令以臣礼见，肖胄未答，松年曰：“圣主万寿。”豫曰：“圣意何在？”松年曰：“主上之意，必复故疆而后已。”使还，拜吏部尚书。

岳飞收复襄、汉，令松年筹度守御事。松年奏："乞飞班师，徐窥刘豫意向，若豫置不问，其情叵测，当饬将士谨疆场可也。"又条战舰四利：一曰张朝廷深入之军势，二曰固山东欲归之民心，三曰震叠强敌，使不敢窥江、浙，四曰牵制刘豫不暇营襄、汉。

除端明殿学士、佥书枢密院事。首奏八事：立规摹以定中兴之基，振纪纲以尊朝廷之势，驭将帅使知畏，抚士卒使知劝，收予夺之柄，察毁誉之言，无以小疵弃人才，无以虚文废实效。又荐张敌万："向在淮南诱敌深入，步骑四集，悉陷于淖，无得解者，金人至今胆落。乞令统率军马别为任使，庶几外阃渐多名将，不独仗倚三四人而已。"

谍报刘豫于登、莱、海、密具舟楫，淮阳、顺昌积刍粟，凭藉金人侵我边鄙。议者谓韩、刘、岳各当一面，可保无虞。松年奏："三人声势初不相属，缓急必不相救。况海道阔远，苏、秀、明、赵最为要冲，乞选精兵万人，命一大臣往驻建康，亲督世忠、光世守采石、马家渡，以张两军之势，仍以兵五千屯明州、平江，控御江海。或无人可遣，臣愿疾驰以赴其急。"诏遣松年往江上，与诸将会议进讨，因觇贼情。帝决意亲征，遂次平江，命松年权参知政事，专治战舰，张浚专治军器。松年曰："议论既定，力行乃有效，若今日行，明日止，徒纷纷无益。"

俄以疾提举洞霄宫，卜居阳羡，虽居闲不忘朝廷事，屡言和籴科敛、防秋利害，帝皆嘉纳。十六年，病革，呼其子曰："大化推移，有所不免。"乃就枕，鼻息如雷，有顷卒，人谓不死也。年六十。

松年平生不喜蓄财，每除官例赐金帛，以军兴费广，一无所陈请，或劝其白于朝，曰："弗请则已，白之是沽名也。"喜宾客，奉入不足以供费，或请节用为子孙计。松年曰："贤而多财，则损其志，况俸廪，主上所以养老臣也。"自持橐至执政，所举自代，皆一时闻人，所荐一以至公，权势莫能夺。

方秦桧秉政，天下识与不识，率以疑忌置之死地，故士大夫无不曲意阿附为自安计。松年犹鄙之,至死不通一书,世以此高之。

曹勋字公显,阳翟人。父组,宣和中,以阁门宣赞舍人为睿思殿应制,以占对开敏得幸。勋用恩补承信郎,特命赴进士廷试,赐甲科,为武吏如故。

靖康初,为阁门宣赞舍人、勾当龙德宫,除武义大夫。从徽宗北迁,过河十余日,谓勋曰:"不知中原之民推戴康王否?"翌日,出御衣书领中曰:"可便即真,来救父母。"并持韦贤妃、邢夫人信,命勋间行诣王。又谕勋:"见康王第言有清中原之策,悉举行之,毋以我为念。"又言"艺祖有誓约藏之太庙,不杀大臣及言事官,违者不祥。"

勋自燕山遁归。建炎元年七月,至南京,以御衣所书进入。高宗泣以示辅臣。勋建议募死士航海入金国东京,奉徽宗由海道归,执政难之,出勋于外,凡九年不得迁秩。绍兴五年,除江西兵马副都监,勋以远次为请,改浙东,言者论其不闲武艺,专事请求,竟夺新命。

十一年,兀术遣使议和,授勋成州团练使,副刘光远报之。及淮,遇兀术,遗还,言当遣尊官右职持节而来,盖欲亟和也。勋还,迁忠州防御使。金使萧毅等来,命勋为接伴使。未几,落阶官为容州观察使,充金国报谢副使,召入内殿,帝洒泣,谕以恳请亲族之意。及见金主,正使何铸伏地不能言,勋反覆开谕,金主首肯许还梓宫及太后。勋归,金遣高居安等卫送太后至临安,命勋充接伴使。迁保信军承宣使、枢密副都承旨。

二十九年,拜昭信军节度使,副王伦为称谢使。时金主亮已定侵淮计,勋与伦还,言邻国恭顺,和好无他,人讥其妄。孝宗朝加太尉、提举皇城司、开府仪同三司。淳熙元年卒,赠少保。

李稙字元直,泗州临淮人。幼明敏笃学,两举于乡。从父中行客苏轼门,太史晁无咎见之曰:"此国士也。"以女妻焉。

靖康初,高宗以康王开大元帅府。湖南向子諲转运京畿,时群盗四起,饷道扼绝,环视左右无足遣者。有以稹荐,遂借补迪功郎,使督四百艘,总押犒师银百万、粮百万石,招募忠义二万余众,自淮入徐趋济,凡十余战,卒以计达。时高宗驻师钜野,闻东南一布衣统众而至,士气十倍,首加劳问。稹占对详敏,高宗大悦,亲赐之食,曰:“得一士如获拱璧,岂特军饷而已。”承制授承直郎,留之幕府。

稹三上表劝进:“愿蚤正大宝,以定人心,以应天意。”三降手札奖谕。稹感激知遇,言无不尽,为汪伯彦、黄潜善所忌。高宗既即位,为东南发运司干办公事,寻以奉议郎知潭州湘阴。县经杨么荡析,稹披荆棘,立县治,发廪粟,振困乏,专以抚摩为急。

丞相张浚督师江上,知稹才,荐为朝奉郎、鄂州通判。大盗马友、孔彦舟未平,稹请修战舰,习水战,分军马为左右翼,大破彦舟伏兵,诛马友,二盗平。浚以破贼功上于朝,转朝奉大夫、通判荆南府。秩满,除尚书户部员外郎。

时秦桧当国,凡帅府旧僚率皆屏黜,浚亦去国。稹即丐祠奉亲,寓居长沙之醴陵十有九年,杜门不仕。

桧死,子諲以户部尚书居迩列,语及龙飞旧事,识稹姓名,除户部郎中。稹始入见,帝曰:“朕故人也。”方有意大用,以母老,每辞,愿便养,除知桂阳军。丁母忧,归葬,哀毁庐墓,有白鹭朱草之祥。刘锜遗之书曰:“忠臣孝子,元直兼之矣。”

服阕,参政钱端荐差知琼州。陛辞,帝慨然曰:“卿老矣,琼管远在海外。”改知徽州。徽俗崇尚淫祠,稹首以息邪说、正人心为事,民俗为变。转朝请大夫、直秘阁,改知镇江府,迁江、淮、荆湘都大提点坑冶铸钱公事。

逾年,金人败盟,朝廷将大举,以稹漕运有才略,授直敷文阁、京西河北路计度转运使。稹措画有方,廷议倚重。乾道元年,迁提刑江西。二年,直宝文阁、江南东路转运使兼知建康军府兼本路安抚使,主管行宫留守司事。

稹上书极言防江十策,其略曰:“保荆、襄之障,以固本根;审中军所处,以俟大举;搜选强壮,以重军势;度地险阨,以保居民;避敌所长,击其所短;金人降者宜加赏劝。"皆直指事宜,不为浮泛。疏上,帝嘉其言,以太府卿召赴阙,有疾不克上道,遂以中奉大夫、宝文阁学士致仕,还湘。

时胡安国父子家南岳下,刘锜家湘潭,相与往还讲论,言及国事,必忧形于色,始终以和议为恨。年七十有六卒。有文集十卷,题曰《临淮集》,庐陵胡铨为之序。谥忠襄。

子五人,汝虞知桃源县,汝士朝奉大夫、知黄州,汝工知昌化军。

韩公裔字子展,开封人。初以三馆吏补官,掌韦贤妃阁笺奏,寻充康王府内知客。

金兵犯京,王出使,公裔从行。渡河,将官刘浩、吴湛私斗,公裔谕之乃解。次磁州,军民戕奉使王云,随王车入州廨,公裔复谕退之。王之将南也,与公裔谋,间道潜师夜起,迟明至相,磁人无知者,自是亲爱愈笃。及兵退,张邦昌遣人同王舅韦渊来献传国玺。时渊自称伪官,议者又谓邦昌不可信,王怒将诛渊,公裔曰:"神器自归,天命也。"王遂受玺,命公裔掌之。公裔力救渊,释其罪。

元祐后诏王入承大统,府僚谓金兵尚近,宜屯彭城。公裔言:"国家肇基睢阳,王亦宜于睢阳受命。"时前军已发,将趋彭城,会天大雷电,不能前,王异之,夜半抗声语公裔曰:"明日如睢阳,决矣。"既即帝位,公裔累迁武功大夫、贵州防御使。

后以事忤黄潜善,适帝幸维扬,公裔丐去,潜善以为避事,遂降三官,送吏部。帝幸越,念其旧劳,召复故官、斡办皇城司,仍带御器械,累迁至广州观察使、提举祐神观。

公裔给事藩邸三十余年,恩宠优厚,每置酒慈宁宫,必召公裔。会修《玉牒》,元帅府事多放佚,秦桧以公裔帅府旧人,奏令修书官就质其事。俄除保康军承宣使,桧疑其舍己而求于帝,衔之。右谏议大夫汪勃希桧意,劾罢公裔,遂与外祠,在外居住,而帝眷之不衰。

桧死，即复提举祐神观，赐第和宁门西，帝曰："朕与东朝欲常见卿，故以自近耳。"升华容军节度使，寻致仕。后华容军复为岳阳军，公裔遂换岳阳军节度使。高宗既内禅，尝与孝宗语其忠劳，因诏所居郡善视之。乾道二年卒，年七十五，赠太尉，谥恭荣，官其亲族八人。高宗赐金帛甚厚。

公裔律身稍谨，不植势，不市恩，又敢与黄潜善、秦桧异，斯亦足取云。

论曰：章谊有謇谔之节，肖胄席父祖之荫，二人多所论建，奉使不辱，亦可取矣。陈公辅得谏臣之体，其劾蔡京、王黼之党，论吴敏、李纲之隙，是矣。然既辨安石学术之害，而不尚程颐之学，何邪？张觷斥蔡京之祸，荐杨时之贤，其趣操正矣，况平寇有术，而不自以为功乎？松年鄙秦桧而不交，知命通方，固不易得。而曹勋崎岖兵间，稍著劳效，然金人入侵之计已决，犹曰邻国恭顺无他，何其见几之不早邪？若李稙、韩公裔早著忠荩，为天子故人，能与黄潜善、秦桧为异，闭门不出，待时而动，斯亦知所向方者哉！

宋史卷三八〇
列传第一三九

何铸　王次翁　范同　杨愿
楼照　勾龙如渊　薛弼
罗汝楫　萧振

　　何铸字伯寿,余杭人。登政和五年进士第,历官州县,入为诸王宫大小学教授、秘书郎。御史中丞廖刚荐铸操履劲正,可备拾遗补阙之选。即命对。铸首陈:"动天之德莫大于孝,感物之道莫过于诚。诚孝既至,则归梓宫于陵寝,奉两宫于魏阙,绍大业,复境土,又何难焉。"帝嘉纳之。

　　拜监察御史,寻迁殿中侍御史。上疏论:"士大夫心术不正,徇虚以掠名,托名以规利。言不由中而首尾乡背,行险自售而设意相倾者,为事君之失。怀险峻之谋,行刻薄之政,轻儇不庄,慢易无礼者,为行己之失。乞大明好恶,申饬中外,各务正其心术,毋或欺诞。"盖有所指也。时迁温州诸宫殿神像于湖州,有司迎奉,所过骚然。铸言:"孝莫大于宁神,宁神莫大于得四海之欢心。浙东旱荒,若加勤动,恐道路怨咨。乞务从简约,不得过为骚扰。"疏奏,其事遂已。擢右谏议大夫。论:"中兴之功,在于立志,天下之事济与否,在于思与不思。愿陛下事无大小,精思熟虑,求其至当而行。如是,则事无过举矣。"寻拜御史中丞。

　　先是,秦桧力主和议,大将岳飞有战功,金人所深忌,桧恶其异已,欲除之,胁飞故将王贵上变,逮飞系大理狱,先命铸鞫之。铸引飞至庭,诘其反状。飞袒而示之背,背有旧涅"尽忠报国"四大字,深入肤理。既而阅实俱无验,铸察其冤,白之桧。桧不悦曰:"此上意也。"铸曰:"铸岂区区为一岳飞者,强敌未灭,无故戮一大将,失士卒心,非社稷之长计。"桧语塞,改命万俟离。飞死狱中,子云斩于市。

桧衔铸。时金遣萧毅、邢具瞻来议事,桧言:"先帝梓宫未反,太后銮舆尚迁朔方,非大臣不可祈请。"乃以铸为端明殿学士、签书枢密院事为报谢使。铸曰:"是行犹颜真卿使李希烈也,然君命不可辞。"既返命,桧讽万俟离使论铸私岳飞为不反,欲窜诸岭表,帝不从,止谪徽州。

时有使金者还,言金人问铸安在,曾用否。于是复使知温州。未几,以端明殿学士提举万寿观兼侍读,召赴行在,力辞。乃再遣使金,使事秘而不传。既归报,帝复许以大用,又力请祠,除资政殿学士、知徽州。居数月,提举江州太平兴国宫。卒,年六十五。

铸孝友廉俭。既贵,无屋可居,止寓佛寺。其辨岳飞之冤,亦人所难。然绍兴己未以后,遍历台谏,所论如赵鼎、李光、周葵、范仲、孙近诸人,未免迎望风旨,议者以此少之。至于慈宁归养,梓宫复还,虽铸祈请之力,而金谋盖素定矣。

先是,金诸将皆已厌兵欲和,难自己发,故使桧尽室航海而归,密有成约。绍兴以后,我师屡捷,金欲和益坚。至是,遣铸衔命,盖桧之阴谋,以铸尝争岳飞之狱,而飞竟死,使金知之而其议速谐也。

铸死四十余年,谥通惠,其家辞焉。嘉定初,改谥恭敏。

王次翁字庆曾,济南人。聚徒授业,齐、鲁多从游者。入太学,贫甚,夜持书就旁舍借灯读之。礼部别头试第一,授恩州司理参军,历婺州教授、辟雍博士,出知道州。

燕云之役,取免夫钱不及期,辄以乏兴论。次翁檄取属邑丁籍,视民产高下以为所输多寡之数,约期受输,不扰而集。除广西转运判官。时剧盗马友、孔彦舟、曹成更据长沙,帅檄漕司预鸠粮刍三十万以备调发,次翁即以具报,吏愕眙,次翁曰:"兵未必发,先扰民可乎?吾以一路常平上供计之,不啻三十万。"已而贼不犯境。召对,论事不合,出知处州,乞祠,归寓于婺。

吕颐浩帅长沙,辟为参谋官。顷之,力乞致仕。秦桧召还,道出婺,次翁见之。楼照言:"颐浩与次翁同郡,颐浩再相,次翁贫困至此。"桧笑曰:"非其类也。"桧居朝,遂以为吏部员外郎,迁秘书少监,除起居舍人,迁中书舍人。刘光世除使相,奏以文资荫其子,次翁执奏缴还。

除工部侍郎兼侍讲。蜀阙帅,宰执拟次翁以闻。帝以次翁明经术,留兼资善堂翊善。改御史中丞。论赵鼎不法,罢知泉州。部差李泗为鄂州巡检,而湖北宣抚使不可,次翁言:"法令沮于下,而不知朝廷之尊,渐不可长。"帝令诘宣抚司。宣赞舍人陈谔、孙崇节即阁门受旨升转,次翁言:"阁门经自画旨,不由三省,非祖宗法。"寝弗命。呼延通因内教出不逊语,次翁乞斩通以肃军,且言:"著令,寸铁入皇城者有常刑。"遂罢内教。

韩世忠与刘光世、张俊与刘锜皆不相能,次翁言:"世忠于光世因言议有隙,俊于锜由措置有睽。窃恐锜保一孤垒,光世军处穷,独俊与世忠不肯急援。愿遣使切责,因用郭子仪、李光弼以忠义泣别相勉者感动之。"

金人败盟入侵,次翁为秦桧言于帝曰:"前日国是,初无主议,事有小变则更用他相,后来者未必贤于前人,而排斥异党,收召亲故,纷纷非累月不能定,于国事初无补。愿陛下以为至戒,无使小人异议乘间而入。"桧德之。先是,桧兄子与其内兄王晗皆以恩幸得官,桧初罢政,二人摈斥累年。至是,次翁希桧旨,言:"吏部之有审量,皆暴扬君父过举,得无伤陛下孝治。乞悉罢建炎、绍兴前后累降指挥。"由是二人骤进。

初,次翁既论罢赵鼎,鼎归会稽,上书言时政。桧忌鼎复用,乃令次翁又言之,乞显置于法。且言:"特进乃宰相阶官,鼎虽谪降,而阶官如故，是未尝罢相也。"遂降散官，谪居兴化军。右谏议大夫何铸又论鼎罪重罚轻，降朝奉大夫，移漳州。桧意犹未厌，次翁又论："鼎闻边警，喜见颜色。绳以汉法，当伏不道之诛；责以《春秋》，当坐诛意罚。虽再行贬责，然朝奉大夫视中大夫品秩不相辽，漳州比兴化尤为善地，以此示罚，人将玩刑。"再移潮州安置。

次翁除参知政事。两浙转运司牒试，主司观望，桧与次翁子侄预选者数人，士论大骇。金人败于柘皋，帝曰："将帅成不战劫敌之功，乃辅弼奇谋指纵之力。"除一子职名。

桧召三大将论功行赏，岳飞未至。桧与次翁谋，以明日率世忠、俊置酒湖上，欲出，则语直省官曰："姑待岳少保来。"益令堂厨丰其燕具，如此展期以待者六七日。飞既至，皆除枢密使，罢兵柄。次翁归语其子伯庠曰："吾与秦相谋之久矣。"

太后回銮，次翁为奉迎扈从礼仪使。初，太后贷金于金使以犒从者，至境，金使责偿乃入。次翁以未得桧命，且惧桧疑其私结纳，欲攘其位，坚不肯偿，相持境上凡三日，中外忧虑，副使王唤哀金与之。太后归，泣诉于帝曰："王次翁大臣，不顾国家利害，万一有变，则我子母不相见矣。"帝震怒，欲暴其罪诛之。次翁先白桧谓所以然者，以未尝禀命，故不敢专。桧大喜，力为营救，奏为报谢使以避帝怒。

使还，帝立中宫，奏为册宝副使，帝终恶之。桧谕次翁辞位，遂以资政殿学士奉祠，引年归，居明州。桧怜之，馈问不绝。十九年，卒，年七十一，赠宣奉大夫，诸子婿亲戚族人添差浙东者又数人，皆桧为开陈也。桧擅国十九年，凡居政府者，莫不以微忤出去，终始不二者，惟次翁尔。

范同字择善，建康人。登政和五年第，再中宏词科，累官至吏部员外郎。与秦桧力主和议。绍兴八年，假太常少卿接伴金使萧哲、张通古入境，同北向再拜，问金主起居，军民见者多流涕。除中书门下省检正诸房公事，权吏部侍郎兼实录院修撰，迁给事中。

十一年,桧再主和议,患诸将难制,同献计于桧,请皆除枢府,罢其兵权。桧喜,乃密奏以柘皋之捷,召三大将赴行在,论功行赏。同入对,帝命与林待聘分草三制,世忠、俊枢密使,飞副使,并宣押赴枢府治事。张俊与桧意合,且觉朝廷欲罢兵权,即首纳所统兵。帝召同入对,复以同为翰林学士,俄拜参知政事兼修实录。

同始赞和议,为桧所引,及在政府,或自奏事,桧忌之。万俟卨因论:“同贰政之初,首为迁葬之议,自建康至信州,调夫治道,怨嗟籍籍。近朝廷收天下兵柄,归之宥密,同辄于稠人中贪天功以为己有。”遂罢与祠。桧意未已,卨再论,责授左朝奉郎、秘书少监,谪居筠州。

十四年,复朝奉大夫,提举江州太平观,移池州。十八年,复太中大夫、知太平州。卒,年五十二。

杨愿字原仲。宣和末,补太学录。二帝北迁,金人闻愿名,索之,愿匿民间。上书执政,请迎复元祐皇后。又奔济州元帅府劝进,辟为属。

高宗即位,以元帅府结局恩,授修职郎,御营司辟机宜文字。历新昌县丞、越州判官。秦桧荐之,召改枢密编修官。登绍兴二年进士第,迁计议官。召试馆职,罢。主管崇道观,复除秘书郎。议者谓外任未终,改通判明州。

桧既专政,召为秘书丞。未几,拜监察御史。台长言愿资浅,当先历郎官,改司封员外郎,迁右司,起居舍人兼权中书舍人。初修玉牒,特以命愿,愿言:“玉牒当载靖康推戴赵氏事,以奏桧建议本末书之。”

十三年,权直学士院,充金国贺正旦接伴使。金使完颜毕入境,犹欲据主席,中使传宣,毕不迎拜,愿以礼折之,皆听服。及还,就充送伴使。十四年,为御史中丞。逾月,升端明殿学士、签书枢密院事兼参知政事,仍兼修玉牒。

十五年罢,提举太平观。初,愿与张扩并居西掖,一时书命,藉扩润色。扩咏《二毫笔诗》，愿以为诮己，诉于桧，讽御史李文会劾之。高阅侍经筵，帝问张九成安否，翌日，又问桧，桧曰："九成以唱异惑众，为台臣所论，予郡，乃力乞祠。观其意，终不为陛下用。"帝曰："九成清贫，不可无录。"桧疑阅荐之，以语愿，愿又嗾文会攻阅去。藤州守臣言迁客李光作诗讽刺时政，愿在中司，傅会其说，谓："光纵横倾险，子弟宾客往来吴、越，诱人上书，动摇国是。"光再移谪琼海。文会既升西府，愿觇桧意稍厌，即数其害政，罢之。后二日，愿遂补其处。帝与桧论事，因曰："朕谓进用士大夫，一相之责也。一相既贤，则所荐皆贤。"愿曰："陛下任相如此，盖得治道之要。"又论史事，桧曰："靖康围城中，失节者相与作私史，公肆挤排。"帝曰："卿不推异姓，宜其不容。"愿曰："桧非独是时不肯雷同，宣和间耿延禧为学官，以其父在东宫，势倾一时，士皆靡然从之，以徼后福，犹桧守正不易。"盖自桧再居相位，每荐执政，必选世无名誉、柔佞易制者。愿希桧意迎合，附下罔上，至是斥去，天下快之。

又三年，起知宣州。玉牒书成，加资政殿学士，移建康府。二十二年，卒，年五十二。

初，愿守宣城，表弟王炎调蕲水令，过之，醉中谓愿曰："尝于吕丞相处得公顷岁所通书，其间颇及秦丞相之短，尚记忆否？"愿闻之，色如死灰，遂留炎不听去。会愿移守金陵，宴监司，大合乐，守卒皆怠，炎即青溪得客舟以行，愿忧挠而卒。

楼照字仲晖，婺州永康人。登政和五年进士第，调大名府户曹，改西京国子博士、辟雍录、淮宁府司仪曹事，改尚书考功员外郎。

帝在建康，照谓："今日之计，当思古人量力之言，察兵家知己之计。力可以保淮南，则以淮南为屏蔽，权都建康，渐图恢复。力未可以保淮南，则因长江为险阻，权都吴会，以养国力。"于是移跸临安。擢右司郎中。时铨曹患员多阙少，自倅贰以下多添差。照言："光武并省吏员，今纵未能损其所素有，安可置其所本无乎？"

绍兴二年，秦桧罢相，照亦以言者论去。六年，召为左司员外郎，寻迁殿中侍御史。明年，迁起居郎，言："今暴师日久，财用匮乏。考唐故事，以宰相领盐铁转运使，或判户部，或兼度支。今宰相之事难行，若参仿唐制，使户部长贰兼领诸路漕权，何不可之有？内则可以总大计之出入，外则可以制诸道之盈虚，如刘晏自按租庸，以知州县钱谷利病。"诏三省相度措置，卒施行之。又言："监司、郡守，系民甚切。乞令侍从官各举通判资序或尝任监察御史以上可任监司、郡守者一二人。"诏从之，命中书、门下置籍。

七年，宰相张浚之兄滉赐出身与郡，中书舍人张焘封还，乃命照行，照又封还，而竟为权起居舍人何抡书黄行下，于是焘与照皆请补外，以秘阁修撰知温州。未几，除中书舍人，与勾龙如渊并命。如渊入对，帝谓之曰："卿与楼照皆朕所亲擢。"寻迁给事中兼直学士院。

九年，以金人来和肆赦，照草其文，曰："乃上穹开悔祸之期，而大金报许和之约。割河南之境土，归我舆图；戢宇内之干戈，用全民命。"寻兼侍读，除端明殿学士、签书枢密院事。继命往陕西宣谕德意。照奏："京城统制吴革、知环州田敢、成忠郎庐大受皆以节义，革为范琼所害，敢、大受为刘豫所杀，乞赐褒恤。"又奏："陕西诸路陷刘豫，郡县有不从伪之人，所籍赀产，并令勘验给还。"照至东京，检视宫室，寻诣永安军竭陵寝，遂至长安。

会李世辅自夏国欲归朝，照以书招之，世辅以二千人赴行在。寻至凤翔，以便宜命郭浩帅鄜延，杨政帅熙河兰巩，吴璘帅凤翔。照欲尽移川口诸军于陕西，璘曰："金人反覆难信，今移军陕右，则蜀口空虚。金若自南山捣蜀，要我陕右军，则我不战自屈。当依山为屯，控守要害。"于是璘、政二军独屯内地。照又会诸路监司于凤翔，皆言蜀边屯驻大军之久，坐困四川民力，乃下其议，语在《胡世将传》。

照还朝，以亲老求归省于明州，许之，命给假迎侍，仍赐以金带。十四年，以资政殿学士知绍兴府，过阙入见，除金书枢密院事兼权参知政事。寻为李文会、詹大方所劾，与祠。久之，除知宣州，徙广州,未行而卒,年七十三。后谥襄靖。

照早附蔡京改秩,为台谏所论。其后立朝至位二府,皆与秦桧同时。其宣谕陕西,妄自尊大,或者论其好货失将士心云。

勾龙如渊字行父,永康军道江人。勾姓本出古勾芒,高宗即位,避御名,更勾龙氏。政和八年,登上舍第。沉浮州县二十年,以张浚荐,召试馆职。

绍兴六年,除秘书省校书郎。历著作佐郎、祠部员外兼礼部、起居舍人。尝进所为文三十篇,帝曰:"卿文极高古,更令平易尽善。"后因进对,帝复言:"文章平易者多浅近,渊深者多难涩,惟用意渊深而造语平易,此最难者。"

八年,兼给事中、同知贡举,除中书舍人兼侍读,兼直学士院。面命草赵鼎罢相制,如渊言:"陛下既罢鼎,则用人才须耸动四方,当速召君子,显黜小人。"帝曰:"君子谓谁?"曰:"孙近、李光。""小人谓谁?"曰:"吕本中。"先是,祠臣曾开以老病辞不草国书,帝欲用如渊代之,而赵鼎荐本中,故如渊憾之。

又言:"臣观朝廷事,非君臣情通,未易能济。大臣于事稍有过差,陛下训饬之可也。陛下所欲为,势有未可,大臣亦当明白辩论。然必陛下先与大臣言及此意,若不先言,即大臣论一事不从,尚未之觉,至再至三,遂以为陛下疏之,或疑他人有以间之。既以怀疑,即不能尽诚,陛下察其不诚,又从而疑之,安有君臣之间,动相疑间而能久于其位者?愿陛下明谕之。"帝曰:"前此未常有以此告朕者,卿见秦桧亦宜语此。"时桧方得君,如渊犹恐委桧未专,故及之。除御史中丞。

先是,桧力主和,执政、侍从及内外诸臣皆以为非是,多上书谏止者,桧患之。如渊为桧谋曰:"相公为天下大计,而邪说横起,尽不择人为台谏,使尽击去,则相公之事遂矣。"桧大喜,即擢如渊中司。

如渊言:"凡事必有初,及其初而为之则易,无其端而发之则难。陛下即位,一初也;渡江,二初也;移跸建康,三初也;自建康复还临安,四初也。自赵鼎相,刘大中、王庶相继去,今复犹任一相,召三名士,凡事有当行而弊有当去者,又一初也。臣愿以正纪纲、辨邪正、明赏罚、谨名器、审用度、厚风俗、去文具七者为献。"

又言:"孟庾召节在途,士论不与。"帝曰:"朕欲遣令使金国,在廷莫更有小人否?"对曰:"如赵鼎为相,尽隳纪纲,乃窃贤相之名而去。王庶在枢府,尽用奸计,乃以和议不合,卖直而去。刘大中以不孝得罪,乃窃朝廷美职而去。帝曰":卿胡不论?"对曰:"目今士论见孟庾之召,王庶之去,已有'一解不如一解'之语。愿陛下不惜孟庾一人,以正今日公论,其他容臣一一为陛下别白之。"于是出庾之严州。又连论庶、大中,皆罢之。

金国遣二使来议和,许归河南地。使者踞甚,议受书之礼不决,外议汹汹。如渊建议取其书纳禁中。于是同谏长请对,又呼台吏问:"朝廷有大议论,许台谏见宰执商议乎?"吏曰:"有。"遂赴都堂与宰执议取书事,宰执皆以为然。帝亲笔召如渊、李谊入对。明日,诏宰执就馆见金使,受其书纳入,人情始安。

九年,奏召还曾开、范同,而罢施庭臣、莫将,以谓:"开、同之出,虽曰语言之过,而其心实出于爱君;庭臣、将之迁,虽曰议论之合,而其迹终近于希进。今国论既定,好恶黜陟,所宜深谨。"又论张邦昌时伪臣因赦复职非是。帝曰:"卿言是也,朕亦欲置此数匹夫不问。"对曰:"将恐无以示训。"其后卒不行。

忽一日,如渊言:"和议之际,臣粗自效,如臣到都堂,若不遏朝廷再遣使之议,则和议必至于坏,而宣对之日,稍有将顺,则遂至于屈。臣义二者,粗有报国之忠。臣亲老,愿求归。"帝不许。如渊疑帝有疏之之意,又奏曰:"臣向荐君臣腹心之论,陛下大以为然。其后秦桧在和议可否未决之间欲求去,陛下颇罪之,臣再三为桧辨析。今陛下与桧君臣如初,而臣反若有谗诉于其间者。"帝曰:"朕素不喜谗,卿其勿疑。"如渊尝与施庭臣忿争,庭臣谓如渊有指斥语,帝谓秦桧曰:"以朕观之,庭臣之罪小,如渊之罪大。"桧请斥庭臣而徙如渊,待其求去然后补外。帝不可,于是与庭臣皆罢。

初，如渊与莫将及庭臣皆力主和议，如渊缘此擢中司，而将及庭臣缘此皆峻用。张焘、晏敦复上疏专以三人为言。如渊入言路，即劾二人，至是与庭臣俱罢。其后桧拟如渊知遂宁府，帝曰："此人用心不端。"遂已。两奉祠，卒，年六十二。如渊始以张浚荐召，而终乃翼秦桧挤赵鼎，仇吕本中，逐刘大中、王庶，心迹固可见矣。子佃、僎、似。

薛弼字直老，温州永嘉人。登政和二年进士第，调怀州刑曹、杭州教授。初颁《五礼新书》，定著释奠先圣误用下丁，弼据礼是正，州以闻，诏从其议。监左藏东库。内侍王道使奴从旁视绢美恶，多取之，弼白版曹穷治，人严惮之。

靖康初，金兵攻汴京，李纲定议坚守，众不悦。弼意与纲同，围解，迁光禄寺丞。尝言："姚平仲不可恃。"未几而败。纲求太原，弼言："金必再至，纲不当去，宜先事河北。"金人果再入。始命刑部侍郎宋伯友提举河防，弼以点检粮草从之，为计画甚切，皆不能用，乃乞罢归，改三门、白波辇运，寻主管明道宫，提举淮东盐事，改湖南运判。

杨么据洞庭，寇鼎州，王璨久不能平，更命岳飞讨之。么陆耕水战，楼船十余丈，官军徒仰视不得近。飞谋益造大舟，弼曰："若是，则未可以岁月胜矣。且彼之所长，可避而不可斗也。今大旱，湖水落洪，若重购舟首，勿与战，逐筏断江路，槁其上流，使彼之长坐废，而精骑直捣其垒，则破坏在目前矣。"飞曰："善。"兼旬，积寇尽平，进直秘阁。时道殣相望，弼以闻，帝恻然，命给钱六万缗、广西常平米六万斛、鄂州米二十万斛振之，且使讲求富弼青州荒政，民赖以苏。

王彦自荆移襄，迁延不即赴。彦所将八字军皆中原劲卒，朝廷患其恣横，以弼直徽猷阁代之。彦殊不意，弼径入府受将吏谒，大骇。弼曲折譬晓，彦感悟，即日出境。

除岳飞参谋官。飞母死，遁于庐山，张宗元摄飞事。飞将张宪移疾，部曲汹汹，生异语。弼谓诸将曰："太尉力乞张公，而诏使随至，岳军素整，今而哗哄，是汝曹累太尉也。"诸将以谂宪，宪佯悟曰："相公腹心，惟参谋知之。"众乃定。除户部郎官，再知荆南。

桃源剧盗伍俊既招安，复谋叛，提点刑狱万俟卨不能制，乃以委弼，弼许俊以靖州。俊喜曰："我得靖，则地过桃源远矣。"俊至，则斩以徇。迁秘阁修撰、陕西转运使，以左司郎官召知虔州，移黄州。

时福州大盗有号"管天下"、"伍黑龙"、"满山红"之属，其众甚盛，钤辖李贵为贼所获，民作山寨自保。守臣莫将议委漳、泉、汀、建，募强壮游手各千人为效用，与殿司统制张渊同措置。未及行，诏升弼集英殿修撰，与将两易。弼至郡，漕臣以游手易聚难散，恐为他日患，闻于朝。事下弼议，弼谓："昔守章贡，有武夫周虎臣、陈敏者，丁壮各数百，皆能战，视官军可一当十。"乃奏虎臣为副将，敏巡检，选丁壮千人，号"奇兵"，日给糗粮，责以灭贼。自是岁费钱三万六千余缗、米九千石，凡四年而贼平。弼知广州，擢敷文阁待制。卒，年六十三。

初，秦桧居永嘉，弼游其门。弼在湖北除盗，归功于万俟卨。桧诬岳飞下吏，卨以中司鞫狱，飞父子及宪皆死。朱芾、李若虚亦坐尝为飞谋议，夺职，惟弼得免，且为桧用，屡更事任，通籍从官，世以此少之。

罗汝楫字彦济，徽州歙县人。登政和二年进士第，监登闻鼓院，迁大理丞、刑部员外郎。奏命官犯公罪，勿取特旨以终惠臣子，又户口凋耗，宜少宽养子之禁。

拜监察御史。未逾月，迁殿中侍御史。与中丞何铸交章论岳飞，罢其枢管。朱芾、李若虚尝为飞议曹，主帅有异意而不能谏；又言，飞狱具，寺官聚断，咸谓死有余罪，寺丞何彦猷、李若朴独喧然以众议为非，欲从轻典。皆坐黜。王庶谪道州，郡丞孙行俭以官廨居之，汝楫劾其无忌惮当斥，且令庶徙居。刘子羽知镇江，上言："和好非久远计，宜及闲暇为备。"桧怒，风汝楫论罢之。

　　时抚州有两陈四系狱,误论轻罪者死,汝楫诵其冤,且言:"独罪狱官而守倅不坐,非祖宗法。"于是诏天下断死刑,守以下引囚问姓名、乡里然后决。又言:"国家驻跸临安,淮南不可置度外,当重防海之寄,守长江之要,革审名赏籍以劝有功。"

　　迁起居郎兼侍讲。帝问:"或谓《春秋》有贬无褒,此谊是否?"对曰:"《春秋》上法天道,春生秋杀,若贬而无褒,则天道不具矣。"帝称善,尝曰:"自王安石废《春秋》学,圣人之旨寝以不明。近世得其要者,惟胡安国与卿耳。"兼权中书舍人,除右谏议大夫。

　　有南雄守奏对:"太后之归,和议之力也,当尽按前言和不便者。"时相是之,骤用为台官,中外悚惧,多束装待遣。汝楫言:"皆不当罪,宜以崇宁事党为戒。"议遂寝。

　　迁御史中丞。旧例,中丞、侍御史不并置,乃更侍御史。汝楫求去益力,迁吏部尚书,充国信使。除龙图阁学士、知严州。秩满,请祠,居丧未终而卒,年七十。累赠开府仪同三司。子颢、吁、颉、颂、愿、颊,皆有文。

　　愿字端良,博学好古。法秦、汉为词章,高雅精炼,朱熹特称重之。有《小集》七卷,《尔雅翼》二十卷。知鄂州,有治绩,以父故不敢入岳飞庙。一日,自念吾政善,姑往祠之,甫拜,遽卒于像前。人疑飞之憾不释云。

　　萧振字德起,温州平阳人。幼庄重,不好弄。稍长,能自谋学。尝奉父命董农役陇亩,手不释卷,其师谓其父曰:"此儿远大器也。"未冠,游郡庠,既冠,升太学。时有号"三贤"者,推振为首。登政和八年进士第,调信州仪曹。

　　时州郡奉神霄宫务侈靡,振不欲费财劳民,与守议不合。会方腊寇东南,距信尤近,守欲危振,檄振摄贵溪、弋阳二邑。既而王师至衢,又檄振督军饷,振治办无阙。大将军刘光世见而喜之,欲以军中俘馘授振为赏,振辞曰:"岂可不冒矢石而贪人之功乎!"诸邑盗未息，守复檄振如初。振悉意区处，许其自新，贼多降者。守以赃去，振独为办行，守愧谢之。

调婺州兵曹兼功曹。时振妇翁许景衡以给事中召，振祝之曰："公至朝幸勿见荐。"景衡询其故，振曰："今执政多私其亲，愿为时革弊。"景衡然之。

时盗贼所在猖獗，婺卒扬言欲叛以应贼，官吏震恐。振选诸邑士兵强勇者几千人，日习武以备，蓄异谋者稍惧。有一兵官素得军士心，守疑而罢之，群卒数百人被甲挺刃，斩仪门入。振闻即往，群卒皆罗拜呼曰："某等屈抑，愿兵曹理之。"振使之言，厉色叱曰："细事耳。车驾南巡，大兵咫尺，汝速死耶！可急释械，当为汝言。"众拜谢而去。郡守由是益相信，事悉与谋。尝议城守，振请以钱数万缗庸工板筑，未数月，城垒屹然，一毫无扰。任满归，告其亲曰："家世业农，幸有田可力以奉甘旨，振不愿仕。"或荐于朝，授婺州教授，改秩，乞祠。

以执政荐召对，敷奏数事，皆中时病，帝大喜，拜监察御史。明年冬，以亲老乞补外，章七上，不许。面奏曰："臣事亲之日短，事陛下之日长。"指心自誓："今日之事父母，乃他日之事陛下也。"遂除提点浙西刑狱，寻召为宗正少卿，俄擢侍御史。

振本赵鼎所荐，后因秦桧引入台，时刘大中与鼎不主和议，振遂劾大中以摇鼎。大中既出，振谓人曰："如赵丞相不必论，盍自为去就。"鼎遂罢。

后振知绍兴府，改兵部，除徽猷阁待制、知湖州。陛辞，奏曰："国家讲和，恐失诸将心，宜遣使抚谕，示以朝廷息兵宽民意。虽两国通好，战御之备宜勿弛。"帝曰："卿欲奉亲求便，岂不知朕有亲哉？"振曰："臣之亲所系者一夫也，陛下之亲所系者天下也。陛下以天下为心，圣孝愈光矣。"帝叹其忠。将行，白桧曰："宰相如一元气，不可有私，私则万物为之不生。"桧不悦。

振至州，桧欲取羡余，振遗桧书，谓："财用在天下，如血气之在一身，移左以实右，则病矣。"桧属以私事，又不克尽从。以亲老乞

祠,提举太平观。后知台州。海寇势张,振至,克之。二十二年,以
杨炜在狱供涉,镌徽猷待制,谪居池州。

初,炜将上书,责李光徇秦桧议和。时振为侍御史,炜见振道书
意,振然其言。及振知台州,而炜治邑有声,每大言无顾忌,振击节
称善,遂荐炜改秩,又移书于桧从子秦昌时,俾同荐之。属吏密语振
曰:"炜尝以书责李参政及太师,昌时义不当举,待制亦不可举。"振
曰:"吾业已许之,岂可中辍。"遂因炜狱中供前事而贬。

明年,诏除敷文阁待制、知成都府、安抚制置使。军储适阙,仓
吏以窘告,振奏留对籴米八万斛以足军食,以其直归计所。总计者
利在掊克,即先告桧,谓振唱为阙乏之语,风御史劾振要誉,复谪池
阳。而总计者以潜得蜀帅,既而专用罗织掊克其民,民益思振。

桧死,语得闻,帝大感悟,亟遣振还成都,父老欢呼蜀道。振至,
一切以宽治。或问其故,振曰:"承纵驰,革之当严,今继苛劾,非宽
则民力瘁矣。"帝嘉振治行,谓宰臣沈该、汤思退曰:"四川善政,前
有胡世将,今有萧振。"进秩四等,加敷文阁学士。卒于成都府治,年
七十二。振两为蜀守,威行惠孚,死之日,民无老稚,相与聚哭于道。
遗表至,帝悼惜之,赙银五百两、绢五百匹,赠四官。

振好奖善类,端人正士多所交识,其间有卓然拔出者,迄为名
臣。振居瀔江,自父微时,见过客与掌渡者争,多溺死。振造大舟,
佣工以济,人感其德,相与名其江为萧家渡云。有文集二十卷。子
诚、忱。

论曰:何铸、王次翁以下数人者,附丽秦桧,斥逐忠良,以饕富
贵,而次翁尤为柔媚,故桧犹怜之,其在位最久。孔子所谓鄙夫患得
患失无所不至者,此辈是已。铸能伸岳飞之枉,虽为可尚,然又为之
使金而通问焉,盖堕其术而不悟者,桧之计深哉。

宋史卷三八一
列传第一四○

范如圭　吴表臣　王居正
晏敦复　黄龟年　程瑀
张阐　洪拟　赵逵

范如圭字伯逵,建州建阳人。少从舅氏胡安国受《春秋》。登进士第,授左从事郎、武安军节度推官。始至,帅将斩人,如圭白其误,帅为已署不易也。如圭正色曰:"节下奈何重易一字而轻数人之命?"帅矍然从之。自是府中事无大小悉以咨焉。居数月,以忧去。辟江东安抚司书写机宜文字。近臣交荐,召试秘书省正字,迁校书郎兼史馆校勘。

秦桧力建和议,金使来,无所于馆,将虚秘书省以处之。如圭亟见宰相赵鼎曰:"秘府,谟训所藏,可使仇敌居之乎?"鼎竦然为改馆。既而金使至悖傲,议多不从,中外愤郁。如圭与同省十余人合议,并疏争之,既具草,骇遽引却者众。如圭独以书责桧以曲学倍师、忘仇辱国之罪,且曰:"公不丧心病狂,奈何为此,必遗臭万世矣!"桧怒。草奏与史官六人上之。

金归河南地,桧方自以为功。如圭轮对,言:"两京之版图既入,则九庙、八陵瞻望咫尺,今朝修之使未遣,何以慰神灵、萃民志乎?"帝泫然曰:"非卿不闻此言。"即日命宗室士仅及张焘以行。桧以不先白己,益怒。

如圭谒告去,奉枢归葬故乡,既窆,差主管台州崇道观。杜门十余岁,起通判邵州,又通判荆南府。荆南旧户口数十万,寇乱后无复人迹,时蠲口钱以安集之,百未还一二也。议者希桧意,遽谓流庸浸复而增之,积逋二十余万缗,他负亦数十万,版曹日下书责偿甚急。如圭白帅,悉奏蠲之。

桧死,被旨入对,言:"为治以知人为先,知人以清心寡欲为本。"语甚切。又论:"东南不举子之俗,伤绝人理,请举汉《胎养令》以全活之。抑亦勾践生聚报吴之意也。"帝善其言。又奏:"今屯田之法,岁之所获,官尽征之。而田卒赐衣禀食如故,使力穑者有赢余之望,惰农者无饥饿之忧,贪小利,失大计,谋近效,妨远图,故久无成功。宜籍荆、淮旷土,画为丘井,仿古助法,别为科条,令政役法,则农利修而武备饬矣。"

以直秘阁提举江西常平茶盐,移利州路提点刑狱,以病请祠。时宗藩并建,储位未定,道路窃有异言。如圭在远外,独深忧之,掇至和、嘉祐间名臣奏章凡三十六篇,合为一书,囊封以献,请深考群言,仰师成宪,断以至公勿疑。或以越职危之,如圭曰:"以此获罪,奚憾!"帝感悟,谓辅臣曰:"如圭可忠谓矣。"即日下诏以普安郡王为皇子,进封建王。复起如圭知泉州。

南外宗官寄治郡中,挟势为暴,占役禁兵以百数,如圭以法义正之,宗官大沮恨,密为浸润以去如圭,遂以中旨罢,领祠如故。就舍邵武以居,士大夫高之,学者多从之质疑。卒,年五十九。

如圭忠孝诚实,得之于天。其学根经术,不为无用之文。所草具屯田之目数千言,未及上,张浚视师日,奏下其家取之,浚罢亦不果行,有集十卷,皆书疏议论之语,藏于家。子念祖、念德,念兹。

吴表臣字正仲,永嘉人。登大观三年进士第,擢通州司理。陈瓘谪居郡中,一见而器之,盛章者,朱勔党也,尝市婢,有武臣强取之,章诬以罪,系狱。表臣方鞫之,郡将曰:"知有盛待制乎?"表臣佯若不知者,卒直其事。累官监察御史,迁右正言。

高宗诏台谏条陈大利害，表臣请措置上流以张形势，安辑淮甸以立藩蔽，择民兵以守险阻，集海舶以备不虞。其策多见用。帝方向儒术，表臣乞选讲官以裨圣德，且于古今成败，民物情伪、边防利害，详熟讲究。由是诏开经筵。迩臣有请用蔡京、王黼之党者，侍御史沈与求乞明指其人。显行黜责，执政不悦，夺其言职。表臣争曰："台谏为天子耳目，所以防壅蔽、杜奸邪，若咎其切直而黜之，后谁敢言，非国家福也。请还与求以开言路。"

时防秋，议选守边者，患乏才。表臣曰："唐萧复言于德宗，陈少游任兼将相，首败臣节，韦皋幕府下僚，独建忠义以皋代少游镇淮南。善恶著明，则天下知逆顺之理。初不以皋名贱官卑疑。今取忠义不屈有已试之验者，不次而用，岂特可以劝，干御方略，亦堪倚以仗。"于是陈敏等十数人浸以录用。久之，以病请补外，以直秘阁知信州。

绍兴元年，召为司勋郎中，迁左司。诏百官陈裕国强兵之策，表臣条十事以献，曰："蠲税役以垦闲田，汰懦卒以省兵费，罢添差以澄冗员，停度牒以蕃生齿，拘佃租以防乾没，委计臣以制邦用，奖有功以厉将帅，招弓手以存旧籍，严和买以绝弊幸，简法令以息疮痍。宰相拟表臣为检正，帝曰："朕将自用之。"遂除左司谏。给事中胡安国以论事不合罢，表臣上疏留之。前宰相朱胜非同都督江、淮军马，表臣力言都督不可罢。除侍读，又累疏争之，不听，遂罢，表臣送吏部，授台州黄严丞，寻除提点浙西刑，召狱为秘书少监，同修《哲宗实录》。

帝如建康，诏表臣兼留司参议官，除中书舍人、给事中、兵部侍郎。建崇二国公就外傅，兼翊善。帝曰："二国公诵习甚进，卿力也。"从礼部侍郎，迁部尚书兼翰林学士。时秦桧欲使使金议地界，指政事堂曰："归来可坐此。"表臣不答。又以议大礼忤忤意罢去去。

俄起知婺州。会大水，发常平米振贷之然后以闻，郡人德之。课最，除敷文阁待制。三岁请祠，进直学士，提举江州太平兴国宫，家居数年，卒，年六十七。

表臣晚号湛然居士,自奉无异布衣时,乡论推其清约。

王居正字刚中,扬州人,少嗜学,工文辞,入太学,时习《新经》、《字说》者,主司辄置高选,居正语人曰:"穷达自有时,心之是非,可改邪?"流落十余年,司业黄齐得其文,曰:"王佐才也。"及同知贡举,欲擢为首,以风多士,他考官持之,置次选。调饶州安仁丞、荆州教授,皆不赴。大名、镇江两帅交辟教授府学,亦不就。

范宗尹荐于朝,召至,谓宗尹曰:"时危如此,公不极所学,拔元元涂炭中,尚谁待?居正避寇阳羡山间,勉出见公,一道此意尔。"宗尹愧谢。入对奏:"昔人有云君以为难,易将至矣。今日之事,朝廷皆曰难,则当有易为之理。然国势日弱,敌气日骄,何邪?盖昔人於难者勉强为之,今以为难,不复有所为,以俟天意自回,强敌自毙也。宣和末,以为难者十五六,至靖康与宣和孰难?靖康末,以为难者十八九,至建炎与靖康孰难?由此而言,今日虽难於前日,安知他日不难於今日?盖宣和以为难,故有靖康之祸;靖康以为难,故有今日之忧。今而亦云,臣有所不忍闻。"高宗嘉之,谕宗尹曰:"如王居正人才,岁月间得一人亦幸矣。"

除太常博士,迁礼部员外郎。建议合祭地於明堂,请奉太祖、太宗配,宗尹是之,议遂定,天地复合祭。侍御史沈与求劾宗尹,因及居正,宗尹去,居正乞补外,不许。抚州守高卫言甘露降于州之祥符观。为图以献。居正论今日恐非天降祥瑞之时,却其图。

试太常少卿兼修政通参议,迁起居郎。帝方向规谏,居正次前世听纳事为《集谏》十五卷,以广帝意。诏以时务访群臣,居正献疏数千言,论省费尤切,曰:"宋兴百七十三年矣,所行多弥文之事,今陛下所至曰行在,于一日二日少驻跸之顷,欲尽为向者百七十三年之事,非所谓知变也。夫不知随时以省事,而乃随事以省费,故今日例有减半之说,究其实未始不重费。顾诏大臣计百事之实而论定之,苟非御寇备敌,任贤使能,振恤百姓,一切姑置,则费省而国裕。"

居正素与秦桧善,桧为执政,与居正论天下事甚锐,既相,所言皆不酬。居正疾其诡,见帝言曰:“秦桧尝语臣:‘中国人惟当着衣唤饭,共图中兴。’臣心服其言。又自谓使桧为相数月,必耸动天下。今为相施设止是,愿陛下以臣所闻问桧。”桧衔之,出居正知婺州。州贡罗,旧制岁万匹,崇宁后增五倍,建炎中减为二万。至是,主计者请复崇宁之数,居正力言于朝,户部督趣愈峻,居正置檄不行,语其属曰:“吾愿身坐,不以累君。”呼吏为文书付之曰:“即有谴,以此处自解。”复手疏五不可以闻。诏如建炎中数。漕司市御炭,须胡桃文、鹁鸽色者,居正曰:“民以炭自业者,率居山谷,安知所谓胡桃文、鹁鸽色耶?”入朝以闻,诏止之。

召为太常少卿,迁起居舍人兼权中书舍人、史馆修撰。帝欲迁赵令应大中大夫,居正奏:“官非侍从不可转,此祖宗法,若令应以庶官得迁,则宗室为承宣者,不旋踵求为节度,何以却之?”遂寝其命。上书人陈东、欧阳澈已赠官,居正乞重贬黄潜善、汪伯彦,以彰二子杀身成仁之美。大将张俊遣卒至彭泽,卒故县吏,怙俊势侵辱令,令郭彦恭械之,俊诉于朝,帝为罢彦恭。居正言:“彦恭不畏强御无可罪。”俊又乞免徭役,居正言:“兵兴以来,士大夫及勋戚家赋役与编户均,盖欲贵贱上下,共济国事,以宽民力,俊反不能体此乎?”和州请独进大礼绢,居正言:“大礼进奉,乃臣子享上之诚,初非朝廷取於百姓之物,若察民力无所从出,不能预降旨蠲之,至使州县自陈,已为非是,乞速如所请。除目有自中出者,居正奏:近习请托,进拟不自朝廷,所系非轻。因录皇祐诏书以进。帝皆嘉纳。

兼权直学士院,又除兵部侍郎。入对,以所论王安石父子之言不合於道者,裒得四十二篇,名曰《辨学》,上之。又曰:“陛下恶安石之学,尝於圣心灼见,其弊安在?”帝曰:“安石之学,杂以伯道,欲效商鞅富国强兵,今日之祸,人徒知蔡京、王黼之罪,而不知生於安石。”居正曰:“安石得罪万世者不止此。”因陈安石释经无父无君者。帝作色曰:“是岂不害名教邪?孟子所谓邪说,正谓是矣。”居正退,序帝语系于《辨学》首。

出知饶州，寻改吉州。侍御史谢祖信劾居正凶暴诡诈，倾陷大臣，罢官，屏居括苍三载。其弟驾部郎居修入对，帝曰："卿兄今安在？行大用矣。"中书舍人刘大中侍帝，论制诰，帝曰："王居正极得词臣体。"侍御史萧振论守令贤否，帝举居正守婺免贡罗、御炭事，曰："守臣爱百姓皆如此，朕复何忧。"

起知温州。是时桧专国，居正自知不为所容，以目疾请祠，杜门，言不及时事，客至谈论经、史而已。桧终忌之，风中丞何铸劾居正为赵鼎汲引，欺世盗名，夺职奉祠，凡十年。桧死，复故职。绍兴二十一年卒，年六十五。

居正仪观丰伟，声音洪畅。奉禄班兄弟宗族，无留者。郊祀恩以任其弟居厚，及卒，季子犹布衣。其学根据六经，杨时器之，出所著《三经义辨》示居正曰："吾举其端，子成吾志。"居正感厉，首尾十载为《书辨学》十三卷，《诗辨学》二十卷，《周礼辨学》五卷，《辨学外集》一卷。居正既进其书七卷，而杨时《三经义辨》亦列秘府，二书既行，天下遂不复言王氏学。

晏敦复字景初，丞相殊之曾孙。少学于程颐，颐奇之第进士，为御史台检法官。绍兴初，大臣荐，召试馆职，不就。特命祠部郎官，迁吏部，以守法忤吕颐浩，出知贵溪县。会有为敦复直其事者，改通判临江军，召为吏部郎官、左司谏、权给事中，为中书门下省检正诸房公事。

淮西宣抚使刘光世请以淮东私田易淮西田，帝许之。敦复言："光世帅一道，未闻为朝廷措置毫发，乃先易私庙。比者岳飞属官以私事干朝廷，飞请加罪，中外称美，谓有古贤将风。光世自处必不在飞下。乞以臣言示光世，且令经理淮南，收抚百姓，以为定都建康计，中兴有期，何患私计之未便。"权吏部侍郎兼详定一司敕令。

渡江后，庶事草创，凡四选格法多所裁定。敦复素刚严，居吏部，请谒不行，铨综平允，除给事中。冬至节，旨下礼部，取度牒四百充赐予。敦复奏："兵兴费广，凡可助用度者尤当惜，矧两宫在远，陛下当此令节,欲奉一觞为万岁寿不可得,有司乃欲举平时例行庆赐乎?"遂寝。有卒失宣帖,得中旨给据,太医吴球得旨免试,敦复奏:"一卒之微,乃至上渎圣聪,医官免试,皆坏成法。自崇宁、大观以来,奸人欺罔,临事取旨,谓之'暗赢指挥',纪纲败坏,驯致危乱,正蹈前弊,不可长也。"汪伯彦子召嗣司除江西监司,敦复论:"伯彦奸庸误国,其子素无才望,难任澄清。改知袁州。又奏:"召嗣既不可为监司,亦不可为守臣。"居右省两月,论驳凡二十四事,议者惮之。

复为吏部侍郎。彗星见,诏求直言。敦复奏:"昔康澄以贤士藏匿,四民迁业,上下相徇,廉耻道消,毁誉乱真,直言不闻,为深可畏。"臣尝即其言考已然之事,多本於左右近习及奸邪以巧佞转移人主之意。其恶直丑正,则能使贤士藏匿;其造为事端,则能使四民迁业;其委曲弥缝,则能使上下相徇;其假宠窃权,簧鼓流俗,则能使廉耻道消;其诬人功罪,则能使毁誉乱真;其壅蔽聪明,则能使直言不闻。臣愿防微杜渐,以助应天之实。"又论:"比来百司不肯任责。琐屑皆取决朝省,事有不当,上烦天听者,例多取旨。由是宰执所治烦杂,不减有司,天子听览,每及细务,非所以为政。愿详其大,略其细。"

八年,金遣使来要以难行之礼,诏侍从、台谏条奏所宜。敦复言:"金两遣使,直许让和,非畏我而然,安知其非诱我也。且谓之屈己,则一事既屈,必以他事来屈我。今所遣使以诏谕为名,傥欲陛下易服拜受,又欲分廷抗礼,还可从乎?苟从其一二,则此后可以号令我,小有违异,即成衅端,社稷存亡,皆在其不掌握矣。"时秦桧方力赞屈己之说,外议群起,计虽定而未敢行。勾龙如渊说桧,宜择人为台官,使击去异论,则事遂矣。於是如渊、施廷臣、莫将皆据要地,人皆骇愕。敦复同尚书张寿上疏言:"前日如渊以附会和议得中丞,今施廷臣又以此跻横榻,众论沸腾,方且切齿,莫将又以此擢右史。夫如渊廷臣庸人,但知观望,将则奸人也。陛下奈何与此辈断国论乎?乞加斥逐,杜群枉门,力为自治自强之策。"既又与涛等同班入对,争之。桧使所亲谕敦复曰:"公能曲从,两地旦夕可至。"敦复曰:"吾

终不为身计误国家,况吾姜桂之性,到老愈辣,请勿言。"桧卒不能
屈。

胡铨谪昭州,监安遣人械送贬所。敦复往见守臣张澄曰:"铨论
宰相,天下共知,祖宗时以言事被谪,为开封者必不如是。"澄愧谢,
为追还。始桧拜相,制下,朝士相贺,敦复独有忧色曰:"奸人相矣。"
张致远、魏矼闻之,皆以其言为过。至是审铨,敦复谓人曰:"顷言秦
之奸,诸君以为然,今方专国便敢尔,他日何所不至耶?"

权吏部尚书兼江、淮等路经制使。故事,侍从过宰相阁,既退,
宰相必送数步。敦复见桧未尝送,每曰:"人必自侮而后人侮之。"寻
请外,以宝文阁直学士知衢州,提举亳州明道宫。闲居数年卒,年七
十一。

敦复静默如不能言,立朝论事无所避。帝尝谓之曰:"卿鲠峭敢
言,可谓无忝尔祖矣。"

黄龟年字德邵,福州永福人。登崇宁五年进士第,调洛州司理
参军,累官河北西路提举学士。吕颐浩见而奇之,入为太常博士。

靖康元年,除吏部员外郎,拜监察御史,寻除尚书左司员外郎、
中书门下检正诸房公事,充修政局检讨官。乞令检正官察通进司,
帝从其请,时颐浩再相,植党倾秦桧,引朱胜非奉京祠兼侍读,恐中
书舍人胡安国持录黄不下,特命龟年书行,议者讥其侵官。

迁殿中侍御史。会边报王伦来归。龟年劾桧专主和议,沮止恢
复,植党专权,渐不可长。乃上书曰:"臣闻一言而尽事君之道曰忠,
罪莫大於欺君;一言而尽辅政之道曰公,罪莫大于私己。臣人者背
公而徇私,则刑赏僭滥。虑人主之照其奸,则合党缔交,相与比周,
荧惑主听。故附下罔上之党盛,而威福之柄下移,祸有不可胜言者。
伏见秦桧还自金国,陛下骤任,不一年而超至宰辅,乃不顾国家,盗
威福在己,欲永塞言路。"书上,桧罢,并劾桧党王㬇、王昞王守道,
皆罢之。桧乃授观文殿大学士、提举江州太平观,官如故。龟年又
奏:"比论桧徇私欺君合正典刑,投诸裔土,以御魁魅。今乃任便居

住,虽陛下曲全大臣之礼,秦桧奸状暴露,复宠以儒学最上职名,俾优游琳馆,听其自如。律断群盗,必分首从,为之从者皆伏诛,独置渠魁可乎?"又曰:"臣闻恩莫隆於父子义,义莫重於君臣。不义则后其君,不仁则遣其亲。君亲既然,则何忌惮而不为。桧厚貌深情。矫言伪行,进迫君臣之势,阳为面从;退恃朋比之奸,阴谋沮格。上不畏陛下,中不畏大臣下不畏天下之义,无忌惮如此。欺君私已,有一即可黜,况桧之欺与私显著者为多乎?"章凡三上,遂褫桧职。复上章曰:"桧行诡而言谲。外缩而中邪,以巧诈取相位,奸回窃国柄,收召险佞,蟠结党与。陛下智临而辨之早,以刚决而去之速,故端人正士,举手相庆,盖以公天下之同恶耳。臣愿陛下发明诏,以桧潜匿隐恶暴白於天下,使知陛下数易相位真不得已也;又所以破为臣奸胆,庶朋比之风不复作矣。"除太常少卿,累迁起居舍人、中书舍人兼给事中。

侍御史常同言龟年阴结大臣,致身要地,又交结诸将,趣操不正,罢归。司谏詹大方希桧意劾龟年附丽匪人,缙绅不齿,落职,本贯居住,卒,六十三。

龟年微时,永福簿李朝旌奇之,许妻以女。龟年既登第,而朝旌已死,家贫甚。或劝龟年别娶,龟年正色曰:"吾许以诺,死而负之,何以自立。"遂娶之。任子恩,先奏其弟之子,人皆义之。子衡,仕至湖南提举。

程瑀字伯寓。饶州浮梁人。其姑臧氏妇,养瑀为子,姑没,始复本姓。少有声太学,试为第一,累官至校书郎。为臧氏父母服,服阕,除兵部员外郎。适高丽使回,充送伴使。先是,使者往返江、浙间,调挽舟夫甚扰,有诏禁止。提举人舟王珣画别敕,遇风逆水涩许调夫,瑀渡淮,见民丁挽舟如故,遂劾珣,珣反奏瑀违御笔。诏命淮南提举潘良贵核实,良贵奏珣言非是。

金人入侵,求可使者,瑀请往。未行,会钦宗即位,议割三镇,命瑀往河东,秦桧往河中。瑀奏:"臣愿奉使,不愿割地。"不报。至中山，诸将已得密谕，城守不下。瑀与金使王汭俱至燕山。还，除左正言，即言股肱大臣莫肯以身任天下事，且论："欲慕祖宗而遹追无术，欲斥奄宦而宠任益坚，欲锄奸恶而薄示典刑，欲汰滥缪而苟容侥幸，兼听而不能行其言，委任而不能责其效，苟且之习复成，党与之私浸广，最时病之大者。"帝曰："朕非不知此，虑有未尽，决意行之有失耳。"瑀曰："事固当熟虑，然优柔不断，实隳事功。"帝问："李纲宣抚两路，外议谓何？"瑀曰："金论固以为宜。然纲前与大臣议论不合，须赖圣明照察其心，任之无疑可也。"

金酋斡离不、粘罕争功，故斡离不不欲和，粘罕欲战，朝廷遣人赍蜡书约余睹，皆为粘罕所得。瑀因言："金兵围我重镇，数月不能解，岂能出塞共谋人之国。莫若遣使议和，然谨饬边备，徐观其变。"使未行。瑀复言："徐处仁庸俗，吴敏昏懦，唐恪倾险，政事所以不振。请尽黜免，别选英贤，共图大计。"帝嘉纳之。

时御史李光言星变，帝疑以问瑀，对言："陛下毋问有无，第正事修德，则变异可消。"瑀尝论蔡京罪，帝因言吴敏庇京，又疑光党京，谓瑀曰："须卿作文字来。"瑀辞。改屯田郎官，谪添监漳州盐税。

高宗即位，召为司封员外郎，迁光禄少卿、国子司业。请祠，主管亳州明道宫。寻召赴行在，疏十事以献。除直秘阁、提点江东刑狱，召为太常少卿，迁给事中兼侍讲。

建修政局，其目曰省费裕国、强兵息民。瑀条上十四事，皆切时务。时三衙单弱，五军多出於盗，瑀言：李捧、崔增辈各将其徒，张俊、王燮本无兵机。今吕颐浩出征，即捧、增辈便可使隶戎行。"帝因言："颐浩熟於军事，在外总诸将，桧在朝廷，庶几内外相应，然桧诚实，但太执耳。"瑀曰：如求机警能顺旨者，极不难得，但不诚实，则终不可倚。"帝然之。

权邦彦除签书枢密院，瑀言邦彦五罪，疏三上，不报。求罢，除兵部侍郎，不拜，以敷文阁待制知信州。待御史江公跻、左司谏方公孟言瑀不可去，复以为给事中，久之，复命知信州。胡安国、刘一止言："瑀忠信可以备献纳，正直可以司风宪，不宜去。"遂复留。颐浩荐席益,既得旨,以御批示后省官。瑀曰:"益为人公岂不知,何必用?"颐浩曰:"给事不见御批耶?"瑀曰:"已见矣。公不能执奏,乃先示瑀辈,欲使不敢论驳耶?然益之来,非公福也。"颐浩赧然,即劾益。未几,以言者罢,提举亳州明道宫,寻复徽猷阁待制、知抚州,无何,提举江州太平兴国宫。

居父母丧,服除,知严州,徙宣州。复奉祠。俄召赴行在,除兵部侍郎兼侍读。因论:"邓禹尝言兴衰在德厚薄,初不论大小。光武不数年定大业,禹言如合符契。今英俊满朝,岂无为陛下画至计者,愿厉志而已。"寻迁翊善。论金人入侵,未尝一大衄,有轻我心,岂可保其不背盟。宜省费抑末,常赋外一毫不取於民,民日益厚,兵日益强,使金人不敢窥为长计。帝曰:"且作十年。"瑀再拜曰:"十年之说,愿陛下早夜毋忘。"除兵部尚书。

桧既主和,瑀议论不专以和为是,桧忌之,改龙图阁学士、知信州。会大水,桧见瑀奏牍,谓同列曰:"尧之洪水,不至如是。"瑀遂称疾,提举江州太平兴国宫。坐通书李光,降朝议大夫。卒,年六十六。

瑀在朝无诡随,尝为《论语说》,至"弋不射宿",言孔子不欲阴中人。至"周公谓鲁公",则曰可为流涕。洪兴祖序述其意。桧以为讥己,逐兴祖。魏安行锓版京西漕司,亦夺安行官,籍其家,毁板。桧死,瑀子孙乃免锢云。有奏议六卷。

张阐字大猷,永嘉人。幼力学,博涉经史,善属文。将命名,梦神人大书"阐"字曰:"以是名尔。"父异之,力勉其为学。未冠,由舍选贡京师。

登宣和六年进士第,调严州兵曹掾兼治右狱。时方腊作乱,阐倡守御计。有义士请身督战,既战,稍却,州将怒,付阐治,将杀之,阐力争曰:"是士以义请战,官军却,势不得独前,非首奔者,杀何罪?"州将意解,士得免。

李回帅江西,席益帅湖南,皆辟置幕下。群盗据洞庭,官军多西北人,不闲水战。阐建策造战舰,以大舰为营,小舰出战,乘水涸直捣贼巢，贼势以衰。诸司交荐，改秩，吏部以微文沮之阐弗辩，求狱祠归。历鄂、台二州教授。

绍兴十年，诏侍从各举所知，给事中林待聘以阐闻，召对。时金人议和，归关中地。阐首言："关中必争之地，古号天府，愿固守以蔽巴蜀，图中原。"次言监司、郡守荐举之弊。又乞严禁遏籴，以济江、浙水患。召试馆职，除秘书省正字，迁校书郎兼吴、益王府教授。时诸将恃功邀爵赏，有过则姑息，又兵布於外，禁卫单寡上疏极论之。后稍进退诸将必当其实，且召诸道兵以益禁旅，皆如阐言。

十三年，迁秘书郎兼国史院检讨官。秦桧每荐台谏，必先谕以己意，尝谓阐曰："秘书久次，欲以台中相处何如？"阐谢曰："丞相见知，得老死秘书幸矣！"桧默然，竟罢，主管台州崇道观，历泉、衢二州通判。

二十五年冬，帝躬揽万机，起阐提举两浙路市舶，入为御史台检法官，升吏部员外郎。孝宗在王邸，帝妙进宫僚，谓庄重老成无逾阐者，"改命祠部兼建王府赞读。

三十一年春，大雨，无麦苗，荆、浙盗起，诏侍从、台谏条陈弭灾、御盗之术。阐上疏曰："和议以来，岁有聘币，民不堪命，臣愿陛下毋以金人困中国可乎？归正人时有遣还之命，怨声闻道路，臣愿陛下毋使金人得以甘心可乎？州县吏职卑地远，渔夺之祸被于编籍，臣愿陛下严贼吏之诛可乎？蠲租之令，已赦复征，宽大之泽例为虚文，臣愿陛下申诏令之禁可乎？是数者能次第行之，则足以动天地，召和气，灾异盗贼不足虑也。"又言："金主亮将入侵，宜守要害，防海道，三边不可无良将，督视不可无大帅。"疏奏，帝嘉纳，面谕曰："卿所言深中时病，但遣人北归，已载约书，朕不忍渝也。"迁将作监，进宗正少卿。

三十二年，孝宗即位，阐权工部侍郎兼侍讲，入谢，言："诸将以败为捷，冒受爵秩，州厢禁军因覃霈鼓噪，希厚赏，不可不正其罪。"时悉为施行。

金主亮死，葛王褒复求和，再议遣使。阐言："宜严遣使之命，正敌国之礼,彼或不从,则有战尔。如是,则中国之威可以复振。"帝曰:"使者报聘,故事也,旧约不从,朕志定矣。"是冬,给札侍从、台谏条具时务,阐上十事皆剀切。当时主应诏数十人,惟阐与国子司业王十朋指陈时事,斥权幸,无所回隐。明日,召两人对内殿,帝大加称赏,赐酒及御书。时进太上皇帝、太上皇后册宝,工部例进官,阐辞。或曰:"公转一阶,则泽可以及子孙,奈何辞?"阐笑曰:"宝册非吾功也,吾能为子孙冒无功赏乎?"

隆兴元年,真拜工部侍郎。阐奏?"臣去冬乞守御两淮,陛下谓春首行之,夏秋当毕,今其时矣。"帝曰:"江、淮事尽付张浚,朕倚浚为长城。"会督府请受萧琦降,诏问阐,阐请受其降。俄报王师收复灵壁县,阐虑大将李显忠、邵宏渊深入无援,奏请益兵殿后,已而王师果失利,众论归罪於战。阐曰:"陛下出师受降是也。诸将违节度且无援而败,当矫前失,安可遂沮锐气。帝壮其言,益出御前器甲付诸军,手诏劳浚,军声复振。

时数易台谏,阐力言之,请增广谏员。帝曰:"台谏好名,如某人但欲得直声而去。"阐曰:"唐德宗疑姜公辅为卖直,陆贽切谏,愿陛下深以以为鉴。帝再三嘉奖。

金人求和,帝与阐议,阐曰:"彼欲和,畏我耶?爱我耶?直款我耳。"力陈六害不可许。帝曰:"朕意亦然,姑随宜应之。"帝记"卖直"之语,谓:"胡铨亦及此。朕非拒谏者,辨是非耳。"阐曰:"圣度当如天,奈何与臣下争名?"帝曰:"卿言是也。"顷之,除工部尚书兼侍读。

金副元帅纥石烈志宁以书谕通好,所请三事,国书、岁币之议已定,惟割唐、邓、海、泗未决,将遣王之望、龙大渊通问,而众言纷纷不已,阐谓:"不与四州乃可通和,议论先定乃可遣使,今彼为客,我为主,我以仁义抚天下,彼以残酷虐吾民,观金势已衰,何必先示以弱。"朝论韪之。

帝用真宗故事,命经筵官二员递宿学士院,以备顾问,阐入对尤数。屡引疾乞骸骨,帝不忍其去。二年,阐请益力,乃除显谟直学士、提举太平兴国宫。陛辞，帝问所欲言，阉奏："许和则忘祖宗之仇，弃四州则失中原之心，遣归正则伤忠义之气。惟陛下毋忘老臣平昔之言，"其指时事尤谆切，帝眷益笃。谕以秋凉复召，加赐金犀带。特许佩鱼。居家逾月卒，年七十四。特赠端明殿学士。

朱熹尝言："秦桧夹敌要君，力主和议，群言勃勃不平。桧既摧折忠臣义士之气，遂使士大夫怀安成习。至癸未和议，则知其非者鲜矣。朝论间有建白，率杂言利害，其言金人世仇不可和者，惟胡右史铨、张尚书阐耳。"子叔椿。

洪拟字成季，一个字逸叟，镇江丹阳人。本弘姓，其先有名缪者，尝为中书令，避南唐讳改今姓。后复避宣祖庙。遂因之。

拟登进士甲科。崇宁中为国子博士，出提举利州路学事，寻改福建路。坐谴，通判郓州，复提举京西北路学事，历湖南、河北东路。宣和中，为监察御史，迁殿中，进侍御史。时王黼、蔡京更用事，拟中立无所附会。殿中侍御史许景衡罢，拟亦坐送吏部，知桂阳军，改海州。时山东盗起，屡攻城，拟率兵民坚守。

建炎间，居母忧，以秘书少监召，不起。终丧，为起居郎、中书舍人，言："兵兴累年，馈饷悉出於民，无屋而责屋税，无丁而责丁税，不时之须，无名之敛，殆无上虚日，所以去而为盗。今关中之盗不可急，宜求所以弭之，江西之盗不可缓，宜求所以灭之。夫丰财者政事之本，而节用者又丰财之本也。"高宗如越，执政议移跸饶、信间，拟上疏力争，"谓舍四通五达而趋偏方下邑，不足以示形势、固守御。

迁给事中、吏部尚书，言者以拟未尝历州县，以龙图待制知温州。宣抚使孟庚总师讨闽寇，过郡拟趣赴援。庚怒，命疑犒师。疑借封椿钱用之，已乃自劾。贼平，加秩一等，召为礼部尚书，迁吏部。

渡江后，法无见籍，吏随事立文，号为"省记"，出入自如。至是修《七司敕令》，命拟总之，以旧法续降指挥详写成书，上之。

金人再攻淮，诏日轮侍从赴都堂，给札问以攻守之策。拟言："国势则强战，将士勇则战，财用足则战，我为主、彼为客则战。陛下移跸东南，前年幸会稽，今年幸临安，兴王之居，未有定议，非如高祖在关中、光武在河内也。以国势论之，可言守，未可言战。"拟谓时相姑议战以示武，实不能战也。

绍兴三年，以天旱地震诏君臣言事，拟奏曰："法行公，则人乐而气和；行之偏，则人怨而气乖。试以小事论之：比者监司、守臣献羡馀则黜之，宣抚司献则受之，是行法止及疏还也。有自庶僚为侍从者，卧家视职，未尝入谢，遂得美职而去，若鼓院官移疾废朝谒，则斥罢之，是行法止及冗贱也。榷酤立法甚严，犯者籍家财充赏，大官势臣连营列障，公行酤卖则不敢问，是行法止及孤弱也。小事如此，推而极之，则怨多而气伤矣。"寻以言者罢为徽猷阁直学士、提举江州太平观。始，拟兄子驾部郎官兴祖与拟上封事侵在位者，故父子俱罢。起知温州，提举亳州明道宫。卒，年七十五，谥文宪。

初拟自海州还居镇江。赵万叛兵逼郡，守臣赵子松战败，遁去拟挟母出避，遇贼至，欲兵之，拟曰："死无所避，愿勿惊老母。"贼舍之。他贼又至，临之以刃，拟指其母曰："此吾母也，幸勿怖之。"贼又舍去。有《净智先生集》及《注杜甫诗》二十卷。

赵逵字庄叔，其先秦人，八世祖处荣从蜀，家於资州。逵读书数行俱下，尤好聚古书，考历代衰治乱之迹，与当代名人钜公出处大节，根穷底究，尚友其人。绍兴二十年，类省奏名，明年对策，论君臣父子之情甚切，擢第一。时秦桧意有所属，而逵对独当帝意，桧不悦。即罢知举王晔，授逵左承事郎、签书剑南东川。帝尝问桧，赵逵安在？桧以实对。久之，帝又问，除校书郎。逵单车赴关，征税者希桧意，搜行橐皆书籍，才数金而已。既就职，未尝私谒，桧意愈恨。

逵赓御制《芝草诗》，有"皇心未敢宴安图"之句，桧见之怒曰："逵犹以为未太平耶？"又谓逵曰："馆中禄薄，能以家来乎？"逵曰："亲老不能涉险远。"桧徐曰："当以百金为助。"逵唯唯而已。又遣所亲申前言，讽逵往谢，逵不答，桧滋怒，欲挤之，未及而死。

帝临哭桧还，即迁逵著作佐郎兼权部员外郎。帝如景灵宫，秘省起居惟逵一人。帝屡目逵，即日命引见上殿，帝迎谓曰："卿知之乎？始终皆朕自擢。自卿登第后，为大臣沮格，久不见卿。秦桧日荐士，未尝一语及卿，以此知卿不附权贵，真天子门生也。"诏充普安郡王府教授。逵奏："言路久不通，乞广赐开纳，勿以微贱为间，庶几养成敢言之气。"帝嘉纳之，普安府劝讲至戾太子事，王曰："于斯时也，斩江充自归于武帝，何如？"逵曰："此非臣子所能。"王意盖有所在也。

二十六年，迁著作郎，寻除起居郎。入谢，帝又曰："秦桧炎炎，不附者惟卿一人。"逵曰："臣不能效古人抗折权奸，但不与之同尔，然所以事宰相礼亦不敢阙。"又曰："受陛下爵禄而奔走权门，臣不惟不敢，亦且不忍。"明年同知贡举，尽公考阅，以革旧弊，遂得王十朋、阎安中。

始，逵未出贡闱，蒋璨除户部侍郎，给事中辛次膺以璨交结希进，还之。帝怒，罢次膺，付逵书读，逵不可璨以此出知苏州，次膺仍得次对，逵兼给事中。未几，除中书舍人，登第六年而当外制，南渡后所未有也。帝语王纶曰："赵逵纯正可用，朕於蜀士未其比。朕所以甫二岁令至此，报其不附权贵也。

先是，逵尝荐杜莘老、唐文若、孙道夫皆蜀名士，至是奉诏举士，又以冯方、刘仪凤、李石、郏次云应诏，宰执以闻。帝曰："蜀人道远，其间文学行义有用者，不因论荐无由得知。前此蜀中宦游者隔绝，不得一至朝廷，甚可惜也。"自桧专权，深抑蜀士，故帝语及之。

逵以疾求外，帝命国医王继先视疾，不可为矣。卒，年四十一。帝为之抆泪叹息。逵尝自谓："司马温公不近非色，不取非财。吾虽不肖，庶几慕之。"

方桧权盛时，忤桧者固非止逵一人，而帝亟称逵不附丽，又谓逵文章似苏轼，故称为小东坡，未及用而逵死，惜其论建不传于世。有《栖云集》三十卷。

论曰：如圭师于安国，居正师于杨时，敦复师于程颐，表臣交于陈瓘,其师友渊源有自来矣。故其议论谠直,刚严鲠峭,不惑异说,不畏强御,大略相似。若夫居正辨王氏《三经》之缪,龟年首劾秦桧主和之非,程瑀力排蔡京之党,尤为有功於名教。张阐论事无避,洪拟朴实端亮,赵逵纯正善文,皆一时之良,为桧所忌而不挠者。语曰:"岁寒然后知松柏之后凋。"信哉!

宋史卷三八二
列传第一四一

张焘　黄中　孙道夫　曾几
兄开　勾涛　李弥逊　弟弥大

　　张焘字子公,饶之德兴人,秘阁修撰根之子也。宣和八年进士第三人,尝为辟雍录、秘书省正字。靖康元年,李纲为亲征行营使,辟焘入幕。纲贬,亲知坐累者十七人,焘亦贬

　　建炎初,起通判湖州。明受之变,贼矫诏俾焘抚谕江、浙,焘不受。上既复辟,诏求言。焘上书略曰:"人主戡定祸乱,未有不本於至诚而能有济者。陛下践祚以来,号令之发未足以感人心。政事之施未足以慰人望,岂非在我之诚有未修乎? 天下治乱,在君子小人用舍而已。小人之党日胜,则君子之类日退,将何以弭乱而图治?"又言措置江防非计,徒费民财、损官赋,不过於用。又言:"侍从、台谏观望意指,毛举细务,至国家大事,坐视不言。"又言:"巡幸所至,营善困民,越楼会稽,似不如是。"

　　绍兴二年,吕颐浩荐,除司勋员外郎迁起居舍人。言:"自古未有不知敌人之情而能胜者,愿诏大臣、诸将,厚爵赏,募可任用者往伺敌动静。既审知之,则战守进退,在我皆备,彼尚安得出不意犯吾行阙"诏以付都督府及沿边诸帅。迁中书舍人。

　　吕祉之抚谕淮西也,焘谓张浚曰:"祉书生,不更军旅,何可轻付。"浚不从,遂致郦琼之变。七年,张滉特赐进士出身。滉,浚兄也,将母至行在,上引对而命之。焘言:"宣和以来,奸臣子弟滥得儒科。

陛下方与浚图回大业,当以公道革前弊。今首赐浍第,何以塞公议?"上念浚功,欲慰其母心,乃命起居郎楼炤行下,炤又封还。著作郎、兼起居舍人何抡曰:"贤主之子,宰相之兄,赐科第不为过。"乃与书行。焘不自安,与炤皆求去,不许,言者论之,以集英殿修撰提举江州太平观。

明年,以兵部侍郎召,诏引对,上曰:"卿去止缘张浍。"焘曰:"臣苟有所见,不敢不言。如内侍王监,陛下所亲信,臣尚论列,岂有宰相亲兄自赐出身,公论不与。臣若不言,岂惟负陛下,亦负张浚。"上因问:"朕图治一纪,收效蔑然,其弊安在?"焘曰:"自昔有为之君,未有不先定规模而能收效者,臣绍兴初首以是为言,今七年。往者进临大江,退守吴会,未期月而或进或却,岂不为敌所窥乎?今陛下相与断国论者,二三大臣而已。一纪之间,十四命相,执政递迁无虑二十余。日月逝矣,大计不容复误,愿以先定规模为急。"

寻权吏部尚书。徽猷阁待制黎确卒,诏赠官推恩,焘言:"确素号正人,一旦临变,失臣节,北面邦昌之庭,且为将命止勤王之师。今曲加赠恤,何以示天下?"诏追夺职名。

时金使至境,诏欲屈己就和,令侍从、台谏条上。焘言:'金使之来,欲议和好,将归我梓宫,归我渊圣,归我母后,归我宗社,归我土地人民,其意甚美,其言甚甘,庙堂以为信然,而群臣、国人未敢以为信然也。盖事关国体,臣请推原天意为陛下陈之。传曰:'天将兴之,谁能废之?'臣考人事以验天意,陛下飞龙济州,天所命也。敌骑屡犯行阙,不能为虞。甲寅一战败敌师,丙辰再战却刘豫,丁巳郦琼虽叛,实为伪齐废灭之资,皆天所赞也。是盖陛下躬履艰难,侧身修行,布德立正,上副天意,而天祐之之所致也。臣以是知上天悔祸有期,中兴不远矣。愿益自修自强,以享天心,以俟天时。时之既至,吉无不利,则何战不胜,何功不立,今此和议,姑为听之,而必无信之可恃也。彼使已及境,势难固拒。使其果愿和好,如前所陈,是天诱其衷,必不复强我以难行之礼。如其初无此心,二三其说,责我以必不可行之礼,要我以必不可从之事,其包藏何所不有,便当以大义绝之。谨边防,厉将士,相时而动。愿断自渊衷,毋取必於彼而取必於天而已。乃若略国家之大耻,置宗社之深仇,躬率臣民,屈膝于金而臣事之,而觊和议之必成,非臣所敢知也,"上觉奏,愀然变色曰:"卿言可谓忠,然朕必不至为彼所绐,方且熟议,必非诈伪而后可从,不然,当再使审虚实,拘其使人。"焘顿首谢。

金使张通古、萧哲至行在,朝议欲上拜金诏。焘曰:"陛下信王伦之虚诈,发自圣断,不复谋议,便欲行礼,群臣震惧罔措,必已得梓宫,已得母后,已得宗族,始可议通好经久之礼,今彼特以通好为说,意谓割地讲和而已,陛下之所愿欲而切于圣心者,无一言及之,其情可见,奈何遽欲屈而听之。一屈之后,不可复伸,廷臣莫能正救,曾鲁仲连之不如,岂不获罪於天下万世。

既而监察御史施廷臣抗章力赞和议,擢为侍御史。司农寺丞莫将忽赐第,擢为起居郎。朝论大骇。焘率吏部侍郎晏敦复上疏曰:"仰惟陛下痛梓宫未还,两宫未复,不惮屈已与敌议和,特以众论未同,故未敢轻屈尔。幸小大之臣,无复异议,从容献纳,庶几天听为回,卒不敢屈,此宗社之福也。彼施廷臣乃务迎合,辄敢抗章,力赞此议,姑为一身进用之资,不恤君父屈辱之耻,罪不容诛,乃由察官超擢柱史。夫御史府朝廷纪纲之地,而陛下耳目之司,前日勾龙如渊以附会而得中丞,众论固已喧鄙之矣。今廷臣又以此而跻横榻,一室之中,长贰皆然,既同乡曲,又同心腹,惟相朋附,变乱是非,岂不紊纪纲而蔽陛下之耳目乎?众论沸腾,方且切齿,而莫将者又以此议由寺丞擢右史。如渊、廷臣庸人也,初无所长,但知观望,而将则奸人也,考其平昔无所不为,此辈乌可与之断国论乎?望加斥逐,庶几少杜群枉之门。至於和议,则王伦实为谋主,彼往来敌中至再四矣,陛下恃以为心腹,信之如蓍龟,今其为言自已二三,事之端倪,盖亦可见。更望仰念祖宗付托之重,俯念亿兆爱戴之诚,贵重此身,无轻於屈。但务雪耻以思复仇,加礼其使,厚资遣发,谕以必得事实之意,告以国人皆曰不可之状。使彼悔祸,果出诚心,惟我所欲,尽归于我,然后徐议报之之礼,亦未晚也。如其变诈,诱我以虚词,则包藏终不可测,便当厉将士,保疆场,自治自强,以俟天时,何为不成?伏愿陛下少忍而已。自朝廷有屈己之议,上下解体,傥遂成屈己之事,则上下必至离心,人心既离,何以立国?伏愿戒之重之。"於是将、廷臣皆不敢拜。焘又面折如渊曰:"达观其所举,君荐七人,皆北面张邦昌,今嗫嚅附会,坠敌计,他日必背君亲矣。"

焘既力诋拜诏之议,秦桧患之,焘亦自知得罪,托疾在告。桧使楼炤谕之曰:"北扉阙人,欲以公为直院。"焘大骇曰:"果有此言,愈不敢出矣。"桧不能夺,乃止。

和议成,范如圭请遣使朝八陵,遂命判大宗正士㒟与焘偕行,且命修奉,令荆湖帅臣岳飞济其役。焘与士㒟道武昌,出蔡、颍、河南百姓欢迎夹道,以喜以泣曰:"久隔王化,不图今日复为宋民。"九年五月,至永安诸陵,朝谒如礼。陵前石涧水久涸,二使垂至忽涌溢,父老惊叹,以为中兴之兆。

焘等入柏城,披钼荆棘,随所葺治,留二日而还,自郑州历汴、宋、宿、泗淮南以归。即奏疏曰:"金人之祸,上及山陵,虽殄灭之,未足以雪此耻、复此仇也。陛下圣孝天至,岂胜痛愤,顾以梓宫、两宫之故,方且与和,未可遽言兵也。祖宗在天之灵,震怒既久,岂容自己,异时恭行天罚,得无望於陛下乎?自古戡定祸乱非武不可,狼子野心不可保持久矣;伏望修武备,俟衅隙而应之,电扫风驱,尽俘丑类以告诸陵。夫如是然后尽天子之孝,而为人子孙之责塞矣。"上问诸陵寝如何?焘不对,唯言'万世不可忘此贼。'上黯然。

焘因请永固陵不用金玉,大略谓:"金玉珍宝,聚而藏之,固足以动人耳目,又其为物,自当流布於世,理必发露,无足怪者。"上觉疏,谓秦桧曰:"前世厚葬之祸,如循一轨。朕断不用金玉,庶先帝神灵有万世之安。"焘又言:"顷刘豫初废,人情胸胸,我斥候不明,坐失机会,今又闻敌於淮阳作筏、造绳索不知安用?诸将朝廷戒勿得遣间探,遂不复遣,我之动息,敌无不知,敌之情状,我则不闻。又见黄河船尽拘北岸,悉为敌用,往来自若,无一人敢北渡者。愿伤边吏广耳目,先事而防。"又言:"郦琼部伍皆西陲劲兵,今在河南,尚可收用，新疆租赋已蠲，而使命络绎推恩费用犹循兵兴时例，愿加裁损，非甚不得已勿遣使，以宽民力。"又论："陕西诸帅不相下，动辄喧争，请置一大帅统之，庶首尾相应，缓急可恃。"焘所言皆切中时病，秦桧方主和，惟恐少忤敌意。悉置不问。

成都谋帅，上谕桧曰："张焘可，第道远，恐其惮行。"桧以谕焘，焘曰："君命也，焉敢辞。"十月，以宝文阁学士知成都府兼本路安抚使，付以便宜，虽安抚一路，而四川赋敛无艺者，悉得蠲减。陛辞，奏曰："蜀民困矣，官吏从而诛剥之，去朝廷远，无所赴塑。俟臣至所部，首宣德意，但一路咸沾惠泽。"上曰："岂惟一路，四川恤民事悉委卿。"焘因言官吏害民者，请先罢后劾，上许之。又言："军兴十余年，日不暇给。今和议甫定，愿汲汲以政刑为先务。"上曰："当书之座右。"十年三月，至成都。

在蜀四年，戢贪吏，薄租赋，抚雅州蕃部，西边不惊；岁旱则发粟，民得不饥；暇则修学校，与诸生讲论。会有诏令宣抚司纳契丹降人，焘为宣抚使胡世将言："蜀地狭不能容，前朝常胜军可为戒。"世将奏寝其事。

焘乞祠，以李璪代之，焘自蜀归，卧家凡十有三年。二十五年冬，桧死，旧人在者皆起，焘除知建康府兼行宫留守。金陵积岁负内库钱帛钜万，悉为奏免。池有义子与父争讼，守昏谬，系父，连年不决，焘移大理，出其守。居二年，进端明殿学士。二十九年，提举万寿观兼侍读，以衰疾力辞，不许。除吏部尚书。

初，上知普安郡王贤，欲建为嗣，显仁皇后意未欲，迟回久之。显仁崩，上问焘方今大计，焘曰："储贰者，国之本也，天下大计，无逾於此。"上曰："朕怀此久矣，卿言契朕心，开春当议典礼。"又劝上省赐予，罢土木，减冗吏，止北货。上嘉奖之。

金使施宜生来，焘奉召馆客。宜生本闽人，素闻焘名，一见顾副使曰："是南朝不拜诏者。"焘以首丘桑梓动之，宜生於是漏敌情，焘密奏早为备。

先是，御前置甲库，凡乘舆所需图书什物，有司不能供者悉聚焉,日费不赀。禁中既有内酒库,酿殊胜,酤卖其余,颇侵大农。焘因对,言甲库萃工巧以荡上心,酒库酤良酝以夺官课。且乞罢减教坊乐工人数。上曰:"卿言可谓责难於君。"明日,悉诏罢之。

屡以衰疾乞骸。三十年,以资政殿学士致仕,寻迁太中大夫,给真奉。三十一年八月,落致仕,复知建康府。时金人窥江,建业民惊徒过半,闻焘至,人情稍安。寻诏沿江帅臣条上恢复事宜,焘首陈十事,大率欲预伤不虞,持重养威,观衅而动,期於必胜。

孝宗受禅,除同知枢密院,遣子埏入辞。诏肩舆至宫,给扶上殿,首问为治之要,言内治乃可外攘。又乞命百执条弊事,诏从之、令侍从、台谏集都堂给札以闻。隆兴元年,迁参知政事,以老病不拜,台谏交章留之,除资政殿大学士、提举万寿观兼侍读。谒告将理,许之。及家,固求致仕。后二年卒,年七十五,谥忠定。

焘外和内刚,帅蜀有惠政,民祠之不忘。始论和议,归之于天,士论歉然。洎缴驳施廷臣之奏,朝野复一辞归重焉。

黄中字通老,邵武人。幼受书,一再辄成诵。初以族祖荫补官,绍兴五年廷试,言孝弟动上心,擢进士第二人,授保宁军节度推官。二十余年,秦桧死,乃召为校书郎,历迁普安、恩平教授。中在王府时,龙大渊已亲幸,中未尝与之狎,见则揖而退,后他教授多蒙其力,中独不从官

迁司封员外郎兼国子司业。芝草生武成庙,官吏请以闻,中不答,官吏阴画,图以献。宰相谓祭酒周绾与中曰:"治世之瑞,抑而不奏,何耶?"绾未对,中曰:"治世何用此为?"绾退,谓人曰:"黄司业之言精切简当,惜不为谏官。"

充贺金生辰使,还,为秘书少监,寻除起居郎,累迁权礼部侍郎。中使金回,言其治汴宫,必徒居见迫,宜早为计。上矍然。宰相顾谓中曰:"沈介归,殊不闻此,何耶?"居数日,中白宰相,请以妄言待罪。汤思退怒,语侵中,已乃除介吏部侍郎,徒中以补其处。中犹以备边为言,又不听,遂请补外,上不许,曰:"黄中恬退有守。"除左

史,且锡鞍马。

金使贺天申节,遂以钦宗讣闻,朝论俟使去发丧,中驰白宰相:"此国家大事,臣子至痛,一有失礼,谓天下后世何,"竟得如礼。中自使还,每进见辄言边事,又独陈御备方略,高宗称善。不数月,金亮已拥众渡淮。中因入谢,论淮西将士不用命,请择大臣督师。既而以殿帅杨存中为御营使,中率同列力论不可遣。敌既临江,朝臣争遣家逃匿,中独晏然。比敌退,唯中与陈康伯家属在城中,众惭服。

天申节上寿。议者以钦宗服除当举乐。中言:"《春秋》君弑贼不讨,虽葬不书,以明臣子之罪,况钦宗实未葬而可遽作乐乎?"事竟寝。兼给事中。内侍迁官不应法,谏官刘度坐论近习龙大渊忤旨补郡,已复罢之,中皆不书读。群小相与媒蘖,中罢去。尹穑希意诋中为张浚党。

乾道改元,中年过七十,即告老,以集英殿修撰致仕,进敷文阁待制。居六年,上御讲筵,顾侍臣曰:"黄中老儒,今居何许?年岁许?筋力或未衰耶?"召引对内殿,问劳甚渥,以为兵部尚书兼侍读。

中前在礼部,尝谏止作乐事,中去,卒用之。至是又将锡宴,遂奏申前说。诏遣范成大使金以山陵为请。中言:"陛下圣孝及此,天下幸甚,然钦庙梓宫置不问,有所未尽。"上善其言,不能用。

未满岁,有归志,乃陈十要道:以为用人而不自用;以公议进退人才;察邪正;广言路;核事实;节用度;择监司;惩贪吏;陈方略,考兵籍。上亟称善。中力求去,除显谟阁、提举江州太平兴国宫,赐犀带、香茗。

除龙图阁学士,致仕。凡邑里后生上谒,必训以孝弟忠信。朱熹裁书以见,有曰:"今日之来,将再拜堂下,惟公坐而受之,俾进於门弟子之列,则某之志也。"其为人敬慕如此。其后,上手书遣使访朝政阙失,进职端明殿学士。属疾,手草遗表,犹以山陵、钦宗梓宫为言,深以人主之职不可假之左右为戒。淳熙七年八月庚寅卒,年八十有五。九月,诏赠正议大夫。中有奏议十卷。谥简肃。

孙道夫字太冲,眉州丹棱人。年十八,贡辟雍。时禁元祐学,坐收苏氏文除籍。再贡,入优等。张浚荐于高宗,召对,道夫奏:"愿修德以回天意,定都以系人心,任贤材、图兴复以雪国耻。"

上在越,浚遣道夫奏事,赐出身,改左承奉郎。再诏对,言:"汉中前瞰三秦,后蔽巴蜀,孔明、蒋琬出图关辅,未有不屯汉中者。今欲进兵陕右,当经营汉中。荆南东连吴会,北通汉沔,号用武之国,晋、宋以来,尝倚为重镇。武帝亦以荆南居上流,故以诸子居之。今守江当先措置荆南,时至则蜀汉师出秦关,荆楚师出宛洛,陛下亲御六军,由淮甸与诸将会咸阳,孰能御之?"上嘉纳,召试馆职。上谕宰相:"自渡江以来,文气未有如道夫者,涵养一二年,当命为词臣。"

除秘书正字、权礼部郎官。徽宗凶问礼仪,多所草定。寻权左司员外郎。上问蜀中水运陆运孰便?道夫奏:"水运迟而省费,陆运速而劳民。宣抚司初由水运,率石费钱十千,后以为缓,从陆起丁夫十数万,率石费五十余千。"上曰:"水运便,行之。"

迁校书郎。出知怀安军,乞罢都运司以宽民力,罢戍兵以弭乱阶,罢泛使以省浮费。知资州,宣抚郑刚中荐其治行第一。移知蜀州,盗不敢入境。州产绫,先是,守以军匠置机买丝亏直,民病之,道夫断其机。遇事明了,人目为水晶灯笼。九年不迁,盖非秦桧所乐也。

以吏部郎中入对,言蜀民二税盐酒茶额之弊,上纳其言。除太常少卿,假礼部侍郎充贺金正旦使。金将败盟,诘秦桧存亡,及关、陕买马非约,道夫随事折之。使还,擢权礼部侍郎。上曰:"卿自小官已为朕知,第赵鼎与张浚相失后,蜀士仕于朝者,皆为沮抑。继自今有所见,可数求对。"

兼侍讲,奏敌有窥江、淮意。上曰:"朝廷待之甚厚,彼以何名为兵端?"道夫曰:"彼金人身弑其父兄而夺其位,兴兵岂问有名,臣愿预为之图。"宰相沈该不以为虑,道夫每进对,辄言武事,该疑其引用张浚,忌之。道夫不自安,请出,除知绵州,致仕,卒,年六十六。

道夫居官,一意为民,不可干以私。仕宦三十年,奉给多置书籍。然性刚直,喜面折,不容人之短,或以此少之云。

曾几字吉甫,其先赣州人,徙河南府。幼有识度,事亲孝,母死,蔬食十五年。入太学有声。兄弼,提举京西南路学事,按部溺死,无后,特命几将仕郎。试吏部,考官异其文,置优等,赐上舍出身,擢国子正兼钦慈皇后宅教授。迁辟雍博士,除校书郎。

林灵素得幸,作符书号《神霄录》,朝士争趋之,几与李纲、傅松卿皆称疾不往视。久之,为应天少尹,庭无留讼。阉人得旨取金而无文书,府尹徐处仁与之,几力争不得。

靖康初,提举淮东茶盐。高宗即位,改提举湖北,徙广西运判、江西提刑,又改浙西。会兄开为礼部侍郎,与秦桧力争和议,桧怒,开去,几亦罢。逾月,除广西转运副使,徙京南路。盗骆科起郴之宜章,郴、桂皆颔洞,宣抚司调兵未至,谩以捷闻。几疏其实,朝廷遣他将平之。请间,得崇道观。复为广西运判,固辞,侨居上饶七年。

桧死,起为浙西提刑、知台州,治尚清净,民安之。黄岩令受贿为两吏所持,令械吏置狱,一夕皆死,几诘其罪。或曰:“令,丞相沈该客也。”治之益急

贺允中荐,召对,以疾辞,除直秘阁,归故治。未几,复召对,几言:“士气久不振,陛下欲起之於一朝,矫枉者必过直,虽有折槛断鞅、牵裾还笏、若卖直干誉者,愿加优容。”时帝惩桧擅权之弊,方开言路,应诏者众,几惧有获戾者,先事陈之。帝大悦,授秘书少监。

几承平时已为馆职,去三十八年而复至,须鬓皓白,衣冠伟然。每会同舍,多谈前辈言行、台阁典章,荐绅推重焉。诏修《神宗宝训》,书成,奏荐,帝称善。权礼部侍郎。兄㮚、开皆尝贰春官,几复为之,人以为荣。

吴、越大水、地震,几举唐贞元故事反覆论奏,帝嘉其言。他日,谓几曰:“前所进陆贽事甚切,已遣漕臣振济矣。”引年请谢,上曰:

"卿气貌不类老人,姑为朕留。"谢曰:"臣无补万一,惟进退奉礼,尚不负陛下拔擢。"上闵劳以事,提举玉隆观,绍兴二十七年也。除集英殿修撰,又三年,升敷文阁待制。

金犯塞,中外大震,帝召杨存中偕宰执对便殿,论以将散百官,浮海避之。左仆射陈康伯持不可,存中言:"敌空国远来,已闯淮甸,此正贤智驰骛不足之时,臣愿率先将士,北首死敌。"帝喜,遂定议亲征,下诏进讨。有欲遣使诣敌求缓师者,几疏言:"增币请和,无小益,有大害,为朝廷计,正当尝胆枕戈,专务节俭,经武外一切置之,如是虽北取中原可也。且前日诏诸将传檄数金君臣,如叱奴隶,何辞可与之和耶?"帝壮之。

孝宗受禅,几又上疏数千言。将召,屡请老,乃迁通奉大夫,致仕,擢其子逮为浙西提刑以便养。乾道二年卒,年八十二,谥文清。

几三仕岭表,家无南物,人称其廉。早从舅氏孔文仲、武仲讲学。初佐应天时,谏官刘安世亡恙,党禁方厉,无敢窥其门者,几独从之,谈经论事,与之合。避地衡岳,又徒胡安国游,其学益粹。为文纯正雅健,诗尤工。有《经说》二十卷、文集三十卷。

二子:逢仕至司农卿,逮亦终敷文阁待制,而逢最以学称。

开字天游。少好学,善属文。崇宁间登进士第,调真州司户。累迁国子司业,擢起居舍人,权中书舍人。掖垣草制,多所论驳,忤时相意,左迁太常少卿,责监大宁监盐井,匹马之官,不以自卑。召还,时相复用事,监杭州市易务。除直秘阁,知和州,徙知恩州。请祠,得鸿庆宫,判南京国子监。复为中书舍人,罢。提举洞霄宫。

钦宗即位,除显谟阁待制、提举万寿观、知颍昌府,兼京西安抚使。夺职,奉祠。建炎初,复职,知潭州、湖南安抚使。逾年求去,复得鸿庆宫,起知平江府、广东经略安抚使。奉诏驻潮阳招捕虔寇,讫事,乃之镇。居二年,尽平群盗。提举太平观。

复以中书舍人召,首论:"自古兴衰拨乱之主,必有一定之论,然后能成功。愿讲明大计,使议论一定,断而必行,则功烈可与周宣倅矣。"又论:"车驾抚巡东南,重兵所聚,限以大江,敌未易遂犯,其所窥伺者全蜀也。一失其防,陛下不得高枕而卧矣。愿择重臣与吴阶协力固护全蜀。"屡请去,进宝文阁待制,知镇江府兼沿江安抚使。

召为刑训侍郎。言:"太祖惩五季尾大不掉之患,畿甸屯营,倍于天下,周庐宿卫,领以三衙,今禁旅单弱,愿参旧制增补之。"帝悉嘉纳。

迁礼部侍郎兼直学士院。时秦桧专主和议,开当草国书,辨视体制非是,论之,不听,遂请罢,改兼侍读。桧尝招开慰以温言,且曰:"主上虚执政以待。"开曰:"儒者所争在义,苟为非义,高爵厚绿弗顾也,愿闻所以事敌之礼。"桧曰:"若高丽之於本朝耳。"开曰:"主上以圣德登大位,臣民之所推戴,列圣之所听闻,公当强兵富国,尊主庇民,奈可自卑辱至此,非开所敢闻也。"又引古谊以折之。桧大怒曰:"侍郎知故事,桧独不知耶?"他日,开又至政事堂,问"计果安出?"桧曰:"圣意已定,尚何言!公自取大名而去,如桧,第欲济国事耳。"然犹以梓宫未还,母后、钦宗未复,诏侍从、台谏集议以闻。开上疏略曰:"但当修德立政,严於为备,以我之仁敌彼之不仁。以我之义敌彼之不义,以我之戒惧敌彼之骄泰,真积力久,如元气固而病自消,大阳升而阴自散,不待屈己。陛下之志成矣。不然,恐非在天灵与太后、渊圣所望於陛下者也。"桧曰:"此事大系安危。"开曰:"今日不当说安危,只当论存亡。"桧戁然。

会枢密编修胡铨上封事,痛诋桧,极称开,由是罢,以宝文阁待制知婺州。开言:"议论妄发,实缘国事。"力请归,桧议夺职,同列以为不可,提举太平观、知徽州。以病免,居闲十余年。黄达如请籍和议同异为士大夫升黜,即擢达如监察御史,首劾开,褫职。引年请还政,仅复秘阁修撰,卒,年七十一。桧死,始复待制,尽还致仕遗表恩数。

开孝友厚族,信于朋友。其守历阳也,从游酢学,日读《论语》,求诸言而不得,则反求诸心,每有会意,欣然忘食。其留南京,刘安世一见如旧,定交终身。故立朝遇事。临大节而不可夺,师友渊源,固有所自云。

勾涛字景山,成都新繁人。登崇宁二年进士第,调嘉州法掾、川陕铸钱司属官,建炎初,通判黔州。田祐恭兵道境上,涛白守,燕劳之,祐恭感恩厉下,郡得以无犯。湖湘贼王癣破秭归,桑仲、郭守中攻茶务箭窠寨,将犯夔门。夔兵素单弱,宣司檄祐恭捍御,涛帅黔兵佐翰林侍读学士范冲荐,召见论五事,除兵部郎中。七年迁右司郎官兼校正,日食,上言。八月,迁起居舍人,以足疾,命阁门赐墩待班。九月,兼权中书舍人。

时沿边从宿兵,江、浙罢于馈饷,荆、襄、淮、楚多旷土,涛因进羊祐屯田故事,事下诸大将,于是边方议行屯田。淮西都统制刘光世乞罢,丞相张浚欲以吕祉代之,涛谓:“祉疏庸浅谋,必败事,莫若就择将士素所推服者用之,否则刘锜可。”浚不纳,祉至,果以轻易失士心,未几,郦琼叛,祉死於乱。浚闻之夜半召涛愧谢。

时帝驻跸建康,欲亟还临安,涛入见曰:“今江、淮列戍十余万,苟付托得人,可无忧顾。过此危疑,讵宜轻退,以启敌心。因荐刘锜。帝即命以其众镇合肥。川陕宣抚使吴阶言都转运李使追朘刻赏格,阶亦奏阶苛费,帝以问涛。涛曰:“阶忠在西蜀,纵费,宁可核? 第移追他路可尔。”帝然之。

会金人废刘豫,金、房镇抚使郭浩遣其弟沔奏事。涛察沔警敏可仗,乞诏谕陕右诸叛将乘机南归,帝命涛草诏,沔持以往,闻者流涕。十二月,除中书舍人。

八年,除史馆修撰。重修《哲宗实录》,帝谕之曰:“昭慈圣献皇后病革,朕流涕问所欲言,后怆然谓朕曰:‘吾逮事宣仁圣烈皇后,见其任贤使能,约己便民,忧勤宗社,疏远外家,古今母后无与为比。不幸奸邪罔上,史官蔡卞等同恶相济,造谤史以损圣德,谁不切齿! 在天之灵亦或介介。其以笔属正臣,亟从删削,以信来世。’朕痛念遗训,未尝一日辄忘,今以命卿。”涛奏:“数十年来,宰相不学无术,邪正贸乱,所以奸臣子孙得逞其私智,几乱裕陵成书。非赖陛下圣明,则任申先有过岭之谪,臣亦恐复蹈媒糵亡祸。"帝慰勉之。六月,《实录》成,进一秩,就馆赐宴。复修《徽宗实录》,以中书舍人吕本中为荐,丞相赵鼎谕旨宜婉辞纪载。焘曰:"崇宁、大观大臣误国,以稔今祸,藉有隐讳,如天下野史何?"

七月,除给事中。求去,以徽猷阁待制知池州,改提举江州太平观。俄除荆湖北路安抚使、知潭州。秦桧尝令人谕意,欲与共政,焘以书谢之。桧讽言劾之,不报。

焘上书论时事之害政者:"大臣密谕王伦变易地界,一也;蔡攸之妻近居临平,咫尺行都,略不畏避,二也;小大之臣,凡在谪籍,皆已甄叙,恶如京、黼、尚蒙宽宥,今侍从之臣,初无大过,理宜牵复,三也;河南故地复归中国,新附之民,延颈德泽,承流之寄,当加精选,四也;台谏为耳目之司,今宰相引援,皆同舍之旧倚为鹰犬,五也。"帝欢其忠直,赐以缯彩、茶药,且令事有大於此者,悉以闻。秩满,提举太平观。

十一年,帝谓秦桧曰:"勾焘久闲,性喜泉石,可进职与一山水近郡。"桧对:"永嘉有天台、雁荡之胜。"帝曰:"永嘉太远,其以湖州命之。"俄以疾卒,年五十九。遗表闻,帝震悼,顾近臣曰:"勾焘死矣,惜哉!"赠左太中大夫。

焘身长七尺,风貌伟然,颇以忠亮自许。国有大议,帝必委心延访,往复酬诘,率漏下数刻始罢。料边情如在目前,知名之士多所荐进。有文集十卷,《西掖制书》十卷,奏议十卷。

李弥逊字似之,苏州吴县人,弱冠以上舍登大观三年第,调单州司户,再调阳谷簿。政和四年,除国朝会要所检阅文字。引见,特迁校书郎,充编修六典校阅,累官起居郎。以封事剀切,贬知庐山县,改奉嵩山祠,废斥隐居者八载。

宣和末,知冀州。金人犯河朔,诸郡皆警备,弥逊损金帛,致勇士,修城堞,决河护堑,邀击其游骑,斩首甚众。兀术北还,戒帅毋犯其城。

靖康元年,召为卫尉少卿,出知瑞州。二年,建康府牙校周德叛,执帅宇文粹中,杀官吏,婴城自守,势猖獗。弥逊以江东判运领郡事,单骑扣贼闸,以蜡书射城中招降。贼通款,开关迎之,弥逊谕以祸福,勉使勤王。时李纲行次建康,共谋诛首恶五十人,抚其余党,一郡帖然。

改淮南运副。后奉兴国宫祠,知饶州,召对,首奏"当坚定规模,排斥奸言。"又谓:"朝廷一日无事,幸一日之安,一月无事,幸一月之安,欲求终岁之安,已不可得,况能定天下大计乎?"帝嘉其说直。辅臣有不悦者,以直宝文阁知吉州。陛辞,帝曰:"朕欲留卿,大臣欲重试卿民事,行召卿矣。"

七年秋,迁起居郎。弥逊自政和末以上封事得贬,垂二十年,及复居是职,直前论事,鲠切如初。冬,试中书舍人,奏六事曰:"固藩维以御外侮,严禁卫以尊朝廷,练兵以壮国势,节用以备军食,收民心以固根本,择守帅以责实效。"时驻跸未定,有旨料舟给卒以济宫人。弥逊缴奏曰:"六飞雷动,百司豫严,时方孔艰,宜以宗社为心,不宜於内幸细故,更勤圣虑,事虽至微,惧伤大体。"帝嘉纳之。试户部侍郎。

秦桧再相,惟弥逊与吏部侍郎晏端复有忧色。八年,弥逊上疏乞外甚力,诏不允。赵鼎罢相,桧专国,赞帝决策通和。金国遣乌陵思谋等入界,索礼甚悖,军民皆不平,人言纷纷。桧於御榻前求去,欲要决意屈己从和。枢密院编修官胡铨上疏乞斩桧,校书郎范如圭以书责桧曲学背师,忘仇辱国,礼部侍郎曾开抗声引古谊以折桧,相继贬逐。

弥逊请对,言金使请和,欲行君臣之礼,有大不可。帝以为然,诏廷臣大议,即日入奏。弥逊手疏力言:"陛下受金人空言,未有一毫之得,乃欲轻祖宗之付托,屈身委命,自同下国而尊奉之,倒持太阿,授人以柄,危国之道,而谓之和可乎?借使金人姑从吾欲,假以目前之安,异时一有无厌之求,意外之欲,从之则害吾社稷之计,不从则衅端复开,是今日从有屈身之辱,而后患未已。"又言:"陛下率国人以事仇,将何以责天下忠臣义士之气?"力陈不可者三。

桧尝邀弥逊至私第,曰:"政府方虚员,苟和好无异议,当以两地相浼。"答曰:"弥逊受国恩深厚,何敢见利望义。顾今日之事,国人皆不以为然,独有一去可报相公。"桧默然。次日,弥逊再上疏,言愈切直,又言:"送伴使揣摩迎合,不恤社稷,乞别选忠信之人,协济国事。"桧大怒。弥逊引疾,帝谕大臣留之。时和议已决,附会其说者,至谓"向使明州时,主上虽百拜亦不问,"议论靡然。赖弥逊廷争,桧虽不从,亦惮公论。再与金使者计,议和不受封册,如宰相就馆见金使,受其书纳入禁中,多所降杀,惟君臣之礼不得尽争。

九年春,再上疏乞归田,以徽猷阁直学士知端州,改知漳州。十年,归隐连江西山。是岁,兀术分四道入侵,明年,又侵淮西,取寿春,竟如弥逊言。

十二年,桧乘金兵既败,收诸路兵,复通和好,追仇向者尽言之臣,嗾言者论弥逊与赵鼎、王庶、曾开四人同沮和议。于是弥逊落十余年间不通时相书,不请磨勘,不乞任子,不序封爵,以终其身,常忧国,无怨怼意。二十三年,卒。朝廷思其忠节,诏复敷文阁待制。有奏议三卷,外制二卷,《议古》三卷,诗十卷。弟弥大。

弥大字似矩,登崇宁三年进士第。以大臣荐召对,除校书郎,迁监察御史。假太常少卿充契丹贺正旦使。时传闻燕民欲归汉,微宗遣弥大觇之。使还,奏所闻有二:"或谓彼主淫刑灭亲,种类畔离,女真侵迫,国势危殆为可取;或谓下诏罪己,擢用耆旧,招赦盗贼。国尚有人未可取,莫若听其自相攻并。"迁起居郎,试中书舍人,同修国史。

童贯宣抚永兴,走马承受白锷恃贯不报师期,朝廷止从薄责。弥大缴奏,以为边报不至,非朝廷福。锷坐除名,弥大亦出知光州。移知鄂州。召为给事中兼校正御前文籍详定官,拜礼部侍郎。

金人大举入侵,李纲定城守之策,命弥大为参议,与纲不合,罢。未几，除刑部尚书。初，朝廷许割三镇畀金人，既而遣种师道、师中援河北，姚古援河东，弥大上疏乞起河东西境麟、府诸郡及陕西兵以济古之师，起河东路及京东近郡兵以济师道、师中之师，为腹背攻劫之图，遂除弥大河东宣抚副使。张师正领胜捷军败于河东，溃归，弥大诛之。复遣余卒援真定，余卒叛。

宣抚罢，命弥大知陕州。河东破，小将李彦先来谒，言军事，弥大壮之，留为将，戍崤、渑间以遏敌。诏遣使召援，弥大未敢进。会永兴帅范致虚纠兵勤王，檄弥大充诸道计议。行至方城，道阻，乃率众赴大元帅府。

建炎元年，除知淮宁府。到郡未几，杜用等夜叛，弥大缒城出，贼散乃还，坐贬秩。寻召为吏部侍郎。帝如杭州，命权绍兴府，试户部尚书兼侍读。吕颐浩视师，以弥大为参谋官。弥大奏："王导、谢安为都督未尝离朝廷，今边圉幸无他，颐浩不宜轻动。"又言："已为天子从官，非宰相可辟。乞于诸军悉置军正，如汉朝故事，以察官、郎官为之。陛下必欲留臣，当别为一司，伺察颐浩过失。"忤旨，出知平江府。

中丞沈与求劾弥大谋间君臣，妄自尊大，夺职归。起知静江府，奏广西边防利害。入为工部尚书。未几罢去。广西提刑韩璜劾其在静江日断强盗死罪，引绞入斩，贬两秩。绍兴十年卒，年六十一。

论曰：宋既南渡，日以徽宗梓宫及韦后为念。秦桧主和，甘心屈己。张焘连章论列，谋深虑远，其言取必於天，岂忘宗社之仇哉，亦曰相时而动耳！惜其利泽专於蜀也。黄中不党不阿，明察料敌，立朝忠实，退不忘君。道夫受知张浚，忧国而不为身谋。曾几积学洁行，风节凛凛，陈尝胆枕戈之言，以赞亲征，亦壮矣哉！勾焘直节正论，不受桧私，洁身归老。弥逊、曾开同沮和议，废绌以没，无怨怼心，所谓临大节而不可夺者欤！

宋史卷三八三

列传第一四二

陈俊卿　虞允文　辛次膺

陈俊卿字应求，兴化人。幼庄重，不妄言笑，父死，执丧如成人。绍兴八年，登进士第，授泉州观察推官。服勤职业，同僚宴集，恒谢不往。一日，郡中失火，守汪藻走视之，诸橼属方饮某所，俊卿与卒亦假之行，于是例以后至被诘，俊卿唯唯摧谢。已而知其实，问故，俊卿曰："某不能止同僚之行，又资其仆，安得为无过。时公方盛怒，其忍幸自解，重人之罪乎？"藻叹服，以为不可及。

秩满，秦桧当国，察其不附己，以为南外睦宗院教授。寻添通判南剑州，未上而桧死，乃以校书郎召。孝宗时为普安郡王，高宗命择端厚静重者辅导之，除著作佐郎兼王府教授。讲经辄寓规戒，正色特立。王好鞠戏，因诵韩愈谏张建封书以讽，王敬纳之。

累迁监察御史、殿中侍御史。首言："人主以兼听为美，必本至公；人臣以不欺为忠，必达大体。御下之道，恩威并施，抑骄将，作士气，则纪纲正而号令行矣。"遂劾韩仲通本以狱事附桧，冤陷无辜，桧党尽逐而仲通独全；刘宝总戎京口，恣掊尅，且拒命不分戍；二人遂抵罪。汤思退专政，俊卿言："冬日无云而雷，宰相上不当天心，下不厌人望。"诏罢思退。

时灾异数见，金人侵轶之势已形。俊卿乃疏言："张浚忠尽，白首不渝，窃闻谗言其阴有异志。夫浚之得人心、伏士论，为其忠义有素。反是，则人将去之，谁复与为变乎？"疏入未报，因请对，力言之，上始悟。数月，以浚守建康。又言：“内侍张去为阴沮用兵，且陈避敌计，摇成算，请按军法。”上曰：“卿可谓仁者之勇。除权兵部侍郎。”

金主亮渡淮，俊卿受诏整浙西水军，李宝因之遂有胶西之捷。亮死，诏俊卿治淮东堡砦屯田，所过安辑流亡。金主褒新立，申旧好，廷臣多附和议。俊卿奏：“和戎本非得已，若以得故疆为实利，得之未必能守，是亦虚文而已。今不若先正名，名正则国威强，岁币可损。”因陈选将练兵、屯田减租之策，择文臣有胆略者为参佐，俾察军政、习戎务以储将材。

孝宗受禅，言：“为国之要有三：用人、赏功、罚罪，所以行之者至公而已，愿留圣意。”迁中书舍人。时孝宗志在兴复，方以阃外事属张浚。以俊卿忠义，沈靖有谋，以本职充江、淮宣抚判官兼权建康府事。奏曰：“吴璘孤军深入，敌悉众拒战，久不决，危道也。两淮事势已急，盖分遣舟师直捣山东，彼必还师自救，而璘得乘胜定关中。我及其未至，溃其腹心，此不世之功也。”会主和议方坚，诏璘班师，亦召俊卿。奏陈十事：定规模，振纪纲，励风俗，明赏罚，重名器，遵祖宗之法，蠲无名之赋。

隆兴初元，建都督府，俊卿除礼部侍郎参赞军事。张浚初谋大举北伐，俊卿以为未可。会谍报敌聚粮边地，诸将以为秋必至，宜先其未动举兵，浚乃请于朝出师。已而邵宏渊果以兵溃，俊卿退保扬州。主和议者幸其败，横议摇之。浚上疏待罪，俊卿亦乞从坐，诏贬两秩。谏臣尹穑附思退，议罢浚都，改宣抚使治扬州。俊卿奏：“浚果不可用，别属贤将；若欲责其后效，降官示罚，古法也。今削都督重权，置扬州死地，如有奏请，台谏沮之，人情解体，尚何后效之图？议者但知恶浚而欲杀之，不复为宗社计。愿下诏戒中外协济，使浚自效。”疏再上，上悟，即命浚都督，且召为相，卒为思退、穑所挤，遣视师江、淮。俊卿累章请罪，以宝文阁待制知泉州，请祠，提举太平兴国宫。

思退既窜，太学诸生伏阙下乞召俊卿。乾道元年，入对，上劳抚之，因极论朋党之弊。除吏部侍郎、同修国史。论人才当以气节为主，气节者，小有过当容之；邪妄者，甚有才当察之。钱端礼起戚里为参政，窥相位甚急，馆阁之士上疏斥之。端礼遣客密告俊卿，己即相，当引共政，深拒不听。翌日，进读《宝训》，适及外戚，因言："本朝家法，外戚不预政，有深意，陛下宜谨守。"上首肯，端礼憾之。知建康府。逾年，授吏部尚书。

时上未能屏鞠戏，将游猎白石。俊卿引汉桓灵、唐敬穆及司马相如之言力以为戒。上喜曰："备见忠谠，朕决意用卿矣。朕在藩邸，知卿为忠臣。"俊卿拜谢。

受诏馆金使，遂拜同知枢密院事。时曾觌、龙大渊怙旧恩，窃威福，士大夫颇出其门。及俊卿馆伴，大渊副之。公见外，不交一语，大渊纳谒，亦谢不接。洪迈白俊卿："人言郑闻除右史，某当除某官，信乎？"诘所从，迈以渊、觌告。具以迈语质於上，上曰："朕曷尝谋及此辈，必窃听得之。"有旨出渊、觌，中外称快。

金移文边吏，取前所俘。俊卿请报以誓书云："俘虏叛亡是两事，俘虏发已多，叛亡不应遣。且本朝两淮民，上国俘虏亡虑数万，本朝未尝以为言，恐坏和议，使两境民不安。或至交兵，则屈直胜负有在矣。"

镇江军帅戚方刻削军士，俊卿奏："内臣中有主方者，当并惩之。"即诏罢方，以内侍陈瑶、李宗回付大理究贼状。十一月，当郊而雷，上内出手诏，戒饬大臣，叶颙、魏杞坐罢。俊卿参知政事。时四明献银矿，将召冶工即禁中锻之。俊卿奏："不务帝王之大，而屑屑有司之细，恐为有识所窥。"从官梁克家、莫济俱求补外，俊卿奏："二人皆贤，其去可惜。"于是劾奏洪迈奸险谗妄，不宜在左右，罢之。减福建钞盐，罢江西和籴、广西折米盐钱，蠲诸道宿逋金谷钱帛以巨万计，于是政事稍归中书矣。

龙大渊死，上怜曾觌，欲召之。俊卿曰："自出此两人，中外莫不称颂。今复召，必大失天下望。臣请先罢。"遂不召。殿前指挥使王琪被旨按视两淮城壁还，荐和州教授刘甄夫，得召。俊卿言："琪荐兵将官乃其职,教官有才,何预琪事。"会扬州奏琪传旨增筑城已讫事,俊卿请于上,未尝有是命。俊卿曰:"若诈传上旨,非小故。"奏言:"人主万几,岂能尽防闲,所恃者纪纲、号令、赏罚耳。不诛琪,何所不为。"琪削秩罢官。

先是,禁中密旨直下诸,宰相多不预闻,内官张方事觉,俊卿奏:"自今百司承御笔处分事,须奏审方行。"从之。既而以内诸司不乐,收前命。俊卿言:"张方、王琪事,圣断已明,忽谕臣曰:'禁中取一饮一食,必待申审,岂不留滞。'臣所虑者,命令之大,如三衙发兵户部取财,岂为宫禁细微事。臣等备数,出内陛下命令耳。几奏审欲取决陛下,非臣欲专之,且非新条,申旧制耳。已行复收,中外惶惑,恐小人以疑似激圣怒。上曰:"朕岂以小人言疑卿等耶?"

同知枢密院事刘珙进对,争辨激切,忤旨,既退,手诏除珙端明殿学士,奉外祠。俊卿即藏去,密具奏:"前日奏答,臣实草定,以为有罪,臣当先罢。珙之除命,未敢奉诏。陛下即位以来,纳谏诤,体大臣,皆盛德事。今珙以小事犯罪,臣恐自此大臣皆阿顺持禄,非国家福。"上色悔久之,命珙帅江西。俊卿退自劾,上手札留之,且曰:"卿虽百请,朕必不从。"

四年十月,制授尚书右仆射、同中书门下平章事兼枢密使。俊卿以用人为己任,所除吏皆一时选,奖廉退,抑奔竞。或才可用,资历浅,密荐于上,未尝语人。每接朝士及牧守自远至,必问以时政得失,人才贤否。

虞允文宣抚四川,俊卿荐其才堪相。五年正月,上召允文为枢密使,至则以为右相,俊卿为左相。允文建议遣使金以陵寝为请,俊卿面陈,复手疏以为未可。上御弧矢,弦激致目眚,六月始御便殿。俊卿疏曰:"陛下经月不御外朝,口语籍籍,皆辅相无状,不能先事开陈,亏损圣德。陛下忧勤恭俭,清静寡欲,前代英主所不能免者皆屏绝,顾于骑射之末犹未能忘。臣知非乐此,志图恢复,故俯而从事,以阅武备,激士气耳。愿陛下任智谋,明赏罚,恢信义。则英声义烈,不越尊俎固已震慑敌人于万里之远,岂待区区骑射于百步间哉。陛下一身,宗社生灵之休戚系焉,愿以今日之事,永为后戒。"

　　曾觌官满当代,俊卿预请处以浙东总管。上曰:"观意似不欲为此官。"俊卿曰:"前此陛下去二人,公论甚惬。愿捐私恩,伸公议。"觌怏怏而去。枢密承旨张说为亲戚求官,惮俊卿不敢言,会在告,请于允文,得之。俊卿闻敕已出,语吏留之。说皇恐来谢,允文亦愧,犹为之请,俊卿竟不与,说深憾之。吏部尚书汪应辰与允文议事不合,求去,俊卿数奏应辰刚毅正直,可为执政。上初然之,后晚出应辰守平江。自是上意向允文,而俊卿亦数求去。

　　明年,允文复申陵寝之议,上手札谕俊卿,俊卿奏:"陛下痛念祖宗,思复故疆,臣虽疲驽,岂不知激昂仰赞圣谟,然于大事欲计其万全,俟一二年间,吾之事力稍充乃可,不敢迎合意指误国事。"即杜门请去,以观文殿大学士帅福州。陛辞,犹劝上远佞亲贤,修政攘敌,泛使未可轻遣。既去,允文卒遣使,终不得要领。曾觌亦召还,建节钺,跻保傅,而士大夫莫敢言。

　　俊卿至福州,政尚宽厚,严於治盗,海道晏清,以功进秩。转运判官陈岘建议改行钞盐法,俊卿移书宰执,极言福建盐法与淮、浙异,遂不果行。明年,请祠,提举洞霄宫,归第,弊屋数楹,怡然不介意。

　　淳熙二年,再命知福州。累章告归,除特进,起判建康府兼江东安抚。召对垂拱殿,命坐赐茶,因从容言曰:"将帅由当公选,臣闻诸将多以贿得。曾觌、王汴招权纳贿,进人皆以中批行之。贼吏已经结勘,而内批改正,将何所劝惩?"上曰:"卿言甚当。"朝辞,奏曰:"去国十年,见都城谷贱人安,惟士大夫风俗大变。"上曰:"何也?"俊卿曰:"向士大夫奔觌、汴之门,十才一二,尚畏人知,今则公然趋附已七八,不复顾忌矣。人材进退由私门,大非朝廷美事。"上曰:"汴则不敢。觌虽时或有请,朕多抑之,自今不复从矣。"俊卿曰:"此曹声势既长,侍从、台谏多出其门,毋敢为陛下言,臣恐坏朝廷纪纲,废有司法度,败天下风俗,累陛下圣德。"命二府饮饯浙江亭。

　　俊卿去建康十五年,父老喜其再来。为政宽简,罢无名之赋。时御前多行白扎，用左右私人持送，俊卿奏非便，上手札奖谕。除少保，判建康府如故。八年上章告老，以少师、魏国公致仕。十三年十一月薨，年七十四。方属疾，手书示诸子云：遗表止谢圣恩，勿祈恩泽及功德，勿请谥树碑。"上闻嗟悼，辍视朝，赠太保，命本路转运司给葬事，赐谥正献。

俊卿孝友忠敬，得于天资，清严好礼，终日无惰容。平居恂恂若不能言，而在朝廷正色危论，分别邪正，斥权势无顾避。凡所奏请，关治乱安危之大者。雅善汪应辰、李焘，尤敬朱熹，屡尝论荐。其薨也，熹不远千里往哭之，又状其行。有集二十卷。

子五人，泌有志于学，终承奉郎，朱熹为铭其墓。泌自有传。

虞允文字彬甫，隆州仁寿人。父祺，登政和进士第，仕至太常博士、潼川路转运判官。允文六岁诵九经。七岁能属文。以父任入官。丁母忧，哀毁骨立。既葬，朝夕哭墓侧，墓有枯桑，两乌来巢。念父之鳏且疾，七年不调跬步不忍离左右。父死，绍兴二十三年始登进士第，通判彭州权知黎州、渠州。

秦桧当国，蜀士多屏弃。桧死，高宗欲收用之，中书舍人赵达首荐允文，召对，谓人君必畏天，必安民，必法祖宗。又论士风之弊，以文章进必抑其轻浮，以言语进必黜其巧伪，以政事进必去其苛刻，庶可任重致远。且极论四川财赋科纳之弊。上嘉纳之。

除秘书丞，累迁礼部郎官。金主亮修汴，已有南侵意。王纶还言敌恭顺和好，汤思退再拜贺，置边备不问。及金使施宜生颇泄敌情，张焘密奏之。亮又隐书工图临安湖山以归。亮赋诗，情益露。允文上疏言："金必败盟，兵出有五道，愿诏大臣豫思备御。时三十年正月也。十月，借工部尚书充贺正使，与馆伴宾射，一发破的，众警异之。允文见运粮造舟者多，辞归，亮曰："我将看花洛阳。"允文还，奏所见及亮语，申言淮、海之备。

除中书舍人、直学士院。三衙管军以宦寺充承受，允文言："自古人主大权，不移于奸臣，则落于近幸。秦桧盗权十有八年，桧死，权归陛下。迩来三衙交结中官,宣和、明受厥鉴未远。"上大悟,立罢之。

金使王全、高景山来贺生辰,口传亮悖慢语,欲得淮南地,索将相大臣议事,于是召三衙大将赵密等议举兵,侍从、台谏集议。宰臣陈康伯传上旨:"今日更不问和与守,直问战当如何。"遣成闵为京、湖制置使,将禁卫五万御襄、汉上流。允文曰:"兵来不除道,敌为虚声以分我兵,成其出淮奸谋尔。"不听,卒遣闵。七月,金主亮从汴,允文复语康伯:"闵军约程在江、池,宜令到池者驻池,到江者驻江。若敌兵出上流,则荆湖之军捍于前,江、池之军援于后;若出淮西,则池之军出巢县,江州军出无为,可为淮西援,是一军而两用之。"康伯然其说,而闵军竟屯武昌。

九月,金主命李通为大都督,造浮梁于淮水上。金主自将,兵号百万,毡帐相望,钲鼓之声不绝。十月,自涡口渡淮。先是刘锜措置淮东,王权措置淮西。至是,权首弃庐州,亦回扬州,中外震恐。上欲航海,陈康伯力赞视征。是月戊午,枢臣叶义问督江、淮军,允文参谋军事。权又自和州遁归,锜回镇江,尽失两淮矣。

十一月壬申,金主率大军临采石,而别以兵争瓜洲。朝命成闵代锜、李显忠代权,锜、权皆召。义问被旨,命允文往芜湖趣显忠交权军,且犒师采石,时权军犹在采石。丙子,允文至采石,权已去,显忠未来,敌骑充斥。我师三五星散,解鞍束甲坐道旁,皆权败兵也。允文谓坐待显忠则误国事,遂立招诸将,勉以忠义,曰:"金帛、告命皆在此,待有功。"众曰:"今既有主,请死战。"或曰:"公受命犒师,不受命督战,他人坏之,公任其咎乎?"允文叱之曰:"危及社稷,吾将安避?"

至江滨,见江北已筑高台,对植绛旗二、绣旗二,中建黄屋,亮踞坐其下。谍者言,前一日刑白黑马祭天,与众盟,以明日济江,晨炊玉麟堂,先济者予黄金一两。时敌兵实四十万,马倍之,宋军才一万八千。允文乃命诸将列大阵不动,分戈船为五,其二并东西岸而行,其一驻中流,藏精兵代战,其二藏小港,备不测。部分甫毕,敌已大呼,亮操小红旗麾数百艘绝江而来,瞬息,抵南岸者七十艘,直薄宋军,军小却,允文入阵中,抚时俊之背曰:"汝胆略闻四方,立阵后则儿女子尔。"俊即挥双刀出,士殊死战。中流官军亦以海鳅船冲敌,舟皆平沉,敌半死半战,日暮未退。会有溃军自光州至,允文授以旗鼓,从山后转出,敌疑授兵至,始遁。又命劲弓尾击追射,大败之,僵尸凡四千余,杀万户二人,俘千户五人及生女真五百余人。敌兵不死于江者,亮悉敲杀之,怒其不出江也。以捷闻,犒将士,谓之曰:"敌今败,明必复来。"夜半,部分诸将,分海舟缒上流,别遣兵截杨林口。丁丑,敌果至,因夹击之,复大战,焚其舟三百,始遁去,再以捷闻。既而敌遣伪诏来谕王权,似有宿约。允文曰:"此反间也。"仍复书言:"权已置典宪,新将李世辅也,愿一战以决雌雄。"亮得书大怒,遂焚龙凤车,斩梁汉臣及造舟者二人,乃趋瓜洲,汉臣,教亮济江者也。

　　显忠至自芜湖,允文语之曰:"敌入扬州,必与瓜洲兵合,京口无备,我当往,公能分兵相助乎?"显忠分李捧军万六千往京口,叶义问亦命杨存中将所部来会。允文还建康,即上疏言:"敌败于采石,将侥幸于瓜洲。今我精兵聚京口,持重待之,可一战而胜。乞少缓六飞之发。"

　　甲申,至京口。敌屯重兵滁河,造三牐储水,深数尺,塞瓜洲口。时杨存中、成闵、邵宏渊诸军皆聚京口,不下二十万,惟海鳅船不满百,戈船半之。允文谓遇风则使战船,无风则使战舰,数少恐不足用。遂聚材治铁,改修马船为战舰,且借之平江,命张深守滁河口,扼大江之冲,以苗定驻下蜀为援,庚寅,亮至瓜洲,允文与存中临江按试,命战士踏车船中流上下,三周金山,回转如飞,敌持满以待,相顾骇愕。亮笑曰:"纸船耳。"一将跪奏:南军有备,未可轻,愿驻扬州,徐图进取。亮怒,欲斩之,哀谢良久,杖之五十。乙未,亮为其下所杀。

　　初,亮在瓜洲,闻李宝由海道入胶西,成闵诸军方顺流而下,亮愈怒。还扬州,召诸将约三日济江,否则尽杀之。诸将谋曰:"进有

淹杀之祸,退有敲杀之忧,奈何?"有万戴者曰:"杀郎主,与南宋通
和归乡则生矣。"众曰:"诺。"亮有紫茸细军,不临阵,恒以自卫,众
患之,有萧遮巴者绐之曰:"淮东子女玉帛皆聚海陵。"且嗾使往,细
军去而亮死。

丙申,敌人退屯三十里,遣使议和。己亥,奏闻。召入对,上慰
藉嘉欢,谓陈俊卿曰:"虞允文公忠出天性,朕之裴度也。"诏免扈
从,往两淮措置。允文至镇江,奏收两淮三策,不报。

明年正月,上至建康。寻议回銮,诏以杨存中充江淮、荆襄路宣
抚使,允文副之。给、舍缴存中除命,于是允文充川陕宣谕使。陛辞,
言:"金亮既诛,新主初立,彼国方乱,天相我恢复也。和则海内气
沮,战则海内气伸。"以上为然。允文至蜀,与大将吴璘议经略中原,
璘进取凤翔,复巩州。金治兵争陕西新复州郡,蜀士欲弃之,允文持
不可。

孝宗受禅,朝臣有言西事者,谓官军进讨,东不可过宝鸡,北不
可过德顺,且欲用忠义人守新复州郡,官军退守蜀口。允文争之不
得,吴璘遂归河池,盖用参知政事史浩议,欲尽弃陕西,台谏袁季、
任古附和其说。允文再上疏,大略言:"恢复莫先于陕西,陕西五路
新复州县又系于德顺之存亡,一旦弃之,则窥蜀之路愈多,西和、
阶、成,利害至重。"前后凡十五疏,且移书陈康伯,康伯牵于同列,
不能回也。上将召允文问陕西事,执政忌其来,以显谟阁直学士知
夔州,寻又命奏事。

隆兴元年入对,史浩既素主弃地,及拜相,亟行之,且亲为诏,
有曰:"弃难肋之无多,免狼心之未已。"允文入对言:"今日有八可
战。"上问及弃地,允文以笏书地,陈其利害。上曰:"此史浩误朕。"
以敷文阁待制知太平州,寻除兵部尚书、湖北、京西宣抚使,改制置
使。

时朝廷遣卢仲贤使金议和,汤思退又欲弃唐、邓、海、泗,手诏
谓唐、邓非险要,可置度外,允文五上疏力争。思退怒,即奏曰:"此
皆以利害不切于己,大言误国,以邀美名。宗社大事,岂同戏剧。"上

意遂定。思退阳请召允文,实欲去之也。允文上印,犹以四州不可弃为请,乞致仕。诏以显谟阁学士知平江府。思退竟决和议,割唐、邓。

二年,金兵复至。思退贬,上悔不用允文言。陈俊卿亦荐允文堪大用,除端明殿学士、同签书枢密院事。

乾道元年,拜参知政事兼知枢密院事。是秋,金遣完颜仲有所议,偃蹇不敬,允文请斩之,廷有异论,不果。会钱端礼受李宏玉带,是连允文,为御史章服所论,罢政,奉祠西归。

三年二月,召至阙,除知枢密院事兼参知政事。吴璘卒,议择代,上谕允文曰:"吴璘既卒,汪应辰恐不习军事,无以易卿。凡事不宜效张浚迂阔,军前事,卿一一亲临之。"即拜资政殿大学士、四川宣抚使,寻诏依旧知枢密院事。归蜀一月,召至阙,不数月复使蜀。太上赐御书《圣主得贤臣颂》,上又为之制跋,陛辞,复以所御双履及甲胄赐焉。

过郧,奏筑黄鹰山城。过襄阳,奏修府城。八月至汉中,又往沔阳。九月,至益昌。先被手诏戒九事,洎至蜀,悉奉而行,尤以军政为急。又奏阅实诸军,第其壮怯为三,上备战,中下备辎重,老者少者不预。汰兵凡万人,减缩钱四百万。汰去兵有劳绩者,置员阙处之。兴、洋义士,民兵也,绍兴初以七万计,大散之战,将不授甲,驱之先官军,死亡略尽。命利帅晁公武核实,得二万三千九百余人。又得陕西弓箭手法,参绍兴制为一书,俾将吏守之。以马政付张松,奏依旧制分茶马为川、秦司。

初在枢府,萧遮巴以刷军中人为言,允文尝奏谕三衙抚存之。至是,金、洋、兴元归正人二万,遮道诉繁缧之苦,允文分给官田,俾咸振业。欲结敌将姜挺、白沂,遵御札募巩人王嗣祖结外蕃以图金人,又得蕃僧六彪者偕往,竟无成说。时邛、蜀十四郡告饥,荒政凡六十五事,剑卒献羡钱五万,却之。

五年八月,拜右仆射、同中书门下平章事兼枢密使。允文多荐知名士,如洪适、汪应辰。及为相,籍人才为三等,有所见闻即记之,号《材馆录》。凡所举,上皆收用,如胡铨、周必大、王十朋、赵汝愚、晁公武、李焘其尤章明者也。上以兵冗财匮为忧,允文与陈俊卿议革三衙杂役,汰冗籍,三军无怨言。

六年,陈俊卿以奏留龚茂良忤上意,上震怒甚,俊卿待等命浙江亭,两日不报。允文请对。极论体貌之道,叠拜榻前,遂命判福州。

诏以范成大为祈请使,为陵寝故。金不从,且谍报欲以三十万骑奉迁陵寝来归,中外汹汹,荆、襄将帅皆请增戍。允文谓:“金方惩亮,决不轻动,不过以虚声撼我耳。”遂奏止之。朝论纷然,允文屹不动,敌卒无他。

自庄文太子薨,储位未定。允文上疏,且屡恳陈。七年正月,上两宫尊号,议始定,下诏皇第三子恭王敦立为皇太子,皇子恺以雄武、保宁军节度使判宁国府。皇太子寻尹临安。侍卫马军司牧地旧在临安,允文谓地狭不利刍牧,请令就牧镇江,缓急用骑过江便。三军有怨语,其后言者以此为言。

胡铨以台评去,允文奏留之经筵。铨荐朱熹,上问允文识熹否?允文谓熹不在程颐下,遂召熹,熹不至。检鼓院以六条抑上书人,允文力言不可,从之。

会庆节,金使乌林答天锡入见,金主婿也。骄倨甚,固请上降榻问金主起居,上不许,天锡跪不起,侍臣错愕失措。允文请大驾还禁中,且谕之曰:“大驾既兴,难再御殿,使人来旦随班上寿。”金使惭而退。

上以仆射名不正,改为左、右丞相。八年二月,授允文特进、左丞相兼枢密使,梁克家为右丞相。允文尝举克家自代,上不许。是月,以病乞解机政,又荐克家靖重有宰相器,至是始同相。手诏付允文曰:“朕方欲武臣为枢密,曹勋如何?”允文谓勋人品卑凡,不可用。既而以张说签书枢密院事,右正言王希吕与台官交劾之。上怒希吕甚,手诏“与远恶监当。”允文缴回,上益怒。梁克家曰:“希吕论张说,台纲也,左相救希吕。国体也。”上怒稍解,卒薄希吕之罚。

四月,御史萧之敏劾允文,允文上章待罪。上过德寿宫,太上曰："采石之功，之敏在何许？毋听其去。"上为出之敏，且书扇制诗以留之。允文言之敏端方，请召归以辟言路。上谓其言宽厚，命曾怀书之《时政记》。

上命选谏官，允文以李彦颖、林光朝、王质对，三人皆鲠亮，又以文学推重于时，故荐之，久不报。曾亲荐一人，赐第，擢谏议大夫。允文、克家争之，不从。允文力求去，授少保、武安军节度使、四川宣抚使，进封雍国公。陛辞，上谕以进取之方，期以某日会河南。允文言："异时戒内外不相应。"上曰："若西师出而朕迟回，即朕负卿；若朕已动而卿迟回，即卿负朕。"上御正衙，酌酒赋诗以遣之，且赐家庙祭器。

九年至蜀。大军月给米一石五斗，不足赡其家，允文捐宣司钱三十万易米，计口增给。立户以七条，括民马，奏选良家子以储战用。初，北界有寇邻者，雍众数万在商、虢间，允文秉政日纳款，迨至蜀，复遣人致书允文，不报，羁縻之而已。既而邻谋觉，金密遣人捕之。叶衡奏闻，允文上疏自辨，因请纳禄，不报。

上尝谓允文曰："丙午之耻，当与丞相共雪之。"又曰："朕惟功业不如唐太宗，富庶不如汉文、景。"故允文许上以恢复。使蜀一岁，无进兵期，上赐密诏趣之，允文言军需未备，上不乐。

淳熙元年薨。后四年，上幸白石大阅，见军皆少壮，谓辅臣曰："虞允文行沙汰之效也。"寻诏赠太傅，赐谥忠肃。

允文姿雄伟，长六尺四寸，慷慨磊落有大志，而言动有则度，人望而知为任重之器。早以文学致台阁，晚际时艰，出入将相垂二十年，孜孜忠勤无二焉。尝注《唐书》、《五代史》，藏于家。有诗文十卷，《经筵春秋讲义》三卷，奏议二十二卷，《内外志》十五卷，行于世。

子三人：公亮、公著、杭孙。孙八人，皆好修，唯刚简最知名，嘉定中，召不至，终利路提点刑狱。

辛次膺字起季，莱州人。幼孤，从母依外氏王圣美于丹徒。俊慧力学，日诵千言。甫冠，登政和二年进士第，历官为单父丞。

　　值山东乱,举室南渡。属闽寇汝为陷建州,宰相吕颐浩以次膺宰蒲城,遏贼冲。比至,寇党熊志宁已焚其邑。于是披荆棘,坐瓦砾中,安辑吏民,料丁壮,治器械,厄险阻,号令不烦,邑民便之。数月,韩世忠破贼,复建州,除审计司。余党范黑龙破邻邑,闽帅张守橄次膺,俟贼平而后行。乃募乡兵习强弩,贼至,与之来水而阵,矢齐奔溃,生致首领五人,余悉寡之。

　　用参政孟庾荐,召对,奏用人贵于务实,施令在于必行。迁驾部。愿敕郡邑省耕薄征,务农抑末。又奏:"中原之人,弃坟墓生业,从巡江左,饥寒殒仆。愿加存拊,可以坚中原徯后之心。"迁吏部郎、湖北运判,中途召还,见高宗于建康行宫,首言救世之弊,上称善,敕以所奏榜朝堂。

　　擢右正言。奏:"愿阅兵将,亲简拔,揽恩威之柄,使人人知朝廷之尊。左右近习,久则干政,愿杜其渐。兵连不解,十年于兹。一岁用钱三十万、米四百万石,诸路常赋仅足支其半,余悉取诸民。乞罢不急之务,节姑息之泽,省冗官,汰懦兵。

　　韩世忠男直秘阁,次膺奏曰:"攻城野战,世忠功也,其子何与?石渠、东观,图书府也,武功何与?幸门一启,援例者众。"又奏:"今主议者见小利忽大计,偏师偶胜,递思进讨,便谓攻为有余;警奏稍闻,首陈退舍,便谓守为不足。愿严纪律,谨烽燧,明间探。"上皆信纳。闻韩世忠将自楚州移军镇江,复陈可虑者五。王伦使北请和,次膺言:"宣和海上之约,靖康城下之盟,口血未乾,兵随其后。今日之事当识其诈。"

　　时秦桧在政府,为其妻兄王仲疑叙两官。次膺劾仲疑奴事朱面,投拜金酉,罪在不赦。又劾知抚州王晚违法佃官田,不输租。其父仲山,先知抚州,屈膝金人,晚继其后,何颜见吏民?晚,桧之妻兄也。章留中。次膺再论之曰:"近臣奏二人,继闻追寝除命,是皆桧容私营救,陛下曲从其欲,国之纪纲,臣之责任,一切废格。借使贵连宫掖,亲如肺附,宠任非宜,臣亦得论之,而大臣之姻娅,乃不得绳之耶?望陛下奋乾刚之威,戒蒙蔽之渐。"

求去，除直秘阁、湖南提刑。先是，湖南贼龙渊、李朝雍众数万，据衡之茶陵，桧匿不奏，乃以见阙处次膺。陛辞，上曰："卿以将母为请，朕不得留。湖湘风物甚佳，且无贼，职名异恩，卒岁当召。"既抵长沙，贼势方张，戍将抽回，始悟桧欲陷之。即单车趋茶陵，擒贼骁将戮之，募贼党毛义、龙麟等，齐榜谕以朝廷抽回戍将，务欲诏安，宜亟降，待以不死。龙渊、李朝想继降，仍请料精锐，可得禁旅万余。次膺笑曰："是皆吾民，正当弃兵甲，持锄耰，趣令复业。"奏茶陵为军。

金好成，赦书至衡阳，次膺极陈其诈，略曰："臣昨在谏列，尝数论金人变诈无常，愿陛下为宗社生灵深虑。近观邸报，枢密院编修官胡铨妄议和好，历诋大臣，除名远窜。已而得铨书稿，乃知朝廷递欲屈己称藩，臣未知其可。大臣怀奸固位，不恤国计，嫱婳趋和，谬以为便，臣不知天下之人以为便乎？父之仇不与共戴天，兄弟之仇不反兵。弃仇释怨，尽除前事，降万乘之尊，以求说于敌，天下之人，果能遂亡怨痛以从陛下之志乎？"书奏，不报。金陷三京。

次膺罢，奉祠。秦桧以其负重名，欲先移书，当稍收用，次膺笑而不答。阅十六年，贫益甚，亡毫发求于人。桧死，起知婺州，三日被召。至国门，以足疾求去。加秘阁修撰，还郡。再召见，历言仇怨当国，老母几委沟墜，因奏国本未立，上改容曰："谁可？"次膺曰："知子莫若父。"上称善。擢权给事中。蒋璨权户部侍郎，次膺驳璨不守正，事交结，出璨知平江。御史中丞汤鹏举劾次膺假报怨，除待制、宫观。起知泉州，移福建帅。丁母忧，乞纳禄。

孝宗即位，手诏趣召。既至，奏："陛下用贤必考核事功，勿以一人誉用之，一人毁去之，出令要无反汗，纳善要知转圆。练兵恤民，经理两淮，使敌不能乘虚而入。"是日，除御史中丞。朝德寿宫，高宗一见，谓惜间卿于强健时。

上将以春飨迎高宗诣延祥观，幸玉津圆。次膺奏："钦宗服未终，方停策士，且金人嫚书甫至，意在交兵，矧原野间禁卫稀少，当过为之虑，兼一出费十数万缗，曷若以资兵食"时两淮尽为荒野，次膺奏："乞集遗甿归业,借种牛,或令在屯兵从便耕种,此足良兵法。"至若成闵之贪饕,汤思退之朋附,叶义问之奸罔,皆以次论劾。每章疏一出,天下韪之。上方厉精政事,次膺每以名实为言,多所裨益,呼其官不名。

隆兴改元三月,同知枢密院事。符离之师,捷奏日闻,次膺手疏千言,乞持重。未几,军果溃。及见,上颜色不乐,奏言:"师溃而归,张浚弹压必无他,此上天大儆戒于陛下。"上叹其先见。

拜参知政事,以疾力祈免。且奏曰:"王十朋除侍史,虽上亲擢,天下皆知臣尝荐其贤。汤思退召将至,亦知臣尝疏其奸。臣不引避,人其谓何?"除资政殿学士、提举洞霄宫。陛辞,赐茶,甚惜其去。次膺奏:"臣与思退,理难同列。"上曰:"有谓汤思退可用者。"次膺奏:"今日之事,恐非思退能辨。思退固不足道,窃恐误国家事。"乾道六年闰五月卒,年七十九。

次膺孝友清介,立朝謇谔。仕宦五十年,无丝毫挂吏议。为政贵清静,先德化,所至人称其不烦。善属文,尤工于诗。

论曰:孝宗志恢复,特任张浚,俊卿斥奸党,明公道,以为之佐。洎居中书,知无不为,言无不尽,盖其立志一以先哲为法,非他相可拟也。允文许国之忠,炳如丹青。金庶人亮之南侵,其锋甚锐,中外倚刘锜为长城,锜以病不克进师。允文儒臣,奋勇督战,一举而挫之,亮乃自毙。昔赤壁一胜而三国势成,淮淝一胜而南北势定。允文采石之功,宋事转危为安,实系乎此。及其罢相镇蜀,受命兴复,克期而往,志虽未就,其能慷慨任重,岂易得哉?次膺力排群邪,无负言责,涖政不烦,居约有守。晚再立朝,謇谔尤著,南渡直言之臣,宜为首称焉。

宋史卷三八四
列传第一四三

陈康伯　　梁克家　　汪澈
叶义问　　蒋芾　　叶颙
叶衡

　　陈康伯字长卿，信之弋阳人。父亨仲，提举江东常平。康伯幼有学行。宣和三年，中上舍丙科。累迁太学正。丁内艰。贵溪盗将及其乡，康伯起义丁逆击，俘其渠魁，邑得全。

　　建炎末，为敕令删定官，预修《绍兴敕令》。寻通判衢州，摄郡事。盗发白马原，康伯督州兵济王师进讨，克之。除太常博士，改提举江东常平茶盐。高宗进跸建康，康伯以职事过阙，得对，因请择将，上开纳。

　　绍兴八年，除枢密院大计议官。累迁户部司勋郎中。康伯与秦桧太学有旧，桧当国，康伯在郎省五年，泊然无求，不偷合。十三年，始迁军器监。借吏部尚书使金，至汴将晡，不供饷，闭户卧勿问；入夜，馆人扣户谢不敏，亦不对。后因金使至，诏康伯馆伴，端午赐扇帕，与论拜受礼，言者以生事论，罢知泉州。

　　海盗间作，朝廷遣刘宝、成闵逐捕，康伯以上意招怀，盗多出降，籍为兵。久之，不逞者阴倡乱。康伯主讯得实，论杀之，州以无事。秩满，三奉祠，垂十年。

　　桧死，起知汉州，将出峡，召对，除吏部侍郎。康伯首请节用宽

民,凡州县取民无艺,许监司互察,台谏弹劾。寻兼礼、户部。乞约
岁用,会所入,储什之一二备水旱。奏上,议竟不决,兼刑部。前此
有司希桧意兴大狱,康伯平谳直冤,士大夫存殁多赖之。除吏部尚
书。宰臣拟用"权尚书"出命,高宗顾曰:"朕且大用,何'权'为?"寻
拜参知政事。

　　自孙道夫使北还,已闻金以买马非约为言,朝廷特恃和,康伯
与同知枢密院事王纶白发其端。纶使北还,乃言和好无他。康伯持
初论不变。九月,以通奉大夫守尚书右仆射、同中书门下平章事,例
赐银绢,康伯固辞,减半,又辞。兼史院。上尝谓其静重明敏,一语
不妄发,真宰相也。又命与汤思退辅政,事勿惮商论,惟其当而已。
康伯言:"大臣事当尽公,若依阿植党,此鄙夫患失者,臣非惟不敢,
亦素不能。"高宗叹其长者。普安郡王居潜藩,高宗一日谓康伯,当
以使相封真王,今宜冠以属籍,於是诏以为皇子,封建王,实三十年
二月也。

　　明年三月,拜光禄大夫、尚书左仆射。五月,金遣使贺天申节,
出嫚言,求淮、汉地,指取将相大臣,且以渊圣凶问至。康伯主礼部
侍郎黄中之论,持斩衰三年。先是,叶义问、贺允中使还,言金必败
盟,康伯请早为之备,建四策:一,增刘锜荆南军,以重上流;二,分
画两淮地,命诸将结民社,各保其境;三,刘锜独当淮东,将骄卒少,
不可倚;四,沿江诸郡修城积粮,以固内地。至是,召三衙帅及杨存
中至都堂议举兵,又请侍从、台谏集议,康伯传上旨曰:"今日更不
问和与守,直问战当如何。"时上意雅欲视师,内侍省都知张去为阴
沮用兵,且陈退避策,中外妄传幸闽、蜀,人情汹汹。右相朱倬无一
语,同知枢密院事周麟之受命聘金,惮不欲行,康伯独以为己任,奏
曰:"金敌败盟,天人共愤,今日之事有进无退,圣意坚决,则将士之
意自倍。愿分三衙禁旅助襄、汉,待其先发应之。"康伯勉周麟之以
国事,麟之语侵康伯,康伯曰:"使某不为宰相,当自行,大臣与国存
亡,虽死安避。"麟之竟以辞行罢,寻贬责。殿中侍御史陈俊卿言当
用张浚,且乞斩张去为以作士气。康伯以俊卿振职,奏权兵部侍郎。

九月，金犯庐州，王权败归，中外震骇，朝臣有遣家豫避者。康伯独具舟迎家入浙，且下令临安诸城门扃镝率迟常时，人恃以安。敌迫江上，召杨存中至内殿议之，因命就康伯议。康伯延之入，解衣置酒，上闻之已自宽。翌日，入奏曰："闻有劝陛下幸越趋闽者，审而，大事去矣，盖静以待之。"

一日，忽降手诏："如敌未退，散百官。"康伯焚之而后奏曰：百官散，主势孤矣。上意既坚，请下诏亲征，以叶义问督江、淮军，虞允文参谋军事。上初命朱倬为都督，倬辞，乃命义问。允文寻败敌於采石，金主亮为其臣下所毙而还。

方亮之犯江，国人即立葛王褒，三十二年，始遣高忠建来告登位，议授书礼，康伯以谊折之，于是报书始用敌国礼。

高宗倦勤，有与子意，康伯密赞大议，乞先正名，俾天下咸知圣意，遂草立太子诏以进。及行内禅礼，以康伯奉册。孝宗即位，命兼枢密使，进封信国公，礼遇殊渥，但呼丞相而不名。

康伯自建康扈从回，即以病祈去位，不允。明年，改元隆兴，请益坚，遂以太保、观文殿大学士、福国公判信州。上慰劳甚勤，且曰："有宣召，慎勿辞，"执即府钱别，百官班送都门外。已又辞郡，丐外祠，除醴泉观使。

二年八月，起判绍兴府，且令赴阙奏事，复辞。未几，召陪郊祀。时北兵再犯淮甸，人情惊骇，皆望康伯复相。上出手札，遣使即家居召之。未出里门，拜尚书左仆射、同中书平章事兼枢密使，进封鲁国公。亲故谓康伯实病，宜辞，康伯曰："不然。吾大臣也，今国家危，当舆疾就道，幸上哀而归之而。"道闻边遽，兼程以进，至阙下，诏子安节、婿文好谦掖以见，减拜赐坐。间日一会朝，许肩舆至殿门，仍给扶，非大事不署。敌师退，寻以目疾免朝谒，卧家，旬余一奏事。

乾道元年正月上辛，有事南郊，康伯起陪祠，已即丐归，章屡上，不许。一日出殿门，喘剧，舆至第薨，年六十有九。赠太师，谥文恭，择日临奠，子伟节固辞，乃止。命工部侍郎何甫护丧归。

二子：伟节，除直秘阁；安节，赐同进士出身，五辞不受，上手札批谕,寄留省中以成其美,康伯薨,给还之。庆元初,配享孝宗庙庭,改谥文正。

梁克家字叔子,泉州晋江人。幼聪敏绝人,书过目成诵。绍兴三十年,廷试第一,授平江签判。时金主亮死,众皆言可乘机进取,克家移书陈俊卿,谓:"敌虽遁,吾兵力未振,不量力而动,将有后悔。"俊卿归以白丞相陈康伯,欢其远虑。召为秘书省正字,迁著作佐郎。

时灾异数见,克家奏宜下诏求言,从之,令侍从、台谏、卿监、郎官、馆职疏阙失。克家条六事:一正心术,二立纪纲,三救风俗,四谨威柄,五定庙算,六结人心。其论定庙算,谓今边议不过三说,曰将、兵、财,语甚切直。累迁中书舍人。

使金,金以中朝进士第一,敬待之,即馆宴射,连数十发中的。金人来贺庆会节,克家请令金使入朝由南门百官由北门,从者毋辄至殿门外,以肃朝仪,诏定为令。

郊祀有雷震之变,克家复条六事。迁给事中,凡三年,遇事不可,必执奏无隐。尝奏:"陛下欲用实才,不喜空言,空言固无益,然以空言为惩,则谏争之路遂塞,愿有以开导之。"上欣纳,因命条具风俗之弊,克家列四条,曰欺罔、苟且、循默、奔竞,上手笔奖谕。

乾道五年二月,拜端明殿学士、签书枢密院事。明年,参知政事。又明年,兼知院事。初修金好,金索所获俘,启衅未已。克家请筑楚州城,环舟师于外,边赖以安。在政府,与虞允文可否相济,不苟同。皇太子初立,克家请选置官属,曾讲读员,遂以王十朋、陈良翰为詹事,中外称得人。充文主恢复,朝臣多迎合,克家密谏,数不合,力丐去。上曰:"兵终不可用乎?"克家奏:"用兵以财用为先,今用度不足,何以集事?"上改容曰:"朕将思之。"诘朝,上面谕曰:"朕终夜思卿言,至当,毋庸去。"

八年,诏更定仆射为左右丞相,拜克家为右丞相兼枢密使。一日,上谓宰执曰:"近过德寿宫,太上颐养愈胜,天颜悦怿,朕退不胜喜。"克家奏:"尧未得舜以为已忧,既得舜,固宜甚乐,"允文奏:"尧独高五帝之寿以此。"上曰:"然。"允文既罢相,克家独秉政,虽近戚权幸不少假借,而外济以和。张说入枢府,公议不与,寝命,俄复用。说怒士夫不附己,谋中伤之,克家悉力调护,善类赖之。

议金使朝见授书仪,时欲移文对境以正其礼,克家议不合,遂求去,以观文殿大学士知建宁府。陛辞,上以治效为问,克家劝上无求奇功。既而三省、密院卒移牒泗州,敌不从,遣泛使来,举朝震骇。后二年,汤邦彦坐使事贬,天下益服克家谋国之忠。

淳熙八年,起知福州,在镇有治绩。赵雄奏欲令再任,降旨仍知福州。召除醴泉观使。九年九月,拜右丞相,封仪国公。逾月而疾,十三年,命以内祠兼侍读,赐第,在所存问不绝。十四年六月,薨年六十。手书遗奏,上为之垂涕,赠少师,谥文靖。

初,唱第时,孝宗由建邸入侍,爱其风度峻整,及登政府,眷宠尤渥。为文浑厚明白,自成一家,辞命尤温雅,多行于世。

汪澈字明远,自新安徙居饶州浮梁。第进士,教授衡州、沅州。用万俟卨荐,为秘书正字、校书郎,轮对,乞令帅臣、监司、侍从、台谏各举将帅,高宗善之,行其言。除监察御史,进殿中侍御史,特赐鞍马。时和戎岁久,边防浸弛,澈陈养民养兵、自治豫备之说,累数千言。

显仁皇后攒宫讫役,议者欲广四隅,士庶坟在二十里内皆当迁,命澈按视。还奏:"昭慈、徽宗、显肃、懿节四陵旧占百步,已数十年,今日何为是纷纷?汉长乐、未央宫夹椁里疾墓,未尝迁。国朝宫陵仪制,在封堠界内,不许开故合衬,愿迁出者听,其意深矣。"高宗大悟,悉如旧。

叶义问使金还,颇知犯边谋,澈言:"不素备,事至仓卒,靖康之变可鉴,今将骄卒惰,宜加蒐阅,使有斗心。文武职事务选实才,不限资格。"除侍御史。左相汤思退不协人望,澈同殿中侍御史陈俊卿劾罢,又论镇江大将刘宝十罪,诏夺节予祠。

三十一年，上元前一夕，风雷雨雪交作，澈言《春秋》鲁隐公时大雷震电，继以雨雪，孔子以八日之间再有大变，谨而书之。今一夕间二异交至，此阴盛之证，殆为金人。今荆、襄无统督，江海之备御，因陈修攘十二事。殿师扬存中父握兵权，内结阉寺，王十朋、陈俊卿等继论其罪，高宗欲存护使去，澈与俊卿同具奏，存中始罢。

会金使高景山来求衅端，澈言："天下之势，强弱无定形，在吾所以用之。陛下屈己和戎，厚遗金缯，彼辄出恶言，以撼吾国。愿陛下赫然睿断，益兵严备，布告中外，将见上下一心，其气百倍矣。"除御史中丞。

寻遣马帅成闵以所部三万人屯京、襄，以澈为湖北、京西宣谕使，诏凡吏能否、民利病悉以闻。过九江，王炎见澈论边事，辟为属，偕至襄阳抚诸军。鄂帅田师中老而怯，立奏易之。时欲置襄守荆南，澈奏："襄阳地重，为荆楚门户，不可弃。"敌将刘萼雍众十万，扬声欲取荆南，又欲分军自光、黄捣武昌。朝廷以敌昔由此入江南，令吴拱严护武昌津渡。拱将引兵回鄂，澈闻之，驰书止拱，而自发鄂之余兵戍黄州，俾拱留襄。敌骑奄至樊城，拱大战汉水上，敌众败走，时唐、邓、陈、蔡、汝、颍相次归职方。未几，金主亮死，澈乞出兵淮甸，与荆、襄军夹击其归师。未报，而金新主罢兵请和，召澈入为参知政事，与宰相陈康伯同赞内禅。

孝宗即位，锐意恢复，首用张浚使江、淮，澈以参豫督军荆、襄，将分道进讨。赵撙守唐，王宣守邓，招皇甫倜于蔡。襄、汉沃壤，荆棘弥望，澈请因古长渠筑堰，募闲民、汰冗卒杂耕，为度三十八屯，给种与牛，授庐舍，岁可登谷七十余万斛，民偿种，私其余，官以钱市之，功绪略就。

隆兴元年，入奏，还武昌，而张浚克期大举，诏澈出师应之。澈以议不合，乞令浚并领荆、襄。谏议大夫王大宝论澈"无制胜策，皇甫倜以忠义结山砦，扼敌要冲，澈不能节制，坐视孤军坠敌计。赵撙以千五百人救万城，败散待五百余人，澈漫不加省。乞罢黜。"澈亦请祠，除资政殿学士、提举洞霄宫。大宝疏再上，落职，仍祠禄。

明年，知建康府，寻除枢密使。在位二年，以观文殿学士奉洞霄祠，寻知鄂州兼安抚使。孝宗访边事，澈奏："向者我有唐、邓为藩篱，又皇甫倜控扼陈、蔡，敌不敢窥襄。既失两郡，倜复内徙，敌屯新野，相距百里尔。臣令赵摶、王宣乐筑城储粮，分备要害，有以待敌。至于机会之来，难以豫料。"孝宗善之。时议废江州军，澈言不可。知宁国府，改福州、福建安抚使，复请祠。寻致仕。卒，年六十三。赠金紫光禄大夫，谥壮敏。

澈为殿中日，荐陈俊卿、王十朋、陈之茂为台官，高宗曰："名士也，次第用之矣。"在枢府，孝宗密访人材，荐百有十八人。尝奏言："臣起寒远，所以报国惟无私不欺尔。"其自奉清约，虽贵犹布衣时。有文集二十卷、奏议十二卷。

叶义问字审言，严州寿昌人。建炎初，登进士第。调临安府司理参军。范宗尹为相，义问与沈长卿等疏其奸。为饶州教授，摄郡。岁旱，以便宜发常平米振民，提刑黄敦书劾之。诏勿问。前枢密徐俯门曾犯罪，义问绳以法，俯尝举义问，怒甚，乃袖荐书还之。

知江宁县。召秦桧所亲役，同僚不可，义问曰："释是则何以服他人。"卒役之。通判江州，豫章守张宗元忤桧，或中以飞语，事下漕臣张常先。宗元道九江，常先檄义问拘其舟，义问投檄曰："吾宁得罪，不为不祥。"常先白桧，罢去。

桧死，汤思退荐之，上记其尝言范宗尹，召至，言台谏废置在人主，桧亲党宜尽罢逐，以言得罪者宜叙复。擢殿中侍御史。枢密汤鹏举效桧所为，植其党周方崇、李庚，置籍台谏，锄异己者。义问累章劾鹏举，有"一桧死，一桧生"之语，并方崇等皆罢之。又言："凡择将遇一阙，令枢密院具三名取上旨，则军政尽出掌握。"迁侍御史。朱朴、沈虚中奉祠里居，义问劾其附秦桧，皆移居。郊祀赦，义问言："顷岁附会告讦者，不应例移放。"从之。迁吏部侍郎兼史馆修撰，寻兼侍读，拜同知枢密院事。

上闻金有犯边意，遣义问奉使觇之，还奏："彼造舟船，器械，其用心必有所在，宜屯驻沿海要害备之。”金主亮果南侵。命视师，义问素不习军旅，会刘锜捷书至，读之至金贼又添生兵，顾吏曰：“生兵何物耶？”闻者掩口。至镇江，闻瓜洲官军与敌相持，大失措，乃役民掘沙沟，植木枝为鹿角御敌，一夕潮生，沙沟平，木枝尽去。会建康留守张焘遣人告急，义问乃遵陆，云往建康催发军，市人皆媟骂之。又闻敌据瓜洲，采石兵甚众，复欲还镇江，诸军宣沸曰：“不可回矣，回则有不测。”遂趋建康。已而金主亮被弑，师退，义问还朝，力请退，遂罢。

隆兴元年，中丞辛次膺论义问顷护诸将几败事，且以官私其亲。谪饶州。乾道元年，诏自便。六年卒，年七十三。

蒋芾字子礼，常州宜兴人，之奇曾孙。绍兴二十一年，进士第二人。孝宗即位，累迁起居郎兼直学士院。时宦者梁珂事上潜邸，挠权，尹穑论珂，与祠，芾缴奏罢之。

签书枢密院事，首奏加意边防，又奏：“拔将才行伍间，识其姓名，一旦披籍可立取具。又料简归正人，仍以北人将之，或令深入山东，或令自荆、襄深入。”

除权参知政事、同知国用事。芾奏：“方今财最费于养兵，艺取天下，不过艺十五万人。绍兴初，外有大敌，内有巨寇，然兵数亦不若今日之多。近见陈敏勇汰三千人，戚方汰四千人，然多是有官人，与以外任，请卷钱、添借给如故，是减于内而添于外，何益？又招兵耗蠹愈甚，臣考核在内诸军，每月逃亡事故，常不下四百人。若权停招兵一年有半，俟付用稍足，招丁壮，不惟省费，又得兵精。”上悟。

一日，因进呈边报，上顾芾曰：“将来都督非卿不可。”芾奏：“臣未尝经历兵间。”又奏：“方今钱谷不足，兵士不练，将帅与臣不相识，愿陛下更审思其人。”南郊礼毕，宰相叶颙、魏杞罢。芾采众论，参己见，为《筹边志》上之。

明年，拜右仆射、同中书门下平章事兼枢密使。会母疾卒，诏起复，拜左仆射，芾力辞。有密旨欲今岁大举，手诏廷臣议，或主和，或主恢复，使芾决之。芾奏："天时人事未至。"拂上意。服阕，除观文殿大学士、知绍兴府、提举洞霄宫。寻以言者论，落职，建昌军居住，期年，有旨自便。再提举洞霄宫，卒。

芾始以言边事结上知，不十年间致相位，终以不能任兵事受责，岂优于论议而劣于事功欤？

叶颙字子昂，兴化军仙游人。登绍兴元年进士第，为广州南海县主簿，摄尉。盗发，州檄巡尉同捕，巡检获盗十余人，归其劳于颙，颙曰："掠美、欺君、幸赏，三者皆罪，不忍为也。"帅曾开大喜之。

知信州贵溪县。时诏行经界，郡议以上、中、下三等定田税，颙请分为九等，守从之，令信之六邑以贵溪为式。

知绍兴府上虞县。凡徭役，令民自推货力甲乙，不以付吏，民欣然皆以实应。催租各书其数与民，约使自持户租至庭，亲视其入，咸便之。帅曹泳令今岁夏租先期送什之八，颙请少纾其期，泳怒。及麦大熟，民输租反为诸邑最，泳大喜，许荐于朝，颙固辞。

贺正中荐颙静退，遂召见，颙论国仇未复，中原之民日企銮舆之返，其语剀切，高宗嘉纳。除将作监簿。知处州，青田令陈光献羡余百万，颙以所献充所赋。汤思退之兄居处州，家奴屠酤犯禁，一绳以法，思退不悦。属州逋缗钱四十万，守坐免，移颙知常州。

金犯边，高宗视师建康，道毗陵，颙赐对舟次，因言："恢复莫先于将相，故相张浚久谪无恙，是天留以相陛下也。"颙初至郡，无旬月储，未一年余缗钱二十万。或劝献羡，颙曰："名羡余，非重征则横敛，是民之膏血也，以利易赏，心实耻之。"

召为尚书郎，除右司。诏求直言，颙上疏谓："陛下手足之至亲，付州郡之重寄，是利一人害一方也。"人称其直。除吏部侍郎，复权尚书时七司弊事未去，上疏言选部所以为弊，乃与郎官编七司条例为一书，上嘉之，令刻板颁示。

除端明殿学士，拜参政事兼同知枢密院事。武臣梁俊彦请税沙田、芦场，帝以问颙，对曰："沙田乃江滨地，田随沙涨而出没不常，芦场则臣未之详也。且辛巳军兴，芦场田租并复，今沙田不胜其扰。"上曰："诚如卿言。"颙至中书，召俊彦切责之曰："汝言利求进，万一为国生事，斩汝不足以塞责。"俊彦皇恐汗下。是日，诏沙田、芦场并罢。

御史林安宅请两淮行铁钱，颙力言不可，安宅不能平，既入枢府，乃上章攻颙云："颙之子受宣州富人周良臣钱百万，得监镇江大军仓。"御史王伯详亦论之。颙乞下吏辩明，乃以资政殿学士提举洞霄宫。上下其事临安府，时王炎知临安，上令炎亲鞫置对，无秋毫踪。狱奏，上以安宅、伯庠风闻失实，并免所居官，仍贬安宅筠州，召颙赴阙。入见，上劳之曰："卿之清德自是愈光矣。"

除知枢密院事，未拜，进尚书左仆射兼枢密使。颙首荐汪应辰、王十朋、陈良翰、周操、陈之茂、芮晔、林光朝等，可备执政、侍从、台谏，上嘉纳，又言："自古明君用人，使贤使愚，使奸使盗，惟去泰甚。"上曰："固然。虞有禹、皋，亦有共、驩；周有旦、奭，亦有管、蔡，在用不用。"颙曰："诚如圣训，但今日在朝虽未见有共、驩、蔡，然有窃弄威福者，臣不敢隐。"上问为谁，颙以龙大渊对，语在《陈俊卿传》。

上以国用未裕，诏宰相兼国用使，参政同知国用事，颙乃言："今日费财养兵为甚，兵多则有冗卒虚籍，无事则费财，有事则不可用。虽曰汰之，旋即招之，欲足国用，当严于汰、缓于招可也。孔子曰：'节用而爱人。'盖节用，则爱人之政自行于其间，若欲生财，低费民财尔。上曰："此至言也。"上曰："建康刘源尝赂近习，朕欲遣王抃廉其奸。"颙曰："臣恐廉者甚于奸者。"乃止。

乾道三年冬至，上亲郊而雷，颙引汉故事上印绶，提举太平兴国宫。归至家，不疾而薨，年六十八。以观文殿学士致仕，赠特进，谥正简。

颙为人简易清介，与物若无忤，至处大事，毅然不可夺。友人高登尝上书讦切时相，名捕甚急。颙与同邸，插令逸去，登曰："不为君累乎？"颙曰："以获罪，固所愿也。"即为具舟，舟移乃去。自初仕至宰相，服食、僮妾、田宅不改其旧。

叶衡字梦锡，婺州金华人。绍兴十八年进士第，调福州宁德簿，摄尉。以获盐寇改秩，知临安府于潜县。户版积弊，富民多隐漏，贫弱困于陪输，衡定为九等，自五以下除其籍，而均其额于上四等，贫者顿苏。微科为期限榜县门，俾里正谕民，不遣一吏而赋自足。岁灾，蝗不入境。治为诸邑最。郡以政绩闻，即召对，上曰："闻卿作县有法。"遣还任。

擢知常州。时水潦为灾，衡发仓为糜以食饥者。或言常平不可轻发，衡曰："储蓄正备缓急，可视民饥而不救耶？"疫大作，衡单骑命医药自随，遍问疾苦，活者甚众。檄晋陵丞李孟坚摄无锡县，有政声，衡荐于上，即除知秀州。上之信其言如此。

除太府少卿。合肥濒湖有圩田四十里，衡奏："募民以耕，岁可得谷数十万蠲租税，二三年后阡陌成，仿营田，官私各收其半。"从之。

除户部侍郎。时盐课大亏，衡奏："年来课入不增，私贩害之也，宜自煮盐之地为之制，司火之起伏，稽灶之多寡，亭户本钱以时给之，盐之委积以时收之，择廉能吏察之，私贩自绝矣。"仍命措置官三人：淮南于通州，浙东于明州，浙西于秀州。

丁母忧。起复，知庐州，未行，除枢密都承旨。奏马政之弊，宜命统制一员各领马若干匹，岁终计其数为殿最。李垕应贤良方正对策，近讦直，入第四等，衡奏："陛下赦其狂而取其忠，足以显容谏之盛。"乃赐垕制科出身。有言江、淮兵籍伪滥，诏衡按视，赐以袍带、鞍马、弓矢，且命衡措置民兵，咸称得治兵之要。讫事赴阙，上御便殿阅武士，召衡预观，赐酒，洒宸翰赐之。

知荆南、成都、建康府，除户部尚书，除签书枢密院事，拜参知政事。衡奏二事：一，牧守将帅必择材以称其职，必久任以尽其材；二，令户部取湖、广会子实数，尽以京会立限易之。从之。

拜右丞相兼枢密使。上锐意恢复，凡将帅、器械、山川、防守悉经思虑，奏对毕，从容赐坐，讲论机密，或不时召对。时会子浸患折阅，手诏赐衡曰：“会子虽曰流通，终未尽惬人意，目即流使有二千二百余万。今用上下库黄金、白金、铜钱九百万，内藏库五百万，并蜀中钱物七百万，尽易会子之数，专命卿措置，日近而办，卿真宰相才也。”

一日，上曲宴宰执于凝碧，上曰：“自三代而下，至于汉、唐，治日常少，乱日常多，何也？”衡奏：“圣君不常有，周八百年，称极治成、康而已。”上曰：“朕观《无逸篇》，见周公为成王历言商、周之君享国长远，真万世龟监。”衡奏：“愿陛下常以《无逸》为龟鉴，社稷之福。”上又言：“朝廷所用，正论其人如何，不可有党。如唐牛、李之党，相攻四十年，缘主听不明至此。”文宗曰：‘去河北贼易，去朝中朋党难。’朕尝笑之。”衡奏：“文宗优游不断，故有此语。陛下英明圣武，诚非难事。”

御宝实封令与临安府窥思永改合入宫，衡奏：“选人改官，非奏对称旨，则用考举磨勘，一旦特旨与之，非陛下爱惜人才之意。”上亟收前命。

上谕执政，选使求河南，衡奏：“司谏汤邦彦有口辨，宜使金。邦彦请对，问所以遣，既知荐出于衡，恨衡挤已，闻衡对客有讪所上语，奏之，上大怒。即日罢相，责授安德军节度副使，郴州安置。邦彦使还，果辱命，上震怒，窜之岭南，诏衡自便，复官与祠。年六十有二薨薨，赠资政殿学士。

衡负才足智，理兵事甚悉，由小官不十年至宰相，进用之骤，人谓出于曾觌云。

论曰：陈康伯以经济自任，临事明断。梁克家才优识远，谋国尽忠。至若汪澈之论事忠愨，荐达人才，叶义问直言正色，扫除秦桧余党，然不长于兵，临敌失措，岂优议论而劣事功者欤？叶颙清俭正直，而衡才智有余，盖亦一时之选云。

宋史卷三八五
列传第一四四

葛邲　钱端礼　魏杞　周葵
施师点　萧燧　龚茂良

　　葛邲字楚辅，其先居丹阳，后徙吴兴。世以儒学名家，高祖密至邲五世登科第，大父胜仲至邲三世掌词命。邲少警敏，叶梦得、陈与义一见称为国器。

　　以荫授建康府上元丞。会金人犯江，上元当敌冲，调度百出，邲不扰而办，留守张浚、王纶皆器重之。登进士第。萧之敏为御史，荐其才，除国子博士。轮对，论州县受纳及粥爵之弊，孝宗奖谕曰："观所奏，知卿材。"除著作郎兼学士院权直。

　　除正言，首疏言："盈虚之理，隐于未然，治乱之分，生于所忽。宜专以畏天爱民为先。"又论："征榷岁增之害，如辇下都税务，绍兴间所赵茶盐岁以一千三百万缗为额，乾道六年后增至二千四百万缗。成都府一务，初额四万八千缗，今至四十余万缗，通四川酒额遂至五百余万缗，民力重困。至若租税有定数，而暗耗日增，折帛益多，民安得不穷乎？愿明诏有司，茶盐酒税比原额已增至一倍者，毋更立新额，官吏不增赏，庶少苏疲甿。"上特召，复令条陈，邲以六事对，皆切中时病。除侍御史，论救荒三事，累迁中书舍人。

　　岁旱，诏求初政得失，邲应诏，大略谓："虞允文制国用，南库之积日以厚，户部之入日以削，故近年以来，常有不足之忧。罢兵以来，诸将皆以赂得升，其势必至于掊刻取赏，益精其选。"迁给事中。

张嶷以说之子除知阁,裴良琮以显仁之侄女夫落阶官,邲皆缴奏。广西议更盐法,邲言:"钞法之行,漕臣尝给群商,没入其赀。楮币行之二广,民必疑虑,且有后悔。"除刑部尚书。

邲为东宫僚属八年,孝宗书"安遇"字以赐,又出《梅花诗》命邲属和,眷遇甚渥。光宗受禅,除参知政事。邲劝上专法孝宗,正风俗,节财用,振士气,执中道,恤民力,选将帅,收人才,择监司,明法令,手疏历言之,上嘉纳。除知枢院事。

绍熙四年,拜左丞相,专守祖宗法度,荐进人物,博采公论,惟恐其不闻之。未期年,除观文殿大学士、知建康府。改隆兴,请祠。

宁宗即位,邲上疏言:"今日之事莫先于修身齐家,结人心,定规模。"判绍兴府,简稽期会,钱谷刑狱必亲。或谓大臣均佚有体,邲曰:"崇大体而简细务,吾不为也。"尝曰:"十二时中,莫欺自己。"其实践如此。

改判福州,道行感疾,除少保,致仕。薨,年六十六。赠少师,谥文定,配飨光宗庙庭。有文集二百卷、《词业》五十卷。

钱端礼字处和,临安府临安人。父忱,潼川军节度使。端礼以恩补官。绍兴间,通判明州,加直秘阁,累迁右文殿条撰,仕外服有声。高宗材之,知临安府。

御史中丞汪澈论版曹阙官,当遴选,权户部侍郎兼枢密都承旨。端礼尝建明用楮为币,于是专委经书,分为六务,出纳皆有法,几月易钱数百万。

孝宗锐意恢复,诏张浚出师。会符离稍失利,汤思退遂倡和议,端礼奏:"有用兵之名,无用兵之实,贾怨生事,无益于国。"思退大喜,奏除户部侍郎。未几,兼吏部。端礼与户部尚书韩仲通同对,论经费,奏:"所入有限,兵食日增,更有调发,不易支吾。"上云:"须恢复中原,财赋自足。"仲通奏:"恢复未可必,且经度目前所用。"端礼奏:"仲通言是,乞采纳。"

思退与张浚议和战不决,浚方主战,上意甚向之。思退诡求去,端礼请对乞留，又奏："兵者凶器，愿以符离之溃为戒，早决国是，为社稷之计。"于是思退复留，命浚行边，还戍兵，罢招纳。以端礼充淮东宣谕使，王之望使淮西，端礼入奏："两淮名曰备守，守未必备；名曰治兵，兵未必精。有用兵不胜，侥幸行险，轻躁出师，大丧师徒者，必胜之说果如此，皆误国明甚。"端礼既以是诋浚，右正言尹穑亦劾浚，罢都督，自此议论归一矣。

端礼至淮还，极言守备疏略，恐召金兵，宜早定和议。遂除吏部侍郎，再往淮上，驿疏言："遣使、发兵当并行，使以尽其礼，兵以防其变，不必待金书至而后遣使。书中或有见胁之语，不若先遣以释其疑，于计为得，"上云："端礼所奏未是。"思退传旨撤海、泗二州戍兵，语在《思退传》。

金帅仆散忠义分兵入，上意中悔，令思退都督江、淮军马，端礼试兵部尚书，参赞军事。思退畏怯不行，端礼赴阙，上曰："前后廷臣议论，独卿不变。"兼户部尚书，俄拜端明殿学士、签书枢密院事兼权参知政事。上尝问："欲遣杨由义持金帅书，而辞行甚力，谁可遣？"端礼请以王抃行，俾与金帅议，许割商、秦地，归被俘人，惟叛亡者不与，余誓目略同绍兴，世为叔侄之国，减银绢五万，易岁银为岁币。及抃还，上见书，金皆听许。端礼赞上如其式报之："谋国当思远图，如与之和，则我得休息以条内治，若为忿兵，未见其可。抃遂行。谍报北军已回，端礼以和议既定，乞降诏。除参知政事兼权知枢密院事。

时久不置相，端礼以首参窥相位甚急。皇长子邓王夫人，端礼女也，殿中侍御史唐尧封论端礼帝姻，不可任执政，不报，迁太常少卿。馆阁士相与上疏排端礼，皆坐绌。刑部侍郎王荍阴附端礼，建为国是之说以助其势。吏部侍郎陈俊卿抗疏，力诋其罪，且谓本朝无以戚属为相，此惧不可为子孙法。逮进读《宝训》，适及外戚，因言："祖宗家法，外戚不与政，最有深意，陛下所宜守。"上纳其言。端礼憾之，出俊卿知建宁府。

邓王夫人生子，太上甚喜。先两月，恭王夫人李氏亦生子，于是恭王府直讲王淮白端礼云:"恭王夫人子是为皇长嫡孙。"端礼不怿,翌日奏:"嫡庶具载《礼经》,讲官当以正论辅导,不应为此邪说。"遂指淮倾邪不正,与外任。邓王立为太子,端礼引嫌,除资政殿大学士、提举德寿宫兼侍读,改提举洞霄宫。起知宁国府,移绍兴,进观文殿学士。

端礼籍人财产至六十万缗,有诣阙陈诉者,上闻之,与旧祠。侍御史范仲芑劾端礼贪暴不悛,降职一等。淳熙四年八月,复元职。薨,赠银青光禄大夫,后谥忠肃。孙象祖,嘉定元年为左丞相,自有传。

魏杞字南夫,寿春人。祖荫入官。绍兴十二年,登进士第。知宣州泾县。从臣钱端礼荐其才,召对,擢太府寺主簿,进丞。端礼宣谕淮东,杞以考功员外郎为参议官,迁宗正少卿。

汤思退建和议,命杞为金通问使,孝宗面谕:"今遣使,一正名二退师,三减岁币,四不发归附人。"杞条上十七事拟问对,上随事书可。陛辞,奏曰:"若将指出疆,其敢不勉。万一无厌,愿速加兵。"上善之。

行次盱眙,金所遣大将仆散忠义、纥石烈志宁等方拥兵闯淮,遣权泗州赵房长问所以来意,求观国书,杞曰:"书御封也,见主当廷授。"房长驰白仆散忠义,疑国书不如式,又求割商、秦地及归正人,且欲岁币二十万。杞以闻,上命尽依初式,再易国书,岁币亦如其数。忠义以未如所欲,遂与志宁分兵犯山阳。战不利,骁将魏胜死之。

上怒金反覆,诏以礼物犒督府师,杞奏:"金若从约,而金缯不具,岂不瘠国体、格事机乎?"乃以礼物行。至燕,见金主褒,具言:"天子神圣,才杰奋起,人人有敌忾意,北朝用兵能保必胜乎?和则两国享其福,战则将士蒙其利昔人论之甚悉。"金君臣环听拱竦。馆伴张恭愈以国书称"大宋,"胁去"大"字,杞拒之,卒正敌国礼,损岁币五万,不发归正人北还。上慰藉甚渥。

守起居舍人,迁给事中、同知枢密院事,进参知政事、右仆射兼枢密使。时方借职田助边,降人萧鹧巴赐淮南田,意不惬,以职田请,杞言:"圭租食功养廉,借之尚可,夺之不可。"上是其言。杞以使金不辱命,踰庶官一岁至相位。上锐意恢复,杞左右其论。会郊祀冬雷,用汉制灾异策免,守左谏议大夫、提举江州太平兴国宫。

六年,授观文殿学士、知平江府。谏官王希吕论杞贪墨,夺职。后以端明殿学士奉祠,告老,复资政殿大学士。淳熙十一年十一月薨,赠特进。嘉泰中,谥文节。

周葵字立义,常州宜兴人。少力学,自乡校移籍京师,两学传诵其文。宣和六年,擢进士甲科。调徽州推官。高宗移跸临安,诸军交驰境上,葵与判官摄郡事,应变敏速,千里帖然。教授临安府,未上,吏部侍郎陈与义密荐之,召试馆职。将试,复引对,高宗曰:"从班多说卿端正。"

除监察御史,徙殿中侍御史。在职仅两月,言事至三十章,且历条所行不当事凡二十条,指宰相不任责。高宗变色曰:"赵鼎、张浚肯任事,须假之权,奈何迟以小事形迹之?"葵曰:"陛下即位,已相十许人,其初皆极意委之,卒以公议不容而去,大臣亦无固志。假如陛下有过,尚望大臣尽忠,岂大臣有过,而言者一指,乃便为形迹,使彼过而不改,罪戾日深,非所以保全之也。"高宗改容曰:"此论甚奇。"

张浚议北伐,葵三章力言"此存亡之机,非独安危所系。"或言葵沮大计,罢为司农少卿,以直秘阁知信州。未上,鼎罢,陈与义执政,改湖南提刑,以亲老易江东,皆不就。

和议已定,被召,论:"为国有道,战则胜,守则固,和则久。不然,三者在人不在我矣。"除太常少卿。时秦桧独相,意葵前论事去,必憾赵鼎。再除殿中侍御史。葵语人曰:"元镇已贬,葵固不言,虽门下客亦不及之也。"内降差除四人,奏言:"愿陛下以仁祖为法,大臣以杜衍为法。"桧始不乐。又论国用、军政、士民三弊,高宗曰:"国用当藏之民,百姓足则国用非所患。"又言荐举改官之弊,宜听减举员,诏吏部措置。

桧所厚权户尚书梁汝嘉将特赐出身,除两府,汝嘉闻葵欲劾之,谓中书舍人林待聘曰:"副端将论君矣。"待聘乘桧未趋朝,亟告之,桧即奏为起居郎。葵方待引,桧下殿谕阁门曰:"周葵已得旨除起居郎。"隔下。八月庚辰也。

参政李光拟除吕广问馆职,桧不许,时有诏从官荐士,葵以广问应,初不相知也,光既绌,葵以附会落职,主管玉隆观。复置秘阁,起知湖州,移平江府。时金使络绎于道,葵不为礼,转运李椿年希桧旨劾之,落职,主管崇道观。屏居乡间,忧患频仍,人不能堪,葵独安之。

桧死,复直秘阁、知绍兴府。过阙,权礼部侍郎,寻兼子国祭酒。奏:"科举所以取士。比年主司迎合大臣意,取经传语可诿者为问目,学者克遂时好。望诏国学并择秋试考官,精选通经博古之士,置之前列,其穿凿乖谬者黜之。"

兼权给事中。侍御史汤鹏举言:"葵以魏良臣荐躐处侍从;吕广问,葵之死党。乞并罢之。"太学生黄作、詹渊率诸生都堂投牒留葵。翌日,博士何甫等言于朝,乞惩戒,诏作、渊皆送五百里外州编管,葵出知信州,随罢。

起知信州,引疾,改提举兴国宫,加直龙图阁、知太平州。水坏圩堤,悉善完,凡百二十里,傍郡圩皆没。惟当涂岁熟。市河久堙,雨旸交病,葵下令城中,家出一夫,官给之食,并力浚导,公私便之。进集英殿修撰、敷文阁待制、知婺州。

孝宗即位,除兵部侍郎兼侍讲,改同知贡举兼权户部侍郎。孝宗数手诏问钱谷出入,葵奏:"陛下劳心庶政,日有咨询,若出人意表。今皆微文细故,此必有小人乘间欲售其私,不可不察。"盖指龙大渊、曾觌也。孝宗色为动。

金主亮为其下所弑,张浚自督府来朝,密言:"敌失泗州,其惧罪者皆欲来归,愿遣军渡淮赴之,此恢复之机也。"葵请对,谓不可轻举,累数百言。及遣李显忠、邵宏渊取灵壁、虹二县,败绩。孝宗思其言,拜参知政事。葵始终守自治之说。

兼权知枢密院事。台谏交章言议和太速,葵与陈康伯、汤思退乞令侍从、台谏集议,众益凶凶,诸公待罪乞罢,不许。葵独留身固请,孝宗曰:"卿何请之力也?"曰:"自预政以来,每与宰相论事,有以为然而从者;有不得以强从者;有绝不肯从者,十常四五。洎至榻前,陛下又或不然,大率十事之中,不从者七八,安得不愧于心,此臣所以欲去也。"

尝乞召用侍从、台谏,孝宗曰:"安得如卿直谅者。"遂荐李浩、龚茂良,孝宗皆以为佳士,次第用之。太常奏郊牛毙,葵言:"《春秋》鼷鼠食牛角免郊,况边虞未靖,请展郊以符天意。"诏从之。

虞允文、陈康伯相,葵即求退,除资政殿学士、提举洞霄宫。起知泉州,告老,加大学士致仕。闲居累年,不以世故萦心。淳熙元年正月,薨,年七十有七。上闻震悼,赠正奉大夫。后以子升朝,累赠太传。

葵孝于事亲,当任子,先孤侄。其薨也,幼子与孙尚未命。平生问学不泥传注,作《圣传诗》二十篇、文集三十卷、奏议五卷。晚号惟心居士。四年,有司请谥,赐谥曰惠简。

施师点字圣与,上饶人。十岁通六经,十二能文。弱冠游太学,试每在前列,司业高宏称其文深醇有古风。寻授以学职,以舍选奉廷对,调复州教授。未上,丁内艰。服除,为临安府教授。

乾道元年,陈康伯荐,赐对,言:"历年屡下诏恤民,而惠未加浃。陛下轸念,惟恐一夫失所;郡邑搜求,惟恐财赋不集。毋惑乎日降丝纶,恩不沾被。细民既困于倍输,又困于非泛,重以岁恶,室且垂声,租不如期,积多通负。今明堂肆赦,户自四等以下,逋自四年以前,愿悉除免。"上曰:"非卿不闻此言。"诏从之。

八年,兼权礼部侍郎,除给事中。时太子詹事已除,上又特令增员为二,命兼之。赐对,言:"比年人物骩骳,士气耗荼,当广储人材以待用。"上曰:"观卿所奏,公辅器也。"

假翰林学士、知制诰兼侍读使金。致命金廷,立班既定,相仪者以亲王将至,命师点退位,师点讫立。相仪者请数四,师点正色曰:"班立已定,尚欲何为。"不肯少动。在廷相顾骇愕,知其有守,不敢复以为请。九年,使还,有言其事于上者,上嘉欢不已。及后金使贺正旦至阙,问馆伴:"师点今居何官?"馆伴宇文价于班列中指师点以示之,金使恍然曰:"一见正人,令人眼明。"

十年,除端明殿学士、签书枢密院事。入奏,控免,上曰:"卿靖重有守,识虑深远,朕欲用卿久矣。"复诏兼知政事,除参知政事兼同知枢密院事。师点尝同宰相奏事退,复同枢密周必大进呈,上曰:"适一二事卿等各陈所见,甚关大体。前此宰相奏事,执政不措辞,今卿等如此,深副所望。"必大奏:"祖宗时,宰执奏事自相可否,或至面相切责,退不相衔。自秦桧用事,执政畏避不敢言。今陛下虚心兼听若只宰相奏事,何用执政为?"师点复奏:"臣敢不竭股肱之力。"上因谕之曰:"朕欲天下事日往来胸中,未尝释也。"

先是,州郡上供或不以时进,立岁终稽考法,及是,主计臣有喜为督促者,乞不待岁终先期行之。画命已下,师点矍然曰:"此策若行,上下逼迫,民不聊生。"或谓:"令已出矣。"师点曰:"事有为天下病,惟恨更之不速。"即追寝其议,枢密周必大举手贺师点曰:"使天下赤子不被其毒者,公之赐也。"一日,入对后殿,上曰:"朕前饮冰水过多,忽暴下,幸即平复。"师点曰:"自古人君当无事时,快意所为,忽其所当戒,其后未有不悔者。"上深然之。

十三年,辞兼同知枢密院事。权提举国史院,权提举《国朝会要》。十四年,除知枢密院事。师点卷卷搜访人才,手书置夹袋中,谓蜀去朝廷远,人才难以自见,蜀士之贤者,俾各疏其所知,差次其才行、文学,每有除授,必列陈之。五年春,以资政殿大学士知泉州,除提举临安府洞霄宫。

绍熙二年,除知隆兴府、江西安抚使。师点尝谓诸子曰:"吾平生仕宦,皆任其升沉,初未尝容心其间,不枉道附丽,独人主知之,遂至显用。夫人穷达有命，不在巧图，惟忠孝乃吾事也。”三年，得疾薨，年六十九。赠金紫光禄大夫。有奏议七卷、制稿八卷、《东宫讲议》五卷、《易说》四卷、《史识》五卷、《文集》八卷。

萧燧字照邻，临江军人。高祖固，皇祐初为广西转运使，知侬智高凶狡，条上羁縻之策于枢府，不果用，智高后果叛。父增，绍兴初尝应制举。

燧生而颖异，幼能属文。绍兴十八年，擢进士高第。授平江府观察推官。时秦桧当国，其亲党密告燧，秋试必主文漕台，燧诘其故，曰：“丞相有子就举，欲以属公。”燧怒曰：“初仕敢欺心耶！”桧怀之，既而被檄秀州，至则员溢，就院易一员往漕闱，秦熺果中前列。秩满，当为学官，避桧，调静江府察推而归。

燧未第时，梦神人示以文书，记其一聊云：“如火烈烈，玉石俱焚；在冬青青，松柏不改。”已而果符前事。未几，丁忧。三十二年，授靖州教授。孝宗初，除诸王宫大小学教授。轮对，论“官当择人，不当为人择官。”上喜，制《用人论》赐大臣。淳熙二年，累迁至国子司业兼权起居舍人，进起居郎。

先是，察官阙，朝论多属燧，以未历县，遂除左司谏。上谕执政：“昨除萧燧若何？”龚茂良奏：“燧纯实无华，正可任言责，闻除目下，外议甚允。”燧首论辨邪正然后可以治。上以外台耳目多不称职，时宦官甘升之客胡与可、都承旨王抃之族叔柜皆持节于外，有所依凭，无善状，燧皆奏罢之。

时复议进取，上以问燧，对曰：“今贤否杂揉，风俗浇淳，兵未强，财未裕，宜卧薪尝胆以图内治。若恃小康，萌骄心，非臣所知。”上曰：“忠言也。”因劝上正纪纲；容直言；亲君子，远小人；近习有劳可赏以禄，不可假以权。上皆嘉纳。擢右谏议大夫，入谢，上曰：“卿议论鲠切，不求名誉，纠正奸邪，不恤仇怨。”

五年，同知贡举。有旨下江东西、湖南北帅司招军，燧言：“所募多市井年少，利犒赉，往往捕农民以应数，取细民以充军。乞严戒诸郡，庶得丁壮以为用。"从之。

婺帅李景旸贪虐，参政赵雄庇之，台臣谢廓然不敢论，燧独奏罢之。雄果营救，复命还任。燧再论，并及雄。雄密奏燧误听景旸仇人之言，遂下临安府捕恭州士人锺京等置之狱，坐以罪，景旸复依旧职。燧乃自劾，诏以风闻不许，竞力求去。徙刑部侍郎，不拜固请补外。出知严州，吏部尚书郑丙、侍郎李椿上疏留之，上亦寻悔。

严地狭财匮，始至，官镪不满三千，燧俭以足用。二年之间，积至十五万，以其羡补积逋，诸邑皆宽。先是，宣和庚子方腊盗起，甲子一周，人人忧惧，会遂安令脧土兵廪给，群言胸胸。燧急易令，且呼卒长告戒，悉畏服。城中恶少群扰市，燧密籍姓名，涅补军额，人以按堵。上方靳职名，非功不予，诏燧治郡有劳，除敷文阁待制，移知婺州。父老遮道，几不得行，送出境者以千数。

婺与严邻，人熟知条教，不劳而治。岁旱，浙西常平司请移粟于严，燧谓："东西异路，不当与，然安忍于旧治坐视？"为请诸朝，发太仓米振之。

八年，召还，言："江、浙再岁水旱，愿下诏求言，仍令诸司通融郡县财赋，毋但督迫。"除史部右选侍郎，旋兼国子祭酒。九年，为枢密都承旨。近例，承旨以知阁门官兼，或怙宠招权，上思复用儒臣，故命燧以龙图阁待制为之。燧言："债帅之风未殄，群臣多迎合献谀，强办干誉，宜察其虚实。"上称善。除权刑部尚书，充金使馆伴。

十年，兼权吏部尚书。上言广西诸郡民身丁钱之弊。兼侍讲，升侍读。言："命令不可数易，宪章不可数改。初官不许国恩例免试，今或竟令注授。既却羡余之数，今反以出剩为名。诸路录大辟，长吏当亲诘，若死囚数多，宜如汉制殿最以闻。"事多施行。庆典霈泽，丁钱减半，亦自燧发之。

高宗山陵，充按行使，除参知政事，寻充永思陵礼仪使，权监修国史日历。十六年，权知枢密院。以年及自陈，上留之，不可，除资政殿学士，与郡。复请闲，提举临安府洞霄宫。绍熙四年卒，年七十七。谥正肃。

孝宗每称其全护善类，诚实不欺，手书《二十八将传》以赐。子达，登淳熙十四年进士第，唱名第四，孝宗曰："达才气甚佳，父子高科，殊可喜。达累官至太常。"

龚茂良字实之，兴化军人。绍兴八年，进士第。为南安簿、邵武司法。父母丧，哀号擗踊，邻不忍闻。调泉州察推，以廉勤称。改宣教郎，以同知枢密院事黄祖舜荐，召试馆职，除秘书省正字。累迁吏部郎官。

张浚视师江、淮，茂良言："本朝御敌，景德之胜本于能断，靖康之祸在于致疑，愿仰法景德之断，勿为靖康之疑。"除监察御史。

江、浙大水，诏陈阙失，茂良疏曰："水至阴也，其占为女宠，为嬖佞，为小人专制。崇、观、政和，小人道长，内则恮腐窃弄，外则奸回充斥，於是京城大水，以至金人犯阙。今进退一人，施行一事，命由中出，人心哗然，指为此辈。臣愿先去腹心之疾，然后政事阙失可次第言矣。"内侍梁珂、曾觌、龙大渊皆用事，故茂良及之。

迁右正言。会内会议李珂没，赠节度，谥靖恭，茂良谏曰："中兴名相如赵鼎，勋臣如韩世忠，皆未有谥，如朝廷举行，亦足少慰忠义之心。今施于珂为可惜。"竟寝其谥。尝论大渊、觌奸回，至是又极言之，曰："今积阴弗解，淫雨益甚，荧惑入斗，正当吴分，天意若有所怒而未释。二人害政，甚珂百倍。"上谕以皆潜邸旧，非他近习比，且俱有文学，敢谏争，未尝预外事。

翌日，再疏言："唐德宗谓李泌：'人言卢杞奸邪，朕独不知，何耶？'泌曰：'此其所以为奸邪也。'今大渊、觌所为，行道之人能言之，而陛下更颂其贤，此臣所以深忧。"疏入不报，即家居待罪。章再上，除太常少卿，五辞不拜，除直秘阁、知建宁府。自以不为群小所容，请祠，不允。

上后知二人之奸，既逐于外，起茂良广东提刑，就知信州。即番山之址建学，又置番禺南海县学，既成，释奠，行乡饮酒以落之。城东旧有广惠庵，中原衣冠没于南者葬之，岁久废，茂良访故地，更建

海会浮图,蔽寄暴露者皆拼藏无遗。召对崇政殿,左丞相陈俊卿欲
留之,右相虞允文不乐。会俊卿亦罢,除直显谟阁、江西运判兼知隆
兴府。

上以江西连岁大旱,知茂良精忠,以一路荒政付之。茂良戒郡
县免积税,上户止索逋,发廪振赡。以右文殿修撰再任,疫疠大作,
命医治疗,全活数百万。进待制敷文阁,赏其救荒之功。召对奏:
"潢池弄兵之盗,即南亩负来之民。今诸郡荒田极多,愿诏监司守臣
条陈,募人从便请耕,民有余粟,虽驱之为寇,亦不从矣。"除礼部侍
郎。

上亟用茂良手诏问国朝典故有自从官径除执政例,明日即拜
参知政事。奏事,赐坐,上雇叶衡及茂良曰:"两参政皆公议未须
与。"衡等起谢,上从容曰:"自今诸事毋循私,若乡曲亲戚,且未须
援引。朕每存公道,设有误,卿等宜力争,君臣之间不可事形迹。"茂
良曰:"大臣以道事君,遇有不可,自当启沃,岂容迹见於外。"请诏
有司刊定七司法。

淮南旱,茂良奏取封桩米十四万,委漕帅振济。或谓:"救荒常
平事,今迟取封桩米,毋乃不可?"茂良以为:"淮南咫尺敌境,民久
未复业,饥寒所逼,万一啸聚,患害立见,宁能计此米乎?"他日,上
奖谕曰:"淮南旱荒,民无饥色,卿之力也。"

潮州守奏通判不法,得旨,下帅臣体访通判,茂良乡人也,同列
密以省吏付棘寺推鞫,欲及茂良。奏事退,同列留身,出狱案进上,
茂良不知也。上厉声曰:"参政决无此!"茂良逊谢,不复辩。"

叶衡罢,上命茂良以首参行相事。庆寿礼行,中外觊恩,茂良慨
然叹曰:"此当以身任怨,不敢爱身以弊天下。若自一命以上覃转,
不知月添给奉与来岁郊恩奏补几何,将何以给?"

宣谕奖用廉退,茂良奏:"朱熹操行耿介,屡召不起,宜蒙录
用。"除秘书郎。群小乘间谗毁,未几,手召付茂良,谓虚名之士,恐
坏朝廷。"熹迄不至。钱良臣侵盗大军钱粮,累数十万,茂良奏其事,
手诏令具析。俄召良臣赴阙,骎骎柄用,其后茂良之贬,良臣与有力

焉。

茂良之以首参行相事也，逾再岁，上亦不置相，因谕茂良："史官近奏三台星不明，盖实艰其选耳。"淳熙四年正月，召史浩于四明，茂良亦觉眷衰，因疾力求去。上曰："朕以经筵召史浩，卿不须疑。"

时曾觌欲以大资禄其孙，茂良以文武官各随本色荫补格法缴进。觌因茂良入堂道间，俾直省官贾光祖等当道不避。街司叱之，曰："参政能几时！"茂良奏："臣固不足道，所惜者朝廷大体，"上喻觌往谢，茂良正色曰："参知政事者，朝廷参知政事者也。"觌惭退，上谕茂良先遣人于觌，冲替而后施行。茂良批旨，取贾光祖辈下临安府挞之。手诏宣问施行太迟，茂良待罪。上使人宣谕委曲，令缴进手诏，且谓："卿去虽得美名，置朕何地？"茂良即奉诏。

谢廓然赐出身，除殿中侍御史，廓然附会觌者也。中书舍人林光辅缴奏，不书黄，遂补外。茂良力求去，上谕曰："朕极知卿，不敢忘，欲保全卿去，俟议恢复，卿当再来。"是日，除职与郡，令内殿奏事，乃手疏恢复六事，上曰："卿五年不说恢复，何故今日及此？"退朝甚怒，曰："福建子不可信如此！"谢廓然因劾之，乃落职放罢；寻又论茂良擅权不公，矫传上旨，辄断贾光祖等罪，遂责降，安置英州。父子卒于贬所。

觌与廓然死后，茂良家投匦讼冤，遂复通奉大夫。周必大独相，进呈复职，上曰："茂良本无罪。"遂复资政殿学士，谥庄敏。

茂良平生不喜言兵，去国之日乃言恢复事，或谓觌密令人讽之云："若论恢复，必再留。"茂良信之。廓然论茂良，亦以此为罪。茂良没数年，朱熹从其子得副本读之，则事虽恢复，而其意乃极论不可轻举，犹平生素论也，深为之叹息云。

论曰：葛邲在相位虽不久，而能守法度，进人才，其处己也，则以不欺为本，钱端礼以戚属为相，周葵晚虽不附秦桧，而与龚茂良皆主和议。若乃魏杞奉使知尊国体，施师点之靖重有守，萧燧忠实敢言,仕于绍兴之间,可谓不幸矣。

宋史卷三八六
列传第一四五

刘珙　王蔺　黄祖舜
王大宝　金安节　王刚中
李彦颖　范成大

刘珙字共父,子羽长子也。生有奇质,从季父子翚学。以荫补
承务郎,登进士乙科,监绍兴府都税务。请祠归,杜门力学,不急仕
进。主管西外睦宗院,召除诸王宫小学教授,迁礼部郎官。

秦桧欲追谥其父,召礼官会问,珙不至,桧怒,风言者逐之。桧
死,召为大宗正丞,迁吏部员外郎。置令式庭中,使选集者得自审
阅,与吏办,吏无得藏其巧。兼权秘书少监,兼权中书舍人。金犯边,
王师北向,诏檄多出其手,词气激烈,闻者泣下。御史杜莘老劾宦者
张去为,忤旨左迁,珙不草制,莘老得不去。从幸建康,兼直学士院。
车驾将还,军务未有所付,时张浚留守建康,众望属之。及诏出,以
杨存中为江、淮宣抚使,珙不书录黄,仍论其不可。上怒,谓宰相曰:
"刘珙父为浚所知,此特为浚地耳!"命再下,宰相召珙谕旨,且曰:
"再缴则累张公。"珙曰:"某为国家计,岂暇为张公谋。"执奏如初,
存中命乃寝。真除中书舍人、直学士院。田师中死,其家请以没入
王继先第为赐,李珂关通近习,求为督府掾,诏从中下,珙皆论罢
之。出知泉州,改衢州。

湖南旱,郴州宜章县李金为乱,朝廷忧之,以珙知潭州、湖南安

抚使。入境声言发郡县兵讨击，而移书制使沈介，请以便宜出师，曰："擅兴之罪，吾自当之。"介即遣田宝、杨钦以兵至，珙知其暑行疲怠，发夫数程外迎之，代其负任，至则犒赐过望，军士感奋。珙知钦可用，檄诸军皆受节制，下令募贼徒相捕斩诣吏者，除罪受赏。钦与宝连战破贼，追至莽山，贼党曹彦、黄拱执李金以降。支党窜匿者尚众，珙谕钦等却兵，听其自降，贼相率纳兵，给据归田里。第上诸将功状有差，上赐玺书曰："近世书生但务清谈，经纶实才盖未之见，朕以是每有东晋之忧。今卿既诛群盗，而功状详实，诸将优劣，破贼先后，历历可观，宜益勉副朕意。"

除翰林学士、知制诰兼侍读，言於上曰："世儒多病汉高帝不悦学，轻儒生，臣以为高帝所不悦，特腐儒俗学耳。使当时有以二帝三王之学告之，知其必敬信，功烈不止此。"因陈"圣王之学所以明理正心，为万事之纲。"上亟称善。

拜中大夫、同知枢密院事，辞不获，因进言曰："汪应辰、陈良翰、张栻学行才能，皆臣所不逮，而栻穷探圣微，晓畅军务，曩幸破贼，栻谋为多，愿亟召用。"上可其奏。兼参知政事。奏除福建钞盐岁额二万万，罢江西和籴及广西折米盐钱，及蠲诸路累年逋负金钱谷帛巨亿计。上尝以久旱斋居祷雨，一夕而应，珙进言曰："陛下诚心感格，其应如响，天人相与之际，真不容发，隐微纤芥之失，其应岂不亦犹是乎？臣愿益谨其独。"上竦然称善。

龙大渊、曾觌既被逐，未几，大渊死，上怜觌欲还之。珙言："二人之去，天下方仰威断。此曹奴隶耳，厚赐之可也，若引以自近，使与闻机事，进退人才，非所以光德业、振纪纲。"命遂止。

殿前指挥使王琪被旨，按视两淮城壁，还，密荐和州教授刘甄夫。上谕执政召之，珙请曰："此人名位微，何自知之？"上以琪告。珙退坐堂上，追琪至，诘其故，授牌使对。琪恐，请后不敢，乃叱使责戒励状而去。会扬州奏琪檄郡增筑新城，珙遂奏罢琪，语在《陈俊卿传》。珙时争尤力，殿中皆惊，以故独罢为端明殿学士，奉外祠。陈俊卿言："珙正直有才肯任怨，臣所不及，愿留之。"诏改知隆兴府、江西安抚使。入辞，犹以六事为献，上曰："卿虽去国，不忘忠言，材美非他人所及，行召卿矣。"至镇，首蠲税务新额，及罢苗仓大斛。属邑奉新有复出租税，穷民不能输，相率逃去，反失正税，并奏除之。"

除资政殿学士、知荆南府、湖北安抚使，以继母忧去。起复同知枢密院事、荆襄安抚使。珙六上奏恳辞，引经据礼词甚切，最后言曰："三年通丧，三代未之有改，汉儒乃有'金革无避'之说，已为先王罪人。今边陲幸无犬吠之惊，臣乃欲冒金革之名，以私利禄之实，不亦又为汉儒之罪人乎。"

服阕，再除知潭州、湖南安抚使。过阙入见，极论时事，言甚切至，上再三加劳，进资政殿大学士以行。安南贡象，所过发夫除道，毁屋庐，数十州骚然。珙奏曰："象之用於郊祀，不见于经，驱而远之，则有若周公之典。且使吾中国之疲民，困於远夷之野兽，岂仁圣之所为哉。"湖北茶盗数千人入境，疆吏以告珙曰："此非以死之寇，缓之则散而求生，急之则聚而致死。"揭榜谕以自新，声言兵且至，令属州县具数千人食，盗果散去，其存者无几。珙乃遣兵，戒曰："来毋亟战，去毋穷追，不去者击之耳。"盗意益缓，於是一战败之，尽擒以归，诛首恶数十，余隶军籍。

淳熙二年，移知建康府、江东安抚使、行宫留守。会水且旱，首奏蠲夏税钱六十万缗、秋苗米十六万六千斛。禁止上流税米遏籴，得商人米三百万斛，贷诸司钱合三万，遣官籴上江，得十四万九千斛。籍主客户高下，给米有差。又运米村落，置场平价振粜，贷者不敢偿。起是年九月，尽明年四月，盖境数十万人，无一人捐瘠流徙者。

进观文殿学士，属疾，请致仕。孝宗遣中使以医来，疾革，草遗奏言："恭、显、伾、文，近习用事之戒，今以腹心耳目寄之此曹，朝纲以紊，士气以索，民心以离，各皆在此。陈俊卿忠良确实，可以任重致远，张栻学问醇正，可以拾遗补阙，愿亟用之。"既又手书诀栻与朱熹，其言皆以未能为国报雪仇耻为恨。死，年五十七。赠光禄大夫，谥忠肃。

珙精明果断,居家孝,丧继母卓氏,年已逾五十,尽哀致毁,内外功缌之戚,必素服以终月数。喜受尽言,事有小失,下吏言之立改。临数镇,民爱之若父母,闻讣,有罢市巷哭相与祠之者。

王蔺字谦仲,庐江人。乾道五年,擢进士第。为信州上饶簿、鄂州教授、四川宣抚司干办公事,除武学谕。孝宗幸学,蔺迎法驾,立道周,上目而异之,命小黄门问知姓名,由是简记。

迁枢密院编修官,轮对,奏五事,读未竟,上喜见颜色。明日,谕辅臣曰:"王蔺敢言,宜加奖擢。"除宗正丞寻出守舒州。陛辞,奏疏数条,皆极言时事之未得其正者,上曰:"卿议论峭直。"寻出手诏:"王蔺鲠直敢言,除监察御史。"一日,上袖出幅纸赐之,曰:"比览陆贽奏议,所陈深切,今日之政恐有如德宗之弊者,可思朕之阙失,条陈来上,"蔺即对曰:"德宗之失,在於自用遂非,疑天下士。"退即上疏,陈德宗之弊,并及时政阙失,上嘉纳之。

迁起居舍人,言:"朝廷除授失当,台谏不悉举职,给、舍始废缴驳,内官、医官、药官赐予之多,迁转之易,可不思警惧而正之乎?"上竦然曰:"非卿言,朕皆不闻,磊磊落落,惟卿一人。"除礼部侍郎兼吏部,常因手诏,谋选监司,欲得刚正如卿者,可举数人。"即奏举潘时、郑矫、林大中等八人,乞擢用。会以母忧去。服除,召还为礼部尚书,进参知政事。

光宗即位,迁知枢密院事兼参政,拜枢密使。光宗精厉初政,蔺亦不存形迹,除目或自中出,未惬人心者,辄留之,纳诸御坐。或议建皇后家庙,力争以为不可,因应诏上疏,"愿陛下先定圣志,"条列八事,疏入,不报。中丞何澹论之,以罢去。起帅阃,易镇蜀,皆不就。后领祠,帅江陵。宁宗即位,改帅湖南。台臣论罢,归里奉祠。七年薨。

蔺尽言无隐,然嫉恶太甚,同列多忌之,竟以不合去。有奏议传于世。

　　黄祖舜，福州福清人。登进士第，累任至军器监丞。入对，言："县令付铨曹，专用资格，曷若委郡守，汰其尤无良者。"上然之。

　　权守尚书屯田员外郎，徙吏部员外郎，出通判泉州。将行，言："抱道怀德之士，不应书干禄，老於韦布。乞自科举后，有学行修明、孝友纯笃者，县荐之州，州延之详序，以表率多士；其卓行尤异者，州以名闻，是亦乡举里选之意。"下其奏礼部，遂留为仓部郎中，迁右司郎中、权刑部侍郎兼详定敕令司兼侍讲。进《论语讲义》，上命金安节校勘，安节言其书词义明粹，乃令国子监板行。荐李宝勇足以冠军，智足以料敌，诏以宝为带御器械。

　　兼权给事中。张浚薨，其家奏留使臣五十余人理资任，祖舜言："武臣守阙者数年，今素食无代，坐进崇秩，曷以劝功？乞为之限制。"遂诏勋臣家兵校留五之一。户部奏以官田授汰去使臣，祖舜言："使臣汰者一千六百余人，临安官田仅为亩一千一百，计其请而给田，则不过数十人。"事不行。保义郎梁舜弼、汉弼，邦彦养孙也，并阁门祗侯，祖舜言："阁门不可以恩泽补迁。"知池州刘尧仁升右文殿修撰，知新州韩彦直升秘阁修撰，祖舜言："修撰本以待文学，不可幸得。"故资政殿学士杨愿家乞遗表恩，祖舜言："愿阴济秦桧，中伤善类。"皆寝其命。秦喜卒，赠太傅，祖舜言：熺预其父桧谋议，今不宜赠帝傅之秩。"追夺之。

　　迁同知枢密院事。金主亮犯淮，刘汜败，王权走，上将诛权以厉其余，祖舜言："权罪当诛，汜不容贷。刘锜有大功，闻其病已殆，权、汜诛，锜必惭忿以死，是国家一败兵而杀三将，得无快於敌乎？"上嘉纳。薨于官，谥壮定。

　　王大宝字元龟，其先繇温徙潮州。政和间，贡辟雍。建炎初，廷试第二，授南雄州教授。以禄不逮养，移病而归。阅数年，差监登闻鼓院、主管台州崇道观，复累年。

　　赵鼎谪潮，大宝日从讲《论语》，鼎叹曰："吾居此，平时所荐无一至者，君独肯从吾游，过人远矣。"知连州。张浚亦谪居，命其子栻与讲学。时赵、张客贬斥无虚日，人为累息，大宝独泰然。浚奉不时得，大宝以经制钱给之，浚曰："如累君何？"大宝不为变。

代还，言连、英、循、惠、新、恩六州，居民才数百，非懋迁之地，月输免行钱宜独减。高宗谓大臣曰："守臣上殿，令陈民事，遂得知田里疾苦，所陈五六，得一可行，其利亦不细矣，"乃命广西诸司具减数闻。

知袁州，进《诗》、《书》、《易解》，上谓执政曰："大宝留意经术，其书甚可采，可与内除。"执政拟国子司业，上喜曰："适合朕意。"时经筵阙官，遂除国子司业兼崇政殿说书。奏："江南诸州有月桩钱，无定名数，吏缘为奸，劲剥民。又有折帛钱，方南渡兵兴，物价翔贵，令下户折纳，务以优之，今市帛匹四千，而令输六千。盍委监司核月桩为定制，减折帛惠小民。"诏户部详其奏。

直敷文阁、知温州、提点福建刑狱。道临漳，有峻岭曰蔡冈，蘩薄蔽翳，山石荦确，盗乘间剽劫。大宝以囊金三十万，募民抉薮甃道十余里，行者便之。提点广东刑狱。

孝宗即位，除礼部侍郎。大宝言："古致治之君，先明国是，而行之以果断。自军兴以来，曰征曰和，浮议靡定。太上传丕基於陛下，四方日徯恢复，国论未定，众志未孚。愿陛下果断，则无不济。"擢右谏议大夫，首论朱倬、沈该之罪，皆行其言。汪澈督师荆、襄，大宝劾其不能节制，坐视方城之败，疏再上，澈落职谪台州。大宝尝论及移跸，上曰："吾欲亟行。"大宝奏："今日之势殆未可，愿少宽岁月。"

张浚复起为都督，大宝力赞其议，符离失律，群言汹汹。大宝言："危疑之祭，非果断持重，何以息横议。"未几，汤思退议罢督府，力请讲和，大宝奏谓："今国事莫大於恢复，莫仇于金敌，莫难於攻守，莫审於用人。宰相以财计乏，军储虚，符离师溃，名额不除，意在核军籍，减月给。臣恐不惟边鄙之忧，而患起萧墙矣。"章三上，除兵部侍郎。

胡铨为起居郎，奏曰："近日王十朋、王大宝相继引去，非国之福。"上曰："十朋力自引去，朕留之不能得。大宝论汤思退太早，令为兵部侍郎，岂容复听其去。"未几，以敷文阁直学士提举太平兴国宫。他日，铨奏事，上复谕之曰："大宝留之经筵，亦固求去，势不两立。"铨奏："自古台谏论宰相多矣，若谓势不两位，则论宰相者皆当去。"大宝寻请致仕。督府既罢，撤边防，弃四州，金复犯边，诏思退都督军马，辞不行。上震怒，窜思退，中外以大宝前言不用为恨。

乾道元年，落致仕，召为礼部尚书。入对，言理财之道，当务本抑末。右正言程叔达奏大宝乞复免行钱非是，以旧职提举太平兴国宫。中书舍人阎安中欲留其行，叔达并劾之。诏大宝致仕。寻卒，年七十七。

金安节字彦亨，歙州休宁人。资颖悟，日记千言，博洽经史，尤精于《易》。宣和六年，繇大学擢进士第，调洪州新建县主簿。绍兴初，范宗尹引为删定官。入对，言："司马光以财用乏，请用宰相领总计使，宜以为法。"

除司农丞，又迁殿中侍御史。韩世忠子彦直直秘阁，安节言："崇观以来，因父兄秉政而得贴职近制，皆在讨论。今彦直复因父任而授，是自废法也。"不报。任申先除待制致仕，安节劾其忿戾，乞追夺。秦桧兄梓知台州，安节劾其附丽梁师成，梓遂罢，桧衔之。未几，丁母忧去，遂不出。

桧死，起知严州，除浙西提刑。入为大理卿，首言："治民之道，先德后刑，今守令虑不及远，簿书期会，赋税输纳，穷日力办之，而无卓然以教化为务者，愿申饬守令，俾无专事法律，苟可以赞教化，必力行之。"时获伪造盐引者，大臣欲置之死，安节力争，以为事已十余年，且自首无死法，因得减等。两浙漕属王悦道鞫仁和令杨绩狱不实，事下大理，安节并逮悦道。悦道，幸医王继先子也。屡因人求免，安节不从。

迁宗正少卿。为金使施宜生贺正，安节馆伴，属显仁皇后丧，服黑带，宜生曰："使人以贺礼来，迓使安得服黑带？"安节辞难再四，宜生屈服。迁礼部侍郎。明年，再充送伴使。至楚州，副使耶律翼夺巡检王松马不得,鞭笞之。安节遣人责翼,词色俱厉,朝廷恐生事,坐削两秩,叶义问使金,金主因言:"前日夺马事,曲在翼。已笞二百,回日可详奏。"乃复元官。

迁礼部侍郎。将祠明堂,时已闻钦宗升遐,安节言:"宫庙行礼,皆当以大臣摄事。"从之。迁侍讲、给事中。殿院杜莘老论张去为补外,安节言:"不可因内侍而去言官。"上遂留莘老。

金主亮犯淮,从幸建康。亮死,安节陈进取、招纳、备守三策,而以备守为进取、招纳之本。上将还临安,命杨存中宣抚江、淮、荆、襄,安节言:"存中顷以权太盛,人言籍籍,方解军政,复授兹职,非所以全之。"又言:"方今正当大明赏罚,乃首用刘宝、王权刻剥庸懦之人,何以激劝将士。"上皆纳之。

杨存中议省江、淮州县,安节言:"庐之合肥,和之濡须,皆昔人控扼孔道。魏明帝云:'先帝东置合肥,南守襄阳,西固析山,贼来取破於三城之下。'孙权筑濡须坞,魏军累攻不克,守将如甘宁等,常以寡制众。盖形势之地,攻守百倍,岂有昔人得之成功,今日有之而反弃之耶?且濡须、巢湖之水,上接店步,下接江口,可通漕舟,乞择将经理。"存中议遂格。

孝宗嗣位,给廷臣笔札陈当世事,安节请:"严内降之科,凡内侍省、御药院、内东门司冗费,一切罢去。堂除省归吏部,长官听辟僚属,以清中书之务。文武阴补,各有定制,毋令易文资。臣僚致仕遗表恩泽,不宜奏异姓,使得高赀为市。"上尝对大臣称其诚实。一日,因奏事面劳之曰:"近不见缴驳,有所见,但缴驳,朕无不听。"

龙大渊、曾觌以潜邸旧恩,大渊除枢密都承旨,觌带御器械,谏议大夫刘度仍累疏论之。隆兴改元,大渊、觌并除知阁门事,宰相知安节必以为言,使人讽之曰:"若书行,即坐政府矣。"安节拒不纳,对还录黄。时台谏相继论列,奏入不出,上意未回,安节与给事中周必大奏:"陛下即位,台谏有所弹劾,虽两府大将,欲罢则罢,欲贬则贬,独於二臣乃为迁就讳避。臣等若奉明诏,则臣等负中外之谤;大臣若不开陈,则大臣负中外之责;陛下若不俯从,则中外纷纷未止也。"上怒,安节即自劾乞窜,上意解,命遂寝。潜邸旧人李珂擢编修官,安节又奏罢之,上谕之曰:"朕知卿孤立无党。"张浚闻之,语人曰:"金给事真金石人也。"

拜兵部侍郎。金将仆散忠义遗三省、枢密院书,论和议,乃画定四事,诏群臣议。安节谓:"世称侄国,国号不加'大'字及用'再拜'二字,皆不可从。海、泗、唐、邓为淮、襄屏蔽,不可与。必不得已,宁少增岁币。钦宗梓宫当迎奉。陵寝地必不肯归我,宜每因遣使恭谒。但讲好之后,当益选将厉兵,以为后图。"已而请祠,得请。中书舍人胡铨缴奏,谓:"安节太上之旧人,而陛下之老成也。汉张苍、唐张柬之、国朝富弼、文彦博皆年八旬尚不听其去,安节膂力未愆,有忧国心,岂宜从其引去。"上遂留之。

逾年,权吏部尚书兼侍读。自是力请谢事,诏以敷文阁士致仕。陛辞,上曰:"卿且暂归,旦夕召卿矣。"去之日,缙绅相与叹羡,以为中兴以来全名高节,鲜有其比。乾道六年卒,年七十七。遗表闻,赠通奉大夫,累赠开府同三司、少保。

安节至孝,居丧有礼。与兄相友爱,田业悉推与之,又以恩奏其孤子伃。初筮仕,未尝求荐於人,及贵,有举荐不令人知。其除司农丞,或语之曰:"公是命,张侍郎致远为中司时所荐,盖往谢之?"安节曰:"彼为朝廷荐人,岂私我耶!"竟不往。荐晁公武、袭茂良可台谏,皆称职,二人弗知也。与秦桧忤,不出者十八年,及再起,论事终不屈,人以此服之。有文集三十卷、奏议表疏、《周易解》。

王刚中字时亨,饶州乐平人。刚中博览强记。绍兴十五年,进士第二人。任某州推官,改左宣义郎。故事当召试,秦桧怒其不诣己。授洪州教授。桧死,召见,擢秘书省校书郎,迁著作佐郎。

孝宗为普安郡王,刚中兼王府教授,每侍讲,极陈古今治乱之故,君子小人忠佞之辨。迁中书舍人,言:"御敌今日先务,敌强则犯边,弱则请盟。今勿计敌人之强弱,必先自治,择将帅,蒐战士,实边储,备器械,国势富强,将良士勇,请盟则为汉文帝,犯边则为唐太宗。”上题其言。会西蜀谋帅，上曰：“无以逾王刚中矣。”以龙图阁待制知成都府、制置四川。御便殿，监遣锡金带、象笏。进敷文阁直学士。

时吴璘累官阀至大帅，其下姚仲、王彦等亦建节雄一方。守帅以文治则玩於柔，而号令不行；以武竞则窘於暴，而下情不通。惟刚中检身以法，示人以礼，不立崖堑，驭吏恩威并行，羽檄纷沓，从容裁决，皆中机会。

敌骑度大散关，人情汹汹。刚中跨一马，夜驰二百里，起吴璘於帐中，责之曰：“大将与国义同休戚，临敌安得高枕而卧？”璘大惊。又以蜡书抵张正彦济师。西师大集，金兵败走。方议奏捷，刚中倍道驰还，谓其属李焘曰：“将帅之功，吾何有焉。”焘喟曰：“身督战而功成不居，过人远矣。”已乃差择将士，众所推者上之朝，备统帅选。又疏蜀名胜士与幕府之，贤，备部使者、州刺史之佐。目使颐指，内外响应。诸汰遣使臣困绝不能自存，刚中以为冒刃於少壮之年，不可斥弃於既老之后，悉召诣府，有善射者复其禄秩，以禁军阙额粮给之，其罢癃不堪事，则给以义仓米。

成都万岁池广袤十里，溉三乡田，岁久淤澱，刚中集三乡夫共疏之，累土为防，上植榆柳，表以石柱，州人指曰：“王公之甘棠也。”府学礼殿，东汉兴平中建，后又建新学，遭时多故，日就倾圮，属九县缮完，悉复其旧。葺葛武侯祠、张文定公庙，夷黄巢墓，表贤瘅恶以示民。有女巫蓄蛇为妖，杀蛇，黥之。

孝宗受禅，以宫僚进左朝奉大夫，召赴阙，以足疾请祠，提举太平兴国宫。归次番阳，营圃植竹，号竹坞。

金犯淮，有旨趣刚中入见，陈战守之策。除礼部尚书、直学士院兼给事中，为卤簿使，除端明殿学士、签书枢密院事，进同知院事。刚中曰：“战守者实事，和议者虚名，不可恃虚名害实事。”又奏四事：开屯田、省浮费、选将帅、汰冗兵。居政府，属疾卒，年六十三，赠资政殿大学士、光禄大夫，谥恭简。

建炎间，诏阶、成、岷、凤四州刺壮丁为兵，众以为忧。刚中建言五害罢之，免符下，民欢呼，声震山谷。比去，蜀父老庶道，有追送数百里者。繇布衣至公卿，无他嗜好，公退惟读书著文为乐。有《易说》、《春秋通义》、《仙源圣纪》、《经史辨》、《汉唐史要览》、《天人修应录》、《东溪集》、《应斋笔录》，凡百余卷。

李彦颖字秀叔，湖州德清人。少端重，强记览。金犯浙西，父挟家人逃避，彦颖方十岁，追不及，敌已迫其后，能趋支径，乱流获济。

绍兴十八年，擢进士第，主余杭簿。守曹泳豪改酒家业为官监，利其赀具，彦颖争之。泳怒，戒吏煅炼，不得毫发罪。调建德丞，改秩。时宰知其才，将处之学官，或劝使一见，彦颖耻自献。调富阳丞。御史周操荐为御台主簿。

金败盟，张浚督师进讨。上方向浚，执政坚主和，陈良翰、周操不以为然。右正言尹穑阴符执政，荐引同己者，转言和于上前。上惑之，罢督府，良翰、操相继黜，而穑进殿中，迁谏议大夫。一日，穑以和、战、守扣彦颖，彦颖曰："人所见固不同。公既以和议为是，曷不明陈於上前，以身任之，事成功归於公，不成奉身而退。若欲享其利而不及其害，国事将谁倚？"穑大怒曰："自为谏官，前后百余奏，曷尝及一'和'字，而台簿有是言！"自是衔彦颖，阴排之。

改国子博士，权吏部郎中，以父丧去。免丧，复为吏部兼皇子恭王府直讲，权右史兼兵部侍郎。经筵，张栻讲《葛覃》，言先王正家之道，因及时事，语激切，上意不怿。彦颖曰："人臣事君，岂不能阿谀取容？栻所以敢直言，正为圣明在上，得尽爱君之诚耳。《书》曰："有言逆于汝心，必求诸道。"上意迟解，曰："使臣下皆若此，人主应无过。"

立皇太子，兼左谕德。首论建置宫僚，以为詹事於东宫内外无所不当省，事须白詹事而后行。司马光论皇太子讲读官有奏疏，录以进。上大喜，行之。皇太子尹临安，兼判官兼中书舍人。张说再登枢管，彦颖论："说无寸长，去年骤跻宥府，物议沸腾。今此命复出，中外骇然。臣恐六军解体，人心不服。"未几，权礼部侍郎兼侍

讲，因言：‘士习委靡，’不然则矫激，宜择笃实鲠亮者用之。”升詹
事，见上，言：“皇太子尹临安已久，虽欲更尝民事，然非便，宜一意
讲学。”他日以言於上者告太子，趣草奏辞尹事，三辞乃免。

兼吏部侍郎，权尚书兼侍读。月食淫雨，言：“甲申岁以淫雨求
言，今十年矣，中间非无水旱，而不闻求言之诏，岂以言多沽激厌之
耶？比欺蔽成风，侍从、台谏犹慎嘿，况其他乎？阴沴之兴，未必不
由此。”时廷臣多以中批斥去，彦颖又言：“臣下有过，宜显逐之，使
中外知获罪之由以为戒。今潜毁潜行，斥命中出，在廷莫测其故，将
恐阴邪得伸，善类丧气，非盛世事也。”除吏部尚书。接送金贺正使
还，言两淮兵备城筑及裁减接送浮费甚悉，上嘉纳焉。

十二月，除端明殿学士、签书枢密院事。二年闰九月，参知政
事。金使至，上遣王抃谕金使稍变受书旧礼，议久不决。彦颖曰：
“须於国体无损而事可济，乃善，若如去年张子颜之行，不但无益。”
时左司谏汤邦彦新进，冀侥幸集事，自许立节。彦颖言邦彦轻脱，必
误国。他日，对便殿，上复语及之。彦颖欲进说，上色动，宰相亟引
退。遂以邦彦为申议国信使，且命福建造海船，起两淮民兵赴合肥
训谏，并诏诸军饬戎备，中外骚然。彦颖复言：“两淮州县去合肥，远
者千余里，近亦二三百里。令民户三丁起其二，限三月而罢，事未
集，民先失业矣。”上作色曰：“卿欲尽撤边备耶？”彦颖曰：“今不得
已，令三百里内，家起一丁诣合肥三百里外，就州县训习，日增给钱
米，限一月罢，庶不大扰。翌日复执奏。从之。洎邦彦辱命而还，彦
颖论其罪，贬新州。

彦颖在东府三岁，实摄相事，内降缴回甚多。内侍白札籍名造
器械并犒师，降旨发左藏、封桩诸库钱，动亿万计。彦颖疏岁中经费
以进，因言：“虞允文建此库以备边，故曰‘封桩’，陛下方有意恢复，
苟用之不节，徒启他日妄费，失封桩初意。”上矍然曰：“卿言是，朕
失之矣。”自是绝不支。

坠马在告，力求去，以资政殿学士知绍兴府，勤约有惠政。提举
洞霄宫，复参知政事，病赢，艰拜起，力辞，上曰：“老者不以筋力为

礼,孟享礼繁,特免卿。"谏官论其子殴人至死,奉祠镌秩。起知婺州,禁民屠牛,捐属县税十三万三千缗。复知绍兴府,进资政殿大学士,再奉祠,进观文殿学士。

绍熙元年,致仕。家居凡十载,自奉澹约,食才米数合。室无姬媵,萧然永日,与州县了不相闻。薨,年八十一,赠少保,谥忠文。

子沐,庆元中,与一时台谏排赵汝愚,善类一空,公论丑之。

范成大字致能,吴郡人。绍兴二十四年,擢进士第。授户、曹,监和剂局。隆兴元年,迁正字。累迁著作佐郎,除吏部郎官。言者论其超躐,罢奉祠。

起知处州。陛对,论力所及者三,曰日力,曰国力,曰天力,今尽以虚文耗之,上嘉纳。处民以争役嚣讼,成大为创义役,随家贫富输金买田,助当役者,甲乙轮第至二十年,民便之。其后入奏,言及此,诏颁其法於诸路。处多山田,梁天监中,詹、南二司马作通济堰在松阳、遂昌之间,激溪水四十里,溉田二十万亩。堰岁久坏,成大访故迹,叠石筑防,置堤闸四十九所,立水则,上中下溉灌有序,民食其利。

除礼部员外郎兼崇政殿说书。乾道令以绢计赃,估价轻而论罪重,成大奏:"承平时绢匹不及千钱,而估价过倍。绍兴初年递增五分,为钱三千足。今绢实贵,当倍时直。"上惊曰:"是陷民深文。"遂增为四千,而刑轻矣。

隆兴再讲和,失定受书之礼,上尝悔之。迁成大起居郎,假资政殿大学士,充金祈请国信使。国书专求陵寝,盖泛使也。上面谕受书事,成大乞并载书中,不从。金迓使者慕成大名,至求巾帻效之。至燕山,密草奏,具言受书式,怀之入。初进国书,词气慷慨,金君臣方倾听,成大忽奏曰:"两朝既为叔侄,而受书礼未称,臣有疏。"缙笏出之。金主大骇,曰:"此岂献书处耶?"左右以笏标起之,成大屹不动,必欲书达。既而归馆所,金主遣伴使宣旨取奏。成大之未起也,金庭纷然,太子欲杀成大,越王止之,竟得全节而归。

　　除中书舍人。初上书崔实《政论》赐辅臣,成大奏曰:"御书《政论》,意在饬纲纪,振积敝。而近日大理议刑,递加一等,此非以严致平,乃酷也。"上称为知言。张说除签书枢密院事,成大当制,留词头七是不下,又上疏言之,说命竟寝。

　　知静江府。广西窘匮,专藉盐利,漕臣尽取之,于是属邑有增价抑配之敝,诏复行钞盐,漕司拘钞钱均给所部,而钱不时至。成大入境,曰:"利害有大於此乎?"奏疏谓:"能裁抑漕司强取之数,以宽郡县,则科抑可禁。"上从之。数年,广州盐商上书,乞复令客贩,宰相可其说,成大出银钱助之。人多以为非,下有司议,卒不易成大说。旧法马以四尺三寸为限,诏加至四寸以上,成大谓互市四十年,不宜骤改。

　　除敷文阁待制、四川制置使,疏言:"吐蕃、青羌两犯黎州,而奴儿结、蕃列等尤杰黠,轻视中国。臣当教阅将兵,外修堡寨,仍讲明教阅团结之法,使人自为战,三者非财不可。"上赐度牒钱四十万缗。成大谓西南诸边,黎为要地,增战兵五千,奏置都盐路分。吐蕃入寇之路十有八,悉筑栅分戍。奴儿结扰安静砦,发飞山军千人赴之,料其三日必遁,已而果然。白水砦将王文才私娶蛮女,常导之寇边,成大重赏檄群蛮使相疑贰,俄禽文才以献,即斩之。蜀北边旧有义士三万,本民兵也,监司、郡守杂役之,都统司又俾与大军更戍,成大力言其不可,诏遵旧法。蜀知名士孙松寿年六十余,攀汉广甫五十九,皆挂冠不仕,表其节,诏召之,皆不起,蜀士由是归心。凡人才可用者,悉致幕下,用所长,不拘小节,其杰然者露章荐之,往往显于朝,位至二府。

　　召对,除权吏部尚书,拜参知政事。两月,为言者所论,奉祠。起知明州,奏罢海物之献。除端明殿学士,寻帅金陵。会岁旱,奏移军储米二十万振饥民,减租米五万。水贼徐五窃发,号"静江大将军,"捕而戮之。以病请闲,进资政殿学士,再领洞霄宫。绍兴三年,加大学士。四年,薨。

　　成大素有文名,尤工於诗。上尝命陈俊卿择文士掌内制,俊卿以成大及张震对。自号石湖,有《石湖集》、《揽辔录》、《桂海虞衡集》行于世。

论曰:刘珙忠义世家,追属纩,以未雪仇耻为深恨。王蔺犯颜忠谏,刚肠嫉恶。方赵鼎、张浚非罪远谪,朋交绝踪,大宝独从之游,逮斥权奸,了无顾忌。安节拒秦桧,排渊、觌坚如金石,孤立无党,死生祸福,曾不一动其心。当金兵犯大散关,刚中单骑星驰,夜起吴璘,一战却敌。成大致书北庭,几於见杀,卒不辱命。俱有古大臣风烈,孔子所谓“岁寒然后知松柏之后凋”者欤?若祖舜夺杨愿恩,褫秦熺秩,诛桧恶於既死,彦颖论事激烈,披露忠荩,直气亦可尚已。

宋史卷三八七
列传第一四六

黄洽　汪应辰　王十朋
吴芾　陈良翰　杜莘老

　　黄洽字德润,福州候官人。隆兴元年,以太学生试春官第二,诏循故事,未临轩,赐第二人及第。授绍兴府观察判官。秩满,就铨选,不用前名例谒庙堂。宰相陈俊卿白于上,改宣义郎,除国子博士。

　　适有旨职事官无待次,改差浙东安抚司主管机宜文字。继为太学国子博士,枢密院编修官,通判福州。奉祠,召为太常丞。请外,孝宗方厉精求治,曰:“黄洽厚德,方任以事。”不许。当对,奏三事:备事莫若储才,士卒当谏其心,军政必预为谋。上矍然,洽徐奏:“愿戒饬州郡,毋烦扰以致寇,毋轻易以玩寇。寇扰而后定,伤根本多矣。”繇秘书郎迁著作郎。上谕词臣:“秘阁储英俊为异时公卿用,行黄洽词,可及之。”

　　除右正言,首奏:“谏臣非具员,职在谏争,朝政有阙,所当尽言。”上亦以为端士,许其尽言无隐。除侍御史。会水旱频仍,因祠祭上言:“此事全在一念,陛下夙兴默想,专精在民,身虽法宫,心则坛壝,洋洋左右,理非漠然。洊岁荒歉之由,必有未尽契神示之心者。”一日特诏:“诸路奉行荒政不虔,差官按视安集。”洽亟奏:“使者一出,官吏必须知畏。其常平一司,所职何事?淮、浙、江东见有使,以五使分五路尚虑不周知。今遣一人兼二三路,不过阅图帐户口多寡,地里辽邈,安能遍历乎?若专责常平,名正而职举,事分而察精。"又奏："艺祖惩藩镇偏重之失，不欲兵民之权聚一夫之手。今使主兵官兼郡寄，是合兵民权为一，且属边徼，偏重尤甚。"上皆嘉纳。洽所论列，未尝捃摭细故他愆以累其终身。

除右谏议大夫。上方锐志肄武，洽因风谏，言："颐之大象：'君子以慎言语，节饮食。'言语饮食犹谨节之，况其他乎？凡筋力喘息之间，一有过差，皆非所以养其身也。上曰："卿言无非仁义忠孝，可为万世臣子之法，朕常念之。"洽在经筵，言："宰相代天理物，要在为国得人。人主之命相，任则勿疑。宰相重则朝廷尊，朝廷尊则庙社安。宰相抢才职，当尽公心。群子进则庶职举，庶职举则天下治。"上首肯再三，乃曰："卿如良金美玉，浑厚无瑕，天其以卿为朕弼耶？"

除御史中丞，奏："荐举请托，必竞於宰执、台谏之门，若宰执、台谏不为人见举，使士大夫咸自率厉，以公道得之，岂不甚善。或果知其人，露章以荐，亦何不可。"潭州奏强盗罪不至死应配者坐加役流，有旨具议。洽曰："强盗异他盗，以其故为也。若止髡役，三年之后，圈槛一弛，豕突四出，善良受害，可胜数耶？况役时必去防闲之具，走逸结合，患尤甚焉。"上深然之。

除参知政事。上曰："卿每告朕用人，今卿居用人之地，不可不勉。"上因商榷除目，洽声竭无所顾避，上大喜曰："五十年无此差除。"除知枢密院事。洽累章求去，许之，除资政殿大学士，知隆兴府。"

光宗受禅，特诏言事，洽奏："用人为万世不易之论，臣前以此纳忠寿皇，今复告于陛下。"屡乞归田，寻畀提举洞霄宫。方未得请也，人劝之治第，洽曰："吾书生，蒙拔擢至此，未有以报国，而先营私乎？使吾一旦罪去，犹有先人敝庐可庇风雨，夫复何忧。"庆元二年致仕。

洽常言："居家不欺亲，仕不欺君，仰不欺天，俯不欺人，幽不欺鬼神，何用求福报哉！"六年七月，薨，年七十九。赠金紫光禄大夫。洽质直端重，有大臣体，两朝推为名臣。有文集、奏议八十五卷。

汪应辰字圣锡,信州玉山人。幼凝重异常童,五岁知读书,属对应声语惊人,多识奇字。家贫无膏油,每拾薪苏以继晷。从人借书,一经目不忘。十岁能诗,游乡校,郡博士戏之曰:"韩愈十三而能文,今子奚若?"应辰答曰:"仲尼三千而论道,惟公其然。"

未冠,首贡乡举,试礼部,居高选。时赵鼎为相,延之馆塾,奇之。绍兴五年,进士第一人,年甫十八。御策以吏道、民力、兵势为问,应辰答以为治之要,以至诚为本,在人主反求而已。上览其对,意其为老成之士,及唱第,乃年少子,引见者掖而前,上甚异之。鼎出班特谢。旧进士第一人赐以御诗,及是,特书《中庸篇》以赐。初名洋,与姓字若有语病,特改赐应辰。上欲即除馆职,赵鼎言:"且令历外任养成其才。"乃授镇东军签判。故事,殿试第一人无待次者,至是,取一年半阙以归。舍人胡寅行词曰:"属者延见多士,问以治道,尔年未及冠,而能推明帝王躬行之本,无曲学阿世之态。"

应辰少受知于喻樗,既擢第,知张九成贤,问之於樗,往从之游,所学益进。初任,赵鼎为帅,幕府事悉咨焉,岁小旱,命应辰祷雨名山即应,越人语之曰:"此相公雨。"鼎曰:"不然,乃状元雨也。"

召为秘书省正字。时秦桧力主和议,王伦使还,金人欲以河南地归我。应辰上疏,谓:"和议不谐非所患,和议谐矣,而因循无备之可畏。异议不息非所患,异议息矣,而上下相蒙之可畏。金虽通和,疆埸之上宜各戒严,以备他盗。今方且肆赦中外,褒宠将帅,以为休兵息民自此而始。纵忘积年之耻,独不思异时意外之患乎?此因循无备之所以可畏也。方朝廷力排群议之初,大则窜逐,小则罢黜,至有一言迎合,则不次擢用。是以小人窥见间隙,轻躁者阿谀以希宠,畏懦者循默以备位,而忠臣正士乃无以自立于群小之间,此上下相蒙之所以可畏也。臣愿勿以和好之可无虞,而思患预防,常若敌人之至。"疏奏,秦桧大不悦,出通判建州,遂请祠以归,寓居常山之永年院,蓬蒿满迳,一室萧然,饘粥不继,人不堪其忧,处之裕如也,益以修身讲学为事。自是凡三主管崇道观,在隐约时,胸中浩然之气

凛然不可屈

张九成谪邵州，交游皆绝，应辰时通问。及其丧父，言者犹攻之，而应辰不远千里往吊，人皆危之。通判袁州，凡所予夺，人无异词。始至，或以其书生易之，已乃知吏师所不能及。丞相赵鼎死朱崖，扶丧过郡，应辰为文祭之曰：“惟公两登上宰，皆直艰危之时；一斥南荒，遂为死生之别。事已定於盖棺，恩特容於归骨。”吏付之火。其子借三兵以归，道出衢州，章杰为守，希桧意，指应辰为阿附，为死党，符移讯鞫，遍搜行移，求祭文不可得。时胡寅遗桧书，谓此事不足竟，事乃寝。

通判静江府，逾期不得代，乃沿檄归省其母。继差通判广州。时桧所深忌者赵鼎、张浚，鼎既死而浚独存，未快其意。江西运判张常先笺注前帅张宗元与浚诗，言于朝，其词连逮者数十家，将诬以不轨而尽去之。狱既具，桧死，应辰幸而免。

明年，召为吏部郎官，迁右司。母老乞外，丞相苦留之曰：“方进用，未应尔。”应辰曰：“亲老矣，不可缓。”乃出知婺州。郡积欠上供十三万缗，朝廷命宪漕究治，应辰谓急则扰民，乃与诸邑蠲宿逋，去苛敛，定期会，窒渗漏，悉为补发。寻丁内艰去，庐于墓侧。

服阕，除秘书少监，迁权吏部尚书。李显忠冒具安丰军功赏五千余人，应辰奏驳之。权户部侍郎兼侍讲。应辰独员当剧务，节冗费，常奏：“班直转官三日，而堂吏增给食钱万余缗；工匠洗泽器皿仅给百余千，而堂吏食钱六百千；塑显仁神御，半年功未及半，而堂吏食钱已支三万，银绢六百匹两。他皆类此。”上惊其费冗，命吏部裁之。

金渝盟，诏求足食足兵之策，应辰奏曰：“陆贽有云：‘将非其人，兵虽多不足恃；操失其柄，将虽才不为用，’臣之所忧，不在兵之不足，在乎军政之不修。自讲和以来，将士骄惰，兵不阅习，敌未至则望风逃遁，敌既退则谩列战功，不惟佚罚，且或受赏。方时无事，诏令有所不行，一旦有急，谁能听命以赴国家之难。望发英断，赏善罚恶，使人人洗心易虑，以听上命，然后号令必行矣。”

　　三十二年建储,以孝宗名与唐庐江王、晋楚王同,诏改为"晔",应辰以为与昭宗同,白左相陈康伯,遂改名。集议秀王封爵,应辰定其称曰"太子本生之亲。"议入,内降曰:"皇太子所生父,可封秀王。"暨内禅,拟于传位日降赦,应辰言:"唐太宗受禅於高祖,明年正月始改元。"乃从其说。又议改元"重熙",应辰谓契丹尝以纪年,遂改隆兴。一朝大典礼,多应辰所定。

　　议太上尊号,李焘、陈康伯密议以"光尧寿圣"为称。及集议,或谓:"尊号始自开元,罢於元丰,今不当复,况太上视天下如弃敝屣,岂复顾此?"应辰主之尤力。或又言:"主上奉亲,乌得援元丰自却为比?於是议状书者半,不书者半。明日,应辰复与金安节等十二人各陈所见,大概谓"光尧"近乎"神尧",寿圣乃英宗诞节,尝以名寺。御史周必大亦以为问,应辰答以"尧"岂可"光"。是语有闻之德寿者,高宗因上过宫,云:"汪应辰素不乐吾。"于是有诏:"尊号之议,已尝奏知,不容但已。安节等遂奉诏。

　　应辰连乞补外,遂知福州。未几,升敷文阁待制,举朱熹自代。在镇二年,会朝廷谋蜀帅,乃以敷文阁直学士为四川制置使、知成都府。陛辞,特降诏抚谕。入境,以书与宣抚使吴璘,令以抚谕诏申严号令。既至,免利路民饷运,徒沿边戍兵就粮内郡,纵保胜义士复业,存左藏所解白契二百万以备不虞,悉奏行之。有谓蜀中纲马驿程由梁、洋、金、房,山路峻险,宜浮江而下,诏吴璘措置。执政、大将皆主其说,应辰与夔帅王十朋力言其不便,遂得中止。二税勘合,每贯取二十钱,乾道诏旨尝减三之一,有欲增之者,应辰与两漕臣列奏,言:"勘合不以钞计,而以贯石匹两计,是阳为减而阴实增之也。以成都一路计之,岁入三十万,今以所增为六十万,计以四路,不知几倍。虽非兴利者所便,而民受赐多矣。"

　　璘时驻蜀口武兴,精兵为天下冠,既老且病,应辰密奏以关陕大将系国安危,所当预图。於是执政传旨,若璘不起,令制司暂领其任。暨璘死,应辰遂摄宣抚之职,蜀道晏然。

　　虞允文寻以知枢密院事宣抚四川,应辰援张浚例,乞罢制司,不许。总所牒委官核四川匿契税，应辰奏："其不便者四，曰妨农废业，曰纵吏扰民，曰违法害教，曰长奸起讼。比户部已令人自首，州县收并已不少，其未尽者，有见行法令，不宜为此烦扰。"上曰："论极有理，速罢止之。"

蜀大旱，诏问救荒之策，应辰奏："利、阆、绵、梓军马粮料，随民力均敷，官虽支籴钱，民不得半价，若选官就岁熟处籴之，可以宽民力，第无钱束手，乞给度牒。"上曰："汪应辰治蜀甚有声，且留意民事如此。"给度牒四百，永为籴本振济，遂移书诸路漕臣，亟救荒，且以绵、剑和籴告之，而全蜀蒙惠。

刘珙拜同知枢密院事。进言曰："汪应辰、陈良翰、张栻学行才能，臣所不及。"已，得旨召还。邛之安仁年饥，延起为盗，害及旁郡，即具奏，且檄茶马使招捕。旬月间，诛其渠魁，余悉抚定。或白之虞允文曰："汪帅得无掩盗事不上闻乎？"宣司乃密奏，使人约应辰曰："邛寇事未敢奏，不审制司如何？"应辰以奏检报之，允文内愧。将行，代纳成都一府激赏绢估三万三千九百八十四匹。

冬，入觐，陛对，以畏天爱民为言。上曰："卿久在蜀，宽朕西顾忧，军政民事革弊殆尽，蜀中虚额，民间当被实惠。"应辰奏："虚额去则州县宽，尚有两事，曰预借，曰对籴。预借乃州县累岁相仍，对籴则以补州县阙乏，民输米一石，即就籴一石，或半价，或不支，且多取赢。陛下近捐百万除预借之弊，对籴患止数州，愿并除之，则弊革无余矣"

除吏部尚书，寻兼翰林学士并侍读。论爱民六事，庙堂议不合，不悦者众。一日，陈良祐登对，上告以"汪应辰言卿在蜀多诞谩。"良祐奏："臣与应辰昨同从班，应辰请外，得衢州，臣惜其去，同奏留之。时边奏方急，臣不知应辰将为便私计也。奏既上，应辰以此大憾，乃为是说以中臣耳。"上曰："乃尔邪！"

应辰在朝多革弊事，中贵人皆侧目。德寿宫方甃石池，以水银浮金凫鱼于上，上过之，高宗指示曰："水银正乏，此买之汪尚书家。"上怒曰："汪应辰力言朕置房廊与民争利，乃自贩水银邪？"应辰知之,力求去。会复出发运均输之旨,叹曰:"吾不可留矣,但力辨群枉,则补外之请自得。"乃力论其事有害无利,遂以端明殿学士知平江府。

韩玉被旨拣马,过郡,应辰简其礼。玉归,谮之於上曰:"臣所过州县,未有若平江之不治者,"上怪之。平江米刚至,有折阅,事上,连贬秩。力疾请祠,自是卧家不起矣,以淳熙三年二月卒于家。

应辰接物温逊,遇事特立不回,流落岭峤十有七年。桧死,始还朝,刚方正直,敢言不避。少从吕居仁、胡安国游,张栻、吕祖谦深器许之,告以造道之方。尝释克己之私如用兵克敌,《易》惩忿窒欲,《书》刚制于酒,征窒、刚制皆克胜义,可不常省察乎?其义理之精如此。好贤乐善,出于天性,尤笃友爱,尝以先畴逊其兄衢,虽无屋可居,不顾也。子达,继登进士第,仕至吏部尚书、端明殿学士。

王十朋字龟龄,温州乐清人。资颖悟,日诵数千言,及长,有文行,聚徒梅溪,受业者以百数。入太学,主司异其文。

秦桧死,上亲政,策士,谕考官曰:"对策中有陈朝政切直者,并置上列。"十朋以"权"为对,大略曰:"揽权者,非欲衡石程书如秦皇,传餐听政如隋文,强明自任、不任宰相如唐德宗,精於吏事、以察为明如唐宣宗,盖欲陛下惩既往而戒未然,威福一出於上而已。尝有铺翠之禁,而以翠羽为首饰者自若,是岂法令不可禁乎?抑宫中服浣濯之化,衣不曳地之风未形於外乎?法之至公者莫如选士,名器之至重者莫如科第。往岁权臣子孙、门客类窃巍科,有司以国家名器为媚权臣之具,而欲得人可乎?愿陛下正身以为本,任贤以为助,博采兼听以收其效。"几万余言。上嘉其经学淹通,议论醇正,遂擢为第一。学者争传诵其策,以拟古晁、董。

上用其言,严销金铺翠之令,取交阯所贡翠物焚之。诏:"十朋乃朕亲擢。"授绍兴府签判。既至,或以书生易之,十朋裁决如神,吏奸不行。时以四科求士,帅王师心谓十朋身兼四者,独以应诏。召为秘书郎兼建王府小学教授。先是,教授入讲堂居宾位,十朋不可,皇孙特加礼而位教授中坐。

金将渝盟，十朋轮对，言："自建炎至今，金未尝不内残贼，然一主毙，一主生，曷尝为中国利？要在自备如何。御敌莫急於用人，今有天资忠义、材兼文武可为将相者，有长於用兵、士卒乐为之用可为大帅者，或投闲置散，或老於藩郡，愿起而用之，以寝敌谋，以图恢复。"盖指张浚、刘锜也。又言："今权虽归於陛下，政复出於多门，是一桧死百桧生也。杨存中以三衙而交结北司，以盗大权。汉之祸起于恭、显，王氏之相为终始；唐之祸起於北军，藩镇之相为表里。今以管军位三公，利源皆入其门，阴结诸将，相为党援。枢密本兵之地，立班甘居其后。子弟亲戚，布满清要。台谏论列，委曲庇护，风宪独不行於管军之门，何以为国！至若清资加於哙伍；高爵滥於医门；诸军承受，威福自恣，甚於唐之监军；皇城逻卒，旁午察事，甚於周之监谤；将帅剥下赂上，结怨三军；道路捕人为卒，结怨百姓："皆非治世事。"上嘉纳，戢逻卒，罢诸军承受，更定枢密，管军班次，解杨存中兵权，其言大略皆施行。秦桧久塞言路，至是十朋与冯方、胡宪、查籥、李浩相继论事，太学生为《五贤诗》述其事。除著作郎。

三十一年正月，风雷雨雪交作，十朋以为阳不胜阴之验，遗陈康伯书，冀以《春秋》灾异之说力陈于上，崇阳抑阴，以弥天变。迁大宗正丞，亟请祠归。金犯边，起刘锜为江、淮、浙西制置，张浚帅金陵，悉如其言。

孝宗受禅，起知严州。召对，首言："太皇非倦勤时，而以大器付陛下，贤於尧、舜，陛下当思以副太上者。今社稷之安危，生民之休戚，人才之进退，朝廷之刑赏，宜若舜之协尧，断然行之，以尽继述之道。"拜司封郎中，累迁国子司业。言："今居位者往往职之不举，宜有以革之。人主有大职三，任贤、纳谏、赏罚是也。"上嘉之。除起居舍人，升侍讲。时左右史失职久，十朋除起居郎，胡铨奏四事，语在《胡铨传》。除侍御史，上谓胡铨曰："比除台官，外议如何？"铨曰："皆谓得人。"上曰："卿与十朋皆朕亲擢。"

十朋见上英锐，每见必陈恢复之计。及将北伐，上疏曰："天子之孝莫大於光祖宗、安社稷，因前王盈成而守者，周康成、汉文景是也；承前世衰微而兴者，商高宗、周宣王是也；先君有耻而雪之，汉宣帝臣单于、唐太宗俘颉利是也；先君有仇而复之，夏少康灭浇、汉光武诛莽是也。迹虽不同，其为孝一也。靖康之祸，亘古未有，陛下英武，慨然志在兴复。窃闻每对群臣奏事，则曰：'当如创业时。'又曰：'当以马上治之。'又曰："某事当俟恢复后为之。'比因宣召，语及陵寝，圣容恻然，曰：'四十年矣。'陛下之心，真少康，高宗、宣王、光武之心，奈何大臣不能仰副圣心！愿戒在位者，去附之私心，赞国家之大计，则中兴日月可冀矣。"因论史浩八罪，曰怀奸、误国、植党、盗权、忌言、蔽贤、欺君、讪上，上为出浩知绍兴府。十朋再疏谓："陛下虽能如舜之去邪，未能如舜之正名定罪。绍兴密迩行都，浩尝为属吏，奸贼彰闻，亦何颜复见其吏民。"遂改与祠。

史正志与浩族异，拜浩而父事之，十朋论正志倾险奸邪，观时求进，宜黜正志以正典刑。林安宅出入史浩、龙大渊门，盗弄威福，至是诈病求致仕，十朋并疏其罪。皆罢去。

张浚出师复灵壁、虹县，归附者万计，又复宿州。十朋奏："王师以吊民为主，先之以招纳，不获已而战随之，乞以此指戒浚。金将既降，宜速加爵赏，以劝来者。"上皆嘉纳。

会李显忠、邵宏渊不协，王师失律，张浚上表自劾，主和者乘此唱异议。十朋上疏言："臣素不识浚，闻其誓不与敌俱生，心实慕之。前因轮对，言金必败盟，乞用浚。陛下嗣位，命督师江、淮，今浚遣将取二县，一月三捷，皆服陛下任浚之难。及王师一不利，横议蜂起。臣谓今日之师，为祖宗陵寝，为二帝复仇，为二百年境土，为中原吊民伐罪，非前代好大生事者比。益当内修，俟时而动。随陛下恢复志立，固不以一刃为群议，所摇，然异论纷纷，浚即待罪，臣其可尚居风宪之职！乞赐窜殛。"因言："臣闻近日欲遣龙大渊抚谕淮南，信否？"上曰："无之。"又言："闻欲以杨存中充御营使。"上嘿然。

改除吏部侍郎，力辞，出知饶州。饶并湖，盗出没其间，闻十朋至，一夕遁去。丞相洪适请故学基益其圃，十朋曰："先圣所居，十朋何敢予人。"移知夔州，饶民走诸司乞留不得，至断其桥，乃以车从间道去，众葺断桥，以"王公"名之。

移知湖州，召对，刘珙请留之，上曰："朕岂不知王十朋，顾湖州被水，非十朋莫能镇抚。"至郡，户部责虚逋三十四万，命吏持券往辨，不听，即请祠去。起知泉州，十朋前在湖割奉钱刃贡闱，又为泉建之，尤宏壮。

凡历四郡，布上恩，恤民隐，士之贤者诣门，以礼致之。朔望会诸生学官，讲经询政，僚属间有不善，反复告戒，俾之自新。民输租俾自概量，闻者相告，宿逋亦愿偿。讼至庭，温词晓以理义，多退听者。所至人绘而祠之，去之日，老稚攀留涕泣，越境以送，思之如父母。饶久旱，霁境雨至；湖积霖，入境即霁。凡祷必应，其至诚不独感人，而亦动天地鬼神。

东宫建，除太子詹事，力辞，诏州郡礼致，遂力疾造朝，以足疾不能趋，诏给扶减拜。谒东宫，太子以其旧学，待遇有加。又诏免朝参，遣中使以告及袭衣、金带就其家赐之。疾革，累章告老，以龙图阁学士致仕，命下而卒，年六十。绍兴三年，谥曰忠文。

十朋事亲孝，终丧不处内，友爱二弟，郊恩先奏其名，没而二子犹布衣。书室扁曰"不欺"，每以诸葛亮、颜真卿、寇准、范仲淹、韩琦、唐介自比，朱熹、张栻雅敬之。

子闻诗、闻礼，皆笃学自立。闻诗知光州、提点江东刑狱；闻礼知常州、江东转运判官，为治能守家法，人亦思慕之。

吴芾字明可，台州仙居人。举进士第，迁秘书正字。与秦桧旧故，至是桧已专政，芾退然如未尝识。公坐旅进，揖而退，桧疑之，风言者论罢。通判处、婺、越三郡。知处州。处旧苦丁绢重，芾损之，以新丁补其额。

何溥荐芾材中御史，除监察御史。时金将败盟，芾劝高宗："专务修德，痛自悔咎，延见群臣，俾陈阙失，求合乎天地，无愧乎祖宗，则人心悦服，天亦助顺矣。"上韪其言。迁殿中侍御史。

两淮战不利，廷臣争陈退避计，芾言："今日之事，有进无退，进为上策，退为无策。"既而金主亮弊，上疏劝亲征。车驾至建康，芾请遂驻跸，以系中原之望，高宗纳其说。会有密启还东者，下侍从、台谏议，芾言："今欲控带襄、汉，引输湖、广，则临安不如建康便；经理淮甸，应接梁、宋，则临安不如建康近。议者徒悦一时扈从思归之人，非为国计。臣恐回銮之后，西师之声援不接，北土之讴吟绝望矣。"又言："去岁两淮诸城望风奔溃，无一城能拒守者，此秦桧壅塞言路、挫折士气之余毒也。能反其道，则士气日振，而见危授命者有人矣。

知婺州。孝宗初即位，陛辞，陈裴垍对唐宪宗"为治先正其心，"以为临御之初，出治大原，无越於此。上嘉纳。至郡，劝民义役。金华长仙乡民十有一家，自以甲乙第其产，相次执役，几二十年。芾舆致十一人者，与合宴，更其乡曰"循理"，里曰"信义"，以褒异之。

知绍兴府。会稽赋重而折色尤甚，芾以攒宫在，奏免支移折变。鉴湖久废，会岁大饥，出常平米募饥民浚治。芾去，大姓利於田，湖复废。

权刑部侍郎，迁给事中，改吏部侍郎。以敷文阁直学士知临安府。内侍家僮殴伤酒家保，芾捕治之，徇于市，权豪侧目。执政议以芾使金，复除吏部侍郎，且议以龙大渊为副，芾曰："是可与言行事者邪？"语闻，得罢不行。下迁礼部侍郎，力求去，提举太平兴国宫。

时芾与陈俊卿俱以刚直见忌，未几，俊卿亦引去。中书舍人阎安中为孝宗言二臣之去，非国之福。起知太平州。造舟以梁姑溪。历阳筑者久役溃归，声言趋郡境，芾呼至城下，厚犒遣之，而密捕倡乱者系狱以闻，诏褒谕。知隆兴府。

芾前后守六郡，各因其俗为宽猛，吏莫容奸，民怀惠利。再举太平祠，屡告老，以龙图阁直学士致仕。后十年卒，年八十。尝曰："视官物当如己物，视公事当如私事。与其得罪於百姓，宁得罪上官。"立朝不偶，晚退闲者十有四年，自号湖山居士。为文豪健俊整，有表奏五卷、诗文三十卷。

陈良翰字邦彦，台州临海人。蚤孤，事母孝。资庄重，为文恢博有气。中绍兴五年进士第。知温州瑞安县。俗号强梗，吏治尚严，良翰独抚以宽，催租不下文符，但揭示名物，民竞乐输，听讼咸得其情。或问何术，良翰曰："无术，第公此心如虚堂悬镜耳。"殿中侍御史吴芾荐为检法官，迁监察御史。

孝宗初元，金主褒新立，求和，而中原旧人多求归，诏问何以处此，良翰言："议和，复纳降，皆非是。必定计自治，而和不和，任之乃可。"张浚军淮、泗以规进取，而议者争献防江策，良翰言："当固藩篱，专委任。今舍淮防江，却地夺便，朝廷过听，使督府不得专阃外事，误矣。"除右正言。

金再移书求故经疆，良翰言："中原皆吾故土，况唐、邓、淮、泗又金渝盟后以兵取之，安得以故疆为言而归之？"汤思退主遣小使卢仲贤、李杕，良翰言："仲贤轻儇无耻，杕自北来难信。"又言："庙堂督府论议不同，边奏上闻，皆阳唯诺而阴沮败之。万一失事机，督府安得独任其责？"上矍然称善。

朝廷遣史正志至建康，与张浚议事乘牾，良翰劾之，上曰："正志亦无罪。"良翰言："陛下使浚守淮，则任浚为重，一郎官为轻，且正志居中，浚必为去就。"上悟，出正志为福建漕运。杨存中为御营使，总殿前军，良翰言："存中久擅兵柄，太上皇罢就第，奈何复假使名？宜慎惒霜之戒。"疏三上，存中竟罢。

李杕不敢涉淮，良翰奏夺其官。仲贤至汴，辄许金人以疆土、岁币而还，上大怒，下仲贤吏，欲诛之，宰相叩头恳请得免。复遣王之望、龙大渊，良翰言："前遣使已辱命，大臣不悔前失，不谓秦桧复见今日！且金要我罢四郡屯兵以归之，是不折一兵，而坐收四千里要害之地，决不可许。若岁币，则俟得陵寝然后与，庶犹有名。今议未决而之望遂行，恐其辱国不止於仲贤，愿先驰一介往，俟议决，行未晚也。"诏侍从、台谏议，多是良翰，遂以胡昉、杨由义为审议官，与敌议四郡不合，困辱而归。

思退尚执前论,正言尹穑附思退以撼督府。良翰为左司谏,疏论:"思退奸邪误国,宜早罢黜,张浚精忠老谋,不宜以小人言摇之。"孝宗曰:"思退前议固失,然朕爱其警敏,冀可效,卿其置之。若魏公则今日孰出其右,朕岂容有此意?纵有之,亦岂不谋卿等?此殆言者有异意,卿为朕谕之。"良翰顿首谢曰:"陛下言及此,天下幸甚。宰相纵无全才,宁取朴实,缓急犹可倚赖。思退庸狡,小黠大痴,将误国,且'警敏'二字,恐非明主卜相之法。"既退,以上语谕同列,穑勃然变色,明日亦请对,遂罢良翰言职。

两淮既撤备,金大入,孝宗始深悔。太学生数百人伏阙,乞召用良翰、胡铨、王十朋而斩思退等,思退由是始败。

良翰在谏省,成恭皇后受册,官内外亲属二十五人,良翰论其冗,诏减七人。知建宁府、福建转运副使,提點江东刑狱,移浙西,召为宗正少卿、兵部侍郎,除右谏议大夫。良翰言:"以蜀汉之师下关陕,以荆、襄趋韩、魏,江、淮捣青、徐,此今日大计。四川既命大臣,而荆、淮未有任责者,亦当择重臣临之。"上称善。

进给事中。大将成闵冒请真奉,有司坐获谴,阁门王抃矫诏遣妄人谢显出境,显既抵罪,置闵与抃不问,良翰皆驳议,请正典刑。遂改礼部侍郎,不拜,以敷文阁待制提举江州太平兴国宫。

召为太子詹事,既见,上属以调护之责。一日,召对选德殿,出手书唐太宗与魏征论仁德功利之说,俾极陈今日所未至者。良翰退,上疏,略曰:"仁德治之本,功利治之效,务本而效自至。今承天意,结民心,任贤能,退小人,择将帅,收军情,择监司,吏久任,皆行之有未至,诚能革此八弊,则仁德无累,功利自致矣。"上为之嘉叹,诏兼侍讲。

未几,以疾告老,除敷文阁直学士、提举太平宫。卒,年六十五。光宗立,特谥献肃。

杜莘老字起莘,眉州青神人,唐工部甫十三世孙也。幼岁时,方禁苏氏文,独喜诵习。绍兴间,第进士,以亲老不赴廷对,赐同进士,出身。授梁山军教授，从游者众。

秦桧死，魏良臣参大政，莘老疏天下利害以闻。良臣荐之，主管礼、兵部架阁文字。彗星见东方，高宗下诏求言，莘老上书，论："彗，蛩气所，多为兵兆。国家为民息兵，而将骄卒惰，军政不肃。今因天戒以修人事。思患预防，莫大於此。"因陈时弊十事。时应诏者众，上命择其议论切当推恩以劝之，后省以莘老为首，进一阶，迁敕令删定官、太常寺主簿，升博士。轮对，论："金将败盟，宜伤边备，勿恃其不来，恃吾有以待之。"上称善再三。

南渡后，典秩散失，多有司所记省，至凶礼又讳不录，显仁皇后崩，议礼有疑，吏皆拱手，莘老以古义裁定。大敛前一日，宰相传旨问含玉之制，莘老曰："礼院故实所不载，请以《周礼》典瑞郑玄注制之，其可。"因立具奏，上览之曰："真礼官也。"及虞祭，或谓上哀劳，欲以宰相行事。莘老曰："古今无是。"卒正之。

迁秘书丞，论江、淮守备，上曰："卿言及此，忧国深矣。"擢监察御史。迁殿中侍御史，入对，上曰："知卿不畏强御，故有此授，自是用卿矣。"陈俊卿既解言职，力求去，莘老因奏事，从容曰："多事之祭，令俊卿辈在论思之地，必有补益。"上以为然，俊卿乃复留。

金遣使致嫚书，传钦宗凶问，请淮、汉地，指索大臣。上决策亲征，莘老疏奏赞上，且谓："敌欺天背盟，当待以不惧，勿以小利钝为异议所摇，谀言所惛，则人心有恃而士气振矣。宜不限早暮，延见大臣、侍从，谋议国事；申敕侍从、台谏、监司丞举可用之才。"又言："亲征有期，而禁卫才五千余，羸老居半，至不能介胄者，愿亟留守臣圣虑。"事皆施行。

带御器械刘炎管禁中市易，通北贾，大为奸利。一日，见莘老辄及朝政，语狂悖，莘老，以闻，斥监嘉州税。知枢密院事周麟之初请使金，及嫚书至，闻金将盛兵犯边，乃大恐，建言不必遣使。莘老劾麟之："挟奸罔上，避事辞难，恐惧至於掩泣，众有'哭杀富郑公'之诮。"寻与宫观。疏再上，乃责瑞州。

幸医承宣使王继先怙宠干法，富浮公室，子弟直延阁，居第替拟，别业、外币遍畿甸，数十年无敢摇之者，闻边警，亟辇重宝归吴兴为避敌计。莘老疏其十罪，上曰："初以太后饵其药，稍假恩宠，不谓小人骄横乃尔。"莘老曰："继先罪擢发不足数，臣所奏，其大概耳。"上作而曰："有恩无威，有赏无罚，虽尧舜不能治天下。"诏继先福州居住，子孙皆勒停。籍其赀以千万计，诏鬻钱入御前激赏库，专以赏将士，天下称快。

内侍张去为取御马院西兵二百髡其顶，都人异之，口语籍籍。莘老弹治，上疑其未审，不乐。莘老执奏不已，竟罢去为御马院，致仕，而莘老亦以直显谟阁知遂宁府。给事中金安节、中书舍人刘珙封还制书，改司农少卿，寻请外，仍与遂宁。

始莘老自蜀造朝，不以家行。高宗闻其清修独处，甚重之，一日因对，褒谕曰："闻卿出蜀，即蒲团、纸帐如僧然，难及也。"未几，遂擢用。莘老官中都久，知公论所予夺，奸蠹者皆得其根本脉络，尝叹曰："台谏当论天下第一事，若有所畏，姑言其次，是欺其心不敬其君者也。"及任言责，极言无隐，取众所指目者悉击去，声振一时，都人称骨鲠敢言者必曰杜殿院云。治郡，课绩为诸州最。

孝宗受禅，莘老进三议，曰定国是、修内政、养根本。寻卒，年五十八。

论曰：黄洽浑厚有守，应辰学术精醇，尤称骨鲠。十朋、吴芾、良翰、莘老相继在台府，严诋奸幸，直言无隐，皆事上忠而自信笃，足以当大任者，惜不尽其用焉。